U0934127

中文社会科学引文索引（CSSCI）来源集刊

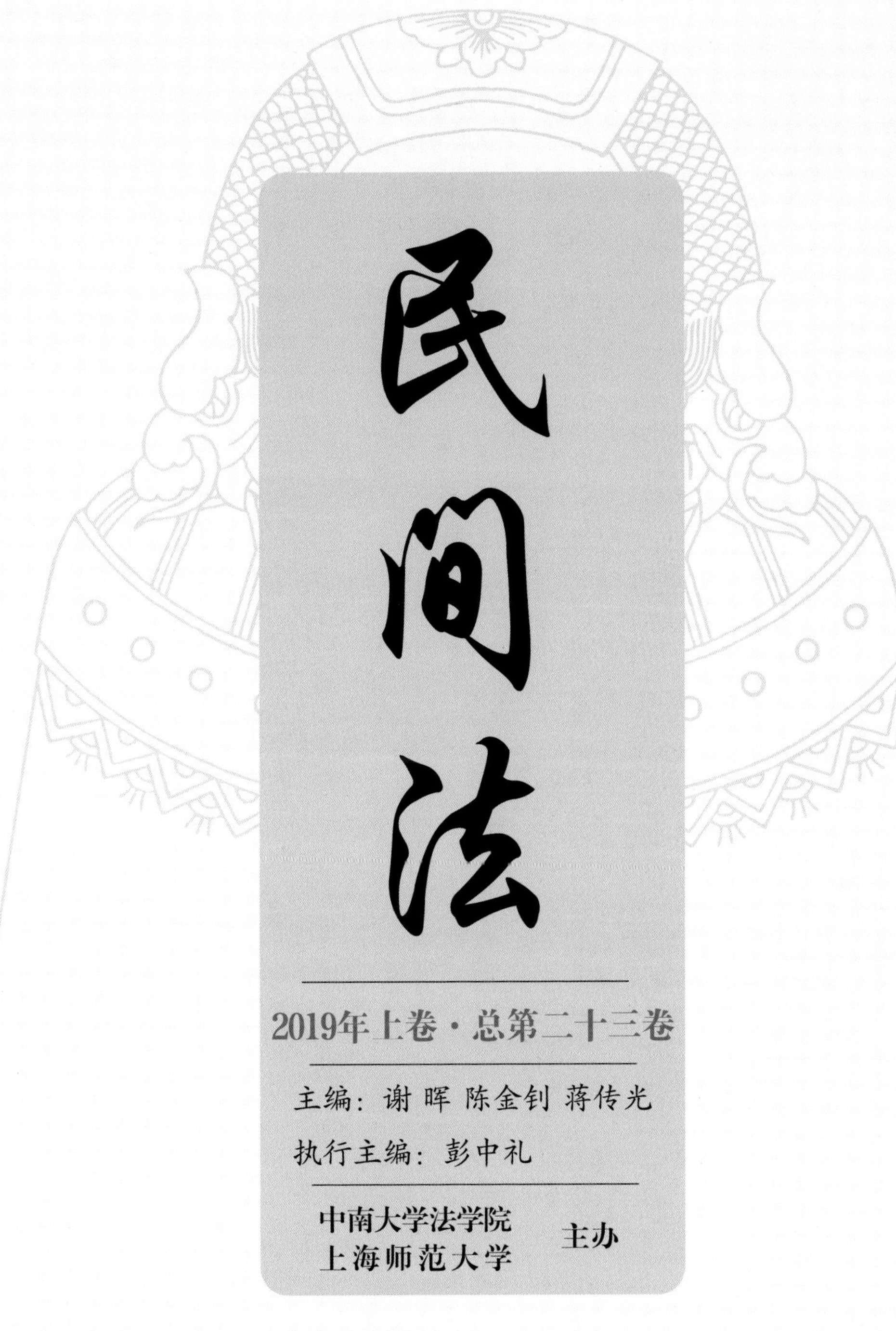

# 民间法

2019年上卷·总第二十三卷

主编：谢 晖 陈金钊 蒋传光

执行主编：彭中礼

中南大学法学院
上海师范大学 主办

厦门大学出版社 XIAMEN UNIVERSITY PRESS | 国家一级出版社 全国百佳图书出版单位

**图书在版编目(CIP)数据**

民间法.第二十三卷/谢晖,陈金钊,蒋传光主编.—厦门:厦门大学出版社,2020.5
ISBN 978-7-5615-7701-1

Ⅰ.①民…　Ⅱ.①谢…②陈…③蒋…　Ⅲ.①习惯法—中国—文集　Ⅳ.①D920.4-53

中国版本图书馆 CIP 数据核字(2020)第 004333 号

---

**出 版 人**　郑文礼
**责任编辑**　甘世恒

---

**出版发行**　厦门大学出版社
**社　　址**　厦门市软件园二期望海路 39 号
**邮政编码**　361008
**总　　机**　0592-2181111　0592-2181406(传真)
**营销中心**　0592-2184458　0592-2181365
**网　　址**　http://www.xmupress.com
**邮　　箱**　xmup@xmupress.com
**印　　刷**　厦门市金凯龙印刷有限公司

---

**开本**　787 mm×1 092 mm　1/16
**印张**　33.75
**插页**　2
**字数**　720 千字
**版次**　2020 年 5 月第 1 版
**印次**　2020 年 5 月第 1 次印刷
**定价**　88.00 元

---

本书如有印装质量问题请直接寄承印厂调换

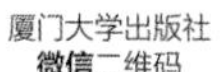
厦门大学出版社
微信二维码

厦门大学出版社
微博二维码

# 总 序

自文明时代以来，人类秩序，既因国家正式法而成，亦借民间非正式法而就。然法律学术每每所关注者为国家正式法。此种传统，在近代大学法学教育产生以来即定制。被谓之人类近代高等教育始创专业之法律学，实乃国家法的法理。究其因，盖在该专业训练之宗旨，在培养所谓贯彻国家法意之工匠——法律家。

诚然，国家法之于人类秩序构造，居功甚伟，即使社会与国家分化日炽之如今，前者需求及依赖于后者，并未根本改观；国家法及国家主义之法理，仍旧回荡并主导法苑。奉宗分析实证之法学流派，固守国家命令之田地，立志于法学之纯粹，其坚定之志，实令人钦佩；其对法治之为形式理性之护卫，也有目共睹，无须多言。

在吾国，如是汲汲于国家（阶级）旨意之法理，久为法科学子所知悉。但不无遗憾者在于：过度执着于国家法，过分守持于阶级意志，终究令法律与秩序关联之理念日渐远离人心，反使该论庶几沦为解构法治秩序之刀具，排斥法律调节之由头。法治理想并未因之焕然光大，反而因之黯然神伤。此不能不令人忧思者！

所以然者何？吾人以为有如下两端：

一曰吾国之法理，专注于规范实证法学所谓法律本质之旨趣，而放弃其缜密严谨之逻辑与方法，其结果舍本逐末，最终所授予人者，不过御用工具耳（非马克斯·韦伯"工具理性"视角之工具）。以此"推进"法治，其效果若何，不言自明。

二曰人类秩序之达成，非唯国家法一端之功劳。国家仅借以强制力量维持其秩序，其过分行使，必致生民往还，惶惶如也。而自生于民间之规则，更妥帖地维系人们日常交往之秩序。西洋法制传统中之普通法系和大陆法系，不论其操持的理性有如何差异，对相关地方习惯之汲取吸收，并无沟裂。国家法之坐大独霸，实赖民间法之辅佐充实。是以19世纪中叶、20世纪以降，社会实证观念后来居上，冲击规范实证法学之壁垒，修补国家法律调整之不足。在吾国，其影响所及，终至于国家立法之走向。民国时期，当局立法（民法）之一重大举措即深入民间，调查民、商事习惯，终成中华民、商事习惯之盛典巨录，亦成就了迄今为止中华历史上最重大之民、商事立法。

可见，国家法与民间法，实乃互动之存在。互动者，国家法借民间法而落其根、坐其实；民间法借国家法而显其华、壮其声。不仅如此，两者作为各自自治的事物，自表面看，分理社会秩序之某一方面，但深究其实质，则共筑人间安全之坚固堤坝。即两者之共同旨趣，在构织人类交往行动之秩序。自古迄今，国家法虽为江山社稷安全之必备，然民间法亦为人类交往秩序所必需。故人间秩序者，国家法与民间法相需而成也。此种情形，古今中外，概莫能外。因之，此一结论，可谓"放之四海而皆准"。凡关注当今国家秩序、黎民生计者，倘弃民间法及民间自生秩序于不顾，即令有谔谔之声，皇皇巨著，也不啻无病呻吟、纸上谈兵，终其然于事无补。

近数年来，吾国法学界重社会实证之风日盛，其中不乏关注民间法问题者。此外，社会学界及其他学界也自觉介入该问题，致使民间法研究蔚然成风。纵使坚守国家法一元论者，亦在认真对待民间法。可以肯定，此不唯预示吾国盛行日久之传统法学将转型，亦表明其法治资源选取之多元。为使民间法研究者之辛勤耕耘成果得一展示田地，决定出版《民间法》年刊。

本刊宗旨，大致如下：

一为团结有志于民间法调查、整理与研究之全体同人，共创民间法之法理，以为中国法学现代化之参照；

二为通过研究，促进民间法与官方法之比照交流，俾两者构造秩序之功能互补，以为中国法制现代化之支持；

三为挖掘、整理中外民间法之材料，尤其于当代特定主体生活仍不可或缺、鲜活有效之规范，以为促进、繁荣民间法学术研究之根据；

四为推进民间法及其研究之中外交流，比较、推知相异法律制度的不同文化基础，以为中国法律学术独辟蹊径之视窗。

凡此四者，皆需相关同人协力共进，始成正果。故鄙人不揣冒昧，吁请天下有志于此道者，精诚团结、互为支持，以辟法学之新路、开法制之坦途。倘果真如此，则不唯遂本刊之宗旨，亦能致事功之实效。此乃编者所翘首以待者。

是为序。

谢　晖

# 目 录

## 学理探讨

## 经验解释



## 制度分析



## 社会调研

## 域外视窗

# 学理探讨

# 国家法阴影下的交易性商谈：一种民事习惯适用上的制度性机理

胡兴东*

**摘要**：在近代民族主权国家中，国家法在国家治理中获得了绝对权威，任何公民和组织都会受到国家法的影响和制约。在民事领域中，虽然自治依然是首要原则，但国家制定的民事法律对当事人之间的自治产生了实质性的影响。民事习惯作为民法的重要补充，只能在国家法阴影下进行交易性商谈适用。这种商谈不仅体现在当事人之间，也体现在法官与诉讼人之间。国家法在民事习惯适用中起到了界定诉求边界和确定商谈起点的作用，让当事人和法官在选择是否适用以及如何适用的习惯上有了边界。这种阴影作用让主权国家下的民事活动获得了具体个案的民族性、文化性、区域性与国家整体民事秩序之间的一种动态平衡。

**关键词**：国家法；民事习惯；交易性商谈

在近代民族主权国家结构下，国家代表的公权力获得了对所有国民的绝对权威，任何公民和组织在主权国家下都会受到国家法的影响和制约。可以说，在近代民族主权国家下，没有任何群体或个体可以逃脱国家权力的影响。在民事法律领域中，虽然“自治”仍然作为民法的核心原则，但国家制定的民法对所有当事人之间的自治都产生了实质性影响。在民法中，不管如何认可习惯的适用，但都不可能出现那种“绝对自由”的状态。当代由于在国家层面上，制定的民法越来越成熟和完善，在民众的民事活动中还没有规定的领域越来越少。于是，现实中绝大多数民事习惯的适用不是国家法的缺失，而是适用国家法无法达到司法期望获得的效果。这样，在当前国家民事纠纷解决中，适用习惯时存在不同程度的选择问题，即是适用国家法还是习惯的问题。在这种法律结构下，必然会导致民事习惯适用走向新的机制，这与中国古代司法中适用习惯主要是由于国家法缺失而形成了不同机制。① 笔者认为，在当前我国民事法律适用时，适用民事习惯只能在国家法阴影下进行，是一种国家法阴影下的适用机制而非补充型的适用机制。② 这种国

* 胡兴东，法学博士，云南大学教授，博士生导师。

① 中国古代适用民事习惯多是由于国家法存在不足时，特别是在民事纠纷上。这是因为在中国古代，国家在民事立法上相对不积极，导致大量民事领域没有相应的法律，于是在调整上只能由习惯来承担。

② 在西方学术界，对在法律适用中，关于国家法的作用上主要有“法律阴影下交易”和“交易阴影下判决”两种观点。笔者认为法律在司法运行中，在适用习惯时，国家法产生的作用是一种界定边界，而非唯一的标准。当然，这种结构与民法行为具有高度“自治性”有关。

家法阴影适用机制的基本特征是充满交易性商谈。"交易性商谈"是指民事习惯在适用时当事人会在一种相对开放的制度性安排中讨价还价，反复磋商，最后达成一种妥协性法律结果，而非简单习惯适用的产物。这里，"商谈"强调的是一种受到国家法约束，特别是国家司法程序约束的"商谈"，即哈贝马斯"商谈理论"视野下的"商谈"。① 所以，当前和未来我国法律活动中，涉及民事习惯适用时都会处在一种国家法阴影下的交易性商谈机制中。这让民事习惯适用体现出相应的特点，在适用技术上的要求也会有所不同。

## 一、交易性商谈机制：一种民事习惯适用的学理基础

当前，民事习惯在适用时本质是一种国家法阴影下的交易性商谈适用机制。那么，什么是"国家法阴影下的交易性商谈适用机制"呢？它是指民事习惯在适用过程中受到国家法的制约，在法律适用过程中各方参与者对民事习惯的适用时会受到国家法的刚性约束。在这个过程中，不管是接受国家法的还是习惯的，当事人都会把国家法作为自己做出妥协的起点和边界进行考量。这种特征不管是从形式上还是从实质上看，国家法在当前法律适用中都获得了绝对的统治地位，在民事习惯适用时，如何选择是受制于国家法相关规定的，而不是一种完全由当事人或法官自由选择的产物。

当前中国的司法制度是单一制，不存在二元或多元司法制度，这与元明清时期"土司"制度下的少数民族传统司法存在着根本性的差异。② 这样，在司法制度上就保证了国家法的绝对地位。在汉族地区也没有历史上形成的那种宗族和家族高度自治的社区结构。于是，从制度上看，民事习惯在适用时都会受到国家司法的审查。在这种法律环境下，法律工作者在适用民事习惯时，为了减少当事人因多种选择带来的不稳定性，也会尽量减少适用民事习惯。从调查看，一线工作的法律人员反映，自己在司法裁判或调解中，在面临可以适用习惯或国家法时，都会采用优先适用国家法，目的是减少适用习惯所带来的当事人因不服提起上诉的可能性。同时，一线法律工作人员也反映，在当前社会中，若在判决中公开适用习惯时，当事人会提出为什么同是"中国人"，他或她为什么要适用"本地的"或"本民族的"习惯呢？这种质疑对一线法律工作者是很有压力的。所以，在现实中，很多时候适用民事习惯是在国家法阴影下通过复杂的交易性商谈后达成的一种妥协性结果。这种交易性商谈存在于当事人之间，即若按当地习惯解决会有什么结果，按国家法解决会有什么结果。这两种依据下的不同结果成为双方当事人商谈的空间，也成为商谈可以进行的前提。如某县一对男女在婚姻纠纷中，当事人在 1998 年结婚时没有领取结婚证，但举行了当地民族的传统结婚仪式，婚后 20 年间一直以夫妻名义共同生

① 对哈贝马斯"商谈理论"在法律适用中的作用，学术界有很多研究，其中涉及立法、司法等方面。对该理论的了解可以参见哈贝马斯的《交往行为理论》(上海人民出版社 2004 年版)、《在事实与规范之间》(三联书店 2011 年版)等著作。

② 元明清时期，在土司制下的少数民族司法是一种分权结构下的土司权力的体现，它是在一种独立司法权下的法律适用，是没有受到国家法刚性约束的。

活，而现在(2019年)提出结束“同居关系”的纠纷。这个时候，当事人任何一方若坚持按国家法把两人关系认定为“同居关系”而不是“事实婚姻”作为两人的法律“关系”时，法院都无法坚持“事实婚姻”的立场。于是，当事人会对自己是承认国家法上的“同居关系”还是习惯上的“婚姻关系”所产生的法律后果进行考量。因为不同的选择将会导致双方获得的权利和承担的义务出现不同，最终影响各自在此纠纷中的不同目标和利益。同时，法官也会考量，在这一纠纷案件解决中，固守国家法上的“同居关系”，或者默认“事实婚姻关系”将给整个案件判决或调解产生的不同影响，或说对司法目的考量产生的不同影响。因为在当前国家法上，两者都可以找到相关的法律依据。这个时候，国家法中对“同居关系”和“婚姻关系”下设定的权利义务成为三方博弈的依据。三者在整个案件的解决过程中，都处在国家法的阴影下，为让自己获得最佳利益而进行博弈妥协。当前少数民族地区民事习惯适用正是在这种机制下进行的，所以全面了解和把握这种机制的形成和特点，对有效适用民事习惯，特别是少数民族习惯是十分重要的。

这种适用在司法审判中十分明显，如2016年发生在云南省红河州的原告熊某某与被告邓某盆、邓某福、邓某芽、邓某包土地承包经营权侵权纠纷案就是典型。此案是2016年农历一月初二，邓某盆、邓某福、邓某芽、邓某包在没有与熊某某协商且取得他同意情况下，将四被告过世的父亲安葬在熊某某承包的“大黑龙”(地名)木薯地中。后来因为赔偿问题引起纠纷，虽然通过当地村小组、村委会、乡司法所等调解，但依然不成功。最后熊某某起诉到法院。此案争议的核心是原告要求赔偿土地占用费16000元，木薯损失660元，而被告认为赔偿费太多，不同意按原告要求赔偿。其中，对坟墓占用的土地面积，原告认为33.48平方米(长6.2米，宽5.4米)，损毁的木薯造成原告经济损失660元。后经过法院现场勘查测量，坟墓占地面积为10平方米，木薯苗损坏面积为15平方米。法院在解决此案时，对原告的诉求必须通过当地葬坟习惯让他退步；对被告必须用国家法让他们同意承担相应的损害赔偿。所以法院在判决时，首先指出原告的“合法的土地承包经营权受法律保护”；其次，用国家法认定四位被告在没有得到原告同意时就在原告承包的土地内埋葬过世父亲的行为是“侵犯了原告对承包经营土地的管理权和使用权”；最后，对原告则指出四名被告是按“当地的农村丧葬风俗习惯及被告父亲已安埋下葬的”，原告可以提出赔偿，但不能要价太高，“仅凭个人意愿提出的赔偿数额畸高，不符合实际”。这样，整个判决通过对国家法和民间习惯策略性使用后，法院满足了原告的赔偿要求和保留被告葬坟的诉求，“综合考虑当地农村民间风俗、坟地占地面积及被损毁木薯等实际情况，酌情支持1600元”。[①] 在整个判决过程中，国家法与相关习惯在一种交易图景下被技术性处理，最后达成了一种妥协性的判决。

上面的个案反映了在当前法律适用中，诉讼参与者是如何在国家法与习惯中进行反复商谈交易，最后达成一种以国家法为边界的诉讼结果。这是因为在上面的案件中，纠

① 云南省元阳县人民法院民事判决书(2016)云2528民初425号。来源：中国裁判文书网，http://wenshu.court.gov.cn。

纷各方参与者不管如何商谈适用国家法或习惯，目的是不让纠纷解决最后完全在适用国家法下出现“合法”结果，而失去当地社会传统习惯的“合理性”价值。

## 二、行动边界：国家法在民事诉讼纠纷解决中的作用

中国作为民族众多、区域社会发展水平参差不齐的人口和领土大国，在社会纠纷解决上，司法时不可能完全适用国家法是一种客观事实，也是一种实事求是的选择。由于民族和区域文化的差异，若机械地适用国家法，往往难以产生很好的社会效果。在调查中，我们获得了很多这方面的材料。如在国家法上，当前农村土地所有权者主体只有村集体，但在现实中很多少数民族村民往往把自己的实际承包经营权作为“所有权”行使。他们在内部频繁交易、交换时，都以“我的土地”作为前提。这样，国家法上的集体所有权更多是体现在国家与农户上，而不是体现在农户和农户之间。在我们调查的一个村庄中，若从 20 世纪 80 年代承包经营制度推行到现在，考察整个村内土地交易情况，可以说是“家家皆有”，置换、买卖活动十分频繁。有些家庭土地交易或置换已经超过 10 次以上。仅从土地权利实现、交易上看，当前少数民族地区村民间完全采用传统的“所有权”交易习惯，是不能实现这种所有权处分的，只有在针对“国家”时才体现出来。[①] 这让解决少数民族村民间土地纠纷时无法采用国家法上的“承包经营权”，只能转向承认一种“习惯”意义上的“所有权”，否则整个农村村民间的土地交易就会陷入失败和无序之中，更有甚者，一些少数民族地区转向采用传统“权力”，对少数民族内部个体实施制裁时，出现国家法上无法采取有效救济的困境。如云南省红河州 H 县中就出现了一个十分著名的案件。H 县 F 村是少数民族村寨，G 村民违反了 F 村内的习惯，但在国家法上，他获得了完全的支持。于是，当 G 村民与 F 村产生法律纠纷后，法院判决 F 村败诉。面对国家法上的失败，F 村转向采用传统习惯，开除 G 村民的“村籍”。这里的“村籍”不是国家户籍管理意义上的“村籍”，而是当地少数民族传统中的一种“公社”性质的“村寨认同权”，即每个村民在村内公共生活上的相互认同、相互帮助等社会权利。开除村籍就是不再“认同”他是本村成员，切断他与整个村内所有成员的社会权利。当 F 村采取这种处罚后，G 村民在村内无法生活，因为这是一种消极的不作为行为，无法对村内其他成员做出强制性要求；同时，在国家法上，又没有任何法律上的侵权，无法通过国家法对 F 村进行处罚。[②] 这样，开除“村籍”的传统习惯产生了严厉的社会效力，而国家法却无法采取任何有效的救济。这个时候，解决的办法只有一种，那就是承认当地习惯，让双方进行妥协，从而达到纠纷解决的目的。否则，在国家法上是找不到解决途径的，因为当地村民的行为在国家法上无法证成“违法”或犯罪。在该县另一个纠纷案件中，法院在判决村民 E 与所在村

---

① 即国家对农地征收等行为时才体现出来，但这对农民来说，不是因为“土地”所有权不属于自己，而是因为农民自古以来就没有能力与国家对抗，只能接受国家的征收。

② 材料是笔者在红河州 H 县进行课题调查时所得。

集体因“风水”问题产生纠纷时，就采用承认E村民向村集体支付3600元罚款，同时判决村集体砌墙堵E村民家通道违法。法院通过“有意忽略”村集体对E村民的3600元罚款行为在国家法上的“不合法”判决，换取村集体取消对E村民“开除村籍”的处罚实施。

在很多因为习惯引起的纠纷中，解决时最有效的办法就是利用国家法作为边界，让当事人知道国家法会让他们的诉求产生什么样的结果。如在2017年云南省鲁甸县人民法院审理的原告刘某华、刘某友、刘某凤、刘某花、刘某珍、刘某兰、刘某翠与被告刘某柱、夏某凤、李某英、刘某义、刘某华一般人格权纠纷案中，七原告的父亲在2017年3月21日过世，2017年3月28日七原告把过世的父亲安葬在“刘家坟山”，被告刘某柱等人认为原告家埋葬父亲的地点是祖坟所在地，对祖坟风水产生了不利影响，要求原告家搬迁，但原告不搬迁，最后导致被告破坏原告父亲坟墓进而引起法律纠纷。此案产生的根本原因是七原告埋葬父亲所在地是“自刘姓家族树立族碑及修立族谱后，刘姓家族关于‘刘家老坟山’形成一条不成文的规定，即任何人不能再将坟埋在刘家老祖人坟墓（即树起碑的两座坟）的后方，且距先埋的坟应当不少于2米”。此外，被告家的积极行动还涉及原告父亲的坟与“被告刘某柱父母亲坟墓仅1米多，已严重危害到五被告的祖坟”；因为原告父亲的坟在“被告刘某柱的父亲和母亲的两座坟之间的空地正后方”。在2017年4月26日，被告刘某柱、李某英、夏某凤等把原告父亲刘某祥的坟挖平，让棺材部分暴露在外。2017年6月12日，鲁甸县公安局对被告刘某柱、李某英、夏某凤处予行政拘留10日，同时决定不具体执行行政拘留。整个案件涉及的是当地坟地“风水”习惯。但若完全从习惯出发，无法让纠纷得到解决。因为按习惯看，七原告葬父行为属于破坏家族葬坟习惯，违背习惯在先，那么被告提出迁坟就有依据。当协商不成时，被告对原告父亲坟的破坏是否在习惯上完全被否定可能就会出现问题。这样，整个纠纷解决就会更加困难，为此法院从国家法出发，指出被告的毁坟行为是“违背了公序良俗，因为坟墓作为后人祭奠先人、寄托哀思的地方，对后人存在着重大的精神寄托，具有一定的人格象征意义”。法院指出被告对原告葬父导致父母坟墓产生影响“应当通过合法途径，依法处理，而不能采取非法手段处理”。这样，被告刘某柱、李某英、夏某凤的行为使原告遭受了严重精神痛苦，同时毁坟再修需要投入一定的人力、物力，具有财产损坏性质。基于此，被告应当承担相应侵权赔偿责任。法院在分析原被告的各自过错后，开始用国家法权衡如何让他们承担法律责任，实现案件纠纷的解决。首先，法院指出原告在葬坟时打电话给家族成员刘某、刘某宪询问他们葬父墓地所在处是否可以安埋，但在没有获得家族同意下就葬父，说明他们知道葬坟所在地是存在问题的，“七原告在未征求被告方的意见的情况下，将其父安埋于被告刘某柱父母坟墓后方的行为存在一定的过错”。所以对七原告主张的105000元精神损害抚慰金，法院降为15000元；82000元修复坟墓赔偿降到6000元，对七原告要求被告登报赔礼道歉基于原告有过错不给支持。在15000元精神赔偿中，法院认为由于原告存在过错，应承担相应的责任，具体是七原告承担30%，被告承担70%，最后被告承担的精神损害抚慰金是10500元,经济损失4200元。[1] 此案本质上是原告想通过国家法达到自己的“传统目标”,而被告同样也想通过国家法达到自己的“传统目标”,所以双方只好在国家法下进行妥协,以尽量达到自己的目标。

有些时候,为了解决习惯引起的纠纷,国家法在适用时会采用技术化的转化。如2017年云南省楚雄市茶某章诉杨某富物权保护纠纷案是在2016年4月22日,被告杨某富将自己过世儿子杨某应安葬在楚雄市××镇××村民委员会大坟山,原告茶某章以被告葬坟地属于自己承包地为由,要求被告停止侵权、限期迁出杨某应坟冢、恢复土地原状。此案争议的核心是两姓坟山范围埋葬问题,而非原告茶某章公开宣称的土地使用权受侵权问题。对此,原告在诉讼请求中说得十分明确:

原告与被告在两个相邻的村民小组,祖祖辈辈在同一个地方生活。茶家从新中国成立后就在这个若大坟山打陀螺场有自己的祖传坟地,还有1952年楚雄县政府颁发的土地房产证。后来山林土地政策调整,茶家的坟地没有改变,同时集体土地承包经营时,村小组还将原告家坟地周围的土地承包给原告家管理使用,分家时该土地分给原告管理使用。2015年农历三月十三,被告之子杨某应不幸身亡。同年农历三月十六,被告将杨某应的尸体葬在原告承包地上。根据农村风俗习惯,事发后,原告找被告理论,请上级组织帮忙解决,但时隔一年多,村镇两级也没有帮忙处理。

对此,被告杨某富在辩称中指出自己葬坟所在地是本家族的传统坟山,而非茶某家的坟山:

2016年农历三月十六,被告之子杨某应下葬之地并非原告所述的打陀螺场,而是杨氏家族近500年以上的祖传坟地,杨家均不同意茶家使用该坟地。多年来,茶家在杨家坟仅安葬过一座坟,杨家当时就进行阻止,但考虑到情况特殊,杨家以德让人,就同意茶家安葬,之后就未再允许茶家在杨家坟地安葬。原告所述承包地没有依据,现在原告耕种的地块是原告家在杨家坟地范围内新开的。被告葬坟没有法律依据,但这是中华民族500多年来的安葬民俗,为了维护杨家的合法权益,能让逝去的族人安息,请法院到现场勘查。

从原被告双方的陈述中可以看出,争议的核心是坟山及风水问题,为了解决此问题,法院采用的策略是用国家法上的确定性来让当事人从自己的习惯主张中退却,以促成纠纷的解决。为此,法院首先指出原告茶某章主张被告家的坟地在自己承包地内是没有证据的,“原告向本院提交了云南省楚雄县土地房产所有证1份、农村土地承包经营权证1份、照片13张,而原告又在庭审中陈述该地块在以上土地房产所有证和土地承包经营权证上均没有登记,原告的陈述前后矛盾”。[2] 这样,把原告的主张从国家法上给予否定。

---

① 云南省鲁甸县人民法院民事判决书(2017)云0621民初586号。来源:中国裁判文书网,http://wenshu.court.gov.cn。

② 云南省楚雄市人民法院民事判决书(2017)云2301民初1329号。来源:中国裁判文书网,http://wenshu.court.gov.cn。

对被告杨某富主张所葬地是杨家祖传坟地的主张，法院也用无法用证据证明进行否定。不管是原告、还是被告，对安葬杨某应的地块权属在国家法上都没有依据，这样原告要求迁坟恢复土地的要求自然出现无事实和法律依据。于是，案件中原被告双方从习惯出发要求达到的目的在国家法下都成为无源之水。这样，国家法中的土地经营权成为整个案件中双方获得习惯上目标时必须妥协的前提。

## 三、国家法：刚性裁判依据或交易性商谈起点

承认和适用民间社会中众多传统习惯，会不会导致国家法的消解呢？对此，是不必担心的。国家法所具有的权威性和统一性，是任何民事习惯都无法相比的。国家法的统一性虽然在运行中会出现各种无法预测的问题，但这正是它优于以地域和群体为基础的习惯所在的地方。对于国家法在民间社会中的作用，不能认为只有实现了一种"理想"状态下的"格式化"社会规制才算成功。从调查看，不管是少数民族地区的司法人员、还是少数民族当事人，在产生社会纠纷时，都会通过各种途径了解相关国家法知识，对是否提出自己的习惯主张进行考量。在此后的司法或纠纷解决过程中，特别是达成法律协议时，当事人都会考虑如果适用国家法将会带来什么法律结果，也就是说国家法在纠纷解决过程中并不完全是刚性的法律依据，而是各方商谈交易的起点和边界。对此，在调查中可以看到国家法在少数民族纠纷解决和司法中的作用主要是如此。下面是我们与云南省 E 民族自治县的某乡司法所所长李某的访谈，李某的态度较为典型：

**笔者**：这两个乡情况比较特殊，主要居民是彝族，在您调解纠纷过程中，老人们的作用突不突出？

**李某**：以前还是明显的，有纠纷请老人来处理，但随着经济社会的发展，法律越来越渗入。

**笔者**：就是说，在具体操作上，你们现在已经改过来了。

**李某**：现在调解纠纷时是先讲"法"，法律关系讲清楚之后再讲"情"，处理的效果比较好。现在群众的法律意识提高了。

**笔者**：就是说有些当事人会直接拿法律来对抗，而且这种情况越来越明显了。普法在客观上还是产生了很大的作用。

**李某**：农村的普法主要靠群体干部，法律素养都得到了提高。现在生产生活中处理事情都是依法。现在电视、网络比较普及，出去打工的人也多了。

**笔者**：就是说现在调解纠纷是法—情—理，而不是情—理—法。按您这样说，从事这个工作，法律知识对你们是很有压力的。

**李某**：有压力。[①]

这里笔者所访谈乡镇属于典型的彝族聚居地。李某在交谈中，反复指出现在纠纷解

① 材料是笔者在玉溪市 E 县进行课题调查时所得。

决中国家法越来越重要,发挥的作用越来越明显。这不仅仅是国家司法机关在解决纠纷中对国家法的强调,也是老百姓通过电视、网络、外出打工等对相关国家法律知识越来越了解的结果。在解决纠纷时主要策略是弄清事实的前提下,先把国家相关法律讲清楚,再用情理(多是习惯)来解决具体纠纷。这个时候,国家法便成为纠纷解决参与者商谈交易的起点和界限。

这种现象在云南少数民族地区十分普遍,我们在其他多个民族地区调查中,一线纠纷处理人员都有相同或相似的反映。如在云南省德宏州A县调查时,多个司法所所长都有相似的表达。A乡司法所所长指出在解决阿昌族婚姻家庭纠纷时,“说理时是以国家法律为基础,以民族风俗习惯作为参照”;B乡司法所所长指出“在调解过程中,会首先向当事人宣传国家法,然后再说对本民族习惯法的尊重”;C乡司法所所长指出“我们调解纠纷主要把握两个原则:一是以国家法为基本依据;二是坚持公平公正的原则。在调解过程中,我们不会和当事人一起吃饭,调解完成后会和当事人吃个‘团圆饭’。在解决纠纷的过程中,我们很尊重民族风俗习惯,这也有利于纠纷的圆满解决,如我们在解决德昂族纠纷时会带一些茶去,和当事人边喝茶边解决纠纷;在解决傣族、景颇族纠纷时,我们会带一些酒,和当事人边喝酒边解决纠纷”;D镇司法所所长指出“纠纷调解主要是依据国家法,也会考虑民族风俗习惯。在进行调解时,我们会告知当事人法院判决是不管民族习惯的,跟调解相比可能会得到更少的赔偿”;E镇的司法所调解员(女、傣族)也承认,“我在进行纠纷调解时,主要是以国家法为主,会适当考虑一些民族风俗习惯,特别是在需要支付赔偿金时,会更多地考虑民族习俗”。[①] 在笔者进行社会调查时,曾有一个管理社会治安的副乡长给笔者讲过,他们解决社会纠纷都是把国家法律作为迫使当事人做出妥协的依据,而不是解决的刚性依据。

分析这些不同形式的表达,会发现他们在解决纠纷时都会把国家法作为整个纠纷解决的起点,在国家法的前提下引入习惯,让当事人知道接受本民族习惯会获得的好处,或不接受习惯按国家法解决会产生什么样的后果。这种现象在基层法官,特别是派出法庭的法官的访谈中同样得到了反映。所以说习惯适用是受到国家法的影响的,国家法在习惯适用时构成了一种荫影,让当事人对自己的诉求有了刚性的边界。从法律适用看,这种“国家法荫影”构成了习惯适用上的约束。如2016年云南省麻栗坡县刘某良诉刘某坤合同纠纷案体现了此种情况。此案是约定父母赡养上由两个儿子各人承担一个,其中母亲由刘某坤承担赡养送终,但在母亲过世时,刘某坤没有承担安葬义务,而是由刘某良代为办理。事后刘某良要求刘某坤补偿自己承担安葬母亲的费用而引起了纠纷诉讼。此案存在2000年兄弟两人关于赡养父母纠纷而起诉到法院,对此麻栗坡县人民法院作出的(2000)麻民初字第225号民事调解书对家庭财产分割,父母赡养做出了明确的约定,其中母亲陈某同被告刘某坤生活同居,生养死葬由刘某坤负责。法院审理此案时,认为2000年由法院主持形成的调解书本质上是一份有效协议。根据该赡养合同母亲安葬费

① 材料是笔者在德宏州A县进行课题调查时所得。

应由被告承担,“双方当事人在法院的主持下达成调解协议,约定母亲陈某由刘某坤负责生养死葬,该协议合法有效,刘某坤对该事实予以认可,故安葬母亲陈某的开支应由刘某坤承担”。被告提出用礼金抵扣安葬费,对此法院认为礼金作为当地社会中的特殊习惯,本质上是一种互助行为,不能作抵冲,“至于是否应该扣除礼金的问题,根据本案实际和结合本地风俗习惯,礼金作为亲属之间相互帮忙的礼尚往来,是需要还礼的,而且具备一定的特定性,并不是严格意义上的收入,扣抵丧葬费用有失公平”[①]。此案首先在国家法下认定赡养协议有效,成为让被告接受承担法律责任的依据。同时,通过民事习惯否定被告主张用礼金抵冲原告要求获得安葬费的主张。被告在诉讼中接受法院判决是受到子女赡养父母的法律约束,让被告在接受法院提出的判决上产生了作用。

在云南省玉溪市×县某乡调查时,在与某村内调解委员会主任交谈时,对法律在调解中的作用评价上,他的回答也说明了此种立场。我们问他:“在你调解中,你是怎样适用法律的?有没有用法律进行讨价还价?”该村村委员调解主任的回答很技术化,但态度十分明确,“法律要讲请楚,但严格按法律来做也是有困难的”。[②] 这说明在涉及基层纠纷解决时,法律是必须明确指出的,但具体解决时,在法律阴影下协商妥协才是关键。这种经验,在云南省丽江市D县某乡调查时,该乡司法所所长普某某也承认是如此的。普某某担任过县法院的法官,对司法审判十分熟悉。[③] 笔者提出“在民间调解结果与法律的底线上,您的调解目标是完全一致还是有差距”?普某某承认“还是有差距的”。[④] 这说明他在调解纠纷时,指出国家法的目的并不是要让调解结果完全获得国家法意义上的“合法”,而是告诉当事人不按习惯妥协,在国家法下会产生什么样的结果,让他们接受适用习惯调解的结果。

这种现象不仅在法官或司法调解人员身上有所体现,就是少数民族当事人中都有同样的体现。如在婚姻成立要件上,现在少数民族群体都知道去“政府登记”是婚姻获得国家法上成立的要件。对此,我们曾对少数民族在结婚上,什么属于“结婚”进行过问卷调查。其中,有一个村子属于典型的彝族村。[⑤] 在问卷中,对“如果您结婚,您认为什么才算正式结婚”,备选选项有“A.按当地的风俗,B.登记,C.既登记又按风俗”。结果选A的只有1人,占3.33%;选B的有8人,占26.6%;选C的有16人,占53.3%。接着在“您觉得结婚去登记有必要吗”,备选中有“有或没有”两选项。对此项30人都选“有”,即100%;没有其他的。[⑥] 上面调查数据存在与事实不符的情况,因为当地很多人结婚是不去领结

---

① 云南省麻栗坡县人民法院民事判决书(2016)云2624民初549号。来源:中国裁判文书网,http://wenshu.court.gov.cn。

② 材料是笔者在玉溪市×县进行课题调查时所得。

③ 因为乡镇司法所所长是正科级,县法院的法官在行政级别上无法达到正科级,所以县级法院的法官,甚至是县法院的庭长都会出任司法所所长。

④ 材料是笔者在丽江市D县进行课题调查时所得。

⑤ 我们调查的村子属于云南省文山州M县中非常典型的彝族村寨,在20世纪90年代以前与外界交往十分少,在生活上属于高度同质化的封闭型社区。

⑥ 材料是课题组在文山州M县进行课题调查时所得。

婚证的。这反映出村民是知道结婚在国家法上要成立得去民政部门登记，并领取结婚证。然而现实中，由于村民多是早婚，女子结婚时达不到法定年龄，所以去登记的很少。很多人是结婚时按习惯结婚，到年龄或生育了小孩后再去补办。[①] 从这里可以看出，民众对国家法的态度十分复杂。在调查中，很多少数民族在结婚后产生纠纷时，需要"离婚"时就会用"仪式结婚习惯"在法律上是同居关系而非法律婚姻来实现自己的不正当目的。于是，产生纠纷时，当事人往往想到的是自己的诉求在国家法中会获得什么样的结果。下面两个婚姻纠纷在解决上是这种机制的典型：

2006 年 3 月 24 日，赵某（男，19 岁，董乡某村民委员会某村小组村民）在没有征得潘某（女，15 岁，某村民委员会某村小组村民）的同意下，就与潘某的父母订婚。并按照当地风俗，赵某向潘某家给付了 900 元的礼金。3 月 26 日，潘某得知后，坚决不同意，要求取消婚约。赵某得知后，随即赶到潘某家，要求潘某退还礼金和送去的礼品等，共计 1400 元，并要潘某赔偿 2000 元的名誉损失费。潘某家当时没钱，在万般无奈的情况下只好写下欠条，约定于 2006 年 3 月 30 日给付。2006 年 3 月 30 日，赵某再次到潘某家索要，但潘某家依旧说没有钱，双方因此形成纠纷。2006 年 4 月 3 日，赵某把纠纷提交到乡司法所进行调解。[②]

司法所在调解时，通过走访调查弄清事情的来龙去脉后，调解人员指出此纠纷在国家法上具有以下法律问题：首先，此婚约属于包办婚姻，是违法行为，婚姻自由，父母不得包办代替；其次，国家法规定结婚年龄男性 22 周岁、女性 20 周岁，双方都没有达到结婚年龄，所以订婚是无效的；再次，赵某提出的名誉损失费是没有法律依据的；最后，礼金与礼品返回是有国家法上依据的。这样，当事人通过乡司法所对国家法的讲解，知道各自的诉求在国家法上性质如何，会获得什么样的支持。最后，双方达成的协议是潘某家同意退还礼金和礼品（折合人民币 500 元），共计 1400 元，赵某放弃了 2000 元"名誉损失费"请求，解除婚约。这里赵某提出"名誉损失费"和婚约成立问题在当地习惯上是有依据的，潘某家同意退回礼金和礼品费用，是受制于国家法的，因为这种纠纷一般对礼品费是不会退回的。从整个纠纷解决看，当事人对基于当地习惯提出的主张都在国家法下进行了妥协。当然，从法律适用上看，此纠纷没有严格适用国家法或习惯，两者在国家法下进行了复杂的交易妥协。

2006 年 2 月 16 日，董某镇马某村民委员会村民顾某（男，17 岁）与同村民委员会某村小组村民熊某（女，16 岁）订下婚约。按照当地风俗，顾某给付熊某 1330 元作为礼金。4 月 12 日，熊某反悔，以自己未达到法定婚龄为由要求退婚。顾某得知后，随即赶到熊某家，要求熊某退还 1330 元的礼金，熊某家人不同意，顾某于是强行拉走了熊某家一头价值 2000 余元的耕牛。于是，两家产生纠纷。2006 年 4 月 16 日到董某镇司法

① 去补办结婚证不是为了获得婚姻上国家法的保障，而是为了小孩上户口或上学需要落户或户籍证明。

② 材料是课题组在文山州 M 县进行课题调查时所得。

所要求调解。①

乡司法所在调解时,调解人员指出《婚姻法》规定法定结婚年龄为男 22 周岁、女 20 周岁,现在双方订婚年龄都达不到国家法定年龄。在法律上,订婚不受法律保护,订立婚约时给付的彩礼,因双方不能结婚登记的,应当退还,强拉他人家里耕牛是违法的。最后双方同意熊某家退还 1330 元礼金,顾某将拉走的耕牛退还给熊某,解除婚约。此案在当地习惯上婚约是成立的,同时女方不同意婚约是构成违约的,甚至在当地习惯中男方采用的行为是"可以的"。这样,在习惯的语境下,男方处于有依据的状态。这个时候,要让男方退却,必须引入国家法。当地司法所在解决此纠纷时,先对相关国家法进行了讲解,让男方知道在国家法上自己是无法获得"合法的"支持的。同时,女方家要同意返还彩礼,必须让他们知道这在国家法上是有依据的。

上面两个案件十分相似,在解决过程中使用的技术是相同的,调解者在解决时首先把相关国家法向当事人明示,以让当事人知道各自行为在国家法上的"法律性质"和"法律后果"是什么。在具体解决时,则引入当地通行的习惯进行具体处理,让当事人获得更多地方性知识中的"正当性"和"可体验性"。在这个过程中,纠纷能够得到有效解决与国家法的作用是息息相关的。在两个案件中,男方当事人之所以接受女方解除婚约的要求,是因为他们知道本地婚姻习惯在国家法上是无效的,但他们要求退回礼金或礼品却有国家法的支持。女方当事人之所以强烈要求否定习惯上的"合法婚约",是因为他们知道在国家法中这种民族习惯上的"婚约"是"非法"的,男方无法获得国家法的支持。同时,女方之所以同意返还彩礼,是因为她们知道在国家法上男方是有法律依据的。

在具体司法案件中,在涉及习惯适用的案件纠纷上,国家法的作用同样如此。如 2015 年贵州省某县产生李某伟与李某峰财产损害赔偿纠纷案。此案涉及当地苗族的特殊习惯——架设木桥供自家祭祀。案件中原告与被告同属西江镇某某村村民,是苗族村寨。原告李某伟诉称自己家在 1949 年前就在该西江镇某某村"也益"(地名)自然寨脚小河沟上架桥作为"保家桥",从祖父到现在每年都去祭桥,但由于桥长期没有维修而损坏,在 2015 年农历二月二日(即 3 月 21 日)祭桥节时重新修建,第二天被告把他家修好的木桥撬下河沟,劈烂烧毁。原告指出"被告其行为不仅给我造成较大的经济损失,同时我精神上受到很大的打击和痛苦",所以在诉讼中原告不仅要求赔偿三棵杉圆木损失费 900 元、修桥劳务费 5040 元、祭桥生猪费用 1980 元、精神损失费 5000 元,同时还要求被告在黔东南日报登报赔礼道歉和赔偿 120 斤酒、120 斤肉、120 斤米、120 元。四个"120"斤赔偿是苗族赔偿习惯。对原告的指控,被告李某峰辩称,"原告利用封建迷信大搞牛鬼蛇神,从七组跑到九组我家的门前田埂上来修建木桥,并声称其祖父在新中国成立前已在该处修建过木桥,但新中国成立以来都没有人看见'乌独'(地名)这个地方有过木桥","原告在此修建木桥不是为了方便群众通行,而是为了进行封建迷信活动"。被告不仅对

① 材料是课题组在文山州 G 县进行课题调查时所得。

原告基于当地民族习惯提出的指控进行了全面否定，还同时反诉对方，指控原告在自己家田内修建木桥时挖坏自家田埂，造成田内养的鱼流入河内损失了1000元，为了恢复损坏的田埂付出的劳务费360元。此案是基于当地民族习惯引起的纠纷，但对相关民族习惯而言，诉讼当事人立场完全不同。这时要解决此纠纷，必须引入国家法才能让当事人回到可以接受解决的语境中。对此，法院对此案的法律事实作了如下建构：

2015年3月21日，原告为了恢复该桥而邀请其房族兄弟帮忙修建，并从山上砍来三根杉圆木架设在原桥墩地段上。同年3月22日，被告将原告架设好的木桥三根杉圆木撬落到小河沟里，然后砍烂烧毁。原告得知被告损毁该桥的当天申请西江镇开觉村人民委员会予以处理，同月25日经西江镇开觉村人民调解委员会与开觉村老年协会共同主持双方当事人进行调解未果后，于同年3月25日作出由被告赔偿原告“四个120”(即120斤酒、120斤肉、120斤米、120元)、一只鸭、请巫师等和由被告向原告赔礼道歉、依村规民约给予赔偿的处理意见。因被告不履行开觉村人民调解委员会和开觉村老年协会的处理意见，原告于2015年7月28日向本院提起诉讼。

从这里陈述的法律事实看，此案纠纷产生后，所在村人民调解委员会与村老年协会进行调解时，对原告提出的主张完全接受，做出的裁定也是完全按当地习惯，要求被告赔偿“四个120”、赔鸭请巫师举行祭祀等。从村委会和老年协会的调解结果看，原告主张的习惯在当地是确实存在的。这样，此案中一方的行为在当地完全建立在习惯之上，另一方面则从国家法上给予全面的否定。在这种情况下，原告的民族习惯主张与被告的国家法主张之争是无法采用支持任何一方、否定任何一方的方式达到消除纠纷的目的的。于是，在两种语境下要达成妥协需要让双方都觉得不妥协会出现完全不同结果的解决策略。

从法院的司法技术看，首先是认可当地民族习惯，即原告主张的习惯，“原告按照地方民族习俗架设的木桥供自家祭祀，是少数民族地方的风俗习惯”。在承认这种习惯下，让原告获得心理上的支持，同时必须让原告对诉求做出妥协。首先，在修桥费用上，法院指出“由其房族兄弟出力帮助建桥人一起共同修建，由建桥人负责其族兄弟在建桥期间的伙食，不存在出钱雇佣房族兄弟建桥的事实”，即修桥费用主张在习惯上是不存在的。这样其实是用习惯否定原告主张。其次，原告提出祭桥生猪价值1980元的主张，法院基于“修桥、杀鸡、杀鸭等来祭桥”的习俗和卖猪者的证言相结合给予采信，这里再次通过习惯和人证认可原告的主张。最后，对原告提出每年逢祭桥节在新建桥西面的原桥墩上烧香烧纸祭桥的主张，由于有证人罗某荣、罗某德作证，认可原告的主张。这样，法院对原告基于习惯的主张进行部分否定和部分确认。对此种方法，原告是不能用国家法给予否定，因为他的整个诉求都建立在习惯之上。

对于被告，要让他承担原告的损失必须从国家法上出发，因为被告诉讼理由是建立在国家法上的。确认原告的行为是否在国家法上构成了对被告承包田使用权的侵权，“本案原告从罗某忠的责任田埂上架设的木桥跨一条小河沟至被告家承包的责任田埂上供行人通行,被告家承包的责任田和房屋均未受到任何的影响和损害,被告则以原告家自古以来从未见过原告家有木桥架设在自家承包的这片责任田埂上和原告在修建该桥之前未征得被告的同意而强行将木桥架设在被告承包的田埂上,是对被告极不尊重,同时对被告家防盗安全有隐患为由而将原告架设的木桥撬落入河沟,并将桥的木料进行损毁”。这里法院通过国家法作为依据,对被告的诉求进行否定,而被告是无法否认的,因为否定原告的民族习惯,坚持国家法的主张是自己的基本立场。

在做完以上工作后,法院从国家法语境出发,认定被告对原告财产损坏是有国家法上的依据的,“被告其行为,造成原告因修建该桥而造成的三棵杉圆木的损失,依法应当承担民事赔偿责任”。在价值上,法院认为900元的价值由于原告无法进行有效举证,只能采用市场价值来确认,“本院根据市场价酌情将原告的三棵杉圆木价值认定为600元”。对原告提出的精神赔偿和在《黔东南日报》登报赔礼道歉,法院以原告“未提供证据证明被告损毁原告修建的该桥后造成原告精神损害的证据证明”而予以否定。最后,对原告提出依据村规民约赔偿120斤酒、120斤肉、120斤米、120元的请求也用证据无法证实而不予支持。同时,对被告反诉要求原告赔偿修复田埂和田鱼损失的1360元请求也以证据证实不充分为由而否定。[①] 从最后的判决看,此案中国家法成为整个案件解决的核心,不管原告或者被告的诉求是被否定、还是被承认,都要受到国家法的约束。通过国家法上的系列处理,双方当事人都知道严格适用国家法会产生什么后果。于是,对当地民族习惯适用构成了一种国家法视野下的选择。

## 四、迈向理论:一种国家法阴影下的民事习惯适用机制的提出

不管是汉族还是少数民族,在民事习惯适用时,各方参与人员都会受制于国家法的影响,进而让民事习惯适用时充满商谈性质。于是,在商谈机制下涉事各方把自己的目标设定在国家法框架内,让习惯适用不走向失范和随意,让国家法适用具有整体上的合理性。这种特征在具体司法上表现十分突出,如:

2005年1月26日,江高镇茅山村发生一起因山坟问题引发的重大矛盾纠纷,涉及人数达50多人,涉及金额近200万元。当日下午,茅山村村委会组织人员到该村一山头挖山泥,因事前没有了解情况,在挖泥时不慎挖到该村黄姓家族的祖坟。此事在茅山村引起了轩然大波。次日下午5点,黄姓家族成员50多人气势汹汹地聚集在村委会门口,堵住进出道路,对村委会要求进行巨额索赔,矛盾一触即发。该镇司法所知晓后立即赶赴现场,同镇有关部门一起组织村民和村委会干部进行调处。村民们提出了每墓穴22.8万元的赔偿要求,遭到村委会的拒绝。在这种情况下,该所提出了如下调处意见:(1)村委会在这次山坟纠纷中确实存在过错,应向村民们公开道歉,缓和村民情绪;(2)调查清楚

① 贵州省雷山县人民法院民事判决书(2015)雷民初字第358号。来源:中国裁判文书网,http://wenshu.court.gov.cn。

被挖到的山坟有多少穴;(3)村委会应进行适当补偿,但补偿的金额不宜过高;(4)如确实不能达成协议,可引导村民通过法律途径解决。根据该所的调处意见,村支部书记代表村委会向村民作了公开道歉,态度诚恳,渐渐平息了村民们的激动情绪。在补偿金额上,经多次反复协商,双方终于在春节前达成一致,村委会就被挖的9穴坟墓共补偿16万元。①

分析上面事件的处理过程,虽然最终达成协议是受到各种因素作用下的结果,但在调解过程中国家法起到的作用是主要的。为什么村民会把每穴坟赔偿要求从22.8万元降到9穴共赔16万元。这里,作为"商谈交易"前提的国家法,对此司法所在调解一开始就发出了一个威胁性的警告,即"如确实不能达成协议,可引导村民通过法律途径解决"。于是,纠纷各方会想办法获得此纠纷在国家法下自己的主张会得到怎样支持的底线。国家法下获得的支持程度成为各方当事人在调解中做出妥协的"底线",村民和村委会都在权衡这个"底线"会给自己的诉求产生什么样的影响。

这在很多司法判决中都有体现,如2015年云南省玉溪市红塔区郭某芬、冯某芬、冯某南、冯某华、冯某萍诉冯某良共有财产纠纷案上就有体现。此案是2014年4月12日,瞿某驾驶玉溪市公共汽车服务公司云FY××××号车辆与冯某刘发生交通事故,造成冯某刘经急救无效后于4月18日死亡,事后双方协商达成赔偿协议并支付交通事故赔偿费234398.18元。在办理丧葬过程中,被告收到"烧纸钱",即礼金17200元。完成死者葬礼后,原被告之间因对交通事故赔偿款,即死亡赔偿金、精神抚慰金、丧葬费、"烧纸钱"、死者遗留存款中哪些可以分配,如何分配产生纠纷。法院在审理时,首先是对以上费用中,哪些费用需要扣除,不能作为分配的费用做出界定。首先,法院认为瞿某某与被告之子冯某清签订的《道路交通事故一次性处理协议》中补偿费中包括死者冯某刘丧葬费,即68000元是要扣除的;其次,对葬礼过程中收到的17200元"烧纸钱",即礼金,根据习惯应扣除,因为这种互助性的礼金接受者在以后他人遇到同样的事时需要给对方送礼金,"结合农村的风俗习惯,应当视为亲朋好友对被告的馈赠,具有互助性质,属于被告一方在之后的生活中必然要支出的部分,故对于原告的分割请求不予支持"。对剩余的费用,根据最高人民法院《关于确定民事侵权精神损害赔偿责任若干问题的解释》第一条规定,"精神抚慰金是指死者近亲属因受害人生命权遭受不法侵害而导致其遭受精神损害而依法要求侵害人赔偿的精神抚慰费用。故原被告对死亡赔偿金、精神抚慰金均享有分割的权利",即本案可以分割的费用只是死亡赔偿金116180元和精神抚慰金36820元,共计153000元。在具体分割上,法院提出应"结合农村风俗、死者生前与子女的生活紧密程度以及原告方主张均等分割的意见,在均

---

① 此案例见于广州白云区司法局官方网中的"调解案例评析",被两个学术成果引用,即吴永顺、伍忠的《从一调解案例看我国非诉讼纠纷解决机制的程序价值》(载《法制与社会》2007年第7期)和厉尽国的《法治视野中的习惯法理论与实践》(中国政法大学出版社2010年版,第235~236页)。

等的基础上，对前述款项，确定五原告各自享有24000元，被告享有33000元”。[①] 这里，法院对原告基于国家法要求均分的诉求给予支持，同时对被告提出的要求，即按习惯分配的主张给予部分承认。整个纠纷通过国家法和当地习惯的充分结合，让纠纷解决结果体现出很强的地方性特征。然而分析解决过程，发现受到制约的是国家法，国家法在整个纠纷解决中起到了边界界定的作用。

为了让这种商谈机制更加有效，在涉及民事习惯适用时，可以从这几个方面进行：第一，公开正视当前民事习惯司法适用中存在的各种问题；第二，国家司法机关等在适用民事习惯时，从查证程序、内容确定等方面加强管控；第三，在国家法视野下，通过灵活有效的适用民法核心原则——“意思自治”和“自由处分权”来实现商谈；第四，制定更加详细的程序规则，通过对典型判例整理和类型化判例研究提供习惯适用指导。其中，让当事人更好地了解适用国家法或习惯会导致纠纷解决结果上存在什么不同、双方在两者之间获得的选择是什么、差异是什么是十分重要的。这种结果导向性选择会让达成的协议在可接受程度上获得更好的效果，对实现商谈模式下的民事习惯适用起到有效的促进作用。

## Transactional Negotiation in the Shadow of National Law: An Institutional Mechanism for the Application of Civil Customs

Hu Xingdong

**Abstract**: Modern national sovereign states have gained absolute authority in state governance, and any citizens and organizations are affected and restricted by state law. In the civil field, although autonomy is the primary principle, the civil law formulated by the state still has a substantial impact on the autonomy of all parties. As an important supplement to civil law, civil custom is applied in a transactional negotiation structure under the influence of national law. This kind of negotiation is not only reflected between the parties, but also between the judge and the litigant. National law plays a role of boundary and starting point in the application of civil customs, which makes the parties and judges have boundaries in choosing whether to apply and how to apply customs. This shadow function enables civil activities under sovereign states to achieve a dynamic balance between national, regional and internal consistency of civil order.

**Key Words**: national law; civil customs; transactional negotiation

---

① 云南省玉溪市红塔区人民法院民事判决书(2015)玉红民一初字第129号。来源：中国裁判文书网，http://wenshu.court.gov.cn。

# 传统与当下的对话

## ——论社会性制裁的宗族法渊源*

吴睿佳** 王瑞君***

**摘要**：社会性制裁的概念和相关理论目前在法学界尚属方兴未艾。从其源流考察，中国传统社会中，社会性制裁常以宗族法等四大类社会规范为规范载体。其中，中国古代宗族法及其制裁手段自唐末以来，与国家法在制裁体系的构成上既有分工亦有耦合，以宋明理学为哲学内核，承担了重要的教化功能与预防功能，并在一定程度上弥补了国家公共服务职能的缺位。宗族法所规定的制裁事项和制裁手段的演进，受到人口增长、国家政策、理学发展、宗族自律等多方面因素的影响，有其必然性和合理性。因此，了解和研究以宗族法为规范载体的传统社会性制裁，对于当下立足中国本土实际，改进或重构现代制裁体系，提升社会治理效果，具有重要的现实意义。

**关键词**：社会性制裁；宗族法；民间法；制裁体系；家法族规

## 一、"社会性制裁"的概念界定、种类及其现实意义

### （一）"社会性制裁"概念的一般界定

"制裁"这一词语，在现代汉语中的意思为"用强力管束并惩处"。① 其作为法学研究术语的内涵，按照日本著名学者田中成明对"制裁"一词的定义，是指："针对违反社会规范的行为，以否定或者促使行为人放弃此种行为为目的而启动的反作用力，其内容是剥夺一定的价值、利益或者赋课一定的负价值或者不利益。"②根据这一定义，我们可以认为，不独有法律法规，习惯、道德、宗教教义等社会规范皆可以作为制裁发动的依据和规范载体。在这一定义的基础之上，日本著名学者佐伯仁志在其新近著作中进一步提出："制裁可以分为以国家为主体、作为法律制度被组织化的法律制裁和除此之外的社会性

---

* 基金项目：国家社科基金青年项目"社会矛盾预防与化解中的第三方介入机制研究"（项目编号：13CSH010）、山东省社科规划项目"有序参与下的环境群类体性事件基层治理机制创新研究"（项目编号：18CSHJ02）。

** 吴睿佳，山东大学（威海）法学院硕士研究生。

*** 王瑞君，法学博士，山东大学（威海）法学院教授，博士生导师。

① 中国社会科学院语研究所词典编辑室：《现代汉语词典》，商务印书馆 2016 年版，第 1688 页。

② 田中成明：《法的空间——在强制与合意的夹缝中间》，东京大学出版会 1993 年版，第 141 页。

制裁。"[①]可见，大陆法系成文法中常见的"刑事制裁、民事制裁、行政制裁"，即属于上述"法律制裁"之列。虽然佐伯仁志在其著作之中并未明确给出"社会性制裁"的定义，但根据其观点可知，举凡符合制裁定义，且不属于法律制裁的"剥夺"与"赋课"行为皆可视为"社会性制裁"。

在以往的研究中，"社会性制裁"这一概念并不常见，但与之类似的概念在不同的语境中时常被应用于学术研究中。"社会性制裁"作为一种非官方的行为，其内涵界定往往与"私力"有关，因此在一些学术问题的研究中，有学者也使用"私力惩罚""私人惩戒""私人惩罚"的概念，与"公共惩罚"相对应，来表述非官方的惩罚行为。[②]"私人惩罚"与"社会性制裁"两个概念在内涵上虽然高度重合，但本文认为两者之间尚存较大差异。根据桑本谦关于"私人惩罚"的著述，"嘲笑讥讽、批评指责、辱骂、冷漠、断交"等皆属于"私人惩罚"的范畴。[③]这一界定使得"私人惩罚"的发动可以不依赖于任何社会规范——无论它是成文的还是不成文的，进而可以单纯凭借惩罚行为的发出者个人的价值观念和利益衡量而做出，这显然区别于"社会性制裁"要求必须以一定的社会规范为依据而发动的特点。考虑到法学相比于社会学、心理学等学科，对研究对象的规范性更为关注，因此，本文认为"社会性制裁"这一概念，能够更好地概括以法律法规以外的社会规范为发动依据的非官方惩罚行为。在本文的写作过程中，我们也发现有个别论文使用了"社会制裁"这一概念表述，并基于边沁提出的"四种制裁方式"，将除"自然制裁"以外的"政治制裁""道德制裁""宗教制裁"这三种制裁概括统称为"社会制裁"。[④]这一概念主要是从社会学和伦理学角度提出的，它与"社会性制裁"的主要差别在于研究对象和语境的不同。一方面，边沁所论及的四种制裁方式是一种伦理意义上的广义惩罚，其中还包括了基于道德观念的自我心理折磨等；另一方面，佐伯仁志将"社会性制裁"与"法律制裁"相对应，而"政治制裁"中本身包含"法律制裁"。因此，两个基于不同学科视角而提出的概念，在内涵和外延上存在很大差异。

综上所述，我们认为，可以在佐伯仁志提出的概念基础上，进一步将"社会性制裁"的概念定义明确为："与法律制裁相对应的，基于国家法以外的社会规范而做出的非官方惩罚行为。"

### （二）中国传统社会中社会性制裁的规范载体

不同于西方学者惯常遵循的"国家—社会"二元对立的研究范式，法律多元主义的倡言者之一，日本学者千叶正士认为，东方社会的法律三元结构区别于西方，其由"法律原

---

① 佐伯仁志：《制裁论》，北京大学出版社2018年版，第6页。

② 姜世波、孔伟：《私力惩罚的空间：基于国际足联诉马图扎伦案的思考》，载《甘肃政法学院学报》2015年第3期。

③ 桑本谦：《公共惩罚与私人惩罚的互动——一个解读法律制度的新视角》，载《法制与社会发展》2005年第5期。

④ 吕耀怀、陈颜琳：《论社会制裁及其矫治功能》，载《湖南工业大学学报（社会科学版）》2008年第5期。

理、官方法和非官方法”三个元素构成。[①] 在这一研究范式下对中国传统制裁体系的规范载体构成进行考察，我们可以基于法律多元主义的立场，将中国传统社会中社会性制裁的规范载体划分为四类。

一是宗族法。需要特别指出的是，对于本文所指的“宗族法”概念，其内涵专指宗族内部成员自行制订的家法族规，但由于具体语境差异或采用的学科视角差异等多方面的原因，一些学者习惯在著作中使用其他表述。如费成康等学者常使用“家族法”的表述[②]，但“家族法”这一表述亦常用于对中国传统社会中专门调整家庭关系的法律进行概括，比如日本著名法制史学者滋贺秀三的成名作《中国家族法原理》即为例证。为了避免混淆，本文将此表述弃之不用，而采用张晋藩和朱勇较早使用的“宗族法”这一概念进行概括表述。[③] 其余相关著述中学者使用的表述，如“宗法”“家法”等，或存有歧义，或失之俚俗，亦不采用。

二是少数民族习惯法。由于社会性制裁这一概念乃是与法律制裁相对，因此其规范载体不应在国家制定法之列。所以此处所指少数民族习惯法，应做时空限制。如吐蕃、辽、西夏等中国历史上的少数民族政权主体所制定的法律，在其政权存续期间，不属于社会性制裁的规范载体。同理，又如清代蒙藏地区等获得中央政府自治授权的少数民族地方自治机构所制定的成文规范，在其自治权存续期间，亦不属于社会性制裁的规范载体。

三是宗教教义、教规。如佛教典籍《四分律》《摩诃僧祇律》，道教典籍《道门十规》等规定戒律、禁忌的典籍文书均属此类。需要指出的是，我国历史上出现个别建立在宗教崇拜基础上的政权的制定法时常借用宗教教规的形式，并不能视为社会性制裁的规范载体。如太平天国政权模仿基督教旧约中“摩西十诫”制定的《十款天条》等，就属此列。

四是帮会、行会、书院、团体等民间组织规约。虽然我国传统社会中由于结社权不被统治阶级保护或认同，民间组织的发展受到严格的束缚和限制，并不普遍，但综合来看民间组织规约作为社会性制裁的规范载体仍然是一个重要的门类。其中包括帮会规约如“洪门三十六誓”等、行会规约如《武汉天平众师友公议整理行规》等、书院章程如《岳麓书院学规》等、团体规约如《西湖八社社约》等，五花八门，不一而足，此处限于篇幅，不再详细列举。

在“家国一体”的中国传统社会中，宗族法是以上四类规范载体中相对较为普遍、成熟的规范种类，从整体上看，其在古代社会治理中发挥的历史作用，以及对当下社会的遗留影响也是四类规范载体中比较特殊且显著的。因此，考察宗族法，是对中国传统社会的社会性制裁进行深入研究的一个较好切入点。

---

① 千叶正士：《非西方法》，载《比较法研究》1994 年第 2 期。

② 费成康：《论家族法中的惩罚办法》，载《政治与法律》1992 年第 5 期。

③ 张晋藩：《中华法系研究的新成果——关于〈清代宗族法研究〉》，载《中国图书评论》1989 年第 1 期。

### (三)对社会性制裁的宗族法渊源进行研究的预期目的

陈兴良指出:"对制裁制度的研究不能离开一个国家的法律语境。"①应当说明的是,虽然"社会性制裁"这一概念本身在我国法学理论界尚未成为一个公知公允的学术概念,但"国家制定法以外的社会规范亦有其特定的强制力"这一点则早已成为学界共识。基于这一论断,从事法律多元主义和民间法研究的相关学者,更是以一系列丰硕的研究成果雄辩地证明,在中国社会,国家制定法以外的社会规范在法律秩序的形成和改造上拥有其独特的话语权和研究价值。钱穆先生有言,其治学时"常望能就新时代之需要,探讨旧历史之真相,期能对当前国内一切问题,有一本源的追溯"。② 因此,本文试图借助"社会性制裁"这一学术概念所提供的新鲜视角,先从中国传统社会性制裁的宗族法渊源切入,以期有助于理解中国传统社会刑罚以外的制裁手段,对当今中国社会以刑罚为中心的制裁体系之反思、改革乃至重构等"新时代之需要",亦应有所裨益。具体来说,可以分为如下几点:

1.通过分析中国传统制裁体系中宗族法和国家制定法之间的分工和互动,还原中国传统社会治理的一种样貌,为当下社会治理模式的转型探索提供历史参考。

2.通过分析宗族制裁在传统社会中存在的必然性和合理性,透视当下一些不合法的社会性制裁行为的历史生成和演变,而非一味强调其与制定法之间的矛盾冲突。

3.在当今强调治理主体多元化的社会背景下,对重视宗族制裁等社会性制裁在当今社会治理中的规范、转变和应用提出倡言。

## 二、中国传统制裁体系中宗族法的分工地位与预期功能

### (一)宗族法与国家法在制裁体系中的主次之分和相对分工

有学者提出:"中国古代法秩序二元性,不仅仅意味着国家法与民间法的分工,更意味着国家法与民间法在实施社会控制中的互相配合,及其在长期演进和互动过程中的彼此渗透。"③中国传统社会中,宗族法作为一种典型的民间法,与国家法长期以来形成了一种动态的分工和互动,因此有学者总结,"利用族权进行统治成为中国封建政治的一个重要特点"。④ 但与此同时,我们也认为,具体到制裁体系上,这种分工既不是一种力量和地位彼此对等的互动过程,也不是一种泾渭分明的明确分工。整体来看,宗族制裁和国家制裁的分工互动,是一个封建统治阶级利用宗族进行统治的过程,其中既伴随封建皇权

---

① 佐伯仁志:《制裁论》,北京大学出版社 2018 年版,序。

② 钱穆:《国史新论》,九州出版社 2018 年版,自序。

③ 姜世波、王彬:《习惯规则的形成机制及其查明研究》,中国政法大学出版社 2012 年版,第 17 页。

④ 叶娟丽:《我国历史上宗族组织的政权化倾向》,载《学术论坛》2000 年第 2 期。

和宗族整体力量的彼此消长，亦伴随着国家政治层面上的利益交换。

在民间法的研究领域中，学者们通常认为国家法和民间法在构成二元法律秩序的同时，二者之间亦有着密切的互动。具体到宗族法上，家法族规对自身补充“国法”之不足的定位，有着很明显的体现。如，湘阴狄氏一族规定：“士遵祖训、家法，以辅国法之行。”①武陵熊氏一族规定：“家乘原同国法，家法章足国宪。况国法远，家法近，家法森严，自有以助国法之不及。”②莱阳张氏一族提出“家法视国法为转移”③。宜荆朱氏一族提出“家法必遵国宪，方为大公”。④ 这反映出当时相当一部分宗族家法的制定者清醒地认识到，在封建皇权至上的社会，国家制定法所代表的权威并非家族宗法可以与之分庭抗礼，家法族规只能作为补充，“辅国法之行”，而不能于国法之外另起炉灶。这一点非常鲜明地区别于欧洲封建社会领主制定的宗族法，亦可作为西方“国家—社会”二元对立研究范式不能原封不动照搬于中国的一个佐证。

对于制定法而言，“法律不理琐事”，这一点在世界各国皆为通理。俞荣根认为，在中国“礼法”体系中，内含三个子系统：一是礼典系统，二是律典系统，三是以礼义为旨归、礼俗为主干的乡规民约、家法族规等构成的习惯法系统。⑤ 这种体系结构正好与“天理、国法、人情”相对应：礼典系统传承古制，呼应天理；律典系统令出于上，对应国法；习惯法系统脱胎民间，照应人情。基于这种体系划分，可以认为乡规民约、家法族规为代表的习惯法系统扮演了“礼法”体系中的末梢系统，抑或可以说，习惯法系统解决的正是“礼法”体系内礼典系统和律典系统所不为的“琐事”。而在习惯法系统中，宗族法又承担了调整家庭关系、维护伦理纲常的主要角色。

从宗族法的规范事项上看，其主要围绕家庭道德、伦理纲常这一核心，从祭具维护、服饰标准，到胙肉分配、宴会座次，以今人的眼光看，确乎是“琐事”，并没有国家法出现的必要。但当论及制裁手段时，又往往会出现“逼令自尽”“浸猪笼”“漂河灯”这样动辄人命关天的词汇。可见，在制裁体系的分工上，宗族法和国家法并不是完全以制裁手段的严厉性作为分工标准的，对于自由刑、生命刑等现代刑法理论中严格禁止不经司法机关判处而适用的刑罚，在传统社会宗族法中却是常见且被国家法在一定程度上默许适用的。从制裁手段所规范的事项来看，宗族法和国家法的分工，虽然在一定程度上以“礼法”体系当中“家事”与“国事”的相对分野为标准，而这种分野由于“家国一体”的社会特质，在具体事例的应用中又往往不甚明了，存在很大的主观性和个别性。以“不孝罪”为例，依《大清律例》十恶第七条对“不孝罪”的罪状规定，“不孝罪”是“谓告言咒骂祖父母父母，夫之祖父母，父母及祖父母父母在时别籍异财，若奉养有缺，居父母丧事自嫁娶若作乐，释服从吉，闻祖父母丧，匿不举哀，称祖父母父母死”。其中所谓“咒骂”“奉养有缺”的行为，

---

① 《湘阴狄氏家谱》(卷五)，刻本，1938 年版。

② 《武陵熊氏四修族谱》(卷首)，刻本，1871 年(同治十年)版。

③ 《莱阳张氏谱书》(第一册)，1919 年版。

④ 《宜荆朱氏宗谱》(卷首)，刻本，1908 年(光绪三十四年)版。

⑤ 俞荣根：《古代中国追求“良法善治”的六个面相》，载《检察日报》2018 年 7 月 17 日。

是否成立以及是否向官府申告几乎完全取决于“被害人”或家族尊长，也就是说，此类行为是诉诸国法，还是家法处置，具有相当灵活的转圜余地。因此，在“家国一体”的封建社会特质下，宗族法和国家法在制裁体系的分工上只能说是存在一种相对而有限的分工，而无法寻找一条泾渭分明的分工边界把“家事”与“国事”完全分离开来。这种历史传统，一方面对我国在制裁领域的法律移植和法律适用形成了较大的障碍，尤其是在“家庭暴力”、虐待、遗弃、亲属间斗殴等涉及家庭成员关系的纠纷处理上，无论是刑事制裁、行政制裁还是民事制裁，法律结果的可接受性都往往面临比其他纠纷更多的考验；另一方面，本身也是造成“家庭暴力”、体罚等现象较为普遍，且受害人通过法律渠道进行救济的动力和效果整体上不理想的历史原因之一。

**（二）理学内核指导下宗族法及其制裁手段所承担的教化功能与预防功能**

自唐宋至明清，统治阶级对于宗族和宗族法的态度以及政策虽然多有变化，但试图赋予宗族法及其制裁手段更多的教化功能和预防功能，始终是统治阶级的一种不变期望。“尽管中国‘家国一体’的社会构造可以否定中国国家与社会对立的结论，但是却不能否认中国官方与民间的二分；尽管中国礼法精神的一统可以否定民间法与国家法的平起平坐，但是不能否认民间规则与官方规则的差别。”[①]宗族法因其基于血缘和家庭，无论在教化的便利性上，还是在制裁手段的多元化和快速性上，都具有国家制定法所不具备的天然优势。尤其是在宋明理学占领社会主流思想高地之后，与宋代宗族平民化的历史潮流相得益彰，宗族法所承担的教化功能与预防功能被显著加强了。

一方面，宋明理学为教化功能和预防功能的实现提供了价值判断标尺。宋明理学对汉唐儒学进行了深刻的扬弃，从训诂回归义理，将伦理纲常作为自身的价值内核，无论是“成贤、成圣”的目标追求，还是“修、齐、治、平”的修养路径，尽皆围绕伦理纲常道德而展开，从而从教义的层面上为宗族法提供了充分的价值判断标尺。尽管在实践中不免流于教条主义，乃至时常由于教义的僵化酿成伦理悲剧，但总体上看，宋明理学对宗族法的社会教化功能实现起到了显著的指导作用。

另一方面，宋明理学加强了宗族法制裁手段的有效性。费成康带领的研究团队，曾依据约 3000 个宗族的家族法，将自唐代至民国年间各地宗族陆续采择的惩罚办法整理归纳为 12 种。[②] 通过梳理这些古代宗族法的制裁手段，我们可以发现，古代宗族法的制裁手段绝大多数带有精神折辱性质，如当众申饬、革胙（剥夺祭祀时分取胙肉和参与家族宴会的资格）、标示（对犯有过错之人以挂匾额、贴布告等方式进行公示）、记过（在宗谱或功过簿等纸质档案类材料上记录劣迹）、罚祭（在祠堂、族墓等地祭扫反思）、押游（类似于游街示众）等。这些制裁手段的有效性很大程度上依赖于被制裁者的廉耻心和道德标准。对于丧心病狂、毫无廉耻之人，采用这样的制裁手段，效果自然不如人意。而宋明理

① 姜世波、王彬：《习惯规则的形成机制及其查明研究》，中国政法大学出版社 2012 年版，第 15 页。

② 费成康：《论家族法中的惩罚办法》，载《政治与法律》1992 年第 5 期。

学对于伦理纲常的显著强调，使得社会普遍重视道德修养，不仅加强了被制裁者受到精神折辱制裁时来自自身道德伦理修养的痛苦，也使得被制裁者在受到此类制裁之后社会评价大幅降低，使被制裁者和未受制裁者更加顾虑受到制裁后，由于风评巷议的负面评价带来的附随后果，从而更好地实现一般预防和特殊预防的功能。

### (三)宗族法及其制裁手段对部分国家公共服务职能的缺失进行了填补

秦晖曾提出，中国封建社会“国权不下县，县下惟宗族，宗族皆自治，自治靠伦理，伦理造乡绅”的观点。① 但也有学者认为，“与其说古代中国社会是‘皇权不下县，县下皆自治’，还不如说是‘国家的公共服务职能不下县’更加准确一些”。② 两种观点各有千秋，对事实的描述概括均有相应的史料支撑。但具体到宗族法制裁的发动上而言，本文认为“国家的公共服务职能不下县”，本身就是导致了“县下皆自治”局面的一个重要原因。

古代社会公共服务职能时常缺失，政府往往由于政策的宽松和地方官员小吏的腐败而放任青楼妓院、赌场烟馆等社会不正当业态恣意发展。同时，由于治安维护措施的落后，地痞流氓和土匪恶霸也经常得不到及时的整治。在此环境之下，宗族子弟极易出现沾染恶习、交友不慎、败家输产甚至被挟为寇盗的风险。地方宗族大多对于家风有较为严格的要求，对于子弟的腐化堕落、游手好闲比之一般社会游民更为警惕。但宗族法不能侵夺地方政府的治安管理权力，对于地方治安环境的整体改善，既非宗族法力所能及，亦非宗族法制定的初衷。于是，宗族法中往往规定了大量严禁宗族成员沾染恶习、奢侈无度、擅自交游的制裁事项。对于身陷赌博、嫖娼等恶习的宗族成员，轻则于祠堂内当众申饬，重则予以革谱、出族，以免牵连整个家族。如温州《盘古高氏新七公家训》记载，“淫盗”“邪术”“争讼”“妄言”“赌博”皆在禁止之列，违者会遭遇“立予除名”等制裁。③ 又如《毗陵长沟朱氏祠规》记载，“有违窃盗者，事发锁拿，重责四十板，逐出祠外”，“禁赌博……犯者重责四十板”。④ 这些宗族规范与相应的制裁手段，在很大程度上对宗族内部子弟形成了较为有效的约束和管理，在古代社会治理理论匮乏、治理手段简陋的情况下，宗族法及其制裁手段对于改善社会风气、约束民众行为起到了对国家治理职能缺位的一定填补。

## 三、中国传统社会中宗族制裁产生和存在的历史必然性与合理性

### (一)人口数量的膨胀迫使宗族通过严厉的制裁进行自我约束和内部治理

根据人口学研究的学界通说，明清以前，中国人口呈周期性波动状态，人口数增增减

---

① 秦晖：《传统十论——本土社会的制度文化与其变革》，复旦大学出版社2003年版，第3页。

② 张新光：《质疑古代中国社会“皇权不下县、县下皆自治”之说》，载《学习与实践》2007年第4期。

③ 《盘古高氏贵六公房谱》(盘古新七公家训)，刻本，1935年版。

④ 《长沟朱氏宗谱》(卷二)，刻本，1907年(光绪三十三年)版。

减，始终未超过1亿人；明清以后，中国人口不断增长，由1亿而2亿而3亿而4亿，连上四个"亿人台阶"。[①] 明清两代人口的爆发性增长对于宗族和宗族法的影响都是巨大的。

首先，人口的爆发性增长导致的宗族人员膨胀对于宗族日常管理来说是一个较为严峻的挑战。须知，宗族法规定的大部分事项都是日常性的，如祭扫、请安、饮宴等，宗族成员增多使得日常管理的难度和压力迅速上升。如何对日益增多的族人是否严格遵守宗族法的规定进行确认和监督，是摆在所有宗族管理人员面前的难题。同时，一些宗族法中规定的集体议事制度也随着宗族人口的迅速增多而变得不再便利，大规模的议事所消耗的成本也在提升。

其次，人口的爆发性增长使得宗族继承和财产分配面临更多纠纷和矛盾。宗族存在的根基是宗法，而宗法维系的根基则在于宗祧继承。人口膨胀带来的另一个难题是继承问题的解决，宗祧和财产的继承往往伴随着无休止的纠纷和争斗，宗族内耗引起的家族衰落乃至解体崩溃在明清两代亦不鲜见。

最后，人口的爆发性增长一定程度上消解了宗族整体抵御风险的能力。宗族成员内部之间的相互援助照应，是宗族自助自保的前提。但人口的爆发性增长使得这种援助和照应变得频繁，有时使得一些宗族成员在心有余而力不足的同时也心生抱怨，以致出现对个别特定宗族成员的有意疏离。与此相对应的，一些穷困潦倒者，则试图通过"认亲""归宗"等方式改善自己的糟糕境遇。在这种情况下，很多宗族开始严格族谱的管理，有的干脆将族谱作为家族内部的保密材料交专人保管，无事不得查阅，以此来避免一些居心叵测的闲杂人等前来"寻亲"。但这样的结果就是宗族内部很难维持铁板一块的状态，人人都有自己的算盘，真正到了宗族面临整体风险的时候，松散的宗族成员很难短时间内集中力量共克时艰。

此外，人口的爆发性增长所导致的宗族血缘疏离，是宗族制裁趋于严厉的一个重要诱因。其影响主要在于降低了宗族尊长对远支亲族发动制裁的情感障碍。

社会学中关于越轨制裁的一种理论认为，对于越轨行为的惩罚效果，存在三个方面的影响因素——严厉性、确定性和迅速性。[②] 从确定性上来看，宗族法由于一般较为简略，对于制裁事项不可能规定得面面俱到，一般都会存在类推适用的情况，且适用结果往往取决于族长等权威长者的个人意见。这种较低的确定性会使得犯事族人有时抱有侥幸心理，试图借助家法族规的不完善逃脱制裁，而且尤以与族长等权威长者血缘相近、关系亲密者为甚。从迅速性上来看，制裁发动的迅速性主要由两个因素决定：一是违规行为的暴露时间长短；二是制裁下达和执行的时间长短。前者主要依赖于信息的通畅性，家族越庞大，成员越复杂，信息越难以保真，对违规行为的监督越难。而后者主要依赖于宗族法的裁断方式和执行效率。

由于时代的局限性，以上两个因素在传统社会的宗族中一般很难得到大的改善。但

---

① 朱国宏：《中国历史人口增长再认识：公元2—1949》，载《人口研究》1998年第3期。

② 吕耀怀、陈颜琳：《论社会制裁及其矫治功能》，载《湖南工业大学学报（社会科学版）》2008年第5期。

宗族成员的增加又使得宗族管理者不得不想办法提升宗族管理效率。宗族成员的增加往往意味着宗族支脉的扩大,在一些大的宗族,嫡系成员和远房支脉甚至不属于三代以内旁系血亲,也往往很少在一起共同生活。在这种情况下,宗族管理人员对制裁手段的运用变得更加趋于理性,而非主要基于个人情感因素的影响。于是,为了提升对宗族成员越轨行为的惩罚效果,提高宗族制裁的严厉性就成为可行性最强的一种选择。

### (二)封建皇权对宗族制裁权进行了有条件的部分认可与利益交换

梁启超有言:"中国古代的政治是家族本位的政治。"[①]通过史料我们可以发现,封建皇权对宗族法制裁权的认可是通过一段较长的时间段逐步实现的,而且,这种认可背后有其复杂的政治考量与利益交换。

早在唐初,长孙无忌等世家大族在朝廷中的代言人就在国家律典中表达了国家制裁与宗族制裁并行不悖的观点:"刑罚不可弛于国,笞捶不得废于家。"[②]但此时的"家",仍然属于一种抽象的泛指,"笞捶"之制裁亦属于一种官方对于民间自我教化管理的合理期望,只在一些门阀贵族的宗族中主要依靠不成文的惯例和宗族家长的个人意志进行落实。至安史之乱之后,门阀士族在长期藩镇割据和兵燹战祸的打击之下彻底式微,五代之时,连同"族居"这一世家大族维系宗族样态的聚居方式也宣告衰亡。在这种情况下,中央宦官专政,地方藩镇割据,皇权旁落,重器失倚,旧宗族却没有相应的实力为国家秩序的稳定提供帮助,缺乏政治交易的筹码。在这种情况下,当然完全谈不上皇权对宗族制裁权的认可。

到了宋代,国家政权相对统一,政局稳定,朝政清明,大宗族解体后的残余的小宗族得到稳定发展的机遇期。同时,土地租佃制使得农民对于地主阶级的人身依附日益松弛,统治阶级希望建立平民的宗法组织来强化对农民的控制。[③] 但在宋代,中央政府虽然希望通过重建宗法秩序来强化统治,但对于制定有完备宗族法的超大宗族仍然心存疑虑。典型的一个例子是"义门陈氏"奉旨分家。义门陈氏于唐开元年间落籍江州,历经332年,15代人不曾别籍异居,并立有《义门家法》传世,被认为是至今最古老的传世家规。北宋政府一方面从太祖赵匡胤开始连续有多位皇帝对陈氏屡次旌表,另一方面又在宋仁宗嘉祐七年(1062)因包拯、文彦博等名臣联名力谏而下旨将义门陈氏强行分为291庄,迁往全国。可见,当时的统治者更乐于看到宗族平民化、分散化,对于东汉以来的士族门阀不但不采取优容的政策,反而可能更加猜忌和限制。在此基础上,苏洵、欧阳修两位名儒大臣各自编纂宗族谱书,形成日后两大修谱体例,为后世遵循。因此,两宋数百年间,是公认的一个宗族平民化的热潮期。但与之相对应的家法族规虽然大量制定,由于统治阶级的刻意限制和猜忌提防,并没有在宗族制裁权上获得国家制定法的太多肯定和让步。

---

① 梁启超:《先秦政治思想史》,上海书店、中华书局1896年版,第40页。

② 长孙无忌:《唐律疏议》,中华书局1983年版,第1页。

③ 李静:《论北宋的平民化宗法思潮》,载《重庆社会科学》2002年第3期。

经由元代短暂的过渡期,明清两代开始对宗族进一步加强重视。明太祖朱元璋、清世祖福临、清圣祖玄烨先后颁布"圣谕""圣训",倡言家法族规的重要性。雍正三年,《大清律》引"族长"入律,地方族权与中央政权正式结合,明确规定其法律地位。[①] 雍正四年,清政府又专门规定宗族聚集之村庄可以不编保甲,以宗族组织代行保甲职权,并授予族长族中承嗣权、教化权、经济裁处权、治安查举权、对族人的生杀权等各项权力,族权的政权化倾向开始出现,宗族组织合法地成为向国家政权直接负责的乡村控制主体。[②] 通过利益交换,清政府获得了基层社会统治和管理的一大有效抓手,并对日益腐化的胥吏和幕客形成了基层权力的制约;而地方宗族则获得了封建皇权对于宗族制裁权的肯定和认可。从结果上看,这一政治策略对于稳固统治秩序显然是极为有效的。有学者认为,江南地区在清朝中后期甚少响应反清运动,反而成为清政府的稳固后方,与清初激烈的抗清运动形成鲜明对比,其原因就在于宗族法在基层治理中发挥了极为重要的作用。[③]

**(三)程朱理学为宗族法的普及和运行提供了理论指导**

根据史学界和社会学界的通说,平民化宗族的广泛形成应在北宋时期。在此之前,宗族以大贵族家庭集合形成的强宗豪右、官僚门阀为样态,作为社群集体,在社会上并不具有普遍性。而且其在政治上与封建皇权的天然联系,以及在经济地位上的独立话语权,使得其宗族内部治理与社会治理缺乏衔接,亦缺乏以成文家法族规来对宗族成员的行为举止加以规范的动力。文献考证方面的研究工作也对这一点提供了佐证:隋代以前的家法族规,迄今基本没有文献留存,目前尚无法求证隋唐以前是否存在成文宗族法。[④] 目前公认最早的宗族法应属于唐末江州陈氏宗族制定的《义门家法》。唐以前,留存传世的《颜氏家训》、诸葛亮《诫子书》等文献虽然在内容上记述了教化子孙、约束后人的内容,但由于其并未规定宗族成员的权利、义务以及行为后果和强制措施等规范性内容,一般来说学界并不认为其属于宗族法之列。因此,成文宗族法的大规模兴起,至早应在北宋时期。

北宋时期宗族法兴起的风潮并非历史的偶然,在诸多历史原因之中,程朱理学成熟完善并开始影响国家治理决策,是一个重要的因素。程朱理学对宗族法的助推作用集中体现于,通过一整套完备的哲学理论完成了制度控制和宗族制裁体系的逻辑耦合。从社会学理论看,郑杭生认为,制度控制是指以全社会的名义颁布的行为准则,对所有社会个体、社会群体和社会组织的社会行为进行调节与制约的方式。[⑤] 一方面,理学家们对于儒家经典的阐释和延伸解读,通过官方认可和民间传播两条路径成为当时的社会行为准则;另一方面,国家政权统一为民间经济文化的繁荣发展提供了稳定的环境保障之后,新崛起的一批地主富商取代旧贵族在社会资源配置上取得更大的话语权,也需要一套具备

① 朱勇:《清代江南宗族法的社会作用》,载《学术界》1988 年第 4 期。

② 张金俊:《宗族制度控制与社会秩序——以清代徽州宗族社会为中心的考察》,载《天府新论》2010 年第 5 期。

③ 朱勇:《清代江南宗族法的社会作用》,载《学术界》1988 年第 4 期。

④ 费成康:《中国的家法族规》,上海社会科学院出版社 2016 年版,第 8 页。

⑤ 郑杭生:《社会学概论新修》,中国人民大学出版社 2009 年版,第 284 页。

可操作性的理论来维护自身既得利益。因此,以《大学》"三纲领、八条目"为代表性内容,理学家们在哲学层面上为宗族治理提供了一种有效强化社会秩序稳定的制度控制。比如,朱熹对《大学》中"一家仁,一国兴仁;一家让,一国兴让"一节的解读,就提出"'一家仁'以上,是推其家以治国;'一家仁'以下,是人自化之也"。① 在此基础上进一步体系化的"修齐治平"理论则与宗族治理需求进一步高度耦合,把"治国平天下"这一理念性的目标与"修身齐家"这一具体操作进行了逻辑关联。也正是程朱理学提出了一种"收拾人心、从意识形态入手而凝练成的一种虽然虚构、但却实用的封建国家进行社会控制与社会整合的有效工具"②,从此,宗族法的制裁发动便可依据这一套超脱于"国法"之上的哲学理论,进而不再完全囿于国家制定法的授权。

**(四)宗族制裁盛行的背后是大家族自我保全的自律意识**

有学者认为,北宋时期平民化宗法之兴起,是"由于官僚地主已无世禄可依,这些既得利益者便力图建立历史上世家大族代代相传的世族宗法制和家族世袭制来实现自救自助,保全家族的长盛"。③ 事实上,"自救自助""自我保全",一直是历史上每一个世家宗族所要考虑的一个核心问题。从子女教育,到坟墓风水,无不将家族的长盛不衰视作宗族的核心追求之一。在此基础上,许多制裁手段的发动,都基于家族自我保全的目的,往往颇为严苛,甚至有时做出一些在今人看来不可理喻的制裁行为。如婺源翀麓齐氏,曾规定,对盗伐苗木又无力缴纳罚款的族人,先捆缚于祠堂重责四十板,然后还须"叫街示众"。④ 又如永兴张氏规定,在祖墓一带挖煤者,"打死勿论"。⑤

这种自律自苛的现象有时被解读为"家风严谨",但背后更深层次的原因则在于一种大家族"丢卒保车"的生存哲学。俗语讲"林子大了什么鸟都有""常在河边走,哪有不湿鞋"。在古代连坐法和保甲制度盛行的背景之下,宗族人口膨胀的直接后果就是被族人无辜牵连的风险大大增加。以清代连坐族诛最为严重的文字狱为例,有学者对清代顺治年间到乾隆年间的文字狱地域分布进行了统计,发现"文字狱集中在东部地区,共有 144 起,占总数的 90.6%;东部地区又集中在长江中下游平原地区,苏、浙、湘、赣、鄂、皖等 6 个州府地区共计 92 起,占东部的 63.9%;此区江浙地区又最为集中,共有 47 起,占长江中下游平原地区的 51.1%"。⑥ 我们可以发现,文字狱高发地区,也是明清两代平民化宗族发展最为繁盛的地区,可见,清政府在明确认可宗族制裁权的同时,并没有放松对于宗族势力的警惕,一旦遇有可能威胁到其统治地位的蛛丝马迹,其对于宗族势力的惩治力

---

① 黄士毅:《朱子语类汇校》,上海古籍出版社 2014 年版,第 375 页。

② 李禹阶:《从主体道德自觉到集体道德理性——论朱熹"修、齐、治、平"的社会控制与整合思想》,载《重庆师范大学学报(哲学社会科学版)》2006 年第 6 期。

③ 李静:《论北宋的平民化宗法思潮》,载《重庆社会科学》2002 年第 3 期。

④ 费成康:《中国的家法族规》,上海社会科学院出版社 2016 年版,第 92 页。

⑤ 《永兴张氏族谱》(卷二),刻本,1929 年版。

⑥ 朱竑,安宁:《清代顺、康、雍、乾时期文字狱的地域分异研究》,载《地理科学》2011 年第 1 期。

度和提防心理甚至远超唐宋。因此，明清两代宗族法制裁的严苛很大程度上是出于一种宗族人口膨胀下加强自律管理以避祸的必然结果。

## 四、社会性制裁传统对于完善当今制裁体系的启示意义

从孔子提出的“无讼”理想肇始，学术界就这一话题衍生出的论题已涵盖“厌讼”“好讼”“抑讼”“息讼”“畏讼”等，不一而足。事实上，以上概念皆可视作是一种对于局部地区或某一时间段内发生的“个案簇”之现象描述，均无法作为一种传统社会诉讼观念的整体特征概括。但我们可以从上述这些对具体现象的描述性概念中得出一个结论：“情随事迁”，中国古代传统社会的诉讼观念是动态变化的，随时间和空间的改变而转移。“厌讼”也好，“好讼”也好，在长达数千年的中国社会发展历程之中，普通个体作为具体个案的当事人，原始着眼点始终在于个案纠纷的解决如何能够尽可能地实现自己的利益最大化，至于社会群体对诉讼的好恶，已非历史“剧中人”所考虑的范畴。正如苏力先生的名作，《秋菊的困惑和山杠爷的悲剧》为我们描述了一种现代法制与“本土资源”的冲突与矛盾，执着讨要“说法”的秋菊最终对要来的“说法”困惑不解，更遑论去判断自己究竟是“好讼”还是“厌讼”。① 秋菊讨要的“说法”到底该如何解读？这本是个见仁见智的问题，但我们仍然试图从社会性制裁的角度去对“说法”提出自己的解读。

陈兴良指出：“对于以刑罚为中心的制裁制度，我国的研究是相当薄弱的，这是一个不争的事实。”②陈兴良的判断当然是依据刑法研究的语境来表述的，但我们认为，当下对于制裁制度，或者说制裁体系的研究不足，不仅仅是刑法学科所面临的问题。当下，我们如何去应对中国重社会性制裁的历史传统，以及如何看待和规范当下时常失范的社会性制裁手段，是一个跨学科的重要问题。秋菊的困惑，其实可以解释为现代法律制裁在应对社会治理问题时的无能为力。须知，“说法”的内涵并不一定对应刑事拘留、有期徒刑，当我们机械地将社会性制裁排除于制裁体系之外，单纯依靠法律制裁来解决一切纠纷矛盾时，被人为割裂的现代法制和社会传统之间，一定会出现一些注定要不到“说法”的“秋菊”在困惑中徘徊。

虽然从现行法律制度上看，我国与日本一样，制裁制度均以刑罚为中心，且法律制裁在整个制裁体系中居于主流核心地位，但这并不代表在现实社会运行之中社会性制裁的消亡和无用。事实上，随着社会人际关系的复杂化，社会性制裁在社会治理中扮演了极为重要的角色。一方面，社会自组织的蓬勃发展和现代管理制度的普遍建立，使得法律以外的组织管理规范在社会治理中得到了广泛应用，社会性制裁通过这些渠道，在社会资源配置和社会关系调整中发挥的作用越来越广泛和深入；另一方面，我们也可以发现，在社会转型期，整个社会制裁制度的体系化程度还很落后，社会性制裁的法治“基因”仍然存在“先天不足”

---

① 苏力：《法治及其本土资源》，中国政法大学出版社1996年版，第23～37页。

② 佐伯仁志：《制裁论》，北京大学出版社2018年版，序。

和“后期发育不良”的问题。比如,云南曾经发生一起事件,父亲因孩子偷窃家庭财产而对其进行体罚,并迫使其冒雨游街。①其与现代法治文明相悖自不必论,但综合我国社会性制裁的传统来看,这实际上是一起基于父权意识而发动的社会性制裁“越界”事件,且其普遍存在于礼法秩序已告解体而法治秩序尚未完备的社会转型期。又比如,某国有银行福建省分行曾发文要求员工罚抄《违规行为处理办法》,要求手工抄写三遍,共 11 万多字。② 在合理性上我们固然可以对这种行为进行抨击,但在合法性上我们找不到充分的理由去宣告这种企业内部制裁手段非法,进而禁止其使用。在对这些有违法治精神的案例进行批判和讨伐之余,我们应当认识到,体罚孩子和折辱员工在当下是普遍现象而非个别孤例,而当我们从社会性制裁失范的视角上去考察这些案例的时候,则会发现其有着深厚的社会土壤和复杂的形成原因。“徒法不足以行”,理论和历史实践可以证明,社会性制裁的功能和作用无论是古代还是现代,都无法完全以法律制裁替代,那么正视其在社会治理中的地位并加以体系化、规范化的引导和整合,则是一种最为理性而务实的选择。

**The Conversation between Tradition and Present: On the Clan Law Origin of Social Sanction**

Wu Ruijia　Wang Ruijun

**Abstract**: The concept and related theories of social sanction are still in the ascendant in the jurisprudence. In traditional Chinese society, social sanctions are usually based on four social norms such as clan law. From the end of tang dynasty, China's ancient clan law and its sanction means have both division of labor and intersection with the national law in the constitution of the sanction system. Taking the neo-confucianism as the core of philosophy, the clan law bears important functions of education and prevention, and to some extent makes up for the absence of the national public service function. It is inevitable and reasonable that the evolution of sanctions matters and measures stipulated by the clan law is influenced by many factors such as population growth, national policy, development of neo-confucianism and clan self-discipline. Therefore, it is of great practical significance to understand and study the traditional social sanctions with clan law as the normative carrier for improving or reconstructing the modern sanctions system based on China's local reality and enhancing the effect of social governance.

**Key Words**: social sanction, the clan law, folk law, sanctions system, family method

① 云南网:《云南:男孩遭父亲家法伺候 遍体伤痕裸身冒雨游街》,http://news.ifeng.com/a/20170702/51357761_0.shtml,访问日期:2018-08-09。

② 东方网:《罚抄规章 11 万字是哪家的家法?》,http://news.cnfol.com/guoneicaijing/20170430/24671096.shtml,访问日期:2018-08-09。

# 规范体系的图景*

刘振宇**

**摘要**：事实上，规范体系有三种经验状态，分别是法律规范体系、法律渊源规范体系和国家治理规范体系。这三种规范体系的经验样态按照不同形式的承认规则建构自身，确认着各自的边界。借助惯习和权威的关联，这三种规范体系的经验状态能够被同一承认规则予以判定，进而构成一个整全性的规范体系结构。这一整全性的规范体系存在法律、政治、社会、制度性等四种不同类型的鉴别标准。其中，法律的鉴别标准处于优先地位，在维系规范体系完整性的同时，支持法治中国建设。

**关键词**：规范体系；承认规则；鉴别标准

党的十八届四中全会决定明确建设社会主义法治国家的表现之一是"形成完备的法律规范体系、高效的法治实施体系、严密的法治监督体系、有力的法治保障体系，形成完善的党内法规体系"。其中，两个形成不仅包括法律体系，同时包括党内法规体系。2017年6月，《关于加强党内法规制度建设的意见》的印发，进一步承认了党内法规作为法治中国建设有机组成部分的重要地位。于是，"'法律体系'这个概念已经不能满足现实社会的需求，也同已经发展变化的情况不相适应"①，而"'规范体系'的概念可以弥补法律体系的局限性"②，有效回应社会现实。

业已有诸多研究成果采纳了"规范体系"一词，而且不仅仅限定于法律领域。然而，借助"规范体系"这一语词进行表达是一回事情，回答"什么是规范体系"这一问题则是另一回事情。前者仅仅是言辞性的，而后者则需要"注意到边界事例的存在……因为[前者]并不禁止该用语扩张到只具有部分在正常的事例中会一起出现的性质的事例。"③只不过，因为介于事实和价值之间的规范本身已经足够令人困惑④，而凯尔森、哈特、拉兹等人对"什么是规范"又存在不同观点⑤，所以试图通过界定"规范"的种属存在来确认规范

* 国家社科基金重点项目"'重大改革于法有据'理论与实践研究"（项目编号：18AFX001）。

** 刘振宇，法学博士，上海师范大学哲学与法政学院副教授。

① 刘作翔：《规范体系：一个可以弥补法律体系局限性的新结构体系》，载《人民法院报》2012年7月20日。

② 刘作翔：《规范体系：一个新体系结构的思考》，载《东方法学》2013年第1期。

③ [英]哈特：《法律的概念》，许家馨、李冠宜译，法律出版社2006年版，第15～16页。

④ 张书友：《凯尔森：纯粹法理论》，黑龙江大学出版社2013年版，第74～77页。

⑤ 朱继萍：《法律的规范构造及其关联和体系化》，载《南京大学法律评论》2009年春季卷。

体系的定义，通常无助于对这一体系的理解，而且是一个巨大的工程。幸运的是，除了这一传统的形式之外，哈特在《法律的概念》一书中，展示了回答“什么是”问题的另一种方式，即：给出对这一存在物的独特结构较为优越的分析，增进对其边界事例的理解。① 因此，对中国特色社会主义规范体系独特结构的解读，将有助于推进“什么是规范体系”的理论研究，并促进语词使用从自发向自觉的转换。

## 一、规范体系的三种经验状态

规范体系的独特结构必然存在着某种秩序，否则，这一结构就无法维系。而这一秩序“既是作为物的内在规律和确定了物相互间遭遇的方式的隐蔽网络而在物中被给定的，又是只存在于由注视、检验和语言所创造的网络中”②。作为属于法治中国建设时期的新兴语词，“规范体系”尚未被中国特色法治文化基本代码转译成唯一可能的或最好的秩序，而呈现出“由逐渐连续的或者相互对应着的相似性所组成，并在日益增长的差异性周围组织起来”③的经验状态。

最为初始的经验状态，是法律规范体系。在中国，这一事实上的规范体系由《中华人民共和国立法法》所指的法律、行政法规、地方性法规、自治条例和单行条例、规章构成。它确立了中国“法律体系的基本架构”，并且“对法律体系的结构进行了位阶安排”④。其中，有两点需要特别注意。一是，对于某一具体事项来说——比如，刑事辩护的规范体系——宪法在这一规范体系中具有举足轻重的地位，引领其他的法律规范。⑤ 宪法构成了凯尔森意义上的基本规范，是其他所有法律规范得以具有效力的终极渊源。二是，“其他规范性文件”虽然并不属于立法法中确定的“法律规范”集合，但鉴于其本身带有“规范性”这一文字表述，使得其存在被归入法律规范等级结构中的可能性，即它可以成为法律规范体系的一部分。⑥ 之所以如此，是因为其他规范性文件的规范效力根据是法律规范，它可以归属于法律规范。这一规范体系是和谐统一的，尽管新法的创设和旧法的修改会对其产生影响，但经历一个调整期后，借助法律适用和解释，它将重归和谐。⑦

第二种经验状态，是法律渊源规范体系。在中国，“尤其是在司法层面，‘法律体系’这个概念已经有局限性了”，“不足以概括或者体现现实生活中的规范类型。”⑧《中华人民共和国民法总则》第10条规定不仅将《中华人民共和国物权法》第85条规定中仅限定在

---

① ［英］哈特：《法律的概念》，许家馨、李冠宜译，法律出版社2006年版，第17页。

② ［法］福柯：《词与物——人文科学考古学》，莫伟民译，上海三联书店2001年版，第8页。

③ ［法］福柯：《词与物——人文科学考古学》，莫伟民译，上海三联书店2001年版，第9页。

④ 刘作翔：《规范体系：一个新体系结构的思考》，载《东方法学》2013年第1期。

⑤ 熊秋红：《刑事辩护的规范体系及其运行环境》，载《政法论坛》2012年第5期。

⑥ 黄金荣：《“规范性文件”的法律界定及其效力》，载《法学》2014年第7期。

⑦ 王成：《侵权法的规范体系及其适用——以〈侵权责任法〉第5条的解释适用为背景》，载《政治与法律》2011年第1期。

⑧ 刘作翔：《规范体系：一个新体系结构的思考》，载《东方法学》2013年第1期。

相邻关系纠纷处理中的习惯扩展为适用于所有民事纠纷的规范类型，而且，还和《民法总则》第8条一起，赋予公序良俗以规范地位，即公序良俗可以在民事纠纷处理中成为习惯的判断标准。与此同时，鉴于民法总则的出台并未明文废止民法通则，因此，民法通则第6条"民事活动必须遵守法律，法律没有规定的，应当遵守国家政策"现阶段依然具有实际拘束力，尽管民法规范体系或许并没有必要涵盖这一规范类型①。除此之外，司法解释在司法实践中的效力不容忽视，这构成了又一种突破法律体系局限的规范类型。② 这四种规范类型都具有法律效力或者权威性、能够作为法官审理案件的依据的规范，因此，它们都归属于法律渊源。③ 它们和既有的法律规范体系一起，构成了法律渊源规范体系。

第三种经验状态，是国家治理规范体系。党的十八届四中全会决定"坚持系统治理、依法治理、综合治理、源头治理，提高社会治理法治化水平。"这就意味着，作为执政党，中国共产党认识到"现代性的到来并没有消灭传统，更没有消灭社会自身生产地方性、群体性规范和价值观的机制。"④甚至于，"从趋势看，在中国，组织规范的地位和作用，将随着改革的深入和社会转型的加速得到进一步提高和加强"⑤，各个行业的内部规范在日常生活中的影响越发深入。这就使得，尽管国家垄断了法律规范的生产，但"社会性的规范是复杂社会中微观秩序来源的关键性因素，对于微观秩序和宏观秩序同时具有重要的作用和影响，其构成了国家治理的关键性秩序资源。"⑥仅以《中共中央关于全面推进依法治国若干重大问题的决定》中点明的村规民约为例，其能够向村民引介诸多法律规范，在农村建立多样化的适法机制，彰显用法文化、守法文化、权利文化和程序文化等法治观念，进而在反映农村社会生态的同时，完成社会力量和国家权力的互动。⑦ 而村规民约作为一种规范类型，既无法归属于法律规范，也无法成为作为裁判依据的法律渊源。

## 二、作为经验状态界分标准的承认规则

仅从相应集合所囊括的规范类型数量和内容来看，规范体系的三种经验状态相距甚远。法律规范体系只有法律一种规范类型，法律渊源规范体系增加了习惯、公序良俗、国家政策和司法解释四种规范类型，而国家治理规范体系则包括但不限于法律法规、风俗习惯、合约债务、团体规范、自治规约、内部规章、国家政策、党规党纪、行业标准等多元规范。⑧

然而，这并不是思考的终止，而只是思考的开端。一方面，数量和内容上的区分并不

① 李敏：《民法上的国家政策——兼论〈民法通则〉第6条之存废》，载《法律科学》2015年第3期。

② 刘作翔：《规范体系：一个新体系结构的思考》，载《东方法学》2013年第1期。

③ 彭中礼：《法律渊源词义考》，载《法学研究》2012年第6期。

④ 王启梁：《国家治理中的多元规范：资源与挑战》，载《环球法律评论》2016年第2期。

⑤ 李克杰：《国家治理现代化视阈下的法律、道德与组织规范关系》，载《北方法学》2015年第3期。

⑥ 王启梁：《国家治理中的多元规范：资源与挑战》，载《环球法律评论》2016年第2期。

⑦ 刘振宇：《一个村规民约中的法治中国》，载谢晖等主编：《民间法》(第18卷)，厦门大学出版社2016年版，第190～203页。

⑧ 王启梁：《国家治理中的多元规范：资源与挑战》，载《环球法律评论》2016年第2期。

能推导出三种经验状态存在实质性差异这一结论。因为，这些状态都是经验性，其塑造来自对既有事实的归纳而非演绎，比如，民法总则的出台同时改变了法律渊源规范体系的类型数量和内容，但并没有使之变成另外一种经验状态，所以，这一改变充其量只是必要而非充分条件。另一方面，与法律规范体系乃至于法律渊源规范体系相比，国家治理规范体系的边界尚不明晰，"什么是这一体系中的规范"或"这一体系中特定规范类型的精确范围"的答案是模糊的，而定义的功能是"在某类事物和它类事物之间划定界限或做区分的问题"①，并非体现言说者对日常用法的熟悉程度。尽管侧重不同，但二者实质上是同一个问题：如何确定（某一）规范体系的精确范围。对此，哈特早已给出了指引：针对不确定性最简单的补救方式便是承认规则。②

关于承认规则的相关表述，有四处值得关注：第一，承认规则可能以多种样式存在，不存在唯一形态的承认规则；第二，承认规则能够给出关于何种初级规则可以成为法律规则的鉴别标准，这一标准可以是形式上的，比如，公开，也可以是实质上的，比如，正义；第三，当规则是否存在不确定的时候，人们承认存在提供鉴别标准的承认规则的权威性；第四，当鉴别标准不唯一时，承认规则会对鉴别标准的优先级别进行排序。③ 承认形式、鉴别标准、权威归属和标准序列这四个要素的设定，不仅仅将法律规则从初级规则中界分出来，而且适用于确认规范体系经验状态的边界。

首先，作为单纯由法律规范这一类规范构成的体系，法律规范体系的独特结构必然依托于承认规则的建构。"在一个以一个合法界定的立法行为终结的合法组成的程序中，法律上相关的信息被选择，然后汇集成为一个具有约束力的主张。"④在中国特色社会主义法律规范体系中，其承认规则是《中华人民共和国立法法》；其承认形式为立法法授权的特定立法机关的承认；其鉴别标准为，经由全国人民代表大会和全国人民代表大会常务委员承认的初级规则为国家法律，经由国务院承认的初级规则为行政法规，经由省、自治区、直辖市的人民代表大会及其常务委员会承认的初级规则为地方性法规，等等；其权威归属为拥有相应立法权限的特定立法机关；其标准序列为"两级、多层次"，即首先分为中央立法和地方立法两个层次，其次同一层级之内又分别进一步细化为四个层次。⑤

其次，与法律规范体系相比，法律渊源规范体系将承认规则的作用空间从特定立法机关转移到司法机关，其承认规则是《中华人民共和国宪法》第 123 条"中华人民共和国人民法院是国家的审判机关"和第 126 条"人民法院依照法律规定独立行使审判权"；其承认形式为人民法院对相关行为规范的承认；其鉴别标准为，凡是可以成为司法审判依据即法律渊源的规范；其权威归属为人民法院；其标准序列为二审法院的鉴别优先于一审法院的鉴别，尽管一审法院的鉴别在时间上优先于二审法院。如果说，法律规范体系

① ［英］哈特：《法律的概念》，许家馨、李冠宜译，法律出版社 2006 年版，第 13～14 页。

② ［英］哈特：《法律的概念》，许家馨、李冠宜译，法律出版社 2006 年版，第 89 页。

③ ［英］哈特：《法律的概念》，许家馨、李冠宜译，法律出版社 2006 年版，第 89～90 页。

④ ［德］托依布纳：《法律：一个自创生系统》，张骐译，北京大学出版社 2004 年版，第 82 页。

⑤ 刘作翔：《规范体系：一个新体系结构的思考》，载《东方法学》2013 年第 1 期。

的独特结构是“经由法律规范授权的立法机关承认的规范是规范体系的组成部分”的话，那么，法律渊源规范体系的独特结构则是“经由法律规范授权的司法机关承认的规范是规范体系的组成部分”。“法律规范因此通过关联法律行为来界定，亦即法律的组成部分由法律的组成部分生产”①，这是属于现代法治社会的常规状况。

最后，是国家治理规范体系。与前两种规范体系相比，国家治理规范体系的承认规则不再仅与国家法律规范相关联，而是与一切制度性规范相关联。制度性规范，根据《牛津英语辞典》关于“制度”的定义，其包括但不限于法律、习惯、惯常用法、实践惯例、体制或其他环境要素设立的其他组织规范。② 这一规范体系的承认形式是记录在该制度化组织的特定文件之中；其鉴别标准是将原本不成文的行为规则用文字确认下来并公布，鉴于只有一种，不存在标准序列问题；其权威归属是该制度化组织的特定机构，这一机构可能是将不成文规则确认为文字的机构，也可能是借助内部规范调节内部纠纷的机构，此时的国家治理规范体系部分体现了法律规范体系的特定结构，部分体现了法律渊源规范体系的特定结构。承认规则的存在，使得这一特定结构的“自治属性获得了公开的正当化、政治保障和法律确认……应当进一步延伸到现代市民社会的各种审议机构，延伸到……职业性实践场所。”③

承认规则四要素的引入，赋予了规范体系确切边界，在将三种经验状态区别开来的同时，也将内容最为广泛的国家治理规范体系与其他非制度化的规范体系——如道德规范体系——区别开来。

## 三、承认规则的事实差异和规范体系的统一鉴别

“规范体系”的提出，是为了弥补“法律体系”的局限。可是，整个中国(指大陆)的法律体系是统一的，只存在一种宪法统领七类部门法的独特体系结构。④ 因此，作为法律体系替代者的规范体系也应该是统一的，即只存在一种规范体系的独特结构，而非存在三种相互界分的独特结构。承认规则有助于增进规范体系的确定性，只不过，针对三种经验状态界分的确认与是否存在统一的规范体系依然是两个不同的问题。承认规则在统一法律体系中的作用，在此时成为了统一规范体系的借鉴：在一个已发展的法律体系中，承认规则当然是更复杂的；它们可能不是通过单独一份文本或列表来鉴别初级规则，而是通过初级规则所拥有的某一般特征来鉴别规则。这个特征可能是以下的事实，即这些初级规则是由特定机构制定出来的，或者它们被作为习惯长期地实践，或者它们与司法裁判有相关性。⑤

---

① [德]托依布纳：《法律：一个自创生系统》，张骐译，北京大学出版社2004年版，第52页。

② [美]卡尔·威尔曼：《真正的权利》，刘振宇等译，刘作翔审定，商务印书馆2015年版，第42～43页。

③ [德]托依布纳：《宪法的碎片：全球社会宪治》，陆宇峰译，纪海龙校，中央编译出版社2016年版，第46页。

④ 刘作翔：《规范体系：一个新体系结构的思考》，载《东方法学》2013年第1期。

⑤ [英]哈特：《法律的概念》，许家馨、李冠宜译，法律出版社2006年版，第90页。

这一段表述意味着,即便存在着同一鉴别标准(一般特征),承认形式在事实上也可以是不同的。只有在一个简单的社会结构中,即只存在立法这一唯一事实的情形下,承认规则才将立法行为规定为法律效力的唯一鉴别标准。[①] 而当法律体系从简单的前现代法律体系发展为复杂的现代法律体系之时,承认形式在事实上的区别,并不影响法律体系的独特结构以及由此确认的法律的定义,毕竟,"大部分时候,承认规则并未被陈述出来,但是其存在显示于特定规则被鉴别出来的时候"[②]。也即是说,立法判定、习惯实践或司法裁判这样一种承认规则的差异,是基于鉴别法律规则过程中事实上的差异,而非不同法律体系的差异,其只是表明法律体系的复杂性,并没有否定法律体系的统一性。这一判断,同样适用于规范体系的领域。因为,三种规范体系经验状态在承认规则上的差异,恰恰是经验事实上的差异,而非鉴别标准上的差异。而且,三种规范体系承认规则在事实上的差异,与哈特所称共享鉴别标准的统一法律体系的承认规则的事实差异,呈现出一一对应的关系。法律规范体系对应特定机构(立法机关)制定,法律渊源规范体系对应司法裁判的相关性,而国家治理规范体系对应习惯实践。法律体系和规范体系的这样一种相似关系,使得规范体系的统一性成为了可欲的目标。

然而,统一的规范体系必然拥有一致的承认规则,这一承认规则尽管在事实经验状态上存在不同,但在承认模式上却保持着一致。因此,如果想要建立融合三种经验状态规范体系的统一的规范体系结构,就必须确认一个统一的承认规则鉴别形式。而这一统一鉴别形式的端倪,蕴含在法律渊源规范体系和国家治理规范体系的生成事实中,其和法律体系从简单到复杂一样,都是社会历史发展的结果。

现代社会的系统功能分化导致"由一个法律职业群体垄断法律知识是一个真实的社会现象;在'外行人'与法律职业群体之间,似乎已经形成了一个无法逾越的鸿沟。"[③]在形式理性为主导的现代法律制度下,法律知识有着内在的特殊逻辑,每一个语词都必须放置在法律知识的整体谱系下予以理解,而不能仅凭其字面内容进行判断。鉴于中国既存的法律知识绝大多数是从西方借鉴而来,因此,中国法律体系的发展"更多地受到来自其他社会的法律专家和法律知识的影响"[④],比如,民法规范对"物权"和"债权"的引入,这反过来又强化了法律职业群体对于法律知识的垄断。而对法律制度的垄断又进一步导致了对法律沟通的垄断,即,必须有法律职业群体的存在才存在法律的适用,否则,其他人无法借助法律的语言进行沟通,大多数人不得不依赖于法律职业群体对法律知识的解读,而"那些用于解释的法条的各种技巧,可能导致在那些外行人(有时甚至包括立法者

---

① [英]哈特:《法律的概念》,许家馨、李冠宜译,法律出版社 2006 年版,第 91 页。

② [英]哈特:《法律的概念》,许家馨、李冠宜译,法律出版社 2006 年版,第 96 页。

③ [美]塔玛纳哈:《一般法理学:以法律与社会的关系为视角》,郑海平译,中国政法大学出版社 2012 年版,第 88 页。

④ [美]塔玛纳哈:《一般法理学:以法律与社会的关系为视角》,郑海平译,中国政法大学出版社 2012 年版,第 92 页。

本身)看来是违反‘直觉’的结论。”①

于是,法律渊源规范体系和国家治理规范体系便相继从法律规范体系中衍生出来。前者将法律沟通的空间领域从立法转移到司法,因为立法阶段的法律沟通已经逐渐变成了法律知识的内部沟通,而司法阶段的法律沟通依然保持着对社会的开放性,社会对“枪支”“正当防卫”的反思不是来自法律规范,而是来自司法裁判;后者则走得更远,它意味着,在一个复杂社会中,如果法律规范乃至司法裁判无法全方位地涵盖社会,那么,社会将通过自组织的方式,确立自身的“制定和裁决”标准,并从国家场域中脱离。尽管二者的承认和法律规范体系的承认规则在事实上存在差异,但在结构上却并不实质区别:它们都认可作为惯习的初级规则的存在,它们也都认可初级规则需要经过承认规则才可以成为规范体系的组成部分。只不过,它们对于何者可以宣称自己是权威归属这一点上存在差异,对于法律规范体系来说,权威归属于立法机关,对于法律渊源体系来说,权威归属于司法机关,对于国家治理规范体系来说,权威归属于制度化机关。而承认形式不过是权威归属确认后的事实体现,鉴别标准则无一例外地以“成文”为基础。

因此,只要能够寻求一种统一的鉴别权威的秩序方法,就可以避免承认规则在事实上的差异,获得一个统一的承认规则秩序结构。而这一看似复杂的情形业已得到了解答,马默有力地联结了权威、惯习和法律的规范性,指出“法律的权威本质支持将法律规范作为法律权威所发布的指示或指令进行解释。”②进而,可以认为,在规范体系中,规范的权威本质支持将制度性规范作为规范权威所发布的指示或指令进行解释。这一权威的维度和对既有初级规则的惯习基础相结合,变成推导出作为统一的规范体系的承认规则:在拥有有效规范体系的社会中,存在着决定何者可以被视为规范权威者的社会惯习,而规范体系中的规范就是由规范权威者所公开发布的成文性规则构成的。③

## 四、规范体系的独特整全结构

统一承认规则的确立,满足了中国的统一规范体系结构的必要条件。因为借助统一的承认规则,可以对初级规则进行鉴别,以此来确定何种初级规则能够被纳入规范体系中来,进而确认规范体系的规范类型构成。

第一种规范类型是以法律规范权威惯习为基础的规范,即法律规范。三种规范体系的经验状态都将其囊括其中,因此,它也是规范体系中最为关键的规范类型。作为二阶理由,它确定了一般情况下的个人生活世界的规范界限。只不过,在中国,与反映真实的中国社会相比,法律规范更加侧重于维护社会秩序的有序变革。毕竟,在一个改革的时

① [美]塔玛纳哈:《一般法理学:以法律与社会的关系为视角》,郑海平译,中国政法大学出版社2012年版,第91页。

② [美]马默:《法哲学》,孙海波、王进译,北京大学出版社2014年版,第86页。

③ [美]马默:《法哲学》,孙海波、王进译,北京大学出版社2014年版,第86页。

代，社会生活日新月异，法律规范是行为底线而非唯一的判断标准①。

第二种规范类型是以政治规范权威惯习为基础的规范，在中国，鉴于中国共产党的执政地位，因此，这一规范不仅包括国家政策，还包括与之相关的政党政策。政党政策虽然无法成为作为法律渊源的规范体系的组成部分，但却可以成为作为国家治理的规范体系的组成部分，二者都为社会秩序的维护——尤其是政府秩序的稳定——提供着补充功能。比如，中华人民共和国成立以来土地政策的变化就和中国国家、社会现代化的进程息息相关。②

第三种规范类型是以社会规范权威惯习为基础的规范，这一种类型的概念表达纷杂，在此以“习惯”予以命名。市民公约、乡规民约、行业规章、团体章程都可以看作是习惯的成文版本（甚至，宗教规范），只是这一“习惯”或许是此地的习惯，或许是彼地的习惯，它直接反映了社会需要，是典型的规范镜像。此一归类只是强调它们的相似性，并不排除它们的区别。对这一类别来说，维护社会秩序并不重要，因为，它们本身就是社会秩序。

第四种规范类型是以其他制度性权威授权而设立的规范，包括但不限于“其他规范性文件”和“司法解释”。颁布其他规范性文件的行政机关和进行司法解释的司法机关，并不具有惯习基础。无论是其他规范性文件还是司法解释，其背后都必须以先前三种惯习权威作为支撑，其自身并不足以构成一个惯习权威。社会对法官的权威服从不是来自法官自身的解释，而是来自法官的解释是针对法律的解释。这种类型的规范都具有特殊的功能——维持着规范体系和日常生活世界的沟通，前者是在未发生司法纠纷的情况下，而后者是在发生司法纠纷的情况下。无论是法律还是政策，都难免宏观，此类规范保证了这一沟通的有序进行。甚至，可以认为，按照纯粹功能主义的划分，司法解释和国家机关（立法机关、司法机关、行政机关）的其他规范性文件一样，其功能都仅仅是为法律规范的适用提供更为契合的场景。

这四种规范类型如何排序，取决于其权威归属的排列序列。需要注意的是，这一排序只能基于权威重要性程度的划分，而不能基于规范本身内容和形式的划分。因为规范内容和形式本身并不存在确定的层级划分，比如在国家政策、党的政策和法律规范之间，中央的国家政策和党的政策在效力上就要强于地方性法规，但是，全国人大作为国家最高权力机关，国家法律的效力层级则要优于来自国务院的中央国家政策和地方国家政策。而排序的重点，又是前三种规范类型如何放置，因为第四种规范类型的权威性来自前三种权威的授权，所以无论如何，在统一的规范体系中，它的鉴别次序都便处于最末端。其中，又以前两个权威的鉴别排序最为关键。但在法治中国建设的进程中，这一排序已经有了较为清晰的规划。一方面，2016 年 10 月 27 日，党的十八届六中全会通过《关

① 刘振宇：《将法治进行到底——“法治与改革”学术研讨会综述》，载《环球法律评论》2014 年第 4 期。

② 施从美：《当代中国文件治理变迁与现代国家成长——以建国以来中央颁发的土地文件为分析视角》，载《江苏社会科学》2010 年第 1 期。

于新形势下党内政治生活的若干准则》，明确指出党的各级组织和领导干部必须在宪法法律范围内活动。鉴于这一文件是政党作为政治权威发布的相关规范，其承认了宪法法律这一法律权威承认的法律规范，这就意味着，政治权威按照其自身的承认方式承认了法律权威对其的规范和约束作用，因此，在规范体系的结构之中，法律规范的排序优先于党的政策；另一方面，民法通则第 6 条又展现了法律规范对于国家政策的优先地位。这就意味着，从权威归属的重要性程度来说，在规范体系的结构中，法律规范的鉴别优先于国家政策和党的政策的鉴别。至于习惯这一规范类型，根据民法总则第 10 条，其鉴别优先程度也在法律规范之后，但是，其和国家政策、政党政策的序列，却没有明确的规则予以阐述。这一现象是可以理解的，毕竟，在中国，国家政策和政党政策和国家权力联系在一起，而习惯更多地呈现出一种对于国家的疏离状态。政治权威和社会权威何者优先，取决于政治权威是否能够深刻地介入社会自组织之中，对此尚不存在一个绝对确定性的结论。这也解释了为何在民法通则中，规范体系倾向于承认国家政策这一政治权威的规范，而在民法总则中，规范体系倾向于承认习惯这一社会权威的规范。

简而言之，借助统一的承认规则，规范体系展现出其独特的整全结构。在这一结构中，法律规范处于优先地位，而国家政策和政党政策和习惯则位居其后，只有在这几类规范都已经穷尽的情况下，其他规范性和司法解释才作为鉴别标准。因此，“合法/非法”这一法律规范自身超循环所依托的二元代码，便借助对整体规范体系的优先鉴别权限，突破了法律体系本身的局限，更为全面地介入社会生活之中。无论是政治权威还是社会权威，以及经过这两类权威授权存在的其他类型的权威，其所产生的规范只要不符合法律权威产生的规范，就失去了其在规范体系之内的规范效力。

## 结　语

尽管“规范体系”一词并非一个生僻的词汇，但定位为“法律体系”替代范式的“规范体系”的定义则存在着争议。在法治中国建设进程中，该词具有三种截然不同的内涵，分别为法律规范体系、法律渊源规范体系和国家治理规范体系。这三种类型的规范体系不仅在包含的规范类型和数量上存在事实性的差异，从单一的法律规范到国家政策、习惯再到更为广泛的社会规范，而且，每一规范体系对初级规则的承认规则也呈现出不同的样态，法律规范体系来自立法机关的承认，法律渊源规体系来自司法机关的承认，而国家治理规范体系则仅仅来自制度化组织的承认。但是，这样一种基于经验状态的承认差异，并没有妨碍一个统一的规范体系的出场。在这样一个整全的规范体系中，存在四种类型的规范，分别是法律权威确认的规范、政治权威确认的规范、社会权威确认的规范，以及由以上三种权威授权的主体确认的规范。在这四种规范类型中，对法律权威确认规范的鉴别处于优先地位，这意味着，对于规范体系中规范效力的评价，“合法/非法”二元代码是首要性的，它将超越政治权威和社会权威的评价标准。这并非意味着，政治权威和社会权威在规范体系中不重要，而只是意味着，如果一个社会存在有效的规范体系，那么，政治权威和社会权威也将优先承认法律权威的鉴别标准。经由规范体系的内部关联，法律权威、政治权威、社会权威被纳入了同一分析框架，这也将为法治国家、法治政府、法治社会的一体化建设提供理论支持和实践指引。

## The Picture of the System of Norms

Liu Zhenyu

**Abstract**: In fact, there are three states of the system of norms, as the legal system of norms, as the system of source of law and as the governance system of norms. They determine the boundaries by three different styles of rule of recognition and confirm themselves. By the factors of convention and authority, there is only one rule of recognition but four criteria of recognition of the integrated system of norms. The structure of this new system of norms is recognized by law first, and becomes a ground of promoting the rule of law in China.

**Key Words**: system of norms; rule of recognition; criterion of recognition

# 明清时期畲族家法族规制度的特色与价值*

雷伟红**

**摘要**:明清时期的畲族家法族规制度采用以道德规范为主,以刑罚为辅的方式来治理畲族社会,具有鲜明的民族特色。它既讲究道德教化的方式,又重视刑罚,对违法者实行祠堂审理。在历史上,它维护了畲族的繁衍和团结,在畲族地区构建了一个和谐的社会秩序,塑造了一个优良的民族。今天,畲族家法族规制度所包含的良好的道德教化方法、民主平等精神、和谐价值、注重法律的道德化等精华,依然是依法治国和以德治国相结合的现代化建设予以利用的文化资源。

**关键词**:畲族家法族规制度;特色;历史意义;现代价值

在我国当前的法治建设过程中,如何对待传统文化及如何改造传统文化一直是学术研究的热点问题,学界对此问题存在着"障碍论"和"本土资源论"之说。前者认为传统的政治文化、法文化与法律至上、平等自由的现代法治精神格格不入,阻碍了我国成功地移植西方现代法律制度,致使中国的法治建设变得异常艰难。① 后者认为,"西方的法治不具有普适性,中国的法治建设必须利用本土资源,建立与中国现代化相适应的法治"。② 由于传统和现代相互依存,相互印证。传统衍生、蜕变出现代,现代遗留着传统的基因。③ 由于中华优秀传统文化的时代价值,在于它是当代中国发展的突出优势。因此,党的十九大报告强调要推动中华优秀传统文化创造性转化、创新性发展,更好构筑中国精神、中国价值、中国力量,为人民提供精神指引。④ 在畲族灿烂的传统文化中,明清时期的畲族家法族规制度特色鲜明,不仅极大程度地保障了畲族的生存和发展,而且还具有时代价值,值得深入地加以挖掘和阐发,并对其加以创造性的转化。

---

* 浙江省哲学社会科学规划课题"生态文明建设背景下的畲族环境习惯法的传承和发展研究"(项目编号:18NDJC194YB)。

** 雷伟红,浙江工商大学法学院副教授,中南民族大学博士研究生。

① 陈剩勇:《中国法治建设的法文化障碍》,载《浙江学刊》2002 年第 1 期。

② 苏力:《法治及其本土资源》,载《中外法学》1995 年第 5 期。

③ 汪太贤:《论中国法治的人文基础重构》,载《中国法学》2001 年第 4 期。

④ 秦金月:《中共十九大开幕,习近平代表十八届中央委员会作报告(直播全文)》,http://www.china.com.cn/cppcc/2017-10/18/content_41752399.htm,访问日期:2019-07-24。

## 一、明清时期畲族家法族规制度的主要内容

明清时期的畲族家法族规制度采用道德来教育畲民，使之知晓、遵守畲族的道德及其规范，并对违反者施以惩罚措施。

### （一）明清时期畲族家法族规制度倡导的道德规范的内容

1.尊祖敬宗。畲族认为“无祠不成族，无谱不成家”，为了尊祖敬宗，修建了祠堂，编撰了族谱。祠堂是用来祭祀祖先、家族聚会、伦理道德教育、执行道德规范的主要活动场所。畲族尤为重视祠堂的祭祀活动，规定了祭祀的规则：每年于清明节和八月初一各祭祖一次。祭祀的时间要早，天还没亮就开始，参加祭祀的人必须穿戴整齐，依次站立，表情严肃，行礼恭敬，不得怠慢。否则，违反者必会遭到怒斥。

族谱是记载本宗族世系和事迹的历史图籍，是家族伦理的范本，修谱可以发扬祖先的美德懿行，以此激励后人；也可以辨世系，明尊卑。畲族注重编修族谱，规定了修谱的程序。(1)成立修谱董事会。董事会成员多数由族长、房长和热心公益事业、办事公正、有一定威望的本族文化人担任，董事之间有资金筹集、资料采集汇总、世系审核等明确的任务分工，并各尽其责。如民国八年(1919)修的遂昌平昌雷氏宗谱的董事会中，倡修宗谱为族长雷文钦、房长雷明庆；主修雷维贤；雷维兆、雷本亮为编次、司校正之职；雷国斌、国高、国进、国后、国咏、本企等各理本房世系；本善、本铨等分理琐务；国土、本程为考阅人。(2)制定修谱章程。章程由修谱先生拟定，主要规定入谱人丁资费的初步分摊、资料的采集程序渠道，以及内容要求等，并以文告的方式公告全村同族，以便家喻户晓。(3)筹集资金。修谱经费主要按入谱人丁来摊派，也有按各户入谱字数的多少或所占版面情况分别收取费用，还有来自族人的捐赠。(4)征集资料。由董事到各家征集入谱资料，其内容包括五代人的字、行、生辰八字、逝世时间、婚姻对象、死后坟墓地点、坐向、祭田租额以及生育子女数等。(5)取谱式。畲族族谱的格式最常见为欧苏式。“家谱系图遵欧阳氏，仿史记年表世经人纬之法，而行第则遵苏氏，仿礼家宗图派联系续之义，今合二氏，方为尽善。”①(6)定谱例。修谱凡例是有关修谱的原则规定和体例说明。如浙江遂昌县三仁乡高桥村《平昌雷氏宗谱》中的凡例规定：“谱系自一世至五世为一图，六世另提至十世为一图。自后十一世至十六世皆仿此，取五服之义也。其提揭处必于本名，前一行大书某公派下某公系，其连派者，则止书某公系，使览者一目了然，亦便于追寻也。宗族之中，必先辨昭穆，父昭则子穆，兄昭则弟穆，使不编行位、次第，则尊卑长幼杂无纪律，兹于一世起编定”。② (7)取谱名。谱名是专门在谱牒中使用的名字，它表示命名对象的世系所属(那一辈分)和排行，通常由讳名、字、行等三者组成。谱内男丁谱名兼有三者，而女性仅用俗名或另加排行。(8)分行第。族谱中的字辈，叫排行或行第，是

① 浙江宣平县永丰乡赤坑村《冯翊雷氏宗谱》，民国壬申年(1932)重修。

② 浙江遂昌县三仁乡高桥村《平昌雷氏宗谱》，民国三十六年(1947)重修。

家族世系人名在谱牒中的排列"符号"。畲族行第排列，蓝姓用"念、大、小、百、千、万"6 个字，雷、钟两姓只用 5 个字，雷姓缺"念"，钟姓无"千"，每世(代)仅用一字作周而复始的循环使用。同时，排行时，男丁排序序数从"二"开始，而女性排行序数缺少"二"字。具体排法是，同辈人同属一字，再加上按出生月、日、时辰来排顺序。如"蓝念二十六郎""雷千十五娘"等。缺少的"一郎""二娘"，专门留给未满 16 岁夭折死亡的男女使用。① (9)祭谱、领谱。族谱修好后，畲族要举行祭谱和颁谱仪式。其中祭谱仪式由畲族师公举行，由"通关""洗净""接佛""接祖公""拜忏""谢佛""安祖位"等程序组成。由族长颁发新谱，他宣读完颁谱词后，点香三鞠躬，开始发新谱。各村的理事捧着新谱到祖宗案前焚香、跪拜，祈求祖宗护佑，幸福安康，并把谱领回家后，还要在自家祖宗香火榜前供祭宗谱。② 畲族通过尊祖敬宗达到和睦宗族的目的。

2.重孝悌。畲族认为"孝为百行之本，得此，不足为奇，失此，为万恶之首"。③ 故要求族人必须行孝道。按家族内辈分的阶梯，孝者为家族内的纵向联系，强调必须明确所处辈分，以身作则。为此，一要正名分，如若名不正则百行难辨。对父兄称之为长辈，对子孙称之为晚辈，既不能因富贵而欺压贫贱，也不能因疏远而忘记责任。二要戒家长。作为家长，作风要正派，必须遵守礼法来监管家政，推行仁爱来治理家人。对待家人要平等而不能偏私、溺爱子女。三要抑卑幼。主张事无大小晚辈都必须禀告长者后而行事。即便是非之见胜于长者，也必须先婉转详细加以说明后再实施。悌为万善之首，悌者为家族内的横向交往，强调兄弟和睦，妯娌友好相处。由于妇女的目光短浅，见识不大、器量较小，常因小事情引发家庭不和，因言语不和引发邻里争端，因此，要求丈夫经常教诲妻子，以免因妻子的过错而引发家族纠纷。④

3.注重修身养性。畲族非常注重个人的修身养性，表现在：(1)重人格。提倡畲族人民为人处事要光明正大，品行端方，竭尽全力遵守仁义道德，严厉惩罚为非作歹行为，绝不能陷入匪盗而玷污人格，侮辱祖先的品德。(2)慎交友。朋友是帮助人们提高品行和学问的人。要做好人，必交好友。经常与朋友相互切磋，品行和学问必会随之增长。(3)禁饮酒。酒的危害大，醉饮狂呼，嬉笑怒骂，是乱性。神志昏迷，行为颠倒，是败事。壮年豪饮，晚年多病，是丧身。因此主张戒酒。(4)禁赌博。赌博赢了，把别人的金钱放入口袋中，使人的心术变坏；赌博输了，毫无顾忌地卖掉田地、房屋甚至妻子来还债，丧失人的志气。可见，赌博的害处多，要戒赌。⑤ (5)戒骄纵。主张为人谦虚谨慎，不自高自大，行为要检点、约束，这是保持品德和节操的关键所在。(6)戒淫恶。由于贪恋酒色等不良的行为，容易败坏门风，玷辱祖先，如果遭遇强悍必然导致杀身之祸，或使夫妻反目，使妯娌

---

① 缪品枚编：《闽东畲族文化全书·谱牒祠堂卷》，民族出版社 2009 年版，第 3～20 页。

② 金华市委统战部、金华市民宗局编：《金华畲族(送审稿)(下)》，2009 年 3 月，第 344～348 页。

③ 福建《连江辋川蓝氏族谱》，清同治十年修。

④ 浙江遂昌县三仁乡高桥村《平昌雷氏宗谱》，民国三十六年(1947)重修。

⑤ 浙江遂昌县三仁乡高桥村《平昌雷氏宗谱》，民国三十六年(1947)重修。

成仇,丧心丧德莫过于此。因此主张族人不做荒淫邪恶的事。[①] (7)明礼仪、尚友爱。族人虽然有亲疏远近,但事实上是同宗共祖,应当讲究厚道谦让来和衷共济,不要因猜疑或不满而产生隔阂,挑起事端,相互之间要讲礼义,这样家族就能和睦。

4.慎婚姻。婚姻为"人伦之大"必须慎重。凡男女嫁娶,须要门第相当,家法严整,方可与议婚姻。娶妇嫁女,必择"孝悌",注重品行,不可论财。选择妇婿要讲求名分,有相对的标准:"嫁女必须胜吾家者胜吾家,则女之事必钦必戒;娶妇必须不若吾家者不若吾家,则妇之事,舅姑必敦妇道。"[②]禁止无缘无故出妻屏子,婚嫁之事要从俭不可过奢,嫁妆之厚薄要力所能及。

5.务本、安分。畲族提倡以耕种和读书为根本,耕种的人不会挨饿,读书的人不会地位低下。读圣贤书,对内可以修身,对外可以明事理。如果得志就可以造福苍生,不得志也可以成为贤人,不得只为追求功名利禄而读书。[③] 士农工商都是我们所从事的基本行业,应当遵守内部的规定,克勤克俭,不得游手好闲赌博败坏技艺。"要以惰奢为戒。惰则失身之源,奢则丧家之阶"。[④] 做官接受俸禄的人,必须恪尽职守,不得因贪污而辱没祖先。居家学习的人,也应当专心致志,刻苦攻读,不得喜欢多事而荒废自己本身的行业。[⑤]

6.和乡里。主张天下的民众都是同胞,万物与人共出一方,出入相友,故财物人所同,千万不可独占便宜。脾气性格,人所共有,不可独占上风。倘若贪财意气用事,只考虑自己,一旦遇到强悍必然会发生灾祸。凡事要将心比心,己所不欲,勿施于人。如果因为极小的怨恨就起争端,既损害钱财又败坏品行。如若遇到纷争,不要挑拨离间,而要竭力劝解,化干戈为玉帛,要与周边的邻居和平共处。[⑥]

### (二)明清时期畲族家法族规制度对违反道德规范的惩罚措施

畲族家法族规制度不仅强调尊祖敬宗、重孝悌、注重修身养性、慎婚姻、务本、安分、和乡里,而且还对违反这些道德规范的行为,规定了惩罚措施。表现为物质、精神和人身权三个方面,以示警诫。

1.物质方面惩罚措施。物质方面主要是通过部分直至全部剥夺违反者的财产来达到惩戒的目的。包括:(1)罚银两。畲族珍重族谱,视族谱为国史,要求族人保管好族谱,"遗弃族谱者要公罚银二两"。[⑦] (2)充公,将家庭的私有财产收归宗族公有。畲族规定族谱除非遇到水灾或火灾,否则不得丧失,更不能偷偷地出卖。宁化县城南翔茜坑村对丢

① 浙江遂昌县妙高街道井头坞村《钟氏宗谱》,民国辛未年(1931)创修。
② 福建上杭县坵辉村《钟念二公族谱》,清光绪三十一年(1905)修。
③ 浙江遂昌县妙高街道井头坞村《钟氏宗谱》,民国辛未(1931)创修。
④ 浙江建德市航头《钟氏宗谱》,民国二十一年(1932)修。
⑤ 浙江建德市航头《钟氏宗谱》,民国二十一年(1932)修。
⑥ 浙江遂昌县妙高街道井头坞村《钟氏宗谱》,民国辛未(1931)创修。
⑦ 福建福安和安畲族村《钟氏族谱》,民国九年(1920)重修。

失盗卖族谱的行为，给予了严厉处罚，规定“丢失盗卖一部，罚银二拾两充公”。[①] (3)赔偿。祠堂里用来祭祀的器皿物品，如五尺凳在办丧事时准许借用，但借出和借入应当照数点清楚，如有损坏要赔偿，不赔者要罚银一两。[②]

2.精神方面惩罚措施。主要是对违反者的声誉、信誉等方面施行不良影响，使其在精神上产生警诫，从而不再发生违法行为的惩罚方式，包含斥责和共攻。斥责是执法者严厉地教育违法行为情节比较轻微的违反者。坑门里钟氏家族规定，祠堂只准用来祭祀、公议、演戏，不准把杂物放入祠堂，禁止小孩到祠堂吵闹，对违反者，大家可以斥责。[③] 共攻是指族长集合众人，公布违反者的罪行，大家一同谴责。如“嫁娶必择名门相配，倘贪重聘厚奁致与出身微贱联姻者，众共攻之”。[④]

3.人身权方面惩罚措施。主要是涉及族人的身体、生命及其在族中的权利、荣誉等内容的惩罚措施。包括：(1)杖笞。族长发现族人违背伦理规范，有权执行规范杖打违规者。(2)打死，剥夺违反者的生命。云和县朱村乡小岗村规定对沦为盗贼者，事情一旦败露，就会被众人打死。[⑤] (3)不许入祠。指在任何时候都不得进入祠堂。丽水市莲都区碧湖镇竹溪村规定“侵占祖宗所贻田地山场，依律送官究治，如有再不允服者，将其革出祠堂，永不许入祠”。[⑥] (4)革谱。指在家谱上划掉有过失者的名字，表明他们已经不是家族的成员。丽水市莲都区太平富村畈村规定“男子有鼠窃非为者，或奸盗灭伦而坏宗祖以至执拗下贱等事者，妇人有伤风败俗污玷宗族者，于谱内则削其名”。[⑦] (5)逐出族外，削其谱名。把有过失者赶出宗族的栖身地域，并把他的姓名在宗谱上划掉。会受到逐出族外之罚的族人，往往是犯了当时人们认为是极为可耻的罪恶，福建光泽县司前乡积谷岭村规定“不孝不悌、淫乱盗窃、凶暴为非及纵容妇女、邪行秽迹，种种彰闻，如此类者，逐出族外，削其谱名”。[⑧]

## 二、明清时期畲族家法族规制度的特色

### (一)讲究道德教化的方式

畲族家法族规制度为了更好地发挥道德教化的作用，特别注重道德教化的方式。畲族在进行道德教化的时候，采用一套程序，由劝、严、戒、禁四个不同程度来标明畲族家族

① 福建宁化县城南翔茜坑村《雷氏家谱》，民国三年(1914)重修。
② 福建宁化县城南翔茜坑村《雷氏家谱》，民国三年(1914)重修。
③ 福建福安甘棠镇坑门里《钟氏宗谱》，民国九年(1920)重修。
④ 浙江丽水市莲都区碧湖镇竹溪村《雷氏宗谱》，民国二十年(1931)重修。
⑤ 浙江云和县朱村乡小岗村《汝南蓝氏宗谱》，民国二十年(1931)重修。
⑥ 浙江丽水市莲都区碧湖镇竹溪村《雷氏宗谱》，民国二十年(1931)重修。
⑦ 浙江丽水市莲都区太平富村畈村《宣邑钟氏宗谱》，民国四年(1915)重修。
⑧ 福建光泽县司前乡积谷岭《雷氏族谱》，清同治元年(1862)重修。

伦理对种种事务所持的态度,肯定什么?否定什么?泾渭分明。其中,劝主要是倡导畲族人民多做善事。如提倡勤俭。认为勤俭是谋生的根本,是人生立德的好途径。勤劳能够生财,节俭能够节约钱财。既生财又节财,则可以丰衣足食。严是畲族设立评判善恶是非的标准。为防止畲族人民染上恶习,实施恶行,不务正业,畲族家训主张"训子弟以禁非为",要求父亲和兄长要时常训诫自家子弟,切莫好吃懒做、吃喝嫖赌、胡作非为。要从事正当职业,崇尚耕读。戒指要求族人不应该做诸如赌博酗酒、打架斗殴、吸食鸦片、信仰邪教等不良行为,只有这样才使家道兴隆昌盛。禁指绝对不允许做被禁止的事,否则会受到严厉的惩罚。为使畲族得到繁衍,禁止同姓通婚,禁止乱伦,否则会被家族除名。

### (二)重视刑罚,并对违反者实行祠堂审理

畲族将祠堂作为公正的法庭,用来解决畲族的内部矛盾纠纷,审理违反道德规范的案件。清代,居住较稳定,人口有所发展,经济条件较好的畲族地区兴建了祠堂,其中浙江畲族有祠堂56座①,闽东畲族有祠堂59座。② 祠堂是宗族的物化象征,代表着宗族的利益和宗族的团聚,是畲族进行家法族规制度教育的场所。畲族对伤风败俗者或作奸犯科者,进行祠堂审理,给予族人杖击或石击、直书族谱、革出祠堂等严厉处罚。《颍川钟氏族谱·贬钺录》记载了37人因违反道德规范,畲族通过祠堂审理实施了处罚的情况。有的因杀害侄儿被族人杖击,有的因"为匪作恶"被族亲用石头击毙,有的过继给他人作继子,谋取了继父的家业、田产,并将其挥霍一空而被直书族谱,有的为盗或毒害宗族,被革出祠堂。③ 蒲城县富岭镇余塘村委会大路边村《钟氏族谱》记载了大宗祠内进士举人贡监生员商议革出不孝之人,欺宗灭祖,永不入宗;并列举了族内不孝的9名人员。④

## 三、明清时期畲族家法族规制度的历史意义

### (一)维护畲族的生存和繁衍

畲族居住在山区,清代实行以刀耕火种、狩猎为主,以采集为辅的农业生产。由于刀耕火种的粗放方式致使农作物的收获不足以维持生计,畲族人民只得依靠到山上猎捕野兽、采集野菜等添补家用。各地的县志和宗谱记载了这一生产方式一直持续到解放初,原因在于它所拥有的粗放性、易迁性和封闭性的特征,使得它能在强大先进的汉族封建生产方式的包围下独立存在。同时封建统治者歧视、压迫畲族。在经济上,征收繁重的

---

① 浙江省少数民族志编纂委员会编:《浙江省少数民族志》,方志出版社1999年版,第80页。

② 缪品枚编:《闽东畲族文化全书·谱牒祠堂卷》,民族出版社2009年版,第285页。

③ 福建省永安市清水畲族乡百邑村《颍川钟氏族谱》,民国二十九年(1930)修。

④ 蒲城县富岭镇余塘村委会大路边村《钟氏族谱》,清光绪十五年(1889)修。

徭役和赋税；畲民没有生产资料，只有唯一的劳动资料即刀耕火种的工具刀，封建统治者就实行以刀为准征收赋税。[①] 鸦片战争后，地主、高利贷者、官僚等大肆吞并土地，畲民靠租种地主的田地度日，沦为佃户，受尽了地主强行加租、巧立名目多方榨取和剥削。在政治上，推行土官制度、保甲制度和"编图隶籍"奴役和压迫畲民；在文化上剥夺了畲民受教育的权利。畲民被诬视为贱民，不准上学求知、入科班考试。至此，畲民过着饥寒交迫的生活，正如遂昌天世涵的《畲民诗》所云："……岩栖亘茅舍，……男女并力田，尚被饥寒迫，徒使并兼家，仓箱日充斥。"[②]法国哲学家亨利·柏格森认为道德由作为"义务"的道德和作为"抱负"的道德这两部分构成，所谓 "义务"是指处事的必要性，这种必要性来源于社会对个体的压力，是绝对的命令，是由一系列必须服从的禁令构成，这就形成了道德上的义务，便是社会成员中的团结一致和对社会"压力"的无条件服从。道德的另一组成部分的"抱负"是出于英雄人物的抱负和创造，用超越个人和小团体的利益的"自我牺牲""隐忍""仁爱"等德性去感召全社会。[③] 可以说，畲族家法族规制度所倡导的尊祖敬宗、重孝悌、明礼仪、尚友爱、务本、安分、注重修身养性等内容正是道德这两个因素的真实写照。景宁惠明寺畲村流行着"蜡烛横横倒[④]、火笼当棉袄、辣椒当油炒、番薯丝吃到老"的民谣，反映了畲族的物质生活处于极度的贫困状态[⑤]，但是即使身处这种贫困深渊，畲族并没有被压垮，源于畲族依靠这些道德教化畲族人民，借助道德的感化、约束制度来提高畲族人民的觉悟和德行，达到内在的自我控制，战胜了恶劣的生存环境，维护了畲族的生存和繁衍。

### (二)维系畲族的内聚力和民族统一，构建和谐的社会秩序

畲族家法族规制度特别讲究"和"，主张家族和睦就能兴旺发达。在家族内，一要孝父母。畲族最推崇子女对父母的孝顺，要求子女要报答父母的养育之恩，照顾父母要周到细心。对做得好的人要嘉奖，反之则当众惩罚。二要和兄弟。兄弟间，强者逊让，扶助弱者，救济贫者；有喜事相互庆贺，有不吉利的事相互安慰，有困难相互帮助。三要序长幼。年幼者对尊长者必须尊敬，不与长者并坐，不能直接呼叫长者的姓名。作为尊长者要经常教诲年幼者，年幼者应当牢记在心。四要谨己身。注重培育个人的德性，提高道德素养。不论贫穷和富贵，都要勤俭持身，处世厚道，为人不贪，不与人争强好斗。五要严治家。家庭的兴衰主要在于持家的人严谨与否，如果持家的人要求严谨，则家人就勤劳，反之则懈怠。因此，提倡治理家庭要严格，男女分别要勤于耕读与纺织，生财有道，礼仪兴旺，则名家望族。六要睦宗族。强调家族内部应休戚与共，疾病相扶，患难相恤，禁

① 雷弯山：《思维之光——畲族文化研究》，天津人民出版社 1997 年版，第 58 页。

② 浙江省少数民族志编纂委员会编：《浙江省少数民族志》，方志出版社 1999 年版，第 162 页。

③ [法]亨利·柏格森：《道德与宗教的两个来源》，王作虹、成穷译，贵州人民出版社 2000 年版，第 73 页。

④ 蜡烛横横倒指穷得连灯油都买不起，只能将竹篾条束起来，点燃当作照明的火把，竹篾被横着拿，好像蜡烛横过来一样。

⑤ 王道：《走向市场——一个浙南畲族村落的经济变迁图像》，中国社会科学出版社 2010 年版，第 105 页。

止内部争斗，禁止以强凌弱。家族内部发生的纠纷争端，由于诉讼打官司，不仅会伤及家庭财产，甚至会带来性命之忧，故不诉诸官府，而是由族长来解决。① 正因为畲族家法族规制度倡导家族和睦，维系了畲族的内聚力和统一。许蟠云1934年对平阳畲民调查后认为畲族富有坚固的团结力。不论蓝、雷、钟、李认识与否，都亲爱团结。② 同时，畲族的家法族规制度也构建了畲族地区和谐的社会秩序。德国学者史图博1929年到景宁敕木山畲村调查后认为该村的社会秩序良好，尽管每家每户的大门都开着，但从未发生过盗窃案件，也未曾有过谋杀和打死人的事。③

可见，畲族家法族规制度采用道德规范为主、辅之刑罚的方式来治理畲族社会的成效显著。它不仅使畲族在恶劣的环境中生存繁衍下来，而且还塑造了一个拥有诸多美德的优良民族。文学古籍对畲族人民的评价是淳朴、善良，认为他"盖在各省诸苗中最驯良者矣"。④ 畲族人民不仅"爱好和平……十分好客、亲切、有礼貌，从不争吵，不唯利是图，是一个谦虚的民族"。⑤ 还具有"忠顺、互助、信义、事群、俭朴、刻苦耐劳等十种德性，诚然是一种优良的民族"。⑥

## 四、明清时期畲族家法族规制度的现代价值

### （一）畲族家法族规制度的精华是当今现代化建设中可资利用的资源

党的十八大提出了当今的现代化建设要奉行依法治国和以德治国的结合，这源于道德建设永远是人自我完善和社会文明进步的重要途径，道德建设与法治建设始终是相辅相成的。⑦ 人性的复杂性与多样性需要法律和道德的同时存在，两者性质不同又互为补充。道德基于人性的善，法律侧重人性的恶；道德评价依据动机，法律只能制裁行为；道德可以从理想出发，法律必须立足现实。可见，两者彼此支持、互为补充，增进了人与社会的全面发展。⑧ 今天，我们研究畲族家法族规制度，是要弘扬民族优秀传统道德，用当代精神提取历史精华，立足于现代法治，重构中国传统道德，施展道德建设应有的功能。

---

① 浙江丽水市莲都区老竹镇赤坑村《冯翊雷氏宗谱》，民国十一年（1922）重修。

② 许蟠云：《平阳畲民调查记》，转引浙江省少数民族志编纂委员会编：《浙江省少数民族志》，方志出版社1999年版，第681页。

③ ［德］史图博、李化民：《浙江景宁县敕木山畲民调查记》，转引浙江省少数民族志编纂委员会编：《浙江省少数民族志》，方志出版社1999年版，第678页。

④ 蓝炯喜：《畲民家族文化》，福建人民出版社2002年版，第230页。

⑤ ［德］史图博、李化民：《浙江景宁县敕木山畲民调查记》，转引浙江省少数民族志编纂委员会编：《浙江省少数民族志》，方志出版社1999年版，第629页。

⑥ 蓝炯喜：《畲民家族文化》，福建人民出版社2002年版，第230页。

⑦ 陈寿灿、傅文：《儒家家法族规制度的思想内涵，历史价值与现代意义》，载《人文杂志》2005年第2期。

⑧ 陈寿灿、何历宇：《与社会和解：中国法治模式的伦理化之维》，载《政法论坛》2011年第3期。

**(二)传承和发展畲族家法族规制度的积极价值**

1.畲族家法族规制度中道德教化的方式和手段,有利于培育现代公民的美德。畲族家法族规制度注重族长、家长等执行者的道德修养。畲族族规规定了族长的品行:"族长关风化,宜尊齿德长。正人先正己,型俗更型方。理以宣衷谕,言须精细详。"[①]强调执行者必须公正地执行,不得倚仗势力偏袒徇私。还更加注重和培育所有畲族人民的道德水准和品德修养,为此,它讲究道德教育的方式,分劝、严、戒、禁四个步骤,采取由浅入深的递进方式,阐明畲族家族伦理对待各类事务的立场,起到了很好的教育效果。同时采用多种教育手段,一是有固定的教育时间,上杭县庐丰乡畲族人民于每月朔望日在祠堂内由族长宣讲道德规范[②];二是随时教育,赣南蓝姓畲族每家都认真地抄写家族的道德准则,并将它放置在座位的右边,随时向弟子讲明;[③]三是在惩罚之中给予教育,像共攻、公罚等惩罚方式,不仅对违反者实施了惩罚和教育相结合,而且对其他人也进行了警示教育。这些道德教育方式和手段不仅使得畲族家法族规制度通过伦理道德的教化起到兴旺家族的作用,而且在今天的道德教育中仍大有作为。现在,福建宁德市猴墩畲村延续传统道德教育手段,将畲家祖训的精华内容制作成木制的牌匾竖立在村口,大家每次进出村庄,都会自然而然地受到熏陶,如"务本业以定民志"这条祖训主张族人要勤劳肯干,不游手好闲,要求后世子孙,从事正当职业。畲族的祖训润物细无声地使得后辈在濡化中学到了先辈的精髓,致使他们的民族文化心理、群体人格得到了很好的塑造,更重要的是畲族家法族规制度所倡导的良好的道德规范,在潜移默化中培育了现代公民的美德。

2.畲族家法族规制度的民主、平等精神,有利于村民自治。家法族规制度中伦理规范包括刑罚的订立,由家族中的族长、房长先拟定,再交给众人商议后决定,体现了畲族伦理规范制定中的民主因素。这些伦理规范因畲族人民参与制定,反映了他们的意志,故能得到他们的遵守。任何人包括族长只要违反了伦理规范都要受到处罚。遂昌县三仁乡高桥村《平昌雷氏宗谱》规定:"族长,族之尊也,当共尊之,亦当自重也。本族公事家事,均宜至公处治,倘有徇情贪得祠帑,查出计赃责治,如有恃尊违规,均共攻之。"[④]这体现了畲族伦理规范实施中的人人平等的精神。这些民主、平等的精神在今天的畲村村民自治中仍然发挥着重要的作用。现在很多畲村运用民主、平等精神,在充分吸取民意的基础上,根据法律、法规以及国家政策,制定了村规民约,如《景宁外舍管理区王金洋村村规民约》就是如此,由于村规民约充分反映村民的意愿,全面表达他们的利益需求,成为了畲族人民行动中的法,在畲族人民心中享有很高的威望和信仰。

3.畲族家法族规制度所追求的和谐价值契合当今村规民约的目标。畲族家法族规制

① 福建古田县杉洋西园村《雷氏宗谱》,清光绪十六年(1890)修。

② 福建上杭县庐丰《闽杭庐丰蓝氏族谱》,民国三十三年(1944)重修。

③ 蓝希瑜、张得亮:《浅探赣南畲族家训族规的社会文化功能》,载《西南民族大学学报(哲学社会科学版)》2004年第1期。

④ 浙江遂昌县三仁乡高桥村《平昌雷氏宗谱》,民国三十六年(1947)重修。

度力求和谐价值,采取了“三部曲”。一是建立族内外人与人之间的和谐关系,有效地预防纠纷的产生。在家庭内,纵向强调孝父母、序长幼,横向强调和兄弟、睦妯娌来规范家庭人员的行为。邻里之间强调睦宗族、尚友爱、禁争讼来避免纠纷的发生。通过和乡里、息词讼构建村与村乃至畲族与其他民族之间的和谐关系,以此防止甚至杜绝纠纷的发生。二是注重以调解的方式来化解纠纷。一旦纠纷发生之后,对非重大的族内争议采用调解的方式来解决。畲族的调解制度具有调解主体民间化、调解依据乡土化、调解程序非正式化、调解范围广泛化和调解形式多样化的特点[①],通过调解达到了定纷止争的作用。三是对重大的族内纠纷采用祠堂审理,对族外纠纷则采用官方力量来解决。畲族对杀人、为匪作恶、谋取家产等重大的违法行为采用祠堂审理,不仅对违法者予以严厉的处罚,还达到以儆效尤的作用。畲族家法族规制度所追求人与人之间和谐的关系与我们当今村规民约的目标相一致,如景宁大张坑村村规民约的制定目的为促进家庭和谐,邻里和洽。为达成此目标,该村规民约作了如下的规定:倡导敬业、诚信、友善、崇德向善,传承优良传统文化,树立良好村风民风(第2条)。遵循婚姻自由,男女平等,尊老爱幼原则,共建团结和睦家庭关系(第4条)。夫妻在家庭中的地位平等,应互尊互让,共同承担家庭事务,共同管理家庭财产,反对家庭暴力(第5条)。子女应尽赡养老人的义务、关心、尊重老人。外出子女要经常回家看望父母。父母应尽抚养未成年子女和无生活能力子女的义务,不虐待儿童(第7条);倡导立家规、传家训、树家风,喜事新办,丧事俭办,不铺张浪费,不盲目跟风攀比,不搞宗派活动(第8条)。坚持互尊互爱、互帮互助、互让互谅,共建和谐融洽的邻里关系(第9条)。[②] 这些规定继承和发展了畲族家法族规制度的一些有益规范。

4.畲族家法族规制度中的法律的道德化,有利于增强法治的实效。畲族家法族规制度把良好的道德作为刑罚的基本内容加以规范和实施并取得了良好的效果,对当前法治建设具有一定的启示意义。畲族家法族规制度倡导用良好的道德来规范畲民的行为,并对违反者实施制裁措施。云和县朱村乡小岗村的《蓝氏祖训》将孝放在首位,主张“孝悌者,百行之源。……正家最先急务也。”并言明孝的途径,子女对待父母,须恪尽子道,“生则致敬,死则致哀,葬则尽礼,祭则尽诚。”处罚有不孝行为者,“用言语冒犯父母,不侍奉父母,众人须鸣鼓攻其罪,使之知其所敬此。”[③]正因为如此,在达到“德法交融”、功能互补的工具性特征的基础上,逐步实现道德抑制人心向恶,引发人心向善等法律自身无法实现的价值目标[④],才使得畲族的家法族规制度产生了如此事半功倍的效果。正如英国学者萨姆纳所言,“立法必须从原有道德当中探寻立足点,与道德相一致。”他认为,法律、道德都是习俗的产物,深深植根于但又无力改变社会发展过程。当法律从道德中分离出

---

① 雷伟红:《畲族习惯法研究——以新农村建设为视野》,浙江大学出版社2016年版,第281~287页。

② 方清云等:《敕木山中的畲族红寨——大张坑村社会调查》,华中科技大学出版社2018年版,第106页。

③ 浙江云和县朱村乡小岗村《汝南蓝氏宗谱》,民国二十年(1931)重修。

④ 眭鸿明:《传统“家法族规制度”与现代法治》,载《学术界》1999年第2期。

来,法律的社会基础、法律的权威就被减弱了,背离道德的法律犹如废纸一堆。① 可见,在当前的法治建设中,为了增强法律的实施效果,要把良好的道德上升为法律,实行法律的道德化。

## 结 语

明清时期的畲族家法族规制度是畲族从自身的生存和发展的需要出发,采用以道德规范为主,以刑罚为辅的方式来规范畲族人民的行为,具有历史的合理性。在当代,它仍然是畲族发展壮大的丰厚滋养,有必要让畲族家法族规制度的精华实现活起来,传下去。在畲村,畲族人民对畲族家法族规制度思想进行了反思和透视,自觉地将畲族家法族规制度优秀、合理的部分进行了改造,使其融入自身的生产生活,与自己的日常行为息息相关。这些传承和发展的路径让畲族家法族规制度的精华焕发出了新的生命力,并在畲族地区的现代化建设和法治建设中发挥其应有的作用。

**The Characteristics and Values of the She Minority Family Law and Clan System in Ming and Qing Dynasties**

Lei Weihong

**Abstract**: In the Ming and qing dynasties, the she minority's family law and clan system mainly governed the she minority's society by virtue of moral norms and supplemented by punishments, which had distinct ethnic characteristics. It not only stresses the way of moral education, but also attaches importance to the penalty, the implementation of ancestral court trial of offenders. Historically, it has maintained the population and unity of the She tribe, and has constructed a harmonious social order in the she minority area and has shaped a fine ethnic group. The essence of the she family law and clan system, such as good moral education method, democratic and equal spirit and emphasis on the moralization of law, is still the cultural resources utilized in the modernization drive combining the rule of law with the rule of virtue.

**Key Words**: She minority family law and clan system; characteristic; historical significance; modern value

① 田成有:《法律社会学的学理与运用》,中国检察出版社 2002 年版,第 113 页。

# 传统法哲学基本范畴

## ——法气关系论研究

万彩红[*]　董青梅[**]

**摘要**:传统文化中,法气关系是古代“天人合一”“天人相分”思想在“法”“气”层面的显现和展开。二者关系依其本体、质用论的分野表现为相表里、互致用和相独立、互不预两大流派。其相表里、互致用的关系可分为“气”是“法”的基础和本体、“法”是“气”的体现和运用、“法”与“气”相互利益且互动感应三个层次;其相独立、互不预的关系包括“元”“气”等是自然的、德法政治讲究时数及“法”与“气”各有运行规律而互不干预几个方面。

**关键词**:法气关系;内涵;体用论;天人关系

法气关系是传统法哲学的基本范畴和议题之一。法(law)在西方哲学中有自然存在的自然规律或定律、应然存在的社会原理或观念、人为制定的法律或规则等多种含义。[①]在中国,“法”字也有标准规范、效法模仿、典章制度、刑罚律令、原理规律、方法技巧等不同的含义指称,展示出内涵丰富性和范畴多元性的独特风貌。气是东西方文化的基本概念和范畴之一,是人类在探索世界本原、从事社会活动、处理各种关系中抽象出的词语和物象。气在东西方哲学领域占有重要地位,并对东西方的哲学发展和文化存在产生了巨大影响。传统文化中的气概念内涵从大的方面可分为本体根源之气、自然现象之气、伦理道德之气、社会状况之气、生命意识之气等几个方面。“法”作为自然和社会发展的规律及协调社会关系和秩序的规范、制度、刑罚、惯例等,具有质用的实践性和工具手段价值意义。“气”所具有的形上形下双重意义则使其自身兼具本原的主体根基和形用的实践运用双重价值。传统文化中,“法”“气”关系即依其本体、质用论的分野表现为相表里、互致用和相独立、互不预的两大流派,前者以管子、董仲舒为代表,并占据传统政法文化的主流地位;后者以荀子、王充等为代表,被时人称为叛经之论而受到贬抑,却代表了法学人文化、社会化的发展方向。

---

* 万彩红,历史学硕士,西北政法大学图书馆馆员。

** 董青梅,法理学硕士,西北政法大学刑事法学院副教授,中华法系与法治文明研究院研究员。

① 严存生:《法律的人性基础》,中国法制出版社2016年版,第23页。

# 一、法与气相表里、互致用

## (一)气为法之基

1.气为法理之源。传统法学原理中的“厚德简刑”“德主刑辅”思想来源于气论哲学中“阴”“阳”二气及其代表的德刑含义,如董仲舒《春秋繁露》言“阳天之德,阴天之刑也。阳气暖而阴气寒,阳气予而阴气夺,阳气仁而阴气戾,阳气宽而阴气急,阳气爱而阴气恶,阳气生而阴气杀。是故阳常居实位而行於盛,阴常居空位而行于末。天之好仁而近,恶戾之变而远,大德而小刑之意也。……是故天数右阳而不右阴,务德而不务刑;刑之不可任以成世也,犹阴之不可任以成岁也;为政而任刑,谓之逆天,非王道也”[①]、“天地之间,有阴阳之气,常渐人者,若水常渐鱼也。……为人主者,……好仁恶戾,任德远刑,若阴阳”[②]、“天出阳为暖以生之,地出阴为清以成之,不暖不生,不清不成,然而计其多少之分,则暖暑居百而清寒居一,德教之与刑罚犹此也。故圣人多其爱而少其严,厚其德而简其刑,以此配天”。[③] 此外,古代法学思想中的“中和”“议亲”等原理也是在天人关系探讨中由天地、阴阳之气的“中”“和”之道抽象而来的。如《淮南子·汜论训》[④]中认为“天地之气莫大于和,和者,阴阳调,日夜分,而生物。春分而生,秋分而成,生之与成,必得和之精”,所以在人事政法上,就应做到“以身体之”,“宽而栗,严而温,柔而直,猛而仁”,刑罚政令举措有度、刚柔严猛得中的“贵和”状态,否则就会出现“恩推则懦,懦则不威;严推则猛,猛则不和;爱推则纵,纵则不令;刑推则虐,虐则无亲”的不和谐状态。而古代重视德礼教化和“恤刑”“宽刑”等政策的思想,也直接来源于导迎维护培养“善气”“和气”“元气”,以求国家长治久安、风调雨顺等气论哲学,明代诏令中就有“尤念兵戎事重,供亿甚劳,加以逋负相仍,科徵未息,在在皆然。方欲省刑薄敛,任贤使能,培养元气,扫除灾孽,以保我国家亿万年之祚。所有宽恤事宜条例于后……”的记载,明确从培养元气上实行宽恤刑罚的举措。[⑤]

2.气为法政之依。早在尧舜时代,先民即按照四时节气等制定岁历、告时授事。《左传正义·昭公二十五年》记载赵简子向子大叔问礼中所用子产的话说明“作为政令制度内容的‘礼’和‘法’,也以气为其根据。”[⑥]《十三经注疏·礼记正义·祭义》中孔子解释神道设教说:“气也者,神之盛也。魄也者,鬼之盛也。合鬼与神,教之至也。众生必死,死必归土,此之谓鬼。骨肉毙于下,阴为野土。其气发扬于上,为昭明,焄蒿凄怆,此百物之

① (汉)董仲舒:《春秋繁露》(上册),中华书局1975年版,第393页。

② (汉)董仲舒:《春秋繁露》(上册),中华书局1975年版,第599页。

③ (汉)董仲舒:《春秋繁露》(上册),中华书局1975年版,第434页。

④ 高诱注:《淮南子·汜论训》,载《诸子集成》(第七册),中华书局1954年版,第216~217页。

⑤ (明)孔贞运:《皇明诏制》,载《续修四库全书》(第458册),上海古籍出版社2002年版,第224页。

⑥ 张文立主编:《气》,中国人民大学出版社1990年版,第22~23页。

精也，神之著也。因物之精，制为之极，明命鬼神，以为黔首则，百众以畏，万明以服。”①明确以气化的鬼神作为百姓行为规范的设定依据。影响汉代以后中国意识形态的重要人物董仲舒则通过天地之气分为阴阳、四时、五行等气的抽象结构形态，论证了人事政治制度和伦理规范上的形而上学依据，这也是历代政治中按季节时令布政、按亲疏贵贱分等设教的理论根据。所以，在古代天人合一的思想背景下，人类社会的礼法政治制度和道德规范、伦理规则的产生都是以气的运行规律和自然属性为依据的，由其化构，并与其共同组成统一的宇宙实体。

3.气为法刑之则。气在作为德刑关系及“中和”“恤刑”等理论渊源和礼法政治制度、伦理道德规范依据的同时，无形中充当了人类各种活动和行为的标准和规范。人类社会的各种活动都要遵守其规律原则而不得随意违背，刑法律令等司法实践活动亦复如是。《管子·七法》中将“天地之气，寒暑之和，水土之性，人民鸟兽草木之生物”称之为“则”，认为立法定制、发号施令必须先明了“则”，如果“不明于则，而欲出号令，犹立朝夕于鋎均之上，檐竿而欲定其末”②，即把天地之气和寒暑、水土及人和其他生物的自然规律和属性作为法令制定的准则；《礼记·礼运》以包含了天地、阴阳、四时、五行等气内涵的天地、阴阳、四时、五行等作为圣人制定规则的标准和法则而言“圣人作则，必以天地为本，以阴阳为端，以四时为柄，以日星为纪，月以为量，鬼神以为徒，五行以为质，礼义以为器，人情以为田，四灵以为畜。以天地为本，故物可举也。以阴阳为端，故情可睹也。以四时为柄，故事可劝也。以日星为纪，故事可列也。月以为量，故功有艺也。鬼神以为徒，故事有守也。五行以为质，故事可复也。礼义以为器，故事行有考也。人情以为田，故人以为奥也。四灵以为畜，故饮食有由也。”③《淮南子·时则训》也将度量天地自然阴阳二气的规则制度天、地、春、夏、秋、冬定为社会政治活动和司法活动的绳、准、规、衡、矩、权六种规范，所谓“制度阴阳，大制有六度，天为绳，地为准，春为规，夏为衡，秋为矩，冬为权。绳者，所以绳万物也；准者，所以准万物也；规者，所以员万物也；衡者，所以平万物也；矩者，所以方万物也；权者，所以权万物也。……明堂之制，静而法准，动而法绳，春治以规，秋治以矩，冬治以权，夏治以衡，是故燥湿寒暑以节至，甘雨膏露以时降”。④ 这就由传统气论哲学中的阴阳、四时气理概念比附人类社会的法则纪量、权衡规矩，实现了气学概念到人文规则的理论转换。

**(二)法为气之用。表现为：**

1.法为气理之现。在“天人合一”思想体系下，产生宇宙万物和人类社会的“天”“天地之气”或“气”分为阴阳、四时、五行，并本然地具有德刑、仁、义、礼、智、信道德范畴及四时

---

① (清)阮元校刻：《十三经注疏》，中华书局1980年版，第1595页。

② 戴望著：《管子校正》，载《诸子集成》(第五册)，中华书局1954年版，第28页。

③ (清)阮元校刻：《十三经注疏》，中华书局1980年版，第1424页。

④ 高诱注：《淮南子·氾论训》，载《诸子集成》(第七册)，中华书局1954年版，第86～87页。

刑赏运转和五行五德相生克的运行规律。人类社会的道德法制、伦理规范都是以“天”、“天地之气”或“气”为本原依据，是“天”“天地之气”或“气”的内在属性和外在展现。在董仲舒的学说中，“封建的等级秩序是阴阳两种法则在社会生活中的表现”，“五行的关系就是社会伦理的关系”；[①]王充则认为“伦理道德观念是元气本原固有内在属性之一，具体表现为仁、义、礼、智、信‘五常之气’”；[②]王夫之以为“‘诚’作为阴阳未分的原初本然之气，其中已先验性地‘包五德’了，…人性中的仁义礼智信伦理观念，是‘诚’在气化过程中的社会化外现”。[③] 他们都从形而上的根源上探讨法与气的体用关系，构建了传统社会的理论结构，并揭示了作为人类社会活动的法对其形而上理论渊源的体现和彰显属性——社会道德、伦理规范、法律制度都是“天”、“天地之气”或“气”及其规律在人间的展现，人间的各种社会活动都要符合其内在属性并效法其运行规律，即所谓“人副天数”“以德配天”，以实现天人秩序的有序和谐。

2.法为气义之践。人类社会的道德法制、伦理规范等在抽象的本体论理论层面是对“气”“阴阳”“四时五行之气”等概念哲学理论的体现和反映，在现实的实践层面又是对其所含义理的效法实施和践行。因为天地之气的极致是和，所以在施政用刑时要践行和道，做到宽而栗，严而温，柔而直，猛而仁“贵和”状态；因为天的道主要体现在阴阳二气的交替变化，地的道主要在于刚柔形气变换，所以在政事上就效法天地之道，讲究刚柔得中，正而不邪；因为四时有节气变化、五行之气流转，阴阳、四时、元气和顺，就会风调、国泰民安，所以就告时授事、按时令布政赏罚、行四季迎气和郊祀之礼并讲究职官之间的相互制衡和仁义礼智信德则；因为人与万物一体同气，血缘亲属皆是“同气”，所以议刑时讲究敦伦睦族；因为民众刑狱有怨冤之气会伤害天地国家和气，所以重视梳理刑狱、政治清明，等等。伦理规范、刑法政治通过践行“气”“阴阳”“四时五行之气”等所含义理，最终达到“与天地合其德，与日月合其明，与四时合其序，与鬼神合其吉凶。先天而天弗违，后天而奉天时”[④]与自然万物协调发展的良好状态。

3.法为气质之用。传统气概念范畴中，气除了具有形而上的本体论意义之外，还同时包含构成万物的质料和表述事物状态的形质的形而下含义，比如构成人体的血气、呼吸之气，构成自然物质的空气、毒气，物体具有的气味、气色及表示人的精神状态的精神意志之气、浩然之气等。作为社会实践行为和活动的法，往往在遵循气本体论规范原理的同时，也要借助气形质质料的义项开展司法活动和实践。古代司法官员审断案情时“以五听察其情：一曰气听，二曰色听，三曰视听，四曰声听，五曰词听”[⑤]，就通过观察人的气息等来判断直妄。南宋郑克的《折狱龟鑑》中言“凶残之人，气貌当异，故

① 冯友兰：《冯友兰文集·中国哲学史新编》，（第十卷·第三册·修订版），长春出版社 2017 年版，第 38 页。

② 曾振宇：《中国气论哲学研究》，山东大学出版社 2001 年版，第 149～150 页。

③ 曾振宇：《中国气论哲学研究》，山东大学出版社 2001 年版，第 351～352 页。

④ （清）阮元校刻：《十三经注疏》，中华书局 1980 年版，第 17 页。

⑤ （唐）李林甫：《唐六典》，中华书局 1992 年版，第 502 页。

不待问之而色动、诘之而辞屈,唯环坐而熟视之,其人已得矣。高之明察,尤可称也"①,则直接通过气貌来断定凶手。在司法检验中,也会借助气缘、气介物等来堪破案情。宋慈《洗冤集录》中记载:"凡自割喉下,只是一出刀痕。若当下体死时,痕深一寸七分,食系、气系并断;如伤一日以下体死,深一寸五分,食系断,气系微破;如伤三、五日以后死者,深一寸三分,食系断。须头髻角子散慢。"②即根据检察气介物——气系状况来判断自杀者的死亡时期。气形质质料的义项普遍存在于传统文化生活的各个方面,泛在而零散,没有统一的形式和规范。司法活动中对作为形质质料的气质的运用,是气泛在实践化的体现。

**(三)法与气交相利还相动**

1.法利于气。"气为法之基""法为气之用"表现的是法与气的相表里关系,两者之间的相互致用关系可以用"交相利还相动"来概括,即法与气彼此相利且互相感应互动,我们将它分法利于气、气利于法、法气互感三个方面来阐述。其中"法利于气"表述社会规范、礼仪制度和法律纪纲等对气的积极调解促进作用,具体呈现为:礼义规范和法度的制定,可制止"气"的过度失分,使阴阳刚柔四气和畅、民心和顺、血气和平、移风易俗、国家安宁,如《礼记正义·乐记》"是故先王本之情性,稽之度数,制之礼义,合生气之和,道五常之行,使之阳而不散,阴而不密,刚气不怒,柔气不慑,四畅交於中,而发作於外,皆安其位,而不相夺也"③、《春秋左传正义·昭公二十五年》"气为五味,发为五色,章为五声。淫则昏乱,民失其性。是故为礼以奉之。……民有好恶、喜怒、哀乐,生于六气,是故审则宜类,以制六志"所言等;用礼乐刑杀整肃国家可使民众清气疏曜,吉祥强健,如王夫之《黄书》所言"故圣人先号万姓而示之以独贵,保其所贵,匡其终乱,施於孙子,须於後圣,可禅,可继,可革,而不可使夷类间之。然后植其弱,掖其僵,扬其沽,倾其滓,冠昏饮射以文之,哭踊虞祔以哀之,堂廉级次以序之,刑杀征伐以整之,清气疏曜,血脉强固,物不干人,沴不侵祥;黄钟以节之,唱叹以浏之,故礼乐兴,神人和,四灵集,而朱草、醴泉相踵而奔其灵也";及饮食之法、宫室之法、葬埋之法可充虚继气、防伤民体气。④ 等等。

2.气利于法。"气利于法"主要是在司法实践中,"气"对"法"的积极影响和作用。如《管子校正·版法解》讲"乘夏方长,审治刑赏,必明经纪,陈义设法。断事以理,虚气平心,乃去怒喜。若倍法弃令而行怒喜,祸乱乃生,上位乃殆。"⑤《淮南子·齐俗训》讲"故古之圣王,能得诸己,故令行禁止,名传后世,德施四海。是故凡将举事,必先平意清神;

---

① (南宋)郑克编纂:《折狱龟鉴》,杨一凡、徐立志主编:《历代判例判牍》(第一册),中国社会科学出版社2005年版,第457页。

② (南宋)宋慈著,杨奉琨校译:《洗冤集录校译》,群众出版社1980年版,第62页。

③ (清)阮元校刻:《十三经注疏》,中华书局1980年版,第1535页。

④ (清)毕沅校注,吴旭民校点:《墨子》,上海古籍出社2014年版,第92页。

⑤ 戴望著:《管子校正》,载《诸子集成》(第五册),中华书局1954版,第340页。

……故水激则波兴，气乱则智昏；智昏不可以为政，波水不可以为平。”[①]即刑赏断事、治理国家，需要虚气平心，气平意清，方可令行禁止、纲纪得理；《潜书》中“主臣一心，上下共体，内外同气，何细不闻，何隐不達？。”[②]及《淮南子·精神训》中“夫血气能专于五藏而不外越，则胸腹充而嗜欲省矣。胸腹充而嗜欲省，则耳目清、听视达矣。耳目清，听视达，谓之明。……精神盛而气不散则理，理则均，均则通，通则神，神则以视无不见，以听无不闻也，以为无不成也”[③]的说法，又说明听察析理时上下同气、血气归藏、精气不散泄有利于明辨事理、治事理政。此外，好的气候环境、风水气运等对法制礼教、社会风尚的影响作用也散见于传统文献典籍中，充分体现了古人对影响政法规范等主客观因素的觉悟和重视。

3.法气互感。“法气互感”是人类社会活动、道德礼仪、刑罚律令及政治行为与本体、自然或社会的“气”“阴阳之气”“寒温之气”“逆气”等相互感应互动的关系表达，是传统“天人合一”思想体系下，“天人感应”观在“法”“气”概念上的显现，对古代的政治生活和法律文化产生了深刻影响。在内涵上，“法气互感”包含“气”的善恶感召响应政治刑德善恶、政治刑德善恶感召响应“气”的善恶变化、通过人为政治刑德以淆“气”的变化三个方面。《国语》中西周伯阳父说“夫天地之气，不失其序。若过其序，民乱之也。阳伏而不能出，阴迫而不能蒸，于是有地震”[④]及王夫之《黄书》中“间气际离，纯气际合。合气恒昼，离气恒夜。无平不陂，无往不复，否泰之所都也”[⑤]等等，都是古代对气序变乱导致政治变乱、“气”的善恶感召响应政治刑德善恶认识的阐释。《礼记正义·月令》《吕氏春秋》等书中对于政令失时的影响记载，如“孟秋行冬令，则阴气大胜，介虫败榖，戎兵乃来，行春令，则其国乃旱，阳气复还，五榖无实。行夏令，则国多火灾。寒热不节，民多疟疾。”[⑥]则反映了政治刑德善恶对“气”的善恶变化的感召响应。“天人合一”论的内涵在赋予人与天之间互动性的同时，最终落脚于人强健勇为、顺应自然规律制定社会规则并主动协调掌控天人关系。在“法”“气”概念上，则表现为人通过政治刑德来改善救复不良“气”感，实现自然和社会有序良好运转。这一点清代王夫之做了最好总结：“间气际离，纯气际合。合气恒昼，离气恒夜。无平不陂，无往不复，否泰之所都也。虽然，亦存其人焉。昔者轩辕之帝也，上承羲、炎，下被有周，敦亲贤，祚神明，建万国，树侯王，君其国，子其民，修其徼圉，差共政教，顺其竟緑，乘其合，稍其离，早为之所，而无夸大同。此三五之代寓涣散於纠缠，存天地之纯气而戒其割裂，故气应以正而天报以合，数千年之间，中区之内阍阍如也。”[⑦]虽然“法”“气”相互感应使人不能违

① 高诱注：《淮南子·汜论训》，载《诸子集成》（第七册），中华书局1954年版，第173页。

② （清）唐甄：《潜书》，古籍出版社，1955年版，第194页。

③ 高诱注：《淮南子·汜论训》，载《诸子集成》（第七册），中华书局1954年版，第100～101页。

④ （战国）左丘明著，（三国吴）韦昭注，胡文波校点：《国语》，上海古籍出版社2015年版，第18页。

⑤ 王夫之：《黄书》，中华书局1956年版，第4页。

⑥ （清）阮元校刻：《十三经注疏》，中华书局1980年版，第1373页。

⑦ 王夫之：《黄书》，中华书局1956年版，第4页。

背气的规范和运行规律，但人不是被动的顺从和依附，而是可以通过发挥其作为天地之精的主观能动作用，达到参赞“气”“天地之气”等化育的效果，如此为人的存在和人治理社会的价值做了理论肯定。

## 二、法与气相独立、互不预

古代在天人关系的探讨上，除了“天人合一”的主流思想外，还产生了以荀子、王充、柳宗元、刘禹锡等为代表人物的“天人相分”思想理念。“天人相分”作为一股伏流，相续不断，对“天人合一”思想提出质疑，并形成“天道自然”“天人不相预”等观点，作为对万物本原、自然和人及其社会活动关系的认识表达。“天人相分”在以“道”、“元气”或“气”为万物本原、自然规律的哲思范畴中，表现为“道”、“元气”或“气”与人及人类社会的礼法政刑等的相互独立和互不干预。

### (一)“元”、气任自然

“元”在古代有“开始”“根源”“天”“道”等宇宙万物根源始极的意义，所以此处以“元”代表古代形而上的哲学概念“天”“道”，来探讨其与另一个形而上哲学概念“气”在“天人相分”理念下的哲学思想。“天人合一”观认为代表“天”、“道”的“元”和“气”作为万物的本源是有意识的，并按其有意识的旨意运行；“天人相分”理念下，代表“天”“道”的“元”和“气”是自然化合的产物，并按自然规律运行，不具有先验的感知和意识。如老子“道生之，德畜之，物形之，势成之。是以万物莫不尊道而贵德。道之尊，德之贵，夫莫之命而常自然。”[①]荀子“天行有常，不为尧存，不为桀亡”[②]、王充“天地，含气之自然也”[③]“天地合气，万物自生”[④]“夫天道，自然也，无为”[⑤]“谓天自然无为者何？气也，恬淡无欲，无为无事者也”[⑥]“天之动行也，施气自然也”等，[⑦]都从唯物论的角度来看待“元”、气的产生和运行，突破了“天人合一”观下泛生命意识特性的本体论基调。

### (二)德法论时数

“天人合一”观认为道德法纪和政治受有意识的“天”“道”“气”等影响感应，德法顺应其规律则吉祥和顺、天下太平，否则会招致灾异变乱；“天人相分”观下道德法纪和政治不是依据有意识性的“天”“道”“气”等产生并受其支配，而是人类自身调节社会关系和矛盾

① (汉)河上公，(三国)王弼注，(汉)严遵指归，刘思禾校点：《老子》，上海古籍出版社 2013 年版，第 125 页。
② (清)王先谦：《荀子集解》(上册)，中华书局 1988 年版，第 307 页。
③ (东汉)王充：《论衡》，上海人民出版社 1974 年版，第 165 页。
④ (东汉)王充：《论衡》，上海人民出版社 1974 年版，第 277 页。
⑤ (东汉)王充：《论衡》，上海人民出版社 1974 年版，第 224 页。
⑥ (东汉)王充：《论衡》，上海人民出版社 1974 年版，第 277 页。
⑦ (东汉)王充：《论衡》，上海人民出版社 1974 年版，第 169 页。

的产物，受到时世变迁的时数制约。管子、荀子从“兴功惧暴”“定分止争”的角度探讨了礼法起源，将法律政令的制定和支配权交给了人类自身。商鞅、韩非子则从“爱民”“便事”维护君权和统治的需要，阐释了礼法因时、因世而制定、变化，所谓“……法者所以爱民也，礼者所以便事也。是以圣人苟可以强国，不法其故；苟可以利民，不循其礼”、①“制度时，则国俗可化，而民从制……故圣人之为国也，不法古，不修今，因世而为之治，度俗而为之法”。② 对于自然灾害和社会治乱，他们也没有从天人感应的角度来自我归罪，而是从礼法政治是否与社会发展阶段的“时”合宜、是否讲究统治方法“数”及社会发展所遭“时”“运气”的偶然性来予以解释。韩非子即认为“故治民无常，唯治为法。法与时转则治，法与世宜则有功。故民朴而禁之以名则治，世知维之以刑则从。时移而治不易者乱，能治众而禁不变者削”、③“有术之国，不用誉则毋适，境内必治，任数也。亡国使兵公行乎其地，而弗能圉禁者，任人而无数也。自攻者人也，攻人者数也。故有术之国，去言而任法”。④《商君书·算地》亦言“主操名利之柄而能致功名者，数也。圣人审权以操柄，审数以使民。数者，臣主之术，而国之要也。故万乘失数而不危、臣主失术而不乱者，未之有也”。⑤ 王充《论衡·明雩篇》则以尧、汤时遭遇洪水、大旱为例，论证了政治治乱与社会发展的“时”“运气”有关，政治清明时发生自然灾害是遭遇的“时”“运气”所致，与政治得失无关。⑥ 由此可见，“天人合一”观中所讲的“时”指的是时令节气；而“天人相分”观下，“时”则更多指社会发展的时代世势；德法依时变迁，依数运用的观点，由较少探讨形而上范畴的法家商鞅、韩非子等提出，作为一种隐性的天人相分思想，突破有意识的“天”“道”“气”等本体决定论，强调人类社会自身在政治法律上的主导地位，对传统法哲学产生了深远影响。

### (三)法与气各有理互不预

以“元”“气”自然产生并按自然规律运行，道德法纪依时变化、讲究“时”“数”为基的天人相分观内在地决定“法”和“气”有其自身运行规律并按照其自身规律运行，互不干涉相预、互动感应。王充《论衡》在元气自然论的基础上，用了大量逻辑推理和自然实证辩驳“天人感应”思想，提出“人不能以行感天，天亦不随行而应人”⑦，宣扬其无神论和天人相分理念，如认为“夫天之运气，时当自然，虽雩祭请求，终无补益”，“寒温自有时，不合变复之家。且从变复之说，或时燕王好用刑，寒气应至；而衍囚拘而叹，叹时霜适自下。世

---

① 严万里校：《商君书》，中华书局1954年版，第2页。

② 严万里校：《商君书》，中华书局1954年版，第18～19页。

③ 王先慎：《韩非子集解》，中华书局1954年版，第365页。

④ 王先慎：《韩非子集解》，中华书局1954年版，第366页。

⑤ 严万里校：《商君书》，中华书局1954年版，第12页。

⑥ (东汉)王充：《论衡》，上海人民出版社1974年版，第236页。

⑦ (东汉)王充：《论衡》，上海人民出版社1974年版，第236页。

见适叹而霜下，则谓邹衍叹之致也”。[①] 即天的运气和寒温之气都是自然运行的结果，不会因人类礼法政刑活动而改变。唐代柳宗元继承前代气化宇宙观念，发展荀子、王充等人的“天人相分”思想，明确提出“天人不相预”观点。在其所著《天爵论》中言“道德与五常，存乎人者也。克明而有恒，受于天者也。呜呼！后之学者，尽力于所及焉。或曰：‘子所谓天付之者，若开府库焉，量而与之耶？’曰：否。其各合乎气者也。庄周言天曰自然，吾取之”[②]、《天说》中亦言“天地，大果也；元气，大痈痔也；阴阳，大草木也；其乌能赏功而罚祸乎？功者自功，祸者自祸，欲望其赏罚者大谬；呼而怨，欲望其哀且仁者，愈大谬矣”[③]、《答刘禹锡天论书》中又与刘禹锡答辩曰：“生植与灾荒，皆天也；法制与悖乱，皆人也。二之而已。其事各行不相预，而凶丰理乱出焉。究之矣，凡子之辞，枝叶甚美，而根不直取以遂焉。”[④]这些都从气化宇宙的自然性出发，阐述了道德法纪与天地、元气、阴阳的自然属性及二者之间的彼此独立、互不干预，从而对“天人合一”观下的“天人感应”论予以有力回击。

传统文化中，“法”“气”关系的相表里、互致用和相独立、互不预的两大流派，是古代“天人合一”和“天人相分”思想在“气”与“法”层面的展开。“相表里、互致用”是“天人合一”思想在“法”“气”关系上的展现，伴随“天人合一”思想占据传统“法”“气”关系主流地位，并成为官方主流政治哲学而得到实践运用；“相独立、互不预”是“天人相分”思想在“法”“气”关系上的展现，作为一种伏流，潜伏在传统哲学思想长河中，得到法家和部分以法治世者的赞赏和应用，并代表社会法学的发展方向，在近代东西方文化的交融中得到发展和重视。

## The Basic Category of Traditional Philosophy of Law—Research on the Relationship between Law and Qi

Wan Caihong　Dong Qingmei

**Abstract**: In traditional culture, the relationship between law and qi is the anifestation and expansion of the thought of “The unity of Heaven and Man” and “The Separation of Heaven and Man” in the level of “law” and “qi”. According to the division of their ontology and qualitative theory, the relationship between the two is reflected in the table, the mutual use of each other and the independent and non-pre-distinction. The relationship between “law” and “qi” is the foundation and ontology of “method”, which can be divided into “qi” and “law” is the embodiment and application of “qi ”, “Law” and “qi” mutual interests and interactive induction of three levels; its independ-

① (东汉)王充:《论衡》，上海人民出版社 1974 年版，第 78 页。
② (唐)柳宗元:《柳宗元集》，中国书店 2000 年版，第 46 页。
③ (唐)柳宗元:《柳宗元集》，中国书店 2000 年版，第 242 页。
④ (唐)柳宗元:《柳宗元集》，中国书店 2000 年版，第 426 页。

ent, non-pre-relationship includes "one" qi and so on is natural, Law and politics pay attention to the hours and "law" and "qi", Each has the operation law and does not interfere with several aspects.

**Key Words**: the relationship between law and qi; connotation; the body uses theory; relationship between heaven and man

# 民间法·软法·地方法制：三种新兴法学理论的比较研究*

汪全军**

**摘要：**在法学领域，除了以国家/中央的立法、司法解释和判例等主流法规范作为研究对象的传统法学理论之外，还存在一些以其他边缘法规范作为研究对象的新兴法学理论。民间法、软法以及地方法制就是其中的典型代表。这三种新兴法学理论具一定的外观相似性，故而时常被混淆。但是，通过深入分析可知，民间法、软法以及地方法制在问题意识、研究对象、研究方法以及研究意义等方面均存在显著的区别。这也表明，民间法、软法以及地方法制是三种相互独立的学术理论。

**关键词：**民间法；软法；地方法制

众所周知，法学是一门以法律现象作为研究对象的学科。这一表述在法学与其他学科之间划清了界限。法是法律现象中最核心的内容。而受分析法学派的影响，法通常被理解为国家立法、司法判例、司法解释等代表国家意志、由国家强制力保证实施的正式规范。进而以这些正式规范作为研究对象形成了传统的法学理论。但是，随着人们对法概念的反思以及对实践领域其他社会规范的研究，法概念的边界出现了松动。许多游离于上述正式规范之外的其他社会规范开始进入法学的研究视野，进而产生了一些不同于传统法学理论的新兴理论，如民间法、软法以及地方法制。这些新兴理论的产生拓展了法学研究的范围，丰富了法学研究的理论资源，增强了法学理论的解释力，意义重大。但同时，由于这些新兴理论是以传统理论的“例外”呈现在世人面前的，因而常常被划归为同一类。然而，这并不符合事实，也不利于这些新兴理论的进一步发展。因此，有必要对民间法、软法以及地方法制等新兴法学理论进行对比研究，厘清它们之间的差异，昭示它们的独立性。基于此，本文拟从问题意识、研究对象、研究方法以及研究意义等四个方面，对民间法、软法以及地方法制进行比较分析。

* 基金项目：湖南省哲学社会科学基金项目“法治湖南视野下的社会权力研究”（项目编号：16YBQ014）。

** 汪全军，法学博士，湖南大学法学院助理教授。

## 一、问题意识比较分析

### (一)民间法的问题意识

在法学领域,民间法的研究缘起于对"国家法供应不足"这一状况的反思。[①] 传统上,法学界弥漫着一种法律浪漫主义思潮,即认为国家法可以解决一切社会交往问题。所谓"法网恢恢,疏而不漏"便是这种思潮的中国式表达。然而,实践表明,国家法并非一套完全自足的规范系统。在社会秩序建构和纠纷解决过程中,国家法时常会陷入束手无策的尴尬境况,例如,因法律漏洞导致无法可依、因法律不合理导致有法不能依等等。但是,国家法的不足并不能湮灭社会秩序建构和纠纷解决的现实需要。此时,为了解决现实问题,必须从国家法之外寻求规范救济。

那么,国家法可以从何处获得救济呢? 从历史上看,道德和宗教是两种常用的社会控制手段。不过,在现代社会,道德和宗教可以发挥的功能已经远不如前了。就宗教而言,科学知识的普及极大地冲击了各类宗教教义,降低了宗教的神圣性,进而削弱了宗教的社会控制能力。就道德而言,作为一种自律规范,道德在社会控制方面本身就存在先天性缺陷。而在价值观念更加多元的当代社会,道德的规范意义就更弱了。在这种背景下,有学者认为,"可替代或者可补救的方案,只能在规范事实中去寻找,这种规范事实,就是和国家法相对应的民间法"。[②]

值得注意的是,民间法的研究存在两种学术视野,即"社会—人类学视野"和"法学视野"。[③] 在社会—人类学视野中,民间法被视为一种社会事实,其采用事实描述的方法,试图揭示民间法在社会交往中发挥作用的方式;而法学视野中,民间法被视为一种与国家法相对应的法规范,其采取价值分析的方法,试图以国家法为标准对民间法进行剪裁。可以说,"社会—人类学视野的民间法研究侧重于事实关注;而法学视野的民间法研究侧重于价值关注"。[④] 不同的学术视野有着不同的问题意识。不同于法学视野下民间法的研究源于对"国家法供应不足"的反思,社会—人类学视野下民间法的研究则仅仅是源于对社会事实的关注。

### (二)软法的问题意识

软法原本是一个指称"非条约"协议的国际法概念,[⑤]其之所以成为国内法的研究对象则是缘于理论界对公域之治模式的反思。传统的公域之治以封闭的、单向度的国家管

① 谢晖:《民间法的视野》,法律出版社2016年版,第62页。

② 谢晖:《论民间法研究的学术范型》,载《政法论坛》2011年第4期。

③ 谢晖:《民间法的视野》,法律出版社2016年版,第57页。

④ 谢晖:《民间法的视野》,法律出版社2016年版,第67页。

⑤ 罗豪才等:《软法与公共治理》,北京大学出版社2006年版,第125页。

理模式为主导。在我国长期存在的"以单位制为基础的传统社会管理模式"就是这一模式的典型代表。① 但这种模式存在一个重大缺陷,即国家是唯一的社会管理主体。管理主体的一元化进一步导致管理方式僵化、管理主体与管理对象之间缺乏沟通、权力腐败滋生以及公民的诉求无法得到及时回应等问题,并最终造成国家管理失灵。② 为了修补国家管理模式的弊端,出现了一种半封闭的、单向度的公共管理模式。在这种模式之下,国家不再是唯一的管理主体,社会第三部门分享了国家的部分管理权责,进而形成了国家与社会第三部门共同管理公共事务的格局。然而,在公共管理模式之下,公共权力的运作依旧是单向度的。也就是说,公民、社会组织等管理对象的意志依旧无法有效的融入公共决策之中。在此背景下,一种开放的、双向度的公共治理模式兴起了。在公共治理模式中,不仅社会第三部门参与到公域之治中,而且以往被当作管理对象的公民、社会组织等不享有公共权力的主体也成为公域之治的重要参与者。公共权力的行使模式从"主体—客体"向"主体—主体"转变。作为治理对象的公民、社会组织的意志通过协商的方式融入公共决策之中,从而使协商共识取代了上级意志。至此,公域之治完成了由管理向治理的转变。

公域之治的转型引发了人们对"法"的重新思考。在国家管理模式之下,形成了一种"国家—控制"法范式。③ 这种法范式具有三个相互关联的特征,即"法规范的国家性"、"法逻辑的对抗性"以及"法秩序的强制性"。④ 在国家管理模式之下,国家是唯一的社会管理主体。相应的,作为管理社会的主要规范,法也只能由国家制定或认可。同时,由于国家管理模式假定国家与社会之间是管理与被管理的关系,那么,在国家与社会之间便存在一定的对抗性。而作为国家管理社会的工具,法规范则是这种对抗性的集中体现。此外,国家还以其强制力保障体现其意志的法规范顺利实施,进而建立自上而下的管理秩序。然而,随着国家管理模式的衰落,以及社会治理模式的兴起,"国家—控制"法范式也面临极大的挑战。在社会治理模式之下,国家不再是唯一的治理主体。那么,作为社会治理规范的法也就不再必须由国家直接制定或认可,其他社会治理主体也可以在国家未明确反对(即默认)的前提下制定法规范。相应的,法也不再仅仅是国家意志的体现,而是国家或其他社会治理主体公共意志的体现。同时,在社会治理模式下,国家与社会不再是管理与被管理的关系,而是合作共治的关系。那么,法规范的内在逻辑也就不再是对抗,而是合作。此外,在社会治理模式下,公共决策的形成与执行是通过多元主体之间的平等协商进行的,因而法规范并不一定需要国家强制力保障实施。在上述背景下,法的定义可以被修正为"法是体现公共意志的、由国家制定或认可、依靠公共强制或自律

---

① 罗豪才、苗志江:《社会管理创新中的软法之治》,载《法学杂志》2011年第12期。

② 罗豪才、宋功德:《公域之治的转型——对公共治理与公法互动关系的一种透视》,载《中国法学》2005年第5期。

③ 罗豪才、宋功德:《软法亦法:公共治理呼唤软法之治》,法律出版社2009年版,第12页。

④ 罗豪才、宋功德:《软法亦法:公共治理呼唤软法之治》,法律出版社2009年版,第15页。

机制保证实施的规范体系”。①

经过修正，法的范围发生较大的变化。除了由国家直接制定或认可，并由国家强制力保证实施的规范之外，法的范围之内还存在两种规范：一种是虽然由国家直接制定或认可，但不由国家强制力保证实施的规范；另一种是由国家之外的其他社会治理主体制定，且由国家强制力之外的机制保证实施的规范。“软法亦法”。② 上述这两种规范就是软法的主要形式。在公域之治中，软法不仅数量巨大、分布极广，而且对公域之治具十分重要的作用，因而有必要加强软法研究。

**(三)地方法制的问题意识**

地方法制是一个植根于中国语境的理论话语，其研究缘起于对我国改革开放以来法治建设道路的反思，即“在法治国家建设的过程中，地方发挥了或者可以发挥什么作用”。③

地方法制的研究立基于对我国法治建设成绩的肯定。改革开放以来，我国法治建设在央地分权、政权建设、权利保障三个方面取得了突出成绩。④ 在以经济建设为中心的基本路线指引下，通过中央与地方分权(主要是中央向地方放权)，激活了地方经济建设的积极性。同时，为了保障央地分权的顺利实现，必须进行政权建设，即通过制定和完善各种规章制度，厘清各级国家机关的权责，确保其在自身职权范围内活动。而随着市场经济的繁荣，私权利也有了长足发展，进而推动了权力控制与权利保障体系的建设。央地分权、政权建设、权利保障三个逻辑上相互关联的议题构成了我国法治建设的基本框架。那么，在承认我国法治建设取得了突出成绩之后，需要进一步回答的问题就是这些成绩是如何取得的？一直以来，学界有一个基本判断，即我国的法治建设是由中央自上而下推动的。这一判断是否符合我国法治建设的实际情况？

地方法制理论认为，我国的法治建设并非完全取决于中央，地方也发挥了不可或缺的作用。实际上，在法治建设过程中，中央与地方分别扮演了不同的角色。就中央而言，其主要任务在于“推进全国性的法治国家建设”。⑤ 在这一过程中，中央通过完善以人民代表大会制度为核心的政治制度，不断提升国家政治生活的民主化水平，进而增强法律的正当性与权威性。就地方而言，其在法治建设中的主要角色是“宪法法律的实施者”。⑥ 在中央统一立法的基础上，地方通过制定各种具体的规则和制度，将宪法法律的规定进一步细化和可操作化，从而推动宪法法律的实施。相较而言，在法治建设中，中央的角色比较抽象，而地方的角色则更为具体。总的来说，我国法治建设所取得的成绩是中央自

---

① 罗豪才、宋功德：《软法亦法：公共治理呼唤软法之治》，法律出版社 2009 年版，第 202 页。

② 罗豪才、宋功德：《软法亦法：公共治理呼唤软法之治》，法律出版社 2009 年版，第 7 页。

③ 葛洪义：《法治国家与地方法制》，载《法学》2009 年第 12 期。

④ 葛洪义：《法治建设的中国道路——自地方法制视角的观察》，载《中国法学》2010 年第 2 期。

⑤ 葛洪义：《法治国家与地方法制》，载《法学》2009 年第 12 期。

⑥ 葛洪义：《法治国家与地方法制》，载《法学》2009 年第 12 期。

上而下的推动与地方自下而上的探索合力产生的结果。

既然地方在法治建设中发挥了不可替代的作用，那么就有必要进一步研究地方到底发挥了哪些作用以及地方是如何发挥作用的，这也就构成了地方法制研究的核心问题。同时，地方法制理论认为，"法治秩序根本上是建立在地方、基层一系列、一整套有效的规则与制度即法制的基础上。推进法治建设，需要立足于各级地方的规则与制度建设。"[①] 因此，地方法制还得出了一个基本判断，即法治建设的着力点在地方。[②] 这也就凸显了地方法制研究的重要意义。

## 二、研究对象比较分析

### (一)民间法的研究对象

作为研究对象而言，民间法是指"国家法之外，用来进行社会控制和社会秩序构造的规范系统"。[③] 民间法是一个与国家法相对应的概念，二者的关键区别在于是否由国家制定。广义上来说，国家法包括一切由国家机关制定的法律规范，如我国《立法法》中的法律、法规、规章等。而民间法则不具有官方背景，其或由社会团体、宗族、宗教等社会主体制定，或是在长期的社会生活中自发生成。其中，后者又被称为习惯法。

同时，民间法还具有一些与国家法相似的特征：一是分配性，即民间法在一定的时空范围内分配着人们的权利和义务；二是普遍性，即民间法在一定的时空范围内为人们普遍适用和遵守；三是活动性，即民间法在当下正被人们所适用与遵守，而非仅仅存在于历史记忆；四是稳定性，即民间法能够为人们的行为提供稳定的预期，而不是变动不居；五是合理性，即民间法的内容既符合文明社会的基本价值理念，又符合当地社会的一般认知。[④] 民间法的上述特征这也是其成为法学研究对象的重要原因。

具体而言，作为一种不同于国家法的"制度事实"，[⑤]民间法的研究通常围绕如下话题展开：一是民间法的概念，主要通过界定民间法概念的内涵与外延，厘清民间法这一概念的独立性。二是民间法与国家法的关系，主要是在"国家法—民间法"二元框架下分析二者之间的区别与联系，特别是民间法对国家法的补充作用以及民间法向国家法转化的机制。三是民间法与社会自治，主要是从应然与实然两个层面分析民间法对于推进社会自治的作用。四是民间法的司法适用，主要是分析民间法成为司法裁判依据的理论基础与

---

① 葛洪义：《法律的方法与地方的法制》，载葛洪义主编：《法律方法与法律思维》(第6辑)，法律出版社2010年版，第8页。

② 葛洪义：《"法治中国"的逻辑理路》，载《法制与社会发展》2013年第5期。

③ 谢晖：《论民间法研究的学术范型》，载《政法论坛》2011年第4期。

④ 谢晖：《论民间法对法律合法性缺陷的外部救济》，载《东方法学》2017年第4期；谢晖：《论民间规范司法适用的前提和场域》，载《法学论坛》2011年第3期。

⑤ 谢晖：《民间法的视野》，法律出版社2016年版，第69页。

实现路径。五是实践中民间法的具体形态,主要是研究社会实践中特定的民间法现象,尤其是少数民族习惯法。①

**(二)软法的研究对象**

软法是一个与硬法相对应的概念。区分软法与硬法是软法成为独立研究对象的前提。从形式上说,"能否运用国家强制力保证实施"是划分软法与硬法的分水岭;②而从实质上说,"法规范效力的强弱"是划分软法与硬法的实质标准。③ 一般而言,软法不能运用国家强制力保证实施,其规范效力较弱;而硬法则可以运用国家强制力保证实施,其规范效力较强。因此,可以将软法定义为"不能运用国家强制力保证实施的法规范(内涵),它们由部分国家法规范与全部社会法规范共同构成(外延)"。④

作为研究对象的软法具有如下特征:首先,就法的共同特征而言,软法具有不同的呈现形式。在公共性方面,软法侧重于体现"其他共同体的利益诉求",而非"国家意志";在规范性方面,软法主要为公共主体的行为提供"导向",而非"要求";在普适性方面,软法的适用"松紧不一、强弱不等",而非"一体遵行、不允许例外"。⑤ 其次,软法还具有一些个性特征。在创制方式与制度安排方面,软法"富有弹性";在实施方式方面,软法"未必依赖国家强制力";在效力实现方面,软法体现了"非司法中心主义";在法律位阶方面,软法"不甚明晰";在制定与实施方面,软法体现了"更高程度的民主协商性"。⑥ 软法的上述特征进一步凸显了其独特性,也使得软法具有不同于硬法的表现形式。

具体而言,软法主要包括如下几种类型:一是政法惯例,包括宪法惯例、立法惯例、行政惯例、司法惯例、政治惯例等;二是公共政策,包括国家政策、社会政策、政党政策等;三是自律规范,包括国家机构与社会公共组织等权力主体制定的自律规范、权利主体制定的自律规范、权力主体与权利主体联合制定的自律规范等;四是专业标准,包括国家机构制定的专业标准、行业协会制定的专业标准、社会组织制定的专业标准等;五是弹性法

---

① 李学兰:《中国民间法研究学术报告(2002—2005年)》,载《山东大学学报(哲学社会科学版)》2006年第1期;张晓萍:《中国民间法研究学术报告(2006年)》,载《山东大学学报(哲学社会科学版)》2007年第1期;张晓萍:《中国民间法研究学术报告(2007年)》,载《山东大学学报(哲学社会科学版)》2008年第1期;张晓萍:《中国民间法研究学术报告(2008年)》,载《山东大学学报(哲学社会科学版)》2009年第1期;尚海涛:《中国民间法研究学术报告(2009年)》,载《山东大学学报(哲学社会科学版)》2010年第1期;张晓萍:《中国民间法研究学术报告(2010年)》,载《山东大学学报(哲学社会科学版)》2011年第2期;尚海涛、张晓萍:《中国民间法研究学术报告(2011年)》,载《山东大学学报(哲学社会科学版)》2012年第2期;尚海涛:《中国民间法研究学术报告(2012年)》,载谢晖主编:《民间法》(第12卷),厦门大学出版社2013年版,第448~459页;刘洋:《中国民间法研究学术报告(2013年)》,载谢晖主编:《民间法》(第13卷),厦门大学出版社2014年版,第77~95页。

② 罗豪才、宋功德:《软法亦法:公共治理呼唤软法之治》,法律出版社2009年版,第296页。

③ 罗豪才、宋功德:《软法亦法:公共治理呼唤软法之治》,法律出版社2009年版,第308页。

④ 罗豪才、宋功德:《软法亦法:公共治理呼唤软法之治》,法律出版社2009年版,第273页。

⑤ 罗豪才、宋功德:《认真对待软法——公域软法的一般理论及其中国实践》,载《中国法学》2006年第2期。

⑥ 罗豪才、宋功德:《认真对待软法——公域软法的一般理论及其中国实践》,载《中国法学》2006年第2期。

条,包括柔性法律文本、弹性条款等。[①] 上述五种形态的软法规范构成了软法理论研究的具体对象。

除此之外,软法理论研究的问题域还包括软法兴起的公共治理背景、软法的定义、软法的渊源和疆域、软法的分类、软法的功能和意义、软法的效力和拘束力、软法与硬法的关系、软法的完善等等。[②]

**(三)地方法制的研究对象**

作为研究对象的地方法制是指"在法治统一原则下,地方根据本地实际情况的需要,在应对宪法法律实施所产生的各种问题的过程中,形成的规则与制度的总和"。[③] 首先,地方法制理论研究的是"地方"的法制。"地方"与"中央"是两个相伴而生的概念。从这个角度来说,"地方"这一概念至少有两层意涵:一是作为"中央"的下级,"地方"应当服从"中央"的统一领导;二是"地方"并不等于"中央",其具有一定的特殊性和灵活度。因此,地方法制的研究既应当遵循国家法治的基本框架,又应当结合地方的实际情况。其次,地方法制理论研究的是地方的"法制"。法制即法律、法规、规章、制度、规则等法治的"硬件"。作为宪法法律的实施者,地方视角下的法制主要是指地方在实施国家宪法法律过程中所建立的各种规则和制度。其不仅包括地方性法规、地方政府规章等立法性质的规范,还包括国家机关的工作制度、办事章程等非立法性质的规范。"法治可以是抽象的,法制则必须是具体的。"[④]因此,地方法制的研究应当聚焦于宪法法律实施过程中的具体的问题。

具体而言,地方法制理论的研究主要涉及如下三个方面:一是地方国家机关的建设。由于地方国家机关是实施宪法法律的主要推手,因而其健全程度和制度化水平将直接影响到法治建设的实效。就地方法制理论而言,其重点关注的是地方国家机关设置的健全性与科学性问题、地方国家机关职权的划分与落实问题、地方国家机关的履职能力问题、地方立法问题等等。二是地方国家机构的工作制度。在实施宪法法律的过程中,地方国家机构的运行往往依赖于具体的内部工作制度。这些工作制度对于宪法法律的实施以及公民的权利保障往往具有决定性的作用。因此,地方法制理论将重点关注地方国家机构的内部工作制度是否健全、内部工作制度的设计是否科学、内部工作制度是否公开以及内部工作制度是否被严格执行等问题。三是民间的权利保障机制。除了官方渠道之外,民间机制对于实施宪法法律、保障公民权利也具有十分重要的作用。因此,地方法制理论研究还将关注律师制度、仲裁制度、调解制度、新闻制度等民间权利保障机制。[⑤]

---

① 罗豪才等:《软法与公共治理》,北京大学出版社 2006 年版,第 189～203 页。

② 罗豪才、宋功德:《软法亦法:公共治理呼唤软法之治》,法律出版社 2009 年版,第 326～367 页。

③ 葛洪义:《"地方法制"的概念及其方法论意义》,载《法学评论》2018 年第 3 期。

④ 葛洪义:《中心与边缘:"地方法制"及其意义》,载《学术研究》2011 年第 4 期。

⑤ 葛洪义:《我国地方法制研究中的若干问题》,载《法律科学》2011 年第 1 期。

## 三、研究方法比较分析

### (一)民间法的研究方法

一般而言,在法学领域,民间法的研究具有宏观上的社会秩序建构与微观上的社会纠纷解决两种研究旨趣,而不同的研究旨趣所采取的分析框架也不一样。

就社会秩序建构而言,民间法的研究往往采取如下两种分析框架:一是"国家—社会"分析框架。这一分析框架的初衷在于寻求涵盖整个社会秩序的规范体系。由于国家法不能单独完成这一任务,因而需要民间法从旁辅助。也就是说,在"国家—社会"分析框架下,"民间法－国家法＝社会秩序建构"。① 二是"本土—移植"分析框架。这一分析框架是建立在对大规模法律移植的反思基础之上的。法律移植对于我国法治的现代化发挥了十分重要的作用,但也产生了一系列"水土不服"的问题。"本土—移植"分析框架认为,我国的国家立法应当坚持"主体中国"的立场,更多地从"本土资源"中吸取养分。而这里所谓的"本土资源"不仅包括传统,还包括"我国公民的日常生活及其创造",也就是民间法。②

就社会纠纷解决而言,民间法的研究也有两种分析框架:一是"公力救济—私力救济"分析框架。这一分析框架立基于公力救济的有限性和私力救济的有效性。实践表明,公力救济并不能解决所有的社会纠纷,而私力救济却在公力救济之外为当事人提供了一种具有较高认可度的纠纷解决方案。并且,"私力救济的规范基础一般不是国家法,而是民间法。"③二是"司法解决—替代性解决"分析框架。这一分析框架是建立在司法解决存在许多缺陷这一基本判断之上的。但是,"司法解决—替代性解决"分析框架并没有像"公力救济—私力救济"分析框架那样在体制外寻求支援,而是试图在体制内建构替代性纠纷解决机制。同时,"至少在我国,替代性纠纷解决的主要规范依据来自民间法,只是这些民间法不能公然违背国家法的原则和精神而已"。④

此外,在综合了社会秩序建构和社会纠纷解决两种研究旨趣的基础上,出现了一种新的分析框架,即"行为—裁判"分析框架。⑤ 该分析框架认为,一方面,民间法是一种行为规范,其对特定时空范围内的主体具有行为指引功能;另一方面,民间法还是一种裁判规范,其可以在法律与社会冲突、法律出现漏洞等情形下,通过法官的主动援引而成为裁判规范。"行为—裁判"分析框架涵盖了民间法适用的两大场域,即社会秩序建构(行为规范)和社会纠纷解决(裁判规范),具有更强的解释力。

---

① 谢晖:《论民间法研究的学术范型》,载《政法论坛》2011 年第 4 期。
② 谢晖:《论民间法研究的学术范型》,载《政法论坛》2011 年第 4 期。
③ 谢晖:《论民间法研究的学术范型》,载《政法论坛》2011 年第 4 期。
④ 谢晖:《论民间法研究的学术范型》,载《政法论坛》2011 年第 4 期。
⑤ 谢晖:《论民间法研究的学术范型》,载《政法论坛》2011 年第 4 期。

而就具体的研究方法来说，民间法研究主要采取的是实证方法。不过，由于研究进路不同，社会—人类学视野下的民间法研究与法学视野下的民间法研究对实证方法的运用也有所区别。在社会—人类学视野下，主要采取社会实证的研究方法，即通过事实描述的方式，重点关注“交往行为中人们的行为模式和动态实践”，也就是民间法的外部效果；[①]但在法学视野下，主要采取的则是规范实证的研究方法，即基于规范内部视角，重点研究“规范（制度）事实的结构、功能、相互关系、效力范围”等内容，而民间法规范本身则成为了研究的逻辑界限。[②]

**（二）软法的研究方法**

在国内法领域，软法研究的背景是公域之治的转型，即从国家管理模式走向社会治理模式。在此背景下，传统的“国家—控制”法范式已经无法适应多中心的社会治理实践。于是，一种强调公共意志而非国家意志、强调社会强制或自律而非国家强制的法范式随即产生。因而也就出现了硬法与软法的分野。软法产生的历史背景为软法研究奠定了基本的分析框架，即“国家—社会”“管理—治理”“单中心—多中心”“国家强制—社会强制”“硬法—软法”等。

具体而言，在软法研究中，可以采取如下三种分析视角：一是“向外看”，即着重探讨软法与政治、经济、文化等其他社会因素之间的关系，分析它们之间的相互影响。二是“向内看”，即全面分析软法的内在结构以及各构成要素之间的关系。包括软法的制定与实施、软法的调整对象、软法的调整方式、软法的基本结构、软法的主要功能等。三是“左顾右盼”，即重点解读不同类型的软法之间以及软法与其他社会规范之间的关系。特别是，应当重点分析软法与硬法、软法与道德、软法与潜规则、软法与行政命令等规范之间的关系。[③] 上述三种分析视角对于全面分析和研究软法现象具有十分重要的意义。

就研究方法而言，软法研究既可以采取实证研究的方法，也可以采取规范分析的方法。通常，采取实证研究的方法主要是为了回答“软法是什么”这一问题，即通过运用个案分析、定量分析、田野调查等手段，对软法的实然状态进行全面的描述；而采取规范分析的方法则主要是为了解答“软法应当是什么”这一问题，即从民主法治的角度，对现实中的软法现象进行价值批判，并进一步提出优化软法的方案。[④]

**（三）地方法制的研究方法**

地方法制提供了一种观察中国法治实践的新视角。作为方法论的“地方法制”是在批判法学研究中的总体性思维方式的基础上建构起来的。总体性思维方式认为法律现

---

① 谢晖：《民间法的视野》，法律出版社 2016 年版，第 71 页。

② 谢晖：《民间法的视野》，法律出版社 2016 年版，第 71 页。

③ 罗豪才等：《软法与公共治理》，北京大学出版社 2006 年版，第 118 页。

④ 罗豪才、宋功德：《软法亦法：公共治理呼唤软法之治》，法律出版社 2009 年版，第 323 页。

象之间存在着内在联系，因而可以从总体视角进行把握。例如，在总体性思维方式看来，法律体系是由众多相互联系的法律部门组成的。其中，宪法是根本大法，宪法之下有民法、刑法、诉讼法等二级法律部门，而二级法律部门之下还有合同法、婚姻法、商标法等三级法律部门。这种总体性思维方式往往忽略了各个法律部门的独特性，与各个法律部门的实践状况并不完全一致。此外，总体性思维方式还容易走向本质主义，即过分追求多元法律现象背后的一元化本质、规律。地方法制理论认为，总体性思维方式往往将具体的法律现象提炼为高度抽象的法律概念，进而导致“概念化的法律与真相越来越远”，从而使法律概念失去解释力和生命力。①

在批判总体性思维方式的基础上，地方法制理论提出了六组概念，并以此搭建了地方法制理论的基本分析框架。一是统一与分散。地方法制理论认为，法制统一并不意味着下级对上级无条件的服从。“真正的统一是建立在尊重差异的基础上。”②因此，地方法制理论强调对分散的、多样化的法治实践进行研究，并将研究重点放在差异性上。二是权力与权利。地方法制理论认为，法治建设的主角是权利主体（公民）而非权力主体（国家）。将国家作为法治建设的主角则意味着公民权利的实现将取决于国家，这是典型的人治思维。因此，地方法制理论认为应当将权利主体及其活动作为研究的重点。三是中央与地方。地方法制理论认为，地方国家机关直接面向公民，其实施宪法法律的能力直接关涉公民权利的实现。因此，法治建设的重心应当放在地方。而就中央与地方的关系来说，地方法制理论认为，“各个地方全面依法办事，本身就是维护中央权威”。③ 四是中心与边缘。中心与边缘的关系问题实际上是一个平等问题。中心意味着资源的集中，而边缘则意味着资源的稀缺。法治建设的一个重要任务就是通过解放边缘群体促进平等。因此，地方法制理论认为，“边缘群体是否具备了向中心发展的能力”是考察法治水平的重要指标。④ 五是法治与法制。地方法制理论认为，法治是一个宏观问题，其更适合由中央把握；而对于地方来说，建立和完善实施法律的规章制度更为迫切。因此，地方法制理论研究的重点是“法律在地方的实施情况”，特别是“各地为法律的实施所提供的规则与制度条件”。⑤ 六是自上而下与自下而上。地方法制理论认为，“真正的法律的效力，不是由立法机关宣布的，而是在生活中验证的”。⑥ 因此，地方法制研究应当关注公民在生活中是否使用了法律、是否依据法律主张自己的权利、是否通过法律提供的救济渠道解决了纠纷。也就是说，应当采取自下而上的视角观察法治的实践。

总体而言，上述六组概念构成了地方法制理论的基本分析框架。特别是，地方法制理论强调从分散、权利、地方、边缘、法制、自下而上六个视角观察和研究我国的法治实践。

① 葛洪义：《作为方法论的“地方法制”》，载《中国法学》2016 年第 4 期。

② 葛洪义：《作为方法论的“地方法制”》，载《中国法学》2016 年第 4 期。

③ 葛洪义：《作为方法论的“地方法制”》，载《中国法学》2016 年第 4 期。

④ 葛洪义：《作为方法论的“地方法制”》，载《中国法学》2016 年第 4 期。

⑤ 葛洪义：《作为方法论的“地方法制”》，载《中国法学》2016 年第 4 期。

⑥ 葛洪义：《作为方法论的“地方法制”》，载《中国法学》2016 年第 4 期。

## 四、研究意义比较分析

### (一)民间法的研究意义

总体而言,民间法研究的意义在于弥补国家法的不足。而国家法的不足主要表现在两个方面,即社会秩序建构与社会纠纷解决。而这也正是民间法发挥功能的主要场域。

在社会秩序建构方面,民间法,特别是社会—人类学视野下的民间法,将为社会秩序的建构提供一定的规范支持,以填补国家法留下的空白。特别是在地方立法领域,民间法将在三个方面发挥功能:一是在执行性立法方面,地方立法者通过将国家立法细化为与民间法相容的执行性规定,辅助国家立法在地方的实施;二是在地方性立法方面,地方立法者可以将已经行之有年并为地方社会所认可的民间法通过立法予以确认;三是在试验性立法方面,地方立法者可以通过对相关民间法的评估,辅助相应的地方立法事务。[①]此外,在行政、司法等领域,民间法也可以在国家法之外发挥建构社会秩序的功能。

在社会纠纷解决方面,民间法,特别是法学视野下的民间法,将发挥十分重要的作用。首先,在私力救济中,由于当事人选择私力救济的原因在很大程度上就是为了规避国家法,因而民间法自然就成为私力救济的主要纠纷解决依据;其次,在替代性纠纷解决方式中,当事人的主要诉求在于平息矛盾而非判断是非,因而只要民间法有助于化解矛盾,当事人当然不会拒绝适用;[②]最后,在司法裁判中,民间法既可以"被法官直接援引作为裁判规范",也可以"被法官作为构造裁判规范的'原材料'加以运用"。[③]

### (二)软法的研究意义

从宏观层面来说,软法研究的主要意义在于提出了一种与公共治理相适应的法治模式,即"一元多样的混合法治理模式"。[④] 随着公共治理取代国家管理,单一的硬法规制模式已经无法满足公共治理的开放性、协商性、过程性、互动性等要求。而硬法的不足之处正好可以由软法进行弥补。因此,将软法纳入法规范体系,并建立软法与硬法相结合的治理模式(即一元多样的混合法治理模式)便成为一个必然的选择。所谓一元是指在法治建设过程中,无论是硬法还是软法,都应当服从宪法。宪法在法规范体系中的统帅地位并不因"国家—控制"法范式的解构而动摇。所谓多样是指在法治建设过程中,软法与硬法的地位平等,二者相互合作,共同推进共同体的法治化。

具体而言,在一元多样的混合法治理模式中,软法的功能主要体现在如下几个方面:

---

① 谢晖:《论我国地方立法对民间规范的认可》,载《湖湘论坛》2018年第1期。

② 谢晖:《论民间法与纠纷解决》,载《法律科学》2011年第6期。

③ 谢晖:《民间法与裁判规范》,载《法学研究》2011年第2期。

④ 罗豪才、周强:《软法研究的多维思考》,载《中国法学》2013年第5期。

一是"弥补单一硬法之治的结构性缺陷"。[①] 一方面,软法可以补充硬法的不足。这种补充可以体现在立法、执法、司法等法治的各个环节。另一方面,软法可以引导硬法,即通过先行先试为硬法探路。二是"提高法的正当性和实效"。[②] 软法的制定和实施体现了共同体成员的协商共识,这就填补了硬法因"代议"而扭曲的民意基础。三是"降低法治与社会发展的成本"。[③] 虽然软法的协商成本较高,但一旦形成共识,软法的实施成本将会远低于硬法。四是"推进民主政治进程"。[④] 软法是一种回应型法,其制定和实施都离不开公众的积极参与。这实际上是一种民主实践和民主训练。五是"推动法治目标的全面实现"。[⑤] 软法的数量巨大,涉及面极广,因而软法的有效实施将全面推动共同体各个层面的法治化。

### (三)地方法制的研究意义

总体而言,地方法制理论研究的主要意义在于"推进中央与地方关系的法律化、制度化"。[⑥] 地方法制理论从地方视角研究地方国家机关的建设问题,必然涉及对中央与地方权责关系的划分。而地方法制理论认可地方在实施宪法法律过程中的自主性,这就意味着在中央与地方关系中,地方可以在不违背宪法法律的情况下主动探索符合本地实际情况的规则、制度。而在中央与地方权责明晰的前提下,地方为实施宪法法律而建立的各种规则、制度又必然会影响到公民权利的具体实现。因此,就地方法制理论研究而言,推进中央与地方关系法律化、制度化的最终目的还是在于推进公民权利保障体系的建立。

而在权利保障的背景下探讨中央与地方的关系时,不可避免地要将中央与地方的关系纳入"国家—社会"二元结构中进行分析,进而形成"国家(中央—地方)—社会"这一分析框架。在这一分析框架中,"地方"拥有三重含义,即"中央的行政下级""国家管理、服务社会的最前沿""国家与社会的'结合部'"。[⑦] 相应的,地方法制研究的具体意义也可以从这三个方面提炼。首先,地方法制研究可以推进中央与地方权责关系的明晰化,并在此基础上激活地方在制度探索方面的积极性,进而更好地落实中央制定的法律,维护中央的权威;其次,地方法制研究可以推动建立地方国家机关及其公职人员向社会、公民负责的制度机制,进而提升地方国家机关及其公职人员服务社会、服务公民的能力;再次,地方法制研究可以向社会公众更加清晰的展示各级国家机关的权责,并引导社会公众更加健康地看待各级国家机关之间的关系,进而形成"依法逐级处理问题"的机制。[⑧]

---

① 罗豪才、宋功德:《软法亦法:公共治理呼唤软法之治》,法律出版社2009年版,第382页。

② 罗豪才、宋功德:《软法亦法:公共治理呼唤软法之治》,法律出版社2009年版,第386页。

③ 罗豪才、宋功德:《认真对待软法——公域软法的一般理论及其中国实践》,载《中国法学》2006年第2期。

④ 罗豪才、宋功德:《认真对待软法——公域软法的一般理论及其中国实践》,载《中国法学》2006年第2期。

⑤ 罗豪才等:《软法与公共治理》,北京大学出版社2006年版,第60页。

⑥ 葛洪义:《地方法制的意义——中央与地方关系的法律化、制度化问题初探》,载《学习与探索》2010年第1期。

⑦ 葛洪义:《法治建设中的"地方"》,载《吉林大学社会科学学报》2012年第2期。

⑧ 葛洪义:《多中心时代的"地方"与法治》,载《法律科学》2016年第5期。

## 五、结语

综上所述,民间法、软法与地方法制是三种相互独立的新兴法学理论。民间法的研究缘起于对国家法供应不足的认识,进而为国家法寻求民间法的支援;软法的研究则是在公域之治转型的背景下,为社会治理模式提供一种与之相契合规范资源,即软法;地方法制的研究则是源于对我国改革开放以来法治道路的反思,其认为地方在法治建设过程发挥了不容忽视的作用。民间法、软法与地方法制三种新兴法学理论具有完全不同的问题意识和研究对象,也采取了截然不同的研究方法,其试图获得的研究效果也并不一样。所以说,应当用独立的眼光看待民间法、软法与地方法制。

**Folk Law, Soft Law and Local Legislation:**
**A Comparative Study of Three Emerging Legal Theories**

Wang Quanjun

**Abstract**: In the field of law, there are some emerging legal theories which are focusing on some non-mainstream rules instead of state laws, judicial interpretations or judicial cases. And Folk Law, Soft Law and Local Legislation are typical emerging legal theories. These three emerging legal theories have similar appearance which causes them to be confused frequently. But Through in-depth analysis, we can see that there are significant differences between Folk Law, Soft Law and Local Legislation in terms of problem awareness, research objects, research methods, and research significance, which means that Folk Law, Soft Law and Local Legislation are three independent academic theories.

**Key Words**: folk law; soft law; local legislation

# 民间法视域下城市空间规划正义实现及其修复*

赵 哲**

**摘要**:正义的城市空间规划方式需要考量空间的属性及城市空间正义的生产方式。空间正义的实现有助于改善城市规划过程中政府行为的信任违背,可以治愈空间正义缺乏引发的信任危机。城市空间规划正义式微的缘由阐明为改善空间规划的边缘化和非正义性提供了可资借鉴的重要经验,空间正义的修复、生产旨在加强城市的整体规划及空间改造过程中城市权利的保护,从而促进不同主体对城市空间规划形成广泛的认同。

**关键词**:城市规划;空间隔离;空间正义

## 引 言

从民间法的研究进路来看,围绕着地域性、乡土性和非正式性这三个方面的论证属主流学界范式。地域性的民间法如何影响国家法,有赖于对空间的地域性解读。关于法律和空间的关系,包括法律上的空间、空间中的法律的论证以及由此产生的法学与地理学、社会学、政治学等多学科交融研究成果。城市作为空间的载体之一,已然被诸多学者所发掘、重视。从城市起源到现代的发展来看,其精神空间、社会空间属性的延伸功能远大于物质空间。诚如学者所言,不同的空间范围与不同的法律形态之间,存在着一一对应的关系。可以把空间范围从小到大,划分为四个层次:社区、地区、国家、世界;它们分别对应于四种不同类型的法律:风俗习惯法、地区性立法、国家制定法、世界共同法。① 就我国的立法体制而言,地方性立法中大多数属于城市立法,但城市法与地方性法存在较大差异。《立法法》修订后,第 72 条中规定了设区的市地方立法机关:“可以对城乡建设与管理、环境保护、历史文化保护等方面的事项制定地方性法规”。关于如何理解这三类事项,全国人大宪法和法律委员会在审议结果报告中作了专门的说明,“从城乡建设与管

* 教育部人文社科项目“行政诉讼视域下的司法批复研究”(项目编号:19YJA820025),陕西省社会科学基金项目“重大风险评估体系法制化研究”(2019F015)。

** 赵哲,法学博士,西北政法大学行政法学院副教授。

① 喻中:《法律与空间》,载《山东警察学院学报》2009 年第 3 期。

理看，就包括城乡规划、基础设施建设、市政管理等”。[①] 可见，地方立法权所授予的范围几乎都涵盖城市法，二者有着高度重叠。具体到城市规划领域，通过城市规划来寻求空间正义的实现达至国家法与民间法的互动，关乎空间的社会构建和再生产。

改革开放以来，从我国城市规划立法及实践经验来看，以法定图则为主，规划制定、实施过程中公民参与程序能调和科学和民主之间的罅隙。自下而上的规划建议可以弥补规划师理性构建的未及事宜。其实，城市规划的设计、决策都包含着价值判断，也即规划目标的设定过程本身就是一种价值选择过程，甚至在一定程度上，城市规划是包含了利益分配的政治过程，专家规划师并非如人们所给予的角色期待完全客观理性地进行规划设计，除了有可能被利益集团收买外，自我的价值判断、社会公众的要求、政府的规划意图等都构成影响规划价值选择的重要变量，现代社会将空间正义的生产作为城市规划修复的目标有其重要的意义，消费主义下资本带来的社会结构变化使得人们不愿再安于接受社会环境和政府构造的差异，更愿意通过消除这些城市规划过程中带来的不确定性，进而实现空间正义。

## 一、城市空间规划正义实现的缘由

空间正义应该成为中国城市更新和空间规划过程中所遵循的核心命题。人是城市的主体，要形成以人为中心的、人性化的城市规划，就应以人的需求和发展为中心，城市规划过程中考虑公民的需求，人的主动性可得到充分的调动。然而，个体需求的多样性和差异性如何予以满足？这便涉及集体行动及其局限性，“集体同意的行动只限于以下情形：一是先前的努力已形成了某种共同的观点；二是关于什么是可欲的问题已经得到了解决；三是所存在的问题只是对人们已普遍认识到的各种可能性进行选择的问题，而不是发现新的可能性的问题。”[②]诚如哈耶克所言，要实施集体同意的行动需要特别关注对已有问题存在共识，以及解决问题的方式作出了共同的选择。关于城市规划的公共意见能否达成，如何达成？这就涉及空间正义的实现方式。然而，正义的追寻属于公共物品，对于官员或行政工作人员个人而言并没有积极的动力，“公地悲剧”的结果极有可能出现地方性立法中空间正义的不充分供给。

### （一）城市规划是否需要寻求空间正义

当我们认识到人类的未来具有不确定性和无限的可能，任何政府或精英阶层都无法通过理性构建形成所期望的科学的城市规划，那么，问题就来了：城市规划应当如何形成？它应当是长久以来人类有计划行动的产物，但并非仅是设计的产物。

---

① 第十二届全国人民代表大会法律委员会关于《中华人民共和国立法法修正案（草案）》审议结果的报告，http://www.npc.gov.cn/wxzl/gongbao/2015-05/07/content_1939079.html，访问日期：2018-08-15。

② ［英］弗里德里希·冯·哈耶克：《自由秩序原理》，邓正来译，三联书店1997年版，第1页。

现代社会城市中普遍存在的外部性和公共物品，城市规划是需要的，然而同时应当是有一定的限度的，即城市规划需要考量人们的需求。囿于需求的多样性，为了克服未来不可避免的不确定性，就需要建立信任。人际信任源于对他人的行为预期，而制度化的信任不仅强调通过立法调整所形成的规制之治，还需要通过实践的过程不断检验形成可预期性的行为模式。制度化信任有赖于长期交往形成的普遍性交往规则，以及基于生活经验而形成预期和相互承诺。可见，信任的获取既包含了感性的判断，也包含了理性的构建。城市规划不仅要解决特定物理空间的秩序安排，更重要的是要让人们认同城市规划的过程和结果。因此，城市规划不仅需要考量其制订过程的程序合法性，还应当建立在符合分配正义的基础上，对公民的知情权、表达权、参与权和财产权予以保障。而这不能通过单纯运用政府权威让公民服从，而应当充分地让公民参与到城市规划的制定、实施过程中来，从而保障城市规划的可预期性。公民参与在城市规划立法中的地位体现了地方性立法中以人为本的空间正义观。

### （二）城市规划中为何需要实现空间正义

政府的可信性对某些公民来说至关重要，但对其他许多人来说，政府的可信性只有在其缺乏时才可能是重要的。对于城市规划而言，最为重要的是如何确立真正有效的制度性承诺，以及在有效制度性承诺基础之上的制度性信任。由国家组织或类似国家的组织所组织的集体行动存在内在缺陷。国家所拥有的任何集体行动能力都应当是以制度性信任的构建为基础，由国家主导的传统的城市规划行为尽管以科学的立场作为出发点，加以精英主义的专业设计，但是这种缺乏公民信任的“父爱主义”式城市规划不能反映公民的需求和期望，在实施的过程中倘若存在规划设计的系统缺陷或是以公共利益之名侵害个人利益，难免会引起不满甚至反抗。

借助于协商和承诺的方式来对城市规划的制订和实施模式进行修正不失为一种良善的选择，协商在结果上可能是最稳健的，但如果在利益冲突双方之间没有一定程度的信任，那么他们宁愿选择别的办法而不选择协商。通过协商达成的共识便是一种承诺——或许通过正式的方式纳入规范体系、甚至上升到法律规范。然而如果协商的过程及结果并不符合共同利益，或者未能考虑少数人的利益而形成多数人的偏见，那么城市规划的执行可能会变得极为困难。厦门“PX”项目事件便是典型的例证，从最早的象征意义上的公众参与到最终公民实质性地影响项目的选址，多次反复的协商过程体现了政府对涉及多数人利益的修建性详细规划的审查并非普通意义上的许可。

### （三）城市规划的空间正义转向

城市治理的经验为政府干预提供了可信的理由，空间正义的实现不仅依赖公民对政府业已形成的情感信任，还要依靠认知的方式获得更多公民的信任，而这主要通过使民主真正发挥作用的方式来实现。从严格意义的功能角度看，我们可以把信任和民主看作集体决策和组织集体行动的既有区别又相互补充的方式。当一个人信任时，他假定在信任者和被信任者之间存在共享的或共同的利益，从而可能会放弃通过民主表达的方式来影响集体决策结果。如果制度性信任能够降低个人和集体来选择过程中的风险，那么公民参与将变得更具有实质性的意义。当然，信任本身就暗含了利益的取舍，一方面，信任关系在增加合作效用的同时减少了信息成本；另一方面，因为个人是自私的，那些信任别人的人似乎在非理性地选择增加他们受他人伤害的可能性。正基于此，要让公民信任政府作出的城市规划，前提是政府可以有足够的说服力的结果表明其为了公民的利益作出决策，而非仅仅是为了公共利益，或者是公共利益和私人利益衡平的结果。业已形成了政府与公民协商的有效途径，便成为城市规划过程中信任关系的关键。

那么，我们城市规划过程中，如何获取公民的信任呢？奥弗认为："一种政治制度，如果不信任在其中容易被表达和听到，而且其假定的理由容易被公平地评价为有效或者被驳倒，那么由于这种透明性给公民们提供的保证，它值得信任。"①据此，要形成对城市规划的制度信任，就需要在公共利益和个人利益之间寻找共域，而不能一味以公共利益的优益性来排斥私人利益。合法有效的城市规划并不必然取得人们的信任，科学性和民主性遭到质疑的情形下，很难说这样的城市规划让公民信任的基础是牢固的。当然制度化不信任并不意味着对制度的不信任，而是指现代政治结构中诸多内化了的不信任的政治形式。并且，这样不信任"帮助建立规范的确定性、组织的透明度、社会秩序的稳定性、权力的责任性、权力和义务的设定、职责和责任的强制性，以及人们个人的尊严、正直与自制，和他们被授权的感觉。"②所以，城市规划要实现空间正义，有赖于规范的明确、权力的可约束、责任的承担及对个体价值的尊重。然而，现实中规划的朝令夕改、交叉重叠等现象时有发生，西西弗式的轮回让公民对空间正义的建构抱有些许疑惑，而这需要长期的努力唯可改变这种威权与自由的紧张关系。

## 二、城市空间规划正义的式微

规划是运用适合的方法对未来生活作出安排以实现预先目标，囿于目标导向性的规划方案并非人类理性设计所能完美预期，对未来预测的准确性也就具有更多不确定性。对于城市规划而言，规划目标的设定要灵活、体现正义，城市规划和土地规划，以及总体规划、控制性规划、专项规划之间要相互衔接，考虑到不同群体的异质性及需要的多元性，兼顾长期愿景和短期目标的包容性规划，更加注重城市规划过程中政府对市场的引导作用，空间安排的有序性与公平性，保障公民实质性的参与权。保障性住房的建设目标在于矫正社会资源分配的不平等，然而空间隔离的形成却不利于实现这一目标，空间排斥的消解离不开城市规划的衡平和规范，进而实现空间正义。

---

① [美]马克·E.沃伦主编:《民主与信任》，吴辉译，华夏出版社 2004 年版，第 72 页。

② [波兰]彼得·什托姆普卡:《信任:一种社会学理论》，程胜利译，中华书局 2005 年版，第 191 页。

### (一)空间隔离引发空间正义危机

随着城市化进程的加速,计划经济时期的空间配置模式逐渐被房地产开发所取代。资本的逐利性驱使下,通过招拍挂方式取得的土地资源都会优先考虑城市中心地段。也即,城市公共服务更均等化的提供需要消解人为的居住隔离,这对于空间正义的实现至关重要。城市的主体不仅包括中产以上的阶层,更应当包容性地接纳和保护低收入水平的城市中居住的公民。这一群体对城市的建设和正常运行起到了重要的作用,然而,居住的空间却很难得到改善,往往是在基础公共设施无法充分保障到的城乡结合区域租住。

保障房的建设无疑能够很大程度地改善他们的居住环境,对于保障性住房用地,起初在边缘、城市郊区单独划拨建设小区的模式难以真正体现对弱势群体的平等保护。城市中心地区也应该配建各类保障性住房,各地城市规划建设部门,应该按照国务院文件的要求,在制定本地住房建设规划过程中,充分考虑普通商品住房、保障性住房和其他类商品住房的规划安排。① 然而近年来,随着商品房配建保障房或自住房的项目增多,开发商为了提高销售率,将商品房和保障房用诸如绿化隔离、栅栏等人为设障。针对保障房商品房被强行分割管理、总被围栏隔开的现象,北京市住建委表示,未经许可不得自行设置任何形式的区域隔离,确保同一建设项目区域内道路通畅、绿地共享、附属配套设施共用。开发企业违法设置隔离障碍的,住建部门将不予批准预售许可、暂停网签。② 尽管住建部门通常会要求开发企业在进行房屋销售时在售楼处明显位置公示经规划部门批准的建设项目区域设置情况,但开发商为了销售业绩往往会选择不公示或者在非显著位置公示,许多业主在交房时才发现该小区的真实规划情况。

2017 年 8 月 15 日,深圳市龙岗区信义金御半山(荔山御园)业主因小区内商品房与公租房直接 832∶726 的配比问题与物业管理处发生了争议。无独有偶,万科公园里的业主也存在类似的情况。万科公园里六栋预计将容纳 348 户公租户,业主们认为车位应该是归业主所有的,而公租房的租户不是业主,所以也不应该享有为业主设置的车位。③ 上述深圳安居房(公租房)租客与小区业主之间关于公共空间利用、停车位共享等问题之争反映了城市规划过程中不同利益主体需求的调和,其本质是空间隔离与空间正义之争的具体图景。

对比香港的公租房,香港的公屋管理有着成熟的经验。据香港房屋署有关负责人介绍,香港 30%的房屋为公屋,约 72 万套。整个香港约有一半人住在公屋里。香港建设公

---

① 王日晨:住建部:城市中心区应配建保障性住房,https://news.qq.com/a/20100507/002345.htm,访问日期:2019-01-15。

② 王萍:北京市住建委:开发商违法设置隔离将暂停网签,http://www.xinhuanet.com/fortune/2017-08/26/c_1121545231.htm,访问日期:2019-01-15。

③ 周璐:疏堵结合,深圳保障房"竞配建"加速,http://m.sohu.com/a/167950635_237556,访问日期:2019-01-28。

屋的土地由政府无偿供应。[1] 商品房配建保障房一方面是政府希望通过土地供应模式调配的方式来完成保障房建设任务，另一方面可以达成城市规划过程中公共资源共享的目标。然而，制度设计的初衷并未将空间正义考量在内，私法上物权的排他性保护遇上公权力的强干预，在知情权、参与权无法保障的情形下，财产权被侵犯的错觉来源于对商品房配建保障房这样的城市规划设计的不认同。近年来提出的"多规合一"的规划改革期冀在规划融合上取得突破，但如果不以空间正义的构建和维系作为前提，仅凭技术上的设计仍无法改变不被公民认同的命运。

**(二)知情权保障不足导致空间正义缺失**

自列斐伏尔提出城市权利以降，空间隔离、空间排斥一直作为西方国家热议并努力改革的方向。城市规划的布局影响公众对政府的信任及公众之间的互信。居住隔离的程度和规模日趋严重，社会极化现象开始在城市中和城乡之间出现，近年来相关的研究报告在城乡规划和社会学领域越来越被关注。居住隔离甚至社会极化是城乡规划中必须应对的社会公正议题。[2] 早在 20 世纪 30 年代，美国社会学家沃斯描述了城市生活的隔离性："尽管居住在同一个紧凑的居住区，不同个体却彼此隔离。他们彼此相互敌视，在需要和生活方式上的差别越大，隔离程度就越严重。"[3]空间隔离的深层根源在于都市生活中人与人之间冷漠的关系，以理性人的思维方式去面对生活和环境，穿上厚厚的自我保护盔甲。正是因为缺乏熟人社会中沟通和情感信任的基础，人们往往更愿意采取自我保护的方式去处理人际关系。西美尔认为，"城里人通常会以工具主义的态度，用越来越工于算计的方式来生活和处理社会关系——对人不能一视同仁，眼睛总盯在预先算计好的或渴望得到的结果上。"[4]事实上，商品房配建保障房的建设模式正是打破居住隔离的有效途径。近年来高速发展的中国，社会结构从鸡犬相闻的乡土社会向陌生人社会转型。

发生在深圳万达、信义各小区的商品房业主反对公租房业主共享小区公共设施、绿地及停车位，要求物业将商品房及公租房按照开发商卖房时承诺分别管理，反映了公众的空间隔离心理。但究其原因还在于规划信息公开不足导致业主并不知晓该项目存在规划的配建比要求。业主们认为，他们花费几万元一平方米来买的商品房，甚至很多人为了支付首付款东拼西凑、每月还月供紧张度日，却和每月只支付九百元房租的租客平等地享受小区的共有设施和场地是不公平的。而租客却认为将公租房用栅栏同商品房住宅区隔离开来是对弱势群体的歧视。这种阶层固化所带来的不仅是空间利用上的排

---

① 马力:《北京公租房将借鉴"香港公屋"以 40 平方米为主》，http://news.dichan.sina.com.cn/2011/10/21/392546.html，访问日期:2019-01-29。

② 周俭:《城乡规划要强化社会公正的目标》，载《城市规划》2016 年第 2 期。

③ Louis Wirth, Urbanism As A Way of Life, *American Journal of Sociology*, Vol.15, No.44, 1938.

④ [澳]德波拉·史蒂文森:《城市与城市文化》，李东航译，北京大学出版社 2015 年版，第 31 页。

斥,“不可信”“素质参差不齐”等标签体现了对租客的身份不认同。业主和公租房的房客关于配建保障性住房的比例、区域、管理模式等方面的诉求必然存在分歧,这就需要在法律中明确信息公开的范围、差异性利益表达途径等内容,特别是涉及重大事项的信息公开方式有必要增设相应的违法后果,如房地产商未按照规划部门要求在售楼中心公示该项目的配建比、提出异议的方式等,可以公布违法事实等形式公开,并记录企业征信档案。

**(三)权利救济有限消减空间正义**

城市规划永远都不是一蹴而就的,周期性的修正之目的就在于适应社会的变革和尽量满足人们不断变化的期望。然而当期望不被重视甚至利益遭受侵犯时,人们就会质疑制度的合法性和合理性,对制定规划主体的信任也就大打折扣,这就需要重新衡量空间权力如何影响空间正义。在福柯看来,空间既是社会性的,又是政治性的:“空间是任何公共生活形式的基础。空间是任何权力运作的基础。”①然而,权力的行使倘若缺乏正义的期待和信任的基础,就会阐释信任违背。一旦发生,将会给空间权力的行使带来极大的障碍,对权力的抗衡往往激烈且会产生负的外部性。城市规划过程中最为常见的信任违背情形往往是公民的利益不被重视,特别是城市的地方立法中缺乏对公民知情权、表达权的有效保护。公民在空间生产和空间利益分配过程中缺乏有效的参与和表达渠道,尽管有公听会、听证会等程序性权利的规定,但并没有达到应有效果。权利得不到有效的保障抑或被侵害的情形下,公民对城市规划的认可显然极为困难。在城市化进程中既表现为公民进入城市的权利遭到侵害甚至剥夺,又可能存在公民相互利益的冲突引发对制度性信任的拷问。

信任关系一旦破坏再要修复相比初始信任的建立而言更为困难,无论基于理性计算的认知信任还是情感信任,不仅要建立对违背的积极预期,还要克服由违背带来的消极预期,尽管违背方努力展示其可信度,但由于违背行为带来的负面预期会强化不信任感,再回到依赖性强、认同度高的信任关系将变得非常困难。对政府而言,重要的是预防信任违背的发生,而非更多地关注事后的补救。而实践中很多情形下,涉及众多公民利益和权利的城市规划的制定和变更未能公开被知晓,或信息的不充分公开,利益相关者无法及时地表达自己的主张,行使权利,导致信任违背的发生。是故,城市规划的编制和实施过程中尤其要注重公民权利的切实保障,公民参与、专家论证、风险评估、合法性审查、集体讨论等重大行政决策程序的有效推行有助于城市规划公信力的形成和修复。但要根本性地改变城市规划过程中的利益分配格局需要权利救济的可实现性在地方立法中予以明确。

多年来,人们对政府制定和主导实施的城市规划的认知主要停留在威权的专断和寻租这样的印象中。特别是在都市更新过程中,堵门堵路、自焚等非理性的表达方式非但

---

① [法]米歇尔·福柯:《空间、知识、权力》,包亚明主编:《后现代性与地理学的政治》,上海教育出版社2001年版,第13~14页。

没有减轻人们的不满情绪，自上而下式的城市规划使得空间正义丧失了实现的基础。随着城市规划过程中政府失信的事件频发，对其信任修复的问题亟待解决。通过诉讼等方式救济的立法空白及失职的责任承担方式模糊，给空间正义的实现带来了不确定性。故有必要明确城市空间生产和正义分配时涉及的利害关系人的法益，允许行政复议、行政诉讼等程序中以实质性影响作为权利救济的衡量标准，实现城市权利的规范性构建。

## 三、城市空间规划正义的修复

城市规划过程中信任违背时有发生，如果没有一种对被信任的主体具有强制约束力的城市规划，极有可能难以实施，或者存在被修正的风险。比如，未经法定程序变更已生效的规划方案、应当征询公民意见而未征询、不符合规划法律法规的方案违法获批等情形的发生便是典型的信任违背。厦门“PX”项目选址、垃圾处理站建设甚至核电站的建设等大型项目建设因信息不公开、参与度不足及沟通形式化，大大降低了城市空间的规划正义。

### （一）事后信息公开修复空间正义的有限性

对于信任违背的治愈，归因理论认为应当基于不同的信任违背原因找到对应的修复途径。Tomlinson 和 Mayer 基于 Weiner 的归因理论，探讨了两个重要的归因维度——稳定性和可控性。稳定性是形成信任信念，即积极期望的主要驱动力，因此与信任修复尤为相关。可控性则直接影响责任大小。[①] 通常来说，从责任大小的角度来看，把违背行为归因为外因、不可控且可变的，能减轻违背方的责任，进而维护违背可信度、提高信任；从改正的可能性角度来看，把违背行为归因为可控且可变的方面，更有利于信任修复。可见，城市规划过程中信任违背的情况发生后，应当及时地通过信任展示机制，如公开致歉、主动公开信息、赔偿损失等方式来修复信任。比如，在因城市规划变更引起的房屋拆迁过程中，若没有明确公布征收补偿方案，或者征收补偿程序不透明公开，导致公民拒绝规划实施的话，可以通过事后及时主动公开涉及城市规划变更的信息，以及对未予公开的相关情况直接变更规划内容的行为带来的损害后果予以补偿，或者惩戒的形式要求相关责任人承担相应的法律责任从而逐渐修复被违背的信任。也就是说，空间正义的修复应以信息公开、主动道歉等展示型的修复方式为主、辅之以惩罚、完善规范及监督机制。

在信任关系的修复过程中，核心并不是所公开信息的内容，更多受制于被信任者能否说服公民信任的能力。“权威性是实践性概念，这意味着谁对谁拥有权威的实践性问题；这些问题关涉他（拥有权威的人）应该做什么。”[②]也就是说，空间正义的修复有赖于正当化论证及公民内心的认同和响应，而非源于权力的威慑下的被动服从。在实践中，信任违背一旦形成，要修复起来就会变得非常困难，以主动公开信息为例，人们相信什么并

① 姚琦：《社会心理学视角下的当代信任研究》，中国法制出版社 2013 年版，第 233 页。

② ［美］约瑟夫·拉兹：《法律的权威》，朱锋译，法律出版社 2005 年版，第 9 页。

非取决于由谁来说，而是取决于更愿意相信什么，如果不信任的情感违背业已形成，即使后来政府主动公开的信息是真实的，也可能基于先前情感上的认知而选择不信任，那么这种事后的矫正就很难达到预期的效果。

**(二)空间正义生产的可能性**

破坏信任关系比建立容易，而修复信任要比建立初始信任要困难得多。因为信任修复不仅要建立对违背方的积极预期，还要克服由违背带来的消极预期；尽管违背方努力展示自身可信度，但关于违背的信息可能仍然很显著，所以，要通过积极的增强信心的行为和投入积极情感从而有效地修复信任。对空间正义的修复绕不开城市及城市规划的空间限定。我们赖以生活的空间，以及组织世界和城市的空间，被越来越多地理解为社会产物，由存在于人、机构、制度等之间的关系组成的社会产物。① 也就是说，空间并非仅指物质空间，更包含了人类通过实践活动所形成的依附于特定空间的政治经济秩序。揭示空间的本质，并不仅仅是为了实现对空间及生活在其中的人们的治理，更多是需要承认空间的复杂性以及不同空间的异质性，这正是追求空间正义的缘由。城市空间的特殊性在于，无论是自然形成还是人为建造的城市，被规划的历史由来已久。规划本身包含了期望和判断，经由合法程序形成的城市规划并非都能取得公信力，关键在于其是否符合空间正义的目标。

人类从未停止过对正义的追寻，正义的定义需要考量的因素太多，以至于政治学上从未停止过争议，正义与法律和道德存在着天然的关联，"'正义'指与法律和政治——在福利分配的公共决策的意义上理解这里的政治——联系在一起的道德概念集。正义是道德的子集。"②正义总是与法律相关联，但却在其他社会科学领域亦被讨论颇多。然而这些理论构想并未表明何谓正确的"城市"制度，同时对于什么样的规划能够真正融合他们所提出的正义的标准也谈及得很少。③ 空间正义作为城市社会学研究的一个核心命题，对于城市规划的合法性建构和合理性约束均具有重要的实践意义，我国目前发生在城市空间中的诸多不公平现象如不得到关注和解决，很有可能成为社会冲突的根源。

寻求空间正义并非要替代社会、经济等正义的要求，而是要将空间作为正义寻求的重要领域。社会构成了空间，社会也为空间所建构。空间性地看正义之目的是未来增加我们对正义作为所有社会中关键因素和动力的普遍理解。它寻求的是提升民主政治和积极行动主义的更为进步、更可参与的形式，为动员和维护社会的内在联合，草根区域的联合，以及正义指向的社会运动提供新的理念。④ 而空间正义的实现和修复推动了城市化空间秩序的发展。寻求增加正义，或者减少非正义，就成为所有社会的一个基本目的，

① [英]多琳·马西:《城市世界》，杨聪婷等译，华中科技大学出版社 2016 年版，第 137 页。

② [美]布赖恩·比克斯:《法理学:理论与语境》，邱昭继译，法律出版社 2008 年版，第 103 页。

③ [美]苏珊·S.费恩斯坦:《正义城市》，武煊译，社会科学文献出版社 2016 年版，第 4 页。

④ [美]爱德华·W.苏贾:《寻求空间正义》，高春花等译，社会科学文献出版社 2016 年版，第 6 页。

也是将人的尊严和公正最大化的一个基本原则。

哈维作为空间正义研究的主要代表人物之一,认为正义是一组社会构成的信仰、话语和制度,它表现了社会关系和竞争性权利构型与特定时间内调节和安排地方的物质社会实践之间的密切联系。[①] 本质上来说,城市规划承担了实现空间正义的任务。城市规划过程中,缺乏正义的程序设计可能会导致分配不公,而边缘化可能会削弱了充分参与涉及个人权利的参与权,以及对公共资源的平等利用,进而导致整体性地降低生活状况,住区分布不平等是空间非正义最为突出的表现。边缘化和住区分布不平等作为空间非正义最典型的情形,无不与城市规划相关联。当空间正义和非正义被视为一种不可避免地存在于我们生活中的时候,有必要通过立法和司法来寻求更具正义的社会。

**(三)正义的城市空间规划期许及其实现**

空间不仅是物质意义上承载的容器或平台,事实上,空间就是社会,城市空间本质是一种人为建成的社会环境,空间正义作为一个政治学命题由来已久,列斐伏尔、大卫·哈维及爱德华·苏贾论述了资本主义空间正义的内涵,空间正义表现为空间的支配权和分配权博弈的结果,而要实现合理的空间布局和公平的资源分配,以时空修复为特征的空间正义观核心在于空间资源配置的人性化程度,在城市的整体规划及空间改造的过程中更多地考虑城市权利的保护,将城市权利的类型法定化,从而实现空间正义的法律构造。

空间不仅仅是社会关系的表现,也深刻影响着社会关系。[②] 所以,改变不公正和不平等的现象必须改变空间。列斐伏尔批判了规划的传统形式,他关于城市规划的理论推动了多项规划改革。他认为,城市规划是人居环境各层面上的以城市层次为工作对象的空间规划。[③] 既要从宏观的社会发展层面建立关于空间规划的科学标准,又要从微观的居住权平等角度考虑人作为城市主体的重要性。也就是说,城市规划反映了复杂的社会关系,但这些社会关系归根结底是以人为主体的,城市空间的结构性安排旨在创造更符合正义的人居环境,通过行使城市权利和保持权利的差异性达到空间正义实现和修复的目的。

城市权利是公民控制空间社会生产的权利,公民不应受制于单向的空间控制,差异性的权利是反对城市空间同质化的构建,应保持多样化的权利诉求和对空间的占有、使用诉求。以城市权利的行使来达至符合公民期望和利益的城市正义,而城市正义的目标包括了公民行使知情权、享有权和参与权等复合性权利来对城市空间的设计、城市公共设施的建设使用等诸多方面。

社会正义并非一成不变的,有其相对性和局限性。在城市规划领域,要想实现空间正义,城市空间的构造便应当不断修正既有空间的不正义。无论城市空间的整体设计,还是公众参与城市规划的过程,寻找科学性与民主性的最佳契合模式,减少空间不正义

---

① [美]戴维·哈维:《正义、自然和差异地理学》,胡大平译,上海人民出版社2015年版,第380页。

② [美]戴维·哈维:《叛逆的城市——从城市权利到城市革命》,叶齐茂等译,商务印书馆2014年版,第2页。

③ [法]列斐伏尔:《空间与政治》,李春译,上海人民出版社2015年版,第4页。

的规划。英国学者阿里·马达尼波(Ali Madanipour)将社会排斥与空间因素联系起来考察,提出了几种消除空间排斥的设想。其一是“去商品化”空间,是指对私人房地产商在决定不同群体居于城市何处的问题上的作用要加以限制,如为社区低收入家庭提供他们可以负担的包容性(非排斥性)的居住单元;其次是制定“去空间化社会排斥的城市规划”,如促进社会多样化的混合使用的区域规划。① 上述两种消除空间隔离的方式均与城市规划有关,可见,要实现空间融合就要在城市规划制定过程中考量不同利益群体的利益。而弱势群体在城市中的发展权尤其要予以保障。按照学界的一般观点,发展权的范围是指“人的个体和人的集合体参与、促进并享受其相互之间在不同时空限度内得以协调、均衡、持续地发展”。② 作为城市空间中对发展权的保护及救济,更应着眼于避免剥夺发展的义务以及保护发展权不受剥夺,适当地在现有规划许可制度内嵌入个体的发展权的相关内容,将有效消解上述空间隔离的境况。

城市规划不能排斥弱势群体进入城市、共享城市资源及公共服务,从空间正义的角度来看,居住空间的融合需要城市规划过程中增加商品房配建保障房等混合居住环境的创造,提高身份认同度及归属感。若上述空间融合方式不能有效地推广,居住隔离逐渐固化将不利于人际信任及系统信任的建立和加强。空间隔离不仅限于小区内的治理,更多体现为城市规划过程中不同群体基于资本的逐利性而形成的中心城区和边缘地区不同阶层的聚居形式。White 和 Borrell 认为,居住隔离反映了居住区在经济、医疗、环境、政治资源可得性方面的差异,但直接检验假设机制的研究却相当缺乏。③ 也就是说,从物质空间的规划来看,空间被作为商品进行开发和分配,“空间商品化”进一步加剧了城市阶层分化和居住空间分异。其目的是解决空间分配不公。④ 一直以来,雅各布斯、列斐伏尔、哈维等城市社会学者所呼吁的城市权利正是为了打破空间商品化所带来的社会不公平,消除社会冲突。不同收入群体混居体现了城市规划的目标是否以实现社会公平作为价值取向。空间正义的缺失源于既有城市规划的理论和实践不能协调好空间设计与空间融合的关系,空间正义之所以必须被重视,根本原因在于公民的期望和利益的保障是社会稳固发展的源动力。

空间正义的修复并不能简单化为实体法的严格规范和程序法的设计精良,要解决情感层面的深层次信任问题,核心在于保障公民期望和利益实现的确定性。依靠国家法的规范并不能完全消灭城市规划的政府威权制定所带来的弊端,还需以认知信任和情感信任的建立作为空间正义修复的基础满足不同立场公民的期望,而这些期望可借助于地方性立法差异性加以规定。

---

① 于海:《城市社会学文选》,复旦大学出版社 2005 年版,第 194～205 页。

② 汪习根:《法治社会的基本人权——发展权法律制度研究》,中国人民公安大学出版社 2002 年版,第 60 页。

③ Michael J.White Rebecca Wang :《居住隔离论:理论与方法的比较研究》,朱格、张月飞译,载《山东社会科学》2016 年第 1 期。

④ 陈宏胜,吴利辉,李志刚:《从空间隔离走向社会融合:基于居住空间的评析》,载《规划师》2015 年增刊第 31 卷。

## 结 语

如果说空间融合是城市规划中重要的价值目标,那么如何实现规划目标和设计目标背后的价值判断。著名的美国学者弗朗西斯·福山据此在《国家构建》一书中提出了一个影响很大的观点:在讨论政府改革时,应该分清政府职能两方面的内涵——职能范围和行政能力。作为政府一部分的城市规划同样也有职能范围和行为能力两方面的问题。① 不可否认,我们目前的规划理论构建应当建立在中国国情基础上,特别是快速转型期这一特定时期,公平和效率究竟如何去取舍体现了政府的职能定位。公平作为首先要考虑的因素而被重视,政府要更多地考虑空间安排过程中如何保障最低限度的公平,也即资源有限性的前提下让分配更加符合正义。经济增长固然重要,然而脱离了城市规划的公平目标一味追求效率,则会带来诸多社会问题。空间融合作为分析城市规划目标一个切面,反映了空间秩序安排过程中的价值选择。城市空间的规划应该是在政府、公民、专家、利益相关者等各方在场的情形下相互制约而形成的,从这一意义上讲,空间正义应是不同利益主体之间博弈的平衡和不同价值取向间选择的平衡。而这其中政府、公民和包括开发商在内的利益相关者话语权的对等尤为重要。自下而上的表达机制无效而导致的失语引发集体维权事件时有发生。在城市发展带来的土地金融红利分配过程中,发展权的司法救济有效性、公民知情权、表达权的保障和救济有助于实现城市空间规划的正义。

**Realization and Restoration of Urban Spatial Planning Justice under the Vision of Folk Law**

Zhao Zhe

**Abstract**: The urban spatial planning method of justice needs to consider the attributes of space and the production mode of urban spatial justice. The realization of spatial justice can help to improve the trust violation of government behavior in the process of urban planning, and can cure the crisis of trust caused by the lack of spatial justice. The exposition of reason for the decline of urban spatial planning justice can provide important lessons for improving the marginalization and injustice of spatial planning. The restoration and production of spatial justice aims to strengthen the urban planning and the protection of urban rights in the process of spatial transformation, thus promoting different subjects to form a broad recognition of urban spatial planning.

**Key Words**: urban planning; spatial isolation; spatial justice

① 张庭伟:《转型时期中国的规划理论和规划改革》,载《城市规划》2008 年第 3 期。

# 花开两面:人情在司法难题中的双重面向*

## ——基于“天理—国法—人情”的法文化解读

张　杰**

**摘要**:基于“天人合一”的大前提,“天理—国法—人情”这一表达具有精妙的逻辑结构并且长期影响着中国传统的法律文化与实践。究其本质,人情不仅是这一结构的核心,同时还是生成和形塑国法与天理的动力源。三者既有一致的一面,也存在着国法受到人情与天理牵制的一面。通过个案分析可以看到,司法者立足国法的同时能够以天理为中介将人情中的合理性因素以一种更高级的形态纳入法体系本身。因此,在要求裁判兼具合法性与合理性的现代司法中,“天理—国法—人情”这一传统的表达依然具有重要的方法论意义。

**关键词**:“天理—国法—人情”;人情;合理性;“天人合一”

2017年4月5日最高人民法院常务副院长沈德咏在山东省济南市主持召开的刑事审判工作调研座谈会上强调,要高度关注社情民意,将个案的审判置于天理、国法、人情之中综合考量。[①] 随后,由最高人民法院举办的“2017年推动法治进程十大案件”揭晓,其中包括了于欢案、徐玉玉案等热门案件。最高人民法院审判委员会副部级专职委员胡云腾对此表示,“相关裁判既坚守了事实法律底线,也全面回应了社会公众的期待,体现了司法裁判遵循‘国法’、不违‘天理’、合乎‘人情’的基本要求。”[②]由此,“天理、国法、人情”这一来自传统社会的表述在当下的司法实践中被频繁提及。那么,天理、国法、人情各意指什么,三者之间又有何关系?

对于这个问题的探讨其实并不是一个新问题,不过到了现代法学研究中学者们更加惯用“情理法”一词,尤其自1992年《中国人与情理法》一书问世以来,“天理、国法、人情”的表述开始简化为“情理法”这一符号。在学界近三十年对情理法的研究中可以看到,情理法的研究实际上存在着两种逻辑:一是将“情”“理”“法”三者合并使用为“情理法”,其

---

* 教育部人文社会科学重点研究基地重大项目“文化传统在法治中国建设中的创造性转化研究”(项目编号:17JJD820004)。

** 张杰,吉林大学法学院、国家“2011”计划·司法文明协同创新中心博士研究生。

① 胡永平,沈德咏:《坚持依法独立审判,个案判决要综合考量天理国法人情》,http://legal.china.com.cn/2017-04/06/content_40566032.htm,访问日期:2018-05-02。

② 王吉全:《“2017年推动法治进程十大案件”揭晓 徐玉玉案、于欢案入选》,http://legal.people.com.cn/n1/2018/0201/c42510-29800827.html,访问日期:2018-05-02。

并非一个具有独立意义的概念；二是有意识地将“情理法”作为一个独立概念去使用，其强调的是判决合理性的建构问题。[①] 第一种情况事实上是沿袭着“天理、国法、人情”这一传统表述的逻辑，然而由于简化之后的合并概念在形式上和独立概念的“情理法”产生了混淆，以至于许多论者在使用“情理法”这一概念时常常在两种不同概念的语境中游走并由此出现逻辑的混乱。独立概念有利于凝结学科共识从而更好地促进学科发展，但是独立概念本身与合并概念具有完全不同的内涵，同时合并概念蕴含了中国文化自身的特质从而体现出精妙的逻辑结构，因此独立概念的使用显然不可能替代合并概念。然而，简化之后的合并概念压缩了“天理、国法、人情”的理论空间，三者所形成的精妙结构有可能在合并概念的使用下被抹杀。所以，如果从合并概念的角度探讨问题，我们必须首先回到它的原初状态，即“天理、国法、人情”的表达。

## 一、“天理—国法—人情”的理论构造

对于“天理、国法、人情”的逻辑结构，同样有学者进行过论证，例如俞荣根教授认为三者是一个大三角的关系，国法受到天理与人情的双重制约。[②] 本文在此基础上认为，不仅国法本身，看似与人情同时牵掣国法的天理，事实上都同出一元——人情，也就是说“天理—国法—人情”这一结构的核心是人情。

理解这一点的关键在于对“天人关系”，更确切地说是“天—君—民”关系的把握，其源头肇始于商周两朝的更迭。笃信通过虔诚的祭祀便可保守天命的商人最终却被周族人取代，这使得取商而代之的周朝统治者开始反思所谓的天命观，并发出“天不畀不明厥德，凡四方小大邦丧，罔非有辞于罚”的感慨[③]，“天命靡常，唯德是辅”的重大文化转向开始出现。由此，“天”所具有的神秘宗教色彩逐渐淡去，转而呈现出一种人格化的特征，而君主要想保守天命只能依靠“德”来获取“天”的支持。所以，“天—君”关系扩展为“天—君—民”的关系，并且在“天”与“民”的关系上，“民之所欲，天必从之”[④]，“天视自我民视，天听自我民听”。[⑤] 也就是说，天是以民心作为衡量君主德行的判断标准的，这便是儒家的“天民”思想。所以，“天—君—民”的关系实际上是一个闭合的回路而并非单向关系。这一思想发展到了汉初经董仲舒的系统改造便成为了“天人合一”的命题，其背后所隐含的是董仲舒“屈民而伸君，屈君而伸天”的核心政治主张。[⑥] 由此，即使“君”的地位居于

---

① 这一派以霍存福教授为代表，霍教授认为情理法既是一种“文化性状”也是一种“文化追寻”，再者有如张正印认为情理法是一种“审判方式”，崔明石认为是“一个从客观事实出发最终寻求断案公正性的过程”。可见作为独立概念的情理法具有极为鲜明的实践导向，这与情、理、法作为三种规范的合并使用具有完全不同的性质。

② 俞荣根：《天理、国法、人情的冲突与整合：儒家之法的内在精神及现代法治的传统资源》，载《中华文化论坛》1998 年第 4 期。

③ 孔安国传：《尚书》，中华书局 2015 年版，第 84 页。

④ 孔安国传：《尚书》，中华书局 2015 年版，第 50 页。

⑤ 孔安国传：《尚书》，中华书局 2015 年版，第 51 页。

⑥ 张世亮，钟肇鹏等译注：《春秋繁露》，中华书局 2012 年版，第 30 页。

"民"之上,在"天人合一"的逻辑下,"君"也同样要受到来自"民"的制约,因为"民"与"天"同样是连接在一起的。

可以说从西周"以德配天"开始,到董仲舒"天人合一"的正式提出,中国哲学的脉络便基本确立,后世的宋明儒学不管是"性即理"还是"心即理",其内在的大前提都是"天人合一"。所以从某种程度上说,"天人合一"是中国哲学最精华之所在,正如钱穆先生所言:"天人合一是中国文化的最高信仰,文化与自然合一则是中国文化的终极理想。"①然而"天人合一"只是作为一种最高的价值追求而存在,不仅"天—君—民"存在位阶的不同,作为具体规范而表现出来的各种"道"也存在着差异,所以才有"天道"与"人道"的分野,才会有"人法地,地法天,天法道,道法自然"的递进关系。② 这种规范形态方面的差异反映在"天—君—民"这一结构中便相应地表现为"天理—国法—人情"的区别。

在这三者中国法最好理解。显然对国法的理解应采实证主义的视角,即国法指的是成文的国家制定法。虽然国家是国法的直接来源,但是我们还是要进一步追问国法的真正源头。不管是马克思主义者从经济基础与上层建筑的关系去定义法的本质,还是历史法学派认为法是民族精神的体现,他们都认为法来源于社会本身,这一点也正是社会法学派的核心思想,只是各派的侧重点不同。甚至看上去将应然法高悬而显得超验的自然法学派,事实上他们主张的自然法原则的根源依旧在社会自身,这一点在下文将会有进一步阐述。沿着"法源于社会本身"这一进路继续分析,自然就落到了"人"的身上。因为社会一定是由人组成并且是在人与人的互动当中形成的,区别于自然规范或者技术规范,法作为一种社会规范一定是与人紧密相连的。不管是调整范围涉及思想层面的人类早期社会与宗教、道德等混沌一体的法,还是只调整人的行为的现代法,它们都是指向人的,并且是基于人与人的互动所形成的社会整体之上的。所以,法律绝不是立法者异想天开的创造,它深植于社会现实并且随着社会的变迁而发展。

论述至此似乎还是没有和人情扯上关系,理解这一问题的关键在"情",这也是串起"天理—国法—人情"这一结构乃至本文论述的核心。"情"字的出现已经晚至金文,但其本字"青"早已在甲骨文中出现,后因意义的分化使得本字不再能够满足表达的需要,因此加上竖心旁以专门表示某种与心有关的义项。本字"青"在甲骨文中由上下两部分组成,下半部分是一个类似"口"字的形状,中间再加一点指事符号表示矿井,上半部分则以"生"字表示把矿产从矿井中开采出来,因此"青"字的本意是古人开采出来的某种矿石。③这一字形暗含了某种内在的东西表现于外的含义,加上竖心旁进一步强调了心理性的意涵。所以《说文解字注》对"情"的解释是:"人之阴气有欲者。"④也就是说,情是人的欲望。古人认为欲望来自人体内的阴气,无论好恶喜怒哀乐皆生于气。气类似于一种隐性动

① 钱穆:《国史大纲》,商务印书馆 2010 年版,第 928 页。

② 黎重编著:《道德经全解》,中央编译出版社 2011 年版,第 93 页。

③ 对于"情"字形的分析,可于象形字典进行检索 http://www.vividict.com/.

④ 许慎撰,段玉裁注:《说文解字注》,上海古籍出版社 1981 年版,第 502 页。

力,发乎于外作用于外部事物便生成各种各样的"情",这和"情"字的造字法也是高度契合的。"心有体有用,具众理者其体,应万事者其用。寂然不动者其体,感而遂通者其用。体即所谓性,以其静者言也。用即所谓情,以其动者言也。"①由此可见,情乃心之用,相较于性的静止,情是在动态的过程中产生的,所以情的生发一定是需要他者的。

由此逻辑更加清晰。国法源自社会,社会由人组成,而"人生不能无群",社会因人与人之间的互动形成,而个体间的互动一定会产生"情",并由此生成各种社会行为和社会关系,这正是法所调整的内容。所以追根溯源,国法是建立在人情的基础之上的,人情的变化也促使着立法者适时调整法律的规定从而缓解法律的僵化和滞后。由此可见,本文说的人情绝非指私情,并未凝结集体意识的私情显然不应该也不可能成为牵掣国法的因素。

再看天理。天理一直都是中国文化中一个非常重要的概念,但究竟什么是天理却很难给出唯一且准确的回答。② 按照上文的思路,我们也可以进一步追问天理从何而来?尽管人类社会在不同历史时期及地区呈现出不同的社会样态,但一个社会得以形成一定会存在基本的集体共识,例如不得随意杀害他人等等。所以即使身为实证主义法学的代表人物,哈特也不得不在其理论大厦中为"自然法最低限度的内容"留出空间③,因为这是一个社会得以存在的不证自明的基本原则。当社会形态比较简单时,这些原则是相对容易理解的。然而当社会形态越来越复杂,维持社会运转的规则越来越多时,这些规则距离个体的生活越来越远,因而也变得不那么容易被个体所理解,尤其是要以限制甚至牺牲个体利益来维持整个社会的运转时,那些规则显得更加难以理解。"这样,社会便具有了宗教性质,也就是说,具有了超人的性质,他们正是从我们所说的共同意识中产生出来的。"④

由此,这些共同意识就需要统治者加以认可并以立法的方式颁布出来。但由于各种原因,并非所有集体意识都能变成国家制定法,那些距离个体理解范围越来越远的原则,逐渐显现出超验色彩而悬浮在国法之上,此时这些超验的原则往往就显露出自然法的性质。在西方社会尤其是中世纪,这些具有自然法性质的原则常常与宗教结合,在中国传统社会则演变成了天理。所以,尽管自然法学派的观点看似是一种自上而下的视角,但实际上自然法的来源依然在社会本身。例如胡云腾便认为天理类似于西方近代思想家推崇的自然法,是指最基本的社会生活规则。⑤ 所以,天理与人情并非作为二元的存在制约国法,天理依然来自人情并且以人情的内容为自身的标准,天理可以说是抽象化和超验化的人情。

---

① 朱熹、吕祖谦:《近思录》,中华书局 2011 年版,第 220 页。

② 杨立华:《天理的内涵:朱子天理观的再思考》,载《中国哲学史》2014 年第 2 期。

③ H.L.A.Hart, *The concept of law*, Oxford University Press, 1994, p.193.

④ [法]埃米尔·涂尔干:《社会分工论》,渠敬东译,三联书店 2017 年版,第 141 页。

⑤ 林平,胡云腾:《冤假错案司法之殇,要坚决落实疑罪从无》,https://www.thepaper.cn/newsDetail_forward_1825834,访问日期:2018-11-02。

综上,国法和天理是人情在向上发展的过程中不断抽象化和超验化的结果。在这个过程中人情如果被国家直接肯定则变成具体的法律规范,如果继续向上发展,它们或者以法律原则的形式表现出来,或者以一种不证自明的社会共识的形式悬浮在国法之上。所以,人情一方面作为国法与天理的源泉从而表现出"天理—国法—人情"的内在一致性,另一方面这种一致性也使得相对静止的国法无法避免天理与人情的双重制约,但若究其根本,这一结构的核心依旧还是人情。

## 二、"天理—国法—人情"的历史实践

那么在高度集权的传统社会,作为体现统治者意志的国法真的能够受到人情与天理的牵制吗?答案是肯定的。

作为一种组织形式,国家在中国古代晚于家族出现,并且是由家族逐步脱胎而来。在家族范围内,血缘基于一种生物关系所具有的优越性和显明性使其自然而然成为了维系家族秩序的关键要素。在血缘关系中,父与子是最为核心的,而"孝"这种强调子对父的天然性、绝对性、单向性义务的内容自然成为维系家族秩序的关键。聪明的统治者看到了这一点,于是"移孝作忠"的逻辑自汉代开始出现。① 因为在家国同构的背景下,如果人人都能以事父的方式事君,那么天下必将四海归一而万代千秋。所以历代统治者都非常强调"孝","十恶"打击的行为也都是违背"孝"以及由其引申出来的"忠"的行为,因为"孝"在这样的社会结构下具有一种元价值的属性。

君主在通过"移孝作忠"增强自身合法性的同时,一个逻辑问题便产生了:谁是君主的父亲?为此统治者找到了一个最合适的对象——天。所以历代君主都以"天子"自居,"奉天承运皇帝诏曰"的表达正是君主在声明自己只是在执行天的意志,由此君主的权力得到了进一步的神圣化。"后世之君,欲以如父如天之空名禁人之窥伺者"②,黄宗羲这段话正是一针见血将这一点揭露了出来。但正如"孝"字本身的意涵,君主作为天之子,其统治地位的合法性在得到来自更高位阶的力量证成时,自然也会受到这股力量的制约,"王权本身最终也必须屈从于更高层面的审判,而这个更高层面的审判则是王权正当性的源泉。"③

由此可见,君主的权力不是绝对的,君主的德行才是获得上天肯定的关键,如果君主失德,其统治的合法性也会丧失。"故天子命无常,唯命是德庆。"④所以每当治下出现异常,君主常常会将其视为上天对自己的警示,从而反省自己的行为甚至下"罪己诏"。所以中国传统社会的星相学与其说是天文学,不如说更是一种政治学,以星象变化来推演

① 刘广明:《宗法中国》,新华书店上海发行所1993年版,第51页。

② 黄宗羲:《明夷待访录》,段志强译注,中华书局2011年版,第9页。

③ [法]罗伯特·雅各布:《上天·审判——中国与欧洲司法观念历史的初步比较》,李滨译,上海交通大学出版社2013年版,第34页。

④ 张世亮,钟肇鹏等译注:《春秋繁露》,中华书局2012年版,第229页。

政治的得失，其暗含的便是天对君主的制约。这种制约放到法律领域就是天理对国法的制约，落到实处便集中体现在对民的高度重视。因为作为天之子的君主要求臣民以忠事君，反过来君主对待百姓也应视民如子而非视民如草芥。

这种视民如子的理念充分体现在了立法、司法、执法等各个环节。立法上，统治者需要秉持着“敬天保民”的思想而不得轻易动用刑罚，即使不得已而用刑也强调要“以生道杀民”。[①] 因此原本代表着暴力与血腥的刑罚在中国传统社会却形成了“祥刑”的观念，[②]“祥”字追求的状态及其蕴含的人本主义思想便是天理制约国法的体现。司法过程中，即使是饱受批判的刑讯制度事实上也有着精细的规定，其中包括刑讯的条件、程序、工具、实施等各个环节都有着非常严格的限制。[③] 尽管合法化的刑讯确实存在负面影响，但相较缺乏制度规范的刑讯，中华法系依然体现出进步性。在执行环节，复杂的会审制度及死刑复核制度都体现着对于人的重视，春夏不得行刑的规定更是直接体现着对上天的敬畏。

人情又是如何制约国法的呢？一个极好的例子便是复仇。中国历朝从未将私人的复仇合法化，但在复仇之后却得到国法宽宥的例子却不胜枚举。“父之仇，弗与共戴天。兄弟之仇，不反兵。交游之仇，不同国。”[④]自古以来复仇在中国人的心中便是合理的，即使国法不可能做出允许的规定，但是每当出现国法与人情在复仇问题上的矛盾时，国法几乎都作出了让步，更有甚者还得到了国家的旌表。[⑤] 同样体现国法让步的，还有家族以私刑处死族人的事例。与复仇相似，家族以私刑处死族人显然与统治者的意志相悖，但民间私自处死族人的现象屡见不鲜，统治者也大多采取睁一只眼闭一只眼的态度。甚至在雍正五年发生的一起叔父处死侄子的案件中，雍正皇帝明确表示支持族权而将犯罪者的流徙罪予以免除，并由此制定出恶人为尊长族人致死免抵之例。雍正皇帝作出“情非已得，不当拟以抵偿”的表达更是表明人情对国法的限制作用。[⑥]

从上文的阐述中可以清晰地看到，即使是天理对国法的制约，在具体表现上也仍然是以民为核心展开的。由此可见，“天理—国法—人情”这一结构的核心始终在人情，还原到“天—君—民”的结构中便是对于“民”的重视，“子不语怪力乱神”并且始终将视角放到民心的归属上，这是中国传统文化中非常宝贵的思想财富。试举一例以便读者更加清晰地看到这种思想的体现。

在乾隆四十一年“毒死继母之母按照新定服制斩决”一案中，乾隆皇帝认为：“如有于

① 杨伯峻：《孟子译注》，中华书局 2010 年，第 282 页。

② 吕丽：《善刑与善用刑：传统中国的祥刑追求》，载《吉林大学社会科学学报》2018 年第 3 期。

③ 就目前的史料可证，刑讯最晚在秦时就已经合法化和制度化了，睡虎地秦简《封诊式》里就有明确的记载。可参见陈光中：《中国古代司法制度》，北京大学出版社 2017 年版，第 297～306 页。

④ 《礼记》，戴圣纂辑，西安交通大学出版社 2013 年版，第 19 页。

⑤ 有名的例子是东汉赵娥的故事，可参见范晔：《后汉书 · 卷八十四 · 烈女传 · 第七十四》，中华书局 2000 年版，第 2797 页。

⑥ 费成康：《中国的家法族规》，上海社会科学院出版社 2002 年版，第 172 页。

非所自出之外孙及甥,故加凌虐,或置于死,临时权其曲直,按情治罪,不必以服制为限。庶礼制悉合经权,宪典益昭明备,于天理人情皆为允协”。[①] 从这一案件可以看到,仅仅合乎国法并非一个完满的结果,与天理、人情相允协才是司法者乃至皇帝所追求的更高价值。由此,此案直接突破了传统司法定罪量刑中起到原则性作用的“准五服以制罪”,更为重要的是,刑部提出“应将母出为继母一项,依义疏内在继母之文,于服图内改为为在堂继母之父母,以便通俗引用,合并声明,为此谨奏请旨。”[②]这一修改服制图的提议最终获得了乾隆皇帝的首肯,可谓突破法律原则的典型。由此可以看到国法是如何受到天理与人情的制约,这种制约甚至在某些情况下能够产生修法的后果。

## 三、“天理—国法—人情”的个案分析

尽管“天理—国法—人情”的表述来自传统社会,但这并不意味着这一表述仅仅只是历史遗迹。虽然当代中国的法律与传统的中华法系已经相去甚远,但是凝结了集体意识的诸多人情却依然隐藏在人们的内心深处,从而构成了现代法律所置身的文化背景。更为重要的是,“天理—国法—人情”这一结构得以生成的逻辑在当代社会依然具有生命力。因为不管在任何社会,法律之外一定还有诸多规范在形塑着个体,这些规范不管以何种形式出现,只要凝聚了足够广泛的集体意识,它们就有可能在司法实践中与国法相抗衡。立足这一视角会发现,在当代中国国法受到人情制约的现象依然存在,并且由此造成了诸多司法难题,尤其是人情的部分内容游走在国法之外使得这些冲突更为激烈。

近年来的诸多案例就充分暴露了司法者未能处理好国法与人情的关系。以开篇提到的“于欢案”为例,这一备受舆论关注的案件便贯穿着“天理—国法—人情”的逻辑结构。在“于欢案”的一审判决中,法官以“故意伤害罪”的法律规定为大前提,同时认定了“被告人于欢面对众多讨债人的长时间纠缠,不能正确处理冲突,持尖刀捅刺多人,致一名被害人死亡、二名被害人重伤、一名被害人轻伤”这一小前提,最终得出“被告人于欢犯故意伤害罪,判处无期徒刑,剥夺政治权利终身”的结论。[③] 如前所述,法律以人情为基础但却不能涵括所有的人情,在客观事实相对简单的案件中,法律规范与客观事实之间的契合度相对较高,即使存在一些因素不能被法律规范所涵摄,这些游走在法律之外的人情也不太会对判决本身造成冲击。但是,如果客观事实较为复杂,以法律规范规定的逻辑结构去切割客观事实,必然使得许多法外因素不能被法律规范所评价。由此便产生了一个问题,如果这些法外因素具有较高的合理性,即其蕴含着一种“人之常情”,那么犯罪者的行为基于整个客观事实必然能够得到一种经验上的合理性解释,从而使得其违法性在经验逻辑的语境中被大大降低。由此,基于法体系本身所得出的裁判与基于经验所得

① 杨一凡、徐立志编:《历代判例判牍(第七册)》,中国社会科学出版社 2005 年版,第 549 页。

② 杨一凡、徐立志编:《历代判例判牍(第七册)》,中国社会科学出版社 2005 年版,第 549 页。

③ 山东省聊城市中级人民法院(2016)鲁 15 刑初 33 号刑事判决书。

出的结论必然形成冲突。

"于欢案"一审作出无期徒刑的判决后所引发的舆论狂潮恰恰是这种冲突的反映。于欢的行为之所以能够引发冲突,关键就在于欢的行为在规范逻辑与经验逻辑中各自所得出的结论不同。在规范逻辑中,一审法官严格依照法律规范的逻辑去建构法律事实,从而使得"辱母"情节被不自觉地排除。然而,"辱母"情节在经验逻辑中却是一个极其重要的客观事实,因为它极大地冲击了中国人传统的价值观,以至于民众认为于欢不仅不应该受到国法的制裁,相反,"当自己的母亲受到黑恶势力凌辱时,作为男子汉,就应该挺身而出,采取'以暴制暴'的方式对抗。"①由此一个在规范逻辑下被予以否定性评价的行为却基于经验逻辑获得了合理性证成,其背后的关键原因便在于国法与人情之间的张力。司法者所处的场域决定了他们必须严格依法判决,这就使得法官必须秉持着规范逻辑而不是经验逻辑。但是司法公开的客观要求使得裁判本身必须面对大众,裁判自然也就难以回避经验逻辑的考验。

因此在二审的审判中,被经验逻辑重点关注的"辱母"情节便成为了一个重要的认定事实。为了使"辱母"情节能够从经验逻辑进入规范逻辑,二审法官同样进行了"三段论"的推理。在二审的改判中可以看到,二审法官首先确定了"人格尊严应当受到法律保护"这一大前提,这正是对"辱母"这一事实应纳入量刑情节予以的肯定。在这一大前提下,二审法官进一步指出"被害方有以恶劣手段侮辱于欢之母的严重过错",这便是指出了"辱母"情节客观存在的小前提,最终二审法官得出"于欢依法应当减轻处罚"的结论。②事实上,二审的关键便是针对舆论集中关注的"辱母"情节,并且通过法律原则的适用从而使得在经验逻辑中具有合理性的"辱母"情节进入了规范逻辑之中,从而缓解了一审判决合理性的缺乏。

从"于欢案"一审到二审的改判可以发现,影响案件判决发生重要转变的是一项中国社会几千年来的重要人情——"孝"。如前所述,"孝"这一价值在中国社会的语境中是一项元价值,将其视作一项天理亦无甚疑义。这就使得于欢行为的合理性得到了来自更高位阶的证成,并由此反过来叩问国法本身的合理性。于欢的行为本身是否直接等于"孝"并不重要,关键问题是"辱母"二字冲撞了中国人千百年来的"孝"观念,因此"孝子"身份成为淡化于欢行为违法性的重要符号,从而进一步主导了舆论。显然,"孝"这一价值不仅是中华民族的传统美德,在当代社会也同样具有重要的意义。但是,对于"孝"的弘扬很难以具体的法律手段去实现,对于不孝的行为也很难以法律的手段去规制,这恰恰体现了某些重要价值游走在具体法律的规定之外。③ 但是这并不代表"孝"的价值在现代社会不重要,违背"孝"的行为可能得不到法律的有效规制,但是却必然受到社会舆论的否定评价,而那些可能违背了法律但却与"孝"的价值要求相符的行为,却极有可能造成合

① 《于欢案,道义输给了法律,可悲!》,http://www.sohu.com/a/151426004_789026,访问日期:2018-10-02。

② 山东省高级人民法院(2017)鲁刑终151号刑事判决书。

③ 李拥军:《"孝"的法治难题及其理论破解》,载《学习与探索》2013年第10期。

法性与合理性之间的冲突。在这个意义上,“于欢案”恰恰展示了一次国法与人情的冲突,以及此种冲突如何化解的全过程。对此,作为“于欢案”二审合议庭审判长的吴靖面对采访时说道:“作为受到社会如此关注的一个案件,我们怎样通过二审的开庭审理,最大限度地还原整个案件的事实情节,并且在此基础上通盘考虑天理、国法、人情,最终依法作出裁判。”①

除了“于欢案”,若对“电梯劝烟案”“昆山反杀案”等近些年的热门案件进行深入分析会发现,这些案件中的舆论之所以出现一边倒的态势,原因便在于受害人的行为本身存在着失范甚至是越轨。不管是老者在电梯内吸烟还是龙哥的砍杀行为,这些行为本身在经验逻辑的语境之中首先丧失了合理性。反之,劝烟者的劝烟行为,被杀者的反杀行为基于另一方合理性的丧失从而占据了话语的优势。所以从某种程度上说,“电梯劝烟案”、“昆山反杀案”与“于欢案”的内在逻辑是一致的,其都是受害者本身的行为在经验逻辑下丧失了合理性,但这些丧失的合理性乍一看确实是没有被规范逻辑所涵摄,这就使得国法与人情的张力凸显。此时司法者如果仍然严格按照规范逻辑去切割客观事实,其必然导致判决合理性的丧失,从而最终反噬司法正义与权威。

所以许多司法难题的根源在于法律本身所不能克服的固有缺陷。因为法律不可能涵括所有的人情,并且不是所有的社会行为和社会关系都适合用法律来调整,法律中心主义只能是一种假想。同时,法律的滞后性使得法律从被制定出来的那一刻起便具有了缺陷。所以,国法与人情在内容与时间两个维度上始终不可能完全一致。这种不一致如果只停留在“白纸黑字”的阶段尚难以对大众造成较大的冲击,但是一旦这些缺陷经由个案而被具体个人感知,国法与人情的矛盾便清晰地暴露了出来。在这个传媒技术高度发达的社会,公众的目光极易由此聚集并汇成压倒性舆论,由此引发出一个个司法难题。所以,从某种意义上说司法作为解决纠纷的最后一道防线,它所处的末端位置决定了它必然会成为代罪羊。如此,不妨反其道而行之,既然人情乃生成与形塑国法以及天理的动力源,那么三者之间必然存在着内在一致性。司法难题形成的原因既然在于人情的部分内容游走在国法之外,那么这些未进入国法的部分是否可以成为调和司法难题的突破口?

## 四、“天理—国法—人情”的当代意义

以“于欢案”为例可以看到,二审法官通过法律原则的适用将于欢基于“孝”的行为与“人格尊严应当受到法律保护”这一原则相连,从而通过法律原则的适用在法律自身的框架内缓解了一审判决的合理性危机。若以“天理—国法—人情”为参照可以看到,这一过程的本质逻辑是国法考虑到了人情的合理性,从而将人情与能够将其涵摄的天

① 马学玲:《为何由无期改判5年?于欢案二审主审法官释疑》,http://www.chinanews.com/gn/2018/01-19/8427899.shtml,访问日期:2018-10-02。

理相连，并由此利用天理的权威将人情的合理性纳入国法当中。由此可见，“天理—国法—人情”这一结构之于当下依然具有方法论的指导意义，详细论之可表述如下：

首先，面对一起亟待解决的案件，司法者第一步显然应该立足于规范逻辑建构法律事实，并严格按照三段论得出可能的裁判结果。即在“天理—国法—人情”的结构中，司法者的出发点理应是国法。然而由于司法公开的客观要求，这就使得司法者在完成规范逻辑的推理之后必须将自身置于经验逻辑的场域，即以一个普通大众的身份对案件的客观事实进行评价，这便是司法者思维的第二步，即从国法到人情。当然，同样一起案件分别在规范逻辑与经验逻辑之下得出的结论存在出入是很正常的，这是司法职业化和专门化的必然结果，如果司法者的结论与普通大众始终保持一致反而是存在问题的。但是，如果两个结论之间存在常人无法接受的差异，司法者则必须重新审视自己基于规范逻辑所得出的结论，这便是司法者思维的第三步，衡量国法与人情之差异。

在对二者进行衡量的过程中，除了思考二者产生差异的关键因素之外，一个重要的指标是对于未来指向性的考虑，即如果仍然按照规范逻辑或者选择经验逻辑裁判案件，是否会造成负面的未来指向性。对于未来指向性的考量非常关键，因为人情常常基于社会的承继而表现出一定的稳定性，其存在未必合理。但是立法是要考虑超前性的，良好的法律需要对社会产生正面的引领作用。然而“徒法不足以自行”，法律这种引领作用的发挥很大程度上需要依靠司法者在个案中恰当的适用。一个反面的例子是“彭宇案”所引发的一系列诸如重庆“万鑫案”、郑州“李凯强案”等案件，以至于舆论发出彭宇案的判决结果直接让中国人的道德水平倒退了三十年的声音。① 因此，司法者需要认真审视按照哪一种逻辑能够产生正面的未来指向性，亦即在国法和人情之中择其一。即使按照规范逻辑裁判可能违背人情，但从长远来看此举却能够产生正面的未来指向性，那么司法者显然应该回到国法本身。如果相对应的人情是一种广为接受的人情，即这一人情凝结了足够程度的集体意识，并且按照集体意识的逻辑裁判案件能够产生规范逻辑所不具有的正面的未来指向性，那么司法者则应该重新回到国法本身并为下一步的思考做准备。需要注意的是，此处司法者的衡量不管结果如何，第四步的结果都应该是从人情回到国法。因为即使按照人情的经验逻辑裁判案件更加合理，也不应该完全超脱国法的框架。因为“司法公正是一种法律之内的正义，这意味着它是以合法性的形态存在着的正义，同时，也意味着它是具有法律性质的制度伦理意义上的正义”②，抛却法律本身的逻辑而选择经验逻辑来裁判案件，长此以往司法以至于法律本身都将失去存在的意义。

所以，即使司法者要将人情的合理性纳入国法当中也必须在国法的框架内进行，而

① 杨亮庆、缪媛：《网友称南京彭宇案令中国道德水准倒退30年》，https://news.qq.com/a/20100116/000215.htm，访问日期：2018年1月2日。

② 郑成良：《法律之内的正义：一个关于司法公正的法律实证主义》，法律出版社2002年版，第91页。

这一目的的实现可以依靠“天理—国法—人情”中“天理—人情”这一闭合的回路。如前所述，天理同样来自人情，并且常常表现为一些原则从而被纳入法律体系的框架之中。即使这些天理没有以具体的法律原则的形式表现在成文法中，它们也常常以一种不言自明的形式隐藏在整个社会的基本共识之中，典型的便如富勒所提出的法治的八项原则①，这些原则无须证成，它们是法律所依附的社会得以存在的基本前提。因此，司法者发现国法针对某一个案的合理性不足时，需要根据具体语境确定具有合理性的某项人情，但是人情的合理性需要以一个更高级的形态进入司法的场域，这一更高级形态便是天理，它们常常以法律原则的形式或者以一种不证自明的社会基本共识体现出来。“于欢案”的二审判决便是以法律原则为中介，借助法律原则的高位阶将“辱母”情节纳入规范逻辑的考量范围，从而最终将人情所具有的合理性通过法律原则的适用引入了国法之中，并最终在国法的框架内得出了一个兼具合法性与合理性的判决。由此，司法者第五步的立场并没有离开国法，但是却基于“天理—国法—人情”的同一性，在国法较为封闭的体系内打开了缝隙，并利用“天理—人情”这一闭合回路将国法之外的合理性因素引入国法之中，从而缓解了国法自身的合理性危机。

这样一种并没有对国法本身造成破坏的思路非常关键，也正因为如此，“于欢案”的二审判决尽管将“辱母”情节予以了强调，但司法者并没有过分夸大这一情节，也没有采纳辩护人提出的于欢的行为属于特殊预防的观点，并最终认为：“……但于欢的防卫行为超出法律所容许的限度，依法也应当承担刑事责任。认定于欢行为属于防卫过当，构成故意伤害罪，既是严格司法的要求，也符合人民群众的公平正义观念。”②因为遵循规范逻辑裁判案件是司法者的本职所在，如果过度放大人情将会损害法律自身的逻辑，长此以往社会将失去法律作为行为规范所发挥的一般准则的功能，这对于一个社会的稳定是不可想象的。所以，司法者思考的起点和终点都应该是国法本身。因为，“事实上，在法律之内存在着满足社会效果实现的巨大空间，只要本着良知，充分、正确地运用多种可行的方法，就可以将社会效果最大化。”③

所以，尽管起点与终点都是国法，司法者的思考进路却应该是在“天理—国法—人情”这一结构中往返穿梭的。因为不管是被动还是主动，司法者的判决无可避免地会面对经验逻辑的审视，这一点在传统社会和现代社会显然都是一致的。然而，经验逻辑与规范逻辑并非水火不相容，尽管司法者运用规范逻辑裁判案件需要考虑诸多方面的因素，但是在对实质正义的追求上，经验逻辑与规范逻辑显然又是相通的。传统中国人非常看重对于实质正义的追求，也正因为这一点使得程序性规范在当代社会始终得不到良好的落实。现代司法者需要立足于国法而坚守形式正义的底线，这一点自然无可厚非，但司法者也不能固守规范逻辑而导致人情所隐含的实质正义缺失。虽然学

① 富勒：《法律的道德性》，郑戈译，商务印书馆2005年版，第55～106页。

② 山东省高级人民法院(2017)鲁刑终151号刑事判决书。

③ 江必新：《在法律之内寻求社会效果》，载《中国法学》2009年3期。

理探讨常将形式正义与实质正义进行纯粹化的处理，但事实上形式正义并不意味着法官只能机械地照搬法律条文。透过上文的分析我们可以看到，在不违背形式正义的前提下，司法者完全有能力通过一系列司法技术的运用弥合国法与人情之间的偏差。所以，“天理—国法—人情”这一结构并非一个理论上的逻辑推演，它是一种“穿行于理想与现实之间的平衡”①，即使在当代也具有现实的方法论意义。

“花开生两面”。总的来说，人情与国法既有张力又存在契合，二者之间的张力常常是造成司法难题的原因，但二者之间基于“天理—国法—人情”这一结构所具有的一致性却可以成为调和司法难题的重要途径。在诸多案例当中人情确有绑架司法之嫌，但国法亦有自身不可克服之弊，如何调和二者的矛盾，通过个案让每一个人民群众感受到公平正义，这需要司法者高超的司法技艺，亦需要我们更为深刻的反思，而中国传统的法律文化或许能够为我们提供一些有益的指引。

**Blooming on Both Sides: the Dual Orientation of Human Feelings in Judicial Problems, Based on the Interpretation for "Heavenly Principle-Law-Human Feelings" from Legal Culture**

Zhang Jie

**Abstract**: Based on the premise of "oneness of nature and man", the expression of "Heavenly Principle-Law-Human Feelings" owns exquisite logic and structure, which influenced the legal culture and practice in traditional China for a long time. Exploring essence of structure, human feelings is not only the core but it is also the power producer for generating and shaping law and heavenly principle. There is a consistent aspect as well as competing, law is tied down by human feelings and heavenly principle, of them. By case analysis, it can be seen that the judge, holding on the law, could take heavenly principle as intermediary so that the reasonability of human feelings could be taken into law in a more advanced form. Therefore, even in modern justice pursuing for both legality and reasonability, the traditional expression of "Heavenly Principle-Law-Human Feelings" is still significant in methodology.

**Key Words**: "Heavenly Principle-Law-Human Feelings"; human feelings; reasonability; oneness of nature and man

① 吕芳:《穿行于理想与现实之间的平衡——从法律文化的视角解读“法律效果和社会效果的统一”》，载《法学论坛》2005 年第 3 期。

# 大学章程性质的三种学说之评判

陈春华* 武 暾**

**摘要**:学界关于大学章程的认识主要有"契约说"、"公法说"和"自治法说"。它们分别以私法、公法和社会法为视角论证了大学章程的法律效力。然而,"契约说"和"公法说"是对大学章程拆分的结果,它们无法全面认识大学章程;"自治法说"则过于纯粹,忽略了大学并非绝对自治的特性,而且存在从大学自治到章程自治错误的逻辑推演。

**关键词**:大学章程;章程性质;法律效力

近年来,随着《高等学校章程制定办法》的实施,依章补制大学章程成为了高校第一要务,各高校的章程纷纷出台并交由教育行政部门核准。其推动力在于:一是基于政治压力,大学忌惮若不积极制定章程或将受到政治问责;①二是大学章程的成文化,长期以来我国大学的章程,"主要由各种非正式的常规或惯习所构成"②当大学意识到有必要制定章程以及受到外力推动时,大学章程便开启了成文化进程。然而,大学章程的成文化浪潮却面临着隐忧。其一是关于大学章程的性质尚未形成共识,不仅大学自己搞不清楚,理论界也存在较大的分歧。这意味着大学正在耗费成本去完成一项其本身并不明确的工作。如此看来,大学在制定章程的过程中凸显了其"工具"属性,而其"目的"属性不彰。其二是关于大学章程的效力亦有分歧,主要表现为大学章程能否被司法适用。大学章程的效力不能明确,不仅影响着大学章程功能的发挥,而且给司法实践带来困惑,从而影响着大学章程所涉主体的权利救济。为了证成大学章程的法律效力,学界分别从私法、公法和社会法角度认识大学章程,形成了"契约说"、"公法说"和"自治法说"。然而这些学说并不能全面揭示大学章程的性质,也不能证成大学章程的司法效力。本文旨在评判上述三种学说,关于大学章程的性质和法律效力的认识笔者将另文再述。

---

* 陈春华,硕士,周口师范学院化学化工学院讲师。

** 武暾,法学博士,周口师范学院政法学院讲师、民间规范与地方立法研究中心研究人员。

① 罗向阳、林瑞娟:《大学章程的效力约束及对策思考》,载《教育发展研究》2016 年第 19 期。

② 别敦荣:《论我国大学章程的属性》,载《高等教育研究》2014 年第 2 期。

## 一、契约说

"契约说"认为,大学章程乃是一种契约,表现为一种格式合同。有学者认为,"大学章程具有契约属性,是大学举办者之间的组织性契约,是举办者与办学者和师生员工之间的格式合同。"①另有学者认为,大学章程"是用契约这种自主交往方式,以大学为对象的为大学相关主体行为设定的尺度。"②也有学者认为,"大学章程发挥着共同契约的作用,它使人们对大学及其办学能够达成共同的认知,凝聚着广泛的共识。"③还有学者认为,"大学章程的规定是举办者和大学之间合意的表达,是经过反复磋商的结果。"④

"契约说"的主要支撑点在于以下三个方面。首先,"契约说"有着域外理论资源和实践经验。美国学者 Gordon R.Clapp 认为,"大学章程是在州与学校举办者和慈善团体之间达成的一份契约,该契约是受到美国宪法所保护的。"⑤另外,美国的"达特茅斯案"经联邦法院裁决,认定特许状(大学章程的前身)是一个契约,确认了大学与政府的法律关系是平等、独立的契约关系。⑥ 其次,大学章程与契约有着相似性。契约的内涵之一就是合意性,它是双方主体基于合意达成的,而且这种合意建立在意思自治的基础上。同样,大学章程也具有合意性,"大学章程作为举办者就学校设立的基本问题上一致的意思表示,符合契约的本质特征"⑦。另外,大学章程与契约都具有自涉性特征,大学章程所规制的大部分关系是学校内部事务,它是自涉性的事务,这与契约主要规制双方主体行为的自涉性特征类似。最后,大学章程可以拟制为契约。一是基于契约主要分为交易性契约、身份性契约和组织性契约,可将大学章程拟制为组织性契约。即基于大学章程所具有的他涉性特征,可将其"视为"组织性契约,比拟于公司章程。二是基于大学章程将对新加入的教师和学生发生效力,可将其拟制为"格式合同"。即章程最初由大学举办者通过合意单方面拟定,新进教师和新入学生默认了章程对其的约束力。如此,格式合同理论就以"事后合意"完善了大学章程的合意性论说。

"契约说"的优点在于大学章程一旦成为一种契约,便将大学章程置于民事领域,在此语境下,作为契约的大学章程就会自动产生效力。因为只要是完成了契约生效的要件,契约就会对订立人产生法律上的拘束力,这是契约理论的严守原则所要求的。就大学章程而言,若被拟制为一种契约,其效力逻辑是,只要不存在契约无效、可撤销、效力待

① 米俊魁:《大学章程法律性质探析》,载《现代大学教育》2006 年第 1 期。

② 陆俊杰:《法理视阈大学章程的合理性》,载《现代教育管理》2010 年第 11 期。

③ 别敦荣:《论我国大学章程的属性》,载《高等教育研究》2014 年第 2 期。

④ 王海莹、杨旭:《论大学章程的法律属性》,载《河北科技大学学报(社会科学版)》2015 年第 4 期。

⑤ 转引自赵会泽、周佑勇:《当代中国大学章程的法律效力之辩》,载《南通大学学报(社会科学版)》2017 年第 4 期。

⑥ 刘承波:《大学治理的法律基础与制度架构:美国大学章程透视》,载《国家教育行政学院学报》2008 年第 5 期。

⑦ 米俊魁:《大学章程法律性质探析》,载《现代大学教育》2006 年第 1 期。

定的情形即有效。无须行政机关审核、批准,法院可直接依据法律规定判断大学章程的效力状态。若将大学章程视为格式合同,那么其生效时间一般是合同签订之日,除非合同另有规定。若将大学章程视为组织性契约或者公司章程,就会涉及核准登记问题。但即便行政机关依法审查并核准了大学章程,亦不能排除司法机关对其效力状态的审查。因为在民事领域,行政机关的核准或者登记只是初始大学章程生效的要件,而不是审查大学章程效力状态的最终权威。这意味着初始大学章程不仅需要大学就章程进行签章,其生效亦需要行政机关核准或备案。我国法律实践是初始公司章程在工商登记时生效。但是,公司章程依法修改后,即便未履行变更工商登记,也能够生效,即"经法定程序修改的章程,自股东达成修改章程的合意后即发生法律效力。"①总之,"契约说"绕开了行政机关,将大学章程视为组织性契约、公司章程或者格式合同,赋予了大学章程当然的法律效力,并将有关纠纷诉诸司法途径解决,当法院判定大学章程有效时,便可适用大学章程。

然而,"契约说"只是一种理想化的拟制理论,其缺陷亦不能忽视。

首先,以国外理论和司法实践为论据是偏颇的。大学章程始于欧美国家,初始载体为特许状。牛津大学、剑桥大学的举办得益于教皇训令以及皇室的特许状,利物浦大学的成立亦是得到了皇室的特许状。至殖民时期的美国大学,其合法性同样来自英国皇室的特许,只不过这时的特许状已经具有了连接政府与大学的功能,具有了现代大学章程的特征。现代欧美大学的章程已经变成了大学自我管理的纲领性文件,它一般由大学董事会根据特许状或者法律法规而制定。② 其章程主要是根据"三权分立"——董事会、行政委员会、学术评议会而建构的。反观我国大学,其自产生至今都不是完全意义上的自治主体,相反我国大学的行政化程度却很高。对大学内部而言,虽然我国大学内部同样存在着权力制衡体系,但它是集中下的分权,即党委领导下的分权制度。对大学外部而言,无论人事、财政和管理,我国大学都必须接受党的领导和行政机关的指导。因此,我国大学和西方大学所处的制度环境是不同的,不可照搬,亦不可盲目借鉴。上文言及"达特茅斯案"司法实践,应当指出,该案的涉案主体是私立大学,其章程载体是特许状,它"奠定了私立大学存在的法律基础:基于特许状建立的私立院校,与政府的法律关系是平等而且独立的契约关系。"③但是我国大学主要是公立大学,政府是公立大学的举办者,从主体上说就与该案主体不符,岂能以该案的司法理由论证我国大学章程。另外,该案判决发生于 1819 年,19 世纪初期的契约神圣观念十分盛行,但至垄断资本主义之后便发生了变化,契约面临着国家干预,"自由资本主义法律制度通行的绝对所有权和契约自由的原则为对所有权行使的限制和标准化契约所代替。"④因此,拿一个西方近 200 年前的案例说事,难以令人信服。

---

① 最高人民法院(2014)民提字第 00054 号民事判决书。

② 刘香菊、周光礼:《大学章程的法律透视》,载《现代教育科学》2004 年第 6 期。

③ 刘承波:《大学治理的法律基础与制度架构:美国大学章程透视》,载《国家教育行政学院学报》2008 年第 5 期。

④ 孙国华、朱景文编著:《法理学》,中国人民大学出版社 2010 年版,第 70 页。

其次,我国大学章程并不具有民事契约的平等性和协商性。按照我国法律规定,大学章程应当由举办者在设立大学时提交行政机关核准,而我国公立大学的举办者乃是政府,也就是说政府是大学章程制定的主体。而按照我国法规和规章的规定,对于后补的大学章程,其制定程序是由大学起草而后交由行政机关核准。大学章程不仅涉及大学内部事务的调整,还涉及大学与外部主体的关系,其中大学与政府的关系是大学章程所要调整的对象之一。由于公立大学是由政府举办的,政府与大学的关系不是平权型法律关系,而是隶属型法律关系,所谓"省属院校""部属院校"之概念正是对这种关系的认识。这表明我国大学章程在制定主体上与契约不符,这进而决定了大学章程不具有协商性质。再有,从大学章程制定程序来看,大学往往会通过民主参与起草大学章程,这里确实存在着某种协商性(后文再分析)。但就大学与政府而言,政府核准大学章程的过程乃是属于"审议"而非"协商",审议存在于不平等主体之间,是管理者对被管理者的章程的审查和确认的过程。如果认为"大学章程是政府与学校之间一致的意思表示"①的话,那么显然法规和规章直接表述为"登记"即可,无须表述为"核准"②。反过来说,法规和规章关于大学章程的规定使用了"核准"字眼就已经明确了大学章程的制定不是"协商"的结果,大学章程不是"议"出来的,而是"审"出来的。任何情形下都不会存在一种一方主体既参与协商又具有核准权的有效契约。另外,判断大学章程是不是民事契约的一个前提就是,大学章程是否处于民事领域(民商合一)。民法调整的是平等主体间的人身和财产关系,即便将大学章程类比于公司章程,公司章程依然要为经济关系服务。而大学章程调整的大部分内容却是教学、科研、日常管理等公益性的社会关系。显然,公司章程和大学章程并不在同一个法律部门。因此,大学章程的"公益性特点决定了不能采用成员间内部契约理论来理解。"③

复次,大学章程起草中的沟通与协商是"民主立法"原则的要求,其与契约中的协商不同。大学章程的起草类似于立法过程,立法的一个原则就是民主原则,它要求广泛的民众参与,通过沟通与协商或者吸纳民众意见,强化法律的可接受性。大学章程在制定过程中亦存在这一环节,《高等学校章程制定暂行办法》的第16～20条均对章程的民主起草作出了规定。然而,章程起草的民主性不同于契约签订的协商性。第一,契约协商是其主体针对自身权利义务的,而大学章程起草中的协商并非针对某一个体,而是针对普遍的群体。契约之所以签订,就是要通过契约分配主体的权利义务以获得某种利益,可能是经济利益,也可能是人身利益,抑或是某种心理满足。大学章程的起草则不然,相关主体并非基于自身利益而是基于教育公共利益。大学章程可能会涉及相关协商主体的自身利益,但从整体看,大学章程所涉主体并非都是协商主体,可能存在某一主体为另

① 姜国平:《论公立大学章程的行政契约性质》,载《江苏高教》2014年第4期。

② 《高等学校章程制定暂行办法》第二十三条:地方政府举办的高等学校的章程由省级教育行政部门核准,其中本科以上高等学校的章程核准后,应当报教育部备案;教育部直属高等学校的章程由教育部核准;其他中央部门所属高校的章程,经主管部门同意,报教育部核准。

③ 王春业:《论我国公立大学章程的法律效力及其实现路径》,载《清华大学教育研究》2014年第4期。

一主体分配权利义务的情形。另从长远看,大学章程毋宁是一种对未来主体的利益分配的规范。大学章程一旦制定将对未来的主体产生拘束力,包括未来的高校领导、教职工和学生,这与契约不同,契约不可能对未来主体产生拘束力,除非未来主体另行达成契约。有学者可能认为大学未来主体的加盟等于默认大学章程这一"格式合同",其实不然,未来主体的加盟需要签订人事合同,人事合同是契约,但大学章程本身却不是契约,而是人事合同契约中的默认的内容之一,也就是说其只默认遵守大学章程,这并不能证明大学章程就是格式合同。第二,大学章程与契约的协商性程度是不同的。契约协商必然要求主体基于合意而达成,不能出现分歧,否则将会影响其效力,而大学章程的制定并不必然要求全体成员一致同意,也不可能获得一致同意,不论是三分之二以上或者半数以上,只要其民主性达到某种程度即可获得通过。即契约追求的是实体上的合意绝对性,而大学章程追求的是程序上的合意可接受性。

最后,大学章程与契约分属不同的社会规范,有着不同的调整机制。按照社会调整所依据的规范是否具有普遍性可将社会调整分为个别性调整和规范性调整。大学章程是规范性调整,对相关主体具有普遍的效力,且能够被反复适用。契约则是个别性调整,仅对契约主体发生效力,对契约主体能够反复适用,但对契约外的主体则不能适用。因此,大学章程是一种规范性、抽象性的文件,而契约则是非规范性、具体性的文件。基于上述理由,"契约说"并不能够成立。

## 二、公法说

"公法说"认为大学章程是公法、硬法或者行政规则。相关表述有:"章程具有典型的行政法属性"①,"大学章程并非'软法',而应该属于'硬法'范畴,具有事实上的法律强制力"②,"我国公立大学章程是行政契约"③,"大学章程是'行政组织法''行政行为法''行政救济法'"④,等等。

"公法说"的主要理由主要在于以下三个方面。第一,大学是特殊的行政主体。大学虽然不是行政机关,但却是法律、法规、规章授权的组织。《教育法》《高等教育法》明确授予了高校相关的权利,如招生、学籍管理、奖励与处分、颁发学位等,而《行政诉讼法》第二条又明确了行政行为包括法律、法规和规章授权的组织所做出的行政行为,由此可以推断大学具有行政主体资格。另外,大学的行政主体资格得到了司法实践的印证。自"田永案"以来,我国的司法实践都是将不授予学位纠纷纳入行政诉讼,其理由在于学生与大学在学位申请与授予上处于不平等地位。因此,无论是从法律规定还是从司法实践中分

---

① 薛传会:《大学章程的合法性解析》,载《现代教育管理》2012 年第 4 期。

② 杨向卫:《大学章程:软法还是硬法》,载《陕西教育(高教版)》2014 年第 3 期。

③ 姜国平:《论公立大学章程的行政契约性质》,载《江苏高教》2014 年第 4 期。

④ 章志远:《行政法视野中的大学章程》,载《江苏行政学院学报》2015 年第 3 期。

析，大学作为特殊的行政主体有着充分的理由。第二，大学制定章程属于行政许可。很多学者认为大学章程的制定属于行政许可，将行政机关对大学章程的"核准"视为"许可"。因为从行政许可的定义来看，二者的确存在相似性。行政许可是指行政机关根据公民、法人或者其他组织的申请，经依法审查，准予其从事特定活动的行为。[①] 类似的，大学向教育行政机关申请大学章程，行政机关依法作出"准予"或"不准予"的决定，而章程一旦通过行政机关的核准，即意味着准予举办者举办大学。第三，大学章程属于行政法渊源。学界在研究大学章程时往往将大学章程视为行政法渊源，而且将法律渊源等同于法律的表现形式。多数学者引用德国的行政法理论，认为行政法的渊源包括宪法、法律、行政法令、自治规章和行政规章、习惯法、行政法一般原则、欧盟法和国际法等。[②] 大学章程属于自治规章，是行政法渊源之一。除了上述三个主要理由外，还有大学章程所调整的社会关系乃是教育行政关系、大学章程的实施过程中法律赋予了政府行政优益权等。

大学章程被纳入行政法领域后其效力仅存在于行政领域内部，对司法并没有约束力。按照《高等学校章程制定暂行办法》规定，部属院校的章程需要由教育部核准，地方院校的章程需要由省级教育行政部门核准，其中本科院校的大学章程经省级教育行政部门审核之后需报教育部备案。由于大学章程是由大学起草，而教育行政部门只是核准和备案主体，因此，大学章程并不是部门规章，而只能是规章之后的规范性文件。按照《行政诉讼法》第六十三条规定"人民法院审理行政案件，以法律和行政法规、地方性法规为依据。……人民法院审理行政案件，参照规章。"如此，一旦大学章程以规范性文件身份进入行政法领域，它将无法获得司法适用的效力。然而，在行政法领域内部而言，即便大学章程作为规范性文件，依然具有法律约束力，相关主体必须遵守大学章程的规定，当权利受到不法侵害时，可诉诸行政复议等行政内部救济机制。这意味着，"公法说"对大学章程的界定仅限于行政管理内部视角，它可以证成大学章程对相关主体在法律上的约束力，也为相关主体的权利救济提供了一种内部途径，但"公法说"所证成的大学章程的法律效力并不包括法律适用的效力。因此，"公法说"需要借助"规范性文件的司法审查"弥补自身理论的缺陷。这就说明，在司法审查之前，大学章程是否具有司法效力是一个悬而未决的问题，而在教育行政管理过程中，只要大学章程被核准，它就被当作具有法律效力而一直被遵循着。

不论怎么说，"公法说"关于大学章程效力的认识，虽然迂回但亦能自圆。然而，我们所关心的是"公法说"本身是否正确，基于以下理由，"公法说"似乎并不能让人信服。

首先，"公法说"的大学行政主体观尚需商榷。若将大学纳入行政体系，则大学的权力需由法律明确授予，其遵循的是"法无授权即禁止"原则。如此一来，大学的行为均要有明确的法定权力基础，在法定权力之外则没有任何自由，是以，大学自治就仅剩下一种口号而已。因此，公法说的大学行政主体观有悖于大学的自治品格，不利于大学的发展。

① 姜明安:《行政法与行政诉讼法》，北京大学出版社、高等教育出版社 2015 年版，第 219 页。

② 于安:《德国行政法》，清华大学出版社 1999 年版，第 19 页。

还有,即便从相关法律条文中可以看出法律的确授予大学某些权利,《行政诉讼法》也进一步明确了大学可基于授权作出行政行为,但这并不能得出大学可以直接对关乎公民基本权利的教育问题作出规定,大学只能够对其内部事务作出规定,而不能规定外部关系。也就是说,大学章程作为规范性文件并不能对大学与政府的关系作出规定,而目下的大学章程对其作出规定仅仅属于对法律规定的重复性记载,其作用无外乎是一种通过制定规范性文件的普法。另外,从最高院公布的案例来看,虽然自田永案以来,司法将诸如学位纠纷的案件纳入了行政诉讼,但这是在《行政诉讼法》修改之前,当时的《行政诉讼法》并没有规定行政行为包括授权组织的行政行为。因此大部分案例都是基于一种司法上的拟制技术而将此类案件纳入行政诉讼的。修改后的《行政诉讼法》将授权组织的具体行政行为纳入行政诉讼,可以证成大学是特殊的行政主体,但这并不能证明大学可以针对大学章程中的所有事项作出规定。①

其次,"公法说"中的行政许可观是错误的。在公法说中,很多学者认为大学章程的制定属于行政许可,这是一种错误的解读。理由有三:一是行政许可属于具体行政行为,而大学章程的制定属于抽象行政行为。行政许可主要是当一项活动在法律规范上一般是禁止时,而申请人向行政机关申请解禁,行政机关经依法审核对符合解禁条件的申请人颁发许可证的活动。行政许可是针对具体的申请人而作出的,行政许可的受益人一般是申请人自己。而大学章程的制定属于抽象行政行为,它针对的是不特定的主体,是对大学相关主体权利义务分配的活动,其依据公共利益而制定。另外,公立大学由政府出资举办,无所谓"法律规范上的一般禁止"。二是行政许可一般涉及行政主体和行政相对人两方主体,而大学章程制定并不是这两方主体。行政许可的一方为具有行政许可权的行政机关,另一方为行政许可的申请人,其地位是行政相对人。当行政许可的申请人的权利受到侵害时,可寻求行政复议和行政诉讼等救济手段。而目前法律规定的公立大学章程制定主体乃是政府,若依行政许可观则申请人与行政许可主体合二为一,变成了政府向教育行政部门申请行政许可,且不说这存在上级机关向下级部门申请的问题,即便将大学作为行政许可的申请人,由于公法说承认其乃是行政主体,哪里会有作为行政主体的大学向另一方行政主体申请行政许可呢?另外,无论私立大学还是公立大学,在大学章程制定过程中仅存在核准与不准的后果,不像行政许可的申请人那样享有行政复议和行政诉讼的权利救济手段。三是行政许可的申请是自由,而大学章程的制定是义务。法律规范设定一般禁止事项后,相关主体可以申请行政许可予以解禁,这是法律赋予行政相对人的权利,该权利可以行使也可以不行使。而大学章程的制定,尤其是依法补制章程,明显属于法律法规所规定的大学的义务,该义务必须履行,其目的在于改变大学无章运行的状态。综上,大学章程的制定并不是行政许可。

最后,"公法说"的大学章程法律渊源观难以令人信服。"公法说"认为大学章程属于法律渊源,这种观点本身是正确的。但是"公法说"所言的法律渊源指的是法律的表现形

---

① 赵会泽、周佑勇:《当代中国大学章程的法律效力之辩》,载《南通大学学报(社会科学版)》2017年第4期。

式,那么,将大学章程纳入法律的表现形式的观点却是错误的。当法律渊源指代法律的表现形式时,人们往往从效力等级角度去认识法律渊源,将法律渊源分为正式渊源和非正式渊源,前者具有法律效力,后者并不具有当然的法律效力。其中正式渊源包括宪法、法律、行政法规、地方性法规(含民族自治地区自治条例和单行条例、特别行政区的法、经济特区的法)和国际条约等。① 即便"公法说"证成了大学是行政主体,大学能够制定公法性质的规范,但是大学章程也仅仅是一种规范性法律文件,其效力位阶并不能达到法律渊源的行列,也不会具有作为解决纠纷依据的法律效力。② 因为我国《立法法》仅仅将立法权扩展至设区的市,大学并不是适格的立法主体,其不享有法律赋予的立法权限。如果将教育行政部门的核准视为立法的话,也只能说某些部属院校的章程具有法的性质,因为它们的章程由教育部核准,其章程可视为一种部门规章,在法律适用上具有参照效力;而地方院校由于其向无立法权的省级教育行政部门申请核准章程,因此其章程并不具有法的性质。然而教育行政部门的核准程序与立法程序有着较大的区别,将核准视为立法也是存在问题的。

## 三、自治法说

"自治法说"认为,大学章程是高校的自治规则。有学者认为"大学章程是大学自治宣言,是大学自我管理、自我约束并依法接受外部监督的基本依据,同时也是我国教育法制体系的重要延伸,其性质应当定位于自治规则。"③也有学者认为,"大学作为法人组织,是既'自主'又'自治'的团体,大学章程对于大学组成者来讲,则具有了自治法的性质。……大学章程与法律规范有着天然的相似。"④另有学者认为,"我国公立大学章程具备自治法的基本特征,理应为自治法。"⑤还有学者认为"大学章程具有自治法的性质","大学章程的自治法性源于私法自治。"⑥

"自治法说"的理由主要有以下几个方面。第一,大学章程的自治法性有着理论基础——"团体法"理论。该理论认为任何一个团体都要有一定的规章制度,大学作为一个社会团体,其章程正是该团体的"法律"。麦基弗认为"任何一个团体……都要有一定的规章制度,约束其成员,这就是团体的法律"。⑦ 韦伯认为"一个团体可能是自治的……自治意味着……由团体的成员按其本质制订章程。"⑧埃利希认为"法律规范要么属于国法,

① 卓泽渊:《法学导论》,法律出版社2007年版,第46页。

② 王春业:《论我国公立大学章程的法律效力及其实现路径》,载《清华大学教育研究》2014年第4期。

③ 薛传会:《大学章程的合法性解析》,载《现代教育管理》2012年第4期。

④ 米俊魁:《大学章程法律性质探析》,载《现代大学教育》2006年第1期。

⑤ 李志雄、吴美琴:《中国公立大学章程的法律性质探析》,载《齐齐哈尔大学学报(哲学社会科学版)》2017年第7期。

⑥ 王海莹、杨旭:《论大学章程的法律属性》,载《河北科技大学学报(社会科学版)》2015年第4期。

⑦ 邹永贤等著:《现代西方国家学说》,福建人民出版社1993年版,第322页。

⑧ [德]马克斯·韦伯:《经济与社会》,林荣远译,商务印书馆1997年版,第78页。

要么是纯粹的裁判规范，……它们是仅仅适用于法院和其他国家机关的法……而活法……通常限于某个团体。”[①]格雷认为“国家或任何人类组织化的法律都由规则构成，并由作为该团体的法院发布，用以确定法律权利与义务。”[②]第二，现代大学是自治主体，大学章程是大学自治的载体。现代大学拥有广泛的自主管理权，其中学术自治是大学的灵魂，我国《教育法》第二十九条规定“学校及其他教育机构行使以下权利：(一)按照章程自主管理”。自治是现代大学的一种品格，而大学自治必须建立在规范的基础上，这一规范主要是大学章程。第三，大学章程不是法律但与法律相似。大学章程不是法律的原因在于：大学章程的制定主体不是国家立法机关，也不是按照立法程序制定的，而是由大学的举办者在不违背法律法规的基础上自主制定的；大学章程的实施主要依赖于大学自身，其背后的强制力主要是社会权力，这与法律的国家强制力不同。然而大学章程却与法律存在相似性。包括：表现形式上的条款格式；逻辑上的行为模式——后果行为；内容上的权利义务分配等。

“自治法说”具有三个方面的优越性。一是将大学章程定位于自治性规范有利于保障大学自治。自治是大学的品格，而大学自治的障碍主要是教育行政化。大学章程不仅规定了高校与政府的权利义务，而且规定了高校内部主体的权利义务。大学章程一经设立，一方面划分了政府和大学的界限，限制了政府对大学的不正当干预，抑制了政府权力的过度扩张；另一方面又成为高校内部治理的规范依据，明确了高校党的组织、行政组织、学术组织、教学组织、教辅组织以及其他组织和成员的权利义务。这有利于建立良好的大学治理结构，实现大学自治和学术自由。二是大学章程作为自治性规范打通了司法适用的障碍。既然大学章程是自治性规范，那么无须通过立法确认便可对成员产生法律效力。即自治意味着“法不禁止即自由”，制定章程遵循的是“不违背原则”，只要大学章程不违背法律法规等规定即有效。当相关主体产生纠纷时可诉诸法院，待法院审查章程并确定有效后，可直接适用大学章程裁判。三是明确了大学章程与法律的关系。法律不是万能的，它不可能调整所有的社会关系。“即使一个拥有大量立法权力的现代国家，也不可能制定出有关每一件事和每一个人的法律。政府法律仍留下了大量的真空领域，而这些领域则必须或能够通过行使私性或准私性的立法权力予以填补。”[③]由是，大学章程与法律的关系乃是一种填补“法律空白”的关系，而这种空白并非由立法者的有限理性或者立法瑕疵所致，相反，它是立法者基于理性而有意为之的一种空白，是立法者考量大学自治因素而产生的。

然而，“自治法说”并非没有缺陷，它忽略了大学自治始终面临的应然与实然的张力，应然状态下大学也不是绝对的自治领域，实然状态下我国大学的自治程度则非常有限。另外“自治法说”存在从大学的自治性到章程的自治性的错误推演。

---

① [奥]欧根·埃利希：《法社会学原理》，舒国滢译，中国大百科全书出版社2009年版，第84页。

② [美]约翰·奇普曼·格雷：《法律的性质与渊源》，马驰译，中国政法大学出版社2012年版，第71页。

③ [美]博登海默：《法理学：法哲学与法律方法》，邓正来译，中国政法大学出版社1999年版，第423页。

首先,大学自治并非绝对,而是基于法治框架内的自治。不论是公立大学还是私立大学,都不是绝对自治的。教育关系乃是核心社会关系,不能全部交由社会自治。虽然法律存在局限性,“法律只解决最严重的社会问题”①,然而教育关系正是“最严重”的社会关系之一,理应交由法律调整。我国《宪法》第十九条明确规定国家发展高等教育,第四十六条规定了公民的受教育权利,说明教育关系已经受到宪法调整。《高等教育法》第十一条规定“高等学校应当面向社会,依法自治,实行民主管理。”第三十二至三十八条明确规定大学自主的事项仅在于:制定招生方案、调节系科招生比例;设置和调整学科、专业;制定教学计划、选编教材、组织实施教学活动;开展学术研究、技术开发和社会服务;开展学术交流与合作;调整内部机构人员;管理和使用财产;等等。言外之意,其他事务大学不能自治,否则上述规定便无任何意义。另外,这些大学自主事项也是不任意的自主事项,有的附加了法律上的前提性规定,表达为“根据……自主……”,而有的则更明确地使用了“依法自主”字眼。更重要的是,《高等教育法》明确了大学要受党的领导以及明确规定高等学校的校长、副校长按照国家有关规定任免,说明大学的领导核心已经被纳入体制之内,而不是“跳出三界外,不在五行中”,显然大学并不具有自主性,因为“自主意味着,领导人和团体的行政班子依照团体自己的制度任命”。② 除此,司法已经介入大学校规的审查。“若干教育行政诉讼案件的出现则向人们昭示着……大学并非自治的绝对领地。”③虽然这些行政诉讼案件涉及的不是大学章程而是其他校规,但对章程的定性仍有指导意义。某些案例中的司法态度倾向于认为高校校规不能与上位法相抵触④,这意味着某些司法机关采取的是内部视角,认定高校校规的原则是“不抵触原则”,这与“不违反原则”不同,它意味着“法无授权即无权力”。这说明司法在大学自治上存有弦外之音。

其次,我国大学并非实然地处于自治状态。从组织上说,上文已经说明法律规定我国大学要受党的领导,校长与副校长实行国家任免制,大学的领导核心已经体制化。其实,不仅如此,即便大学的中层干部也已经体制化,从职能部门的领导到院系的领导都需要按照党和国家的规定进行选拔和任用。从日常教学和管理上看,即使《高等教育法》明确规定了大学有着诸多的自主事项,但实际上并非如此。制定培养方案、调整科系招生比例、调整学科和专业设置都需要向教育行政部门备案;大学的日常教学和管理虽属于自主事项,但仍面临着教育行政部门的定期与不定期的检查;大学财产的管理和使用均需要在既有的财政制度基础上运行,任何涉及经费使用的教学、管理、学术等活动都需要走法定的报账程序。近年来,高校启动了公务卡报账制度,就连学生活动买个跳绳也需要刷公务卡或者转账,没有使用其他支付方式的自由。从学术研究上言,有学者感慨,大学自治或许只剩下学术自治了,其实这点感慨也是聊以自慰。《高等教育法》第十条明确

① 严存生:《法理学》,法律出版社2007年版,第72页。

② [德]马克斯·韦伯:《经济与社会》,林荣远译,商务印书馆1997年版,第78页。

③ 徐靖:《高校校规:司法适用的正当性与适用原则》,载《中国法学》2017年第5期。

④ 如“张福华案”“樊兴华案”等。

规定了从事科学研究应当遵守法律。除此，学术一旦和职称评定挂钩就显得不那么自治了。你虽然有选择做何种研究、著何种书籍、写何种文章、刊何种期刊的自由，但若要晋升职称，你一定要研究能够出版或者刊发的高质量课题。因为，职称评定不是大学自主事项，而职称评定规定一般要求具有高质量的学术研究成果。一方面对文章刊发的刊物和文章数量有着要求，诸如刊载于“CSSCI”“SCI”文章的规定；另一方面既对书籍的出版社有规定，也对著作的字数有要求。另外，晋升职称往往需要申请研究课题，而且一般是省级以上课题，而这些课题需要行政部门或者准行政部门审批。可以说，法律“所涉及的内容，已经涵盖了大部分的管理事项，留给高等学校自我管理的空间，是十分有限的，大学章程所能涉及的法律关系，也基本上能够在国家法中找到原形。”①

最后，“自治法说”存在从大学自治到章程具有自治性的错误推演。上述对大学自治实然状态的分析并不是要论证大学不具有自治性，而是要说明大学自治的现实与理想之间的差距。现代大学的应然状态是在法治框架内的自治，这是大学本质和其发展规律所决定的。虽然不同国家、不同时期的大学自治的程度不同，但这并不能否认大学自治这一应然追求。然而从大学自治并不能得出章程具有自治性的结论。《教育法》第二十九条规定“学校及其他教育机构行使下列权利：(一)按照章程自主管理；……”本条规定只能够说明大学享有自主管理权，而且该权利必须是章程所规定的权利，但本条没有对章程性质进行界定，即单从本条不能看出章程具有自治性。《高等学校章程制定暂行办法》第三条规定“章程是高等学校依法自主办学……的基本准则。”同样，本条也只是承认了大学章程是大学依法自治的载体，并没有明确大学章程本身具有自治性。一个规范是否自治，关键要看它的制定主体在规范的制定上是拥有权利还是义务。因为法治与自治并不矛盾，法律可以赋权团体以自治，但如果法律是设定义务则与自治相矛盾，法律强加的义务正是自治的反面，是自治的界限。由于我国大学的特殊性，大学章程是否自治就取决于大学在起草章程时是享有权利还是负有义务。通观《高等学校章程制定暂行办法》，前三章为总则、章程内容和章程制定程序，第四章为章程的核准与监督，第五章为附则。前文已经说明，章程“核准”本身就表明大学章程不具有自治性，而前三章的主要条款，除第一条立法目的之外，其余各条均是义务性规定，这些义务性规定除第二条之外，全部使用了“应当”这一逻辑词语。虽然法条中的“应当”具有不同功能，有的是要表达一种法律理想，而有的则是设定一种条件预设或指引要求②，但本《办法》中的应当几乎全部是在设定大学在起草章程中的义务。所以从章程制定本身来看，章程并不具有自治性，而是有着明确的法律义务规定，包括实体和程序，而学界从大学自治论证章程自治属于错误推演，并非论证大学章程本身。

---

① 赵会泽、周佑勇：《当代中国大学章程的法律效力之辩》，载《南通大学学报(社会科学版)》2017年第4期。

② 周赟：《应当的法哲学分析——一种主要基于法律文本的研究》，博士学位论文，山东大学法学院2006年，第86～87页。

## 结　语

如此看来,“契约说”、“公法说”和“自治法说”对大学章程的性质的认识是片面的。“契约说”忽略了大学章程制定中的社会强制力,没有认识到大学内部存在的主体不平等以及大学与政府之间的不平等。“公法说”强调法律授权,认为大学章程乃是行政法中的规范性文件,然而它忽略了大学自治的品格,而且它在论证时犯了两个错误,一是错误地将大学章程的核准等同于行政许可,二是错误地从法律的表现形式上将大学章程界定为行政法的渊源。“自治法说”强调大学自治的精神,但它没有认识到大学自治并不是绝对的,尤其是在中国大学自治领域非常狭窄,更为重要的是,“自治法说”是从大学自治论证大学章程具有自治性的,然而这是一种错误的推演,大学自治并不等于大学章程具有自治性。既然学界存在的三种学说均不具有说服力,那么我们就需要另辟视角解释大学章程的性质。笔者认为,近几年学界研究的民间法理论对于认识大学章程的性质是有帮助的,如果我们不在法律之内纠结于大学章程的性质,而是将大学章程还原到社会规范中去,即将大学章程的性质界定为民间规范,并通过法律渊源的道路借由司法适用纳入正式秩序,或者通过立法程序使大学章程上升为法律,那么种种问题将迎刃而解,各种理论分歧也将随之消弭。至于大学章程是否为一种民间规范,它能否通过司法机制纳入正式秩序,能否上升为法律以及上升为哪一位阶的法律,笔者将另文再述。

**An Analysis of the Three Theories of the Nature of the University Charter**

Chen Chunhua　Wu Tun

**Abstract**: The academic community's understanding of the university charter mainly includes "contract theory", "public law theory" and "autonomy law theory." They demonstrate the legal effect of the university charter from the perspective of civil law, public law and social law. However, the "contract theory" and "public law theory" are the results of splitting the university charter. They can not fully understand the University charter; The "autonomy law theory" is too pure, ignoring the fact that the university is not an absolute autonomy, and there is a logical deduction from the autonomy of the university to the autonomy of the charter.

**Key Words**: university charter; nature of charter; legal effect

# 民间分家析产习惯法律适用问题研究

李　洁*

**摘要：**民间分家析产习惯自秦代确立以来已经有两千多年的历史，虽然我国制定法确立了以个人财产权利为基础的遗产继承制，但时至今日我国农村社会仍广泛存在分家析产习惯。然而由于我国制定法缺乏对民间分家析产协议这一特定协议类型的规定，导致法院在处理民间分家析产纠纷时对分家析产协议的不同部分分别适用不同的法律规则，因而造成民间分家析产协议内部效力不统一且民间分家析产协议与遗嘱、赠与撤销及继承开始前继承权的放弃等法律行为在效力上的冲突。又由于在民间分家析产习惯的司法适用中，分家析产习惯与遗产继承在具体内容上存在多重冲突，导致法院在选择适用习惯抑或遗产继承上存在两难。对此，制定法上应确立分家析产协议是一种独立的、典型的协议类型，认可其整体效力，并将其作为民间分家析产习惯适用的裁判规则。同时，在分家析产习惯的司法适用中，协调好民间分家析产习惯与遗产继承在内容上的冲突。
**关键词：**同居共财；分家析产；遗产继承

## 引　言

自秦代于制定法中认可民间分家析产习惯以来，民间分家析产习惯与制定法的关系经历了两千多年的分分合合，并最终随着清末修律颁布《民国民法典》因移植西方的遗产继承而退出国家法领域。然时至今日，分家析产习惯仍在我国广大农村地区广泛存在，而由于我国制定法缺乏对分家析产协议的规定，且民间分家析产习惯与我国遗产继承制度在具体内容上存在多重冲突，因而导致法院对分家析产纠纷适用的法律规则并不统一，且在民间分家析产习惯的司法适用中法院存在选择适用习惯抑或遗产继承的两难。又由于法院判决不仅应当定分止争，还应产生良好的社会效果，因此，有必要对民间分家析产习惯的法律适用问题做一研究。

## 一、传统中国社会的分家析产习惯

传统中国家庭的主要形态是“同居共财”，而分家析产是一种家产传递的习惯方式，

---

* 李洁，法学博士，上海立信会计金融学院讲师，美国宾夕法尼亚州立大学法学院访问学者。

具体是指传统家庭分裂过程中家业在父子间的代际传递和家产在诸子间的横向分配。[①]分家析产包括两个方面,一个是"分家",一个是"析产"。"分家"有广义和狭义之分:广义上的分家,指的是分家行为进行后形成的新家庭,既包括父母分家后的新家庭,又包括子女独立出原有家庭后形成的新家庭;而狭义的分家则仅指子女形成的新家庭。[②]"析产"是指对共有财产的分割,"析产"又包含了"生分"及"死分",在父母生前因兄弟结婚陆续分出(生分),然后在父母死时,最后一次全部分清(死分)。[③]分家析产具有丰富的制度内容,同时通过梳理分家析产习惯与制定法关系的历史,有助于了解在我国财产传承领域民间分家析产习惯与遗产继承并存的二元秩序如何得以形成。

### (一)分家析产习惯的制度内容

分家析产自秦代始至今已经有两千多年的历史,在这一习惯内部已经形成稳定的制度内容,从法学角度考察,其内容一般包括家庭共有财产分割、家庭债务承担及父母赡养义务分配。[④]

1.家庭共有财产的分割

传统中国社会家庭的主要形态是"同居共财",父与子的财产处于混合状态,任何个人都没有独立的财产权,正如有学者所说,"如果从家和家产的角度往下看,私人不存在所有权这一类型的财产权。因为所有的财产都归入家的名下,只有家才拥有接近所有权权能的财产权"[⑤],因此分家首先意味着对"家产"的分割。而对于"家产"所有权的归属,学界虽有个别学者认为家产为家父单独所有,但多数学者认为家产为家长与其他家庭成员的共有财产。[⑥]对此,文章认为家产虽由家父管理和处分,但这并不能说明其对家产享有单独的所有权,家父或家长只是代表家庭成员对家产进行管理和处分,家产应由家庭成员共同所有。因此,民间分家析产习惯中的"析产"对象是家庭共有财产。就范围来说,家庭共有财产既包括房屋、土地等不动产,也包括牲畜、货币、树木等动产,还包括家庭债权。就分割原则来说,家庭共有财产实行"诸子均分",即不分嫡庶子,平均分配,兄弟间若有死亡者,其份额由死者的儿子代位继承;但若兄弟均亡故,则由下一代的堂兄弟均分祖父遗留的财产。[⑦]

2.家庭债务的承担

家产包括积极财产和消极财产,据此,民间分家析产习惯中还包含对家庭债务的承

---

① 高其才:《当代中国分家析产习惯法》,中国政法大学出版社2014年版,第171页。

② 费孝通:《乡土中国——生育制度》,北京大学出版社1998年版,第212页。

③ 邢铁:《家产继承史论》,云南大学出版社2000年版,第12页。

④ 麻国庆:《分家:分中有继也有合——中国分家制度研究》,载《中国社会科学》1999年第1期。俞江:《继承领域内冲突格局的形成——近代中国的分家习惯与继承藩移植》,载《中国社会科学》2005年第5期。

⑤ 俞江:《论分家习惯与家的整体性——对滋贺秀三〈中国家族法原理〉的批评》,载《政法论坛》2006年第1期。

⑥ 翟家骏:《身份与财产:比较法视野下的分家习惯》,载《清华法治论衡》(辑刊)2018年8月。

⑦ 卢静仪:《"分家析产"或"遗产继承":以大理院民事判决为中心的考察(1912—1928)》,载易继明主编:《私法》(第8辑第2卷),华中科技大学出版社2010年版,第408页。

担。“父债子偿”是中国传统社会的债务习惯，这一习惯产生的根据在于“父债”并非父亲的个人债务，而是父亲作为家产代表人，为家庭而负债，基于此，分得家产的“诸子”理应承担“父债”。

3.父母赡养义务的分配

在“生分”的民间分家析产习惯中，除对家庭共有财产进行分割之外，还包括对长辈赡养义务的分配。民间分家析产习惯不仅是财产传承方式，更是家族传承方式。正如有学者所说，“在中国的分家制度中，作为经济的家是分了，但作为文化的家是永远分不开的。分家实际上是分中有继也有合。‘继’一则表现为‘继人’，即对老人的赡养义务，一则表现为继宗祧，即对祖先的祭祀义务”。① 因此，在民间分家析产习惯中，与家庭共有财产分割相适应，还包括对长辈的赡养义务进行分配。赡养义务的承担方式主要包括长辈在诸子间轮住和由诸子平均分摊赡养费用及生活必需用品。

由此可见，民间分家析产习惯是建立在“同居共财”的家庭财产制度之上，分家析产不仅是分割家庭共有财产以实现家产传承，也是实现家族文化传承的方式，因此，分家析产习惯兼具财产性和人身性。

**(二)我国财产传承领域分家析产习惯与遗产继承二元秩序的形成**

1.近代以前民间分家析产习惯经历被制定法认可—禁止—认可的历史

分家析产习惯自秦代在民间确立，因商鞅变法推行“异子之科”和“均出余子之使令”，强制百姓析户异籍而得到制定法认可。至汉武帝时期，因儒家独成一尊，法律逐步儒家化，有关父子祖孙分产析户的法律不断被修改，至东晋和南北朝时制定法开始禁止别籍异财，直至唐修《唐律疏议》，禁止别籍异财的法律臻于完备。国家法之所以禁止别籍异财，既有儒家伦理思想的影响，也有对征收赋役和加强社会保障的考虑。国家法对别籍异财予以禁止这一状况随着宋代财产私有制的深化和新型家族组织的出现开始弱化，至明代，禁止别籍异财的法令在事实上已经废止，形同具文。② 及至清代，《大清律列》虽然没有对分家析产做出正面和系统的规定，但从其禁止不合理的分家析产行为可以看出，只要不属于不合理的分家析产行为，国家法是认可分家析产行为效力的，由此可见，民间分家析产习惯再次得到制定法承认。

2.近代之后民间分家析产习惯因被遗产继承替代而彻底退出国家法领域

清末，为配合立宪开展了大规模的现代立法活动。自《大清民律草案》采用“继承”一词始，民间分家析产习惯逐渐开始淡出国家法领域。随着《民国民法典》的颁布，因《民国民法典》完全移植了西方的遗产继承制，民间分家析产习惯最终退出了国家法领域。③ 然

① 麻国庆:《分家:分中有继也有合——中国分家制度研究》,载《中国社会科学》1999 年第 1 期。俞江:《继承领域内冲突格局的形成——近代中国的分家习惯与继承藩移植》,载《中国社会科学》2005 年第 5 期。

② 尹成波:《从异子之科到禁止别籍异财》,浙江大学 2009 年博士学位论文,第 5 页。

③ 俞江:《继承领域内冲突格局的形成——近代中国的分家习惯与继承藩移植》,载《中国社会科学》2005 年第 5 期。

虽然民间分家析产习惯最终从国家法领域退出,但民间分家析产习惯并没有消亡,而是继续在中国的广大农村地区广泛存在,自此,在我国当代社会,就家产的传承方式而言,形成了民间分家析产习惯与制定法中的遗产继承并存的二元秩序。

通过考察民间分家析产习惯与国家法关系的历史可知,民间分家析产习惯与制定法的关系虽然经历了两千多年的分分合合并最终退出国家法领域,但其退出与近代之前国家法对民间分家析产习惯的禁止不同,国家法并未否认民间分家析产习惯的效力,而是与遗产继承并存于中国社会成为财产传承方式之一,自此在我国当代社会的财产传承领域,民间分家析产习惯与遗产继承的二元秩序得以确立。

## 二、民间分家析产习惯统一裁判规则的探索

如上文所述,民间分家析产习惯与遗产继承是当代中国社会实现财产传承的两种方式。在法律适用上,对于遗产继承有《中华人民共和国继承法》(以下简称《继承法》)予以规范;而对于民间分家析产习惯,虽有最高人民法院《民事案件案由规定》对民间分家析产纠纷进行列示,但至今仍没有立法对其予以明确规定,立法的空白导致在司法实践中法院对民间分家析产纠纷多采用套用相关民事法律制度的方式予以处理,如此一来不仅在民间分家析产内部产生矛盾,而且也造成民间分家析产与其他法律行为在效力上的冲突。是故有必要对民间分家析产习惯的法律适用规则进行探讨。

### (一)民间分家析产习惯适用法律规则现状及评析

民间分家析产习惯根植于传统社会“同居共财”的家庭财产制,析产的对象限于“家产”,即家庭共有财产。而现代民事法律制度以权利为本位,在财产领域确立了个人财产权利制,财产的共有成为财产权中的一种例外或暂时的状态。由此,个人财产权成为现代民事法律制度的根基。而以现代法中财产权的观念来审视民间分家析产习惯,其既包括对家庭共有财产的分割,也包括对个人财产的分割。对个人财产的分割既有权利人生前的分割,也有权利人死后继承人对其遗产进行的分割。又由于现行立法没有对分家析产习惯应适用的法律规则进行规定,因此在司法实践中法院对分家析产纠纷就套用相应民事法律制度,分别适用不同的法律规则予以处理,即对分家析产协议中涉及家庭共有财产分割的部分适用《最高人民法院关于贯彻执行〈民法通则〉若干问题的意见(试行)》(以下简称《民通意见》)和《中华人民共和国物权法》(以下简称《物权法》)中对共同共有财产分割的规定,对涉及权利人生前个人财产分割的部分适用《合同法》中赠与的规定;对涉及权利人死后继承人对其个人财产(遗产)的分割适用《继承法》的规定。① 虽然对分家析产协议根据其具体内容不同分别适用不同的法律规则可以在一定程度上解决分家

① 卢静仪:《“分家析产”或“遗产继承”:以大理院民事判决为中心的考察(1912—1928)》,载易继明主编:《私法》(第8辑第2卷),华中科技大学出版社2010年版,第408页。

析产纠纷，但却只能是权宜之计，在理论上值得商榷。

1.对分家析产协议分别适用不同的法律规则有悖法理。分家析产协议具有整体性，是一个法律行为，不论是对家庭共有财产的分割，还是对家庭个人财产的分割，又或是对赡养义务的安排都与分家协议之间是部分与整体的关系，理当适用相同的法律规则，产生统一的法律效力。实践中通过分割法律行为，对法律行为不同部分分别适用不同的法律规则有悖于法理。

2.对分家析产协议分别适用不同的法律规则也存在逻辑不足。在对分家析产协议分别适用不同法律规则的过程中，针对权利人生前个人财产分割的部分因适用赠与规则，在法律逻辑上就意味着分家析产协议的签订只需赠与人和受赠人即可，但事实上分家析产协议的签订却是在不限于赠与人和受赠人的家庭成员的共同参与下达成的，是家庭成员共同意志的结果，因此，对分家析产协议分割不同部分分别适用不同的法律规则在逻辑上也不能自圆其说。

3.对分家析产协议分别适用不同的法律规则还会造成新的混乱。由于司法实践针对分家析产协议不同内容适用不同法律规则，因而分家析产协议各部分内容就被法律技术人为割裂开来，如此就会产生某部分内容无效或变更、撤销时，是否会影响其他部分效力的问题。如在对分家析产协议中涉及权利人生前个人财产的分割适用赠与规则时，根据赠与的相关规定，在一般情况下赠与人在赠与财产转移之前可以任意地撤销赠与，而在分家析产协议中赠与人一旦撤销赠与就势必会产生撤销的效力是否应当及于共有财产分割、赡养义务分配等分家析产协议其他内容的争论，如此一来将造成更大的混乱。

由此可见，对分家析产协议根据内容不同分别适用不同的法律规则没有从根本上解决分家析产纠纷的法律适用规则问题，分家析产纠纷的法律适用规则需作进一步探讨。

### (二)民间分家析产习惯统一裁判规则的确立

如前所述，对民间分家析产习惯根据协议内容不同分别适用不同的法律规则不仅存在理论障碍，而且也给司法实践带来混乱，因此有必要为民间分家析产习惯确立统一的法律适用规则。

1.民间分家析产习惯具备适用统一裁判规则的基础

民间分家析产习惯得以实施和彰显的依据是“分书”，即民间分家析产协议。虽然分家析产的习惯因地、因时存在差异，但是分家析产协议的作成却是民间分家析产习惯的必然要求。而如上文所述，不论是共有财产分割，还是个人财产赠与或个人财产（遗产）继承，都不能涵摄分家析产协议的全部内容，而作为分家析产协议主要内容的共有财产分割、个人财产赠与或个人财产（遗产）继承，不仅其相互之间具有依存性，而且各部分内容与分家析产协议之间构成部分与整体的关系，任何一部分都不具有独立性。因此，分家析产协议是一个整体性协议，其应该被一体对待，并发生统一的对外法律效力。据此，民间分家析产习惯具备得以适用统一裁判规则的基础。

2.民间分家析产习惯统一裁判规则的确立——分家析产协议的典型化

民间分家析产习惯具备适用统一裁判规则的基础即分家析产协议在内容和效力上的整体性。然而由于我国目前立法尚未承认分家析产协议的独立性并将其法律化、典型化，所以出现司法实践对分家析产协议的非典型性处理，即针对分家析产协议的不同内容分别适用与现有民事法律制度最相近似的法律规则。而为克服对分家析产协议分别适用不同法律规则在理论上的障碍和实务中的混乱，制定法应当确认分家析产协议不可分割的独立的法律地位，将分家析产协议作为一类独立的协议予以特定化、典型化。具体说来，分家析产协议是指，家庭成员对家庭财产分割、家庭债务承担及赡养义务分配等家庭事务达成一致意思表示的协议。其中对家庭财产、家庭债务应当做广义解释，可以是全体家庭成员共同共有的财产（债务）、也可以是部分家庭成员共同共有的财产（债务）、还可以是某个家庭成员独有的财产（债务）。分家析产协议是一个独立的法律行为，并与其他近似法律行为存在根本区别。

首先，分家析产协议不同于遗嘱。分家析产协议是对家庭事务进行安排的自签订时即生效的共同法律行为；而遗嘱是对个人身后事务进行安排的自被继承人死亡时才生效的单方法律行为。

其次，分家析产协议不同于赠与。分家析产协议是对家庭事务进行安排的同向一致的共同法律行为；而赠与是对财产无偿转移所有权的对向一致的共同法律行为。

最后，分家析产协议不同于共同共有财产的分割。分家析产协议是对家庭事务进行安排的同向一致的共同法律行为，其内容具有多元性；而共同共有财产分割虽然也是同向一致的共同法律行为，但是其对象仅限于共同财产，与个人财产及财产之外的内容无涉。

综上所述，由于分家析产协议的内容和效力具有整体性，所以民间分家析产习惯具备统一裁判规则的基础，而通过分家析产协议的典型化，民间分家析产习惯的统一裁判规则得以确立。

3.分家析产协议的法律效力

分家析产协议是家庭成员同向意思表示一致的共同法律行为，是对家庭事务做出安排的整体性协议，自签订时生效。而分家析产协议一旦被典型化，成为一类独立的协议类型，就不仅能够统一分家析产协议内部各部分内容的效力，而且也能从根本上解决分家析产协议与其他法律行为在效力上的冲突。首先，分家析产协议各部分内容因是对家庭事务的统一安排而具有整体性和相互依存性，因此统一对外发生效力，其中任何一部分内容的变更、撤销或无效都可能影响其他部分的效力。其次，由于典型化的分家析产协议是共同法律行为，所以分家析产协议一旦生效，任何人均不能通过其单方行为如遗嘱进行变更或撤销。据此，法院在判决分家析产协议不因事后的遗嘱或单方撤销行为而变更或撤销时就不需要再以"已执行多年"①或自创的"物权赠与不适用合同法中有关赠与撤销的规定"②作为牵强的理由,而是有更加充分的依据。最后,由于典型化的分家析产协议认可了在财产权利人生前对其财产进行分割的请求,所以在分家析产协议中财产权利人的继承人做出的放弃财产继承权的行为不再无效。对此,已经有法院基于现实的需要而先于制定法在对分家析产协议典型化之前认可了分家析产协议中继承人在被继承人死亡前做出的放弃财产继承权的行为的效力。③

综上所述,民间分家析产协议因其内容和效力的整体性,法律应当承认其独立的法律地位,将其典型化,从而为民间分家析产习惯得以适用的统一的裁判规则。而民间析产协议作为一类典型协议的法律地位的确立,也从根本上解决了民间析产协议内部及民间析产协议与其他法律行为在效力上的冲突。

## 三、民间分家析产习惯在司法适用中与遗产继承的冲突与协调

民间分家析产习惯与遗产继承是在当代社会财产传承领域中并存的两种方式。作为制定法的内容,遗产继承具有当然的司法适用性,对于民间分家析产习惯,根据《中华人民共和国民法总则》(以下简称《民总》)第十条规定,"处理民事纠纷,应当依照法律;法律没有规定的,可以适用习惯,但是不得违背公序良俗",可知习惯作为民法渊源之一,只要不违背公序良俗即可适用,据此,民间分家析产习惯同样具有司法适用的正当性和合法性。而由于民间分家析产习惯与遗产继承在调整范围上存在重合之处,又由于两者确立的社会基础不同,因此,民间分家析产习惯在司法适用中与遗产继承势必存在冲突。而由于法院判决不止在于定分止争,还在于取得良好的社会效果,因此有必要对民间分家析产习惯在司法适用中与遗产继承的冲突和协调作一研究。

### (一)民间分家析产习惯在司法适用中与遗产继承的冲突

1. 民间分家析产习惯与遗产继承冲突的表现

(1)财产承受人范围不同的冲突

① 1985年11月28日最高人民法院在对四川省高级人民法院的《关于对分家析产房屋的再立遗嘱变更产权,其遗嘱是否有效的批复》中提到,"我们认为,对张家在1948年析产后,经财产所有人共同协商,于1953年分家时达成的各自管业已执行多年的房产协议,应予以维护。张文卿夫妇于1955年所立'遗嘱'无效"。

② 在(2015)青民五终字第1195号判决书中,二审法院认为财产权利人在分家协议中对原告分配的财产属于赠与,且认为"该物权赠与不适用合同法中有关赠与撤销的规定",因此维持原判,支持一审法院认为财产权利人在分家析产后不得以遗嘱将其撤销的判决。

③ 2018年北京市高院发布的《北京市高级人民法院关于审理继承纠纷案件若干疑难问题的解答》第16条规定,"继承纠纷中,当事人以继承人在继承开始前已明确表示放弃继承期待权为由,请求确认继承权丧失的,人民法院不予支持;但该放弃表示系在分家析产等合意行为中作出,涉及继承权之外其他权利义务安排,继续享有继承权有违相关习俗并导致显失公平的,人民法院对作出放弃表示方请求继承遗产的请求不予支持",该条已经认可了在一定条件下,继承人在分家析产协议中做出的在被继承人生前放弃继承权的行为有效。

在民间分家析产习惯中，财产的承受人为“受产人”，由于实行“诸子均分”的原则，“受产人”的范围一般为具有亲生或拟制血缘关系的亲生子、私生子、嗣子及无血缘关系的赘婿，可见，民间分家析产习惯中有资格分得家产的人仅限于男性子孙，配偶、长辈直系血亲及女性子孙均非“受产人”。遗产继承中与“受产人”概念近似的是“法定继承人”，根据我国《中华人民共和国继承法》（以下简称《继承法》）的规定，第一顺序法定继承人的范围包括配偶、子女、父母；第二顺序法定继承人的范围包括兄弟姐妹、祖父母、外祖父母。丧偶儿媳对公、婆，丧偶女婿对岳父、岳母，尽了主要赡养义务的，作为第一顺序继承人。可见，遗产继承中财产承受人的范围比民间分家析产习惯中财产承受人的范围要广。首先，其不以男性为限，既包括男性子孙，也包括女性配偶和女性子孙，实行男女平等。其次，其不是单向的晚辈对长辈财产的继承，而是既包括晚辈对长辈，也包括长辈对晚辈及平辈之间的继承。如此一来，在民间分家析产习惯的司法适用中就可能出现分家析产协议因排除某些财产承受人分得家庭财产而侵害其法定权利，从而与遗产继承相冲突的情形。

（2）财产份额分配规则不同的冲突

在民间分家析产习惯中，对家产的分割实行“诸子均分”，即由各兄弟平均分配。在遗产继承中，对遗产的分割实行“均等分”。“诸子均分”不同于“均等分”。“诸子均分”是以“户”为单位的均分，实现的是户与户之间的平等，而非人与人之间的平等。如甲、乙两兄弟在分家前，甲已经死亡但有两子且均已成婚，乙有两子均未成婚。分家析产时，根据“诸子均分”原则，甲之两子共分得 1/2 的家产，乙单独分得 1/2 的家产。“均等分”是以“人”为单位的均分，实现的是人与人之间的平等。如上例，根据“均等分”的原则，甲之两子与乙各分得 1/3 的家产。由此可见，不仅在财产承受人的范围上民间分家析产习惯与遗产继承存在冲突，而且在财产份额的分配规则上也存在冲突。

（3）赡养义务分配规则不同的冲突

在民间分家析产习惯中，由于对家产实行“诸子均分”的原则，家产由男性子孙均分而与女性子孙无涉，因此对长辈赡养义务的分担就由“诸子”承受，女性子孙因不分得家产自然不承担对长辈的赡养义务。遗产继承确立了继承权男女平等原则，女性不论是否婚嫁或是否参与劳动，都有权参与继承，基于此，对长辈的赡养义务理应由继承人均担。如此一来，对长辈赡养义务的分配就成为民间分家析产习惯与制定法冲突的又一触发点。司法实践中就经常出现女儿因没有分得家产而拒绝承担对老人赡养义务的纠纷。

（4）“父债子偿”与“限定继承”的冲突

在中国传统社会，对于家庭债务的承担一直采用“父债子偿”的习惯。由于“父债”并非父亲的个人债务，而是父亲代表家庭的对外负债，因此，在分家析产时由受产人即“诸子”共同分担具有合理性。在遗产继承中，对被继承人债务的承担实行的是“限定继承”，即继承遗产应当清偿被继承人依法应当缴纳的税款和债务，缴纳税款和清偿债务以他的遗产实际价值为限。由此可知，在债务的承担上，民间分家析产习惯与制定法也存在冲突的可能。

(5)财产处分能否通过单方行为变更或撤销的冲突

民间分家析产习惯中分家书一旦做成，除非有法定情形，否则不得变更或撤销。[①] 与民间分家析产习惯不同，在遗产继承中，被继承人在生前可以通过遗嘱对其遗产进行分割并做成遗嘱，而由于遗嘱是单方法律行为且该遗嘱只在被继承人死亡之后才发生法律效力，因此，在被继承人死亡前其可以任意对其遗嘱内容进行变更或撤销。由于现代法确立了个人财产制为基础的财产制，承认了个人的财产权，因此，在当今中国社会的民间分家析产协议中就存在着在对家产进行分割的时候也可能分割了个人财产的情形，如此一来就产生对家庭成员个人财产分割的部分是否能以该权利人日后的单方法律行为如遗嘱予以变更或撤销的疑问。对此，是适用民间分家析产习惯，还是适用遗产继承在结果上就存在根本冲突。

(6)因财产承受人放弃财产承受权的时间要求不同导致冲突

在民间分家析产习惯中，"析产"有"生分"，也有"死分"。所谓的"生分"是指在父母在世时对家产进行的分割。在"生分"中，儿子可以放弃家产，使家产在其余兄弟间均分。在遗产继承中，由于其确立了个人财产制，死者财产是其个人财产，因此在遗产继承中不认可在死者生前对其财产的分割请求。基于此，我国《继承法》规定继承人放弃继承权只能在继承开始即被继承人死亡后，继承人在继承开始前做出放弃继承权的意思表示无效，不产生继承权放弃的法律效力。由于遗产继承不认可继承人在被继承人死亡前放弃继承权意思表示的效力，又由于在现代社会中，分家析产协议在分割家产时也可能对家庭成员的个人财产进行了分割，因此，家庭成员个人财产的继承人在分家析产协议中做出的放弃继承权的意思表示就可能因违反《继承法》的规定而无效，由此势必导致民间分家析产习惯与制定法的冲突。

2. 民间分家析产习惯与遗产继承冲突的原因

民间分家析产习惯是自秦代以来中国家庭实现家产传承的主要方式，与民间的分家析产习惯不同，我国遗产继承制是移植于西方社会，因此，两者存在冲突是必然的。导致冲突的原因很多，其中最直接的原因就是这两种财产传承方式所建立的财产制度、家庭观念及文化基础存在根本差异，对此分析如下。

(1)财产制度不同

民间分家析产习惯始于两千多年前的秦代，在中国古代社会，因受儒家文化影响及国家出于政治和经济方面的考虑，财产制度实行的是"同居共财"，父与子的财产处于混合状态，家产由家庭成员共有。因此，在分家时分析的是家庭成员共有的家产，对于家产

① 根据《大清律例》，属以下几种分家情况的，不应变更、撤销或宣布为无效：①分家已在五年以上；②分家虽不及五年，但在亲族见证下订立分书者；③分家虽不及五年，但该项财产已经出卖，并订有契约者。参见〔清〕沈之奇：《大清律集解附例》，法律出版社 2000 年版，第 237 页。

的分析，即便是家长也不能按自己意愿分析而是须按习惯由诸子均分。[①] 与民间分家析产习惯所依据的由家庭成员共有家产的财产制度不同，遗产继承制是建立在个人财产权利的基础之上，财产权利人享有不受他人干涉的财产自由处分权。由此可知，在家庭成员共有财产制下，因为分析的是共有财产，因此分家书一旦作成即生效，任何个人不得以单方行为予以变更或撤销；同时，因为分割的是共同财产，所以财产的分析可以是“生分”，也可以是“死分”。而在个人财产权制度下，财产权利人处分的是自己的财产，因此可以通过其单方行为对之前财产的处分予以变更或撤销；同时，在财产权利人生前，任何人不得对财产权利人的个人财产请求分割。

(2)家庭观念不同

在近代以前的中国社会因受儒家文化的影响，人与人之间的关系是一种等级森严的家庭伦理秩序，在这种秩序下，个人不能直接与社会、与国家发生联系，而是通过家庭、通过家长才发生。对国家来说，家庭是最基本的社会组成单位，国家的经济目的和政治目的也都是通过家庭得以实现。因此，分家析产不仅是家产的传承，也是家族的传承，甚至有学者提到“家产的继承只是手段，目的是借此保证家庭门户的传延”。[②] 据此，在民间分家析产习惯中对于家产的分割是在大家庭下的各个核心家庭间实施的，份额的分配与“户”有关而与“人”无关；同时，家产的传承只是从长辈到晚辈的单向流动。与此不同，近代以后的中国社会因经济的发展和政治文明的提高，家庭在社会经济、政治领域中的作用已经淡化，个人在社会中的地位凸显，因此，在遗产继承制中，遗产的分配是在人与人之间而非“户”与“户”之间实施；同时，遗产的继承既包括晚辈对长辈遗产的继承，也包括长辈对晚辈遗产的继承，还包括平辈之间对遗产的继承。

(3)文化基础不同

在近代以前的中国社会因受儒家文化的影响，男性成为社会的主导，文化上体现为“男尊女卑”，在分家析产习惯中就是女性被排除在“受产人”之外，同时对长辈赡养义务的承担也与女子无涉。自近代以来，因经济发展和政治文明的提高，平等、自由、民主成为社会倡导的主流价值观和文化观，反映在遗产继承制中就是继承权由男女平等享有，对长辈赡养义务的承担也是由男女同等分担。

民间分家析产习惯与遗产继承制在财产制度、家庭观念及文化基础方面的不同是造成两者冲突的直接原因，但最根本的原因还是在于经济基础的不同。近代以前的中国社会是小农经济的社会，国家出于维护政治统治和发展经济的需要以家庭为单位建构起以家庭财产制为基础、以儒家思想为指导的家庭伦理道德予以规范的封建统治秩序，而近

① 翟家骏认为，“我国传统的诸子平均析产方式限制了家长凭个人意愿处理家产的权力，要求家长的个人意愿服从家庭的利益、身后的家产必须按习惯由诸子均分，只有在没有亲子的特殊情况下，才可以用遗嘱安排家产的归属。”参见翟家骏：《身份与财产：比较法视野下的分家习惯》，载《清华法治论衡》(辑刊)2018 年 8 月。

② 邢铁：《从家产传承方式说我国古代的所有制形式——以唐宋为中心的考察》，载《中国经济史研究》2007 年第 3 期。

代之后随着商品经济的发展和发达，市民社会逐渐形成，平等、自由、民主成为社会主旋律，反映在财产传承方式上就是以个人财产权为基础的遗产继承制的确立，据此，经济基础的改变才是民间分家析产习惯与制定法相冲突的根源所在。由此可知，民间分家析产习惯在司法适用中与遗产继承发生冲突不可避免。

**(二)民间分家析产习惯在司法适用中与遗产继承冲突的协调**

民间分家析产习惯是两千年来民族传统文化的历史延续，而遗产继承制最初则是清末修律时从西方引入的舶来品，又如上文所述，由于两者建立的社会基础存在巨大差异，因此存在冲突是必然的，但这并不意味着冲突不能协调，通过考察，民间分家析产习惯与遗产继承确有可以协调的基础。而基于两者存在可以协调的基础，文章将进一步探讨协调民间分家析产习惯与遗产继承冲突的具体路径。

1.民间分家析产习惯与遗产继承具有协调的基础

(1)民间分家析产习惯具有家庭性。民间分家析产习惯作为一种家产传承制度，是家庭成员之间的内部协议而与社会公共利益无涉，因此，只要不违背社会公序良俗或损害公共利益，制定法就没有必要对其进行限制或禁止。如遗产继承制虽然确立了男女平等原则，但如女性家庭成员在分家析产协议中放弃其继承权，制定法就没有必要强行干预。

(2)遗产继承制具有伦理性。遗产继承与一般的技术性法律规范不同，其具有家庭伦理性，而就家庭伦理的道德要求而言，遗产继承与民间的分家析产习惯具有一脉相承的历史延续性，两者不存在根本冲突，至于因为家庭伦理内容会随着社会发展有所变化而导致两者存在着冲突，如从古代中国“男尊女卑”到现代社会的“男女平等”，但这些冲突本身并非不能协调。

2.协调民间分家析产习惯与遗产继承冲突的具体路径

对于如何协调民间分家析产习惯在司法适用中与遗产继承的冲突，学者提供了两种方案，一是“将部分习俗通过国家权力上升至法律的地位，并借助国家权力使得部分习俗渗透至社会生活中，实现民间习惯与国家制定法之间的良性互动”①或者“善于从民众那里找到传统法律文化与现代性的契合点，是修改继承法的应有态度”②。二是将分家析产习惯直接或变通适用于司法实践③。文章认为由于习惯具有较强的地域性和时间性，因此不宜将习惯的内容上升为法律使其成为通行全国的标准，而是应当采用第二种方案，即一方面保持制定法中遗产继承的谦抑性，只要分家析产习惯不损害他人利益或公共利益，分家析产习惯就可以直接适用；另一方面如果分家析产习惯有损他人利益或公共利

---

① 涂智辉：《我国现行继承法与民间分家析产的冲突与解决》，西南政法大学 2010 年硕士论文，第 23 页。

② 陈丽洪：《中国现行继承法与民间继承习惯——分家析产习惯与继承法的协调和冲突》，载《四川理工学院学报(社会科学版)》2008 年第 6 期。

③ 赵小雨：《乡土社会的秩序冲突及其协调——以分家析产习惯为分析对象》，载《湖南警察学院学报》2018 年第 5 期。

益，就需要对分家析产习惯进行变通适用。对此，详述如下。

(1)财产承受人范围不同冲突的解决。分家析产习惯中对财产的处理有家庭共有财产的分割，也有对家庭成员个人财产的分割。对于前者，因是分割共有财产，所以应当由全体共有人参与始得有效。财产共有人在分家析产协议中做出的放弃自己财产份额的意思表示因符合民法意思自治原则而有效；反之，未经共有人共同决定的财产分割协议对未参加表决的共有人不发生法律效力。同时，对于后者，因是对家庭成员个人财产的分割，本应尊重财产权利人自身的意思表示由其自由决定，但由于分家析产协议不是纯粹的财产性协议，而是兼具人身性的家庭事务安排的协议，其与遗产继承制一样具有家族传承性，应当符合家庭伦理的要求，因此，财产权利人在分割自己财产的时候应当对其缺乏劳动能力又没有生活来源的继承人保留必要的财产份额。

(2)财产份额分配规则不同冲突的解决。与财产承受人范围不同的冲突的解决一样，对于共有财产份额的分配应当由全体共有人参与始得有效，即财产共有人在分家析产协议中做出的财产份额分配对全体共有人有效；反之，未经共有人共同决定的财产份额分配协议对未参加表决的共有人不发生法律效力。对于家庭成员个人财产份额的分配，基于与上文同样的理由，财产权利人在向财产承受人分配财产份额时应当对其缺乏劳动能力又没有生活来源的继承人保留必要的财产份额。

(3)赡养义务分配规则不同冲突的解决。基于家庭伦理道德的要求，不论是自愿放弃财产的财产承受人，还是非自愿放弃财产份额的财产承受人(通常是女性)，都不能因为没有分得财产而拒绝承担赡养义务，但是由于其没有分得财产，所以在赡养义务的承担上应当酌情予以减少。

(4)“父债子偿”与“限定继承”冲突的解决。“父债子偿”与“限定继承”从本质上讲都是债务承担，区别在于“父债子偿”是基于约定，“限定继承”是基于法定。由于“限定继承”不排除继承人对超过遗产实际价值部分的自愿偿还，因此，分家析产习惯中的“父债子偿”在分家析产协议签订时即对债务承受人产生法律效力；在债权人认可时，即产生对外法律效力。

至于民间分家析产习惯与遗产继承在财产处分能否通过单方行为变更或撤销的冲突以及因财产承受人放弃财产承受权的时间要求不同导致的冲突，根据上文分析，随着民间分家析产习惯统一裁判规则的确立，即民间分家析产协议的独立化、典型化，民间分家析产协议与遗嘱、赠与撤销及继承开始前继承权的放弃等法律行为在效力上的冲突已经得到解决。

## 结　论

民间分家析产习惯与遗产继承是我国社会财产传承领域并存的两种方式，由于我国制定法对民间分家析产习惯的法律适用缺乏明确规定，导致法院对分家析产纠纷的处理采用不同的法律规则,造成司法实践的混乱。文章根据分家析产协议在内容和效力上的整体性,认为制定法应当将分家析产协议典型化使其成为一类典型性协议,并以此作为民间分家析产习惯得以适用的统一的裁判规则。同时,在民间分家析产习惯的司法适用中,应当既通过保持制定法中遗产继承的谦抑性,只要分家析产习惯不损害他人利益或公共利益,分家析产习惯就可以直接适用;又通过对损害他人利益或公共利益的习惯予以变通适用,以协调民间分家析产习惯与遗产继承的冲突。

**Study on the Application of Folk Separation Habits**

Li Jie

**Abstract**: Folk separation habits have been more than 2,000 years since the establishment of the Qin Dynasty. Although China's statute law has established a heritage inheritance system based on individual property rights, there are still widespread folk separation habits in rural society. However, due to the lack of provisions on the specific types of agreements for folk separation agreements in China's statute law, the courts applied different legal rules to different parts of the folk separation agreement when dealing with the folk separation disputes. To do this result in the internal validity of the agreement is not uniform and there are conflicts in the effectiveness of legal acts between the folk separation agreements and wills, the revocation of gifts, and the waiver of inheritance rights before the start of inheritance. Moreover, in the judicial application of folk separation habits, there are multiple conflicts between the folk separation habits and inheritance, which leads to a dilemma in the choice of applicable habits or inheritance. In this regard, the statute law should establish a folk separation agreement is an independent, typical type of agreement, recognize its overall effectiveness, and use it as a referee rule applicable to the folk separation habits. At the same time, in the judicial application of the folk separation habits, the conflicts between the folk separation habits and the inheritance of inheritance should be coordinated.

**Key Words**: cohabitation; folk separation; heritage inheritance

# 村民群体与村规民约间良性关系的构建研究

## ——基于一种人与制度间关系的民间法哲学视角

徐伟红*

**摘要**:要协调好我国近 5.6 亿村民之间的利益关系,让他们安居乐业,需要从人与制度关系的角度建构民间法哲学基本论纲,确立一种基于人与制度关系的民间法主体思维,以此作为当前我国构建村民群体与村规民约良性关系的理论分析框架。本文通过此框架对村民群体为村规民约的完善与创新提供内生性动力以及村规民约对村民群体的塑造作用进行了探讨,进而针对村民群体与村规民约的"实然"意义上的互动关系进行研究,提出构建村民群体与村规民约良性关系的具体策略。

**关键词**:村规民约;创新;构建

## 引　言

根据人与制度互动关系原理:"理性人创造了制度,推动着制度的变迁与运行。但同时制度也对人起着能动的反作用,塑造或者异化人性,对人的行为进行引导和约束,使某种特定的行为模式普遍化"①,人与制度是相互影响的,村民群体与村规民约亦不例外。生活在变迁缓慢的中国传统农村的村民群体主要靠村规民约来调整以血缘和地缘为基础的人际关系、经济关系和利益关系。但随着现代农村城市化和城乡一体化的进行,传统的农村社会"从传统的熟人社会日渐转变为介于'熟人社会'与'陌生人社会'之间的'半熟人社会'"②,"通行于'陌生人社会'的契约、规则获得了农民越来越高的观念认同并在其交易、交往行动中得到遵从"③,所以村规民约的约束力和限制力也随之日渐式微。但一方面,据国家统计局资料显示,我国在 2018 年底农村人口有近 5.6 亿,需要村规民约发挥作用让数量如此庞大的村民群体安居乐业,协调好他们之间的利益关系,充分保护好他们的权利;另一方面,当前我国已经进入社会主义新时代,正在为实现乡村振兴而努

* 徐伟红,法学博士,湖南理工学院讲师。

① 朱旭光:《制度的人与人的制度:人与制度互动机理研究》,载《经济问题探索》2008 年第 1 期。

② 贺雪峰:《新乡土中国》(修订版),北京大学出版社 2013 年版,第 4 页。

③ 王露露:《新乡土伦理:社会转型时期的中国乡村伦理问题研究》,人民出版社 2018 年版,第 7 页。

力,村民群体的大多数仍旧希望通过村规民约来规范其生活和生产实践,而且基层政府也希望通过村规民约来加强乡村治理。要达到这些目的,需要促进村民群体与村规民约的良性互动,所以从人与制度间关系的民间法哲学视角研究如何构建村民群体与村规民约间的良性关系具有极大的现实意义。当前学术界主要从以下三个大的方面对村规民约进行了研究:其一是对村规民约的功能、程序、内容、性质与特征进行了分析,如高其才等①;其二是对村规民约的法律定位及其与国家法的关系进行了阐述,如李旭东等②;其三是对村规民约在乡村治理中的地位、作用、构建路径进行了研究③,如余婷等。但学术界从加强村民群体与村规民约的互动的角度来进行研究较为少见,本文拟对此进行研究。

## 一、村民群体与村规民约二者间的基本关系

对当前村民群体与村规民约二者间的基本关系在学理层面进行分析,笔者拟尝试从人与制度互动原理这个角度提出一种人与制度间关系的民间法哲学理论作为分析的框架。村规民约属于民间法的范畴,本文主要是从"民间法"及相关概念进行分析与建构,以及对人与制度关系结合村民群体与村规民约关系和相关概念进行分析与建构。从民间法概念分析,民间法概念特别是涉及基于人与制度关系的民间法概念应包括三个层面的含义:第一个层面主要对人创造的民间法进行概括,即民间法是"它生于民间,出于习惯乃由乡民长期生活、劳作、交往和利益冲突中显现"④,人对民间法起决定作用,推动着民间法不断演进;第二个层面主要对民间法如何对人起能动的反作用进行阐述,即民间法是"活生生的流动着的,在亿万中国人的生活中实际影响他们行为的一些观念"⑤,民间法在运行过程中不断影响人的行为;第三个层面主要对民间法对于国家法律系统的补充作用进行阐释,即民间法"是一个国家/社会之内国家法之外,用来进行社会控制和社会秩序构造的规范系统"⑥,这"既是一种描述性概念,也是一种带有价值判断的规范性概念,还是一个辩证概念"⑦。民间法对国家制定法起重要的补充作用。如农民在盖新屋之前必须跟邻居协商房子的高度、宽度和朝向,否则邻居将会以影响自家的采光和风水等

---

① 高其才:《延续法统:村规民约对固有习惯法的传承——以贵州省锦屏县平秋镇魁胆村为考察对象》,载《法学杂志》2017年第9期。

② 李旭东,齐一雪:《法治视阈下村规民约的价值功能和体系构建》,载《中央民族大学学报(哲学社会科学版)》2013年第2期。

③ 余婷,杨昌儒,周真刚:《乡村治理视角下民族地区村规民约的完善路径——以玉溪市红塔区为个案》,载《贵州民族研究》2019年第5期。

④ 梁治平:《清代习惯法:国家与社会》,中国政法大学出版社1996年版,第431页。

⑤ 苏力:《法治及其本土资源》,中国政法大学出版社1996年版,第14页。

⑥ 谢晖:《大、小传统的沟通理性》,中国政法大学出版社2011年版,第346页。

⑦ 姚选民:《法律全球化背景下的中国法治二元观——基于一种民间法哲学主体视角》,载廖益新主编:《厦门大学法律评论》(总第28辑),厦门大学出版社2016年版,第45页。

因素进行抗议,严重者相互打骂甚或发生刑事案件,这如何处理在国家法律没有相关规定,需依赖村规民约。① 但此时村规民约不能与法治原则相悖。基于人与制度关系的民间法哲学有其自身的本体论,一方面,就民间法法益而言,人通过与制度实现互动,而实现某种特定的利益,从本文来讲,具体就是由村民群体和村规民约之间的关系最终实现的利益,我们要从法哲学层面来探讨这种关系是在保障村民群体的权利,实现乡村的治理,还是与之相反?但这并不是说国家法律就不能够体现由人与制度的关系视域下要保障的利益,只是人与制度的关系在国家法发挥作用前可以由民间法提供前置保障。"村规"是精英阶层管理村庄而制定的一种规定,以实现对村庄自上而下的管制。如 1518 年王守仁在打击盗贼时颁布的《南赣乡约》就是为了使百姓"以相警戒联属,父老其率子弟慎行之"②等。"民约"是在平等基础上基于一致同意达成的一种契约,带有自治的意思。如 2014 年贵州省锦屏县魁胆村制定的《魁胆村村民自治合约》就体现了"在生产上互相帮助、生活上互相照顾、尊老爱幼、扶贫济困、禁偷戒盗、保护生产、保护环境等"③发扬"自治"的优良传统。"村规"重在实现对村庄的治理,维护国家利益,而"民约"更多体现了如何去保障村民群体的利益。另一方面,从民间法的法理分析,其理论逻辑就是一种人与制度的关系的逻辑,即理性人对制度起什么作用,反过来,制度对人的作用又是如何。具体到本文,村民群体与村规民约之间的关系主要是指村民群体与村规民约是否相匹配、相适应的一种关系。

上述论述主要是从人与制度关系的角度来建构的民间法哲学的规则形态和制度意义,希望能确立一种基于人与制度关系的民间法主体思维,进而以此作为当前我国构建村民群体与村规民约良好关系的理论分析框架。通过此框架从民间法哲学层面分析清楚基于人与制度关系来探讨村民群体与村规民约的"应然"意义上的互动。

第一,村民群体为村规民约的完善与创新提供内生性动力。"乡规民约产生于乡村社会之中,在村民群体日常生活逻辑中形成、生长,具有内生性"④,村民群体能为这种内生性提供完善和创新的动力。与星星会固定地按照自然法则运转不同,人类在法律之下却有着自己自主的行为选择⑤。村民群体是能被动接受村规民约控制的客体,同时也是能对村规民约产生作用的主体。"在中国广袤的土地上,分散着成千上万个世世代代依赖于一定的土地而居住的'自然村庄',如果说以血缘和亲缘为主导的家庭是中国社会结构的细胞的话,那么,'村庄'则是中国社会的最基层单位。脱离了村庄这个基本单位,则乡民社会这一概念也就难以成立"⑥。村民群体因血缘和亲情等自身的因素及其所处的

① 据调查湖南省益阳市碧云峰村发生此类纠纷通常由村干部或该村德高望重者依照自古民约出面进行解决。

② 王阳明:《王阳明全集》,燕山出版社 1997 年版,第 128 页。

③ 高其才:《延续法统:村规民约对固有习惯法的传承——以贵州省锦屏县平秋镇魁胆村为考察对象》,载《法学杂志》2017 年第 9 期。

④ 陈寒非,高其才:《乡规民约在乡村治理中的积极作用实证研究》,载《清华法学》2018 年第 1 期。

⑤ [英]哈特:《法律的概念》,张文显等译,中国大百科全书出版社 1996 年版,第 183 页。

⑥ 谢晖:《当代中国的乡民社会、乡规民约及其遭遇》,载《东岳论丛》2004 年第 4 期。

现实社会环境,会做出适应自身生存需要的选择,这种选择是更有利于村民群体生活并对其有牵制作用的制度——村规民约。反之,村民群体的生命和财产将会得不到保障,他们将无法生存下去。村民群体严格按照村规民约进行生活和生产实践,才能使得村规民约有强大的威慑力,才能使得村规民约有内在的顽强的生命力。村民群体根据自身的认知结构和对所处环境的辨识能力对村规民约起到塑造作用。因为村民群体在实现个人利益时不断与整个村庄的集体利益进行博弈,村民群体的认知能力和价值理念在博弈中会随之发生变化,最终使得村民群体在制定村规民约时的选择也发生改变。村民群体自身要不断发展,实现人的本质。村民群体的发展意味着村民群体的生产活动和社会生活在不断变化,村规民约的完善和创新实际上是村民群体的发展的创新。它是村民群体根据自身的发展所进行的选择,村民群体自身的发展是为了满足自己物质和精神上的需要,这些需要既包括村民群体个人的,又包括整个村庄的需要。所以村规民约会根据村民群体的需要而会产生变化,不是制定了就不变了,更不是一劳永逸。村规民约如果能够促进村民群体的发展,就会随着村民群体自身的发展和外界的变化而在发生变化,进而形成新的村规民约。当村民群体自身和外界出现根本性的变革时,村规民约也会出现根本性的创新。

第二,村规民约对村民群体起塑造作用。制度是为了人得到更好发展的需要,故其存在的目的正是为了人。① 村规民约对村民群体的行为进行控制与调整,要想更好地调整村民群体的行为,在制定村规民约时就要充分考虑到村民群体的思维和行为的特点,使得村规民约能在村民群体的认可中实现其预期。"制度约束着人,塑造着人,调节着人的行为"②,村规民约通过限定村民群体行为来塑造村民群体,促进村民群体发挥积极的能动作用。

1.村规民约对村民群体的人性弱点起消解作用,化解村民群体内部矛盾。制度以程序、规则或义务等各种不同的形式强制人们服从或者对人们进行教化和内化,对人性的弱点起消解作用,具体到村民群体和村规民约而言,最大限度地使得村规民约和村民群体的行为趋向一致。《吕氏乡约》针对"不修之过":"一曰交非其人……。二曰游戏怠惰……。三曰动作无仪……。四曰临事不恪……。五曰用度不节……。已(以)上不修之过,每犯皆书于籍,三犯则行罚"③,对村民群体所表现的怠惰、行为粗鄙等人性弱点进行规制。贵州魁胆村在2014年制定的村规民约针对村民群体亦明确规定"不酗酒滋事,严禁侮辱、诽谤他人,严禁造谣惑众、搬弄是非"④。这两个村规民约充分说明村民群体的行为要与他们个人的社会角色相适应的,村规民约会给整个角色规定其职责和义务,以此来对村民群体的行为进行限定。村规民约本是村民群体的创造物,由村民群体的主观能

① 林慧,薛忠义:《制度与人互动关系论析》,载《人民论坛·学术前沿》2018年第9期。

② 陈婷:《制度与人的发展研究》,载《马克思主义理论学科研究》2018年第6期。

③ 牛铭实:《中国历代乡规民约》,中国社会出版社2014年版,第125页。

④ 高其才:《延续法统:村规民约对固有习惯法的传承——以贵州省锦屏县平秋镇魁胆村为考察对象》,载《法学杂志》2017年第9期。

动性得以实现,会随着社会的变迁和村民群体的行为不断演进。村规民约的调整是对村民群体行为的控制和调节,它能限定村民群体在生活实践中的行动规则,影响着村民群体的利益分配和资源配置的效率,体现了一个村或一个相关村组织中所有成员的兴趣和偏好,维持着村民群体相互之间的信任,提供激励制度,抑制村民群体的机会主义行为,增加了规避村规民约的风险。如果有村民群体违反村规民约,那么他们将会被惩罚。村民群体追求自我利益是人的本能,为了避免投机行为,又能够兼顾其他村民群体的利益,使整个村庄利益最大化,需要村规民约来进行约束。另外,村规民约能为村民群体内部的合作提供便利条件。村民群体内部不可避免地存在矛盾,这也需要村规民约来帮助村民群体解决或缓解矛盾,促进村民群体内部进行合作。所以,村规民约在外部环境变化较小的情况下能够减少村民群体行动带来的不确定性,保障人们的合理权益。村规民约不断变化和发展,村民群体不断地把自己的内在本质和利益关系对象化为村规民约,同时又通过生产实践活动及村规民约进一步发展村民群体自身。

2.村规民约对村民群体的实践模式和效率的提高起促进作用。“制度及惯例,除了仅仅作为固定化行为方式约束外,还通过提供其他人可能行为的或多或少是可靠的信息来发挥能动作用”,“即使假定爱好偏好给定不变,制度及惯例的信息功能受到制度提供的信息所左右,仍将导致形成行为的某种范式”①,所以村规民约要实现起预期,主要在于它根据村民群体的偏好对村民群体的实践模式和效率起积极作用还是消极作用。“清光绪二十六年(1900),因受广西太平天国起义余波的影响,黎平府属各地社会持续动荡,魁胆等九寨地区社会动乱不堪,明抢暗偷事件不时发生,民众无法安居乐业”②造成这个现象的原因是由于当时国家局势动荡,在一些尽管能生产生活自给自足的村庄,没有村规民约对村民群体行为的规制,其中一些村民选择偷扒抢窃这种行为模式,直到《魁胆十六甲禁约》的颁布和实施。2014 年贵州魁胆村新制定的村规民约第 2 条明确规定:“邻里间发生纠纷,能自行调解的自行调解处理,不能自行处理的要依靠组织解决,不能仗势欺人,强加他人”③,这极大地提高了处理村民群体纠纷的效率。一旦没有制度的规制,人们不能选择正确的实践模式,生产效率不能提高,生命和财产安全得不到保障,那就会要付出高昂的代价。村民群体也一样,村规民约对他们的实践模式和效率是否起积极作用关系到村民群体能否安居乐业。

---

① Hodgson, Geoffrey, *Economics and Institutions: A Manifesto for Modern Institutional Economics*, Philadelphia: University of Pennsylvania Press, 1988, pp.159～165.

② 高其才:《延续法统:村规民约对固有习惯法的传承——以贵州省锦屏县平秋镇魁胆村为考察对象》,载《法学杂志》2017 年第 9 期。

③ 高其才:《延续法统:村规民约对固有习惯法的传承——以贵州省锦屏县平秋镇魁胆村为考察对象》,载《法学杂志》2017 年第 9 期。

## 二、村民群体与村规民约二者间的"关系之癌":基于二者间之基本关系分析框架的分析

村规民约"以村民自我管理为基础,由村民相互协议而产生,是村民共信共行的行为规范,有效地推进了村民自治"①,如前所述,它与村民群体的关系是双向的。这二者都处于农村这个社会系统之中,都受到当地政治、经济、社会、法治建设、历史和文化等诸因素影响。本部分重在对改革开放以来的村民群体与村规民约二者之间"实然"意义上的关系进行分析。

第一,村民群体参与制定村规民约"形式化"限制了他们主观能动性作用的发挥。由《村民委员会组织法》第二十一条和第二十七条的规定"村民会议由本村十八周岁以上的村民组成""村民会议可以制定和修改村民群体自治章程、村规民约"等可知,制定村规民约的主体是由村民群体组成的村民会议。村民群体的认知结构、对环境的辨识能力以及自身人性的变化会随着他们所处环境的变化而发生变化,这不可避免地对他们参与制定村规民约会产生相应影响。随着我国改革开放的进行,国家权力收缩到乡镇一级,原有行政职能的生产队被具有村民自治功能的村所替代,村民群体自身也获得了一定的经营自主权和择业自由权。虽然《村民组织法》规定实行村民自治制度,但在实践中并没有得到有效执行,经常被基层政府和村委会等机构和组织"干预"过多。《村民委员会组织法》规定村规民约主要是由村民群体会议制定:"召开村民群体小组会议,应当有本村民群体小组十八周岁以上的村民群体三分之二以上,或者本村民群体小组三分之二以上的户的代表参加,所作决定应当经到会人员的过半数同意"。但一些村庄在村规民约起草和制定时并没有召开村民会议发动村民群体参加②,只是少数村干部负责起草制定③,并在村会议上通过,这些操作都背离了村民群体参与和民主协商的原则,缺乏规范性,导致村民群体无法认同,就更无法付诸实施,村规民约就不能进行根本性的完善和创新,进而失去了内在的生命力。因为随着改革开放,城镇化加快,我国已经由熟人社会向半熟人社会转变,并逐渐向市民社会过渡,村民群体的生活理念和实践方式发生了巨大变化。一方面,许多村民进城想打工赚钱过上更好的生活,对村规民约并不关心。另一方面,很多村民缺乏法律意识,自身公民素养较低,认识不到制度的重要性,对参与制定村规民约的积极性不高,导致村规民约不接"地气";更谈不上关心村规民约的内容以及自身行为是否符合国家法律精神。如一些村干部和村民缺乏法治意识,封建观念严重,认为村规民约的效力应在法律之上,甚至把男尊女卑等条款公然写入村规民约。这不但不利于倡导文

① 周铁涛:《村规民约的当代形态及其乡村治理功能》,载《湖南农业大学学报(社会科学版)》2017 年第 1 期。

② 在湖南省益阳市碧云峰村,随机调查 30 户居民,民主参与形式是派人拿选票到村民家里说要投票,这个人一般只按他自己的意思填选票,据解释,原因是老年村民居多,说也不懂,而青壮年都出去打工了。

③ 李敏:《村规民约在基层情境治理中的法治功能分析》,载《广西民族大学学报(哲学社会科学版)》2019 年第 2 期。

明风气和法治精神，更不利于村民发挥自身的主观能动性作用。

“在制度的形成与确立过程中，是人决定制度，有什么样的人，就有什么样的制度选择。再好的制度，如果没有实质的内容，也会走向它反面”①，村民群体的选择和村规民约的内容是否合法，是否有利于社会，是否遵守村规民约，这些都需要有专门的监督机构进行监督。《村民委员会组织法》第二十七条以及第三十二条分别规定了相关监督的内容，对村规民约违反前款规定的，由乡、民族乡、镇的人民政府责令改正，村应当建立村务监督委员会或者其他形式的村务监督机构。《关于做好村规民约和居民公约工作的指导意见》（以下简称《指导意见》）亦明确指出要通过监督委员会监督村规民约的执行和落实。村规民约是否发挥作用，跟村规民约在执行过程中缺乏监督有密切联系。但在实践中很多村都是由村委会或村干部来进行监督，没有建立专门的监督委员会，农民始终没有走出家族、宗族、熟人的伦理关系圈。② 一些村干部怕得罪人或觉得麻烦对违反村规民约者没按章程执行，对涉及调整村民群体的利益事项时自私自利，对自己有利的事积极执行，而不利的事情，却不执行，不能一视同仁。对违反村规民约者，在村规民约的条款中规定以罚款了事。如2015年贵州省锦屏县制定的酒席操办公约中就规定村民如果办该公约禁止操办的酒席将被罚款500元③。但这种处罚是缺乏法律依据的，因为根据《立法法》和《行政处罚法》的规定，村民会议并不是国家权力机关，只是一种自治组织，是没有处罚权的。一些村干部甚至纵容自己亲戚朋友违反村规民约或者将罚款所得放进自己口袋，这不但有失公平，而且更严重的是这种做法违背了法治原则。

第二，村规民约对村民的“塑造”存在“异化”现象。

1.村规民约对村民群体的规范和约束作用难以落到实处。《指导意见》提出了要对村民群体的日常行为和民风民俗进行规范和引导，这有利于村民群体克服其人性弱点，如滥办酒席、天价彩礼、薄养厚葬、攀比炫富、铺张浪费等体现出来的贪婪、投机、自私、虚荣等弱点以及“等靠要”、懒汉行为等体现出来的好逸恶劳、任性等弱点。但在实践中，受市场经济环境的影响，由于村民群体的趋利避害趋向，一些村民过度追求自己的物质利益，使得村规民约对他们的规范和约束作用有限。传统村庄是村规民约存在之载体，但当市场经济的大门打开，中国城镇化的进行，导致具有乡土性和地域性等色彩的村庄不可避免地受到影响。其一是中国各地发展不平衡，村庄城镇化以及城乡融合不能短时间就完全实现；其二是现代农村治理基本上由国家行政村主导，国家法律在此还不能完全发挥其作用。其三是现代村庄“空心化”现象以及“空巢化”现象日趋明显，逐渐走向衰落，村规民约也随之被一点点瓦解，有的村庄没有村规民约，有村规民约的村庄村民群体对其权威以及是否合法和有效开始质疑，就更谈不上村规民约对村民群体的弱点起消解作用。

---

① 林慧、薛忠义：《制度与人互动关系论析》，载《人民论坛·学术前沿》2018年第9期。

② 周铁涛：《农村基层治理法治化研究——基于湖南益阳农村的调查与思考》，载《领导科学》2016年第12期。

③ 高其才：《乡村治理视角下村规民约的变与常——以贵州省锦屏县平秋镇魁胆村为考察对象》，载《学术交流》2019年第4期。

2.村规民约不能“与时俱进”,部分地偏离甚至背离了村民群体生产生活实践需要。“转型期乡村社会市场化、信息化程度的提高和公共生活空间的扩大,在相当程度上削弱了传统乡村社会基于血地二缘的家庭(家族)式和长老式道德权威力量,也使得经验传承性的家庭(家族)道德传递和传统的村规民约越来越不足以料理愈加复杂的利益关系和社会矛盾”①,在实践中,很多村规民约“仅仅只是纯粹的形式化的文本,没有任何实效,成为了挂在墙上的摆设,唯一的作用就是在各级领导的检查和各部门的考核中能‘有据可查’”②。一些村规民约不但没有保障村民的权益,而且还与国家法、政策相抵触,甚至还涉及有封建文化性质的内容。如有些地方规定出嫁女、离婚女不能分得土地,没有财产继承权③,这严重侵犯了妇女的正当权利。有的村规民约内容“以罚为主”,在经济上进行重罚,如前所述,这不符合国家法律规定,同时也违背了村规民约的主旨。另外,国家为了实现法治,开展“送法下乡”等活动,对村规民约也起到了弱化作用。村规民约“大多是以植根于西方法律文化之上的国家法律为建立依据和基础,更多地强调采用惩戒措施对乡民进行法律层面的管制,这就造成其在和国家法令保持高度一致的同时,也丧失了自身的软控制功能,完全蜕变为国法之下的‘小宪法’”④,甚至一些村规民约内容照抄国家相关法律⑤,但村规民约属于民间法范畴,应与国家法律各司其职,否则村规民约会逐渐变成国家法,失去了村规民约的地方色彩和传承性。有的村规民约没有监督条款,有的村规民约虽然有规定专门的组织进行监督,但是有的是因为条款太空泛导致无法执行,有的是因为监督机构本身就是执行机构,自己监督自己,这些都使得监督形同虚设。

我国一些农村中发生的强奸案会基于封建传承的一些民约以双方“私了”形式处理⑥,这种民约是与国家法律不相容的。村规民约的“合法性”是村民群体遵守村规民约的基础和前提,包括两个方面:一是村规民约制定程序上的合法性;二是村规民约内容上的合法性。⑦《村民委员组织法》对村规民约制定的程序没有明确而详细地规定。《指导意见》将村规民约的制定程序分为五个阶段:征集民意、拟定草案、提请审核、审议表决、备案公布等。虽然村规民约不属于国家法,但在现代法治社会,其制定程序也应有正式的程序规范规制,才能够确保村规民约的权威性和认可度,让村民群体能表达自己的诉求,维护自己的利益和权利。但在现实实践过程中,一些基层政府在这个审议阶段干预过多,村民群体参与过少,导致一些村的村民群体根本不知道有村规民约的存在。“现代社会是一个流动性非常强的社会,新疆人可能到湖南,湖南人也可能到东北,而东北人有

---

① 王露露:《新乡土伦理——社会转型时期的中国乡村伦理问题研究》,人民出版社2018年版,第7页。

② 高其才:《延续法统:村规民约的当代形态及其乡村治理功能》,载《法学杂志》2017年第9期。

③ 据调查湖南省益阳市碧云峰村出嫁女没有财产继承权,无权分田地,原因是“嫁出去的女,泼出去的水”,不算本村人。

④ 党晓红:《中国传统乡规民约研究》,西北农林科技大学2011年博士论文,第145页。

⑤ 周铁涛:《村规民约的当代形态及其乡村治理功能》,载《湖南农业大学学报(社会科学版)》2017年第1期。

⑥ 据调查湖南省益阳市黄源塅村曾发生强奸案,村民们及被强奸女方认为自古丑闻不应声张,跟男方依民约请中间人私下协商赔钱了事。

⑦ 赖先进:《发挥村规民约在社会治理中的耦合协同效应和作用》,载《科学社会主义》2017年第2期。

可能去新疆，这样就可能形成一种奇特的现象，即不同习惯的人可能居住在一起，各自有着自身的习惯，但又可以和平的平等相处；当然，有时候也有相互的习俗不能包容的时候"①，针对这些长居外来人口"相互的习俗不能包容"时怎样做，村规民约亦未对此进行规范。如果村民群体"缺席"村规民约的制定，这同时也导致相互冲突的利益各方缺少能交涉的平台，更不能进行直接交锋，相互质证。这也必然导致村民群体与村规民约出现恶性互动，村民群体从实际制定主体变为"旁观者"，真正关于村规民约制定的内容在程序之外，从而最终使得村规民约无法体现村民群体的偏好，无法随着社会环境的变化而变化，进而无法对村民群体的实践模式和效率起积极作用。

导致村民群体与村规民约出现恶性互动的原因有很多：其一是"传统的地方性知识被现代性话语系统消解，农村话语力量在立法中微不足道"②，村民群体在规则制定中缺少话语权，他们对公共事务缺乏责任感；其二是制定村规民约时重实体，轻程序，缺乏民主议决，没有重视发挥村民群体代表积极性和法治意识相结合；其三村民群体法律素养低，缺乏权利意识和法治意识；其四是农村经济发展和民主政治水平较低，无法提供社会利益表达多样化机制。

## 三、村民群体与村规民约二者间良性关系构建的基本路径

"村规民约在我国农村有强大的生命力，很多村规民约直接就是来源于民间的风俗、习惯，说到底，它是一种基于社会道德之上的秩序规范和社会契约"③，作为乡村文化传统之一，是"现代社会的根脉所在"④，具有民间法性质，而当前我国正在进行法治国家建设，农村正是基层法治建设的关键性环节⑤，故加强村民群体与村规民约的良性互动是建设法治农村的重要一环。针对前述存在问题所导致的村民群体与村规民约出现的恶性互动，有必要对村规民约进行完善和创新，构建村民群体与村规民约良性关系。

第一，村民群体要成为切实促进村规民约完善与创新的"主体性力量"。"制度的生成有两种方式，一种是靠制度的自发演进，另一种靠人的有意识的自主设计"⑥，村规民约也一样，但村规民约如果只靠自发演进，没有村民群体的设计，其完善和创新的历程将很漫长。"人是制度的主体和目的，制度应该指向人性的完善，保障人的自由全面发展和社会的进步"⑦，制定村规民约的主体是村民群体和由村民群体选举出的村民委员会，是民间力量，其制定和实践都是村民群体权利确认的过程，"通过村民群体直接参与、民主协

① 彭中礼，王亮：《论地方立法中的民间规范——以设区的市立法为例》，载《湖湘论坛》2018年第1期。

② 易军：《农村法治建设中的非正式制度研究》，中国政法大学出版社2012年版，第289页。

③ 李晓丹、张国民：《新时期村规民约建设探析》，载《赤峰学院学报》2017年第3期。

④ 李梦竹：《改革开放以来我国农民群体的自发、自信与自觉》，载《求实》2018年第6期。

⑤ 高维、李喜英：《传统乡规民约的现代文明之维》，载《学理论》2018年第7期。

⑥ 转引自张晓姝，赵万里等：《人与制度的互动机理》，载《财经问题研究》2013年第5期。

⑦ 陈婷：《制度与人的发展研究》，载《马克思主义理论学科研究》2018年第6期。

商，议定执行办法，实现民事民议、民事民办、民事民管，方可满足村规民约制定主体的合法性与合理性双重需求”[①]。因此，要对农民“充分地赋权，把知情权、发言权、分析权和决策权交给农民，促使村民群体分享、更新、分析其生活知识和生产经验，了解农村资源的分配，对重大决策发表自己的看法”[②]，使村民群体真正成为制定村规民约的主体，以为村规民约的完善与创新提供内生性动力。《村委会组织法》第二十七条规定村民会议能够制定村规民约，但没有说明村委会和村民代表大会等其他组织是否能够制定村规民约，这说明村民群体都参加的重要性。村规民约的制定必须依托村民群体和村委会以及其他民间组织，增强乡村精英如村干部、社交能人、隐士以及其他能人等的支持。如浙江省枫源村的村规民约“制定程序非常严格：其一，村干部挨家挨户征求意见；其二，村干部拟定草案，再向全体村民征求意见”[③]，力求充分发挥村民群体的作用，对村规民约进行完善和创新。基层政府应提供财政支持对他们进行培训，增强对外交流，淡化他们的权力意识，增强他们的服务意识，以避免他们单凭个人意志随心所欲地“塑造”村规民约。要使村规民约要有强大的威慑力，最终要的是要获得村民群体认可和接受，否则村民群体就会消极对待村规民约，不会严格按照村规民约规范自身的行为，更严重的是可能会激发村民群体与基层政府之间的矛盾，会导致村规民约停滞不前和“虚化”。“人的发展要关注实践生活，通过变革不合理的制度改善人的生存环境”[④]，所以村民群体要成为合格公民，就要针对村规民约的内容积极提出自己的意见，变革不合理的村规民约。基层政府对于村规民约的制定及实施要做好引导作用，要做好宣传教育工作，让村民群体认识到村规民约的重要性，增强村民群体对村规民约的敬畏和信仰意识。国家对村规民约的制定应给予财政支持和法律支持，从而发挥村民群体的积极的能动作用。

《指导意见》规定：“乡镇党委、政府（街道党工委、办事处）要加强村规民约和居民公约工作落实情况的督促检查，……，防止流于形式、成为摆设”，也要防止村民群体用村规民约代替法律法规，村庄应建立村务监督委员会加强对村规民约落实情况的监督为主，强化“村（社区）‘两委’成员、人民调解员、村（社区）、妇联执委和德高望重、办事公道的群众代表”共同进行监督为辅。如贵州魁胆村 2014 年制定的村规民约第 18 条规定：“在村‘两委’的领导下，建立‘合约执行小组’，负责合约的执行惩罚工作；建立‘监督小组’，负责监督‘合约执行小组’开展工作。”合约执行小组、监督小组由寨老等各方面村民群体代表组成，为村民群体行使民主监督权利的重要形式。[⑤] “对政府而言，乡镇政府不但要严格实行对村规民约的备案审查，也要严格实行对村规民约的监督检查；对村民委员会而言，要保证村规民约的制定实施公开透明化，接受群众的监督；对于司法机关而言，要积极发挥对村规民约的监督功能，并及时对村规民约的违法违规情况提出修改意见；此外，

---

① 姚保松、周昊文：《乡村振兴视域下村规民约的困境及出路探析》，载《学习论坛》2019 年第 3 期。

② 李梦竹：《改革开放以来我国农民群体的自发、自信与自觉》，载《求实》2018 年第 6 期。

③ 汪世荣：《“枫桥经验”视野下的基层社会治理制度供给研究》，载《中国法学》2018 年第 6 期。

④ 陈婷：《制度与人的发展研究》，载《马克思主义理论学科研究》2018 年第 6 期。

⑤ 高其才：《通过村规民约保障人权：以贵州省锦屏县为对象》，载《南京社会科学》2017 年第 7 期。

对于个体群众而言,不仅要自觉参与、遵守和执行村规民约,也要对村规民约的执行予以监督,形成人人参与、全民监督的氛围,使村规民约在农村这块广大的土地上更加枝繁叶茂"[①],其一,基层政府要加强村规民约的合法性进行审查,避免村规民约内容中有与国家法相抵触之处;其二,要从村庄内选出村民代表建立村规民约监督组,对村规民约的实行进行监督,对违规违约的村民进行处理,尤其是进行的罚款出处和去处都要公开、透明,进行公示;其三,要提高村干部的法律意识,设立专门的监督条款,避免他们营私舞弊。总之,"从法学层面来看,公民作为社会存在的主体,拥有宪法规定的权利,拥有独立的人格,因而政府应当为保障公民权利作出必要的努力"[②],政府一方面要保障村民群体的权利,保障村民群体独立的人格,不能过度干预村规民约的制定;另一方面,村规民约属于民间法的范畴,政府监督检查可以激发村民的主体性作用。

第二,村规民约要不断"优化"以适应村民群体生活和发展的需要。

1.植根于农村——提高规范和约束村民群体的效果"为了对未来有所预期,为了对个体行为者能够有明确的指南,人们必须要对制定制度本身作出更加具体的实施规则,并且在这些具体的实施细则中,明确规定个体行为者享有哪些权利、履行哪些义务、负有哪些责任"[③],村规民约对村民群体的规范和约束要植根于农村,作出详细规定,这是引导村民群体发展的一个重要因素。其一是要根据农村环境对村民群体的日常行为进行规范和约束。如最新版《枫源村村规民约》(2017 年)规定:"诚信友善待人,不虐待老人儿童,不伤害夫妻感情,不辱骂诽谤邻里,不拒绝守望相助"[④]。其二是要保障村民群体严格按照村规民约制定和执行程序进行。为了避免一些村干部和基层政府人性弱点干扰村规民约的制定,要鼓励村民群体积极参与公共事物,保障村民群体权益,合理解决民众纠纷,应。《指导意见》明确对村规民约制定和修订的程序进行了规定:征集民意、拟定草案、提请审核、审议表决、备案公布等五个阶段,这五个阶段不能倒置,更不能跳越,必须依次决策。这个制定和修订村规民约的程序在征集民意时应广泛征求该村村民群体的意见,根据问题导向来决定规范内容,并针对这些内容组织村民群体按照民主、公开和公正的原则采用民主协商方式,允许有分歧,让每个村民都能表达自己的意见,在充分辩论的基础上让各方尽力达成一致,至少需要多数人同意。让村民群体就自己的利益诉求进行平等表达、充分博弈,依据少数服从多数的原则来决定村规民约内容,同时也切实保障少数人的表达权和决策权,以保证村民群体的平等性、村规民约内容的可选择性以及决策结果尽力让各方满意等,尊重和认可村民群体充分交涉基础上制定的村规民约。这同时也保证了村规民约是经过正当程序产生的,避免村民群体的一时偏见和意气用事,促进村民群体进行理性决策,提高制定村规民约的效率。但同时不能为了提高制定村规民

---

① 李晓丹、张国民:《新时期村规民约建设探析》,载《赤峰学院学报》2017 年第 3 期。

② 彭中礼:《社会主要矛盾的法哲学阐释》,载《内蒙古社会科学(汉文版)》2018 年第 5 期。

③ 林慧,薛忠义:《制度与人互动关系论析》,载《人民论坛·学术前沿》2018 年第 9 期。

④ 汪世荣:《"枫桥经验"视野下的基层社会治理制度供给研究》,载《中国法学》2018 年第 6 期。

约的效率而不让村民群体进行民主协商，让村民群体进行充分的民主协商也要针对村民群体制定有限发言制度以及合适的辩论制度、表决制度等。对村规民约进行审议时，村民委员会应建立相应的评价机制和听证机制等，以保障村规民约的制定有章可循，实现有效议决。这样既可以避免村民群体的激情、鲁莽，也可以避免村民群体的偏私、贪婪，让村民群体能理性制定村规民约，最终起到事半功倍的效果。国家应营造良好的政治环境和法治环境，村规民约的制定应融入法治原则和国家意志，促进村民群体与村规民约的良性互动。

2.契合村民群体之需要——充分保障村民的权利。“历史上制度异化的情况时常存在，表现为制度的主体在权利义务方面的不对等，制度不再是促进人的发展的中介，异化的制度成为外在的强制，变成压制人、束缚人发展的工具”①，因此，要让村规民约不异化，就不能让它僵化、落后和片面，要能够在村民群体的生产、生活实践中处理村民之间的利益关系和社会矛盾，保障村民群体的权利。村规民约的产生来自对安全、秩序以及利益，“在由自然经济向市场经济转型的过程中，社会由封闭走向开放，由伦理型社会向法理型社会转变，其核心是社会制度的变革，社会体制的现代转型需要以现代制度来平衡利益冲突”②：其一是村规民约要随着时代变化、国家政策的变化以及村民的需要进行相应调整，保障村民群体的合法权利。如 2013 年贵州彦洞乡瑶白村有的村寨专门制定了义务教育方面的村规民约③，这项规定依国家法律充分了保障村民群体受义务教育的权利。其二是要有专门的保护妇女、老人、儿童等群体的利益的条款。“人的发展是在一定的制度中展开的，制度规范着人的活动，形成人的现实生活世界，要以合理的制度安排保障人的权益，协调人与人、人与社会的关系，促进人的创造性发挥和独立性的发展”④，妇女、老人、儿童等亦不例外，所以要把他们（包括外来人口）的利益诉求转化为村规民约的条款。如要依据男女平等原则，保障出嫁女、离婚女的财产继承权，对强奸案等一些违法事件必须按国家法律处理。其三是要保障村民群体的人格权等权利。农村地区特别是一些偏远落后地区，经常会出现一些家族为了自身利益不惜违反国家法律法规，肆意侵犯他人利益，这对农村治理带来极大的难度，可利用传统村规民约的影响力，制定新的村规民约对他们进行教化。如贵州甘塘村在 2005 年制定的村规民约第 1 条规定村民群体不能有以下行为：“(1)殴打他人，造成轻微伤害的。(2)公然侮辱他人或捏造事实诽谤他人的。(3)利用其他手段威胁他人安全或干扰他人正常生活的。(4)非法侵入他人住宅造成损失的。”⑤。其四是村规民约的内容不能照搬照抄国家法律法规，更不能与法律法规相抵触（如前述关于罚款和男尊女卑的相关内容），应突出当地的文化和地理特色。如 2014 年贵州河口乡文斗苗寨制定的村规民约第 4 条规定：“传统木构建筑是文斗传统村落最

① 陈婷：《制度与人的发展研究》，载《马克思主义理论学科研究》2018 年第 6 期。

② 陈婷：《制度与人的发展研究》，载《马克思主义理论学科研究》2018 年第 6 期。

③ 高其才：《通过村规民约保障人权：以贵州省锦屏县为对象》，载《南京社会科学》2017 年第 7 期。

④ 陈婷：《制度与人的发展研究》，载《马克思主义理论学科研究》2018 年第 6 期。

⑤ 高其才：《通过村规民约保障人权：以贵州省锦屏县为对象》，载《南京社会科学》2017 年第 7 期。

重要、最核心的物质基础，牢固树立‘以古为新’、‘古为今用’的理念、留住乡愁，留住气脉，留住村魂”①，这一保护性条款充分突出了当地苗族文化的特色。村规民约要对村民群体的实践模式和效率起积极作用，就要让其内容贴近村民群体的生产生活需要。

## 结 语

综上所述，基于人与制度关系的民间法哲学视角，村民群体在生产生活实践中完善和创新村规民约制度，又通过村规民约制度等不断塑造和提升自己，不能把村民群体和村规民约割裂开来，让村民群体真正成为村规民约的制作者和“剧中人”。要激活村规民约的内在生命力，促进村民群体成为法治农村建设的合格公民，就要加强村民群体与村规民约的良性互动。“在一定意义上讲，人类社会发展的历史就是人的潜力的制度化释放过程。人的潜力发挥多少与制度好坏密切相关，一部人类史实际上是人类与制度相互作用的过程”②，因此，村民群体自身的发展与村规民约的优劣密切相关，要实现乡村振兴，二者都不可缺。“‘枫桥经验’通过乡规民约对善良风俗习惯的吸纳，实现了习惯的显性化”③，枫桥经验更是村民与村规民约良性互动的典范，要构建村民与村规民约的良性关系，关键是在实践中要促进村民与村规民约的良性互动。

**The Research on The Construction of benign Relationship Between Villagers'and Village Regulations**

Xu Weihong

**Abstract**: In order to coordinate the interests of nearly 560 million villagers and let them live and work in peace, It is necessary to construct a basic outline of folk law philosophy from the perspective of the relationship between people and institutions, and to establish a folk law subject based on the relationship between people and institutions as a theoretical analysis framework for building a good relationship between villagers and village rules in China. Through this framework, we provide endogenous motivation for the improvement and innovation of villagers' villages and villages, and the role of village regulations in shaping the villagers' groups, and then aiming at the “real”significance of village groups and village rules. Based on the research, the author analyzes the strategy of constructing a good relationship between village groups and village rules.

**Key Words**: the village regulations; the innovation; construct

① 高其才:《通过村规民约保障人权:以贵州省锦屏县为对象》,载《南京社会科学》2017 年第 7 期。

② 罗小芳、卢现祥:《人与制度关系研究的理论演进》,载《福建论坛(人文社会科学版)》2016 年第 5 期。

③ 汪世荣:《“枫桥经验”视野下的基层社会治理制度供给研究》,载《中国法学》2018 年第 6 期。

# 国内首例代孕所致监护权案引发的代孕合法性反思[*]

## ——基于中华法之道与西方相关哲学的多维视域

费小兵[**] 陈 进[***]

**摘要**:该监护权案判决将孕母定为生母,引发的立法反思是,未来的模拟妊娠机器孕母可能是生母吗?权利视角的功利论、义务论无法周延论证代孕合法与否。则这个人类高科技风险问题应多几维文化视角如公益的古典视角。例如,儒家传宗接代观的逻辑是鼓励代孕,但孔子天下为公的立场抑制此欲望。又如佛学视角,代孕的普及打破了血缘崇拜,但不能减弱贪欲。道家视角认为合德的代孕才可正当化。正当的自然权利无可厚非,且儒、道、佛三家都推不出反对代孕。防止代孕导致的生物灾难才是未来合法化的价值核心。面对无法遏制的代孕市场,立法已到临界点,但不能仅从功利论赞同代孕,而应顺应民情文化,借鉴古典公益精神并升华义务论,以超越罗马法公私法体系的社会法立场,认可代孕合法化,并限制和指引之。这样才能彻底解决该案相关的继承权案涉及的相关问题。

**关键词**:代孕;道;义务论;公益;社会法

在部门法例如代孕制度中如何实现促进发展、保障善治的"良法"?本文通过对2016年热议的国内首例代孕子女所致监护权案(以下简称该案)的反思,探索如何促进代孕立法向保障善治的"良法"方向发展。最近它又延伸出新案,即爷爷奶奶又起诉了遗产继承纠纷案,涉及代孕双胞胎孩子是否有继承权的问题——这涉及该案判决。该案判决认定孕母为生母,排除了委托方是生父母,那么,作为委托方的男方是否算是代孕子女的生父?代孕子女无权继承委托方遗产吗?当面对棘手案件时,可能找不到合适的规则,这

---

* 重庆市社会科学规划项目"中华法之道的现代转化"(项目编号:2018YBFX022);重庆市人文社会科学基地项目"本性法:信息法哲学的元理论及其主要原则"(项目编号:2018skjd04);重庆邮电大学人才引进基金项目"佛道两家法哲学在信息时代的现代转化"(项目编号:K2017-04)。

** 费小兵,法学博士,四川大学道教与宗教文化研究所哲学博士后,重庆邮电大学法学系副教授。

*** 陈进,哲学博士,西南政法大学哲学系讲师。

就不得不追根溯源，对原则、政策、惯例乃至于文化进行思考①，故本文就要进行哲学、文化等的比较反思。

该案中涉及被大众关注的个体生育权利和人类整体权利，涉及高科技风险，研究这等现象，除了西方的功利论、义务论，是否还应多几维中华的或西方轴心期古典中关怀公益的视角，才能站在平衡各种利益、文化观念的角度反思？但如把现象界的整体等同于超现象的本体，就会以中华哲学中常被误读的天人合一名义侵犯个人权利②，反之，以近代西方奠定的个人权利之名侵犯人类整体的权利或也有问题。则生育权关涉的近代自然权利可能与古典中的大公无私或公共精神存在张力，本文由此展开中华三家之道与西方古今的相关哲思，以就教于方家。

## 一、缘起：案情事实与问题的提出

2012年，陈某夫妻（化名）选择代孕生了一对龙凤胎，只用了丈夫高某的基因，没用妻子陈某的基因，购买了孩子的母方基因，又找了两个孕母；孩子出生后，2014年丈夫高某急病去世。高某父母起诉监护权从陈某转归高某父母，2015年一审判决认为代孕尚未被法律认可，则陈某不具有监护资格，将监护权判决给高某父母；③但2016年6月上海某中

---

① 参见德沃金的观点，他说："有些案例所提出的问题十分新颖，以至于即使通过扩张或重新解释现存规则的方法也不能决定"，由此他认为，当法官面对棘手案件时，可能会找不到合适的规则，在这种情况下，法官便不得不求助于非规则标准，即援用原则、政策及惯例等不甚具体的标准；当然，前提是，法律制度是相对自主的，法官作出的决定可能会与以往的某些决定相矛盾，但基本精神应该前后一致，这才能保证法律制度的延续性，保证法治精神的贯彻，参见[美]德沃金《认真对待权利》，信春鹰、吴玉章译，中国大百科全书出版社2008年版，第116～118页，另参见於兴中：《自由主义者的宗教问题》，载[美]德沃金著：《没有上帝的宗教》，中国民主法制出版社2015年版，第19～28页。

② 邓晓芒先生认为牟宗三总结的新儒家的"天人合一"观念会导致大一统的专制观念及其制度，我认为"天人合一"观指的是中国哲学中的本体观，而大一统的专制观念及其制度是现象，二者不能等同、混淆，在此一点上，邓先生是对牟宗三的误读，参见邓晓芒：《牟宗三对康德之误读举要——关于"智性直观"》（上），《江苏行政学院学报》2006年第1期。不过，历史上的许多御用文人也是把"天人合一"观这种本体论扭曲地偷换概念，对应于现象中的大一统的专制观念及其制度的。而道家的"天人合一"观本来指每个人皆是道的显现，每个人在不受自我情绪、意志、激情控制时，可能超越自我的烦恼乌云，看到自我生命的生命性、生机或道的运行，这时候即是天人合一的时候。所以天人合一观体现的恰恰是每个人皆是道的展现，从而是崇高的。但如果每个人局限在自我的情绪、意志、激情中，就不能见到自己是道的体现，就处于"失道"状态。另本文涉及的中华法文化中的释家，关注的仅是其观察人生流变、无常等哲学思想及其作为中华文化之一源，不关涉其宗教信仰层面。顺带注明：中华法之道指的是中华法的崇高精神渊源。

③ 上海市闵行区人民法院（2015）闵少民初字第2号民事判决书。主要内容如下：最高院1991年复函："在夫妻存续期间，双方一致同意以人工授精所生子女应视为夫妻双方的婚生子女，父母子女之间的权利义务关系适用婚姻法"。该规定所指向的受孕方式为人工授精，孕母应为合法婚姻关系的妻子。而本案所涉及的生育方式是代孕，目前尚未被法律认可。本案证据排除了被告陈某系两名未成年人生物学母亲，庭审调查也表明，被告陈某既不是孕母，也不是卵子的提供者，其与两名未成年人无任何血缘上的关系，故被告陈某不能以亲生母亲的身份当然获得监护权。两原告为两名未成年人的祖父母，在符合法定条件的情况下，可依法主张两名未成年人的监护权。代孕行为本身不具合法性，难以认定因此种行为获得对孩子的抚养机会后，双方可以形成拟制血亲关系。故本院不认为被告与两名未成年人之间存在拟制血亲关系。综上，法院认为，被告陈某与两个孩子既不存在血亲关系，亦不存在拟制血亲关系。法院判决，老高夫妻作为祖父母享有监护权。另外，我采访得知，陈某之所以没有提供基因，是因为她有疾病，不能提供基因，不能生育是她与前任丈夫离婚的原因，所以她很珍惜与现任丈夫高某的婚姻以及这对代孕孩子。

院公布二审改判，面对抚养能力存疑的八十高龄祖父母，法官突破了概念法学的三段论，基于利益衡量和价值判断，以儿童最大利益原则为论据，扩张解释了“继父母子女”概念，认为孩子是高某的非婚生子女，判决让陈某以继母身份获得了代孕孩子的监护权。[①] 关键是，二审判决的前提是也认为代孕违法，从而孩子生母依然是孕母；但二审将亲权与监护权二分，在无法找到孕母的前提下，让有抚养能力的陈某获得了监护权。[②]

两审判决有个相同点：皆认为代孕不合法，从而将孕母认定为合法生母，而非将委托方认定为生父母。[③] 在代孕尚未被合法化之前，二审确定的“继父母子女关系”无疑让该案中的代孕子女有了监护人，尽力维护了儿童最大利益，具有个案解纷意义。但该案判决在未来是否具有类案普适意义呢？

目前学界对该案的研究，主要从法释义学的角度，基于个案解决问题的功利主义立场，在现有立法、司法框架内，认可孕母是生母，仅从私法上保护孩子的视角，研究既成事实的亲子关系，或关注监护权认定（下文有述）。[④] 他们都没有研究代孕合法化问题本身。

但是，不研究代孕合法化问题本身，而认定孕母是生母，能毫无隐患地解决未来的立法与类案吗？这将有如下问题和隐患：

### （一）作为生母的孕母是否应承担代孕子女的生活费

该案判决将孕母确定为生母，只因为找不到孕母和基因母，相关的矛盾暂时隐藏而已，可是在未来的立法中将代孕子女与委托母适用“继父母子女关系”恰当吗？假如孕母争孩子，应如何解决？假如“继母”放弃监护权，孕母是否应承担代孕子女的生活费、教育费？这些问题没解决，该案就不具有类案普适意义。

### （二）“孕母是生母”是否应排除委托父母是生父母

该案判决回避的矛盾，在关联的继承权纠纷案中似乎难以回避了：“孕母是生母”会导致一个自相矛盾：判决认可代孕孩子“是丈夫的非婚生子女”，又认为“代孕委托方只有

---

① 上海市一中院（2015）沪一中少民终字第56号民事判决书。二审判决主要理由如下：小清、小诗是二人结婚后由丈夫与其他女性以代孕方式生育的子女，属于缔结婚姻关系后夫妻一方的非婚生子女。两名孩子出生后，一直随夫妇共同生活近3年之久，丈夫去世后又随陈某共同生活达两年，陈某与孩子已形成有抚养关系的继父母子女关系，其权利义务适用《婚姻法》关于父母子女关系的规定。作为祖父母，监护顺序在陈某之后，因此其提起监护权主张不符合法律规定的条件。同时，从儿童最大利益原则考虑，由陈某取得监护权更有利于孩子的健康成长。

② 侯卫青：《代孕子女监护权纠纷中的利益衡量及法律路径选择——以全国首例代孕子女监护权纠纷案为例》，载《青少年犯罪问题》2017年第1期。

③ 两审判决都较为严密、谨慎，虽法律方法、结论不同，参见费小兵未刊稿：《国内首例代孕子女监护权案中对代孕子女“母亲”的审判解释与裁量权：基于人类学的视角》中，通过对法官、当事人等的人类学采访，揭示出一、二审法官的不同伦理观和裁量限度。

④ 彭诚信：《确定代孕子女监护人的现实法律路径——“全国首例代孕子女监护权案”评析》，载《法商研究》2017年第1期；朱晓峰：《非法代孕与未成年人最大利益原则的实现——全国首例代孕子女监护权纠纷案评释》，载《清华法学》2017年第1期；侯卫青：《代孕子女监护权纠纷中的利益衡量及法律路径选择——以全国首例代孕子女监护权纠纷案为例》，载《青少年犯罪问题》2017年第1期。

在孕母抛弃子女后，才能成为该非婚生子女的继父母”，①由于孕母是生母，其监护权优先于委托方，高某、陈某是委托方，判决陈某是继母，基于男女平等原则，从而推出高某也不算生父，但判决高某是生父，岂不矛盾？是否应排除高某是生父？② 代孕生育是由委托方的意志、基因方、孕母、医疗机构等各种人工条件合作完成的生育过程，委托方高某与孕母无任何男女关系，孩子如何是二人（或仅是二人）的非婚生子女？如果高某不算生父，代孕子女是否不能继承或少继承高某遗产呢？委托方不应就委托行为负责吗？③ 这些问题都是由于代孕未合法化导致的矛盾和理论难题。

**（三）机器妈妈对“孕母是生母”的挑战**

在美国新泽西州的实验室里，人类的大规模复制和模拟妊娠在技术上已不再是问题。如果按照该监护权案判决的逻辑，将代孕子女的合法生母确定为分娩者，那么，人工模拟妊娠机器将试管婴儿十月怀胎并“分娩”出来，孩子是否应抱着机器叫“妈妈”呢？

这就要反思“分娩者为母”的古老意涵。古老的“分娩者为母”其隐含旨意是：父母通过交媾而形成有血缘的子女，其中交媾的女方同时必然是分娩者，才是有血缘的亲生母亲。众所周知，鸭子作为孕母，孵了天鹅蛋，并不等于是天鹅的亲生母亲，“丑小鸭变成白天鹅”的故事就展示了这个古老的观念。④

或是斯故，大多数学者已不再将“分娩母”认定为代孕子女的生母；并且，我国 1991 年最高院复函也认定了无精子的男子与妻子一致同意通过人工授精获得的子女是他们的婚生子女，开启了人工技术所生孩子成为婚生子女之先例。⑤ 这个复函仅是在私法上解决了父母子女关系；假如父母违法生育，该受何法惩罚，就受什么惩罚，不影响私法上

---

① “代孕委托方只有在孕母抛弃子女后，才能成为该非婚生子女的继父母”是该案二审法官侯卫青的观点，参见侯卫青：《代孕子女监护权纠纷中的利益衡量及法律路径选择——以全国首例代孕子女监护权纠纷案为例》，载《青少年犯罪问题》2017 年第 1 期。关于代孕孩子是丈夫与孕母的非婚生子女，参见上海市一中院（2015）沪一中少民终字第 56 号监护权纠纷案民事判决书。

② 朱晓峰：《非法代孕与未成年人最大利益原则的实现——全国首例代孕子女监护权纠纷案评释》，载《清华法学》2017 年第 1 期；参见侯卫青：《代孕子女监护权纠纷中的利益衡量及法律路径选择——以全国首例代孕子女监护权纠纷案为例》，载《青少年犯罪问题》2017 年第 1 期。并参见上海市一中院（2015）沪一中少民终字第 56 号民事判决书：“原审判决认为，由于代孕行为违法，孩子与上诉人又无血缘关系，故并非婚生子女，也未形成拟制血亲关系。如按此逻辑，上诉人丈夫全程参与委托代孕事宜且支付巨款，其行为同样违法，不能因其提供了精子而当然获得父亲身份，进而被上诉人亦不能成为孩子的祖父母，更不能取得监护权。”据此，祖父母有理由认为儿子高某作为代孕委托方，不获得父亲身份，从而代孕孩子无权继承高某遗产。

③ 当然，在目前代孕是否合法不明确的背景下，法官不能完全自由裁量，二审敢于突破三段论，达到如此高的逻辑自洽性，已属不易，参见费小兵未刊稿：《国内首例代孕子女监护权案中对代孕子女“母亲”的审判解释与裁量权：基于人类学的视角》。

④ 这“丑小鸭变成白天鹅”的故事说明，在古老的观念中，没有参与交媾、留下血缘的代孕者不是亲生母亲，而代孕中的“分娩者”由于无血缘，在人们的观念中自然也不算是生母。

⑤ 最高院 1991 年复函是：“在夫妻存续期间，双方一致同意以人工授精所生子女应视为夫妻双方的婚生子女，父母子女之间的权利义务关系适用婚姻法”。从血缘上来说，他不算生父，因此，只能说他是法定的父亲——第一责任的监护权人。

与孩子的亲权关系的确立。由于子女算是其婚生子女,则该无生育能力的男子既不算继父,也不算养父,而被认定是婚生子女的父亲——拟制的亲生父亲,即第一顺序监护权人。由此推论,夫妻一致同意人工生育的妻子(如陈某)也可能成为第一顺序监护权人。

但该案的两审判决依惯例认定孕母是生母,如要将此普适于未来立法,则未来的代孕孩子抱着机器叫妈妈的尴尬就不可避免。

其次,"孕母是生母"导致的潜在逻辑是:女性必须自己怀孕——如果女性因疾病怀不上,代孕子女只算丈夫的非婚生子女;由于无生育的男子可通过人工授精获得自己的婚生子女,这些无生育的女性将怎样与无生育的男性拥有平等的权利呢?

另一方面,关于代孕子女的亲权身份关系,不把卖卵(或捐精)这种基因提供者作为法定的亲生父母,这在学界已有广泛论证并形成共识。[①] 因为卖卵(或捐精)这种基因提供者没有成为父母的责任意识,且基因是人工生育的重要物质条件,但不是形成生命的唯一因素。

综上,避免将机器作为生母的尴尬之唯一可能逻辑是:委托方有第一监护责任,将代孕子女确定为委托方的婚生子女。委托人意愿成为父母、通过委托代孕行为导致孩子的诞生,是其生命形成的前提、必要条件;其应该就委托行为负责,因此是监护责任的承担者。如果遵循男女平等原则,则在尚未合法的代孕情形下,该案委托方可能获得的是非法的婚生子女。[②]

但是,如果没有明确的代孕合法化,就可能难以让法官无后顾之忧地认定孩子是委托方的婚生子女。例如,采访发现,法官审慎的一个原因是担心突破性判决会导致自身饭碗有风险。[③]

### (四)禁止代孕并不能遏制代孕市场和阻碍对代孕子女的保护

有学者认为在代孕的相关法则秩序框架下并无统一的、整体的价值判断,而是存在各种相互矛盾的法条,因为法律体系没有自我的完整性和融贯性[④],因此不能判断在我国代孕是否是合法的。

但可通过以下思路探索矛盾的解决:《辅助生殖办法》第 2 条规定"本办法适用于开

---

① 不把卖卵子(捐精子)这种基因提供者作为法定的亲生父母,学界已广泛形成的这个共识在此不再冗述。

② 承前,无生育能力男子有通过人工授精获得婚生子女的权利,如果遵循男女平等原则,则在尚未合法的代孕情形下,该案委托方可能获得的是非法的婚生子女。事实上目前行政部门也没有撤销其子女是婚生子女的认定——如同许多二胎在曾经的政策下是违法的婚生子女,但的确是婚生子女。杨立新也认为:"通过代孕生育子女是配偶双方共同的意思,因而不能否认他们之间的婚生子女关系",参见杨立新:《中国首例失怙代孕龙凤胎监护权案》,https://www.chinacourt.org/article/detail/2017/01/id/2509528.shtml,访问时间:2017-01-17。

③ 详见与一审法官李欣交谈的采访录音,参见费小兵未刊稿:《国内首例代孕子女监护权案中对代孕子女"母亲"的审判解释与裁量权:基于人类学的视角》。

④ 例如:卫生部规章《人类辅助生殖技术管理办法》(以下简称《辅助生殖办法》)否认地下代孕机构,与合同法第 4 条合同自由、妇女权益保护法第 51 条和计生法第 17 条中妇女的生育权存有矛盾,参见王彬:《法律论证的伦理学立场——以代孕纠纷案为中心》,载《法商研究》2016 年第 1 期。

展人类辅助生殖技术的各类医疗机构”，而《立法法》第80条规定各部委包括卫生部只能“在本部门的权限范围内，制定规章”，“部门规章不得设定减损公民、法人和其他组织权利或者增加其义务的规范”，则《辅助生殖办法》第2条表明受行政法规、公法约束的医疗机构之外的个人不受该规章约束。虽2015年4月至12月曾成立打击地下代孕机构，但该政策已在12月结束，且同年同月在《计生法》修正案中，人大代表多数表决通过了删除卫生部提交的禁止代孕草案条款。如果该法是私法，该政策已过时，则法无禁止即可为也。而《计生法》第22条规定禁止歧视、虐待不育的妇女，那么，代孕就难被定性为违法，最多可说是灰色地带。故规章与上位法《计生法》即便有文字上的矛盾，也可通过遵循下位法服从上位法的原则，尊重上位法不禁止代孕的立场，而解决矛盾。

并且，承前所述，1991年最高院复函的逻辑中只是在私法上裁决子女的身份认定，则父母是否有公法或社会法上的过错，不应由子女来承担责任。[①] 则该司法解释与卫生部规章、过去的政策也形成了一对观念或应用上的现实矛盾。这也可通过服从《计生法》而解决。

但该案两审判决认定“我国目前对(公民)代孕行为的禁止立场”[②]，这与其说是法律体系的矛盾，毋宁是地方司法实务(及过时的政策)中禁止代孕的立场与《计生法》等法律的矛盾，不是吗？当然，这判决体现了法官的审慎智慧。

而两审法官审慎的智慧还在于，她们认可有的学者的担忧：不把公民代孕定义为违法，就会出现社会风险。[③] 因此，由于代孕尚未明确合法化，在现有的司法模式下，在审慎的判决中，本可解决的法律体系矛盾才不能得到解决。

但是，在我国的现实中，认定代孕违法有多大的意义呢？它不能阻止代孕，更不能阻碍对代孕子女基于儿童最大利益原则的保护，例如本案的结局。

首先，回顾2009年世界卫生组织宣布：不孕不育已成为全球第三大疾病。中国有18%以上的育龄夫妻不能生育，且治愈率不高于60%。[④] 而《计生法》保护妇女的生育权

---

① 1991年最高院复函关于人工授精子女应为无精子的(委托方)男子的婚生子女的司法解释，其逻辑中已经悬置了人工生产本身是否合于公法的考量，只是在私法上裁决子女的身份。父母是否有公法上的过错，不应由孩子来承担责任。则该司法解释与卫生部规章形成了一对在现实中的矛盾。由于司法解释与《计生法》的精神一致，则这个矛盾也可以通过服从上位法《计生法》(保护妇女生育权)的方法得到解决，参见费小兵未刊稿：《国内首例代孕子女监护权案中对代孕子女“母亲”的审判解释与裁量权：基于人类学的视角》。至于医疗机构施行人工技术是否合法，这是公法上的事情，应由行政部门决定是否对医疗机构做出违法认定及其惩罚裁定；或许也可在社会法上对夫妻进行处罚(下节论述)，但在父母子女关系上是私法问题。

② 上海市一中院(2015)沪一中少民终字第56号民事判决书。

③ 付鼎生教授等学者认为卫生部规章说明了现行制度不允许代孕，如果本案判决孩子归陈某，大家都会去效仿，会带来道德风险和社会风险。但学界更多人认为卫生部明确禁止的主体仅是医疗机构及医务人员，对除医疗机构之外的自然人进行的代孕行为并没有加以禁止，没禁止的就不是违法的，法无禁止即可为。参见王贵松：《中国代孕规制的模式选择》，载《法制与社会发展》2009年第4期；杨遂全、钟凯：《从特殊群体生育权看代孕部分合法化》，载《社会科学研究》2012年第3期；任巍、王倩：《我国代孕的合法化及其边界研究》，载《河北法学》2014年第2期。

④ 中国人口协会2012年公布的《中国不孕不育现状调研报告》。越来越大量的不孕现象或许与环境污染、食品安全有关，另文详述。

及其不育者不受歧视权利，如果不遵守《生育法》，该法有规范失效的可能；如果不遵守《生育法》，也不能解决这么多人不能生育的问题。

其次，中国有源于被汉武帝意识形态化之儒家（简称汉后儒家）的强大传统习俗力量，尤其是对"不孝有三、无后为大"的误读（下文有述）及其"传宗接代""续香火"观念，导致大量父母或习俗压力促迫育龄夫妻想尽一切办法生育小孩（喜欢小孩者除外）。[①] 文化与规章的矛盾如何解决？由于代孕尚未合法化，常人的解决途径之一是寻找地下代孕。中国境内每年通过地下代孕诞生的婴儿数量，业内人士估计在5000到1万人以上，且数字正在不断增加。[②] 这大数据说明中国存在越来越大的代孕市场，而卫生部规章之威慑力并没有降低代孕数量。但信息模糊的地下代孕将比受到监控的合法代孕带来更大的、不可控的社会风险——例如"有些代孕机构为了挣钱，竟往代孕妈妈的体内植入多个胚胎，加大她们怀多胞胎的可能性……那些'多出的'孩子就会被悄悄抱走，带到大街小巷随意售卖，如同一个再普通不过的商品"[③]，这些情况可能带来诸如陌生的同血缘兄妹结婚，或者处死卖不掉的胚胎、胎儿、婴儿等等风险。

这现实可能使《辅助生殖办法》成为法律效果、威信和实效欠佳的规章，因为其禁止代孕的结果似乎是适得其反：一方面可能剥夺了《生育法》赋予不孕者的生育权，另一方面却没有降低代孕子女数量，更没有降低相关的社会风险。

最后，代孕所生子女的合法权益必须得到保护，例如该案为了代孕子女的权益将监护权判给代孕委托方陈某，这逻辑是：不能因代孕违法而不保护代孕子女权益，而要保护其权益，委托方在现实中又常常是最佳监护权候选人——除了极个别的个案中孕母愿意抚养代孕子女外[④]，绝大多数的孕母都没有养育代孕子女的意愿（除非有人统计出真实的孕母愿意抚养的庞大数据），这就导致即便法律否定代孕合法，最后大多数情况还是会基于儿童最大利益原则将代孕子女交由委托方抚养——即大多数情况下还是实现了委托方的意志。这体现了怎样的立法意图呢？

小结：只有反思代孕合法与否才能根本解决社会风险与法律矛盾。

综上所述，说明代孕现象难以遏制，只能引导；代孕已经市场化，已到了该被我国立法关注之临界点了——面对愈加庞大的地下代孕市场，为了防止失控和风险，无论是禁

---

① 有人说生育权可通过领养实现，但领养在重视血缘的儒家习俗面前是最末位选择。

② "跨国代孕以及本土代孕已经形成巨大产业"，"单纯地靠行政规章来约束规范医疗机构和医务人员的职业行为来禁止代孕，以期避免一些消极的影响，是不现实的，不能从根本上解决问题，相反会导致代孕行为的地下化商业化，带来一些更严重的社会问题，"参见胡司祺：《论我国代孕生殖的合法化与法律规制》，河北经贸大学2015年硕士毕业论文；任汝平、唐华琳：《"代孕"的法律困境及其破解》，载《福建论坛（人文社会科学版）》2009年第7期；蒲黄鱼：《代孕非法，谁来救济你的生育权》，载中国网2015-12-28：http://fangtan.china.com.cn/2015-12/28/content_37408565.htm.

③ 吉米：《揭秘亚洲最大代孕工厂，真相毁三观》，http://www.sohu.com/a/257466006_444261，访问日期：2018年10月2日。

④ 在印度安纳德镇的印度最大代孕中心，调查显示500名孕母中有2名会思念代孕的孩子，参见吉米：《揭秘亚洲最大代孕工厂，真相毁三观》，http://www.sohu.com/a/257466006_444261，访问日期：2018年10月2日。不过，即便有0.4%的孕母会思念代孕的孩子，也不代表她敢于承担其抚养孩子的重担。

止、允许或限制,全国人大或都到了该积极立法干预之时。并且,2015 年禁止代孕草案被人大代表否决后,打击地下代孕机构政策也停止了,计生委也应为之立新规章,使其能够真正实现法律体系的融贯、正功能和权威。

缘于以上四方面问题,只有从所以然层次深入反思代孕合法与否,才能从根本上解决未来的类案,成为立法的参考,此乃本文的问题意识。

由此,本文从东西方多维文化、哲学的古今张力中反思代孕这一当代高科技中的伦理问题,以便于抛砖引玉,或对未来的立法有所借鉴。

## 二、从古今东、西方多维文化与哲学维度反思代孕问题

既然代孕问题步入立法临界点,那么该怎样立法?立法精神是什么?是定位为私法、公法或社会法?显然,公民不等同于代孕机构,公民与代孕机构之间的合同是平等主体之间的合同,起码不该受公法管辖,那是该属于私法还是社会法呢?其次,假如不把孕母、基因提供方作为亲生父母,就只能思考把委托方作为第一责任人,即代孕子女作为委托方的婚生子女,而这需要论证代孕合法与否。

但生育权通过代孕方式来实现正当吗?如果权利一词涵盖"穷尽一切法不禁止的行为"之意,那么生育权就应涵盖学者们广泛赞同的人工生殖中的代孕方式。① 但进一步的质问是:生育权作为一种权利是不可动摇的吗?近代确立的自然权利是唯一的价值或立法思考维度吗?这是必须厘清的难题——这就是本文更内在的问题意识,下文由对"义务论"和"目的论"的反问中引出苏格拉底与中华的佛、道、儒三家的古典哲理维度。

下面就首先概览现代权利视角中论证代孕合法与否的"功利论"和"义务论",然后从古今之争的背景下引出轴心期的古典文化视角。

### (一)现代功利论、义务论等皆无法周延论证代孕伦理

1. 功利论面临的个人利益与人类风险之争难题

首先,从功利的目的论角度看,假如代孕合法,代孕使得不育者实现了生育权。例如,雷同陈某夫妻这类人得到了有丈夫基因的孩子,实现了生育权,而收养的孩子是没有基因的孩子,无法满足意识形态化的儒家(简称汉后儒家)文化熏陶下的血缘传宗接代思想——这是中国文化背景下的功利思考。虽说该案是有偿代孕,这种功利应受到谴责或者惩罚,但采访显示,不能生育而被迫离过一次婚的陈某是受"传宗接代"的文化习俗、压

① 陈某仅是现实中众多代孕者之一,该案中代孕孩子诞生后,没有被罚款,是缘于不能生育的陈某享有生育权——丈夫高某的前段婚姻已有两个孩子,如果不和未生育的陈某结婚,在公法上,将无指标(即权利)再生孩子。而二审法官侯卫青也声称坚守了政治正确,将卫生部规章作为了绝对捍卫的"法",而认为陈某违法。或许,法官认为生育权的内涵不包括通过代孕这种人工生殖方式实现的途径。但现代多数学者认为生育权包括通过人工生殖实现和自然实现这两种途径,参见康茜:《代孕关系的法律调整问题研究——以代孕契约为中心》,西南政法大学 2011 年博士毕业论文;张燕玲:《论人工生殖子女父母身份之认定》,载《法学论坛》2005 年第 5 期。

力引导而选择代孕,从而实现生育权的典型。① 由于没有可供选择的合法代孕机构,她只能选择地下机构。从私法上看,他们是双方自愿的合同。② 假如代孕合法,这些想生育的人们就可能会选择合法的代孕方式。国内也有不少学者支持代孕,认为对那些不能亲自怀孕的不育者,他们为了实现生育权,有权选择生育方式。③

功利的另一方面,是对于志愿代孕的孕母,得到了相应的报酬补偿,二者各得其利或其愿,各达其目的。

但功利论的困境更在于:通过经验证明的利益或权利之间总会存在冲突(如生育权与社会风险的冲突),而如何验证利益,可能会存在标准的不同。④ 其中,生育权与人类安全的冲突就是难以绕开的利益之争,即:代孕及其实现的生育权对人类的自然进化是否不利,是否会通过代孕产生另一种体能超过人类的、基因变异的新人类?为了提高成功率,代孕过程中肯定会多余培养胚胎,又该如何处理才不伤害生命?……这些问题和生育权冲突时,哪个利益更高?这些提问是功利论者必须直面的——这说明不能仅从维护个体的功利论维度赞同代孕。

2. 义务论启发出监护权应是对社会不造成风险的责任

根据康德义务论视角推论,孕母有人的尊严,这个尊严使得孕母与不育父母间的合同不应是自由市场交易的结果;迈克尔·桑德尔教授根据康德的正义原则即义务论认为"反对执行代孕合同的声音说这(通过市场来交易生育)多少有点没有人性"。⑤ 那么,此逻辑下,代孕可能使人体器官商品化、工具化,由此违背了"人是目的,不是手段"的伦理;但义务论的理由又难以彻底否定不育者"追求幸福的权利"这一普遍化的人性需求。⑥ 因此,面对不育者的权利,纯粹的义务论难以周延论证其正义性。

而在孕母看来,是否代孕就是不把自己当目的、而把自己当工具的行为呢?在纯粹的康德派哲学者看来,人是目的,就不能把人的身体作为商品。但对于志愿而非商业做孕母的人而言,或者孕母出于高尚的目的,解救他人不育痛苦于水火中,而为其代孕,这种情况应该是尊重其独立人格的行为。抑或那些选择做孕母的人,如果是自己的自由行为和理性决断,如果有良好的法律保护,可得到尊重、保障、心理需求和经济补偿,难道不是把自我当目的?如同体力劳动者出卖汗水,孕母的子宫没有减少、消失,后者也没有把自己的器官本身出卖出去,而只是一种特殊的劳务。所以,把自我当作目的的孕母,不一

① 费小兵未刊稿:《国内首例代孕子女监护权案中对代孕子女"母亲"的审判解释与裁量权:基于人类学的视角》。

② 但采访中一审法官说只有有钱人才可能选择代孕。其逻辑是,如果国家要让代孕合法化,并平等实现生育权,就需要降低代孕费用,这或是代孕合法化过程中一个经济学上的难题?不过,没有地下代孕机构,自然会降低费用。

③ 刘余香:《论代孕的合理使用与法律调控》,载《时代法学》2011年第3期。

④ 王彬:《法律论证的伦理学立场——以代孕纠纷案为中心》,载《法商研究》2016年第1期。

⑤ 代孕将有损孕母个体的尊严,贬低了医术和生殖尊严,参见迈克尔·桑德尔:《公正》,朱慧玲译,中信出版社2012年版,第107~112页。

⑥ 王彬:《法律论证的伦理学立场——以代孕纠纷案为中心》,载《法商研究》2016年第1期。

定觉得代孕是没有尊严的行为。但纯粹的康德学者肯定不认可这种看法,而认为体力劳动者出卖汗水也没有把人自身当作目的,是不道德的;那么,这样的康德哲学只能从逻辑推导逻辑,而推导逻辑不一定合于直观判断。因此,在孕母是否没有把自身当作目的的问题上,义务论令人存疑。

不过,的确那些仅为了生活所迫来做孕母的人是值得同情的。但是,只要人间还不是实质上真正人人平等的、德福一致的、欲望有度的和乐社会或天堂,只要地球上有一个国家认可代孕合法化,就不能阻止人的欲望及其代孕现象的减少。所以,内心充满同情的义务论者可能成为道德强制主义者,不一定得到孕母的赞同;也不一定得到人大代表(或议员)的认可;其导致某些国家主张"代孕违法",使得地下代孕机构得不到监控,更不一定没有增加社会风险。

综上,功利论的价值观下认为代孕是公民间的自由合同和平等价值交换,而义务论的价值观是人是目的,否定将孕母的身体作为商品等价交换,那么,支持代孕的目的论与反对代孕的义务论在基本价值观上是对立的,仅仅想让目的论与义务论二者协调起来主张代孕合法,是很难逻辑周延的。①

相比功利目的论而言,义务论更尊重孕母的尊严,在德性上似更胜一筹。我认为,义务论的启发更在于:人是能够承担责任的自由主体,所以才配享权利,因此对该案监护权的思考,不应像一些学者那样认为是在"争夺"对孩子的所有权及其附属的财产,而毋宁应把监护权看作是对社会、人类不造成风险的责任——谁主动去行动,通过代孕合约造出人来,谁就要为此承担责任。而出卖基因者和代孕母肯定是不想为此负责的,那么就只有委托方应负有监护责任。那么,义务论怎样直面委托方的生育权与人类安全风险的冲突?主张代孕违法的义务论是否不合时宜?可否从不同于义务论、功利论的维度审视代孕中的多重权利、利益呢?

下面将借鉴东、西方古老的文化、哲学视角来反思代孕问题。

### (二)苏格拉底等古典视角:生育权的实质与难以赞同代孕的立场

人类为何要生育?代孕引发的哲学追问和启迪可返回到古典西方或东方的智慧维度去思考。不过,古老的经典大多仁慈而智慧,但围绕经典的宗教、组织或习俗、传统却常是荒唐而令人窒息的。例如,前述在中国之所以代孕越来越为更多人采纳,并且"禁止代孕条款"被大多数人大代表否决,根源乃在于多数国人的传统观念:有自己的基因总比领养一个完全与自己无基因关系的孩子,更合传宗接代的香火观念;可见儒家经典虽伟大,但被异化的"不孝有三,无后为大"导致的习俗力量却是强大的;无论中国人喜不喜欢养育孩子,传统观念上似乎都应该养育孩子(注:此处的"无后为大"与孟子的本义有差

① 而王彬认为"通过理性的论证规则和论证程序检验和协调义务论与目的论的普遍实践论据"可以"理性地证成具有伦理争议的规范性命题",例如代孕问题,参见王彬:《法律论证的伦理学立场——以代孕纠纷案为中心》,载《法商研究》2016 年第 1 期。

别，详见下文）。因此，应该冷静地把古老的经典与传统的习俗观念分开对待。

他山之石可以攻玉，本文先借镜西方古老的哲学、文化维度。

首先，西方各国的宗教文化与其代孕合法化与否有关联。在基督教等信仰上帝的一神教视角，代孕的孩子既然因生育的欲望而出生，也依然有原罪。并且，一神教认为孩子是上帝赐予的，不应是"人为"的，但代孕恰恰是人为的；也因为所有的孩子都是上帝赐予的，所以，许多西方人认为领养孩子也如亲生，不一定需要自己的基因。只不过，西方宗教曾经过马丁·路德改革，改革后的新教主张政教分离，宗教思想不影响立法。因此，在旧教传统浓厚的欧洲的某些国家没有选择代孕合法化，而在遵循政教分离原则、或开放力量在立法中占了上风的国家（如英国、澳大利亚或美国的部分州），更多地选择了代孕合法化。①

政教应该是分离的，但多元价值依然是应被允许共存的，也可能成为立法关注的文化背景；则政治的意义是保护个人权利，而保护多元价值的平等共存，从而好的观念才能自由地脱颖而出，在民间自由地引领人类德性的方向。② 因此，可以再多拓展一些价值维度。

例如，西方人对生育的思考还可进一步追溯到古希腊经典哲学如柏拉图的《会饮篇》中苏格拉底的观点。文中，苏格拉底转述睿智妇女狄奥提玛之言："每一天他（人）都是一个新人"，从而人是变化可朽的，由此"一切可朽者都在尽力追求不朽"，而常人认为"生育是达到这一目的的唯一途径"，"身体和其他暂时的东西都以这种方式（生育）分有永恒"，这永恒"它自存自在，是永恒的一，而其他一切美好的事物都是对它的分有"。③ 文中的"不朽"指永恒的理念。

苏格拉底通过狄奥提玛发现了人和万物的流变、有死，只是哲人直接追求、找寻永恒的理念，但普通人反抗死亡的方法是通过爱和生育。这里他一针见血，点明人类生育的目的源于恐惧死亡，希望通过繁衍后代获得不朽、永恒，以期实现对死亡的恐惧的超越。这是常人的追求。

但是，子孙的存在，能够代替自我临死前对死亡的恐惧吗？苏格拉底要人坚守理念、生命性以超越死亡④，故由此推论人类意图通过生育消除对死亡的恐惧是一个妄念。那

① 泰国和印度也是代孕合法化的国家，这或许缘于其是多种宗教自由发展的国家，没有西方旧教力量占据上风的立法。

② 政教分离是一个基本被公认的现代原则，但政治存在的意义是提供良好的机会平等的制度、外在环境——如同良好的空气是人健康的外因，并让多元的价值观（包含源出于各宗教的优秀价值观）自由地竞争，在竞争中让善的知识促进人性向善进化，参见费小兵：《走出中国法学学派发展的三个误区——兼与邓正来关于本质主义的商榷》，载《学术界》2010年第1期。

③ 柏拉图：《会饮篇》（苏格拉底为真实的作者，柏拉图仅是回忆记录），《柏拉图全集》第二卷，王晓朝译，人民出版社2003年版，第242～245页。

④ 生命性一词，参见陈庆：《托马斯·阿奎那〈论法的本质〉章句梳证》，人民出版社2017年版，第59页。因此，生育真的能够让人战胜对死亡的恐惧，真的能够通过繁衍后代获得不朽、永恒吗？在现象界，且不说地球毁灭，就是大洪水或冰川，也不知道淹没过多少次文明！恐龙灭种了，自然又诞生出新生命如人类来。或者历史上的各种战乱、瘟疫、天灾人祸，又曾使得多少家族断子绝孙?！所以，在此逻辑上，生命体的生命性、活性、生机或是比个体生命更具永恒意义的东西，但是，反之，生命性离开生命个体的现象则不存在。

么,生育权就不具有最高价值。

苏格拉底为了兑现对法的普遍遵守,在有机会逃亡的情况下,喝下毒酒,接受了刑罚。而从柏拉图晚年的《法律篇》可见,他也追求永恒的理念,认为法律需要被普遍遵守;但普遍遵守的法,恰恰应该是这种内涵有奴斯精神(nous 即心灵自动产生的正确理性)的一种良法。而普遍遵守这样的良法的目标、结果是人的德性可能逐渐向着正确理性、理念升华;而理念、正确理性才具有最高价值。由此推论出,共同体的公共精神恰是为了促进良法及人的德性的升华,因而是高于个人的代孕权利的。

综上,在基督教等一神教的文化视角下,代孕违背了上帝造人的意志,难以被正当化;而从古希腊典型哲学家如苏格拉底的维度推论,个体的生育权(代孕权)的价值没有理念和共同体精神的价值更崇高。

下面我回到中华三教之道的视角来反思代孕伦理,因为毕竟中国人有丰富的思想渊源,不能排斥用中华自身的理论传统来思考、理解发生在中国的案例或相关的立法。

### (三)释家视角:监护权争夺的实质与代孕子女应被平等关怀的理由

与常人通过生育以期达到永恒不同,苏格拉底关注的却是存在的一个"无始无终"的、"真实的永恒"本身,这让人联想到释家《心经》中的句子"是诸法空相,不生不灭,不垢不净,不增不减"——这里,苏格拉底的"永恒"理念与释家的本性(佛性)论,都提到了"不灭"。但现象界总是有生有灭、有增有减、迁流变化的,故这"不灭"描述的都不是现象界,而是哲学界称之为本体的、与现象界相反的永恒、不朽的存在。所以苏格拉底和释迦牟尼都认识到本体的相似义素:"不殆""不朽""不灭""不增不减"。换言之,这些轴心期的圣哲超越了凡俗,而去探索超越现象的生命之本性。他们的快乐一定是仅追求生育的俗人难以体会的:个体的生命是有死的——如释家曰"诸行无常",即一切流变;但宇宙死亡了,是否会另外生出一个宇宙,还是永远一片死寂?他们对生机或永恒存在的认可,在他们看来是高于生育权的。

但是,苏格拉底和释迦牟尼的观点是有区别的,不过二者的区别不是本文重点,只强调一点:释家认为本体是非实体的本性(又称空性、体性),是不与现象或此岸分裂的。[①]

① 这区别是,苏格拉底肯定了生命有"一个"灵魂,并定义有"一个"理念——即他将这"不殆""不生不灭,不增不减"定义为"一个"本体(理念)。这是西方知识论上的重大开端。但是,释家主张,虽有不朽的本体,但本体不是"一个实体",故称永恒的本体为"空性":即不生不灭、不增不减的本体只不过是流变存在的现象自身展现的绝对存在而已,所以有"郁郁黄花皆是般若"之说。释家的否定太彻底了,连"灵魂""元神",甚至"一个""一合相"(即实体意义上的本体)的概念都否定掉了(《金刚经》),只存有非实体意义上的、与现象不离异的本体,才能达到佛学称的"不一不异"(现象与本体的一体)观念,而非二元分裂。可见苏格拉底视角的本体是"一个",而释家视角的本体不是"一个"。假如苏格拉底遇到了释迦牟尼,他们一起欣赏春天盛开的粉红鲜花时,苏格拉底或许会说:"要看到花的美本身!"释迦牟尼会拈花微笑不语,被要求说时也可能会自本性中流淌出言语:"是的,花还是花,花儿好美啊!"这时,释迦既看到了花的本体,但又不执着于有一个"实体"的花本身;花儿的生成虽是不停变化的,但在现象界、世俗谛,花儿是存有的,只不过是刹那凋谢的存有;花儿的现象与花的本体都不是实体,二者一体,因此是同一的,不一不异的。对佛性论与苏格拉底的本体论的区别,限于篇幅,不再冗述,参见费小兵:《佛性启迪出的本性法》,四川大学道教与宗教文化研究所 2016 年博士后出站报告。

顺便强调，本文关注的仅是释家观察人生流变、“无常”的哲学思想及其作为中华文化之一源，不关涉其宗教信仰层面。

回到释家维度思考代孕伦理。《涅槃经》认为，只要理解、证明了“诸行无常”“诸法无我”，就可消融“诸受是苦”，即在十二因缘中断其根本——“我执”“无明”，①则无明所生的“行”(业力)，直到第十二缘“老病死忧悲苦叹”之苦果，便一齐灭尽。② “业”(因果关系)的起点就是“无明”，即不知道“法界体性”，而产生的“妄动”③，于是无明的人在固执“自我意识”的层面上就远离了本性。而这个根本无明，因为执着“我”，从而执着于“我”的永恒不朽，及“我所有之物”的永恒占有，从而形成了“我执”与“我爱”——在释家看来，没有固定不变的“我”和“所有物”，一切都在变化，因此“如梦幻泡影”。这“我爱”就是十二因缘进程中关键的一环，即“爱”之因缘，这种“爱”的实质是占有：因贪爱、占有而产生了所有权，从而产生了各个“我执”的人之间的关系，构成了现象世界，包括交换、买卖、流转、战争等等一切“业”(或曰社会关系)(顺带一提，上升为法律控制的社会关系被罗马人称为“债”“法锁”，古罗马与古印度曾有交流，另文详述)。

因此，代孕权追求的假如是这种对子女的占有权、所有权，其实质也是我执的体现，就妨碍了解脱，不能证得本体性。假如“我执”发展为一种自私、占有，又岂是主体的责任感?

故释家曰“爱不重不生娑婆”，贪爱是天然有“我执”的人类的本能，贪爱生出占有心。④ 但生命的生机(本性)本来不朽，人根本不必因为害怕孤独和死亡而贪求爱，并为了实现永恒而生育。

该案中，公婆与陈某的监护权争议的症结或许依然是彼此的“我爱”“我执”、自私、占有或所有权观念的体现：或许原告高某父母认为代孕子女的基因源出于自己的儿子，而儿子是自己永恒存在之象征，儿子的儿女作为自己的“香火”、血脉，也是自己永恒不朽之象征；则原被告之间争取代孕子女的监护权，或是为了争夺附着在孩子身上的遗产，⑤更或是源于汉武帝之异化儒家导致的传宗接代思想，孩子是“我的所有物”，忘记了孩子是

---

① “无明”指不明白本体的智慧，佛学认为本体不是一个东西、实体，故称为空性、法界体性，现象自身展现本体，与本体是不一不异的，不是两个东西，不是二元分裂的。十二因缘指无明、行、识、名色、六处、触、受、爱、取、有、生、老死。

② 陈兵：《佛法真实论》，宗教文化出版社2007年版，第67～68页。空性或本体或圆觉等表达本体的范畴，它们之间有区别、也有相通处的关系，另文完善详述。

③ 从没有“二元分裂”的本性状态，产生了“能动者”与“所动者”的分裂，即分裂出二元的“我”与“你”，“妄能”(虚妄的能觉知之心)形成无意识思量的末那识或曰第七识(自我意识)。参见《大乘起信论》言：由不达法界一相，不觉心动，忽然念起，名为无明。另参见陈兵：《佛法真实论》，宗教文化出版社2007年版，第67～68页。

④ 贪爱生出占有心，包括对“他者”(异性)的占有心，幻想两个人的结合就是合二为一，自以为就回到了合一，“合二为一”的观念体现在柏拉图《会饮篇》中，故事描述了未分裂为两个人的、四条腿的圆满人。因此生育不仅仅是体现了生命延续以获得永恒的追求，还体现了人对“合二为一”的追求。在佛学视域，“明”(超越我执)与“无明”(我执)同一本体。无明的状态形成无数个无明的“自我意识”，我执的生命害怕孤独，害怕在孤独中的不存在感，所以每个“我”彼此寻求，彼此慰藉，在对“他者”的爱中感受强烈的永恒和存在感，并通过生育加强这种存在感。但人不知道，生命的生机本来不朽，在孤独中存在，在寂寞中永恒；生命的生机本来自足，在虚无和死亡中不朽。

⑤ 陈某于2019年7月14日的微信中说：“他们的大孙子当董事长”(原告的大孙子是高某前妻的孩子，20多岁，高某去世时尚未大学本科毕业)，“他们要孩子就是要钱”“只是不说承认”。

有独立人格、情感的个体，应尊重孩子的独立情感需要（二审判决似更强调这一点）；而被告陈某选择代孕时或是希望通过后代而获得婚姻安全感，其没放弃孩子监护权或是基于母爱的满足，也可能是对遗产分配方案不满。[①] 长辈们可以为了争夺孩子，将孩子的身世在新闻和法庭面前公布。这岂不给孩子造成社会舆论压力，导致其心灵蒙伤?!

但人世间真奇怪，明知养育是受苦，还要争着去受苦——这正印证了释家核心范畴之一"诸受是苦"。监护权不仅是权利，更是将孩子养育成有道德之社会人的艰辛义务，甚或是影响再婚的"拖油瓶"。监护责任那么苦，在释家看来岂不是债？或许该案二审判决正是基于监护是责任、能力而非权利的视角，将代孕子女判给代孕委托方陈某监护。承前，在超越该案的视角看，代孕监护权的立法倾向更应关心谁来承担代孕导致的社会和人类风险责任。

综上，从释家维度推论，选择代孕如果增强了自以为可以实现"我"的永生、生命延续或保障婚姻的妄念，就覆盖自由、不得解脱[②]，因此是不如超越"我执"的精神崇高；但"有覆"并非不善，生育权是世俗人的权利，释家视角推不出不给予尊重、理解、认可，[③]所以与一神教视角明确反对代孕不一样。

当然，有人不认可释家的前提，则可从正反两方面反思之：假如人死万事空，没有轮回，也无超越轮回的、非实体的存在，那人死后也看不到子孙，所以通过代孕现实永恒是一个幻想；假如人死后有轮回，也有超越轮回的、不生不灭的本体性，那永恒本来存在，试图通过代孕来现实永恒就是个头上安头的多余妄念。

不过，从释家的众生平等观可知，"所有一切众生之类，若卵生，若胎生，若湿生，若化生"（《金刚经》），皆是平等的生命，无论卵生、胎生、代孕所生，都是现象，所有的不平等都是我相、人相、众生相；那么，超越一切相，一切生命都是同一本体的现象呈露，因此是平等的。则从超越现象的释家视角看，代孕孩子与传统生育的孩子一样，是平等的，因此有平等的人格权和受到法律保护的其他所有权利。

另外，孩子是因缘，不是造物主赐予的，代孕和自然生育只是不同的因缘而已，这或许是泰国等佛教文化浓厚的国家选择代孕合法化的原因。

---

① 与高某结婚之前，陈某曾有过一次婚姻，因为没有生小孩而离婚了。她说，丈夫去世后，爷爷奶奶提出，孩子可以由她抚养，但孩子的遗产不归孩子；她没有答应，于是爷爷奶奶起诉到法院，要求改变监护权人。高某去世即开始诉讼时，代孕双胞胎孩子才三岁多，现在孩子中哥哥是"大队长"，妹妹是"小队长"，他俩都在跟着华师大的教授"每周 4 天上国学"。

② 佛学术语"有覆"的含义就是覆盖自由；"解脱"的含义就是《心经》当中的"观自在"，即"观照、超脱即自由"。这里作一个比较通俗的阐释是：只有我们观察自我、超越自我的时候，不受思想、意志、欲望、激情所有这一切头脑意志的控制时，"应无所住而生其心"（《金刚经》），不执着一切现象的时候，而油然生起一个内在心灵深处的声音，并直观发现本体，因打破对我的意志、意见的我执而达于天人合一，当然也打破天人合一——因为不认为现象有个天人合一的实体，无"一合相"，这是更深层次的把握：现象即本体，即因为没有任何实体，所以佛学称之为空性，空灵灵的存在也不是东西，不是实体；这时人才有真正的自由：不受任何现象、本体的束缚。

③ 对该案中监护权争夺的实质也可作如此理解。

### (四)道家视角:道生万物与道法自然视角下代孕有一定正当性

在超越性与世俗性这一点上,道家是介于释家与儒家之间的。《庄子》言"道无终始,物有始终",即任何现象界的事物(包括人)都是有始有终的,只有人与万事万物内在展现的"道"是永恒的、无终无始的。那么,从道家视角推论,作为"有始终"的人企图通过生育以达到永恒,也是一个妄念。

并且,那个"有自我意识的子孙"能够代替"有自我意识的自我"吗?! 显然不能,在终极上"道生万物",所有人都是"道"所化生,但现实中每个个体都是有独立思维的,因此,子孙是不能代替"有自我意识的自我"的。

不过,在道家视角,"道生万物","道生之,德畜之,物形之,势成之",一切的生育方式都是"道生万物"的展现,使得万物各有其形,顺势而成,生长发展变化消亡。那么,代孕方式也是"道生万物"的展现,是形成人的生命的一种方法——虽然是近期才被人类发明出来的,但的确是使得人诞生的方法、是人的存在方式之一,因此,这种方法也能使得人这种生物"生之,形之,成之",则由此看来,代孕就有合理性——

不过,"德畜之",代孕是否合德呢? 道家老子认为"道法自然",法自然才有最高的德性价值,而代孕毕竟是人的"有为",不是"法自然"。所谓自然,即合道之本然,是超越一切有限物之"有为"的,又称为"无为"、无妄为,起码是在庄子那种"忘己""物我两忘"、与天地精神相往来的、与无限宇宙同体的、天人合一的超越小我状态。

《老子》第7章言"圣人后其身而身先,外其身而身存。非以其无私邪! 故能成其私",在现代语境中的启发是,每个生命都是"道"的显现——所以每个个体的权利都因源于"道"而是崇高而不可侵犯的①,但是如果个人仅局限于"自生""自私",就不可能后其身、外其身,不可能合德、合道,因此,只有涵盖了责任、公心、人类共同利益,在个人超越了限度的自私与人类共同利益产生冲突时,个人敢于放弃权利,达到"无私",才能最终"成其私",即真正捍卫个体的权利。

则如果代孕仅追求个体生命的延续、养育,在道家视角看来,就是很低层次的追求,无法同那种与天地和其德、效法道之本然的"无为"相提并论,在德性上是不崇高的。不过,假如人类快灭绝了,以人类存活为目的的代孕,是效法天地、蓄养万物的功德,则有崇高的德性——所以,对代孕是否合德而言,应该看其目的。

综上,道家视角推论出,代孕有一定的正当性,但一定要合德,才具有完整的正当性、合道性。

### (五)孔子的"天下为公"抑制后世儒家的"无后为大"代孕观

与上述道家视角不同的是儒家。与黄老道家相关的文景之治之后,是汉武帝的独尊儒术。历代皇权也都独尊儒术,汉后儒家对大众的习惯、习气造成重大影响。承前,如果

① 费小兵:《〈老子〉法观念探微》,中国政法大学出版社2013年版,第70~117页。

中国的代孕合法化理论仅源于儒家传宗接代观念，则在根子里会激励“不孝有三，无后为大”的传统文化习俗；汉后儒家传宗接代观念的逻辑只能是鼓励代孕，从而鼓励代孕合法化。但是，“不孝有三，无后为大”的文化习俗正当吗？生育权在中国的强调，在传统观念强大的家庭，只会在实际上增加妇女在传统文化习俗下的强大生育义务，而不一定是所有妇女的心理需求和生育自由选择。① 因此，被意识形态化后的“不孝有三，无后为大”意思是“没有生育后代，是最大的不孝”，内含有被现代思想视为糟粕的东西——并且是东汉赵歧误读《孟子》的结果。②

回到文义出处，先秦孟子的《孟子离娄上》：“不孝有三，无后为大。舜不告而娶，为无后也。君子以为犹告也。”③联系上下文，此处“无后”指的是“不告而娶”，即：“舜不告(诉父母)而娶(妻)，所以没有尽到后代的责任”，则“无后为大”的原义是“不告诉父母就结婚是最大的不孝”。但被赵歧误读、被意识形态化后的“不孝有三，无后为大”才指“没有生育后代，是最大的不孝”。因此，现代人要抛弃汉后被异化的儒家思想糟粕，回归先秦真儒家。

回到先秦儒家，尤其是孔子，其大部分思想是有极大价值的。例如孔子在《礼运大同篇》中曰：“大道之行也，天下为公。”在《论语·子罕第九》中有：“子绝四：毋意，毋必，毋固，毋我。”这句话的意涵是：孔子克服了人性中的四个缺点：以自我意志为中心，以我的观点为必然的正确，固执己见，以自我为中心。恰恰只有不以自我为中心，才能“背私为公”④，才合于超越“小我”的无限大道；大道的运行，一定是以超越每个“小我”的前述四个缺点或人性之私欲中的偏狭为特征，以公平、公正对待每个人、每个族群为基石，以天下和平、天下大同为目标的——那么，从儒家维度推论，天下、人类共同利益是高于代孕所体现的生育权利益的，孔子的“天下为公”观恰可抑制受后世儒家观念影响的、以“私我”为中心的“无后为大”代孕观。

## 三、解决问题的思路

### (一)古今多维思想兼容后的代孕立法精神

1.代孕合法化的前提是以古典公益升华义务论的社会法立场

① 例如2015年《计生法》修改条文规定，每对夫妻可以生两个子女。现实中许多的妇女常常谈到公婆和丈夫不断施加压力要自己生二胎，但大多数妇女都不愿意生二胎。另文详述。

② 赵歧在《十三经注》中有对“不孝有三，无后为大”的扩张解释。东汉赵歧的《孟子章句》(以下简称《赵注》)就属于文外加注随文释义形式的训诂了，即《赵注》对《孟子》原文增加以详尽而又通俗的诠释，参见薛安勤：《从〈孟子〉和赵歧注看汉代训诂学的发展》，载《辽宁师范大学学报》1985年第3期。

③ 孟子的“不孝有三，无后为大”，其本意出自《孟子·离娄上》：“不孝有三，无后为大。舜不告而娶，为无后也。君子以为犹告也。”就是说，舜不告诉父母，就娶了老婆，是没有尽到“后代”的责任；君子认为告诉了父母才算尽到了子女的责任。因此，“无后为大”的原义不是汉以后意识形态化的儒家阐释的“没有生育后代，是最大的不孝”。

④ 许慎《说文解字》解释“公”字：“平分也，从八从厶，八猶背也。韓非曰：背厶爲公。”可见“公”字的古文含义是从分解两个偏旁入手的，厶即私也，八即背也，所以韩非说“背私为公”。

承前，东、西方古典中，孔子的大公无私、老子的合道、德，与释迦牟尼的反对“我执”、苏格拉底对超越生育的无限之理念的追求等，虽思维方法、结论有差异，但在不同的路径中有一个相近的义素：超越“小我之私”的公益精神。不过，苏格拉底强调人要通过自己去领悟哲学的智慧，释迦牟尼认为人要通过自己的努力去证悟不生不灭的空性，孔子主张天行健君子当自强不息，道家也主张我命在我不在天，因此，他们都不反对世俗意义上的人格“我”、主体“我”——尤其是中华儒释道三家之道，皆不反对代孕（最多持中立态度，与各种一神教持明确反对态度不同）。因此，探寻上述古典圣贤反对“我执”的视角，是为了比较、借鉴、反思代孕中涉及的多元文化，反思代孕可能存在的自私倾向，而不是否定现代人的独立人格和权利。

则以上东、西方古代经典渊源，可作为追求人格尊严、独立人格的义务论的补充、升华吗？如苏格拉底的理念是古罗马之自然法的理论渊源之一，自然法的前提是正确理性；[①]又如在中国观念中，良法的前提是合道，合道的表征是合良知（笔者曾将合道、合良知的法则叫作本性法，对应于西方语境中合理性的自然法）；[②]而康德的义务论追求的是权利义务一致，那么就不是局限于自我的权利，因此，能接受前述古典德性的反自私立场，如以古典德性升华义务论，就可接受反自私的、与公益平衡的、超越罗马法公私法划分的社会法立场[③]，来规范属于私人事务、但关涉人类风险与利益的代孕问题。

当然，不是说“我”之权利不值得尊重，而是说，当“自我”之私间或“自我”与人类利益间发生了源于私心的欲望冲突时，应多一维超越“自我”之私的公益价值来平衡。例如前述的理念、反对“自我中心”、“天地不自生”或反对“意必固我”等古典精神，有一个相似相通的精华——即出于良知的精华，皆在不同程度上站在更广大的、人类的、甚或超越现象的视域来平等、公平对待每个小我，从而可能推论出对所有个体生命都有价值的决断，或作出相应的立法。

不过，承前所述，假如将现象界的人类整体等同于超现象的本体，就会以所谓天人合一的名义侵犯个人权利——中国哲学中的三教之“道”虽有区别，但都是超现象的本体，误读者才会以所谓天人合一的名义维护大一统的意识形态；反之，以个人权利之名侵犯人类整体的权利是自私、失道的，也是错的。因此，应透过现象看本质，例如道家天人合一指的是超然的本体状态，而非以现象界的整体抹杀个体。因此，现实中，应客观观察什

---

① [古罗马]西塞罗：《论法律》，上海人民出版社2006年版，第39～46页。

② 费小兵：《佛性启迪出的本性法》，四川大学道教与宗教文化研究所2016年博士后出站报告。

③ 在罗马法上，公法与私法的主要区别是法律调整的对象不同，其“同‘公（publicum）’与‘私（privatum）’的对立相联系”，乌尔比安认为公法是“有关罗马国家稳定的法”，它调整的是关于神的祭祀、城邦的组织与结构等公共事务，公法的规范不得由个人间的协议而改变；私法（市民法）调整的是私人间的私事，它的原则是当事人的协议就是法律。参见[意大利]朱塞佩·格罗索：《罗马法史》，黄风译，中国政法大学出版社2018年版，第108～109页。关于社会法，“公私二分法确实有一定的局限性，但是其确实有助于我们对法律体系的建构和理解，不应予以废弃”，所以应在承认公私法划分的基础上另立第三法域，而不是否认公私法划分前提下将社会法作为一个法律部门，参见王鹏、温瑞：《试论社会法的体系建构——以“第三法域”的观点为视角》，载《法制与经济》2018年4月。我认同社会法是公法、私法之外的第三法域的观点，因为它不再能归纳到单纯的公法或私法中，只能重新为之设立概念、特征和主旨等。

么情形下应以个人权利为先，什么情况应以人类整体权利至上——其标准是合良知——则真正的自由是超越自我意志之上的自由，是用超越私心的、心灵深处的良知去观察，发现我们的意志，打破这个自我意志，才能获得良知的法则和权利，而非自私的权利，这才可能是突破、升华现代法权的一个关键——合良知的个人权利优先，反之，合良知的人类权利或公益优先。

那么，当个人的权利是出于良知的时候，一即一切——个人的权利地位等同于宇宙一切最崇高事物，是无上崇高的，因为当个人的权利是人性良知的体现时，是本性法的体现。反之，当个人权利仅是出于欲望、且反良知的心态，而人类的权利是出于良知、是本性法的体现之时，一切即一——人类的公共权利优先于个人。承前，在个人越限的自私与人类共同权利产生冲突时，个人敢于放弃权利，达到无私，才能最终成其私，即真正捍卫个体的权利。

并且，近代确立的正当的自然权利无可厚非，依然是当今人类的法权基础，且代表中华哲学最高水平的三家之道都推不出反对代孕，那么，在市场、商业文化氛围引领的欲望至上观中，在汉后儒家的传宗接代的根深蒂固文化观念中，面对目前不断攀升的、虽打击而弥坚的代孕数量，当洪水堵不住时，最好的办法是顺应文化民情、认可自然权利——确立代孕合法化。当有了代孕合法化的立法，政府与社会才可能立法引导代孕，尤其是代孕医疗机构有所监控(目前的地下机构反而是不可控的)。并且，认可代孕体现的生育权是有时代意义的，因为我国代孕体现的传宗接代价值观毕竟是大众长久的习惯观念，只要不影响别人，就应尊重现代人的生育权——尤其是在走出专制帝制的时代，这种追求生育的自由权利不一定是坏事，反之，对人权的捍卫，恰有助于遏制专制奴役的传统糟粕，有助于实现人的自我主宰、主体意识、自由意志，而自由才是人向善潜力无限发展的前提——所以本文认可现代法权的理论基石之一是追求德性的义务论——则《生育法》赋予不孕者的生育权，其渊源还有义务论，而非功利论——假如现代权利观如仅在功利论基石上，则是不崇高的，假如损害人类，也不能成全其私。

承前所述，轴心期古典的苏格拉底或中华三家之道视角也不会推出否定权利、否定代孕合法化。而大众通过权利受到保护，得以不受外在压制和奴役，有自由的保障，才有能力独立思考，从而作为自由的主体，在自由中自主努力，才能殊途同归地走向至善，这应该是古典德性内在追求的。所以古代德性能够同情、捍卫并升华现代义务论之上的权利观——因此，社会法的主旨和价值追求应包含公益，但公益包含了社会的、人类的甚或宇宙的权利以及每个人的合良知前提下的权利，不等同于国家利益，那么，社会法不等同于公法，则社会法中行使公益权利的一方主体不一定是国家，而可能是社会组织或个人——社会组织类似于古罗马的“较小群体”而非城邦，因此不能用规定城邦的公法来规定社会组织；[①]社会法也不是如同私法的“当事人的协议就是法律”，因此也不等同于私法，但社会法在最终才能平等地捍卫每个个体的权利，而不让个别人的权利侵犯、威胁其他人的权利；因此社会法的主旨最后是维护并升华了市民法精神。因此我赞同社会法是公法、私法之外的第三法域的观点，因为它不能再归纳到单纯的公法或私法中，只能重新为之设立概念、特征和主旨。

故结论是，社会法视域下，假如代孕合法化，如果代孕的人数不多，并且社会或政府能够控制代孕的合理方向的前提下，以个人权利为首要考虑价值；假如代孕人数太多，社会或政府无力控制代孕的合理方向，导致人类整体危机时，个人应该放弃、让渡一些多余的、不合良知的权利，以维护人类整体的权利——这也才与现代义务论协调起来。[②] 不过，代孕涉及的亲权、监护权、继承权依然属于私法范畴，但以代孕委托的社会法为前提。

为何导致人类整体危机时，代孕生育权是多余的呢？承前，生育后代似乎是凡人以期实现永恒的幻想，假如当生育的爱好某一天能够长生的观念替代时，代孕不再有较高的价值，因此，其与人类存亡的价值比较，是相对更低的权利，当二者矛盾时，即当代孕违背了普遍的良知（及其本性法）时，就可能是多余的。可见我对代孕的态度是不反对，但也不赞扬。

那么，站在涵盖了古典德性、义务论的社会法视角看代孕，既要尊重不孕者的生育权，又要从中华三家之道不反对代孕的文化传统认为：代孕趋势强大，如果不能在所有国家禁止代孕，就可以认可无偿的完全代孕或捐胚代孕的合法化，但立法的重点更多是平衡生育权与人类整体的利益，关注代孕监控，将代孕委托人限制为一定年龄以上、无生育能力的人群，并保护孕母群体。

总之，结合义务论和超越自私的古典德性角度推论出：在欲望尚未普遍减弱的时代，代孕可被合法化，但其立法属于社会法，重点是倾向公益的社会监控关系。

2.代孕立法主旨及其主要监督制度设计

综上，反思这个首例代孕所致监护权案判决应有法律史的意义，有助于引发思考，促进代孕立法向着保障善治的“良法”方向发展。该案二审判决将委托方确定为有监护权的继父母——虽然仅是“继父母”，但毕竟委托方陈某有了监护权。其对未来立法依然是有启发意义的，例如客观上让中国的代孕委托人开始有了孕母之后、其他人之前的监护责任，从而促进人们理解、尊重监护权是私法，从而有助于让人们理解、反思如下辩证观念：反对基于过度欲望的代孕等权利的滥用，但尊重人们的权利是为了防止公权力滥用

① 公法与私法的区别“可能同城邦与较小群体在相互关系中的对峙有关”，参见［意大利］朱塞佩·格罗索：《罗马法史》，黄风译，中国政法大学出版社2018年版，第109页。换言之，只有城邦的事务构成公法，较小群体的事务不构成公法。

② 如果说个人的权利，是出于欲望，也可以值得捍卫，因为他没有侵犯别人的权利，这个时候，我们说他至少没有侵犯别人的良知。那在这种意义上说，这种个人权利也是要保护的。因为保护这样的权利，才有助于人自由的、向善的方向进化，如果说人作为政治动物的意义、政治、还有一点意义的话，这种赫拉利认为是人类是我编造起来的故事还有一点意义的话，也就是通过自由的、机会公平的、良好的外在制度，保障个人权利促进人向善的方向进化。

的恶果。其引发的本文反思是,未来对此该如何立法:假如未来的委托方选择代孕时,使用了基因工程技术,甚或仿生技术、芯片植入技术,或是诞生其他对人类产生威胁的超人技术等,则应在法律上确定委托方是监护人,假如代孕有错误,才能找得到责任人,尤其是,当有危害人类的犯罪行为时找得到刑罚惩罚的对象。

其次,该案判决认定"孕母是生母"。我认为,为了孩子将来不必叫机器为"妈妈",也为了男女间平等的生育权,因此不能在立法中认定孕母为母。故该案判决扩张解释代孕委托人与子女间的身份为继父母子女关系,这在当下特定时空境域中或是有审慎智慧的、不错的权宜,但不宜在未来的立法中适用。

综上所述,只有探索代孕合法化,让委托人成为监护人(即代孕子女有完全、平等的继承权),代孕子女身份与监护、继承权才能得到根本解决,(例如该案延续出的继承权案才能有更合法理的判决)——代孕本身虽是属于社会法,但关联的亲权、监护权、继承权等还是属于私法,而相关的代孕机构应受行政法管辖,因此,其一揽子解决代孕问题的立法应是一个综合了社会法、私法、公法的立法。

而反观代孕这类人工生育,在实现中国传宗接代观念的同时,也使得传统文化习俗中神圣的祖先血脉崇拜在现代性中被贬值为一两万元就可被买到的基因。① 代孕的合法化,在满足香火传承的同时,也解构了祖先的神圣地位,是好是坏?不一定全是坏事,或许,这可这让人们发现生育不一定必须通过两性结合完成,从而改变观念,不再那么执着于幻想通过生育实现永恒。假如立法引导有方,可能让人类减弱我执、我爱、占有及其引起的战争。但代孕本身能减弱人的贪有欲望吗?不能。不过,人的正当欲望是受法律保护的。且整个人类目前还不能做到通过医学进步走向不死(如赫拉利所猜想的),因此受监控、受限制的合法代孕,对于不能完全让各国禁止代孕的欲望人类世界而言,还是需要的。不过,假如有钱人足够长寿——如赫拉利所猜想的趋近于永生时,代孕或克隆所诞生的孩子或许与委托人(或被克隆者)之间以及与不能代孕、不能克隆的人(主要是穷人)之间产生生存的竞争时,谁有优先权?则未来更需要相关公平立法。不过目前不必展开思考此遥远的事情。

回到当代的代孕立法本身,承前所述,现代的功利论、义务论皆无法周延论证代孕合法的伦理,而汉后儒家的传宗接代习俗观念的逻辑是鼓励代孕;但习俗不一定是正确的,因此传宗接代观念也不能从道理上很有说服力的证明代孕的合理性;因此,多几维古典的"天下为公"视角或"公共"观念,才能最终平衡对生育及代孕权的盲目赞叹,以及争夺

① 截止到2016年7月28日,只要搜索百度"代孕"图片,就会在图片中找到若干条链接广告:购买卵子1万~2万元,代孕服务费10万元;另外,中介公司向委托方的要价大约是38万元左右,这除了购买卵子和请孕母,还包含了人工胚胎培植和中介劳务费等。

孩子监护权的战争。[①] 则由古典德性视角尤其是中华三家之道升华义务论，就可能使得有自由意志和人格尊严的人能够通过内在的道德理性、天然良知判断出：当私人权利与人类共同命运冲突时，每个人皆可自主地做出公私平衡的、合道的（或曰合本性法的）决断，从而认可公益法立场，如真的涉及人类存亡之风险时，个人应合道地将这个权利让渡出来，以实现人类的权利——这才能真正公平地平衡各种利益。

那么，承前，在汉后儒家文化熏陶了两千年的中国，由于传宗接代思想浓厚，与其认定代孕医疗机构违法，让代孕一致处于地下黑市、不可控的风险状态，不如选择站在古今德性兼容一致的哲学观下，认可儒家文化传统导致的社会习俗，选择社会监控的立场，为代孕立法：在完全到位的社会监控下，让受社会监控的、无偿的完全代孕或捐胚代孕实现合法化，并让专业的监督到位，透明、平衡保护各方权利（如孕母、孩子、不育者）不受黑市伤害。其较为具体的思路如下：

（1）代孕的立法精神之核心主旨是：

代孕潮流不可避免，需要为义务论添加古典德性的公益视角，从而将代孕立法确定为社会法——平衡个人人权与人类人权的公益立场，从而给予代孕现象以合法化，但需要限制、防范和指引。这就要强调如下内容：对代孕中的生育权的支持，并且需要有效监控代孕，以防代孕过程中某些人利用高科技技术（转基因、仿生工程等）造出超人等，给人类带来负面威胁和生物灾难。从而，代孕立法的法条中，一定要有正规医疗机构组织下的无偿的完全代孕行为，建立完善的孕母保障保险体系、孕母志愿者制度和国家公共卵子库，从而打击地下非法代孕机构。

（2）未来的代孕立法中应包含（但不限于）如下的监督制度设计：

第一，应该由不同的机关决定是否同意某人代孕、谁来实施代孕技术、谁可作为孕母、谁可为提供基因，并监督代孕过程，以形成权力制约，由具体的同意代孕单位定期向权力机关通报代孕人数和姓名、捐基因者姓名、孕母姓名和孩子出生后的主要指标与照片（含一定年龄如 10 岁和 16 岁的指标与照片，是否异于一般人类）。[②] 目的是让人类更有力地监护，防止超人对人类的奴役。

---

① 虽然佛学与孔子思想有区别，但在反对自私方面有相同的义素。另方面，代孕与领养的区别在于，代孕在父母看来，还是自己的基因，可以实现自己的血脉传承，从而让自己不朽。例如有人说："'孩子的性格、相貌上有我的样子，这和领养的完全不是一回事情。'一个父亲强调他找人代孕的理由，他认定，只要精子卵子是自己的，就是自己的孩子。"参见心理月刊：《代孕妈妈：大多为生活所迫 根本不知对方是谁》，载《心理月刊》，http://fashion.ifeng.com/emotion/topic/detail_2013_07/24/27848935_0.shtml，访问日期：2013 年 7 月 24 日。

② 如果是超人，在 10 岁时其体格与智力就可以被发现是否异于常人，在 16 岁时完全能够发现其是否异于常人，那时其人格还没有完全成熟，至少还来得及教化为有道德的人类，或人类的朋友。

第二,有关怀志愿代孕者的尊严和健康保障的严格制度。[①] 如,规定35岁以上或体质不能尽快康复的妇女不能替人代孕,且孕母只准代孕一次;又如,建立孕母的医疗保险体系,特殊情况下有保护孕母的法律援助救济措施,等等。这些立法使得代孕成为从属于社会法上的社会监控关系,受国家、社会的特别保护,双方的约定效力应低于法律之规定(尤其是保护孕母条款)。再如,取得代孕委托方的资格前提,只能是高龄的、不育的自然灾害灾民、错误司法行政的受害者,或独生子女父母失孤等。[②] 并且,每对夫妇代孕的孩子数量也只能是一个,且只许可无偿的完全代孕(不可由代孕母亲提供卵子);[③]并要求是孕母非基因方;不过,代孕的孕母应获得合法补偿,如怀胎十月的劳务费和较高的营养费(超出必要的费用才被称为有偿代孕),但杜绝中介机构的暴利。

第三也最重要的是,关注人类整体利益,例如,与代孕合法化相配套的是,国家建立有"公共卵子数据库"和"代孕志愿者库",建立由国家正规医疗机构主持的代孕制度;尤其是,一定要建立"公共卵子数据库"。[④] 基因的提供一定要建立数据库,并设立限制,防止个人选择特异基因,从而可能产生威胁人类的孩子,如内置芯片的转基因孩子。此外,假如胚胎已经开始了生命的呼吸,代孕的人工技术过程中产生的多余胚胎也应受到法律保护,这一点另文详述。

另外,程序上,为了保障上述各方权益,就应该设立社会法上的起诉主体。社会法的主体,一般不是国家,可能是社会组织、其他个人,或国家之下的监察机关,或者是联合国或者是全人类。无论这主体是谁,前提是应符合一个判断的标准:是出于良知,即出于让其他所有的观众在旁观者的良知状态下都认可的良知。那么,这个主体在良知下能够代表社会公共精神、公益时,他才能成为社会法的公益诉讼主体。

总之,这种从属于社会法上的社会监控关系的代孕立法,可以给予非商业的、无偿的完全代孕以合法地位。既尽可能地满足中国传宗接代习俗背景下的生育权,又尊重孕母的尊严,并解决了不育者的生育权与规章、政策间的实践冲突,而代孕子女的身份关系也能顺理成章地定位为委托方的婚生子女——则委托方有监护权,更有相关的法律责任:包括不能给人类带来灾难的责任。这就避免了前述将机器作为代孕子女的生母的尴尬,

---

① 与此相似的观点是"基于福利经济学的研究表明,市场机制与人身伦理的关系并非不可调和,在我国现有的约束条件下,代孕合法化的正面效应远大于其负面效应。对道德进路的检讨与反思不意味着否定管制的必要性。采取新的'区分评判'思维来取代旧的'总体评判'思维,可以更好地改进立法效率。"参见杨彪:《代孕协议的可执行性问题:市场、道德与法律》,载《政法论坛》2015年第4期。印度的一些代孕中心允许孕母代孕不超过三次,我认为孕母代孕不超过一次,更合于区分评判的伦理。

② 杨遂全、钟凯:《从特殊群体生育权看代孕部分合法化》,载《社会科学研究》2012年第3期。

③ 完全代孕是指委托夫妻的双方都提供自己的卵子、精子,此时代孕母亲只是提供自己的肚子来代为怀孕,捐胚代孕则是指由第三方机构提供社会捐赠人的精子和卵子,代孕母亲怀孕的方式,参见任巍:《论完全代孕中子女身份归属的法律认定——从"子女最佳利益"原则出发》,载《学术探索》2014年第8期。

④ 精子方便采集,目前已经建立国家统一的公共精子库。但卵子不方便随便采取,不能建立国家统一的公共卵子库,但只要征得妇女同意,在妇科体检或治疗时,可以把卵子的基因数据或母亲的基因数据建立起来,形成统一的公共卵子数据库,这样,一旦某人志愿做基因母,就可以通过数据分析防止基因母提供超过数量的卵子,防范社会上彼此陌生的"兄妹"间谈恋爱、结婚生子的悲剧发生。

更关键的是让“地下代孕”转为“地上”,受到社会的监控。

**(三)对该案当事人的未来建议:平等尊重代孕子女的感受**

从立法的思路回到对该案关联未来继承权的思考,承前所述,该案中对代孕孩子监护权的争夺,在古典视域看来,或是展现了人的一种我爱甚或自私,是将孩子当成“我的所有权”的对象,其终极根源也都是因为对“我”的死亡的恐惧。承前所述,目前没有专家或权威机构有数据表明我国的代孕子女总数及人工加工基因比例已经达到了威胁目前的人类物种的地步,那么,由于如果代孕的人数不多,并且在社会或政府能够控制的前提下,所以可将个人权利作为首要考虑价值。那么,该案也应以代孕委托方的生育权为首要考虑价值(并且也没有证据证明陈某夫妇的代孕行为损害了人类利益)——那么,二审判决的最终效果就合于此逻辑,虽然其理由不同于本文。

并且,超越表相地看,代孕孩子、甚或代孕机器所生的子女与自然生产的孩子皆是平等的生命,皆有平等的生命性,应该被平等对待。因此,无论该案中的陈某夫妇选择代孕是否违法,但无辜的孩子的独立人格应得到平等的尊重,尤其是孩子对陈某的依恋之情应得到尊重,而不应把孩子当作“我的所有权”的对象。

该案二审判决正是不再将孩子作为长辈的所有物在分配,而基于监护是责任而非权利的视角,将代孕子女判给代孕委托方陈某监护。

可问题是,监护权案判决后,当事人还在继续着继承案纠纷,我们旁观者都诚挚呼吁:

未来路还长,公婆与儿媳,为了孩子,和解吧!

毋因贪爱伤所爱!生者勿争,方使逝者安心,愿生者不要因执着、贪爱、自私,在内战中,忘记孩子不是“我的所有权”的对象,忘记孩子的独立感受,伤害共同所爱的孩子之幼小心灵。各自退让一步,达成最有利于无辜小孩成长的和解。彼此不能“我执”地站在“我”的立场,而应站在孩子的立场思考未来。

与之相关,下面是我对该案中尚未判决的遗产继承案的建议[①]:

采访陈某而知,祖父母要求将代孕孙子女的遗产归祖父母,但孩子抚养费用由陈某出,且由陈某抚养,陈某没答应。故该案缘起于遗产纠纷,因此应该妥当地解决未来双方遗产继承案中的思想症结:首先,是将2010年左右高某创业时老高夫妇投资给高某的一百多万元及其孳息,在遗产中先划归老高夫妇所有(虽然老高夫妇没有证据,但采访中陈某同意此种做法)。

其次,代孕孙子女小清、小诗作为高某与陈某夫妻共同委托他人所生的孩子,根据谁的行为谁负责原则,高某夫妻就要为这两个婚生子女的诞生承担责任——包括监护权责

① 公婆高某某、谢某某诉陈某遗产纠纷案早已立案,但本文涉及之代孕监护权案的判决书,将是其遗产纠纷案中代孕孙子女的遗产由谁(监护人)管理的前提,因此,遗产纠纷案等着本文涉及的代孕监护权案的判决结果后才开庭,故目前该遗产纠纷案尚未判决结案。

任，则代孕子女有完全的、平等的继承权，其应得到作为子女应得的遗产，并且遗产折算的存款应该直接在小清、小诗名下，小清、小诗的财产可以由法院冻结到孩子 18 岁，直接由孩子支配（采访中陈某同意此方案）；假如出现紧急情况急需处理孩子财产，也可由祖父母与陈某双方共同代管他们的遗产，相互制约下提前使用（例如，一方掌握存折，另一方掌握密码）；在孩子 10 岁前由陈某与老高夫妇双方商量决定，如果商量不妥，由双方共同信任的亲戚或居委会调解，实在调解不了就再起诉到法院判决；当孩子年满 10 周岁以后，有部分民事行为能力了，就可以尊重孩子的意见，由孩子自己来决断该财产的使用。

总之，希望该案双方放下自我执着、自私，不要把孩子当作“我的所有权”的对象，尊重孩子是独立的、有情感的平等主体。

以上是笔者在思考该案引发的立法哲学思考之后，回到该案的思考。

## Reflection on the Legality of Surrogacy Caused by the First Case of Child Custody in China

Fei Xiaobing　Chen Jin

**Abstract**: It is the surrogate mother was designated as the birth mother in the custody case, the legislative reflection triggered is: simulated machine pregnant mother may be a birth mother in the future? The theory of the rights perspective of utilitarianism and obligation cannot demonstrate properly whether surrogacy is legal or not. We should consider multi-dimensional cultural perspective such as the classical perspective of public welfare because of this human high-tech risk problem. For example, the traditional idea of procreate of Confucianism is to encourage surrogacy, but Confucius's thought of the world is equally shared by all suppress the desire. Another example is the perspective of Buddhism. The popularity of surrogacy breaks the blood cult, but it does not weaken greed. it ' s that Taoist believe that moral surrogacy can be justified. Justifiable natural rights is transcend reproach. Neither Confucianism nor Taoism nor Buddhism can oppose surrogacy. It is the core value of legalization that Preventing biological disasters caused by surrogacy in the future. Faced with the uncontrollable surrogate market, Legislation has reached a critical point. But we can't just agree to surrogacy from utilitarianism, we should conform to the custom culture and learn from classical charity spirit and sublime obligation. We take the social law stand transcend the public law system of Roman law . It should be recognized, restricted, prevented and guided by it. This will also completely solve the related problems involved in the case of inheritance rights related to the case.

**Key Words**: surrogate; Tao; obligation theory; public interest; social law

# “五四运动”对民间规范治理影响研究*

冯建娜** 余 地***

**摘要**:“五四运动”促进了社会整体形成崇尚自由科学的观念,这种观念的转换体现在了民间规范的治理上。很多民间规范的治理理念顺延着“五四精神”延续至今。并且,“五四精神”使得民间规范的治理方式被形塑。自治组织越来越多地涌现,在治理内容上实现了个体自由与认知理性。研究“五四运动”与民间规范治理的关系在于实现传统与现代的抉择,要吸纳优秀传统文化、把握时代脉搏,发挥出民间规范的民主性。国家法应包容反映民主自由精神的民间规范,取缔违背这种精神的民间规范,面对价值模棱两可的民间规范的时候,应从民间规范生成历史背景上摸索选择的路径。

**关键词**:五四运动;五四精神;民间规范;治理

不觉间,“五四运动”已经过去了一百个春秋。在那澎湃的岁月,人潮汹涌之中迸发的热血青春,奔走呼号之时挥洒的爱国激情,成为了国人永久的记忆。作为中国历史上声势浩大的爱国主义运动,“巴黎和会”中的外交屈辱刺痛了华夏儿女,国人也针对封建军阀和帝国主义展开了自发的行动,与民族情感背离的言行,都是“五四运动”的靶子。因而,这项运动最终目的是“救亡”,反映的是精英智识对中国出路的探索。因而,“五四运动”不是简单的通过游行示威实现的情感宣泄,而是有效回应中国现实问题,促进了社会观念的转变。这种转变就在于通过对民众的思想启蒙促进民众权利意识的提升。公共话题的引出意味着人们对社会整体理念的反思,从而走向了公共治理思想的转变,这种转变表现在民间规范的治理方式之转变,因为权利的实现应被置于社会治理的语境下。并且,这种治理方式至今依然发挥着重要作用。我们通过分析现今的民间规范治理背后的“五四运动”之伟力,能够实现社会治理方式的推陈出新,从而为法治国家和法治社会之间的良性关系构造提供思路。

## 一、“五四运动”对民间规范治理影响的延续性

“五四运动”背后的启蒙思想推动着国人观念的改变。在运动之前,国人被封建礼教

* 国家社科基金重大项目“民间规范与地方立法研究”(项目编号:16ZDA070)。

** 冯建娜,甘肃政法大学硕士研究生。

*** 余地,法学博士,宁波大学法学院讲师。

束缚，被三纲五常支配，因而在群己关系层面，男尊女卑以及封建家长制充斥着家庭生活，在各行各业，上级对下级的压榨也时有发生。而“五四运动”之后，人们逐渐意识到平等自由的重要性，也开始逐步以科学的、理性的视角认知事物。这种观念的转变反映在了社会各方面，民间规范的治理就是其中之一。

从群己关系的角度来看，“五四运动”实现了民间规范对个体的推崇。在商事活动的民间规范中，交易的自由被强调。比如在山东栖霞县，“栖霞全境四面皆山，地主多种植松、柞，至成拱砍伐时，先招人议价，有三七分劈与各半分劈之分别。三七分劈，砍伐人得十分之三，其山主应得十分之七，须自行雇工搬运到家；其各半分劈者。砍伐人须代山主运送完妥，不须另出运费”①。家事行为中更是如此，比如在婚姻方面，民间规范允许结婚和离婚的自由。比如在河北盐山县，“民国以来，蔑古益甚，男女平权之说倡，而婚配自择，不耻淫奔”②。在雄县，“结合既易，离异随之。近年以来，离婚之诉，日有所闻”。③ 在山东牟平县，“（从前）家政统由家长主持，以大家庭为贵，故凡五世同居者，类皆旌表其门。……今则小家庭突多，男女成婚后即别创门户”。④ 继承制度也逐渐面向遗产的自由处置。在江苏省仪征县，女子也因“五四运动”推动的权利启蒙而在继承权方面实现了从无至有的转变。个体自由的推崇就意味着人的平等性被推崇，无论男女之间、长辈与晚辈之间，还是雇主与雇员之间，都开始逐步摆脱依附关系。因而，在“五四运动”的影响下，民间规范治理方式的走向是集体→个人、依附→自主的趋势。这取决于“五四运动”对个人意识的唤醒，而人生活在规范的世界，也必然会因这种个人意识的抒张而力图构建种种放任性的民间规范。

这种民间规范的治理逐步形成转变并延续至今。现如今我们采用的共治模式意味着民众的自治性体现在了大量民间规范治理中。所谓“自我治理”，必然意味着个体的自由要在民间规范中充分显现。事实上，这也是民间规范的本质所在。胡适认为社会风俗就结构着民众的价值选择：“那些不懂事又不安本分的理想家，处处和社会的风俗习惯反对，是该受重罚的。执行这种重罚的机关，便是‘舆论’，便是大多数的‘公论’。”⑤社会整体的观念是风俗之源泉，可见社会的自发式调控正是民众整体自由意志的体现。卢曼甚至认为，很多即便是国家法范畴的问题也应从民间规则上寻求解决的方法：“那些导致了概念和教义的法律，甚至是国家决定的法律，都是次要的、派生的、片段的和言辞的现象。

① 前南京国民政府司法行政部编：《民事习惯调查报告录》（上册），胡晟旭、夏新华、李交发点校，中国政法大学出版社2000年版，第146页。

② 《盐山新志》（1916年），转引自丁世良等：《中国地方志民俗资料汇编·华北卷》，书目文献出版社1989年版，第381页。

③ 《雄县新志》（1929年），转引自丁世良等：《中国地方志民俗资料汇编·华北卷》，书目文献出版社1989年版，第334页。

④ 《牟平县志》（1936年），转引自丁世良等：《中国地方志民俗资料汇编·华东卷（上）》，书目文献出版社1995年版，第249页。

⑤ 胡适：《易卜生主义》，载《新青年·易卜生专号》第4卷第6期，1918年6月。

如果碰到疑虑，对于法学家法和国家法的处理都必须返回实际上的活的、原初的社会法中”①。民间规范的产生本就源自某个社群内的自生自发秩序，是社群内的民众在生活生产中自我认同的权利义务系统，而非精英智识的理性考量。这种规范系统独立于国家法律，在相应的社群中发挥治理功能，从而表现出社会—国家的二分治理格局。对于社会层面的自发性而言，民众自我认同的价值理念自然成为社会治理的思想所指。在“五四运动”前后，陈独秀、钱玄同等精英智识对社会思潮的转变提供了助力，然而更为关键的是，广大民众尤其是学生群体，在外国势力勾结国内军阀试图侵占国土的背景下，激发了强烈的救国热情，由之而生成的理念必然是一种自我生发的理想，而由这种理想引领的民间规范必然是面向民众真诚内心需求的。这是从民间规范的生成意义上来说的。另外从治理延续性上看，“五四运动”推动了民众对民间规范治理的直接参与，这在现今的民间规范治理层面也是如此。

民间规范的具体内容也反映了“五四运动”促成的治理方式之流变，并且这种流变一直延续至今。比如在文化交流方面，诸多非物质文化遗产保护协会、诗词协会、读书协会等组织都反映了民众热衷于成立发表文化见解的组织，尤其在高校的学生社团中，类似组织是非常多见的。《关于加强和改进大学生社团工作的意见》中指出，高校社团是实施素质教育的重要途径和有效的方式，在加强校园文化建设、提高学生综合素质、引导学生适应社会、促进学生成才就业等方面发挥了重要作用，是新形势下有效凝聚学生、开展思想政治教育的重要组织动员方式，是以班级、年级为主开展学生思想政治教育的重要补充。② 这里强调了社团对学生的成长和管理发挥的重要作用，学生的自治性和文化自由的抒发在这些社团中得以充分体现。作为北大校长的蔡元培在新旧文化交替的历史时期提出了对现代大学的理解：一是兼容百家，二是专深学术，此举既关思想，也及教育。百年中国，有独立的大学理念，而且能够真正付诸实施的，不敢说仅此一家，但蔡元培无疑是最出色的。③ 青年人基于自身的兴趣爱好成立的组织，实现的是精神世界的自我表现，这与“五四运动”本身的开展方式是契合的。比如在家庭生活的调整方面，关口寨布依族就存在群体议事的民间规范，全寨的成年人举行聚会活动商议寨子中的公共事务，当地称这种活动为“涉土”。这种群体议事活动商议的重要内容之一就是制定寨子中所有人都要遵守的行为规范，也就是规定村民们的权利和义务以及违反者应该承担的责任。④ 人们参与对相关行为准则的制定，就说明民间规范生成背后的民主意义。管彦波也就西南地区的乡规民约提出，近几十年来，西南民族地区不断涌现出来的乡规民约，大体上有三个主要的类型：一是在乡这个层面上，由乡政府主导、各行政村参与制定的乡规

① [德]尼克拉斯·卢曼：《法社会学》，宾凯等译，上海世纪出版社 2013 年版。

② 孙立锐、张士红：《高校社团健康发展的思考》，载《教育教学论坛》2017 年第 21 期。

③ 陈平原：《触摸历史与进入五四》，北京大学出版社 2018 年版，第 147 页。

④ 周相卿：《黔南涟江上游流域布依族习惯法田野调查与研究》，载《贵州民族大学学报（哲学社会科学版）》2017 年第 6 期。

民约。这类民约并不具有普遍性，大多数的乡镇均没有，即使有，也多是形式大于内容，村民并不一定知晓。二是行政村层面上的村规民约。这类民约往往要经过村民大会或者村民代表大会讨论通过，对全体村民的行为有一定的约束力。三是自然村寨村民小组制定的专款村规民约。这类民约的制定，以能充分体现参与者的自发性、自主性和广泛的民主性为前提，有很强的针对性，内容具体而丰富，可操作性强，由于参与者多是"情愿入约"，执行起来也较容易。[①] 在社会生产方面也是如此，比如古玩市场有这样的"行规"：售卖人不负责对货物的真假负责，一旦售出，被发现是假货时，售卖人不负责退货。[②] 这从另外的角度也表明古玩界的民间规范尊重每个个体的鉴赏能力，因而是个体的文化鉴赏自由在其中的充分彰显。不难看出的是，"五四运动"本身与文化革新是密切相关的。这场运动促使民众增加了文化交流的热情，及至时下，人们也每每渴望融入文化社群中实现文化沟通，而这种沟通本就是源自人的精神舒张所形成的自觉自发行动。人们经过了"五四运动"的观念冲击之后，渴望在家庭关系领域不再被家长制束缚，努力寻求的是家庭成员之间的平等关系，并且在现世的意义上实现父慈子孝的和谐关系，而以故去的祖先作为护佑的神灵观念正逐步褪去。另外，"五四运动"所带来的自由观念还覆及了商业领域。比如，在劳动力或是商品交换的市场，无论是雇佣关系还是商品交易关系，参与者的附庸性逐渐被打破，取而代之的是个体对劳动力及商品的自由处置。正如李大钊所言："社会上种种解放的运动是打破大家族制度的运动，是打破父权（家长）专制的运动，打破夫权专制的运动，也就是推翻孔子的孝父主义、顺夫主义、贱女主义的运动。"[③]这种解放也体现在民间规范的治理上，现有大量民间规范主张规范下的受众以独立自由的方式参与生活生产，与"五四运动"前的民间规范强调的礼教理念相比形成了大不相同的局面。因此，民间规范治理路径背后的新旧思想发生了转换。

总之，"五四运动"为民间规范的治理提供了启蒙路径，而且从现实情况看这种治理路径在现如今依然是被人们推崇的。我们之所以对这种治理方式的流变作出考量，就在于我们需要借此思考如何利用民间规范实现良性治理。虽然民间规范仅仅调控的是某个社群的关系，然而，社群也是被嵌于社会整体中的，社群成员在被民间规范结构的时候，也通过被规范形塑的行为推动着整个社会的运作，因而民间规范的治理必然被社会的价值理念所结构。"五四运动"实现了社会整体观念的革新，民间规范的治理在这种整体革新的社会背景下，也形成了逐步变化的样态。"五四运动"为中国带来了马克思主义，这被广大仁人志士证实能够与中国的实际情况统一起来，由之形成的社会观念是民众的自发选择。中国的发展进路促进我们一如既往的遵循"五四运动"的理念，相应的民间规范治理方式也一直延续着百年前经过"五四运动"的冲刷而转变后的社会理念。

---

① 管彦波：《民间法视阈下的水文生态环境保护——以西南民族为考察重点》，载《贵州社会科学》2015 年第 5 期。

② 刘作翔：《传统的延续：习惯在现代中国法制中的地位和作用》，载《法学研究》2011 年第 1 期。

③ 李大钊：《由经济上解释中国近代思想变动的原因》，载《新青年》第 7 卷第 2 号，1920 年 1 月 1 日。

## 二、"五四运动"思潮对民间规范治理方式的定型

民间规范研究的实践指向在于实现文明的治理方式，所以，我们不仅需要描述"五四运动"背景下这种治理方式的延续，也需要从现如今的发展情况探究民间规范治理方式的应有形态。而在事实层面，"五四运动"形成的社会观念也确乎形塑着目前的民间规范治理方式。并且，这种形塑应面向的治理理想，也需要我们从"五四运动"本身彰显的思潮为着眼点予以探求。

这种定型表现在如下几个方面，首先，"五四运动"的精神使得更多的自治性组织涌现出来。正如陈独秀在《新青年》第七卷第一号发表《实行民治的基础》一文的时候，针对杜威谈民治主义所说的那样，中国在地方自治上应该实行的原则是：第一，最小范围的组织；第二，人人都有直接决议权。① 这就将中国治理需要遵循的民主路径充分表现出来。我们的权力控制模式已经逐步摆脱了单向的官方治理，各行各业的协会、村（居）委会、文化娱乐领域的社团等组织都通过严密的组织规则形成自治系统，实现自我管理。不可否认的是，促成这种多元自治组织涌现的重要原因在于生产力的发展使得社会本就表现出多元性，然而作为治理方式，自治已经被广泛接纳，这是"五四运动"的自由本位思潮推动的治理思维的定型，也就是民间规范中的自治治理理念的定型。

其次，"五四运动"思潮实现了民间规范在内容上对个体自由之尊重的定型。现如今的民间规范在内容方面表现出权利本位的特质。个体的自主性被群体接纳，很多社群也表现出思想多元、行动自主的格局。个人的自身利益成为了民间规范治理的目标所在。这也是"五四运动"中主张的人性自由对现如今民间规范价值的形塑。人们的自由利益在这些民间规范的调控下得到充分保护，也将这种自由的理念确立为稳固的民间规范治理理念，而相应的民间规范也将人们的自由行动牢牢地固定在规范内容层面。

最后，"五四运动"的思潮使得民间规范在实质内容上表现出理性化的场景。在调整社群行为的时候，民间规范的内容是建立在对事物的理性认知上的，通过科学的探究，人们形成对所欲调整事物的全面认识，从而制定出相应的民间规范予以调控。生活在相应社群中的人们也表现出对理性生活和生产方式的向往。不可否认的是，这种理性并不是体现在所有民间规范的治理理念上的。在很多乡村地区，人们依然通过神灵信仰的方式调控社群行为，然而，这种调控很多时候并非将人的核心利益托付给神灵，而是通过神灵实现对人的精神利益之维护。神灵崇拜本就是为了实现人们精神层面的价值享验，正如张志刚所说："无论海内外的研究者怎么界定中国历史上和现存的'民间信仰或民间宗教'，有一点是不争的事实，所谓的'民间信仰'主要就是指老百姓在日常生活中所信奉的传统习俗。"②而无论是"信仰"还是"信奉"，都意味着人对自我精神的慰藉。所以以神灵

---

① 陈独秀：《陈独秀著作选编（第2卷）》，上海人民出版社，2010年版，第122～125页。

② 张志刚：《中国民间信仰研究的几个关键问题》，载《民俗研究》2018年第4期。

满足精神利益,恰恰意味着对理性的追随。

可见,“五四运动”对很多民间规范的治理方式已经形塑,如今存在的很多民间规范的治理行动中或多或少显现出“五四运动”的印记,并因这种“印记”而成为稳定的调整系统。作为“地方性知识”,民间规范的治理面向的是社群小传统,因而这种治理的语境是由具象意义的群体话语构造的语境。群体的价值诉求在民间规范治理话语的表现,正是民间规范治理研究的重要价值与这种治理的实践所指。“五四运动”形成的民间规范治理方式的定型,使得我们找到了民间规范在未来的治理方向。不过,这需要我们不断反观现实和历史,结合人们的现实生活需求,清晰描摹出这种治理走向。

中国的法治之路是以建设社会主义法治国家为目标,因此我们追随的治理形态乃是文明国家推崇的善治。与“五四运动”相伴的民主科学思潮在当时深得民心,现如今的中国社会也同样以民众的自由和对现实的关照为鹄形成向往人类命运共同体之构建的社会风尚。可见,百年时间之流并没有让我们改变对社会理想的憧憬。因此,“五四运动”形成的社会思潮本身已经被定型。由这种思潮出发而形成的民间规范治理方式也随之而被定型。民间规范的这种稳固存在也使得我们对之的审视更需要结合时下的社会观念。历史思潮与时下风尚在民间规范治理场域的合流,实现了对文明社会应有治理方式的启迪。

## 三、评价:民间规范治理的传统与现代之抉择

“五四运动”本身体现的是对中国传统文化的解构以及对新文化的引入,因而“五四运动”体现出的是旧文化至新文化的过渡。新旧文化的交汇使得民间规范的治理理念存在异种文化的交融,这时的我们面临着传统理念与现代理念的抉择。着眼于“五四运动”的历史影响研究,目的就在于从这种文化交汇中寻求抉择。在民间规范的治理场域,这种抉择取决于文明社会如何实现对人性的关照。不可否认的是,我们需要抓住事物的内因,紧密结合民间规范治理本身的机理探究这种抉择。

中国的传统治理方式是以儒家思想为核心的、通过严格的等级秩序形成的社会控制方式。存在于家族中的成员亲疏、尊卑、长幼的区分和存在于家族外社会的成员贵贱区分在传统中国的语境下是同样重要的,从社会治理效果来看,这种等级区分起到了维持社会秩序的作用。[①] 这就形成了众所周知的“家天下”治理格局。其中基层社会的治理自然也依循着三纲五常的治理方式,因为乡村社群成员也广泛认同这种传统观念,家族大小事务的处理均围绕着族长的权威,个体的自由被埋没于森严的家长制度中。这种治理方式与中国本身的政治经济情况相关。传统中国是农耕型国家,人们因“面朝黄土背朝天”的生产生活方式而被约束在土地上,这种安土重迁的观念使得人们需要依附于家庭的等级秩序。既然是以农耕为主的社会,劳动力就是生产环节的重心,成年男性成员在

① 瞿同祖:《中国法律与中国社会》,中华书局1981年版,第273页。

整个家族中也就具有重要地位,其他成员则依附于成年男性。就如费孝通所说:“社会秩序范围着个性,为了秩序的维持,一切足以引起破坏秩序的要素都被遏制着。男女之间的鸿沟从此筑下。乡土社会是个男女有别的社会,也是个安稳的社会。”①儒家所强调的“父父子子”之礼自然契合了中华传统的家族特性,也是国人自身的心理上的秩序需求,这就使得中国传统的民间规范是被“礼”所结构的。同时,在政治层面上,正如赵明所说:“中华帝国政治的根本使命之一正在于边疆的军事防御,而不是军事扩张,这是由农业文明及其生活方式所决定的。这一政治使命的实现就从根本上意味着帝国疆域的安全和‘天下’秩序的和睦。帝国所必需的强大军队不可能依靠贵族得以建立,而必须依赖于占据帝国人口最大部分的农民,封建制就必须予以废止。而且,只有高度君主集权才有可能有效地统领和支配强大的军队。”②高度君主集权意味着儒家所强调的“君君臣臣”的上下级秩序的确立是必要的。这种等级色彩浓厚的上下级关系也同样反映在了行业内部的管理上,由之也造就了很多被儒家思想支配的行业民间规范。因此,中国传统的民间规范治理模式的背后是存在经济和政治上的现实因素的。

然而在“五四运动”之际,中国的现实国情已经发生了变化,旧的思想无法指引中国摆脱因外侵而造成的生灵涂炭与国土沦丧的局面。并且,“五四运动”本身事实上就是一种“求变”的运动。这种“求变”也影响了中国社会的价值理念,自然也造就民间规范治理方式的变化,总的来说这种改变的背后是传统→现代的变革。关键就在于,我们需要以今人的眼光看人们当时如何从这种变革中寻求抉择,并且分析这种抉择的内在动因。传统中国治理所具有的经济与政治条件随着欧美日强国的入侵而逐步被消解。这种入侵推动了工业文明来袭,国人也随之通过兴办工厂的方式推动了自身工业的发展。同时,中国在和这些强国的军事竞争中屡屡处于下风,枪炮的威力使得中国的军事防御战略不能保障国土安全,以往的利用高度集权控制军队的政治模式也不能再继续沿用。农耕文明以及军事防御战略的“让步”使得背后的儒家文化也会向新的文化作出“让步”,“五四运动”的实质也在于寻求能够促使中国度过内忧外患的新文化。这时候,在支配民间规范的文化上的抉择,也需要我们将目光放在具体的社会需求层面上进行。

民间规范的治理需要面对的中国现实问题在于,中国正不断向着建设中国特色社会主义现代化国家的理想而努力前进,城市化的推进使得民间规范早已逐步面向城市建设的需要,同时,区块链、“互联网+”、人工智能等新兴领域使得现有的民间规范在调控方式上也引介了诸多现代化的因素。然而与此同时,中国的传统因素在民间规范治理层面的重要性也是存在的。这也和中国本身的“文化强国”语境密切相关,现代化本身不能改变长期的文化传统结构的国人心理特质,对家庭关系的重视、对师长的敬重以及在陌生的环境中热衷于对地缘文化圈的构造,已经成为了中国文化的重要部分。从国家的整体文化建设目标来看,传统文化的延续也是我们需要做的。正如习近平总书记强调的那

① 费孝通:《乡土中国》,北京出版社2005年版,第67页。

② 赵明:《重评礼刑合一的法制构架》,载《法学研究》2013年第4期。

样,中国特色社会主义是物质文明与精神文明全面发展的社会主义。精神文明的重要指向之一就在于文化事业的建设。坚持文化自信的关键就在于,要立足于中华优秀传统文化以实现中华民族伟大复兴。

因而,我们在民间规范治理的抉择上,应当首先坚持,在治理理念上吸收中华民族的先进传统文化要义,推动传统文化对群体成员的凝聚力以完善民间规范的治理。习近平总书记在纪念“五四运动”100周年的讲话中指出,新时代中国青年要“善于从中华民族传统美德中汲取道德滋养”。这表明,中华传统意义上的行为准则确实与人类文明相契合。固然,“五四运动”力图推翻封建的陈腐与落后的思想,然而,这也从另外的角度提醒我们要反思传统文化对社会治理的作用。不可否认的是,中国传统文化中也有与“五四精神”相契合的成分。而这,是如今的民间规范治理理念需要吸纳的。

其次,应把握时代脉搏,将民间规范的治理与现代化价值取向相结合。“五四运动”的价值取向就在于冲破旧世界的囚笼,创造新的世界。现有的民间规范治理需要以新时期的价值理念为引领,这就需要我们在民间规范治理的因素中引入与时代相容的理念。甚或,我们需要借鉴“五四运动”这种对旧制度予以反抗的决绝精神,因为不可否认的是,旧制度下确乎存在文化糟粕,这些不应成为民间规范的治理的动因。

最后,充分发挥民间规范的民主性要素。“五四运动”本质是国人自发的诉愿表达,这本身就意味着自由意志的抒发,“五四运动”期间形成的众多号召“救亡”的民间团体,都体现出民众自身意愿在团体治理中的重要作用。因此就民间规范的治理方式选择而言,我们应吸收“五四运动”的民主思想,充分推进社群成员对民间规范生成活动的参与。事实上,这也是民间规范的本性所在。

总之,站在“五四运动”的视角上审视民间规范的治理,我们需要面对的核心问题也是“五四运动”本身需要解决的社会矛盾,传统与现代的抉择问题持续了百年,因为这是个不能迅速给出最优解的复杂问题,它关涉的是人类文明的走向,而人类需要什么样的文明以及现有社会条件能够通向怎样的人类文明,都是需要我们结合诸多因素才能论证清楚的。在民间规范的治理上,我们应从治理行动关涉的人类本身的需求出发。这就需要我们超越传统与现代的标签。有学者提出,民间故事基于当下的活化运用更应当是一种“核心对接”,即在“核心传承”的基础上对接新的体裁和传播媒体。① 这就意味着我们在着眼于民间规范的治理抉择的时候,要通过传统与现代的对话探求适合当下的范式。

## 四、运用:法治视域下民间规范治理的“五四暖流”

发挥“五四精神”推动民间规范治理的良性运作,需要落实至具体的实践中,“五四精神”对社会的推动作用使得“五四运动”顺着百年的时间暖流为我们送上治理的助推力,“五四运动”带来的暖流裹挟下的民间规范治理方式,应在法治的语境下施展实践之维,

① 梁珊珊、陈勤建:《传统智趣与当代表述:基于绍兴师爷故事活化实践的考察》,载《民俗研究》2019年第2期。

因为法治作为文明社会的治理选择，是充分体现了治理的人本主义色彩的。

因而，我们应充分发挥法治推崇的良法治理模式。首先，已有的民间规范如果能够实现民主自由的人性价值，国家法应包容这类规范的存在，使之对相应的社群关系形成自我调控，而不对之予以干涉。这类规范本身作为具有文化价值的事物应被相应的文化法所保护，而在司法领域，这类民间规范可以成为法官的法源适用至个案中，具体表现为，这类民间规范在调控社群关系的时候所形成的权利义务关系应被国家法保护。

其次，如果面对违背个体自由精神的民间规范，国家法应发挥强制力对之取缔。其实，违背个体自由的民间规范本身也是违背法治精神的。法治以良法之治为前提，而良法，乃是服务于人的自由价值的法律。在民间规范背离了自由价值的时候，这种治理模式应被文明社会所摈弃。"五四运动"通过启蒙思想实现了社会治理的自由价值，我们也因发挥国家法的禁止性规范功能维护这种价值。并且，在法治国家，我们应从两个方面予以摒弃：通过立法本身禁止这类民间规范的存在以及在司法上处置这类民间规范而产生的纠纷时，对由其产生的利益不予提供法律上的保护。

最后，在面对价值取向模棱两可的民间规范的时候，我们应努力从民间规范的生成历史上摸索其价值意义。在民间规范的形成与"五四运动"相关的时候，我们要将当时的运动背景与现实社会背景作出比较以探究治理的积极因素。魏治勋认为："中国只有在不断深掘优秀本土资源以滋养法治的进程中，以及在不断创生具有自身特色的新型资源的过程中，才有可能为整个世界法律秩序的发展做出独特的贡献。"①本土资源的优势在于能够促进社会规范与民众生活惯习的对接，关键在于优秀本土资源的认定是需要结合民众的现实利益的。新时期的法治国家需要定位新时期的本土资源，不可否认的是，"五四运动"为如今的社会理念提供了丰厚"营养"，法治意义下的民间规范治理，需要我们努力探究培育民间规范的沃土。

很多现有的民间规范在治理方式上体现出"五四运动"的暖流，这从而实现了治理的良性，在法治的视域下，我们要努力推动这类民间规范的治理，而对于悖逆这种"暖流"的民间规范而言，我们需要将之从国家治理体系中予以刨除。推动与刨除的关键因素就在于人性自由价值的彰显与否。时间之流会让我们不断作出取舍，人性的善将成为永恒的财富，我们要将这种善永远地体现在用于调整人类事务的民间规范中实现人类的文明。

## 结　语

民间规范对社群行为的调控旨在实现社群利益的合理分配，实现的是社群自发式的行为调控，正如埃里希所言，违背民间规则会产生"公众舆论产生的限制"和"大众的愤怒或者怨恨"。② 所谓公众舆论和大众，意味着民间规则关切的是民众的原初意志，而非外

---

① 魏治勋：《"民间法消亡论"的内在逻辑及其批判》，载《山东大学学报（哲学社会科学版）》2011 年第 2 期。

② ［奥］尤根 · 埃利希：《法律社会学基本原理》，叶名怡等译，中国社会科学出版社 2009 年版，第 15 页。

力的强加。并且，这种利益分配本身以及分配的结果都是围绕着民间规范的特定理念而展开的。谢晖曾经说过："由民间法所昭示的文化多样性，特别是人们生活方式、行为方式和观念基础的多样性，决定了一个国家建立共和、采取共和制的文化基础。"①之所以要通过"五四运动"探究民间规范的治理路径，原因就在于人们需要从由这场运动提供的民间规范裹挟的新型文化中寻求国家的治理路径。理念与特定历史情境也往往密不可分，"五四运动"推动了自由理念在中国社会的传播。民间规范的治理也应沿循着自由理念，在法治的环境下实现治理方式的完善。我们通过这种历史传承意义上的民间规范治理研究，终将表现出社会治理的效果。历史本身就是建构社会治理体系的重要资源，治理活动本身也反映着历史。我们的目光在传统与现实的来回关照，不只是为了传承，更多的是推动社会理想的实现。

**Research on the Influence of "May Fourth Movement" on the Folk Standard Governance**

Feng Jianna  Yu Di

**Abstract**: The May Fourth Movement promoted the whole society to form the concept of advocating freedom and science, and the transformation of this concept was reflected in the governance of folk norms. Many of the civil norms of governance ideas followed by the "May Fourth Spirit" continues to this day. Moreover, the "May Fourth Spirit" makes the management mode of folk norms shaped. Autonomous organizations emerge more and more and realize individual freedom and cognitive rationality in governance content. The research on the relationship between the May Fourth Movement and the folk standard governance lies in realizing the choice between tradition and modernity, absorbing the excellent traditional culture, grasping the pulse of The Times, and giving full play to the democracy of folk standard. The national law should include the folk norms that reflect the spirit of democracy and freedom, and ban the folk norms that violate this spirit.

**Key Words**: May Fourth Movement; The may fourth spirit; folk norms; governance

① 谢晖：《论民间法作为宪制的共和基础》，载《法治研究》2016年第1期。

# 法学视角下"伊智提哈德"的中英译比较研究*

王旭杰**

**摘要**:"伊智提哈德"是有资格的伊斯兰教法学家努力从明文中发现和探索神启之法的活动。"伊智提哈德"的中英文意译名称有所不同,中文意译名称为"教法创制",英文意译名称为"教法解释(legal interpretation)"。通过对原文文本的法理学内涵阐释和两个意译名称的法理学比较分析,可以发现"教法创制"的意译名称更符合"伊智提哈德"内涵中所蕴藏的伊斯兰教法对创制教法和完善教法体系的价值追求。尤其在当今伊斯兰教中国化的背景下,将"伊智提哈德"意译为"教法创制"能够强调词汇概念中"创制"的语意,从而更为合理地运用"教法创制"。"教法创制"在我国的表现形式就是国家目前所倡导的符合伊斯兰教中国化内涵的解经工作。"创制"语意中程序化和规范化的要素与"创新"要素相平衡,使得我国穆斯林内部更能创制出符合中华文明精神的教法,从而在个人层面适应社会的发展,思想层面抵御国际上的教法泛化和极端主义浪潮,文化层面促进融合,坚持伊斯兰教中国化的方向。

**关键词**:"伊智提哈德";教法创制;教法解释;伊斯兰教中国化

只要还有穆斯林,伊斯兰教法就会被应用。这是一个超越了时间、涵盖穆斯林生活方方面面的法律体系。但是随着时代日新月异的发展,原本的教法规则已经不能解决一些新出现的问题,同时非伊斯兰国家的穆斯林也面临着法文化融合和调适的问题,这使得伊斯兰法学家必须运行一套能够发展教法规则以继续适应现代社会的机制。这样的机制就是"伊智提哈德"(ijtihad),一个基于明文(《古兰经》和圣训)运用法律推理得出新的教法规则的解释工具,它可以解决新兴的教法问题①。当代的"伊智提哈德"实际上不仅仅是推论,它可以让伊斯兰国家或在非伊斯兰国家生活的穆斯林群体所适用的成文法律渊源(例如宪法和法律)与伊斯兰教明文相兼容。② 伊斯兰教法在我国法学领域的研究一般是在外国法制史的范畴内,学界认为伊斯兰教法已经成为历史,对它的重视不够。

国内关于"伊智提哈德"的研究成果较少,没有专门讨论的专著,但在主要的伊斯兰

* 国家社科基金项目"宗教解决纠纷机制研究"(项目编号:14CFX029)。

** 王旭杰,西北政法大学法学博士研究生。

① Harasan H., The Role of Ijtihad in Progressing Islamic Law in Modern Times, 10 *US-China Law Review*, 361 (2003).

② Khan L.A. & H. Ramadan, *Contemporary Ijtihad: Limits and Controversies*, Edinburgh University Press, 2012, p.7.

教法研究专著中都有提及“伊智提哈德”，一般将其意译为“教法创制”，其中对其做出较为深入研究的专著是马明贤教授的《伊斯兰法：传统与衍新》。该书以马明贤教授的博士论文为基础修改而成，其中第九章全面讨论了“伊智提哈德”的概念与特征、依据与范围、价值选择、创制大门的关闭与否，以及时下提倡的“集体创制”①。从恩霖教授提到中国穆斯林学者将“伊智提哈德”译为“演绎”“创制”“剖取”等，他并没有直接将“伊智提哈德”表述为“演绎”或“创制”，却将“演绎”和“创制”作为“伊智提哈德”的重要原则来讨论②。吕耀军使用音译名称“伊智提哈德”③。马进虎则将“伊智提哈德”表述为“创制立法”，同时指出穆斯林社会复兴的根源是教法在新时代的适应问题④。吴云贵教授曾将原文“ijtihad”意译为“独立判断”⑤，这种译法使用的较少，也在一定程度上缩减了“伊智提哈德”的内涵。国外对“伊智提哈德”的研究较多，主要讨论了“伊智提哈德”的概念、“伊智提哈德”大门是否关闭、集体“伊智提哈德”以及“伊智提哈德”的当代社会应用等问题，大部分学者直接使用音译“ijtihad”，另一些学者则将其意译为“教法解释（legal interpretation）”。

一般来说，对于有争议的外语词汇，确实应该直接使用音译，但汉语命名重义，这是历史上许多外来术语音译改意译的原因。以义定名时，译名最好考虑命名理据，做到名副其实，恰到好处。名与实越切越好。所以，意译一定要弄清原术语的内涵，术语为短语（尤其是含有一定历史文化内涵的短语）时，了解其内涵更为重要。⑥ “伊智提哈德”作为伊斯兰教法学的重要术语，它的中文意译必须语义相符，因此有必要通过分析“伊智提哈德”的法理学内涵，进行其中英文意译的比较研究，从而讨论出更符合术语内涵的中文意译名称。

## 一、原文文本的法理学内涵

“伊智提哈德”是阿拉伯语的中文音译名称，为方便讨论，本文将“伊智提哈德”作为原文文本的表达形式。伊斯兰教明文作为规范，没有法典或类似国家法所体现的法律理性。然而，它们确实包含有法律。因此可以说教法是隐藏的，隐藏在不精确、并且有时模棱两可的明文中，可以说教法是从明文中提炼出来的。从明文中提炼或获取教法规范的过程被称为“伊智提哈德”。“伊智提哈德”的字面意思是“努力”或“独自努力”。在应用中它指的是教法学家基于明文制定教法规范的努力。“伊智提哈德”与“因循（taqlid）”或“模仿”相对，“因循”的英文意译名称为“legal conformism”，即法律上的因循守旧，它所引

① 马明贤：《伊斯兰法：传统与衍新》，商务印书馆 2011 年版，第 138 页。

② 从恩霖：《浅析“伊智提哈德”——伊斯兰教法的创制原则》，载《中国穆斯林》1994 年，第 6 页。

③ 吕耀军：《“伊智提哈德”与伊斯兰教法的形成、发展及变革》，载《西北第二民族学院学报》2005 年第 3 期。

④ 马进虎：《伊斯兰法创制困难的思想渊源》，载《长安大学学报》2005 年第 2 期。

⑤ [英]诺·库尔森：《伊斯兰教法律史》，吴云贵译，中国社会科学出版社 1986 年版，第 168 页。

⑥ 黄忠廉、李亚舒：《科学翻译学》，中国对外翻译出版公司 2007 年版，第 105 页。

用的是已经获得认可的规范,也就是说不是直接基于明文,而是基于其他法学家的学说。“伊智提哈德”这一术语的含义是教法学家投入全部的精力,更充分的讨论一个观点的努力。

吴云贵教授认为“伊智提哈德”的内涵是在不断变化的,“早期与意见判断同义,晚期与类比推理同义,近代亦称独立判断”[①]。沙斐仪曾在9世纪初的伊斯兰教古典法学名著《法源论纲》中回答“类比推理(qiyas)”与“伊智提哈德”的区别问题时说:“它们是相同概念的两个术语”[②]。但事实上“伊智提哈德”相当于人类的努力,它的成果可以根据时间、地点和社会的现实而改变。严格意义上说,“伊智提哈德”的发展过程包括四个阶段。第一,存在绝对且独立的“伊智提哈德”,由四个逊尼派教法学派的创建人进行。第二,存在绝对的“伊智提哈德”,但隶属于某一学派。第三,由某一教法学派内部进行“伊智提哈德”。第四,包含某一教法学派内发展中特定的教法规则。[③] 因此“独立判断”也不能包含“伊智提哈德”所有的发展阶段,尤其在当代,伊斯兰世界倡导“集体伊智提哈德(Ijtihad Jamai)”,并在一些伊斯兰国家进行了实践的尝试,它是指知识渊博、经验丰富的法学家们采用共同协商的方式进行“伊智提哈德”。

17世纪巴勒斯坦学者拉姆利认为“伊智提哈德”这一术语有四个不同的含义:挑选适合的经训或判例;从神启中找出现有教法不能解决的问题的方案;努力从现存法学理论中派生出教法规则;教法学家或司法官的经验。[④] 这是最能涵盖“伊智提哈德”所有含义的表述。它与中国法制史所研究的有些概念一样,无法确切简短地用现代法律词汇来表述,究其根本是一种文化上的差异和变迁。法律语言作为一种语言功能变体,它是法律文化的产物和载体。在法律语言的语际转换中,往往会有文化内涵的损失。[⑤] 因此要比较分析两种主要中英文意译的名称,采用更为符合原文文本文化内涵的翻译结果。

## 二、教法解释与教法创制——两种意译的法理学比较分析

西方学者伯纳德·韦斯认为,“伊智提哈德”大致相当于西方法理学中的“解释”。当然,这两个术语不是完全一样,因为它们的词汇意义不同,“伊智提哈德”中包含不能如常归入解释的活动。尽管如此,二者还是有一定的联系,“伊智提哈德”必需的活动很大部分确实是解释活动。尝试从明文中提炼规则相当于解释明文。[⑥]

---

① 吴云贵:《伊斯兰教法概略》,中国社会科学出版社1993年版,第324页。

② Al-Shafii, Joseph E. Lowry, *The Epistle on Legal Theory*, The Library of Arabic Literature, 2015, p.507.

③ Tueni T.B., *Scope and Limits of Ijtihad for the Continued Evolution of Islamic Law*, 2 *SOAS Law Journal*, 94(2015).

④ Gerber H., *Rigidity versus Openness in Late Classical Islamic Law: The Case of the Seventeenth-Century Palestinian Mufti Khayr al-Din al-Ramli*, 5 *Islamic Law and Society*, 165(1998).

⑤ 马莉:《法律语言翻译的文化制约》,法律出版社2009年版,第150页。

⑥ Weiss B., *Interpretation in Islamic Law: The Theory of Ijtihad*, 26 *The American Journal of Comparative Law*, 200(1978).

1.客观性前提与产生的结果

法律解释与法律创制都具有客观性的前提。法律解释所依从的客观性前提往往是法律本身的客观性,也就是法律规范或判例等文本的客观性,有的学者认为还包括事实。而法律创制所依从的是自然规律、社会经济要求和立法者的认知。[①] 相比较而言,法律解释的多种解释方法,无论是服从性解释还是创造性解释,都是在向法律文本的原意靠近,也就是说它在绝对不颠覆法律原意的情况下完善法律规范,以使其更具有实用价值。[②] 这与"伊智提哈德"的内涵一致,通过"伊智提哈德"推导出来的所有规则都必须来自明文,它是以文本为导向的。

法律创制产生的结果是法律,而法律解释包含了立法活动和司法活动,它产生的结果是规范,也可能是判决。"伊智提哈德"产生的结果是意见,这个意见可能是错误的,但只要教法学家足够真诚和勤勉地做出意见,即使是错误的意见也是有约束力的。这个意见会体现在法庭判决中,如果法官自己是有资格进行"伊智提哈德"的教法学家,那么判决就会体现他自己的意见,否则判决会体现出法官所请教的教法学家的意见。从客观性前提与产生的结果来看,"伊智提哈德"与法律解释的内涵更为接近。

2.服从与创新的价值取向

服从与创新是法律解释活动中需要协调的两个价值取向,二者的矛盾在法律文本较为完备的社会不是很尖锐,并且在法律解释的实践运行过程中,服从无疑是处于主导地位的价值。但当日新月异的世界产生无穷多的新情况摆在伊斯兰社会面前时,教法学家们必须做好准备来回应时代提出的问题。

传统的观念认为 9 世纪或 10 世纪间,"伊智提哈德"被因循所取代。因循就是"遵循或沿袭法理学任一学派教法学文献中的法理学规则"[③]。它是基层法院运用所必需的,没有它就没有现在的法律体系,尽管很多当代学者试图解释"伊智提哈德"的停止,因循的应用仍然在伊斯兰国家基层法院的非职业裁判者中占有优势。西方学者库尔森认为"伊智提哈德"的权利被因循或模仿的义务所取代。自此以后,所有教法学家都是一个模仿者,必须接受和遵循之前确立的教法学说。[④] 事实上,虽然因循与"伊智提哈德"是相对的概念,但因循也包含了"伊智提哈德"的要素,它也要通过解释经典明文来推断和发现新的教法规范去解决现代法律问题,只不过服从的价值取向在其中占据主导地位,与此相对的"伊智提哈德"则更趋向于创新的价值。西方学者提夫尼·贝达斯·图韦尼提出继续发展伊斯兰教法的理想方案就是平衡因循和发展"伊智提哈德"。他认为如果一个人认定"伊智提哈德"确实停止了,就将其定义为"教法解释",这是将伊斯兰教法看待为历

---

① 谢晖:《法学范畴的矛盾辨思》,山东人民出版社 1999 年版,第 72 页。

② 谢晖:《解释法律与法律解释》,载《法学研究》2000 年第 5 期。

③ Baderin M., Understanding Islamic Law in Theory and Practice, 9 *Legal Information Management*, 186 (2009).

④ Coulson N., *A History of Islamic Law*, Edinburgh University Press, 1994, p.80.

史的科学,而不是发展的科学。①

在翻译过程中,由于不同民族的文化、思维等方面的差异,在语用价值、语里意义、语表形式三方面存在矛盾时,往往要遵循语用价值优先、语里意义次之、语表形式第三的三大原则。② 通过上述比较可以看出,教法创制一词比较符合当代"伊智提哈德"的语用价值取向。

伊斯兰教法曾被称为"法学家法",这个表述意味着伊斯兰教法与罗马法有相似之处。在罗马和伊斯兰教中,解释法律的权威是法学家,而不是法院。在这两种传统中,法官、当事人和其他有关人员相信法学家对法律的解释,法学家的声明也受到国家的认可。然而罗马和伊斯兰教中法学家的角色有很大区别。罗马法学家的权威从没有完全垄断罗马法,法学家的工作一直受到国家立法活动的限制,法学家的权威学说与国家立法共存。另一方面,在伊斯兰教中,原则上国家没有立法权,伊斯兰教法学家的学说是最权威的,不允许任何来自国家的干涉,伊斯兰国家提供强制执行力,但是没有权力创制法律。并且罗马法学家很大程度上依靠他的直觉解决法律问题,他受到大量古典法学文献中公平观念的引导,而伊斯兰教法学家更多地受到明文的限制。③

伊斯兰教法以明文为基础,神启的文本具有全面和永恒的特性,教法学家只能从明文中发现神启之法。其他法律体系就没有这种特性,可以根据社会需求在更广阔的范围内创制法律。因此伊斯兰教法的创制就显得尤为重要,只有不断地从明文中发现新的教法规则才能使伊斯兰教法继续发展下去,适应快速变化的时代,而在伊斯兰教法学的术语中,只有"伊智提哈德"是最符合这一内涵的。有资格的伊斯兰教法学家努力从明文中发现和探索神启之法,可能与现代法律创制的概念不是完全相符,但"伊智提哈德"内涵中所蕴藏的就是伊斯兰教法内生的对创制教法和完善教法体系的渴望和追求。

## 三、"伊智提哈德"的实际应用——创制赋予教法的新生

伊斯兰教法从严格意义上来说属于法制史的范畴,这是因为现在广义的伊斯兰教法"沙里亚"(Shari'ah:真主的诫命)只有在建立了理想的伊斯兰国家后才能真正完整的适用,而这种理想的国家并没有实现,所以目前只有狭义的伊斯兰教法"斐格海"(fiqh:教法学家规定的行为准则)存在于穆斯林社会中,且实际应用范围也非常有限。正因为有了"伊智提哈德"的存在,不断改变教法规则以适应现实社会,才能使伊斯兰教法依然存在于穆斯林社会中,只不过在伊斯兰国家和非伊斯兰国家之间,由于政教关系的不同,"伊

① Tueni T.B.,Scope and Limits of Ijtihad for the Continued Evolution of Islamic Law,2 *SOAS Law Journal*,96(2015).

② 黄忠廉、李亚舒:《科学翻译学》,中国对外翻译出版公司2007年版,第212页。

③ Weiss B.,Interpretation in Islamic Law: The Theory of Ijtihad,26 *The American Journal of Comparative Law*,201(1978).

智提哈德”运行的形式和范围也不同。伊斯兰世界联盟组建了“伊斯兰教法学会”,定期组织学术会议,共同就新出现的问题进行教法创制,这就是集体创制。非伊斯兰国家以英国为例,英国有超过150万穆斯林,“连锁式移民”的结果使得大部分在英国的穆斯林避开政府去建立内在的规范,同时期盼学习和遵循英国法律规则,从而适应英国国家法律程序。英国很多穆斯林之间的纠纷习惯于通过日常家庭或聚居区进行调解,由家族或聚居区中的威望人士来主持调解。这种调解形式通过聚居区和社会结构这样有组织的网络逐渐发展完善,主要在结婚、离婚、嫁妆、彩礼、父母对子女的体罚、财产转让和儿童保育领域适用,尤其在结婚和离婚的问题上体现得更为明显。根据伊斯兰教法,夫妻双方相互交换代表自己利益的宣言能够影响婚姻,在穆斯林仪式中,夫妻中的一方单独制定宣言,这样的婚姻在英国国家法中是无效的。这时在国家法和穆斯林习惯法之间出现了一些问题,然而穆斯林“以地方习惯英国化的方式发展伊斯兰法”①来调适这些冲突的问题。在这种情况下,英国的穆斯林结婚需要两次,离婚亦然,这些复杂的程序以及现实引发的一些问题使得英国政府考虑是否应当承认穆斯林法律多元化的社会法律现实。在此背景下,宗教权威人士认识到问题的严重性,他们齐心协力运用教法创制在穆斯林聚居区内部处理一些实际问题,并建立了非正式调解机制——伊斯兰教法委员会。伊斯兰教法委员会的目标之一是“建立一个运行伊斯兰教法法庭的平台,解决提交的有关穆斯林家庭法的事情”②。伊斯兰教法委员会根据英国穆斯林聚居区的需要来解释穆斯林法。例如,丈夫因以下任何一种原因拒绝履行判决离婚的,委员会认可女方一方提出的离婚:丈夫失踪;丈夫身体上的缺陷;妻子信奉伊斯兰教,而丈夫在等待期之后仍然拒绝信奉伊斯兰教;不管因为什么原因,丈夫虐待妻子,或不能履行婚姻义务供养妻子。这些规范在哈乃斐学派中也没有规定,这就是教法创制的实际应用,积极迎合充满活力的英国穆斯林生活的实际需要。虽然伊斯兰教法委员会没有得到英国政府的合法认证,他们仍然正式成立了,并逐步在穆斯林聚居区中普及。英国的教法创制有五个重要特点:第一,它是在非伊斯兰国家进行的。第二,它是民间行为,未经国家认可,但在一定程度上可以被国家接受。第三,新的多元穆斯林法律一直在实际生活的土壤中不断创新。第四,传统穆斯林法不会被忽略或不敬,但可以被重新解释。因此,英国的教法创制既不是现代化,也不是改革,而是更新。第五,教法创制委员会不是个人的教法创制行为。③

然而中国同样作为一个非伊斯兰国家,却不能使用与英国同样的方式来解决问题。马克思主义宗教观中国化理论指导中国总体的宗教工作,而马克思主义宗教观的基本原则就是主张宗教只能调整私法领域中的私人事务,宗教必须远离公共事务,因此中国不可能出现像英国伊斯兰教法委员会这样的民间组织。但是中国的穆斯林群体又需要新

① Pearl D.& W.Menski,On the development of Islamic law in the form of anglicized local custom,3 *Muslim Family Law*,51(1998).

② Islamic Shari'a Council(ISC),*The Islamic Shari'a Council*:*An introduction*,1995,p.3.

③ Yilmaz I.,Muslim Alternative Dispute Resolution and Neo-Ijtihad in England,2 *Turkish Journal of International Relations*,134(2003).

的规范来适应社会的发展，同时抵御国际上教法泛化和极端主义思想的浪潮，促进多元文化的融合，坚持伊斯兰教中国化的方向。这就需要教法创制的运行，具体来说就是中国的解经工作。新时期的解经工作是中国伊斯兰教界在广大穆斯林面临新情况、新问题时，朝着符合中国社会发展的积极方向来讲解伊斯兰教法规范的工作。传统的解经方式主要是经注，教职人员采取照本宣科的解释方式，这样会使得解经工作要么落入几百年前传统的窠臼，不能适应时代的发展，要么原封不动使用伊斯兰国家传入的理论思想，不符合中国社会的实际，也容易给教法泛化和极端主义思想的传入创造机会。1995 年，中国伊斯兰教协会举办了首届全国"卧尔兹"演讲比赛，随后又定期举办此类演讲比赛，并多次出版了《新编卧尔兹演讲集》，开创了讲新"卧尔兹"的道路。"卧尔兹"是阿拉伯语音译，意思是"劝导"，是新时期解经工作的主要表现形式。讲"卧尔兹"是教职人员于主麻日和节日在宗教场所对穆斯林演讲宣教的行为，演讲内容围绕经训，可以包含穆斯林生活的方方面面，新"卧尔兹"演讲的内容注重引导人们向善，批驳了国外极端主义的歪理邪说，其中有些是教职人员对经文理解的新观点。除此之外，还有一些比较有威望的宗教人士在网络平台上发表一些自己对经文理解的新观点，并解答穆斯林在遇到因社会发展所产生的新情况时的教法问题，这从本质上说就是教法规则的创制。

## 四、跨越法文化的屏障——伊斯兰教中国化

伊斯兰教文本的翻译伴随着文化迁徙的脚步，伊斯兰教传播到一个地方，它的文化就会与当地的文化发生交流和互动，文化的异质性使得翻译工作十分困难。同时，一些词汇的内涵随着社会其他因素的改变也在发生变化。因此翻译其中的一个词，尤其是像"伊智提哈德"这样对伊斯兰教法发展至关重要的词汇，必须要谨小慎微，只有翻越法文化的屏障，超越时间和空间的限制，才能探索词汇中的真义。伊斯兰教从传入中国起就不断朝着中国化的方向发展，尤其从明清开始，出现了大量的汉文伊斯兰著述，金宜久先生认为彼时的汉文著述与原始传入的伊斯兰教思想相比已有变化和发展，是中国和伊斯兰教文化融合的产物①。伊斯兰教中国化的过程是不断发展的过程，没有终点，如果说过去的伊斯兰教中国化只是中国和伊斯兰教文化的融合，那么现在和未来的伊斯兰教中国化还会受到国外一些其他文化的影响，尤其是极端主义思想的影响。吴云贵教授在《伊斯兰教法的泛化、极化与工具化》一文中提出伊斯兰教法的泛化倾向是在宗教传统的解释上表现出"创新"精神，解释权混乱，导致伊斯兰教法的极化和工具化。② 因此可以说教法的"创新"精神是柄双刃剑，它既可以使教法朝着中国化的方向发展，也可以使教法朝着极端主义的方向发展。教法创制应当具有"创新"精神的要素，同时又应当具有"创制"语意中程序化和规范化的要素，如何平衡教法创制的要素，助力教法朝着中国化的方向

① 金宜久：《伊斯兰教中国化：以汉文伊斯兰著述为例》，载《世界宗教研究》2017 年第 6 期。

② 吴云贵：《伊斯兰教法的泛化、极化与工具化》，载《世界宗教研究》2000 年第 4 期。

发展，关键是在教法创制的过程中加强监管和正面引导，同时继续促进伊斯兰教文化与中华文明相融合。

伊斯兰教传入中国一定时期后，涌现出大量的伊斯兰教著述，这些著述包括伊斯兰经典或书籍的翻译，还有中国伊斯兰教知识分子对伊斯兰教的理解与重构，这个过程就是所谓的“以儒诠经”，也是宗教中国化的过程。当时翻译、写作伊斯兰教著述的知识分子必须是既通晓经学，又通晓儒学的开明人士，这样的精英是少之又少，“以儒诠经”的力量比较集中，同时世界范围内的泛伊斯兰主义思潮还没有抬头，因此中国化的方向是非常坚定的。如今能够解释、翻译伊斯兰教文本的宗教人士很多，对文本的理解千差万别，再加上世界范围内泛伊斯兰主义思潮的影响，使教法创制的运行充满了挑战，在一些小范围的地方偏离了伊斯兰教中国化的轨道。泛化伊斯兰教法的显著后果是使教法政治化、工具化①，所以法律规范的创制不能随意任行，即便伊斯兰教法只在宗教习惯法的范畴内存在，也不能超出一定的范围，挑战国家的权威。目前我国的教法创制缺乏监管和正面引导，国家层面的解经工作虽然取得了成效，但一些偏远地区的宗教人士对教法还存在着极端的认识和言论，这往往更能影响偏远地区没有接受教育、容易听信极端言论的信教群众。网络上的教法创制行为在理论上更容易被监管和引导，但实际上却有很多极端言论大鸣大放地出现在公众平台上。现代教法创制一般只在以下情况出现时才能运用：明文中没有涵盖的社会新情况；明文字面含义引起理解上的误区；圣训传述系统不明确。同时教法创制应当由多名有威望的伊斯兰教精英一同进行。这体现了教法创制中程序化和规范化的要素，也是国家对教法创制行为监管和引导的路径。

行为的监管和引导很重要，而穆斯林内部向着中国化方向融合的能动力更重要。穆斯林具有围寺坊生活的特性，聚居群体内部因宗教信仰和民族习惯的相同而有一定的向心力，这种向心力与伊斯兰教朝着中国化方向发展的力量并不相互排斥。如果在教法创制上赋予中国化的使命，在创制行为中潜移默化的融入中华文明精神，这种向心力反而能增强伊斯兰教中国化的力量。古代的教法创制内含明显的伊斯兰教价值观，历经所谓教法创制大门的关闭，以及当代泛伊斯兰主义思潮的兴起，现代教法创制已经不再只具有伊斯兰教价值观的内核，而是在不同国家、不同文化背景下与当地文化融合产生新的教法创制价值观。历史上中国穆斯林先贤在中国化的道路上努力将伊斯兰文化与中华文明相融合，现今的中国伊斯兰教精英也要坚持这样的努力。“伊智提哈德”阿拉伯语的字面意思就是“努力”，意即教法学家“努力”地从明文中发现法律规范的行为，因此中国的伊斯兰教精英有义务“努力”创制符合伊斯兰教中国化发展方向的教法规则。

---

① 吴云贵：《伊斯兰教法的泛化、极化与工具化》，载《世界宗教研究》2000年第4期。

## Comparative Research on the Chinese-English Translation of "Ijtihad" in the Background of Law

Wang Xujie

**Abstract**: Ijtihad is crucial to the development of Sharia law. It is an activities to discover and explore the god's law from the clear texts by qualified Islamic jurist. The Chinese and English translation of Ijtihad are different, as the translation in Chinese is "creation of teaching methods" while the English meaning is "legal interpretation". Through the comparative analysis between the interpretation connotation of the original text of jurisprudence and the two liberal translation of Jurisprudence, it can be found that the liberal translation of "creation of teaching methods" is more consistent with the connotation of "Ijtihad". Although it maybe not in conformity with the concept of modern law creation. But what is contained in the connotation of "Ijtihad" is the pursuit of the creation of teaching methods and the improvement of the teaching system in the Islamic shariah law. Especially in the background of sinicized Islam currently, if "Ijtihad" is freely translated as "creation of sect rules", it will be easier to highlight the context meaning of "creation" in terms of the relevant lexical concept so that "creation of sect rules" can be used more reasonably. In the folk practice at home and broad, "creation of sect rules" has been applied already. In China, the specific form is manifested as the exegetical work advocated by our nation which is in line with the connotation of sinicized Islam. In the context of "creation", the procedural and standardized elements are in balance with "innovation", which makes the Muslim in China more prone to create the sect rules in accordance with the spirits of Chinese civilization, thereby in the individual aspect, it may get accustomed to the social development, in the aspect of ideology, it will resist the international generalization of sect rules and the surge of extremist, in the aspect of culture, it will promote the fusing of different ethnic groups and the continuity of the direction for sinicized Islam.

**Key Words**: Ijtihad; reation of teaching methods; legal interpretation; paraphrasing in Chinese and English

# 论司法中的治疗性话语*

于 浩** 李世源***

**摘要**:随着我国司法改革的逐步深化,加强司法理性和司法公正的目标被不断提及。针对当前司法实践中逐渐升温的治疗性话语,我们通过对其与司法理性化的关系描述以及话语自身的多重矛盾整理,尝试探索治疗性话语在司法实践中的真实表征,明确治疗性话语的内涵属性,揭示其在当前司法实践中的存在定位,在法律议论和商谈的场景下,提出治疗性话语的概念回归,使中国语境下的治疗性话语以一种话语方式的体现得以准确标定,以期为司法理性化的推进提供话语维度的理论支撑和规范指向。

**关键词**:话语;司法;理性化;法律语言;治疗性话语

对司法而言,语言并非某一可操作的具体制度,而是一个铺垫、支撑操作性制度的基础性制度。① 实践中的法律主要表现为话语,②因此关于语言和话语在司法中的研究不应被束之高阁、遗之壁龛,而应当在司法实践的场景中不断探索。就此而言,聚焦话语在司法实践中的运用模式及其类型,围绕着美国学者萨利·安格尔·梅丽所提出的"治疗性话语",探讨司法话语和司法理性化之间的关系,就显得极具理论与现实意义。

## 一、治疗性话语的概念述评

人们在日常生活中,一旦涉及与他人的交际与互动,冲突的产生即无可避免。但从另一角度讲,冲突也同样是一种信息交换的过程,具有一定的沟通和对话功能。对于冲突的不同解释所生发的张力空间研究,在一定程度上需要从话语维度切入,以提供一种贴近内在意义的思维进路,恰好可以形成一种理论和实践上的相互呼应和参照。根据福

* 中央高校基本科研业务费项目华东师范大学人文社会科学青年跨学科创新团队项目(项目编号:2018ECNU-QKT013)。

** 于浩,法学博士,华东师范大学法学院研究员。

*** 李世源,华东师范大学法学院《师大法学》编辑部编辑。

① 孙少石:《这里没有普通话:藏区的双语司法实践》,载《法律和社会科学》2014 年第 2 期。

② 季卫东:《法律议论的社会科学研究新范式》,载《中国法学》2015 年第 6 期。

柯的观点，话语以其微妙的、隐含的方式行使权力①，话语已经不再仅仅作为工具而产生效果，还以其背后的权力属性支配着问题的走向。就此而言，话语虽然外在表现为语言的客观形式，但我们却不能简单地将其视作纯粹的语言问题，它更像是思想文化、社会历史等多重因素交织下的语言方式表达。这也意味着我们不能仅仅将话语问题置于语言学的范畴进行探讨，而是要在社会语境下对话语实践进行解构和分析。

在20世纪70年代的美国，福柯的社会权力理论为传统的法律哲学带来了全新的视角，通过话语窥视权力的弥散和规训，使得法学领域开始进行理论范式的变革，由此催生了法律社会学"安赫斯特学派"。安赫斯特学派强调话语、实践，"将法律视为从日常生活中衍生出来的社会结构，而不是游离于社会生活之外的抽象制度"。② 这不仅使得美国的法学研究随之发生转向，也将对司法过程中的话语分析提升到关键地位。

在此基础上，美国学者萨利·安格尔·梅丽在《诉讼的话语——生活在美国社会底层人的法律意识》一书中结合美国基层法院的大量诉讼案件，在分析案件中的话语实践的基础上，将常用的话语模式归纳为法律话语、道德话语以及治疗性话语三类，开阔了司法语言学的传统视野。在梅丽的分析框架里，尽管法律话语、道德话语以及治疗性话语这三类话语模式并不能涵盖所有的交流中所使用的话语类型，但这三类话语却是最频繁使用的普遍性模式，且有其不同的适用空间，足以解释日常生活的大多数问题。

在梅丽那里，"治疗性话语"被界定为是一种来自专业援助人员的话语，其将当事人的行为描述为是由外部环境所引导的恶果，从而使得个人的错误在人们的焦急关注中从容脱身。梅丽更是如此解释道，"拥挤、压力或对挫折的低忍受水平引发了攻击性行为，而不是天生的罪恶、欠思量或缺少尊重引起的"。③ 它的诞生，最初是因为20世纪二三十年代援助型职业的出现而随之肇兴，其本意原是将犯罪归因于环境因素，以消解传统的狭隘思维视角带来的问题解决方面的不足。因此，"治疗性话语"可以被理解为是对攻击性较强行为中的攻击性要素进行具体解释的一种模式，其侧重点在于行为本身，更多考虑的是行为发生的可谅解因素而非行为的正误判断，对于当事人而言则表现为有利的责任推卸。事实上，攻击性行为的产生自然与客观的环境因素难逃干系，由此将治疗性话语引入使用，以提供一种缓和冲突等级的视角的确能够为行为解释和问题解决提供助力。而作为一种与法律话语相区分的话语，治疗性话语的出现仿佛也起到了突破法律话语霸权的效果，因为法律世界本身就具有精英集聚的趋势，其对于民众而言显得朦胧而隐约，倘若奉行一套单一的话语模式无疑会加重这种与民众相剥离的特征。"法律的终极原因是社会福利"④，这就使得法律世界真切地需要其他话语模式的参与，以求能够与

① Foucault, Michel, and C. Gordon, *Power/Knowledge: Selected interviews and other writings*, 1972—1977, Pantheon Books, 1980, p.77.

② 刘思达:《美国"法律与社会运动"的兴起与批判——兼议中国社科法学的未来走向》，载《交大法学》2016年第1期。

③ [美]萨利·安格尔·梅丽:《诉讼的话语》，郭星华、王晓蓓、王平译，北京大学出版社2007年版，第157页。

④ [美]本杰明·卡多佐:《司法过程的性质》，苏力译，商务印书馆1998年版，第39页。

现实世界准确对接,解决实际的问题[1],一言以蔽之,治疗性话语的存在的确会为我们在事实与规范之间的往复流连构筑起独特的高效通衢。

实际上,这种治疗性话语即使在梅丽提出这一概念之时也并非新兴产物,哈特关于对正当性、客观性的评判中包含的可废止性标准形成的"抗辩清单"[2],实际上为这种话语实践的客观视角寻找完成了概念溯源,而图尔敏以法律议论思维模型中的反驳条件为切口[3],又为治疗性话语的产生提供了逻辑上的证明。

在实践中,治疗性话语有着以下三方面的优势:其一,对于当事人而言,法律话语和道德话语在实践中常常被大量破碎化使用,这实质上正是趋利避害本性的体现,但不论何种话语,本质上都是将双方一并置于法官的评断之下,当事人一方似乎很难确保自己能够在一种话语模式里立于不败之地,保持绝对的优势。有效规避这种风险的方法之一就是将话语根据转向客观的环境因素,从而使得当事人双方之间增设了一个缓冲地带,对于话语使用者而言,这无疑是一种上佳选择。其二,对于法官而言,有关公平正义的看法或许可以多种兼存,但无论如何,最终的裁判却都要求法官只能坚持一种立场、采取一方观点,这难免使得法官在当事人双方争辩之中忍受内心的煎熬。将话语诉诸客观环境因素,给予当事人一方宽宥的可能,从某种程度上看同样是对于法官内心煎熬的一种"治疗"。其三,对于纠纷本身而言,法律话语和道德话语的二元化立场使得纠纷的重点总是在事实与规范之间不断变换,但道德话语在司法实践中的活动范围被严格限制,这注定了道德话语的使用有着最终被转换为法律话语形式的命运,在一定程度上暗示了司法对于规范的偏重和对于事实的疏远之可能。而治疗性话语从道德话语的存在场域中脱身,动摇了法律话语对于最终裁判的话语垄断地位,实际上反映了事实对于规范的一种反击,是一种立场上的纠偏和回顾。由此观之,治疗性话语无论对于话语研究还是司法实践而言都无疑是一次巨大的变革,它使得人们的关注点逐渐发生转移,开始从笼统的话语实践问题聚焦到其中的某一具体行为,这实质上是将问题解决的环节提前,预先将问题的严重性削弱以避免问题的扩大。

不过,治疗性话语也存在着不小的理论和实践争议。治疗性话语侧重对行为的解读使得在它的话语体系里问题因素的作用被有意地缩小了。其意欲在行为和惩罚之间形成一道逻辑链条,将二者中间的问题本身视为其功能范围之外的存在,令这种话语模式中的感性认知远远超过理性判断,从而埋下了其容易被有意利用来实现控制问题严重性的隐患。与此同时,治疗性话语虽然顺应了当前司法实践中相当一部分当事人的现实需求,但这并不能够直接推导出治疗性话语作为一种自成体系的话语模式具有存在的必然,尤其是当法官与当事人不断进行话语互动之时。它虽然从文义上表现出了其积极性立场,但在现实中却并没有明确的态度和导向,它既可以为攻击性行为辩护,使得行为的

---

① 苏力:《判决书的背后》,载《法学研究》2001 年第 3 期。

② 季卫东:《法律议论的社会科学研究新范式》,载《中国法学》2015 年第 6 期。

③ [英]图尔敏:《论证的使用》,谢小庆、王丽译,北京语言大学出版社 2016 年版,第 123 页。

过错性削弱并减轻当事人应当承担的责任;也可以“用来谴责和诋毁对方,用来贬低对方的信誉,而不是理解和帮助对方”。[①] 这种不明确的态度立场,在给予治疗性话语更为强大的功能空间的同时,也为其非理性滥用提供了可能。治疗性话语在进入司法实践后,其天然的责任消极立场对于当事人而言无疑是谋求宽宥的良好工具,这同时也使得治疗性话语尽管有利于当事人的“治疗”,但却毁损了司法的权威性。如何在司法权威的维护与当事人权益救助之间寻得一种动态平衡,既关乎治疗性话语本身的合理效力,更与司法实践过程中的利益调整息息相关,需要我们对其进行全面的分析与论证。

此外,对治疗性话语的观察和理解也受到了实践的文化背景影响。尽管不同的社会在形成之初都会渐渐积累出一种特异而内在的交往方式,但话语实践无法脱离具体的文化背景。对这些背景的内视和归纳往往也束缚了我们对于变化中的事实进行灵活准确的认知。[②] 在当下多种形式的纠纷解决机制并存的情境里,人们需要从中掌握更多的话语模式以在不同的纠纷解决机制间从容往来。在这种学习和掌握话语模式的过程之中,人们不仅加深了对于话语本身的理解程度,同时也将不同话语模式内在的逻辑对应于现实的诸多方面,实现了话语对个人的反塑造。正基于此,在调解、和解等纠纷解决机制中,人们往往愿意使用某些用于推卸自己责任或是加强对于对方谴责的话语来达到获得对抗优势的目的,而这些被大量碎片化使用的话语集合在经历无数次使用后可能突破既有的经典存在场景,进入诉讼等纠纷解决机制中扮演角色,实际上,治疗性话语正对应于这种正在逐渐扩展活动场域的话语类型。从某种程度上说,这种对于先前司法话语体系的突破为司法理性化增置了阻碍,提示我们需要对现有的话语体系进行梳理和整合。

由于我国历史上对于法律和道德的联袂出场已成人们的一种视觉习惯,因此在话语使用层面常常表现为人们对于法律话语和道德话语的认知模糊与交叉使用,形成一个纠缠在两种话语模式之间的世界。[③] 这种话语世界给司法实践带来了诸多问题,不仅令法律话语和道德话语的边界难以被切实把握,加重了不同话语的无序混用,也使得话语背后的社会关系错杂缠绕,不利于司法本身的理性呈现,迟滞了司法理性化的实现过程。其具体表现是在我国的司法实践中大量存在的话语模式交替使用现象,当事人在选择话语时经常呈现出一种相对无序的样态,多表现为频繁切换不同的话语模式,这使得诉求本身难以被清晰表述;还表现为盲目推崇治疗性话语的话语偏好,实际上揭示了当前人们权利意识仍处于一种不甚健全的阶段。就此而言,把治疗性话语视为一种良好的话语工具,很有可能遮蔽了权利意识中追求公平、正义的底色,将有损司法的公正与权威。

治疗性话语的概念讨论及其在话语实践呈现出的理论与实践争议说明,应当审慎进行话语的判断和界定作业。那么,梅丽对话语的分类是否成立?换言之,治疗性话语究竟能否被视为一种话语模式?如果可以,那治疗性话语能否被视为与法律话语、道德话

---

① [美]萨利·安格尔·梅丽:《诉讼的话语》,郭星华、王晓蓓、王平译,北京大学出版社2007年版,第158页。

② 戴昕:《冤案的认知维度和话语困境》,载《法律和社会科学》2006年卷。

③ 方乐:《司法如何面对道德》,载《中外法学》2010年第2期。

语等量齐观的一种话语模式？如此，我们必须关注治疗性话语本身可能存在的问题。

## 二、治疗性话语的自身矛盾

本杰明·卡多佐曾说道，"法律如同远行者，要为明天做准备。它必须拥有成长的原则"。[①] 这虽然是对于法律的成长属性描述，但这种成长属性无论如何，总归要回归到司法实践的大地之上方能得以彰显，这就倒逼着作为基础性制度的司法话语不得不随之趋迎；而另一方面，现实中的话语本身就与法律蔚为形影，二者发荣滋长、自有磨合，这也在某种程度上说明：作为法律语境下的话语革新同样需符合这一要求。由于本文所考察的话语活动仅局限于司法情境，因而只在这种情境之内窥视话语的存在及其实践形态。这一情境的内在制度区隔系统内外的不同实践主体并赋予他们不同的思维方式和思考轨迹。对于公民而言，这无疑是对我们试图建立的那种支配关系进行的畏葸和抗拒。[②] 需要注意的是，所谓的话语更新并不仅仅是意图化解纠纷处理上的时空争执，它还同时兼顾着话语体系内部的种种抵牾情形，而话语的更新在最初往往也只是一种懵懂的尝试，缺乏方向的绘测，故而难逃话语体系彼此冲突的命运，在很大程度上，这种特征实际上也暗示了栖身在司法情境下的话语更新或许需要我们更多地考量这种更新背后所蕴含的矛盾和冲突。作为话语更新的一种具体化呈现，治疗性话语一俟降生便身处话语体系之中，其并非矛盾冲突发生的导火索，而是矛盾冲突本身，这令我们不由得反复斟酌治疗性话语的存在应当在话语体系中居于何所。从一定意义上看，治疗性话语所内蕴的能量实际上很难支撑起它作为一种独立的话语模式而存在，尤其是当我们限定了司法情境作为话语存在的场域空间时，将会在功能、哲学、主体、价值四方面暴露其固有劣势。

### （一）治疗性话语的功能矛盾

治疗性话语的出现及使用在很大程度上得益于其功能上的独特优势。一般而言，治疗性话语的功能优势主要来自两方面：一是在形式上，治疗性话语借助于现有素材，将部分责任分摊给客观环境，或是将客观环境中被隐藏的责任重新附加到对方身上，从而实现当事人之间力量对比的重新塑造；二是在实质上，通过寻找道德情感要素中与客观环境的关联之处，将道德上的可谴责性予以揭示，从而令第三人产生对当事人一方的宽宥心理，以达到转移注意的目的。就此而言，着眼于客观环境因素的治疗性话语或使自身从责任困境中摆脱出来，同时又免于令他者承担这种风险；或是在缺乏其他谴责素材的情况下使对方陷入更深的责任泥淖。无论何种形式，它们都能够在一定程度上帮助使用者获得某些隐性但却实在的优势，透过话语的力量变动、构造新的观念世界并与部分事实相呼应，达到当事人双方之间责任要素此长彼消的效果，进而实现双方对抗的己方偏

① ［美］本杰明·N.卡多佐：《法律的成长》，李红勃、李璐怡译，北京大学出版社2014年版，第30页。

② 苏力：《法律社会学调查中的权力资源——一个社会学调查过程的反思》，载《社会学研究》1998年第6期。

重之目的,又无须耗费精力以寻找更多的证明素材。这种立足于当前境况的高效功能特征,对于先后尝试法律话语和道德话语均以失败告终的当事人而言,无疑是一种救命稻草般的存在。诚然,治疗性话语在功能上的优势为自身的援引使用提供了绝佳的契机,而一旦试图将治疗性话语视为一种规范化的法庭语言形式加以实践,其高效功能究竟源自何处便成为了首要问题。

法律话语关注要件、事实,而道德话语关注道德、情感,尽管二者在关注焦点上相去甚远,但却都一致地嵌套上某种使用框架而抑制了对其的恣睢和滥用,事实上,这种限制本身也暗含了对话语使用的正当性肯定,从而令法律话语、道德话语拥有了成为一种普遍的法庭话语的资格。与之相比,治疗性话语更多关注客观环境在责任承担方面的积极或消极作用,使得事实本身成为了事实评判的标准,缺乏一个抽象而中立的准则,在很大程度上导向话语本身的恒变性。这对于追求反复适用的法庭话语而言无疑是一种根本上的资格否定。

由于治疗性话语侧重客观环境对责任的评价,因此往往也会诉诸道德情感,并希冀从中寻找到可以减免责任承担的要素,这正是依据功能目的对于道德话语中的部分相关素材进行重新整合的结果。与道德话语相比,尽管其仍然关注道德情感所赋予的朴素观念,但却在逻辑上呈现出与之迥然不同的推演进路,在治疗性话语的模式里,经验在功能实现过程中发挥的作用被显著放大,这一方面是适应话语本身与客观环境因素相联系的需要,另一方面也是为了从根本上与道德话语相区分。然而,正如西谚有云:“火是好仆人,却是坏主人”(Fire is good servant but a bad master),将经验引为一种话语模式的基础准则,无论其会带来怎样的优良效果,不可避免的是造成现实操作中的模糊与无序倾向,而这恰恰为治疗性话语的实践埋下了隐忧。可以说,这两方面的原因都无法经受住逻辑抑或是经验的诘问,不仅难以像法律话语、道德话语那般正当自明,反而呈现出一种过于浓厚的工具属性,缺乏了自身独立运作的正义源泉。

事实上,无论是法律话语、道德话语,它们在被使用的过程中都采用了“应然—实然”的逻辑结构,其强调的是首先着眼于法律/道德规范,再将事实与之对应,以此形成一套话语表达形式。但是治疗性话语则使用了“实然—实然”的新式框架,将结果置于目的地位,缺乏了客观化标准提供的筛选功能,这就使得如何选择事实,如何挑选治疗性话语的使用时机等等尽皆成为当事人可以主观决定的事情,而唯一的标准只在于它们是否有助于将责任承担进行转移,这往往导致人们对治疗性话语的使用超出了理性规范化轨道,放任了自利心理的无限延伸。以一浅例示之,某甲在急性酒精中毒的情况下严重毁损了与其关系交恶的某乙之车辆,严重到该车辆已非普通维修即可恢复原状。原本按照概念分析,急性酒精中毒应成为使用治疗性话语的条件,因为一个人在这种境况下往往不能控制自身行为,因此对其苛责不应过分,实属值得被“救助”的一方。但即使是在急性酒精中毒的情况下,我们可以理解的仅仅是一个失去清醒意识的人无序、暴乱地毁损他人财物的行为,而将车辆毁损得如此严重,不仅需要合适的工具,更需要一定的意识支配如何步步实施不法行为，而这些对于一个处于醉酒状态下、并且自称毫无事先预备的人而言，很难不令人心生好奇和疑惑。对于这一问题，尽管我们还可以诉诸证据法寻找事实的真相还原予以解决，但这已经重新回归到法律话语中进行了，这实际上反映了治疗性话语在一些复杂问题解决上的束手无策，而更令人遗憾的是，这种束手无策的境地并非偶然和特殊的产物，运用治疗性话语在很多时候都会导向这种混乱和恣意的结局。

治疗性话语讲求责任承担的移转，正因如此，其诉诸道德情感中的可免责性因素乃有正本清源之考量。不可否认的是，我们无时无刻不处于变动的环境之中，不论环境为我们的行为带来积极作用还是消极作用，这种紧密的关联往往难以割裂，因而将环境因素纳入责任承担的移转并无不当，反而弥补了法律话语、道德话语在解决复杂问题时的狭隘视角所带来的问题。然而，尽管我们能够在责任与环境之间寻找到某种稳定但不确定的联系，并就这种联系的存在达成普遍共识，其却并不意味着我们对这种联系的认识具有同一性，在某些基本问题上的认知差异仍广泛存在，而这使得对于责任承担转移的论证负担不断加重。

**(二)治疗性话语的哲学矛盾**

治疗性话语肇兴于美国20世纪初，特别是在20世纪二三十年代，随着法律援助型职业以及将犯罪与环境因素相联系的观念走进司法领域，与之内在价值相契合的治疗性话语获得了迅速发展的时机。尽管治疗性话语在短短二三十年的时间内一跃成为法庭话语使用上的经常选择，但其发展的命运实际上与美国历史上的哲学沿革息息相关。治疗性话语更像是实用主义哲学与社会学、法学之间统一理论观念上的一次成功尝试。①在杜威看来，基本价值观念来自经验本身，道德规则应当和具体环境相结合，只有这样才能真正地成为人们调整行为的根据。② 其领衔的实用主义哲学讲求立足于现实生活，“把确定信念作为出发点，把采取行动当作主要手段，把获得效果作为最高目的”。③ 在司法领域，霍姆斯、庞德和卡多佐等也开始尝试将实用主义引入其中，而这种尝试也最终成功地将实用主义推为主流。实用主义法学的流行颠覆了传统的司法观念，如何进行抽象的理论建构和法理解析不再是司法过程中的首要任务；对于法官而言，只要将案件顺利解决便是其核心要义，至于运用何种手段、何种知识都并非值得反复推敲的焦点。作为致力于解决问题的实用主义，更为关注的是哪些东西有效和有用，而非这些东西究竟为何物；强调的是工具性和有效性，注重的是行动实施和社会实效。④ 在这种哲学潮流的影响下，治疗性话语契合了其以工具属性为主的价值根基，合乎了其效果为导向的方法论，成

---

① Costello, Harry Todd, *A Philosophy of the Real and the Possible*, New York, Columbia University Press, 1954, p.82.

② 张国清、刘腾:《杜威实用主义政治哲学考察》,载《华中师范大学学报(人文社会科学版)》2015年第4期。

③ 张芝梅:《美国的法律实用主义》,法律出版社2008年版,第35页。

④ 黄培云:《一种能动的司法与法律哲学——对波斯纳实用主义法律观之探析》,载《西南政法大学学报》2003年第3期。

为了法庭语言模式中顺应实用主义大势的不二选择。

但问题在于,实用主义为法学带来的最重要的改变之一就在于“法官的司法裁量权表现得更为直白和酣畅”。[①] 不同于形式主义法学对于法官能力范围的克制与限缩,它更为强调法官在法庭上的能动作用,以最终帮助社会解决社会性问题为使命,讲求对一种问题解决之道采纳与否的判断应当以“可行性”为基准,而非这一方法是否遵循了抽象的真理与规律,这实际上也是其追求实效结果的目的体现。在这一方面,治疗性话语却未能与其实用主义根基保持一致,它将对于问题解决的主导权交付给了当事人以及援助性组织等角色,这就使得不再是法官从当事人提供的全部证据和主张中挑选符合其需要的论证素材,而是法官所接收的证据和主张早已被当事人与援助性组织先行进行筛选,呈现给法官的仅仅是他们希望法官看到的素材,而无论最终结果如何,往往都只与一方的最初设想若合符节,所差无几,其实质上反而是对法官能力范围的一种操作上的限缩与压抑。

不同于美国,我国的法院素有“公正司法、一心为民”的工作原则,这就使得法院需要同时兼顾对社会纠纷的处理以及实现社会正义的双重任务,法官不仅无法像美国法官那样仅仅关注案件的最终处理,还要仔细斟酌如何在这两个目标之间实现平衡。在这种情况下,治疗性话语的使用对于法官而言就更为纠结,不单是裁量权的界限需要被审慎思量,还要主动把这一界限因案而异地置于不同的具体情境中加以变通,难免令治疗性话语在中国语境下备受质疑。

### (三)治疗性话语的主体矛盾

颇具趣味的是,梅丽将治疗性话语界定为一种“来自专业救助人员的话语”,这种定义在形式上似乎透露出浓厚的主体排除色彩,令人不禁追问:专业救助人员是指哪些人群?但梅丽紧接着又以几个简单的实例破除了这一追问。[②] 然而我们必须承认的是,无论是“妇女对丈夫暴力的解释”“妻子对丈夫酗酒的辩白”还是“男子对女子的陈述”,其主体都无一例外地缺乏所谓的“专业性”,而我们也很难将这些例子中的不同个体归纳为具有某种特征的“救助人员”。有论者着眼于梅丽所提到的“来自”一词,尝试用“由谁制定和宣布”的角色解释来自洽逻辑。[③] 然而,尽管这种解释在保持治疗性话语自身结构方面助益良多,但却始终无法彻底解决逻辑上的矛盾之处。因为无论是法律话语还是道德话语,它们的制定者和宣布者都可以寻找到一个较为确定的答案,法院、社区和家庭的确都是掌握着话语规定的核心人物,我们如果想要使用法律话语、道德话语,势必只能在它们事先规定好的框架内进行,一旦逾越边界,最终只会导致话语表达本身的效力灭失。治疗性话语本来就不依赖于某个确定的表达集合,它的功能属性要求其需要根植于复杂而

---

① 张志文:《实用主义法学的法律发现观及启示》,载《法学论坛》2013年第5期。

② [美]萨利·安格尔·梅丽:《诉讼的话语》,郭星华、王晓蓓、王平译,北京大学出版社2007年版,第157页。

③ 朱涛:《法律实践中的话语竞争——读梅丽〈诉讼的话语〉》,载《社会学研究》2010年第6期。

多变的现实,意味着治疗性话语只有在使用时才能看见它的冰山一角,而始终无法全面、系统地认识它。既然如此,那么"制定者和宣布者"究竟要制定什么,宣布什么呢?如果假定制定者和宣布者果真可以有所作为,那么一方面,他们缺乏制定和宣布规则的能力,他们在有限的经验时间内难以形成对治疗性话语无限形式的认知和归纳,而强求一种框架塑造往往限制了这一话语的使用场域,这反而阻碍了其本身的功能实现;另一方面,他们本身也不应当拥有这种权力,因为治疗性话语强调"救助"这一严肃而重要的导向,需要一种因势而变、顺应场景的特质来保证这种目的的可行性,一旦从抽象理论层面对其加以限制,不仅不会构建出一个合理的使用空间,还将使得固有的救助能力为其所掣肘,对于话语本身而言无疑是一种严重的打击。在这种情况下,制定者和宣布者的角色似乎又只能回到原点,以重合使用者身份的方式避免自身的问题暴露,但如此一来,使用者制定并宣布话语规则的同时又参与到话语使用的实践之中,这又势必将引发新的矛盾争执。如何在治疗性话语内在逻辑自洽与实质内涵顺通流畅之间保持一种平衡,既是治疗性话语自身建构的首要之义,也是其合理性论证的重要命题,需要更多的关注和解答。

### (四)治疗性话语的价值矛盾

有学者比较法律话语、道德话语与治疗性话语三种的价值观根据后得出结论:法律话语的根据在于法律,道德话语的根据在于关系、尊重和声誉,而治疗性话语的根据在于帮助。[①] 需要承认的是,以价值观根据作为话语模式的区分标准的确具有一定的合理性,但前提是这种区分标准确实能够在同一维度上将不同事物准确地区分开来,否则这种区分不但无助于人们对事物的理解与判断,反而会带来模糊和混淆,其对于事物的区别化而言无疑弊大于利。进言之,治疗性话语的价值观就在于"治疗和矫正,环境和社会压力下的行为方式"。[②] 在普通的个案适用中,这种价值观尚能保持治疗性话语同法律话语、道德话语在原理上的步伐一致,然而一旦脱离了具体场景,这种协同性就往往难以为继,"治疗"作为价值观不仅很难帮助该话语谋得正本清源之功效,还会令其自身陷入层层矛盾的维谷境地。

如果说治疗性话语的价值观指向的确是一种"治疗"旨归,而该话语本身的工具价值同样也在于"治疗",那么这两种"治疗"的价值究竟有何差异,以至于这种差异足以将话语本身的独立价值与工具价值相分离?从某种角度看,这两种价值上的差异实际上并非在于"治疗"属性指代之物乃是两不相同之物,而是在于,尽管其内在价值观都一致呈现"治疗"功能的外观,但这种"一致"却难言一致,只是各有强调,各自拥有着自身的独立追求。在治疗性话语的价值观维度上,这种"治疗"指向的是对于当事人一方的有利态势,它强调话语发生该刻的性质,这为当事人带来了积极的讯号,在其内心之中产生了治疗、抚慰的感受;而在工具价值维度上,这种"治疗"则更多强调的是话语本身能够有利于当

① 朱涛:《法律实践中的话语竞争——读梅丽〈诉讼的话语〉》,载《社会学研究》2010年第6期。

② 朱涛:《法律实践中的话语竞争——读梅丽〈诉讼的话语〉》,载《社会学研究》2010年第6期。

事人一方在案件解决时形成其优势地位,它更像是一种由结果反溯而来的肯定,讲求的是最终效果的切实可行,而非本身的性质如何。

仔细考究这种思路,不难发现,它本身暗含了先在的区分倾向,未免让人怀疑这种差异是否实然存有。事实上,无论强调的偏重在何,都未突破对"治疗"内涵的确认范畴,仅仅是在语词之间辗转挪移而已。的确,关于治疗性话语的两个层次上的"治疗"内涵或有不同,但这种不同并不足以达到将两种价值属性相分离的标准。与其勉强说二者强调的侧重各有特色,毋宁说是同一价值观在不同场域具有不同的表现形式。这些不同的表现形式不应也不能被单独作为区分标准,并以此作为类型化的划分准则。即使肯定这种差异的重要地位,并凭借它来将这两种"治疗"内涵进行严肃分离,如何在实践中操作依然是一件极为困难的事。作为治疗性话语天然固有的"治疗"性质,原本也包含了存在于实践中的"治疗"功能。易言之,这二者完全可以无需加以严格区分,因为这种区分不仅会使其自身陷入更加不利的论证处境,还有可能仅仅就是在做无用功,既无谓地耗费资源、成本,又不利于现实中的使用者对其正确理解与使用。

就此而言,倘若这两个层面上的"治疗"性质可以实现整合,那么新的问题在于:在操作层面,当内涵的区分变得不再重要,那么继续进行构建分析是否还有其必要?而在原理层面,"治疗"本身如何能够成为一种价值观?须知与法律话语、道德话语相比,治疗性话语在价值观层面缺乏应然导向和稳定标准,仅仅立足于治疗和矫正,因人而异、因地而移,很难保证一种可控的张力空间,以组织起一套完整的、体系化的话语模式,故而称其为价值观似乎显得有些牵强。这实际上暗示了治疗性话语或许只拥有不断变动的价值属性,而没有形成其独立价值观的能力。正因如此,治疗性话语更像是一种话语方法,而非话语模式,为其添加过多的独立色彩实际上也反映了这一话语机理本身的含混不清的理解现状,对于其本身合理性而言无疑是一种毁损。那么,我们应当如何更好地理解和把握治疗性话语?

## 三、作为话语方式的治疗性话语

上述论证说明:治疗性话语在使用过程中更多地体现为单一的向量关系,使用者从主张之时便占据了主动地位,另一方只能被动抗拒或接受,这种不平等的话语关系实际上与话语的内在理性相抵牾,是与实践需求脱节的一种表征,用之难免有所顾忌。这实际上与哈贝马斯所提出的"交往理性"大相径庭。正因为对于韦伯所提出的"工具理性"有所针弊,哈贝马斯更为慎重地审视话语在社会秩序建构中的重要作用,并提出彼此理解基础上达成共识的"交往理性"的概念。① 无论是法律话语还是道德话语,其都强调双方在责任承担、风险流通等诸多方面的交互性,这迫使当事人双方不得不进行话语互动

① 杨帆:《话语分析方法在司法研究中的功用——以"司法理性化"为规范目标的考察》,载《华东政法大学学报》2018年第4期。

上的配合，在这种或主动或被动的互动配合过程中，一种话语模式完成了自身的理性构造。

这种比较揭示出治疗性话语本身存在的沟通难题。事实上，梅丽也曾透露出对于治疗性话语的犹豫态度，认为“法律话语和治疗性话语可以作为维护在道德话语中生成的自我形象的一种辅助工具”。[①] 尽管这一观点在表述上依然保持着三种话语模式并行的形式，但实质上已经把道德话语提升到了法律话语和治疗性话语的上位层次。由于法律话语难以被普通民众所熟练运用，因此有必要借助于道德话语来转化法律话语和治疗性话语，提升话语在实践中的有效性。然而，治疗性话语本身不存在同样的问题。它之所以被降低至道德话语辅助工具地位的原因，也许更多在于其本身源于道德话语的渊源和价值。无论是强调环境，还是社会压力，治疗性话语实质上都是对于标准情境下道德准则的一种变通。这也从侧面说明为何治疗性话语仅仅关注行为本身的解释而非直接诉诸当事人一方的苛责。

在中国语境下，我们对于治疗性话语的认识也许拥有着更多的解读方式。法院作为公共机构，会使公民反映意愿与抗争变得合法。[②] 这带来的后果之一就在于公民在同一场景内的话语选择上常常会有所混淆和错用，因为在一定程度上，纠纷进入法院只是宣布其行为合法，并不代表着它的过程和话语实践具有相应的合法性。正基于此，在使用治疗性话语时，民众一方面希望借此加速纠纷的解决，另一方面又希望通过这一话语的使用而彰显自己合法抗争的果敢态度。但问题在于，后者实际上是在法院作为公共机构时可接受的效果，并非在严格意义上司法情境的应然范畴。是故，把治疗性话语界定为一种司法情境下的话语模式难免有矫揉造作之嫌。

而达玛什卡对于理想型国家的构建也说明，对应于理想型国家类型的两种法律程序——即政策实施型的法律过程和纠纷解决型的法律过程可以为治疗性话语在中国语境下的诠释提供了新思路[③]，易言之，中国的法院在兼具这两种立场面向的同时，民众往往会因此而产生话语使用的疑窦，或是希冀把多种话语模式化为固定的范畴种类，以使得在不同的法律过程中可以一一对应。但“语言不是数学公式，发明权不在个人而在已经使用这种语言的人群”[④]，话语本身在实践中不断变换、革新，这在一定程度上也将使得个体丢失了对于话语的把控和认知，以至于出现话语偏离的现象，最终可能导致话语在司法情境里愈加混杂和凌乱，模糊了话语既有的界定标准和判断准则。

在中国基层的司法实践中，受制于社会经济发展条件，民众朴素的权利观念与法律意图形塑的权利观念之间可谓相去甚远。当法官在实际处理纠纷之时，这两种权利观念之间存在的张力空间无疑会使民众对法律本身产生强烈质疑和反感。而当民众发现治

① [美]萨利·安格尔·梅丽:《诉讼的话语》,郭星华、王晓蓓、王平译,北京大学出版社 2007 年版,第 165 页。

② 汪庆华:《政治中的司法——中国行政诉讼的法律社会学考察》,清华大学出版社 2011 年版,第 35 页。

③ [美]米尔伊安·R.达玛什卡:《司法和国家权力的多种面孔》,郑戈译,中国政法大学出版社 2004 年版,第 145 页。

④ 王朔:《知道分子》,北京十月文艺出版社 2018 年版,第 51 页。

疗性话语的存在得以为其提供稳定有效的话语力量之时，他们很难去拒绝这种话语的使用。这也正是当前民众权利意识觉醒后所诞生的一种内在自觉，恰恰反映了正在接纳形式理性的司法过程的一种趋势。但必须注意的是，话语认知和使用的混淆背后隐藏着民众对司法功能的苛求，揭示了人们过度依赖司法可能造成的消极后果。① 在这种情况下，我们如何认定治疗性话语的概念归属就显得尤为重要：其不仅与司法的功能呈现相关联，更暗含了人们对于司法和法律本身的态度与观念，如果视其为一种话语模式将缺乏合理性根基。从这个角度看，我们对于治疗性话语的认识偏差又是与法治精神相背离的，因为法治本身仅仅着眼于减少公民的自由和尊严损害，并不承担全部意义上的公共福祉，夸大治疗性话语并依此潜入司法领域进行话语实践，更多意义上是对于司法和法律的盲目狂热，缺乏真正的理性和客观认知。② 与此同时，尽管治疗性话语在司法实践中已显露其使用迹象，但这却并不能成为我们肯定其话语模式地位的依凭，因为治疗性话语本身就需要源自现实，它的内在逻辑、约束规则等扎根于现实土壤，不应当把治疗性话语的特征当作判断和界定其概念本身的标准之一，否则这很大程度上将会反过来制约和妨害对该话语的能动认识。另一方面，这却恰好可以将它与法律话语和道德话语相分离开来，这无疑是对治疗性话语界定的最好回归，也契合了司法理性化的本质要求。

正因如此，将治疗性话语再视为一种独立的话语模式就显得有些不合情理，而应当将其视为与道德话语具有相似功能的不同的话语方式。此时，话语实践的主体就可以撇开价值观、使用主体以及哲学观念等诸多标准，将话语从繁杂的体系化世界中脱身出来，仅仅作为一种较为破碎的话语方式间歇性使用，以起到在话语模式转换过程中联结之功效，或许正是对于治疗性话语的效果指向、实践属性特质最好的肯定，也是对于治疗性话语本身价值体现的一种返璞归真。

## 四、结语

尽管在很多地区，现代法律制度对于形式理性的强调与当事人心中对实质理性的看重呈现一种矛盾和对立的状态③，但这实际上正是一种转型社会中有关法律认知流变的正常过程，随着我国法律体系的不断完善和充实，越来越多的人逐渐开始选择将生活中的种种问题诉诸法院来寻找解决之法，这实际上正是人民的法律意识觉醒的标志——人民拥有权利，人民拥有向法院寻求帮助的资格。这固然是一件可喜之事，但越是此时，越是需要我们清理令冲突顺利进入法庭或是回归社会的途径。话语虽小，却是推动冲突解决的不可或缺的要素之一。如何更加深入地分析话语内在逻辑、含义实质等等，既需要我们不断从层出不穷的案件实践中寻找素材，也需要在理论建构上

① [美]唐·布莱克：《社会学视野中的司法》，郭星华等译，法律出版社2002年版，第85页。

② 张志铭、于浩：《转型中国的法治化治理》，法律出版社2018年版，第62页。

③ 丁卫：《秦窑法庭——基层司法的实践逻辑》，生活·读书·新知三联书店2014年版，第5页。

的持续精研，使得司法场景中的话语实践渐趋理性化，为冲突在司法领域的良善解决提供帮助。在不断深入的以审判为中心的司法改革浪潮下，司法理性化的呼声愈加高涨，于细微处见真章，以话语为切口，窥视司法理性化的冰山一角，或许能为我们带来更多的启发和契机。

为顺应"完善司法管理体制和司法权力运行机制"的改革新要求而着眼于审判阶段的话语使用分析，无疑可以为我们继续深化改革的相关研究提供了全新进路。梅丽所阐述的"法律话语"、"道德话语"和"治疗性话语"三种话语类型划分，从某种意义上也为我们思考域内的司法实践给予了参考。但从理论上看，治疗性话语固有的功能、哲学、主体和价值四方面的内在矛盾驳斥了其作为话语模式存在的合理性依凭；从实践上看，中国语境下的治疗性话语本身还存在着定位上的模糊和恣意，这也就意味着，现实中所谓的治疗性话语可能仅仅只是对其功能的一种过度夸大，令治疗性话语本身承担相应的功能责任不仅不会使得它被有效规范、正当使用，反而会致使该话语本身处处掣肘、无所适从。在这种情况下，我们不宜再将治疗性话语视为一种话语模式，而应把它看作一种纯粹的话语方式。这对于治疗性话语而言不仅不是一种贬低和蔑视，反而是一种减压和卸负。

**On Therapeutic Discourse in Justice**

Yu Hao　Li Shiyuan

**Abstract**: With the gradual deepening of judicial reform in China, the goal of strengthening judicial rationality and judicial fairness has been constantly mentioned. In view of the gradual warming of therapeutic discourse in current judicial practice, we try to explore the true representation of therapeutic discourse in judicial practice, clarify the connotation and property of therapeutic discourse and reveal its defination in the current judicial practice by describing its relationship with judicial rationality and the arrangement of multiple contradictions of discourse itself. Under the circumstances of legal discussion and negotiation, the concept regression of therapeutic discourse is proposed, so that the therapeutic discourse in Chinese context can be accurately defined in a discourse manner and in order to provide the theoretical support and normative direction in discourse aspect for the advancement of judicial rationalization.

**Key Words**: discourse; justice; rationalization; legal language; therapeutic discourse

# 内陆水域使用权:法定物权抑或习惯物权*

周红星**

**摘要**:在遵循严格的物权法定原则下,养殖权不能纳入法定物权的范畴中,只能视为一种习惯物权。若采取遵循物权法定缓和主义,虽然可以将其解释入法定物权中,但是养殖权的权利定位会带来许多理论与实务界问题,如养殖权与海域使用权、土地承包经营权的冲突。出现这种问题的原因在于我国法律缺乏对内陆水域使用权的规定,内陆水域使用权应当作为法定物权在民法典物权编中予以规定,内陆水域使用权是利用水域权利的上位权利,其下位权利包括内陆水域承包经营权、建设项目水域使用权、娱乐水域使用权、公益水域权。内陆水域使用权的设立应当遵循用益物权设立的法理,通过招标、拍卖等方式予以取得,自然人或法人在与行政机关签订水域使用权合同后,还应当去不动产登记机关进行不动产登记,才能取得该水域使用权。按照深化党和国家机构改革方案的要求,新成立的自然资源部为内陆水域使用权的设立主体。内陆水域使用权的构造能够充分发挥物权的效力,保障水域使用权人的利益,并且弥补立法空白问题。

**关键词**:法定物权;习惯物权;内陆水域使用权;养殖权;不动产登记

内陆水域使用权是单位或个人长期并排他性占有使用内陆中特定水域的权利,常见的内陆水域使用行为包括有养殖、建设项目(包括港口、水电站等的建设)、船舶停靠占用(水域人船只与盈利性客船)、娱乐用水(水上游乐场等)。我国现行法律只对养殖进行了相关的规定,无论是《物权法》《渔业法》还是其他相关的法律,都没有直接使用"养殖权"这一概念,只在《水域滩涂养殖发证登记办法》第 2 条第 2 款中规定了水域滩涂养殖权,依法取得的使用水域、滩涂从事水产养殖的权利。根据物权法定主义的法理,我们不能根据这一规定直接认定"水域滩涂养殖权"就是一项物权。虽然学界与实务部门对养殖权的物权属性没有异议,但是在遵循严格的物权法定原则下,养殖权的物权性质仍值得我们予以讨论。如果占有利用特定内陆水域的行为仅仅包括养殖,我们还可以通过解释学的方法对养殖权法律地位予以合理的解释,但是占有利用特定内陆水域种类较多,单纯的法解释方法满足不了内陆水域对物权制度的需求,因此需要在立法上对其加以确定。

---

* 国家社科基金重大项目"自然资源权利配置研究"(项目编号:15ZDB176)。

** 周红星,湖南大学法学院博士研究生。

## 一、物权法定主义下内陆水域使用权的法律地位

### (一)我国立法者对物权法定主义的态度

《物权法》第5条规定:“物权的种类和内容,由法律规定”。物权法定原则在各国民法著述中均被认为是物权法最重要的基本原则,该原则直接影响着物权法体系的建立,影响着整个私法秩序的建立和社会经济的良性运转。① 在我国《物权法》的起草过程中,关于物权法定的草案经历了不同的版本,《物权法》草案四次审议稿第三条采用的是目前第2条的规定,即“物权的种类和内容,由法律规定。”随后法律委员会研究认为,现实生活中有些权利是否属于物权尚难确定,随着实践的发展还会产生新的物权,对此我国有关物权种类的规定为进一步改革留下一定空间是有必要的,所以在《物权法》草案五次审议稿将第三条修改为:“物权的种类和内容,由法律规定;法律未作规定的,符合物权特征的权利,视为物权。”②《物权法》草案六次审议稿第五条修改为:“物权的种类和内容,由法律规定;法律未作规定的,符合物权性质的权利,视为物权。”但是在草案七次审议稿第五条删除了“法律未作规定的,符合物权性质的权利,视为物权”这一规定,最终形成了现行《物权法》第5条的规定。而且《民法总则》第116条保持了与《物权法》第5条同样的规定。根据全国人大法工委的认定,物权法定中的“法”,指法律,即全国人大及其常委会制定的法律,除法律明确规定可以由行政法规、地方性法规规定的外,一般不包括行政法规和地方性法规。③ 可见,《物权法》立法者对“物权法定”的态度是严格的物权法定主义。

### (二)物权法定缓和主义

物权法定主义的重要性不可忽视,但是这种严格的物权法定原则带来的是物权种类的封闭性,导致了许多理论与实务界的问题,比如用益物权的种类、担保物权的类型、居住权④、典权等问题。⑤ 面对严格的物权法定主义带来的问题,学者们提出了一些理论来缓和严格的物权法定带来的僵局,包括有物权法定无视说、习惯法包含说、习惯法物权有限承认说、物权法定缓和说⑥,其中物权法定缓和说最受学者们认可。在物权法定缓和说的理论中,又存在以下几种观点:

---

① 梁上上:《物权法定主义:在自由与强制之间》,载《法学研究》2003年第3期。

② 全国人民代表大会常务委员会法制工作委员会民法室编:《物权法立法背景与观点全集》,法律出版社2007年版,第48页。

③ 李适时:《中华人民共和国民法总则释义》,法律出版社2018年版,第359页。

④ 《民法典各分编(草案)》第14章规定了居住权,可见物权的种类处于不断的发展当中,同时也得到了全国人大法工委的认可。

⑤ 杨立新:《民法分则物权编应当规定物权法定缓和原则》,载《清华法学》2017年第2期。该文对严格物权法定主义带来的理论与司法困境有十分详细的叙述,在此不再赘述。

⑥ 梁上上:《物权法定主义:在自由与强制之间》,载《法学研究》2003年第3期。

1.将物权分为基础性物权与功能性物权，基础性物权是指所有权、基地使用权等用益物权、典权和自然资源使用权，功能性权利主要包括抵押权、质权、让与担保和留置权等权利。[①] 对于基础性物权应当坚持严格物权法定主义，只有基础性权利的种类和内容明确，有效确定权利转移的风险值，降低交易的缔约成本和监督成本，降低权利的公示成本，也使财产流转关系变得流畅，而功能性权利可以因效用而能自由设定。

2.在物权法定原则定义的态度上遵循严格的物权法定主义，但在一定程度上认可物权法定缓和说理论，认为如果依习惯法所生的物权，已经达到了成文法关于物权的规定，如具有一定的公示方法，且又不违反物权法定的旨趣的，可以认为具有物权效力。[②]

3.在民法分则物权编第一章规定基本原则时规定物权法定缓和，即将物权编中关于物权法定的法条仍然采用《物权法（草案）》第五次审议稿和第六次审议稿使用的内容，即"法律未作规定的，符合物权性质的权利，视为物权"。[③]

虽然采取物权法定缓和主义的学者们在表达上存在不一致，但其中一点立场上是统一的，即对于那些符合物权特征的权利才能将其解释至物权种类中。

### （三）物权法定主义下内陆水域使用权的定位

目前我国并没有内陆水域使用权这一权利概念，内陆水域中的养殖权是典型的利用水域的权利，可从养殖权这一视角来分析物权法定主义下内陆水域使用权的定位问题。前已所述，目前规范养殖的法律只有《物权法》与《渔业法》。《物权法》第 123 条作为用益物权的一般规定，规定了"使用水域、滩涂从事养殖、捕捞的权利受法律保护"，这一条款主要对一般性用益物权做一个简单的概括，同时也发挥转介条款的作用，为其他特别法的制定提供依据。而《渔业法》虽然在第 2 章对养殖业予以较多的规范，但是没有采用"养殖权"这一概念。有学者认为《物权法》的 123 条在实质上规定了养殖权、捕捞权，《水域滩涂养殖发证登记办法》第 2 条第 2 款"水域滩涂养殖权，是指依法取得的使用水域、滩涂从事水产养殖的权利"的规定是对《物权法》精神的贯彻。[④]

若遵循严格的物权法定原则，养殖权不能纳入物权种类的范畴中。物权的种类和内容应由法律明确规定，而不能由法律之外的其他规范性文件确定，或当事人通过合同任意设定。这里的法律是国家立法机关通过立法程序制定的规范性文件，才能产生普遍使用的效力，不包括行政规章、地方性法规。[⑤] 也有学者认为，物权法定的法源包括法律、行政法规、司法解释以及习惯法[⑥]，但《水域滩涂养殖发证登记办法》是由农业部颁发的部门

① 梁上上：《物权法定主义：在自由与强制之间》，载《法学研究》2003 年第 3 期。

② 王利明：《物权法研究上卷》，中国人民大学出版社 2018 年第 4 版，第 143～151 页。

③ 杨立新：《民法分则物权编应当规定物权法定缓和原则》，载《清华法学》2017 年第 2 期。

④ 崔建远：《准物权研究》，法律出版社 2012 年第 2 版，第 409 页。

⑤ 王利明：《物权法研究上卷》，中国人民大学出版社 2018 年第 4 版，第 143～144 页。

⑥ 冉克平：《物权法总论》，法律出版社 2015 年版，第 60～63 页。

规章,我们不应将部门规章认定为物权法定的法源,否则将会导致我国物权权利体系的混乱[①],故该办法中规定的养殖权并不能被认定为法定物权。

养殖权虽然具有用益物权的部分性质,但从养殖权的产生方式、公示方法以及流转情况来看,其并不符合用益物权的所有特征,不能将其认定为法定物权。

首先,从养殖权的产生方式来看,不符合典型用益物权的设立标准。单位或者个人要取得养殖证,应当向县级以上地方人民政府渔业行政主管部门提出申请,由本级人民政府核发养殖证,许可其使用该水域、滩涂。根据用益物权是基于所有权之上设立的他物权理论,养殖权是利用水域的行为,其权利来源应当是水资源的所有权。虽然有学者认为物权法定原则的适用对象应限于物权种类和内容,不应包括物权变动、公示、效力等其他事项[②],但是采取许可方式取得的养殖证并不能作为物权的凭证,我们只能将许可视为养殖权物权发生变动的原因,但不能将其视为养殖权物权产生变动的结果。举例而言,如果行政许可证书可以视为一种权利,那么行政当事人取得生产经营许可证则取得了生产经营性质的物权,这显然是匪夷所思的事情。

其次,依法律行为发生的物权变动,必须按照物权公式原则,将此变动予以公示,这种变动才能生效。而且作为不动产物权的登记,登记制度应当遵循"五个统一"的原则,即统一的法律依据、统一登记机关、统一登记效力、统一登记程序、统一权属证书。[③] 我国现行法律没有明确规定养殖权公示方法、机关,在《水域滩涂养殖发证登记办法》规定了应当在水域、滩涂所在地进行公示,公示期为 10 日,根据我国不动产登记的法理,所有的不动产物权应当在统一的登记机关履行统一的登记程序,取得统一的权属证书才能发生物权变动的效力。

最后,现行法律并无关于养殖权流转的规定。一项权利如果认定为是物权,则具有财产性,那么就可以依法进行转让。但是我国现行法律没有关于养殖权流转的规定,只是在《水域滩涂养殖发证登记办法》第 9 条规定"依法转让国家所有水域、滩涂的养殖权的,应当持原养殖证,依照本章规定重新办理发证登记。"这种抽象的规定并没有为养殖权的流转提供明确的法律机制。

综上,作为内陆水域使用权典型之一的养殖权不能被认定为法定物权,没有被立法者以及学者们关注的其他内陆水域使用权则更难以解释至法定物权当中,即内陆水域使用权不能纳入至法定物权的范畴。

---

① 2016 年水利部制定的《水权交易管理暂行办法》中规定了区域水域交易、取水权交易以及灌溉用水户水权交易三种水权交易模式,我国法律只规定了取水权,而区域水权和灌溉用水户水权并无法律根据,如果将部门规章纳入物权法定的法源,那么区域水域和灌溉用水户水权就需要进入物权种类的范畴中,这必然会导致我国物权权利体系的混乱。

② 常鹏翱:《物权法定原则的适用对象》,载《法学》2014 年第 3 期。

③ 孙宪忠:《论物权法》,法律出版社 2001 年版,第 22～27 页。

**(四)内陆水域使用权作为习惯物权定位**

习惯物权是人们在长期的社会生活中所形成的,用于界定和表征相关主体之间财产归属和流转关系的非法定物权类型,习惯物权在对物的排他性、支配性、追及性和可转让性等方面与法定物权类似,但是在产生方式、使用范围、公示方法等方面与法定物权存在本质的差别。[①]《民法总则》第10条规定,"处理民事纠纷,应当依照法律;法律没有规定的,可以适用习惯,但是不得违背公序良俗。"在实践中,许多进行养殖的主体并没有取得养殖许可证,而直接与水库的管理部门签订养殖承包合同后开始利用水域。[②] 而在发生纠纷时,人民法院会以当事人没有取得养殖许可证而认定该养殖承包合同无效。[③] 反观,更加适合将养殖权认定为习惯物权。习惯物权虽然广泛地存在于社会生活中,但一旦付诸司法实践却往往无法真正获得法律上的物权效力[④],习惯物权的这一特征在养殖权上亦有彰显,从各地政府对养殖权的收回即可知晓。

如果遵循物权法定缓和主义,就有可能将养殖权解释入物权的范畴中,但是将养殖权纳入物权的范畴,又会带来以下冲突。

1.养殖权与海域使用权的冲突

我国《渔业法》第2条规定在我国内水、滩涂、领海、专属经济区及中华人民共和国管辖的一切其他海域从事养殖和捕捞水生动植物等渔业生产活动都适用该法。第11条规定养殖需要取得养殖证,权利人应当向县级以上地方人民政府渔业行政主管部门提出申请,由本级人民政府核发养殖证,许可其使用该水域、滩涂从事养殖生产。第2条的规定虽然没有明确提及内陆水域,但是从目的解释的角度出发可知,单位和个人在我国领土范围内从事渔业养殖活动必须取得养殖证。

另一方面,我国《海域使用权管理法》规定,单位和个人使用海域,必须依法取得海域使用权,部分省份的不动产登记中心已经按照《不动产登记暂行条例》的规定将对海域使用权纳入不动产登记范畴,颁发海域使用权不动产权证书。这就意味着在海域中从事养殖活动虽然需要取得养殖证,其权利证明为海域使用权。而在内陆水域中从事养殖,仅仅需要取得养殖证,我们将称之为养殖权。[⑤] 如果将海域中的养殖证也称之为养殖权,渔民在特定海域从事养殖的行为就同时拥有两个物权,则会违反"一物一权"的原则。[⑥]

---

① 周林彬,董淳锷:《物权法中"习惯"的法经济学研究——从"物权习惯"到"习惯物权"》,载谢晖等主编:《民间法》(第7卷),山东人民出版社2008年版。

② 广东省惠州市人民法院(2015)惠中法民一终字第1618号民事判决书;河南省高级人民法院(2009)豫法民二终字第66号民事判决书。

③ 湖南省凤凰县人民法院(2015)凤民重字第6号民事判决书。

④ 周林彬,董淳锷:《物权法中"习惯"的法经济学研究——从"物权习惯"到"习惯物权"》,载谢晖等主编:《民间法》(第7卷),山东人民出版社2008年版。

⑤ 根据《水域滩涂养殖发证登记办法》以及农村土地承包经营权证管理办法第3条第2款的规定,养殖证是养殖权的证明。

⑥ 张新聪:《我国渔业权与海域使用权冲突协调研究》,载《沈阳农业大学学报(社会科学版)》2018年第3期。

为了避免这种冲突，有学者认为，养殖证主要体现国家对水域利用进行统一规划的要求，实质上为一种行政管理机关办法的资质证书，它的性质仅具有行业准入的证明作用，并不是一种物权，海域使用为一种用益物权，具有排他性，养殖权的行使依赖于海域使用权的取得。① 笔者认为，这种理论有其正确性，也可以解释海域养殖中海域使用权与养殖权权利冲突的问题，然而却与内陆水域中的养殖证代表养殖权的理论相冲突，这种冲突的根源在于我们没有内陆水域使用权的理论。如内陆水域中存在如同海域使用权一样的内陆水域使用权，要利用某一片水域就要取得相应水域的水域使用权，取得养殖证只是养殖行业准入的资质。

2.养殖权与土地承包经营权的冲突

《土地管理法》第4条第3款规定农用地指直接用于农业生产的土地，包括耕地、林地、草地、农田水利用地、养殖水面等，按照这一规定，养殖水面属于农用地的范围，这就意味着养殖需要取得土地承包经营权。这就产生了如下问题：在养殖权与土地承包经营权重合的情况下，该土地承包经营权亦为从事养殖的手段的场合，同样是以某特定的水域作为权利的客体，这显然不符合逻辑，对象相同，权利目的不同，同一部物权法却不同对待。② 现行规定对水域性质的认定不当，《土地管理法》将养殖水面纳入农用地的范围，《土地利用现状分类》也将水域纳入土地的范畴，土地与水资源是两种性质截然不一样的自然资源，将养殖水面认定为农用地显然欠妥当。

产生上述的争议的根本在于我国内陆水域使用权理论没有形成，所以对养殖权的权利性质认知错误，让养殖权这种典型的内陆水域使用权游离于各种权利之间。养殖权是利用水域从事养殖的行为，其性质应当是水域利用权，在内陆水域中进行养殖的权利应视为内陆水域使用权。正确的权利阶层应当是内陆水域所有权——内陆水域使用权——养殖等权利。内陆水域使用权是与土地承包经营权、海域使用权处于同一位阶的法律概念。内陆水域使用权应当作为一项法定物权予以构造，在全面建立自然资源产权制度以及推进自然资源有偿使用的背景下，内陆水域使用权的构造是完善我国用益物权制度、构建水资源产权与推进水资源有偿使用的重要环节，同时也是完善其他物权制度的基石。

## 二、内陆水域使用权作为法定物权构造的理论基础

### （一）目前水资源用益物权权利框架的局限性

我国用益物权制度主要以国家或者集体所有的土地为核心进行的权利构建，《物权法》的用益物权编中也较为详细地规定了土地承包经营权、建设用地使用权、宅基地使用

① 李召利：《海域使用权与养殖权的关系》，载《海洋开发与管理》2006年第3期。

② 崔建远：《再论界定准物权客体的思维模式及方法》，载《法学研究》2011年第5期。

权、地役权。然而在一般规定中简单地规定了其他类型的用益物权,如海域使用权、探矿权、采矿权、取水权、养殖权、捕捞权。随着社会经济的发展,用益物权的类型也在不断地增加,现行的用益物权种类已不能满足物权内容的要求,特别是土地之外的其他自然资源的用益物权种类十分匮乏,而且有些权利的设置并不合理。有学者认为,目前自然资源利用权利的研究者采取的研究方法可以归结为两类,概念思维和类型思维。秉持概念思维的研究者在自然资源利用权利研究中无法从缤纷复杂的各类自然资源利用权利中抽象出适用于所有自然资源利用权利的本质内涵,秉持类型思维的自然资源利用权利的研究者以客体都是自然资源而将自然资源权利归为一类,限于对各类具体自然资源之上的权利的研究,而缺乏统一的、逻辑自洽的本质内涵。①

渔业权的设立是典型的秉持概念思维研究下的产物,忽视了渔业权这一概念并不能解释养殖权与捕捞权这两类具体权利的事实。正如学者所言,我们无法从两项权利的内容或者权能中归纳出共同点,因为养殖权的核心是对特定水域的利用,而捕捞权的核心是对特定时空内的渔业资源的获取。但是,该学者又从养殖与捕捞名词词义的角度出发,感性地认为养殖和捕捞都处于渔业领域,人们提及渔业就会联想到养殖和捕捞,因此养殖权和捕捞权可以统称为渔业权。② 这一说法实欠妥当,法律概念应当是对某一事务进行理性的、严谨的、高度抽象化的概括,而非感性、随意的表达。两者权利性质不一,不适合将两者统一,而且没有必要创设渔业权。③ 依现在一些学者关于自然资源权利性质的观点认定,养殖权为典型的水域利用权,应当为资源载体使用权④、非获取型自然资源使用权⑤,而捕捞权是渔业资源的获取权,资源产品取得权、⑥获取型自然资源使用权。⑦两项权利的性质完全不一样,将两项异大于同的权利勉强解释为一体只会带来更多的迷惑。

而且在学者们之间还存在养殖权性质之争,有准物权说⑧、土地承包经营权说⑨、水域使用权说。⑩ 这些理论中,水域使用权说是最科学合理的,养殖类似于在土地上进行耕种、栽培果树,只是养殖权是通过占有利用一定的水域得以实现的。现行法律将耕种的行为没有规定为耕种权,而是土地承包经营权。所以,将在水域中进行养殖认定为养殖权并不恰当,更应当认定为水域使用权,在内陆水域中进行养殖的权利为内陆水域使用

---

① 王社坤:《自然资源产品取得权构造论》,载《法学评论》2018 年第 4 期。

② 王洪亮:《自然资源物权法律制度研究》,清华大学出版社 2017 年版,第 115～116 页。

③ 税兵:《论渔业权》,载《现代法学》2005 年第 2 期。

④ 王社坤:《自然资源产品取得权构造论》,载《法学评论》2018 年第 4 期。

⑤ 黄萍:《自然资源使用权制度研究》,上海社会科学院出版社 2013 年版,第 108 页。

⑥ 王社坤:《自然资源产品取得权构造论》,载《法学评论》2018 年第 4 期。

⑦ 黄萍:《自然资源使用权制度研究》,上海社会科学院出版社 2013 年版,第 108 页。

⑧ 崔建远:《准物权研究》,法律出版社 2012 年第 2 版,第 409 页。

⑨ 尹飞:《物权法·用益物权》,中国法制出版社 2005 年版,第 441～442 页。

⑩ 佚名:《应对水域养殖和捕猎给予物权保护》,载《检察日报》2002 年 12 月 6 日。

权，我们没有将在海域中进行养殖的权利称之为养殖权，而是海域使用权。[①]

此外，我们可以将水资源分为两种不同的用水方式，消耗性用水和非消耗性用水。取水、居民生产生活用水、工业消耗用水就是典型的消耗性用水，已有取水权等相应的权利进行规范。而非消耗性用水除养殖之外，还有拆船利用水域、旅游、娱乐利用水域、港口、修造船厂、公益事业利用水域等利用水域的形式。这些非消耗性用水中的行为中，如果是长期且排他性地占有利用水域，则需要认定为内陆水域的使用权，但是这些方面的规定十分匮乏。[②]

**(二)内陆水域使用权构造的趋势**

关于内陆水域使用权的设立，在21世纪初就见其雏形。2002年就有人提出"水域使用权"的概念，将水域养殖权作为水域使用权的一种，和土地承包经营权、林地使用权等纳入用益物权部分。[③] 随后在2006年亦有学者提出在物权法中设立"(内陆)水域使用权"，将内陆水域中的渔业养殖活动作为"(内陆)水域使用权"的实现形式之一。[④] 然而这些观点的提出，并没有对内陆水域利用权的权利性质、权利的构造、权利的来源与权利基础等内容进行深入的分析，且在立法上、学术界都没有得到较好的回应。

2018年2月10日，湖南大学法学院屈茂辉教授撰写的《关于建立内陆水域承包经营权制度的建议》获得全国政协副主席刘晓峰批示。这一建议符合我国内陆水域的利用方式，特别是对内陆水域养殖提供了理论支柱，将内陆水域养殖行为纳入内陆水域承包经营权的范畴。要在一片水域中进行养殖，就必须取得该水域的承包经营权。养殖人享有的权利是水域承包经营权，而不是养殖权，这就解决了在上文中提到了养殖权与海域使用权、土地承包经营权的冲突问题。

**(三)内陆水域使用权符合用益物权的特征**

第一，内陆水域使用权的客体具有一定的特定性，其客体为一定范围内的水域空间。物权的客体必须是特定物，标的物不特定化权利人就无从支配。作为水域使用权的客体水域当然也可以被特定化，可通过方位坐标来确立其具体的范围。在实践中，养殖用户通过设置围网来确立属于其范围的水域空间；建设项目占用水域的面积可通过建设项目

---

① 《海域使用管理法》第19条后半条规定："海域使用申请人自领取海域使用权证书之日起，取得海域使用权"。

② 目前可查的建设项目占用水域的相关规定只有《浙江省建设项目占用水域管理办法》《江苏省建设项目占用水域管理办法》《广州市建设项目占用水域管理办法》。有些省份并没有相应的规定，可在其政府网站上面查询建设项目占用水域的办理指南、注意事项、办理机构等相关服务。如湖南省政务网上可查询湘江流域建设项目占用水域审批。

③ 佚名：《应对水域养殖和捕猎给予物权保护》，载《检察日报》2002年12月6日。

④ 宋增华：《浅议物权法立法中海域使用权和渔业养殖权的立法安排》，载《海洋开发与管理》2006年第5期。

占用水域面积计收方法来确定。① 第二,内陆水域使用权是建立在水资源所有权之上的,对属于国家所有的水域进行占有、使用、收益的权利。《物权法》第 46 条规定矿藏、水流、海域属于国家所有。水域属于水资源的一种表现形式,当然属于国家所有,所以内陆水域使用权是建立在水资源国家所有权之上的用益物权。第三,内陆水域的使用具有排他性。无论是养殖占用水域,还是建设项目占用水域都具有排他性。这种排他性表现为在同一水域不得设立两个相冲突的水域使用权。

### (四)海域使用权为内陆水域使用权的构造提供了路径

我国的《海域使用管理法》早在 2002 年就已颁布施行,只要是在我国内水、领海持续使用特定海域三个月以上的排他性用海活动,就应当依法取得海域使用权。现行的《物权法》中第 122 条单独规定了海域使用权以及《不动产登记条例》第 5 条将海域使用权纳入不动产登记的范畴。笔者认为,这种立法倾向其实是为内陆水域的构造奠定了路径基础。原因在于,两者是类似的权利。其一,从利用客体的角度进行分析,海域使用权的客体是特定海域,内陆水域使用权的客体是内陆中的特定水域,两者客体都是由水组成的,只是地理位置的区别。其二,从利用方式的角度进行分析,水域利用和海域利用在一定程度上存在共同性,特别是养殖行为。如此,海域使用权为内陆水域使用权的构造提供了路径与基础。内陆水域使用权与海域使用权共同作用规范我国水域的利用,前者规范内陆水域的利用,后者规范海域的利用。

## 三、内陆水域使用权的物权构造

### (一)关于水域概念、性质等问题的确定

1.在民法典物权编中对内陆水域予以相应的规定

首先,在一般法中对内陆的权属予以确立,即对现有法律条文的修改或者解释。将内陆水域写入《宪法》第 9 条、《物权法》46 条等法律条文中,改成"矿藏、水流、内陆水域、森林、山岭、草原、荒地、滩涂等自然资源,都属于国家所有,即全民所有"。抑或对"水流"这个概念进行解释,将其解释为"既包括流动的水流、也包括一定空间范围水形成的水域"。基于物权法定原则,立法者对物权的种类、内容、公示手段、效力作出规定,才会形成民法上具体的所有权、用益物权和担保物权,进而才能在宪法层面明确这些权利也是排除国家干预的。没有民法对财产权内容的形成,宪法上的财产权就没有明确的保护对象。②

---

① 目前我国只有浙江省颁布了类似办法,包括桥梁、码头、穿河管线占用水域面积计算。随着占用水域的方式增多,应当予以进一步细化,最关键的是要颁布全国范围内适用的法律或法规。

② 张翔:《国家所有权的具体内容有待立法形成》,载《法学研究》2013 年第 4 期。

2.明确水域的概念。水域,是指江河、湖泊、运河、渠道、水库、水塘及其管理范围,不包括海域和在耕地上开挖的鱼塘。① 韩洪建在其主编的《水法学基础》一书中定义,水域是指由地表水蓄积所形成的一定范围的水的区域,主要指江、河、湖中水可抵达的一定区域,既可指整条江、河和整个湖的水体,亦可指其中某一范围的区域。② 有学者认为,水域是指现状或规划条件下,具有一定规模的承泄地表水水体的区域范围。③ 也有人认为,从平面的角度来看,水域用地中可以分为河流水面、湖泊水面、水库水面、坑塘水面、苇地、滩涂、沟渠等。④ 根据《现代汉语词典》的释义,水域指海洋、河流、湖泊等的一定范围(包括水面和水下)。⑤ 当然,词典中的水域包括海洋是广义层面的,所以按照词典的释义,内陆水域应当是指河流、湖泊等的一定范围(包括水面和水下)。笔者认为,要将水域作为一个客体予以利用,就应当将其特定化,不宜过于简单或者模糊。词典中关于水域的释义过于简单,而将水域认定为具有一定规模的承泄地表水水体的区域范围又过于模糊,所以两者都不宜采纳。而将水域的范围扩大至滩涂、坑塘水面、苇地、沟渠等亦欠妥当,不符合基本的文义解释。《物权法》第123条规定,使用水域、滩涂从事养殖、捕捞的权利受法律保护。可见,《物权法》将水域与滩涂分开来予以规范,滩涂不属于水域的范围。依笔者之所见,韩洪建对水域概念的认定较为科学。所谓水域是指由地表水蓄积所形成的一定范围的水的区域,主要指江、河、湖中水可抵达的一定区域,既可指整条江、河和整个湖的水体,亦可指其中某一范围的区域。

3.明确水域的性质。早在2001年国土资源部关于印发试行《土地分类》的通知(国土资发[2001]255号)中将水域纳入土地的范畴,分属于农用地、建设用地和未利用地。即坑塘水面、养殖水面、农田水利用地属农用地;水库水面和水工建筑用地属建设用地;河流水面、湖泊水面、苇地、滩涂、冰川及永久积雪属未利用土地。这一分类与《土地管理法》的规定相符合。而在2007年国家质量监督检验检疫总局和国家标准化管理委员会共同发布的《土地利用现状分类》将土地分为12大类,其中第11类为水域及水利设施用地,这种国家分类标准没有对水域进行独立的归类,却将水域归入土地的范畴。一直以来为何存在着水域为土地的一部分的观点?笔者不揣拙见,原因在于:相对水的利用而言,我国土地利用制度较为发达,我国的用益物权制度主要以土地为核心构建起来,而水域虽然是由水形成的,但仍然存在于土地之上。为有效管理水域的利用,在没有制定合理的水域管理体制之前,将其纳入土地予以管理。然而,随着水域利用的形式增多,水域经济价值已不容忽视,将水域纳入土地的范畴显然不符合时代的发展。水域符合物权对于物所要求的特征,可作为特定而独立的物被人们进行利用。

---

① 《浙江省建设项目占用水域管理办法》第2条第2款和《江苏省建设项目占用水域管理办法》第2条第2款。

② 韩洪建:《水法学基础》,中国水利水电出版社2004年版,第12页。

③ 王士武:《对陆地水域及其边界的探讨》,载《中国水利》2007年第12期。

④ 胡菲:《鄱阳湖水域权法律问题研究》,江西财经大学2012年硕士论文。

⑤ 中国社会科学院语言研究所词典编辑室编:《现代汉语词典》,商务印书馆2015年版,第1222页。

### (二)内陆水域使用权的设立

1.内陆水域利用权的类型之分

内陆水域使用属于非消耗性用水活动,包括有养殖利用水域、拆船利用水域、旅游、娱乐利用水域、港口、修造船厂、公益事业利用水域等建设项目利用水域。根据用途可将以上行为分为以下几类:(1)养殖利用水域;(2)拆船利用水域;(3)旅游、娱乐利用水域;(4)港口、修造船厂利用水域;(5)公益事业利用水域。对以上几种分类进行类型化的思考,可以归纳总结为以下几种权利。一是内陆水域承包经营权,该权利主要规范内陆水域中的养殖行为。二是建设项目占用水域,包括港口、修造船厂、拆船利用水域。三是娱乐水域使用权,规范在水域中进行的旅游渔业项目占用水域的行为。四是公益水域权,主要规范公益事业占用水域的行为。

如此,内陆水域使用权体系如下图所示:

内陆水域所有权——内陆水域使用权(用益物权)
- 内陆水域承包经营权
- 建设项目水域使用权
- 娱乐水域使用权
- 公益水域权

2.内陆水域使用权的性质

在构造内陆水域使用权的时,要明确内陆水域使用权的性质,即这一权利为公法上的使用权还是私法上的使用权。一直以来,自然资源国家所有权就有公法上国家所有权与私法上国家所有权的争议。有自然资源国家所有权公权说、[①]双阶构造说(包括宪法所有权与民法所有权)[②]、三层结构说(包括私法权能、公法权能、宪法义务)。[③]

提倡自然资源国家所有权是一种宪法性公权的学者认为,在资源国家所有权下形成的资源物权(自然资源利用权)不是基于私法规定、因民事行为而生,而是基于公法规定、通过主管该资源的国家机关的行政活动产生,其典型方式有许可、划拨、出让、调配、发放等。行政法学者认为,由公法设定、依公法方式取得的权利则为公法性质的权利,简称公法权利或公权。[④] 基于特别许可取得的自然资源使用权被民法学界一些学者称之为特许物权[⑤]或准物权。[⑥] 无论是特许物权或是准物权均为私法上的权利,处于与公权是相对立的位置,若按照国家自然所有权公权说的理论,遵循这种理论则会持续引起民法学者与行政学者的对立。

---

① 巩固:《自然资源国家所有权公权说》,载《法学研究》2013 年第 4 期。

② 税兵:《自然资源国家所有权双阶构造说》,载《法学研究》2013 年第 4 期。

③ 王涌:《自然资源国家所有权三层结构说》,载《法学研究》2013 年第 4 期。

④ 王克稳:《论公法性质的自然资源使用权》,载《行政法学研究》2018 年第 3 期。

⑤ 全国人民代表大会常务委员会法制工作委员会民法室编:《物权法立法背景与观点全集》,法律出版社 2007 年版,第 48 页。

⑥ 崔建远:《准物权研究》,法律出版社 2012 年第 2 版,第 20～28 页。

秉持自然资源国家所有权双阶构造说的学者认为，公权力与私权利在自然资源所有权法律关系上的交错是双阶构造的实践基础。通过将自然资源区分为“公有共用”和“公有私用”，公有公用的自然资源在其上不设立任何排他性私权，而公有私用则是出于效率需求和实现国库收入的最大，出让国有土地、开发的矿产资源以及设置排他性权利的海域、森林、草原等自然资源。在公有私用中，又将作为公产的自然资源分为“对物采掘类”与“非对物采掘类”，后者的利用符合用益物权的特征，可以借助自然资源使用权制度实现。这一自然资源双阶结构说突破了纯粹私权说和纯粹公权说的禁锢，为自然资源利用制度构建提供了一个合理的路径。

坚持自然资源国家所有权三层结构说的学者认为，宪法上的自然资源国家所有权的规定本身即包含私法上所有权的内容，即国家对于自然资源享有占有、使用、收益、处分之权能，国家可以将权能分离出去，甚至出让于私人，它可以直接在私法关系中适用，直接产生私法效力，这是自然资源的私法权能。公法权能则是国家有权对自然资源进行立法、行政管制、利益分配等。宪法义务是指除民法加于所有权的一般负担和义务外，宪法上的国家所有权还承担宪法规定的或包含的国家作为自然资源所有人应当承担的宪法义务。这种三层结构说认可了国家可与民事主体一般行使自然资源国家所有权，同时也是自然资源的管理者，同时具有合理管理和分配自然资源的义务。

无论是坚持自然资源所有权公权说，还是自然资源所有权双阶或三层构造说，都是为了更好地解释自然资源的利用。笔者认为可结合双阶和三层构造说的观点，即国家可如同民事主体一般通过私法关系将自然资源的占有使用权能分离出去，特别是在“非对物采掘类”的自然资源，可采取一般用益物权的设立方式设立该类自然资源的利用权。

内陆水域使用权是对水域的利用，是“非对物采掘类”的利用，也可称之为资源载体使用权或非获取型自然资源利用权。应当才用私法手段来设立内陆水域使用权，这一权利属于用益物权的范畴。传统民法所规范的不动产主要是土地及上的建筑物，土地之外的其他自然资源的利用规范一般表现为单行法而没有纳入民法。虽然后者的取得不同于民法的用益物权，但从本质上分析，这些权利内容也属于权利人对他人之物进行使用、收益的排他性权利，不能因规范这些权利的法律形式不同而将其排斥在用益物权的体系之外。①

有学者认为，由公法（行政特许）设定的资源使用权是公法性质的自然资源使用权，在这种权利面对权利保护规则缺失的情况下，可以根据该权利是否具有民法物权的法律属性来对其予以保护。② 笔者并不赞成此种方式的权利定性，反而应当反思通过权利的设立方式来确定其性质的行为。在目前较为完善的国有土地使用领域，有偿的建设用地使用权通过招、拍、挂的方式进行出让，在完成不动产登记之后才能取得建设用地使用权。建设用地使用权是物权法上典型的用益物权。按照行政特许的概念，行政机关代表

① 屈茂辉：《用益物权制度研究》，中国方正出版社 2005 年版，第 15 页。

② 王克稳：《论公法性质的自然资源使用权》，载《行政法学研究》2018 年第 3 期。

国家向被许可人赋予有限自然资源的开发利用、公共资源配置以及直接关系公共利益的特定行业的市场准入的权利。[①] 国有土地也是有限自然资源，出让给自然人使用也应当是一种行政特许，为何可以将其定性为私法上的权利呢？

3.内陆水域使用权的设立

(1)设立方式

在大陆法系下的德国，联邦州对水域的所有权、水域监测、水域维护、水域使用权许可证手续以及向水域的间接排放进行管理。如果要进行养殖，就必须取得由水管理机构颁发的建立水产养殖设施的许可证，并且需要与州渔业主管部门签订渔业租赁合同。[②]建立水产养殖设施的许可证与养殖许可证不同，前者是为了进行养殖设施修建而需要取得的许可，后者是从事养殖的资质证明。按照德国法律的规定，与州渔业主管部门签订渔业租赁合同才是该水域使用权取得的方式。

在进行法律制度的构建时，我们虽然会对外国的法律概念、制度进行了一定程度的借鉴，但是在中国特色社会主义法律体系下，我国水域利用制度还应当符合我们自身的国情。在我国公有制条件下，国家、集体所有的社会资源利用价值的充分发挥，最终要通过非所有人——个人或者组织的支配来实现。[③] 在市场体制下，国家对自然资源的管理权实质上是国家干预自然资源配置的权力，其权能的设定应是以解决市场失灵为限。[④]行政机关作为水域所有权行使的代表，要处理好政府与市场的关系，充分发挥市场机制在资源配置中的决定性作用。只有实行公开、公平、公正竞争，经济活动才能富有活力，效率才能提高，才能更快地创造更多的社会财富。[⑤] 有学者认为，应从外部用公法限制物权，即通过行政部门法规定一种自然资源使用权取得、征收、交易方式，然后在具有物权属性时，适用、准用物权法的相关规定。[⑥] 目前，除土地之外的自然资源我们都是通过行政许可的方式设立自然资源的使用权，源于《行政许可法》第12条的规定。

但是，在这么多年自然资源使用权行政许可的实践中，容易带来两方面的问题。一是权利人的权利得不到保障，容易受到来自私主体和行政机关的侵犯。私主体的侵犯表现为民事侵权，严重的表现为刑事犯罪。而行政机关的侵犯则主要表现为行政征收，在水域使用的征收中，行政机关的行为具有较强的随意性，权利的延续不具有稳定性。二是容易滋生权力寻租而导致行政权力滥用。故，笔者更倾向于采用招、拍、挂的方式来设立自然资源使用权，让更多的主体参与到水域资源配置这一市场活动中。在市场配置资源的情况下，通过当事人的自由协商和有偿使用的机制，可以实现资源的利用在最有利

① 《行政许可法》第12条。

② National Aquaculture Legislation Overview of Germany, http://www.fao.org/fishery/legalframework/nalo_germany/en#tcNB0019，访问日期：2019年1月10日。

③ 张翔：《海洋的"公物"属性与海域用益物权制度的构建》，载《法律科学》2012年第6期。

④ 王克稳：《论自然资源国家所有权权能》，载《苏州大学学报(哲学社会科学版)》2018年第1期。

⑤ 刘平：《立法原理、程序与技术》，上海人民出版社2017年版，第25页。

⑥ 王克稳：《行政许可中特许权的物权属性与制度构建》，法律出版社2015年版，第213页。

用需求和利用能力的当事人之间流动,可以实现自然资源价值的最大限度的发挥。[①] 目前,养殖使用内陆水域的取得方式为使用者向县级以上地方人民政府渔业行政主管部门提出申请,由本级人民政府核发养殖证,许可其使用水域从事养殖生产。同时要考虑到依靠养殖为生的渔民,渔业水域之于渔民犹如土地之于农民,渔业水域相当于集体土地中的宅基地,是渔民最基本的生产资料和生活保障,这种权利的取得带有一定的天然性。

在政府与自然人或法人签订内陆水域使用权合同后,还应前往不动产登记机构进行登记,领取不动产产权证书,这是水域使用权的证明。而且登记还是权利主体的权益的有效保障,在保护权利本身不受侵犯外,还能保障权利人的投资。研究表明,已经登记的权利对权利人进行长期投资具有明显的促进作用,保障其将来的权益。权利明晰的权利是市场经济的要求,也是水域使用权实现自由流转的基础。

(2)设立主体

在2018年国务院组织机构改革中,新成立的自然资源部,其职能配置就包括负责自然资源资产有偿使用工作,制定全民所有自然资源资产划拨、出让、租赁、作价出资和土地储备政策以及负责自然资源的合理利用。目前水利部的主要职责之一就包括指导水利设施、水域及其岸线的管理、保护与综合利用。水利部机关司局中的水资源管理司负责组织实施取水许可、水资源论证等制度,指导开展水资源有偿使用工作,指导水权制度建设。可见,自然资源部与水利部两者之间存在部分职责重叠。那么具体由哪一主体设立水域使用权则成为一个问题,如果按照目前现行的做法,则由水利行政主管通过招、拍、挂的方式出让设立。而根据国务院改革的宗旨,自然资源部是行使自然资源使用权的主要部门。依笔者之见,按照《深化党和国家机构改革方案》的时间要求,省级党政机构改革方案要在2018年9月底前报党中央审批,在2018年年底前机构调整基本到位。省以下党政机构改革,由省级党委统一领导,在2018年年底前报党中央备案,所有地方机构改革任务在2019年3月底前基本完成。这一轮的国家机构改革即将完成,意味着全国上下不同层级的自然资源部门都已组成。还没有在全国范围内形成统一由自然资源行政主管部门设立水域使用权的情况下,可在部分水域资源较为丰富的地方进行试点工作,然后在全国范围内推广。

## 结 语

我国用益物权制度主要以国家或者集体所有的土地为核心进行权利构建,《物权法》的用益物权编较为详细地规定了土地承包经营权、建设用地使用权、宅基地使用权、地役权。在一般规定中简单地规定了其他类型的用益物权,如海域使用权、探矿权、采矿权、

① 王利明:《物权法研究(修订版)》下卷,中国人民大学出版社2007年版,第11页。

取水权、养殖权、捕捞权。随着社会经济的发展,用益物权的类型也在不断地增加,现行的用益物权体系已不能满足物权内容的要求。这种以自然资源经济行业类型划分为基础的对自然资源利用权利类型的列举并不周延,也不科学。[①] 如养殖是占用利用特定水域从事养殖水生动植物的行为,无论是从立法论还是从解释论的角度出发,在特定水域从事养殖的权利应当是水域使用权,如同我们将在农村土地上进行种植的权利称之为土地承包经营权。而捕捞是在特定水域(制定)中从事捕捞作业而有渔或物,并取得其所有权。[②] 显然,养殖是典型利用水域的行为,而捕捞权利用客体是渔业资源。这就犯了过于寻求统一性而忽视了不同资源使用权的特殊性的错误。在遵循物权法定的原则下,民法典物权编应当对内陆水域使用权予以规定。内陆水域使用权的构造能够充分发挥民法的作用,保障权利人的利益,将内陆水域使用权纳入用益物权的范畴,发挥用益物权合理配置资源的功能,解决资源的所有与利用之间矛盾的功能。[③]

**Inland Water Use Rights: Legal Usufructuary Rights or Customary Usufructuary Right**

Zhou Hongxing

**Abstract**: Under the strict legal principle of property rights, the fishery rights cannot be included in the scope of legal usufructuary rights, and can only be regarded as a customary usufructuary right. If we follow the legal mitigation of property rights, although the fishery rights can be interpreted into legal property rights, the right positioning of aquaculture rights will bring many theoretical and practical issues, such as the conflict between aquaculture rights and sea area use rights and land contract management rights. The reason for this problem lies in the lack of provisions on the right to use inland waters in our country's laws. The right to use inland waters should be stipulated in the compilation of property rights in the Civil Code. Inland water use rights are the upper right in the use of water rights, and their subordinate rights include inland waters contractual management rights, construction project water use rights, recreational water use rights, and public water rights. The establishment of the right to use inland waters shall follow the legal principles established by the usufructuary rights and be obtained through bidding, auction, etc. After the natural person or legal person signs the water use right contract with the administrative organ, it shall also go to the real estate registration authority to register the real property, and obtain the right to use the water. In accordance with the requirements of deepening the reform plan of the party and state institutions, the newly established Ministry of Natural Resources is the

① 梁慧星:《中国物权法研究》,法律出版社 1998 年版,第 630 页。

② 崔建远:《论争中的渔业权》,北京大学出版社 2006 年版,第 273 页。

③ 房绍坤:《用益物权基本问题研究》,北京大学出版 2006 年版,第 29 页。

main body of the right to use inland waters. The construction of inland water use rights can fully exert the effectiveness of real rights, protect the interests of water users, and make up for legislative gaps.

**Key Words**: inland water use rights; legal usufructuary rights; customary usufructuary right; fishery rights; real estate registration

# 论《福乐智慧》治国理政法律思想体系及对当代的启示

卡哈尔·吐尔迪[*] 闫晓君[**]

**摘要**:中华民族文化宝库中的瑰宝——《福乐智慧》,是11世纪中国维吾尔族著名思想家、哲学家、诗人优素甫·哈斯·哈吉甫的巨著,其中包含了法律公正、正义、知识、智慧、美德、知足等治国理政思想,形成了具有内在关联的完整的思想体系。阐述《福乐智慧》的治国理政法律思想体系,需要结合著作产生的背景,同时以优素甫的自然哲学、知识哲学和道德哲学为基础进行他的法律思想研究。优素甫的"法治和德治相结合""法律面前人人平等"等法律思想对我国目前的全面依法治国有重要的启发意义。

**关键词**:福乐智慧;法律公正;治国理政;道德自律

中国共产党(简称中共)的第十八次代表大会大报告明确提出,"加快建设社会主义法治国家,发展社会主义政治文明""积极借鉴人类政治文明有益成果""建设优秀传统文化传承体系,弘扬中华优秀传统文化"的思想。中共十八届四中全会《决定》指出"汲取中华法律文化精华""弘扬中华优秀传统文化"。中共第十九次代表大会报告提出"推动中华优秀传统文化创造性转化、创新性发展"。中华文化是中国各民族共同缔造的,法文化是中华文化的重要部分。加快建设社会主义法治国家,全面依法治国需要积极借鉴人类政治文明有益成果,汲取中华法律文化精华。挖掘、研究、分析、批判地继承传统法律思想和治国理政思想,是吸取中华法律文化必由之路。

中国自古以来是一个统一的多民族的国家,无论是古代还是近代,各民族都有着或多或少的、各具特色的传统法律文化。这些法律文化的形式多样、内容丰富,宛如一颗颗明珠,构成了祖国传统法律文化宝库的重要组成部分。挖掘、搜集、整理和编辑这份宝贵遗产,古为今用,一直是法律界、史学界、民族学界不断探索并力求实现的目标。① 中华民族文化宝库中的瑰宝——《福乐智慧》(Qutadghu bilik,Qutadǧu Bilig)是11世纪中国维

* 卡哈尔·吐尔迪,西北政法大学博士研究生,新疆师范大学政法学院讲师。

** 闫晓君,西北政法大学教授,博士生导师。

① 张冠梓:《中国少数民族传统法律文献汇编》,中国社会科学出版社2014年版,第1页。

吾尔族著名的思想家、诗人优素甫·哈斯·哈吉甫[①](Yüsup Xas Hajip,)在1069—1070年间完成的。是吸纳对于天地、社会、政权、公正、法律、道德伦理、经济、军事、外交、教育、体育、人类认识能力等一系列重大问题的百科全书性的经典巨著。是中华法文化和中亚法文化,乃至世界法文化宝库的珍宝。深刻挖掘《福乐智慧》的治国理政法律思想对我国目前的全面依法治国有重要的启发意义。

## 一、研究概况与问题的提出

至今《福乐智慧》在世界各地流传的完整手抄本只存3本。[②]《福乐智慧》研究最早从19世纪初从法国开始[③],我国的《福乐智慧》研究起步较晚。新中国成立后,特别是20世纪50年代之后加紧了对《福乐智慧》的整理研究。由于各种条件的限制,国内这一领域的研究停滞了几十年之久。直至20世纪70年代末期方得重启。[④] 我国出版了一系列《福乐智慧》的各种译著,学术专著和论文集。截至2012年,国内共有12种文本问世,到目前为止用维吾尔文出版的研究专著和论文集总共有16种,用汉文出版的学术著作和论文集8种,博士学位论文有4篇,硕士论文有19篇。[⑤] 据不完全的统计(汉文以外的少数民族语言论文智库网无法统计),截至2017年12月以《福乐智慧》为主题进行研究的文献有292篇。[⑥]

总结分析以往研究的论文和论文集主要有以下方面:《福乐智慧》的作者生平研究;《福乐智慧》时代背景研究;巨著的文学价值;美学伦理观研究;文化结构和文化层次、艺术特色研究、教育观研究;社会政治观研究、自然观、哲学观研究、法律思想研究;道德观

---

① 优素甫·哈斯·哈吉甫(1019—1085)自己的巨作《福乐智慧》(原名为《赐予幸福的知识》,载《福乐智慧》是约定俗成的译名。直译为"带来幸福的知识")奉献给献给当时喀拉汗王阿布·哈桑·苏莱曼·布格拉汗(汉译意思为雄驼汗)(Bughraxan Hesen Bin Sulayman)(1074—1102),布格拉汗对这部巨著十分赞赏并因此荣膺"哈斯·哈吉甫"(御前侍臣)的称号。

② (1)维也纳抄本,于1439年在今阿富汗斯坦赫拉特城(Herat)用回鹘文抄成,现存奥地利维也纳图书馆;(2)费尔干抄本,于12—13世纪用阿拉伯文纳斯赫体抄写,1914年发现于今中亚乌兹别克斯坦纳曼干城,现存该共和国科学院东方研究所;(3)开罗抄本,于14世纪上半期用阿拉伯文抄就,1899年在埃及开罗发现,现存开罗开地温图书馆。

③ 1825年,法国学者卓比尔·阿迈德(Jaubert Amedee)与其同行阿贝尔·雷米萨(Aber Lemi-sa)联名在《亚洲杂志》上发表了关于《福乐智慧》的介绍性报告。这份报告可以被视为国际《福乐智慧》研究的开端。

④ 1984年新疆大学召开新疆《福乐智慧》第一次学术研讨会。1986年8月,1989年10月中国第一届、第二届全国性《福乐智慧》研讨会先后在喀什举行。1993年在北京召开首届《福乐智慧》国际学术研讨会。

⑤ 阿地里·居玛吐尔:《〈福乐智慧〉研究在中国:学术史略、阐释路径及跨学科格局》,载《贵族民族大学学报(哲学社会科学版)》2016年第4期。

⑥ 此数据只包括知网上中文文献,不包括其他语言写的论文。中国学术期刊网络出版总库中按篇名进行检索的结果则显示从1979年到2017年12月共有292篇论文直接讨论《福乐智慧》。2015年,《福乐智慧》汉译文朗诵文本电子版出版。

研究;语言修辞学价值研究等研究。还包括最近十多年以来的《福乐智慧》比较研究。①

目前为止,研究《福乐智慧》具体题目的论文比较多,但是从《福乐智慧》整体思想体系出发的研究不多,特别是研究《福乐智慧》的法律思想与道德思想关系的论文数量不多。虽然有一些研究《福乐智慧》治国理政法律思想的论文,但还是单一研究解释著作的治国、法律、立法、执法、正义、公正等思想。通过阅读和研究本巨作,得知了《福乐智慧》具有完整的哲学、政治学以及法律思想体系。因此,从影响巨作产生的历史、社会、文化、哲学思想背景出发研究分析《福乐智慧》的法律思想体系,分析讨论法律、知识、道德、幸运、知足和治国之道具有有机结合的思想体系有很大的学术意义和实际意义。

《福乐智慧》的法律思想成立在作者的自然哲学、知识哲学、道德哲学之上,具有严密的内在结构和整体性。如果脱离巨著产生的背景,脱离优素甫·哈斯·哈吉甫的自然哲学、知识哲学、道德哲学而单一研究分析他的法律思想无法阐述巨著整体法律思想体系,就达不到原著的深度和高度。《福乐智慧》涉及的治国治理社会每个领域的观点、看法,只有对著作整体进行全面的研究分析,才能领悟原著深层次的内涵和意义,才能领会巨著的学术价值。尤其是对我国目前的治国治理社会,依法治国以德治国有重要启示意义和借鉴法律思想价值。

中华文化是多元一体的文化。法文化是中华文化的重要部分。在统一多民族的古代中国,经过经济、政治、文化各种条件的推动,形成了多元一体的法文化。多元一体的法文化,符合中国的国情实际,有利于发挥各民族的积极性,从而加强了民族大家庭的和谐,巩固了统一的国家统治。② 中国法律文化的形式多样需要挖掘、搜集、整理和编辑古为今用,了解传统法律思想在现实中的作用和影响,是丰富扬弃中国法文化不可或缺的重要工作。查阅考察杨鹤皋的"中国法律思想史""宋元明清法律思想研究",张晋藩"中华法制文明史",马作武的"中国法律思想史纲要",刘欣主编的"中国法律思想史",俞荣根等编著的"中国传统法学述论——基于国学视角",张志京主编的"法律文化纲要",马小红主编的"中国法律思想史研究"等书的内容。发现以上著作内容绝大部分涉及中国历代以来中央政府的法制思想或历史上我国中国中原地区哲学家、法学家的法律思想。都忽略了历史上西域出现的少数民族的法文化,思想家、哲学家的法律思想。因此在中华法文化视野下研究分析《福乐智慧》的治国理政法律思想体系及对当代的法治思想研究启示颇有学术价值和现实意义。

## 二、影响《福乐智慧》治国理政法律思想体系产生的因素

人类的历史证明,人类认识的每一次进步都是一个过程,包括对过去发展水平的继

① 阿地里·居玛吐尔题目为《〈福乐智慧〉研究在中国:学术史略、阐释路径及跨学科格局》的论文中比较详细而全面的统计分析以《福乐智慧》为主题研究的代表性作品。(《贵族民族大学学报(哲学社会科学版)》2016 年第 4 期)。

② 张晋藩:《多元一体法文化:中华法系凝结少数民族的法律智慧》,载《民族研究》2011 年第 5 期。

承和不断探索创新。探索治理社会的模式和规律也不例外。自律与他律,道德与法律,正义和公正,幸福与痛苦,知识和愚昧,欲望和知足是人类认识过程的永恒主题。优素甫·哈斯·哈吉甫的《福乐智慧》涉及的范围很广,具体包括了大臣、将领、侍臣、司库大臣、使节等各类宫廷人员应具备的条件。还论述了怎样对待学者、诗人、农民、牧民、工匠、医生、贫民等当时社会各家各行,各阶层人应要具备的品德、约束及权利义务条件。当然,著作讨论的问题核心不是以上具体问题,而是人在宇宙中的地位,人类社会的存在及发展规律,治国之道,平民与国家、统治者之间的互相关系;平民、统治者怎样才能取得幸福,整个社会得到安宁的途径,以及法律在治理社会当中的重要作用等人类社会的基本问题。从根本上说,《福乐智慧》中提出的主要观点是人在人间社会怎样能"安居乐业",全社会怎样才能得到安宁幸福等重大问题。并且作者认为达到这个目标的途径是制定公正法律来治理社会,在法治(法律)和德治(自律)统一结合之下才能实现。《福乐智慧》的法律思想具有严密的逻辑结构,核心内容是公正法律被具有聪明才智的、知识渊博的人物制定,制定法律必须遵守公正规则,道德与智慧要保障法律公道公正履行。这样才能形成安居乐业的社会。优素甫为当时的人们勾画出一幅理想治国的蓝图,他的治国理政法律思想的产生有浓厚的哲学思想基础和社会文化背景。

**(一)文化交融因素**

《福乐智慧》成书于喀什。当时喀什一带经济繁荣,科学、文化在整个中亚蓬勃发展。喀什噶尔凭借优越的地理条件,赢得交汇希腊—罗马文化、阿拉伯伊斯兰文化,波斯文化以及把这些文化本土化机会。尤其是伊斯兰教作为喀拉汗王朝的国教以后,产生了研究阿拉伯酋长长期以来收集的科学精华的宝贵机会。同时,萨满教、摩尼教,佛教时代形成的优良文化传统依然保持着自己的活力。[①] 当时世界上已形成四大文化圈:西方有以基督教为核心的希腊—罗马文化圈、东方有以儒家为核心的中国文化圈、有以印度教为核心的印度文化圈和以伊斯兰教为核心的哈里发帝国文化圈。《福乐智慧》的问世标志着古代的突厥—维吾尔文化与新兴的伊斯兰文化相互碰撞、相互融合的开始。[②] 巨作的产生受到当时存在的四大文明的影响。喀拉汗王朝的经济由原来的游牧业转型为以定居农业为主体,作为上层建筑的思想文化随着基础的变化也发生变化。[③] 历史上的喀拉汗王朝大体上是繁荣的,但也有宫廷内斗争、自相残杀不停,乃至陷于分裂、内讧不断的时期。[④] 从著作的 6566 至 6604 行也可以看出上述情节。作者对喀拉汗王朝的衰退历史:繁荣、发展、衰落原因进行了探索。他不仅继承了在漫长历史中形成的优良文化传统,而且总结了原有的伯克制度和伯克的治国措施。《福乐智慧》法律思想的文化基础不仅容

① 阿布杜热依木·吾铁库尔:《宝库入门》,新疆人民出版社 1996 年出版,第 47 页。

② 王家瑛:《福乐智慧与伊斯兰文化》,载新疆社会科学院民族文学研究所编《福乐智慧研究论文选(二)》,新疆人民出版社 1993 年版,第 146、167 页。

③ 魏良弢:《福乐智慧与喀喇汗王朝的文化整合》,载《西域研究》2000 年第 3 期。

④ 乌拉木·艾拜都拉主编:《历史遗产—浅论》,喀什维吾尔文出版社 1986 年版,第 128 页。

包草原游牧文化，特别是突厥语诸部族的文化，而且也广泛地吸收了农业文化，诸如中原汉文化、印度文化、伊朗文化等。① 在这种多元文化的影响下，《福乐智慧》继承和发扬传统文化，吸取多种文化优秀成分，进一步加以整合，构成了自己独特的治国理政的法律思想体系，丰富了中华文化思想宝库。

**(二)自然观念因素**

深入研究著作的内容可以发现，优素甫·哈斯·哈吉甫把自己的自然观和社会观点、认识论、人性论达成一致，他在自己的自然观、人性论基础下提出自己的治国理政社会观。

优素甫·哈斯·哈吉甫认为，宇宙的最终根源是真主；世界由自然和人类所构成，自然界是不断运动的，人类社会是不断发展变化。从著作60行、3725行、4632行、4633行中可知，自然本源是由土、水、火、气"四种要素—四行—四元素"构造的；自然界发生变化原因是"四种要素"的互动，自然界一年的"四季"循环也是由"四要素"的互动变化来决定。可知由"四要素"的构造来解释自然界问题。据他的观点，自然界和人类社会具有联系。他在以"四要素"组成的朴素自然观之下，进一步提出以"法律公正、知识、幸福、知足"构成的治国理政的法律思想体系。值得重视的是，当时伊斯兰文化浓厚时代《福乐智慧》中大胆地提出朴素自然观即"四要素"观点和伊斯兰教的"真主创世论""真主宿命论"协调是有待于进一步研究的学术问题。

其次，太阳在中亚西亚人民的古代自然崇拜时期，象征着公理和公道。优素甫(831行)来看国家的法律也就像太阳向处处射出一样，公止法律的光要普照大地即法律面前人人平等(见824,825,826,827,832,1828行)。正好在《福乐智慧》中描述的四个人物内"日出国王"象征着公正和法度。

**(三)哲学思想因素**

任何一种法律思想与某种哲学思想有密切关系。哲学思想中的人性观直接影响到法律思想。优素甫·哈斯·哈吉甫的人性论认为，也许有些人认为在父母出生就天性是好人，有些人父母出生就天性是坏人。好人与坏人为伍，也会沾染劣行，坏人与好人为伴，也能改邪归正(872至892行)。四个要素的变化造成自然和人性、人类社会的变化。人的性格类型也是四种，即"多血质"、"胆汁质"、"黏液质"和"抑郁质"，四种津液比例决定人的性格(四种津液，平心静气来从事医学是一个典型的例子)。人性的具体内涵也是四种：即天性的善，天生的恶性，靠仿效形成的善行，靠仿效形成的恶性(872至881行)。所以，社稷必须保障赏善罚恶的法律(893行)。实际上，他的人性论为其治国法律思想奠定了较全面的理论基础，进一步说明社会和国家制定法度的必要性。

优素甫·哈斯·哈吉甫的治国理政思想体系中，最重要占位的就是公正法律，依法

---

① 魏良弢，《福乐智慧与喀喇汗王朝的文化整合》，载《西域研究》2000年第3期。

治国，以至于社会全面得到“幸福”。他通过日出国王(象征着公正和法度)，大臣月圆(代表幸福)、贤明大臣(知识智慧)、隐士觉醒(知足与来世)等四个人物之间的大量对话提出了自己的思想。他为什么通过四个人物体现自己的思想，而不是通过五个、两个或三个人物来体现？这种写作手法又说明了什么哲学思想呢？

从优素甫·哈斯·哈吉甫的角度看，“四要素(或者四因素)的对立关系，自然、社会、人性变化的最终因果；人的幼稚，少年，青年，晚景时期，自然四季，人的四种性格都有关构造要素”。① 所以，优素甫·哈斯·哈吉甫在《福乐智慧》中把自己的治国，公正法律，幸运，智慧和知足观念都归纳于四位人物(日出、月圆、贤明和觉醒)，把自然观中的四位人物(四要素—四行)观联结于社会。他在《福乐智慧》中写道：

358：我对这四者进行了阐述，

用心去读，自能明了其意义。②

优素甫·哈斯·哈吉甫认为，还没形成自然观之前，人类不能解读公正法律、人性、人的幸运、智慧等社会问题。③《福乐智慧》中的自然观、人性论和社会观具有严密的一致性。他认为自然界由土、水、火、气等根本要素造成。繁荣的，完整的社会也由公正和法度(日出国王)、幸福(月圆大臣)、智慧(贤明大臣)、知足与来世(隐士觉醒)等四个因素造成。据他阐述，四个因素是人性基本生态的基础，它的变化会造成社会变化。四个因素(公证法度、智慧、幸福、知足)失去平衡状态社会就会失去繁荣，乃至产生动荡。

优素甫·哈斯·哈吉甫认为，国家和王国的管理必须建立在法度的基础上，才能实现幸运的生活。福运幸福会不断变化(741 行)，人类想得到幸福须靠智慧的力量。以公正法度、智慧知识赢得幸运后又失去的原因是人难以满足的性格。所以，人千万不能遗忘知足。④ 这就是自然观中的四位人物(四要素)观联结于社会即朴素自然观与社会观相结合的表现。从这个角度来看，优素甫·哈斯·哈吉甫的以解释自然为前提来解释社会的这种思维方法具有鲜明的特点。

## 三、《福乐智慧》的治国理政法律思想体系

治国理政法律思想体系是人们关于治理国家、管理社会过程积累的法律经验的系统化、理论化的思想观念体系。《福乐智慧》的治国理政法律思想包括制定法律的必要性，法律的作用，怎样立法，制定法律者要具备的条件，怎样执法，执法人员应具备的素质，统治者与平民之间权利义务关系，法律与人的关系，法律与道德关系等内容，它们之间具有

① 买买提明·玉素甫等选编：《论伟大的学术里程碑福乐智慧》，新疆人民出版社 1999 年版，第 700 页。

② 文中诗行前的数字为：优素甫·哈斯·哈吉甫著，阿不都热依木·乌提库尔等人译：《福乐智慧(原文及诗体译本)》民族出版社(维吾尔文)，1984 年版；郝关中、张宏超、刘斌译：《福乐智慧(诗体译本)》，民族出版社(汉文)2000 年版中的诗行数，以下不再备注。

③ 阿不都秀库尔·穆罕默德伊明：《维吾尔哲学史》，新疆人民出版社 1997 年版，第 179 页。

④ 买买提明·玉素甫等选编：《论伟大的学术里程碑福乐智慧》，新疆人民出版社 1999 年版，第 708、709 页。

内在的关联和逻辑联系。《福乐智慧》的治国理政法律思想建立在作者的自然哲学、知识哲学、道德哲学之上,具有严密的内在结构和整体性。《福乐智慧》的治国理政法律思想是由法律公正(正义论)、知识智慧(认识论、人性论)、幸福(论理论)、知足(道德论)等思想构成的思想体系。即由本体论哲学、自然哲学、知识哲学、人性论哲学、道德哲学和政治哲学构成,具有严密的逻辑结构。本体论方面认为世界万物被真主创造(这一点受到伊斯兰教创世论影响);自然观方面认为,自然界万物由"四要素"构成(继承中亚传统自然观念),"四要素"关系之平衡;构成自然界"四要素"的互相变化从而影响人的性质。人性论方面认为,人性善恶,具体内涵分为四种(天性的善、天性的恶、靠仿效形成的善性、靠仿效形成的恶性);知识论方面认为,智慧是真主赐予的,知识是个人学习所得;道德论方面认为,不求利己,克己私欲,为他人造福。政治哲学方面认为,王位、国君是真主赐予,父亲是郡主,儿子天生是国君(1933—1949 行)。国王不仅有权有职责制定法律而且应该受到法律和道德限制。治国理政不仅需要建立公正的法律,立法执者、制法者还要具备知识、智慧和克制私欲的品德修养。最后达到治国理政的目标,那就是使社会及其成员得到幸福。

综上所述,《福乐智慧》的治国理政法律思想体系由公正(公平、正义)、知识智慧、道德知足、幸福幸运等核心观念构成。只有分析这些核心概念之间的严密逻辑关系才能明确著作的治国理政法律思想体系,也能实现对著作全面、深入的了解。

**(一)治理社会以正义为本是《福乐智慧》治国理政法律思想的基石**

古今中外,人怎样自我调节、怎样调节社会、怎样调节人与社会组织之间的关系是治理社会的永久性问题。在人类漫长的历史过程中诸多哲学家、政治学家、法学家、社会学家、宗教改革者和伦理学家们都从不同的角度不同的侧面论述治理社会问题。国家产生以来,处理国家权力和私人权利之间的关系是治理国家的根本性问题。其中,追求"正义"是人类治国理政的总价值趋向,差别仅仅在于不同的时代具有不同的文化色彩。"正义"(justice)是已非常抽象、模糊,但又是一个非常高贵、令人着迷并使人产生无限假想的概念。几千年以来这个概念鼓舞着各种各样的人才、有志之士、学者、思想家、政府官员甚至自由的战士,不惜牺牲财产、时间甚至生命,义无反顾地追求这样一个目标——正义。[①] 分析古典政治学家、法学家关于法律与正义的学术观点、法律概念和正义概念紧密联系。除了正义,法律的理念不可能是其他理念,而法律源于正义就如同源于它的母亲一样。[②]《福乐智慧》的治国理政法律思想体系中,"正义"和"公正"理念处于比较显眼地位,这是《福乐智慧》的核心概念。作者认为,法律应以公正为基础,禁止不公正行为或现象,这样的法律才是名副其实的法律。分析《福乐智慧》的治国理政法律思想具体内涵,可以归纳为"为民立法""知识渊博的大德伯克在公正规则前提下制定的法律""执法公

① 於兴中:《法理学前沿》,中国民主法治出版社 2015 年版,第 49 页。

② [德]古斯塔夫·拉德布拉赫:《法哲学》,王朴译,法律出版社 2013 年版,第 35 页。

正”“赏罚严明”“在法律面前人人要平等”“君主和百姓权利责任严明”“赏善罚奸”“执法者严格依法、以德约束自己”“严肃执法”等等。《福乐智慧》法律思想的最终目标就是依公正法律和公正制度来让人民赢得幸运。作者认为，治理社会以正义为本——法律面前人人平等是法治基石。在这个意义上，正义意味着平等。作者在《福乐智慧》中写道：

809：我审理百事，以正义文本，

无论你是伯克，还是奴隶。

817：无论是我儿子，还是亲友，

无论是异乡人，还是过客。

818：在法度上对他们一视同仁，

对他们的裁决毫无二致。

优素甫认为，法律面前人人平等，违法者在法度上人人同样判刑，法律面前任何人不能具有特惠权，真正的平等是反对特权和特惠的平等。只有如此，法律才能保障自己的权威，才能获得人民的认可、遵守和保护。《福乐智慧》中写道：

821：社稷的基础建于正义之上，

正义之道乃社稷的根柢。

作者强调，社稷（国家）建立在公正的法度基础上，社稷的基础必须为公道，同时认为在公正基础上建立的社稷偏离公正之道就会失去存在条件。法律为人民服务，像太阳一样法律须向人民射出不偏不倚的光。（831，832，1412，5241，5242，5243，5244 行）。社稷的溯源来自百姓（5192：它使你权利无边，局万民之上，又使你言出令随，百愿皆偿），君主有为百姓赢得安居乐业、幸运生活的责任，而这种安居乐业的生活根本离不开法律。优素甫认为法度被毁弃，会使好人也学了坏人的行径，人心坏了好人和礼法会灭绝。譬如：

830：我的法度所及，万民得治，

无论它是巉岩，还说沙石。

3464：如果世上没有循环的君主，

真主将毁弃七层大地。

如果说孟德斯鸠的“社会失去公正，只靠法律复归”的观点和罗素的“社稷由百姓自愿协议建立”的观点①是欧洲甚至整个人类法律思想史上的一个重大进步，那么优素甫的“法律面前人人平等”“政权基础是百姓”“依法能让社会趋于幸运”的思想也可以说是中华法律思想史和人类法制思想中的一个重要贡献。

### （二）制定良法、明确国家和百姓之间的权力—义务关系是《福乐智慧》治国理政法律思想的基础

“良法—善法”、“恶法—苦法”和“权利—义务”及其的关系是古今中外法学家讨论的重要的问题。制定法律，明确“权利、义务”关系对人类自身的利益和法律的价值有着直

① 冒从虎等主编：《欧洲哲学通史》，南开大学出版社 1992 年版，第 43 页。

接影响。关于权利和义务何者主要或主导方面，权力本位（重心），还是义务本位（重心）的问题。在不同的历史时期，法律价值取向是不同的，古代法律是以义务本位，现代法律是或应当权利本位。① 制定怎样的法律，君主与百姓之间应有什么样的权力义务是《福乐智慧》治国理政法律思想的基础

优素甫眼中的公正法律和社会保障，以制定君主与百生之间的权力——义务关系来实现。君主肩负要在国中保持银子纯度，不能让银子成色降低；要对庶民施行公正法度，不容许一人对另一人施行暴力；保持所有道路安全无阻，要将盗贼匪徒悉数清除等三项职责（5574至5577行），国君才能有权利要求庶民遵从义务。这种权力——责任关系下，百姓有按时缴纳税、应遵照办理委托事情、清路途中的盗匪等责任（5574至5585行）。百姓有向君主要求履行责任的权利，君主也有向百姓要求履行责任的权利。优素甫法律思想中的权利和义务在数量上总量相等。他认为国家和百姓互相履行的权利——义务是治国理政的主要规则和治国之道。中国古代的传统法律是特权法，是以维护不平等的社会关系为特征的，这是由以等级形式出现的阶级制度所确定的。传统法律的特权性，与法律的公平性要求是矛盾的。② 在封建时代优素甫提出君主与百姓之间应有的权力义务关系的理想，对当时而言的确是一个超越性的思想。

他认为法律的真假（善法—良法和恶法—酷法）、是否公正的表征体现在制定的法律能否为民造福，促进行善，保护残弱。作者在《福乐智慧》中写道：

5197：对普天下庶民要仁爱为怀，
对尊者和卑者都要讲究礼数。
5765：如果说世上有礼法和规程，
以人情对人情便使它的标记。

制定法律（立法）和履行法律（执法）的过程不能分开，正义原则下制定的法律不公正履行，这种法律就变成为不公正的、假的法律（恶法）。作者在书中把“Toru”（回鹘语：法律）的词语使用了140多处，从而把法律面前万事有出路，“有了法律就有了幸福”等法律思想提升到一个新的高度。③

《福乐智慧》中谈到法律与幸福的关系本质上涉及个人和社会的幸福以什么样的手段来得到保障，个人及社会幸福依靠什么样的秩序存在，法律怎样才能维护幸福等基本问题。因为个人的幸福总会在一定时候不可避免地同别人的幸福直接发生冲突。因此不得不处理个人幸福安宁与社会幸福安宁之间的辩证关系。就《福乐智慧》中所说的法律、正义、幸福的关系而言，法律是个人和社会得到幸福的保证。在现实社会中，法是人的行为的一种秩序。④ 这意味着，这种秩序把人的行为调整得使所有人都感到满意，也就

① 杨春福主编：《法理学》，清华大学出版社2009年版，第227页。
② 张晋藩：《中国法律的传统与转型》，法律出版社2009年版，第51页。
③ 吐尔逊·沙吾尔：《浅谈维吾尔名著福乐智慧的法律思想》，载《贵州民族研究》2007年第4期。
④ ［奥］凯尔森：《法与国家的一般理论》，沈宗灵译，商务印书馆2013年版，第33页。

是所有人都能在这个程序中找到自己的幸福。人们对正义的期望是永恒的对于幸福的希望。[①] 优素甫的这种国家和百姓互相履行责任—权利的思想，法律的真假（善法—良法和恶法—酷法），是否公正的表征体现在制定的法律能否造福、行善、保护残弱的思想，相比优素甫之后约两个世纪以后欧洲法学家马西利（1275—1342/1348）的“法律是一种强制性律令……或者是这种强制性律令聚合”[②]的思想具有比较明显区别。优素甫认为知识渊博的人制定的法律必须善法（良法），法律好坏（良法或酷法）在于能否维护社会安宁、能否造福。当然，“福利没有法就不是善。同样，法没有福利也不是善。”[③]所以优素甫认为公正的法度是治国理政和立法执法的最根本追求。

### （三）法律公正、知识、幸福、知足的内在关联性构建《福乐智慧》的法律思想体系

法治和人治或法治和德治，自古以来就是思想家、政治学家、法学家和国家管理者治国理政抛不开的问题。同样，这个题目也是《福乐智慧》中深入思考的问题。优素甫设想的社会存在大臣、将领、侍臣、司库大臣、使节、学者、诗人、农民、牧民、工匠、医生、贫民等当时社会各行各业、各阶层人。法律保障各行各业的人员有序生活；另一方面，各行各业人员应要具备各行应有的品德。法律和道德要约束管理者和被管理者的权利和义务，最后为全社会造福。《福乐智慧》中阐述的治国理政思想有自己独特的理论体系，优素甫的治国理政法律思想是治国理念与公正正义、知识（智慧）、幸福、知足（自我节制）道德自律的有机结合。

优素甫的治国理政思想与其他东西方的哲学家、思想家、政治学家提出的治国理政思想有很大的不同。比如：柏拉图所崇敬哲学家当国王的人治国的思想；亚里士多德的“法治就应当优于一人之治”的“理想社会”设想，以及只靠法律治国或者儒家的只靠道德、礼仪的“仁政”治国的观点。优素甫认为治国之道与公正法律的起源与立法、执法和知识（智慧）、知足（道德自律）具有有机联系。公正法律（善法）、知识（智慧）、幸福、知足与道德自律在治国过程缺一不可，不可分离。如果其中缺一就会失去完整造成社会失衡，社会幸运和个人幸福就会受到损害。以前研究《福乐智慧》的法律、公正（正义）、政权思想的学者都忽略这一点，并脱离了对待优素甫的法律思想和知识（智慧）、知足（道德自律）之间的微妙关系。毫无疑问，优素甫的治国理政思想最显著的特点就是公正法律—善法、知识智慧、道德自律（知足）都有密切的关系，它们互相离开就失去完整。他认为良好的社会秩序就像由公正法律、智慧、道德—知足造成的三脚台，三脚台缺一脚就失去平衡，最后导致整个社会的失衡。

优素甫为指出公正法律的制定和履行与知识—道德之间的关系，在《福乐智慧》中写道：

---

① ［奥］凯尔森：《法与国家的一般理论》，沈宗灵译，商务印书馆 2013 年版，第 29 页。

② 严存生：《西方福思想史》，中国法制出版社 2012 年版，第 99 页。

③ ［德］黑格尔：《法哲学原理》，范杨、张企泰译，商务印书馆 2010 年版，第 132 页。

219:自从人祖降临于世界,
有智者制定了良好的法度。
252:御世的君主掌握了知识,
为世界制订了良好的法度。
223:贤明博学的王公伯克、一国之君,
往往须用钢刀了结无知者之事。
154:谁若有了智慧,谁就受到尊崇,
谁若有了知识,就能获得高位。
303:你瞧,人因有智慧被称为贵人,
伯克依靠知识来治理人民。
1780:幸运如果向无知者降临,
人民将遭到灾害和不幸。

优素甫认为,公正法律要被聪明才智、知识渊博的人来制定。但是仅有公平公正的法律还不够,还需要执行者知识渊博。执行者脱离公正法律原则,将会破坏公正规则,造成百姓不幸。制定法律时要考虑百姓能否接受,同时执行者知识渊博,可避免履行暴政和暴力;知识和法律要互相依靠。在他看来,知识和智慧使人辨别善恶,制定的法律是否为善法(良法)是受到“制法者”的知识智慧限制。公正法律和知识是社会繁荣与百姓幸运的支柱。幸运对每个人不是永恒无常的,它受到各种条件的制约。知足才是掌控福运的缰绳,如果人(包括统治者)追求欲望过分而无节制,那么就会出现人们为满足欲望而破坏法律,导致社会混乱的局面,结果就是人们来之不易的个人的幸福和社会的安定遭破坏。

上述以外,要履行被知识渊博的大德伯克在公正规则前提下制定的法律,伯克执法治理社会须有正义感和道德:

285:对御世者来说,才智越多越好,
用才智治理人民,方能廓清迷雾。
863:口心一致,表里如一,
这样的人方为正直之士。
2037:幸福之主啊,国君若是自食其言,
世上没有笔者更坏的事情。
705:称赞的财务,要用得其所,
要举止端正,仪态映丽。
5170:你要正道直行、执法公正,
只有如此,社稷才能鼎立长久。
5172:欲使社稷的基石巩固坚牢,
你就应在执法时恪守公道。

5285：执法应正以正义为基石，

社稷因礼法而鼎立人间。

他指出，统治者必须有公正、道德自律的品质，履行公正法律和巩固政权基础。所以执行者须要危言危行、心口如一、诚信信用。于是，百姓成为统治者的保护者。从这个角度来看，优素甫已明显的指出，道德是国王之官职不可缺少的重要因素。优素甫的治国理政思想把公正法律、知识智慧、道德知足结成一体。

优素甫认为，法律与道德有区别，但是这两种因素可认为在巩固社国家序中不可缺少的两大基础性因素，也是两大装备，具有互补作用。在优素甫想象的“理想社会”中，公正法律被聪明才智、知识渊博的人物制定，法度必须遵守公正规则，道德与智慧要保障法律公道公正履行，这样才能形成安居乐业的社会。事实证明，“人的每一个行为可以属于双面的理念体系，并可以正义法规则予以判断，或从伦理的视角得到考虑”。① 但是，现实生活中人的无限欲望或某种自私的动机有可能抵触法律或者违背道德约束。所以，优素甫认为知足才能约束人的无限欲望，伦理和法律二者可以结合起来，可以共同约束人的无限欲望和自私。因此，他认为三脚台（由公正法律、知识智慧、道德—知足造成的台子）直在哪里，哪里就彰显公正、社会繁荣。就像“三脚台”缺一脚无法平衡一样，三个里面（公正法律、知识智慧、道德—知足）缺少一个，就会让社会失去平衡，导致社会混乱。

## 四、《福乐智慧》治国理政法律思想对当代治国理政的启示

积极借鉴人类法治文明有益成果、挖掘弘扬中华优秀传统法文化思想，是加快建设社会主义法治国家的必要之路。《福乐智慧》作为中华传统法律文化宝库的重要组成部分，有一定的学术价值和意义。

### （一）《福乐智慧》治国理政法律思想的价值

优素甫带着自信和自豪感写道：

24：此前谁曾写出这样的好书，

今后又有谁能继往开来？

25：谁要再写出这样的好书，

我将对他称赞而感戴。

《福乐智慧》中的思想不但对古代社会产生了重大的影响，而且在当代社会仍然具有启发意义。《福乐智慧》中描述的繁荣社会并不是有人说的“空想社会”的想象。比如说，托马斯·莫尔的《乌托邦》描述的是一个虚拟空间，人间没有大吵大闹，没有盗贼，夜间人民不用关门。优素甫想象中的社会不是上述一样的梦幻社会，而是经由人民的努力、智慧自由和意志自由扶正祛邪的；经由智慧、法律、道德让百姓赢得幸运的社会。

① ［德］施塔姆勒：《正义法的理论》，夏彦才译，商务印书馆 2016 年版，第 67 页。

在《福乐智慧》中，隐士觉醒、贤明大臣、月圆大臣和日出国王之间有大量的对话。其中，隐士觉醒的言语反映了在喀拉汗王朝时期已经产生的苏非主义的厌世思想。苏非主义的厌世主义强调，躲避人间社会才可能赢得幸运。而优素甫通过贤明大臣、月圆大臣和日出国王的言语，表达了他的观点，那就是人应该在社会的各种关系中存在，人只能在一定的社会关系中调节各种矛盾、克服各种困难才能赢得幸运。在优素甫来看，满足和厌世有鲜明的区别。优素甫的这些思想对当时宗教势力非常浓厚而且占据主导地位的"宿命论"和"厌世派"思想进行大胆的批评。这种思想对当今社会强调的"科学精神""人会创造自己的幸福"等思想仍然具有很重要的启发作用。在优素甫来看，依靠厌世思想无法治理社会，回避人间各类矛盾不是解决问题的有效措施。但是，知足是能留住社会幸运的重要因素之一，知足（道德自律）可以避免偏离正路。严格地说，优素甫当时提出治国理政构想，是改革当时社会，依法依德治理社会，最终使社会和人们赢得幸运的设想。

当然"福乐智慧"具有一定的历史局限性，《福乐智慧》中理想的美好社会在封建社会是不可能实现的。但是，《福乐智慧》问世后，由于此书无比优美，无论传到哪位帝王手里，无论传到哪个国家，那儿的哲士和学者们都很赏识它，并为它取了不同的名字和称号。譬如，秦御人称其为《帝王礼范》，马秦人称其为《治国南针》，东方人称其为《君王美饰》，伊朗人称其为《突厥语诸王书》，还有人称其为《喻帝箴言》等等。① 从这一点不难看出著作在历史上的价值和作用。著作中提出的君主应该对百姓履行三项责任，即国家的自我义务问题、平民权利义务问题、依法依德并用治国问题、制定法律—立法问题、执法者和管理者应要具备的素质和条件等，对当今社会治国理政仍有启示意义。好的法度，可以在社稷中巍然屹立，这虽然是一种治国理想，但是它是古代维吾尔族对人类法文化所做出的贡献。②

当然，由于当时认识水平的限制，《福乐智慧》法律思想中也有批评对待的问题。虽然他强调依法治理社会，但是没有看到"法治"与政治体制的关系。虽然著作中没有明确说他设想的公平正义的社会是什么样的政体，但阅读和研究不难得知，优素甫所说的政体按照亚里士多德政体划分标准是属于君主政体。他将建立"有公证法律的社会秩序"追求寄托在当时的君主身上。人类历史证明，"法治"秩序的建立只有在民主共和政体的国家里才有可能。③《福乐智慧》中所阐述的"依法律治理社会、法律面前人人平等"等思想在君主政体里无法实现。研究分析东西方政治学家、法学家的政治思想可以发现，他们的思想反映了当时的历史情况，统治者需求、平民的欲望，同时也是那些思想家、哲学家、政治学家、法学家的超前思维结晶。优素甫的思想也不例外。

---

① 《福乐智慧》北京民族出版社 1986 年汉文版，序言。

② 杨积堂：《略论〈福乐智慧〉中的立法思想》，载《宁夏大学学报（人文社会科学版）》2003 年第 2 期。

③ 严存生：《法治的观念与体制》，商务印书馆 2013 年版，第 3 页。

### (二)对当代治国理政的启示

治理社会依赖于法律和道德。社会的公平,法律的公正要求确保行权者依法、执法者守法、守法者信法的良好社会氛围才能实现全面依法治国。目前我国强调:国家和社会治理需要法律和道德共同发挥作用。坚持依法治国与以德治国相结合,解决的是全面推进依法治国精神支撑的问题。道德和法律具有天然的联系和共同的价值取向。① 优素甫提出为人正派、大臣廉洁奉公、实现依法治国的关键在于君主是否遵循法治理念,以知足(自律)约束欲望,提倡发挥理性追求知识,从中获得最大和永久的幸福,公正的法律和公正的制度来让人民赢得幸福等观念,对当今社会倡导的全面推进依法治国、加快建设社会主义法治国家有积极作用。将《福乐智慧》中提出的公正法律被聪明才智、知识渊博的人物制定及必须要公正规则,道德与智慧要保障法律在公平、正义前提下高峰峻节、心地纯洁的人履行治理社会才能形成安居乐业的社会思想,要和目前我国提出的必须坚持依法治国和以德治国相结合,使法治和德治在国家治理中相互补充、相互促进、相得益彰,让传统法律文化为推进国家治理体系和治理能力现代化服务。

习近平总书记指出"平等是社会主义法律的基本属性,是社会主义法治的基本要求"。而"福乐智慧"中阐述的法律面前人人平等的思想与当代的"平等"价值观契合,可以为全面推进依法国法治建设追求的价值趋向服务。法律作为国家制定的或认可的社会规范体系,其实行必须有人来运作。即使有最良好的法律,而如果缺乏具有良好法律素质和职业道德的法律专业人员,这样的法律也难以起到预期的作用。② 虽然治理社会过程中依法治理是重要的措施,但它绝不是唯一或者绝对万能的措施。法治缺乏德治或者社会成员缺乏法治信仰、缺乏诚信,即使有法可依,也很难实现有法必依、执法必严、违法必究的目标。值得一提的是,优素甫坚信只要国君能够以国家和民众的利益为重,努力克制私欲,积极进行德行操守的修养,以身作则,为民表率,就能感化和教化民众。③ 这种思想恰恰符合目前治国理政所要求的廉政和道德修养要求。将优素甫提出的公正法律被聪明才智、知识渊博的人物制定及必须要公正规则,让具备高尚道德和智慧的心地纯洁的人治理社会,才能形成安居乐业的治国理政等思想可以为目前我国所提出的全面依法治国,树立法治信仰和道德修养服务。实现法律和道德相辅相成、法治与德治相得益彰是一个系统工程。为实现法治和德治结合需要从我国基本国情出发,总结改革开放以来的法治成果、借鉴国外经验、发掘中华民族优秀传统法律伦理思想。特别是需要挖掘中华法律思想和伦理思想、发展中国特色社会主义法治理论。今天学习和借鉴传统民族法律智慧,将有助于强化中国国家认同与中华民族认同,为更加有力地打击恐怖主义、

---

① 於兴中:《法治东西》,法律出版社 2015 年,第 2 页。

② 公丕祥:《全面依法治国》,江苏人民出版社 2015 年版,第 83 页。

③ 热依汗·卡德尔:《福乐智慧与古希腊文化》,载《民族文学研究》2002 年第 4 期。

分裂主义和极端主义提供了积极的法律保障。① 研究《福乐智慧》的法律思想或许可以古为今用、发觉它的思想结晶,为我国当前全面依法治国战略做出点滴理论贡献。

**The Political System of Governing the Country and Politics in the "Happiness and Wisdom" and Its Inspiration for the Modern Times**

Kahar Turdi　Yan Xiaojun

**Abstract**: A uyghur classic literature "Happiness and Wisdom" is the magnificant treasures of chinese culture, it is written by Famous thinkers, philosophers and poets Yusuf Has Hajip in the 11th centure, which includes legal justice, right, knowledge, wisdom, virtue and contentment and other ideas of governing the country, forming a complete ideological system with inherent connection. To elaborate Yusuf's legal thoughts system of governing the country and politics, It is necessary to combine the background of works with his legal thoughts on the basis of his natural philosophy, knowledge philosophy and moral philosophy. Yusuf's legal thoughts of "combining rule of law with rule of virtue" and "everyone is equal before the law" are of great enlightening significance to the current comprehensive rule of law in China.

**Key Words**: Happiness and Wisdom; legal justice; governing the country; moral self-discipline

① 陈玺等:《治国理政中的传统民族法律智慧》,载《西北大学学报(哲学社会科学版)》2016 年第 6 期。

# 信任:舆论审判的成因及其治理路径

葛　翔*

**摘要**:司法本身的制度建设和社会公众对司法的信任度并不存在一种特定的对应关系,社会公众对司法行为的观感往往有其固有的形成逻辑。司法作为法律实现的途径之一,它在实现法律的社会融合功能的同时,也需要当事人——参与司法的公众——尊重司法并在司法程序中合作。因此,司法审判能否为社会所信任,既取决于司法能否真正促进社会信任和社会合作,同时也受到社会信任和社会合作本身的影响。而当前社会对司法信任不足,一方面源于社会结构的急剧变化,稳定成熟的社会关系尚未成熟;另一方面社会大众意识大多还未能接受公平合作、平等竞争的现代思维。同时,无限制的倡导通过媒体手段对司法过程进行全面的公开,也是涉诉舆论管控的误区。要转变舆论对司法的不当影响,一方面应当加强涉诉舆论管制的规范建设,另一方面应当强化司法中立,避免司法的道德主义倾向,并注重规则推导,弱化价值判断和经验判断。

**关键词**:信任;舆论;司法公信;社会分工;社会信任

马克思曾说过,“没有新闻出版自由,其他一切自由都会成为泡影”。① 而如今,各类媒体异常发达的同时,也给司法带来了前所未有的巨大压力,从彭宇案到药家鑫案②,再到如今的复旦投毒案③、于欢案④,都反映出舆论与司法行为互动过程中司法机关所处的被动局面。这些舆论关注度高的案件,首当其冲的是审理过程往往要受到舆论的不当影响,法院不得不为了应对舆论而采取相应的内部控制措施,增加了司法运行的成本,有的案件甚至不得不向舆情导向倾斜,药家鑫、李昌奎等案件中就突出地显示出民意审判的色彩。甚至是一些律师都试图通过媒体舆论对司法审判进行不正当的干预,以实现其代理诉求。由此可见,当下中国司法所面临的舆论压力之大。而这些舆论影响司法的表象后面实质上是社会对司法信任的缺失。本文希望厘清一些司法信任的基本关系,揭示实现舆论与司法关系正常化的努力不应仅仅立足于司法过程本身。

---

* 葛翔,华东政法大学2017级博士研究生。

① 马克思:《马克思恩格斯全集》(第1卷),人民出版社1995年版,第201页。

② 周安平:《涉诉舆论的面相与本相:十大经典案例分析》,载《中国法学》2013年第1期。

③ 史洪举:《复旦投毒案:让司法的归司法 舆论的归舆论》,载《人民法院报》2015年1月11日。

④ 周东旭:《山东辱母案反思:谁来输送公平正义》,http://opinion.caixin.com/2018-07-03/101290933.html,访问日期:2018年7月3日。

## 一、从司法机制来看司法信任和社会信任的关系

### (一)司法公信力要素中的悖论

有的学者将司法公信力归纳为主观和客观两方面因素,“一方面,是指‘社会公众’或‘人民群众’相信、信赖和认可的力度和程度,是社会公众进行评价的结果,……表现了公众对公共权力的信任状态。另一方面,是指国家公共权力及其行使机关所具有的能够被信赖、认可的力量和效力,是公权力内在品质属性和公共权威的表达,因此,表明了公共权力对社会公众的信用状况。”①易言之,司法信用是司法的“硬件”,司法信任是司法的“软件”,司法信任是公众主观上相信司法,司法信用是客观上司法机关的司法过程和结果具有可信任性。就后者而言,司法信用从现实条件而言更具有可实现性,比如司法公开、程序公正、法律规则的明确可预期等等,当这些客观条件都基本具备时,我们可以说司法信用已经基本具备。“打铁还需自身硬”,是不是司法“硬件”具备之后就必然可能获得司法的“软件”呢?

从司法制度本身来看,根据国务院新闻办公室发布的《中国特色社会主义法律体系》(2011 年 10 月)显示,截至 2011 年 8 月底中国已制定现行宪法和有效法律共 240 部、行政法规 706 部、地方性法规 8600 多部,涵盖社会关系各个方面的法律部门已经齐全,各个法律部门中基本的、主要的法律已经制定,相应的行政法规和地方性法规比较完备。其中诉讼与非诉讼程序法方面的法律 10 部。② 近 20 年以来我国司法制度逐步完善,司法考试制度确立、司法职权逐步规范,如推进量刑规范化改革、建立案例指导制度等等③,都从客观上提高了司法制度的完善性。但是从统计数据所揭示的又是另一幅图景。我国 2003 年至 2013 年的 11 年间,二审改发率从 24.38%下降到 14.21%,11 年间下降了 10.17 个百分点。但是上诉率从 2003 年的 8.83%上升到 2011 年 25.12%。④ 也就是说,在一审正确率上升的同时,对一审判决的服判率却下降了。另一方面,在法院信访数量逐年下降的同时——1986 年的 9071038 人次(件),2003 年的 3973357 人次(件),到 2009 年 1357602 人次(件)——行政机关信访部门的信访数量却呈上升趋势,1995 年行政机关信访与法院审判数量之比为 100∶102,到 2000 年上升到 100∶57.8。⑤

从上述论述中显现的是这样一种情景,即在司法制度逐步完善的同时,社会对司法的信任度却往相反方向发展。显而易见,司法本身的制度建设和社会公众对司法的信任

① 季金华:《司法公信力的意义阐释》,载《法学论坛》2012 年第 5 期。

② 国务院新闻办公室:《中国特色社会主义法律体系》,载《人民日报》2011 年 10 月 28 日。

③ 国务院新闻办公室:《中国特色社会主义法律体系》,载《人民日报》2011 年 10 月 28 日。

④ 娄必县,张仁虎:《司法公信力的检讨与重塑——基于二审改发率、上诉率和信访变迁的三维考察》,载《法律适用》2013 年第 1 期。

⑤ 朱景文:《中国法律发展报告:数据库和指标体系》,中国人民大学出版社 2007 年版,第 23～24 页。

度并不存在一种特定的对应关系，社会公众对司法行为的观感往往有其固有的形成逻辑。因此，对于司法公信力的建设而言，或许并非如前述理论观点那样要从司法制度建设本身入手。

## （二）司法机制隐含的答案——社会信任决定司法信任

为什么司法本身的建设和完善不能促进公众对司法的信任？回答这个问题，笔者认为必须先认识“司法如何对社会产生作用”这一问题。马林诺夫斯基经过观察对初民社会的法律得出这样的认识，“作为有效的社会强制力的法律要素或法律层面，存在于促使人们履行他们义务的各种复杂的制度中。”① 这点依然显见于现代社会，在现代法律体系中权利——义务所对应的，正是社会主体间相互依赖又相互冲突的交互关系，义务之所以需要履行即在于存在权利。如果人与人之间不发生关系、不需要合作，那么也就不需要定义权利或者义务，也不会有复杂的社会规范，更不需要法律。

现代社会同时也是复杂的经济社会，社会分工合作是现代社会的主流，这种合作是基于劳动分工形成的合作，或者说是基于契约的合作，正如涂尔干在《社会分工论》里所说的：“契约实际上是协作的最高法律形式”。② 而形成这样的合作一方面取决于社会分工的细分程度，社会分工越细，社会个体之间越需要合作；另一方面社会合作取决于社会信任，以及保障社会信任的各种规范机制，失信行为必受到制裁，继续信任才会有保障，这是社会信任的基础，司法就是这样一种保障机制。而司法有别于其他制裁机制之处在于，司法是两造自愿平等选择的一种决定机制，早在古罗马时期诉讼的最初形式就是人们在拥有司法管辖权的官员面前确定争议的界限，而审判员通常是由当事人挑选或接受的私人。③ 现代司法制度则来源于西方中世纪商事仲裁，商人可以在不同法庭，国家法庭和商人私人法庭（law merchant）间选择。④ 这些都说明，司法能否发挥其应有的作用，在于两造是否愿意共同参与这一机制，并信任这一机制能正确处理双方争议，同时司法这种纠纷解决形式需要双方平等对抗。因此司法能否为社会所信任，既取决于司法能否真正促进社会信任和社会合作，同时也受到社会信任和社会合作本身的影响。

任何形式的信任其本质都在于简化问题的复杂性，因为不管组织与理性计划怎样努力，人们不可能根据行动后果的可靠性来指导所有的行动，而只能通过信任降低未来的不可预期性，通过增加另一方的成功机会，同时促成自身利益的实现。⑤ 对于司法信任而言，公众信任的并非一种确定的司法结果，如果当事人能够完全预见判决结果，那么就不会有诉讼；也没有人会因为信任司法，而去参与一场明知自己会败诉或其他完全可预见

---

① ［英］马林诺夫斯基：《原始社会的犯罪和习俗》，原江译，法律出版社2007年版，第18页。

② ［法］埃米尔·涂尔干：《社会分工论》，渠东译，生活·读书·新知三联书店2000年版，第85页。

③ ［意］朱塞佩·格罗索：《罗马法史》，黄风译，中国政法大学出版社2009年，第146页。

④ 张维迎：《信息、信任与法律》，三联书店2006年版，第72～73页。

⑤ ［德］尼古拉斯·卢曼：《信任：一个社会复杂性的简化机制》，瞿铁鹏、李强译，上海世纪出版社集团2005年版，第30～40、65页。

不利结果的诉讼。也就是说,司法信任对于公众来说是信任司法这种社会机制,正如法律的功能在于为人们能够在社会中共同生活创造可能性,它组织了社会及其划分,并保障了社会的融合与稳定[①],司法作为法律实现的途径之一,它在实现法律的社会融合功能的同时,也需要当事人——参与司法的公众——尊重司法并在司法程序中合作。换言之,司法信任的表象是公众尊重司法这项机制,平等参与司法程序,而其本质是社会主体在司法场阈中的合作,即司法信任的社会基础在于社会主体间的合作,如果社会主体间没有基本的合作认知,以及对法律作为合作基础的认同,那么司法信任就无从谈起。

## 二、舆论裁判的背后:社会信任不足的成因和涉诉舆论治理的误区

舆论裁判的原因的确是由于公众对司法的不信任所造成的,但是司法信任的缺失又取决于社会信任,而不仅仅取决于司法本身。从目前社会状况而言,造成社会信任不足的原因大致有这样两方面:

### (一)社会组织结构的激进变化

费孝通先生的“乡土社会”似乎还在耳边,而眼前我们所面对的现实,已经是产业分工体系下社会成员身份认同的不断分化,社会流动性的不断增大。而社会流动性的增大也导致了社会成员身份认同的陌生化,尤其是城镇化发展过程中,大中城市外来人口的不断增加,逐步稀释了社会成员间的熟知程度,冲击着原有的社会关系结构。

传统中国被认为是一个由村落为单元构成的“蜂窝型”社会结构,每个蜂窝的成员主要由小农构成,同时也有乡绅、工匠、商贾和僧侣。在这种社会结构中,小型的“蜂窝”基本上是一个个独立的小共同体。而1949年以后由家庭、宗族、村社为基础构成的传统“蜂窝”型社会转为新的“蜂窝”型社会的基础,在农村是集体所有制的社队,在城市是全民所有制或集体所有制的单位。[②] 但是无论是传统还是新“蜂窝型”社会,都是以同质化群体结构为基础,整个社会组织结构具有高度的同构性,而改革开放40多年以来无论是集体所有制的社队,还是国有制“单位”,基本上都失去了原有意义上整合社会个体的组织基础。在经济功能上“单位”已经让位于市场企业,在社会服务功能上“单位”也不再具备公共服务功能,由此也进一步造成在短短几十年中社会个体从高度凝聚,变为高度分散。

其次,伴随着“第三领域”(third realm)的式微,社会架构逐步向社会——国家两极化转变。所谓“第三领域”指的是一种介于“国家”和“社会”之间的组织结构,它既反映了权利的要求也体现了权力的控制目的。在清朝、民国是社区/宗族与县官、乡绅与国家的半制度化

① [德]托马斯·莱赛尔:《法社会学导论》,高旭军等译,上海人民出版社2011年版,第167页。

② 樊鹏:《中国社会结构与社会意识对国家稳定的影响》,载《政治学研究》2009年第2期。

交流，1949 年后是国家借助村委会、居委会对基层社会的间接管理。[①] 以宗族、乡绅、居委村委为代表的"第三领域"，既具有半官方半民间的组织身份，又是官方和民间的联系点，而就其存在的意义和本质功能而言，主要是为了补充国家在提供公共服务和公共产品方面的不足。[②] 但是，随着 1978 年改革开放，以及市场经济的不断发展，一方面国家经济力量得到了空前的提高，另一方面市场逐步替代了某些原来应由国家提供的公共服务，"第三领域"在公共服务提供者方面的意义不断减弱，进而使得"第三领域"逐渐凋零。

**表 1　全国范围内人民调解与法院一审民事案件比率[③]**

单位：万件、人、%

| 年份 | 人民调解案件 A | 法院一审民事案件 B | 调解员数量 C | 人民调解占民事纠纷解决比重 A/(A+B) | 调解员年人均调解量 A/C |
|---|---|---|---|---|---|
| 1981 | 780.54 | 67.39 | 476.77 | 0.92 | 1.63 |
| 2006 | 462.80 | 438.57 | 498.19 | 0.51 | 0.93 |
| 2008 | 498.14 | 541.26 | 479.29 | 0.48 | 1.04 |
| 2010 | 841.80 | 609.06 | 466.90 | 0.58 | 1.80 |
| 2012 | 926.59 | 731.65 | 428.14 | 0.56 | 2.16 |
| 2014 | 933.00 | 830.75 | 394.10 | 0.53 | 2.37 |
| 2016 | 901.90 | 1076.21 | 385.20 | 0.46 | 2.34 |

统计数据则进一步证明了这一点，1981—2004 年我国各类居民委员会和村民委员会调解纠纷的数量共计 1.49 亿件，是同期人民法院民事案件一审的 2.1 倍，但是民间调解所占比重已由 1981 年的 92.1%直线下降到 2004 年的 50.5%，[④]2010 年虽有增长，但之后又呈现逐年下降趋势，2016 年则下降到 46%。更值得注意的是，民间调解人员数量自 2005 年以来持续下降，也显示了介于国家社会之间"第三领域"功能和群体的弱化。由此可见，在国家和社会之间除了显性制度所产生的相互作用以外，缺少柔性互动的纽带性机制予以补充，实际上也造成国家对社会个体的影响力大幅减弱，进而在客观上影响到社会合作的形成。而从一些统计分析来看，信任度与当地人均 GDP、市场化程度、经济绩

① [美]黄宗智：《经验与理论：中国社会、经济与法律的实践历史研究》，中国人民大学出版社 2007 年版，第 167～173 页。

② 葛翔、余韬：《城镇化进程中农村基层民主之变异与应对——以上海金山区立新村为例》，载《甘肃行政学院学报》2008 年第 3 期。

③ 相关数据来源于《中国统计年鉴》2005—2014 年各卷，并据此计算。数据分析方法参见朱景文：《中国法律发展报告：数据库和指标体系》，中国人民大学出版社 2007 年版。

④ 朱景文：《中国法律发展报告：数据库和指标体系》，中国人民大学出版社 2007 年版，第 20～21 页。

效、城市化等市场经济因素都有明显的正相关性。① 在原有的“差序格局”被打破后，以市场分工为基础的社会协作关系尚未建立。以往社会合作的基础往往是在熟人中展开的，且显著受到身份因素影响。在这种情况下，法律对公众而言只能是一种控制手段。而1979年后随着经济结构的变化，不仅原有的社会关系被打破，连集体主义的意识形态也逐步瓦解。此时维系以往族群关系的身份认知受到市场的冲击的同时，基于市场交易的契约精神和协作意识却可能并未伴生，客观上造成法律以及司法领域内的社会合作较少，而违反法律、对抗司法却并不鲜见。由此可见，基于市场分工的现代社会是否发展成熟，决定了当下社会信任的走向。

### （二）社会意识结构的惰性演进

而社会结构的急剧变化并不意味着社会意识也随之更进，如果说现代法治社会所立足的社会意识是拉德布鲁赫所说的那种“公民观念”——“国家意识、法律感和社会责任感”。② 那么当下社会意识中展现的可能是另一番景象，笔者将之简单概括为这样三点：受害者意识、报复意识、青天意识。在司法审判中往往有这样一些情形：案件败诉后，并未意识到败诉原因在于自身应诉能力的不足、证据不充分等个体客观因素，而往往试图归结于司法不公、诉讼相对方欺诈等外在原因。当这种感性认识固化之后，他们就不再愿意寻求程序性的司法救济，而是希冀某位青天能“秉公执法”，或是法院领导或是上级机关能出来主持正义。表面上似乎这种社会意识是对司法公正的正面要求，但实质上这种意识不过是从自身利益出发的朴素感情，这种意识下人们既可能会“拥护法律”，也可能会“反对法律”。一些社会调查数据反映，60%的被调查对象认为司法受到外在不当干预是影响司法公正的首要因素。③

同时在社会合作缺失的情况下，社会大众意识大多还未能接受公平合作、平等竞争的现代思维。在我国传统文化中对为自身利益受侵害的主张是自下而上的单向，而在现代法治价值中权利的维护是双向的、平等的，梁治平用“维权”和“伸冤”描述了两者的区别。④ 前者是当事人双方共同参与对抗的互动机制，法律是一种途径和方式；后者是受害者向有权者控诉他人的单向机制，谁有权决定谁就代表法律，法律就变成了一种工具。在2005年中国综合社会调查（2005CGSS）获取的数据中发现，认为应无条件服从法律的人选择法律途径解决纠纷的概率要比没有这种意识者低43.4%。年龄越长者，越倾向于选择行政的途径来解决自己遇到的纠纷。城乡之间和不同受教育水平之间也存在明显差异，农村居民和学历越低者，更倾向于选择行政途径。⑤ 这说明社会意识对法律的概念

---

① 张维迎：《信息、信任与法律》，三联书店2006年版，第216～227页。

② ［德］古斯塔夫·拉德布鲁赫：《法律智慧警句集》，舒国滢译，中国法制出版社2001年版，第55页。

③ 章武生等：《司法公正的路径选择：从体制到程序》，中国法制出版社2010年版，第47页。

④ 梁治平：《伸冤与维权——在“传统”与“现代”之间建构法治秩序》，载《二十一世纪》2007年第12期。

⑤ 杨敏，陆益龙：《法治意识、纠纷及其解决机制的选择——基于2005 CGSS的法社会学分析》，载《江苏社会科学》2011年第3期。

定位仅仅停留在“法律是一种管制权力”的认识之上，法律对于公众而言只是执法者管理公众的手段，所以造成认识到“法律必须服从”这一概念的公众恰恰最不愿意选择法律途径解决纠纷，因为“法律”在这里是管控的同义词。现代社会中法律应当是社会公众合作的基础，司法是公众选择平等对抗的平台，而在社会意识落后于社会发展时，“法律工具主义”成为了具体的表现。这种表现进而影响到法律在促进社会信任过程中的积极作用。

**(三)涉诉舆论管控的误区**

社会关系结构和社会意识结构双重决定了社会信任的不足，进而导致社会对司法信任的缺失。而舆论审判只是社会信任、司法信任缺失的表象。而与此同时，对舆论干预司法、民意审判的治理却走向了一定的误区。不少学者也提出建议认为，应当从司法公开入手，倡导通过媒体手段对庭审进行全面的公开。① 其实在大规模进行庭审直播、录播、新闻报道的同时，必然带来舆论对司法的非理性压力。2001 年德国联邦宪法法院就“法庭开庭电视录像案”(1BvR 2623/95,622/99)作出判决，驳回了宪法诉愿人 N-TV 电视新闻有限公司就柏林地方法院禁止新闻媒体对庭审进行录像、直播提出的违宪审查申请。其中 Kühling，Hohmann-Dennhardt 及 Hoffmann-Riem 法官虽不同意全面禁止新闻媒体录像、直播，仅认为在有限范围内可实施该禁令，但在不同意见书中精辟地阐述了新闻舆论与司法公正之关系：……在十九世纪法律上所创设之法庭公开性，有其法治国和民主的根源。在其引进实施当时所追求的特别重要的目标，即避免过去存在的秘密司法，并由此将法院诉讼程序脱离君主时代的传统，此项目标(后来)虽没有因法治国性规定之布满全部的诉讼程序和一般性地扩大民主监督的可能而成为多余，但在今日仅为实现民主法治国的部分目标而已。参与法院诉讼之人的个人权利保护，主要是透过法律权利保护制度获得确保。②

“然而绝不能保证的是，电视报道的结果，会播送尽可能忠实于真实的法庭辩论的映像。……经济上的竞争压力和新闻传播上须费力去争取愈来愈难获得的观众注意力，结果常常造成扭曲真实的陈述方式，譬如偏爱一些耸人听闻事件或者费力仅选择特殊的，譬如骇人听闻、闻所未闻的，作为报道的对象。常态，对媒体而言大部分都不是具吸引力的报道动机。因而常见的媒体运作方式是带有挑选性甚而扭曲的风险。……公开性的目的，虽然亦是，但明显不只是在经由对个案的监督，以确保法治国。”

质言之，在建立现代政治制度之后，司法不公正的改观要依靠制度本身，如立法机关对司法制度的更新、司法审判制度的自身完善、司法人员素质的提高等等，而非依靠“舆

---

① 相关论述可参见徐昕、黄艳好、卢荣荣：《中国司法改革年度报告(2012)》，载《政法论坛》2013 第 2 期；陈发桂：《重塑信用：论司法公信力的生成——以网络环境下公众参与为视角》，载《学术论坛》2011 年第 8 期。

② 详细请参见《法庭开庭电视录像案判决》，吴绮云译，《德国联邦宪法法院判例选集》(十一)，台湾地区“司法院”2004 年版，第 138 页。

论监督”,如果“舆论”可以监督判决,那么还需要赋予当事人上诉的权利吗?当然,这里并非要否定舆论监督的正当性,毕竟舆论是成熟社会的表征,也部分反映了社会对公权力的主观意见,但是舆论与司法的关系不是监督与被监督的关系,而是一种共生关系。舆论对司法的影响表现了舆论反映出社会公众对案件的普遍社会意识,比如最高检近期发布的第47号指导案例“于海明正当防卫案”[①],该案在侦查阶段就受到社会的高度关注,对于当事人是否构成正当防卫,新闻媒体上的社会舆论呈现一边倒的趋势。[②] 最终,公安机关认定于海明构成正当防卫,检察院同意公安机关撤销案件。司法机关在法律适用过程中除了依照教义方法对法律作出解释以外,社会公众的普遍意识当然也是法律解释的源泉之一,反过来在该案法律适用过程中检察机关在指导案例中的法律意见也为社会公众正确认识正当防卫的价值构成提供了指引。但是舆论与司法的互动仅限于法律认知的互动,而不是法律适用的互动。也就是说,所谓舆论监督指向的是司法过程而不是司法结果,对于司法程序是否保障了当事人权利、司法人员是否贪渎、司法过程是否客观中立,社会舆论当然可以予以正当关注,但是对于司法裁判结果,不应由舆论来进行监督,也不适宜交由社会评议。从现有的司法公开相关政策意见来看,不应当再过多强调司法的全流程公开,更不宜过度强化庭审的网络直播公开。因为毕竟社会舆论是不受主观控制的,而且绝大多数社会舆论也是结果导向性的,一旦舆论与既有法律价值形成冲突,势必影响到司法裁判的实质效果,因而影响到司法中立和司法公正。

## 三、双管齐下:从涉诉舆论管控和强化司法中立入手

避免出现民意审判,从前述分析来看一方面要认识到司法本身的有限性,即舆论干涉司法的情形会随着社会的不断成熟而从本质上减少,而在目前无法直接塑就社会信任的情况下,司法要避免舆论干预应当从涉诉舆论管控和司法中立这样两方面入手。

### (一)建立涉诉舆论的管控规则

表达自由并不是无限度的,包括新闻报道等社会舆论都应当在一定的范围内行使其表达权利。《欧洲人权公约》第10条在规定“每个人拥有自由表达的权利”的同时,在其第二款又明确“因为形势上述各项自由负有职责和责任,故而有可能受到下列手续、条件、限制或者处罚的约束:……出于维护司法机关的权威和公允。”[③]社会舆论对司法审判的表达本质建立于表达自由和司法公开两项社会机制,但是为了维护司法公正,表达自

① 最高人民检察院:《最高人民检察院第十二批指导性案例》,http://www.spp.gov.cn/xwfbh/wsfbt/201812/t20181219_402919.shtml#2,访问日期:2018年12月19日。

② 周铭川:《从昆山命案看正当防卫的认定》,https://www.thepaper.cn/newsDetail_forward_2404601,访问日期:2018-12-01。

③ [英]克莱尔·奥维、罗宾·怀特:《欧洲人权法:原则与判例》,何志鹏、孙璐译,北京大学出版社2006年版,第378页。

由和司法公开都可能受到一定的限制。英美法系国家也极为重视避免社会舆论干扰司法审判的情形,并通过相关制度防止"舆论裁判"现象的出现。英国一方面在诸如《刑事法庭法》等法律中明确,对新闻媒体报道刑事案件审判作出较为细致的规定,另一方面,以《藐视法庭法》为基础,针对构成偏见的重大危险性报道科以最高二年以下有期徒刑,同时对这类报道得命令暂缓发行部分或全部,直到适当时刻为止。美国除与英国有类似制度以外,还在全美律师协会(ABA)通过的《职业责任标准典范》中,详细规定了律师诉讼言论的发表规则,尤其针对刑事诉讼更明确要求律师有责任对其所参与的未决或紧急刑事案件,不能利用任何方式,对外或委托他人对外公开透露任何"有合理认为会可能"造成妨碍一个公正裁判,或其他对正当的司法行政形成偏颇后果之消息。该规则虽之后经过修订——针对其他不实或偏颇报道可予以回应——依然维持着有条件限制律师针对案件随意公开发表意见的权利。① 另外,美国自辛普森案以后禁止直播庭审,或在庭审过程中摄影、摄像,在新闻报道中只能以画像代替,也是考虑到防止媒体报道对司法审判的不利导向。因此,面对日益发达的公共媒体,为了避免出现舆论对司法的不当干预,首要地就是建立适当的、完善的涉诉舆论管控规则,且这些规则应当向社会进行公开并严格加以执行。通过涉诉舆论的正确管制,才能初步避免民意审判的现象蔓延,也避免特定人员通过舆论操控司法审判。

**(二)强化司法中立性**

时至今日,不少观点仍然认为司法审判可以传递也应当传递价值导向。② 笔者认为,司法审判当然可以传递价值观。因为审判本身就是特定价值观的表现,但是司法审判所传递的价值观能不能就此改变既有的社会结构和社会关系,实际上是存疑的。彭宇案审判后,有人认为因为该案判决造成社会风气日下,但他们忘记了法院也判过不少鼓励见义勇为的案件,2018 年最高院发布的第 94 号指导案例"重庆市涪陵志大物业管理有限公司诉重庆市涪陵区人力资源和社会保障局劳动和社会保障行政确认案"以彰显见义勇为的积极意义,但是否社会认知就会为之扭转,社会上见义勇为的行为就会递增,答案显然也是存疑的。认为司法审判的价值导向改变了社会,这种观点实质上是倒因为果,司法审判并不能直接改变社会,而恰恰是社会环境始终在影响司法审判。

基于此,司法唯有通过中立性来实现其功能定位,消解舆论对审判的不利影响,塑造司法审判与社会舆论之间的良性关系。司法中立性体现在两方面,一方面是避免司法的道德主义倾向。"窃谓凡讼之可疑者,与其屈兄,宁屈其弟;与其屈叔伯,宁屈其侄;与其屈贫民,宁屈富民;与其屈愚直,宁屈刁顽。事在争产业,与其屈小民,宁屈乡宦,以救弊也。事在争言貌,与其屈乡宦,宁屈小民,以存体也。"这是海瑞对司法裁判经验的总结。

① 陈新民:《新闻自由与司法独立》,载《法治国公法学原理与实践》(上册),中国政法大学出版社 2005 年版,第 182～196 页。

② 符向军:《"刷单案"判决彰显司法价值导向》,载《人民法院报》2017 年 11 月 21 日。

从中不难看出,中国传统意识中司法注重为社会价值服务,并展现出较强的主观性。而现代司法建立于市场经济基础上,同时也立足于现代社会关系上,其发挥作用的机制在于对两造平等适用法律规则。因此,司法信任建立的基础是营造中立的司法氛围,如果司法的价值基础建立在道德主义上,那么司法就容易成为社会舆论的附庸而丧失其作出独立判断的能力。相反,如果司法基于中立价值观,平等处理当事人的纠纷,那么司法对社会的引导就不会停留在道德判断上,社会对司法的预期也会回归理性和事实。

另一方面,司法中立性还表现在注重规则推导,弱化价值判断和经验判断上。社会个体间建立信任的途径和可能是多元的,既可以建立于特定的社会关系,也可以第三方信息机制等途径实现。但是司法在推进社会信任过程中的作用力却是十分有限的——即只能通过确立明确的规则来纠正失信行为。在规则的指引下,社会主体间得以了解各自的权利边界,使对方行为处于一种可预期的状态下,在增加社会可预期性的前提下社会主体的相互信任必然会增加。而当司法过程中言及法律原则、价值判断或者经验判断时,往往是司法结果处于突破规则的边缘,或者意图对规则进行重新的解释。在一些受社会关注度高的案件中,法官在运用司法政策时往往存在过于依赖价值判断、经验判断,而忽视使用简单、明细的逻辑推理来论证司法结果,使得规则在指引社会实践时容易产生不确定性。经验判断、价值判断会随着社会文化、社会结构的变迁而发生变化,其也会因地域、环境等差异而有所不同,当法官过度依赖价值判断和经验判断时,可能削弱了司法的中立品质和规则导向。因此,强化司法的规则指引也是司法中立的表现,更是司法隔离舆论干预的重要保障。

最后,司法中立性需要特定司法组织结构加以保障。随着司法改革的推进,强化审判组织的独立性和中立性已经成为司法责任制中的重要构成内容。2018 年 12 月 4 日,最高人民法院发布《关于进一步全面落实司法责任制的实施意见》(法发〔2018〕23 号),其中明确"各级人民法院领导干部要在严格落实主体责任上率先垂范,充分尊重独任法官、合议庭法定审判组织地位,除审判委员会讨论决定的案件外,院长、副院长、庭长不再审核签发未直接参加审理案件的裁判文书,不得以口头指示等方式变相审批案件,不得违反规定要求法官汇报案件。"实际上强化了法官、合议庭作为审判组织的独立性。以往舆论之所以形成对司法审判的压力与法院司法组织体系有很大的关系,舆论干预司法的过程实际上是由"舆论聚焦——领导过问批示——法院遵从"这一路径实现的。[①] 当审判组织独立能够得到充分的保障时,舆论审判的空间逐步得到缩减,司法中立性必然也得以加强。但是另一个不能忽视的问题也随之而来,脱离开法院组织体系法官个人能够抵御舆论压力吗?笔者认为,司法组织体系对于审判独立实质上有两层含义:从低层次而言,现代意义上的审判独立虽然仍然强调的是法官依法独立审判,是法官根据法律规定公正中立地行使审判权;但是高层次而言,审判权的行使无法脱离开司法组织体系,司法组织体系负有确保审判权公正中立行使的组织功能,法官不是个体户,在现代司法中法官深

① 钟俊:《误解与真相:舆论监督与审判独立的关系解读》,载《理论与改革》2016 年第 2 期。

度依赖于组织体系的保障。因此，审判能否中立不应过度强化法官个人色彩，而应当建立完善的组织制度来使法院相对独立于舆论的不当干预。

## Trust: Causes of Opinion Judgement and Its Governance Path

Ge Xiang

**Abstract**: There is no specific correspondence between the construction of the judicial system and the public trust that is formed inherently logical when faces judicial actions. Justice, as one of the ways to realize the law, needs respects and cooperations from the parties or the public involved during the judicial procedure when it is realizing the social integration function of the law. Therefore, whether the judicial procedure can be trusted by the society rests on not only if it will promote social trust and cooperation but the effects from those two. However, the lack of trust in the judiciary at present is due to the sharp changes in the social structure and the immature social relations. On the other hand, most of the society has not yet accepted the modern thinking of fair co-operation and equal competition. At the same time, an unlimited advocacy that comprehensively discloses the judicial procedure through mass media is a misunderstanding of opinion judgement control. In order to change the undue influence of opinion judgement, we should strengthen the standard of opinion judgement control. And we must intensify judicial neutrality to avoid the moralism tendency. Also, we need to emphasize the rule deduction and weaken the value and experience judgment.

**Key Words**: trust; public opinion; public credibility of the judiciary; social division of labor; social trust

# 经验解释

# 民族自治县自治立法的困境及其解决对策*

颜运秋** 张金波***

**摘要**:作为中国特色社会主义法律体系重要组成部分的民族自治县自治立法,能够为民族自治县的社会稳定与经济发展提供重要的法制保障。自治县在进行自治立法时,立足本民族、本地区的实际,理应带有鲜明的民族性、自治性、地域性特征。我们通过研究全国120个自治县(旗)的自治立法文本,特别是湖南省7个自治县的自治立法文本发现我国民族自治县自治立法存在立法认识不清、立法机制不顺、立法程序不畅、立法技术较差、立法队伍落后、立法内容不实、立法经费保障不力等主要困境。针对以上主要困境,我们认为,必须树立正确的民族自治县自治立法理念和原则、建立健全自治县自治立法工作机制、大力提升自治县自治立法能力、进一步优化自治县自治立法程序、进一步确保自治立法内容充分体现民族性和地方性特色和支持民族自治县立法变通权的落实。

**关键词**:民族自治县;自治立法;立法困境;解决对策

新中国成立70年来,我国确立的民族区域自治制度,对维护国家统一,发展平等、团结、互助的民族关系,发挥了巨大作用。截至目前,在全国55个少数民族中,共有44个少数民族建立了民族自治地方。实行自治的少数民族人口占少数民族人口总数的75%,民族自治地方行政区域的面积占全国总面积的64%。① 全国共建立了155个民族自治地方,其中自治县(旗)120个。作为中国特色社会主义法律体系重要组成部分的民族自治县自治立法,能够为民族自治县的社会稳定与经济发展提供重要的法制保障。但是,民族自治县自治立法并没有充分发挥其应有的效果,国内学者关于民族自治县自治立法

* 广东省重点学科科研项目(应用研究重大项目)“粤港澳大湾区营商环境与生态环境法治协同机制研究”。

** 颜运秋,管理学博士,广东财经大学法治与经济发展研究所研究员,广东财经大学岭南学者,中南大学博士研究生导师。

*** 张金波,中南大学法学院博士研究生。

① 王允武:《民族区域自治制度运行:实效、困境与创新》,载《中央民族大学学报(哲学社会科学版)》2014年第3期。

的研究尚不多见①,已有的研究主要局限于某一领域或者某一区域的民族自治县自治立法论述,存在缺乏揭示自治县自治立法普遍性、全局性和系统性问题与解决对策的研究。

## 一、我国民族自治县自治立法的基本情况

1952年《民族区域自治实施纲要》颁布以后,我国民族区域自治立法工作逐步开始启动。1954年宪法为民族区域自治制度的法制化提供了宪法依据。在"文革"期间,民族区域自治立法工作一度中断。1978年宪法恢复了民族自治地方自治机关的自治立法权,我国民族区域自治立法工作也由此全面展开。《立法法》规定:"民族自治地方的人民代表大会有权依照当地民族的政治、经济和文化的特点,制定自治条例和单行条例……自治条例和单行条例可以依照当地民族的特点,对法律和行政法规的规定作出变通规定。"

民族区域自治立法是实现少数民族管理内部事务的基础性制度,是保障国家法制统一和尊重民族自治区域特殊需求的最佳制度选择。在我国,民族自治县具有地方立法权,但一般的县区不具有地方立法权。民族自治县自治立法是最为具体与最基础性的立法活动,其实际效果的发挥,直接关系到党和国家的民族政策的具体落实,关系到少数民族经济、政治和文化以及社会生活方面的和谐。民族自治县自治立法权包括自治条例、单行条例、变通规定和补充规定的制定权。

全国共有120个自治县(旗),内蒙古成立了3个自治旗,其他17个省、自治区、直辖市成立了117个自治县,即河北6个、黑龙江1个、吉林3个、辽宁8个、浙江1个、湖北2个、湖南7个、广东3个、广西12个、海南6个、四川4个、重庆4个、云南29个、贵州11个、青海7个、甘肃7个、新疆6个。截至2019年9月,我国120个民族自治县(旗)制定现行有效的自治条例共109个,即除新疆维吾尔自治区巴里坤哈萨克自治县、塔什库尔干塔吉克自治县、焉耆回族自治县、和布克塞尔蒙古自治县、察布查尔锡伯自治县,海南昌江黎族自治县,四川马边彝族自治县,贵州镇宁布依族苗族自治县,云南宁洱哈尼族彝族自治县、维西傈僳族自治县,以及青海民和回族自治县等11个自治县未制定自治条例外,其余109个自治县(旗)都制定了自治条例。制定单行条例416个,即河北25个、黑龙江12个、广西11个、吉林29个、辽宁62个、湖北29个、湖南12个、四川13个、云南66个、贵州46个、青海24个、甘肃21个、新疆5个,海南8个、浙江3个,广东7个,重庆7个,内蒙古36个。其内容主要涉及语言与教育、林业草原、矿产资源、土地管理、水资源、民

① 代表性的研究成果主要有:吉雅、程建:《新时期自治县(旗)单行条例的发展与完善》,载《内蒙古大学学报(哲学社会科学版)》2008年第6期;王传发:《民族自治县立法自治的效应与问题分析——以峨山彝族自治县为例》,载《云南行政学院学报》2009年第5期;周世中:《广西少数民族自治县自治条例立法与实施的法理思考》,载《广西师范大学学报(哲学社会科学版)》2010年第2期;冯飞飞:《民族区域自治地方单行条例立法:分析与展望——基于广西壮族自治区自治县单行条例的文本解读》,载《人民论坛》2016年第6期;李涯:《自治立法权的行使现状及对策研究——广西12个自治县自治条例为分析视角》,载《广西民族研究》2017年第5期;黄元姗、杜超:《多民族联合自治县自治条例的法理解析》,载《贵州民族研究》2016年第9期。

族传统文化保护等方面。制定了12个变通规定和13个补充规定。12个变通规定中,四川5个、辽宁2个、青海1个、贵州2个、甘肃1个、吉林1个;13个补充规定中,四川5个,青海5个,贵州、吉林、湖北各1个。内容主要涉及婚姻、继承、计划生育、选举等方面。

"自治立法是民族区域自治的输入输出机制的开端,充分行使立法自治权,是评介自治权行使效果和民族区域自治制度运行实效的首要标准。"①民族自治县自治立法时,立足本民族、本地区的实际,理应带有鲜明的民族性、自治性和地域性的特点。地域性是地方治理的共同特点,为了照顾地域性特色,地方立法一般只局限于设区的市,设区的市以下的权力机构没有立法权;民族性特色是区别于其他地方治理的重要标志,民族性决定了较大的自治性,而自治性是体现民族性的根本保障。

## 二、我国民族自治县自治立法的主要困境

以湖南省自治县自治立法为例,自改革开放以来,所辖7个自治县共出台了7件自治条例,12件单行条例。7件自治条例立法文本,在结构体例、章节名称、条文内容和排序上都趋于同一。其主要内容为:一是关于变通上级国家机关决议、决定、命令和指示的规定;二是关于自治机关法院、检察院主要负责人、工作人员组成的规定;三是关于教育、科技、体育、医疗的规定;四是关于财政税收优惠、乡镇财政制度的规定;五是关于农林畜牧工商业发展的规定;六是关于民族关系的规定。这7件自治条例最大的区别就是关于自治县成立纪念日日期的不同规定。12件单行条例主要涉及林业(如江华瑶族自治县林业管理条例)、生态环境保护(如靖州苗族侗族自治县生态环境保护条例)、传统文化保护(如新晃侗族自治县民族民间传统文化保护条例)、特色产业发展(城步苗族自治县奶业发展条例)等方面。12件单行条例共设定359条条文,具有民族特色的条文只有16条。因此,无论是自治条例还是单行条例,都没有充分体现民族特色。结合对其他113个自治县(旗)的自治立法文本的研究发现:缺乏民族性的现实困境在许多民族自治县普遍存在,这容易造成自治县疏于或怠于启动自治立法,疏于或怠于行使自治县应有的自治立法权。我们将我国民族自治县自治立法的主要困境归纳为以下几个方面:

### (一)立法认识不清

如果思想认识上没有提高,我们的行为就是盲目的、被动的。实践告诉我们,民族自治县自治意识的强弱,决定了自治立法权行使的程度。认识上的困境主要表现在:第一,民族自治县的部分职能部门对民族县自治立法的认识不足,对民族相关法律法规学习不够,固守本部门的利益局限,致使民族自治县的部分职能部门参与自治立法的积极性不高。第二,上级部分职能部门过于强调自己的领导地位,观念上缺乏对民族县自治立法工作的重视,行动上缺乏对民族县自治立法工作的支持,特别是涉及经济、财政等方面的

---

① 杨道波:《自治条例立法研究》,人民出版社2008年版,第46页。

问题时,对民族自治地方根据本地实际提出的一些变通要求认可度不高,导致立法变通难度大,使民族县自治立法处于尴尬境地,影响了民族县自治立法的积极性。第三,自治县公民的自治意识不强,把立法当作与老百姓无关的国家事务,于是不积极主动参与民族县自治立法的活动,不积极配合调查研究,对立法前的问卷调查应付了事,对征求意见稿不闻不问,导致自治立法的针对性、有效性和可操作性严重不足。

**(二)立法机制不顺**

第一,《立法法》第七十五条规定,民族自治地方的人民代表大会有权依照当地民族的政治、经济和文化的特点,制定自治条例和单行条例。按照该规定,民族自治县的人民代表大会才能行使自治立法权,自治县人大常委会没有自治立法权。但是,自治县一年只召开一次人大会议,不仅会期很短,而且会议议题多,加上人大代表多为兼职和非法律专业人士,没有足够的时间、精力和能力仔细审阅立法议案,导致立法质量不高且效率较低。自治立法一直是约定俗成地由政府相关主管部门起草,易使自治立法异化为一般地方政府规章。第二,设区的市和自治县的立法协调机制没有建立,现行法律对设区的市人民代表大会及其常委会关于对自治县自治立法指导监督的职责,规定不明确。设区的市的人民代表大会及其常委会具有承上启下的作用,如何从法律上确认它在自治县自治立法和上报省级人民代表大会常委会批准过程中法律地位和职责权限等,都是有探索必要的新的至关重要的问题。第三,自治立法权的独立性不够。完整的立法权包括提案、审议、表决与公布等基本要素。其中表决程序就是批准或者不批准的程序,是立法程序的关键和核心,是实质性的立法权。但是,民族县自治立法的最终决定权不在制定主体的县人大,而在省级人大常委会,民族县自治立法必须报省级人大常委会批准。批准制将表决生效权从民族自治县立法权中抽离开来,造成民族自治地方自治立法权的虚化,所以,有学者认为,民族区域自治地方的立法权只是一种法案起草权,或者只是“半个立法权”。[①] 如果报批对民族自治县自治立法缺乏足够的了解和调查,那么可能会利用长官意志,干涉民族自治县的自治立法,不能真正起到监督立法的作用。第四,立法的过程性监督机制缺失。目前的上级人大,特别是省级人大的批准制,对自治县自治立法的监督属于重结果轻过程的事后监督手段,缺乏对自治县自治立法活动的事前、事中监督。

**(三)立法程序不畅**

立法是一个发现客观规律的精细活动,需要严密的程序得以保证立法的科学性和合理性,克服立法的随意性。立法程序上的困境主要表现在:第一,国家法律对民族自治地方的立法程序没有作出具体规定,省级地方立法条例对这一程序也没有进行明确,导致各地的立法程序各不相同且不够规范,影响立法质量。第二,很多自治县在立法时没有充分向社会公开立法草案,没有真正做到民主立法和科学立法。习惯的做法是自治县人

① 吴宗金:《民族法制的理论与实践》,中国民主法制出版社1998年版,第102页。

民政府起草议案，自治县人民代表大会表决通过，省级人大常委会批准后，由自治县人民代表大会常务委员会颁布实施。这个立法过程缺乏社会公众参与，特别是缺乏专业人士的参与。第三，现行立法法没有明确规定省级人大常委会对民族自治县自治立法的批准期限，也没有确立不批准的异议和救济程序。这容易造成自治立法的批准久拖不决，导致批准机关，甚至个别掌握批准权的领导滥用权力，产生立法过程中的权力腐败，进而造成民族自治县自治立法工作前功尽弃，严重打击民族自治县自治立法的积极性。

**(四)立法技术较差**

在某种意义上说，立法者实际上也是自然科学家，因为他们不是在制造和发明法律，更不是捏造和臆想法律，而只是将对社会关系调整的规范通过法律有意识地表述出来。立法技术是促使立法臻于科学化的方法和操作技巧。立法技术落后、照抄上位法或者其他民族自治县立法、缺乏民族特殊性，几乎是中国民族自治县自治立法的共性特征。[①] 立法工作是一项政治性、专业性、技术性都非常强的系统工作。立法技术上的困境主要表现在：第一，自治县自治立法文本普遍存在着法律体例结构不够严谨，缺乏新意，如，自治条例的基本文本结构是：总则→自治机关→人民法院和人民检察院→经济和文化建设→民族关系→附则。这一结构是从《民族区域自治法》转化而来，个别条款是直接移植过来的。基本样式高度雷同，其区别只在个别项目的分合而已。第二，立法语言不够规范，笼统、模糊，多使用政策性、道义性语言，如“积极完成上级国家机关交给的各项任务”“应当照顾”“给予适当的照顾”等等，这些提法缺乏可操作性。第三，重复立法现象严重，(1)很多自治县的自治立法内容大量重复《宪法》的内容；(2)自治县的自治立法文本中超过70%的内容与《民族区域自治法》雷同，过多“套改”《民族区域自治法》内容；(3)民族自治县自治立法，特别是同一个省行政区域内的民族自治县自治立法，重复率比较高。如湖南省靖州苗族侗族自治县、城步苗族自治县、江华瑶族自治县3个自治县制定的林业条例，内容基本相同。立法相互借鉴固然必要，但是，自治县自治立法之间的重复率高，缺乏民族性和自治特色的自治县自治立法只是“应付性立法”，必将名存实亡。第四，自治县自治立法某些条款设置不当。有的自治县自治立法规定了上级机关甚至中央机关的职责，这显然是越权立法的做法。许多自治县自治立法都存在这些缺陷。

**(五)立法人才匮乏，立法队伍落后**

立法行为的政治性、政策性、法律性、程序性和技术性很强，需要专业的机构和人员才可以完成好，而很多民族自治县没有专门的立法机构，缺乏专业的立法人才，立法人才不敷应用，立法质量很难提高。同时，由于具体操作者和主管领导明哲保身的考虑，不敢理直气壮地行使变通权，致使该权力被虚置和浪费，也就谈不上用足、用活、用好变通权。

---

① 吴大华、刘云飞、郭婧：《新中国成立60年来中国民族法制建设和民族法学研究的发展与思考》，载《民族研究》2009年第5期。

我们对湖南省 7 个民族自治县和广东省 3 个民族自治县的调研发现，县人大立法工作人员人数一般在 3～5 人，其中法律专业背景的只有1～2 人，而且有的是兼职，基本上没有聘请法律顾问。作为经济相对发达的广东以及中部省份的湖南都是如此，其他西部地区的民族自治县的情况可想而知，不会更好。专业立法人员严重不足的问题在自治县普遍存在，不能适应自治县自治立法的客观需要。

**表 1　湖南省、广东省 10 个民族自治县人大立法工作人员信息表**

| 序号 | 县名 | 数量 | 学历 | | 专业 | | 立法顾问 |
|---|---|---|---|---|---|---|---|
| 1 | 江华瑶族自治县 | 4 | 本科 | 2 | 法学 | 1 | 0 |
| | | | 大专及以下 | 2 | 其他专业 | 3 | 0 |
| 2 | 城步苗族自治县 | 3 | 本科 | 1 | 法学 | 1 | 0 |
| | | | 大专及以下 | 2 | 其他专业 | 2 | 0 |
| 3 | 靖州苗族侗族自治县 | 3 | 本科 | 2 | 法学 | 2 | 0 |
| | | | 大专及以下 | 1 | 其他专业 | 1 | 0 |
| 4 | 新晃侗族自治县 | 2 | 本科 | 1 | 法学 | 2 | 0 |
| | | | 大专及以下 | 1 | 其他专业 | 0 | 0 |
| 5 | 芷江侗族自治县 | 2 | 研究生 | 1 | 法学 | 1 | 0 |
| | | | 本科 | 1 | 其他专业 | 1 | 0 |
| 6 | 通道侗族自治县 | 5 | 本科 | 2 | 法学 | 3 | 0 |
| | | | 大专及以下 | 3 | 其他专业 | 2 | 0 |
| 7 | 麻阳苗族自治县 | 2 | 本科 | 1 | 法学 | 1 | 0 |
| | | | 大专及以下 | 1 | 其他专业 | 1 | 0 |
| 8 | 乳源瑶族自治县 | 7 | 本科 | 6 | 法学 | 3 | 0 |
| | | | 大专及以下 | 1 | 其他专业 | 4 | 0 |
| 9 | 连山壮族瑶族自治县 | 3 | 本科 | 1 | 法学 | 2 | 2 |
| | | | 大专及以下 | 2 | 其他专业 | 1 | 9 |
| 10 | 连南瑶族自治县 | 3 | 本科 | 2 | 法学 | 0 | 1 |
| | | | 大专及以下 | 1 | 其他专业 | 3 | 3 |

### (六)立法内容不实

第一,目前自治县的自治立法大多集中在生态环境保护、旅游、城市管理、库区移民安置、野生植物保护等方面,这些内容实际上也是非民族自治区域地方立法的领域,体现出来的民族自治特色并不明显。而对于真正需要民族自治县自治立法的一些领域,如民族教育、民族习俗保护、非物质文化遗产保护等,在现行生效的416件自治县单行条例中,只有45部涉及这些民族自治县特色领域的立法。这与民族自治立法制度设立的初衷不符。在自治县自治立法的内容上,也缺乏民族特点和地方特点。以水资源保护和利用方面的自治立法为例,大多数单行条例的既没有结合本民族特点和本地方实际对《中华人民共和国水法》作出细化或者变通规定,纯粹有些立法跟风的味道。在立法项目和内容上缺乏民族特点和不符合地域实际,不能满足民族自治县经济社会发展对法治的需求,也造成自治县自治立法质量不高。第二,民族自治地方出台的变通规定和补充规定的数量严重偏少,在自治县416部单行条例中,只要24部变通规定或者补充规定。许多民族自治县根本就没有出台变通规定和补充规定;而且,即使有些民族自治县出台了一些变通规定和补充规定,这些规定大多集中在婚姻家庭领域。关于婚姻方面的变通规定和补充规定也只是对婚龄的变通,其他内容基本没有变化。第三,缺乏具体权利义务和法律责任规范。完整的法律规范由三个要素组成,即假定、处理和制裁,并且三要素之间存在着逻辑上的必然因果关系。[①] 然而,自治县单行条例能否制定制裁条款没有明确规定,这严重影响自治县自治立法对权利义务的设定和法律责任的设定。第四,民族自治县自治立法缺乏对自治县民间规范的保护和促进。在自治县自治立法中,对什么是民间规范,民间规范是否可以纳入自治立法,哪些民间规范可以纳入自治立法,如何协调自治立法与民间规范的关系,无论在理论界还是实务界,都有不同的理解。导致在自治县普遍出现自治立法和民间规范相互分离、各自运行的局面。在自治县自治立法中协调地融合民间规范,保护和促进民间规范的发展,还有很长一段路需要走。

### (七)立法经费不足

立法周期长、环节多、工作量大,立法过程中的前期研究、实地调研、意见征集、专家论证、草案听证、会议审议等环节都需要经费支出,但是,多数自治县没有为自治立法安排专项经费。立法经费欠缺导致自治县自治立法的简单重复和抄袭,不利于自治县自治立法"依照当地民族的政治、经济和文化的特点"要求落到实处。我们对湖南省7个自治县和广东省3个自治县调研发现,自治县县人大立法工作年度财政拨款有些年份没有专项拨款,即使有拨款也多半只有几万元,最多的拨款也不超过50万,有些拨款没有单列出来,有些也只是领导的承诺,其实没有完全到位。

---

① 张云秀:《法学概论》,北京大学出版社2000年版,第279～280页。

**表 2 湖南省、广东省自治县人大立法工作年度财政拨款表**

单位：万元

| 序号 | 县名 | 2015 年度 | 2016 年度 | 2017 年度 | 2018 年度 | 备注 |
|---|---|---|---|---|---|---|
| 1 | 江华瑶族自治县 | 5 | 20 | 18 | 5 | |
| 2 | 城步苗族自治县 | 2 | 2 | 2 | 2 | |
| 3 | 靖州苗族侗族自治县 | 0 | 0 | 0 | 0 | 立法工作预算未单列 |
| 4 | 新晃侗族自治县 | 0 | 0 | 10 | 10 | 2015 和 2016 年度立法工作预算未单列 |
| 5 | 芷江侗族自治县 | 30 | 0 | 0 | 0 | 2016 年后立法工作预算未单列 |
| 6 | 通道侗族自治县 | 25 | 25 | 50 | 50 | |
| 7 | 麻阳苗族自治县 | 0 | 0 | 0 | 0 | 立法工作预算未单列 |
| 8 | 乳源瑶族自治县 | 0 | 0 | 28.5 | 30 | 2015 和 2016 年度立法工作预算未单列 |
| 9 | 连山壮族瑶族自治县 | 0 | 0 | 10 | 10 | 2015 和 2016 年度立法工作预算未单列 |
| 10 | 连南瑶族自治县 | 8 | 8 | 8 | 8 | |

## 三、解决民族自治县自治立法困境的对策

针对以上我国民族自治县自治立法的主要困境，我们认为有必要从如下几个方面提出解决的对策。

### （一）树立正确的民族县自治立法理念和原则

第一，民族县自治立法的基本理念应当是“党委领导、人大主导、政府依托、各方参与”。特别值得强调的是，坚持党对民族立法工作的领导，始终把民族立法工作置于县委的领导下，积极落实县委对立法工作的要求。从中央到自治县的各级党委在自治县自治立法过程中，发挥了重要作用，有效地把握了立法的政治方向。在自治条例、单行条例制定和修改的提出、审议等环节，都事先向县委汇报，待审查同意后再实施。同时，在起草过程中，适时将立法进展情况、立法工作中存在的困难和问题向县委汇报，取得县委对立法工作的高度重

视和大力支持。当然也要克服地方党组织领导以党组织的名义为了达到自己的个人目的而阻碍自治县自治立法。第二,民族县自治立法必须坚持科学、民主、依法的立法原则。在条例起草过程中,深入开展实地调研,广泛听取各界人士的意见和建议,组织人员外出考察,学习借鉴外地立法工作经验和做法,召开各方面多层次的座谈会以及论证会和听证会。比如,靖州苗族侗族自治县在制定《靖州苗族侗族自治县生态环境保护条例》时,聘请了中南大学法学院和湖南省碧水蓝天环境公益保护中心的地方立法研究专家组协助立法工作。在立法过程中,及时向省、市人大领导和专家汇报请示,邀请他们莅临靖州实地调研指导,得到了他们的高度重视和大力支持。同时,通过他们组织省、市相关部门负责人和有关专家进行充分讨论,保证了立法质量,实现立良法促善治的目标。

**(二)逐步提高自治县自治意识**

自治意识高的自治县,自治立法权行使得就比较充分,自治立法数量就多,质量就好;反之,自治立法数量就少,质量就差。首先,要提高自治机关的自治意识。自治县自治机关应当充分理解自治立法在区域自治权中的重要作用和地位,在立法活动中要主动作为,充分行使自治立法权,提高自身立法能力,通过制定和完善自治条例、单行条例、变通规定和补充规定,有效行使自治立法权。其次,自治县自治立法工作者应当依法依照当地民族的政治、经济和文化的特点,对法律法规的规定作出变通,实现经济高质量发展,社会低成本运行。第三,搞好普法教育工作,在整个社会营造民族区域自治的氛围,引导群众支持、参与、遵守民族自治立法。

**(三)建立健全自治县自治立法工作机制**

第一,成立立法工作领导小组办公室,由县人大主任任组长,由县人大相关副主任和县人民政府相关副县长任副组长,从县人大民侨外委、法制委和县政府法制办(司法局)等相关部门抽调人员组建立法起草班子。第二,建立和完善民族自治地方立法机制。建议省人大常委会组织制定立法程序,建立设区的市与自治县的立法协调机制。建议省人大常委会加强对民族区域自治立法的指导和监督,提高自治县自治机关行使自治立法权的自觉性。第三,为了克服政府部门为部门利益而忽略长远的整体利益,建议在自治县人大中设立专门的机构或者确定专门的工作人员从事立法工作,找准事物发展的客观规律,制定出时效性、操作性更强的自治立法。第四,省人大常委会在批准审查时,应当区分民族自治县自治立法与设区的市地方立法,重点审查民族自治县自治立法对法律法规变通部分和特殊问题的条款是否违背《宪法》《民族区域自治法》《立法法》的规定。为提高民族自治县自治立法的效率和积极性,保证上级人大监督权,建议设立民族自治县自治立法的备案制度来取代批准制度。

**(四)大力提升自治县自治立法能力**

“法律不要精微玄奥;它是为具有一般理解力的人们制定的。它并不是一种逻辑学的艺术,而是像一个家庭父亲的简单平易地推理。”①为了提升自治县自治立法能力需要做到:第一,应增加自治县人大立法工作人员的编制,建立多种渠道,将具有丰富理论水平和实践经验的法律人才吸引进入基层自治立法部门,建立专业化的立法队伍,提升立法质量。第二,加大立法资金投入。切实将立法所需工作经费单列并纳入自治县财政预算,保证立法工作的顺利进行。如,湖南省靖州苗族侗族自治县 2019 年承诺财政每年预算安排立法专项经费 50 万元,但愿能够落实到位,真正用到自治立法上来。第三,增强物质保障。运用好自治县人才引进的优惠政策,大力引进优秀的立法人员,强化立法人员工作物质保障,让立法人员进得来、留得住、干得好。

**(五)进一步优化自治县自治立法程序**

第一,完善立法起草制度。改变实际中存在的自治立法机关主导自治立法活动的局面,采取政府购买服务的方式,委托高校、律所、研究院等机构起草立法文本,并聘请非起草人的第三方对立法文本进行质量评估。第二,创新调研和意见征集方式,建立和完善自治立法听证制度,听取和采纳社会各界意见和建议,确保自治县各社会群体公平参与立法博弈,平衡各方利益诉求,将人民群众的需求通过有效的方式上升为立法规范,推进立法工作由“官本位”向“民本位”的转变。第三,建立自治县自治立法的评估制度,定期对自治立法进行评估,确定哪些可以继续适用,哪些需要修改完善,哪些需要废止,以保证自治县自治立法适应当地政治、经济和文化发展的要求。

**(六)实现自治立法与民间规范的和谐融合**

“法律应该和国家的自然状态有关系;和寒、热、温的气候有关系;和土地的质量、形势与面积有关系;和农、猎、牧各种人民的生活方式有关系。法律应该和政制所能容忍的自由程度有关系;和居民的宗教、性癖、财富、人口、贸易、风俗、习惯相适应。”②民族自治立法更应该与民族自治地方的自然状态、政治经济文化等相适应,与民间规范和谐地融合。《中共中央关于全面推进依法治国若干重大问题的决定》要求“推进多层次多领域依法治理,发挥市民公约、乡规民约、行业规章、团体章程等社会规范在社会治理中的积极作用”。将民间规范界定为市民公约、乡规民约、行业规章、团体章程等社会规范。自治县民间规范是少数民族地区最原初的朴素法律形态,是少数民族成员自我有序发展的行为规范。如针对通道坪坦侗寨的村民住宅都是木质结构的情况,该村村民公约就规定,为保证火灾发生时,消防人员能进入住宅内灭火,每户住宅 24 小时都必须有人在家,或者将钥匙交于邻居,或者不锁门。这些自治县特有的民间规范,为自治县自治立法提供了体现本民族特色的最好的基础和营养,也应是民族自治立法的重点。

① [法]孟德斯鸠:《论法的精神(上册)》,陕西人民出版社 2001 年版,第 12 页。

② [法]孟德斯鸠:《论法的精神(上册)》,张雁深译,商务印书馆 1963 年版,第 7 页。

### (七)支持民族自治县立法变通权的落实

民族自治县立法的变通权是宪法法律赋予民族自治地方特有的权力,也是促进民族自治地方经济社会发展的法制保障。按照立法法第 75 条的规定,民族自治地方的立法变通规定不违背法律或者行政法规的基本原则,不对宪法和民族区域自治法的规定以及其他有关法律、行政法规专门就民族自治地方所作的规定作出变通规定,就应该依法保障行使。这里需要说明一点的是,根据《立法法》第 90 条"自治条例和单行条例依法对法律、行政法规、地方性法规作变通规定的,在本自治地方适用自治条例和单行条例"的规定,民族自治县对"法律、行政法规和地方性法规"都可以变通。

## The Predicament of the Autonomy Legislation in Ethnic Autonomous Counties and Its Countermeasures

Yan Yunqiu　Zhang Jinbo

**Abstract**: The autonomy legislation of ethnic autonomous counties, which is an important part of the socialist legal system with Chinese characteristics, can provide important legal guarantees for the social stability and economic development of ethnic autonomous counties. When autonomous prefectures carry out self-government legislation, they should have a distinct nationality, autonomy, and regional characteristics based on the reality of their own nation and region. We have studied the autonomy legislative texts of 120 autonomous counties (banners) in the country, especially the self-governing legislative texts of seven autonomous counties in Hunan Province. It is found that the legislation of self-government of national autonomous counties in China is unclear in legislation, the legislative mechanism is not smooth, the legislative procedures are not smooth, and legislation The main difficulties are poor technology, backward legislative teams, unclear legislative content, and weak legislative funding. In view of the above main dilemmas, we believe that it is necessary to establish correct national autonomous county legislative concepts and principles, establish and improve the autonomous county's legislative work mechanism, vigorously improve the autonomous county's legislative capacity, further optimize the autonomous county's legislative process, and further ensure that the self-governing legislation fully reflects the nationality. Sexual and local characteristics and support for the implementation of the legislative power of national autonomous counties.

**Key Words**: ethnic autonomous counties; autonomous legislation; legislative dilemma; solution

# 民族习惯法司法适用的困境与应对

## ——以我国台湾地区的司法实践为参照

杜健荣*

**摘要**:民族习惯法在民族地区的社会控制与纠纷解决中具有重要意义,但是由于面临于法无据、无证据证明、违反法律规定以及与案件无关等难题而难以为司法审判所正式吸收。对于这些问题,可以参考我国台湾地区少数民族习惯法司法适用的相关经验,从制定专门的法律依据、改革民族习惯法查明机制、拓展民族习惯法适用方式等方面着手加以解决。

**关键词**:少数民族;习惯法;司法适用;比较法

## 一、问题的提出

少数民族习惯法的司法适用一直是民族法学界关心的重要问题。作为少数民族"全民族成员在长期的生产、生活和社会交往中共同确认和信守的行为规范"①,民族习惯法在当代社会中的存在合理性及运用于司法审判活动中的必要性已经得到了充分的论证。近年来,随着国家对少数民族权益保障、民族地区纠纷解决及和谐社会建设的重视程度不断提高,同时也因为部分民族地区习惯法回潮、涉及习惯法的案件不断出现,一些研究者呼吁司法机关应当更加重视并在司法活动中更好地吸收少数民族习惯法。这种观点得到了司法机关的积极回应,最高人民法院院长周强在2016年召开的"民族法制文化与司法实践研讨会"上就提出,要"认真研究少数民族习惯对司法审判的影响,通过研究和传播民族法制文化,将少数民族习惯中的一些基本道德规范转化为法律规范、司法解释、司法政策、裁判规则"②。这说明我国司法机关在宏观上也是重视且愿意在司法审判活动中适用民族习惯法的。

问题在于,虽然获得了理论上的重视,但是实践中民族习惯法司法适用的情况不容乐观,主要表现为审判中的适用匮乏。从一般意义上说,习惯法的司法适用主要有审判

* 杜健荣,法学博士,云南大学法学院副教授。

① 高其才:《中国少数民族习惯法研究》,清华大学出版社2003年版,第217页。

② 罗书臻:《周强:不断提高民族地区审判工作水平》,载《人民法院报》2016年8月25日。

和调解两种方式，但是目前这两种方式之间存在严重的不均衡，即在民族习惯法受到司法调解大力弘扬的同时，在司法审判中却难觅身影。典型的例子有近年来一些民族地区基层法院开展的“民族特色法庭”建设和“民族特色审判”实践，虽然这些法院毫无例外地表示要借助民族习惯法来化解矛盾和纠纷，但是所有相关报道指向的都是调解而非审判。[①] 这并不是一个偶然的状况，根据笔者在“中国裁判文书网”上的检索，在可查询到的判决中，提及“民族习惯”一词的判决书仅有318份，其中涉及习惯法诉求的有126份，获得法官认可并对判决结果产生影响的仅有10份。正因为如此，才会有研究者认为在当前环境下民族习惯法要进入司法判决当中是“一件难上加难的事”。当然，在某些情况下法院也会采用较为委婉或隐蔽的方式来吸收习惯法，因而实际适用民族习惯法的情形必然比我们实际看到的要多，但是这也不会影响上述判断的成立。虽然在调解中的适用也代表了法官对少数民族习惯法的重视，但是如果不能以一种正式且公开的方式进入司法判决，则始终意味着其地位没有得到真正的认可，其作用也无法充分有效地发挥。因此，我们有必要探寻少数民族习惯法在司法审判中难以得到适用的原因，并寻找可能的解决方案。

遗憾的是，现有研究对这一问题的关注还远不够充分，这不仅体现在相关研究数量较少[②]，也体现在这些研究偏重于对少数民族习惯法司法适用的正当性证成、可适用于司法审判的习惯法标准确定等方面，对所面临的适用困境及其解决之道虽然也有讨论，但大多具有附带的性质，且偏重于纯粹的理论分析，对于实际的法院判决关注不足，没有从判决中发现民族习惯法难以适用的原因，因此无论在分析的深度和广度上都还有所不足。基于这样的认识，本文试图从对相关司法判决的分析解读出发，总结当前民族习惯法在司法适用中面临的主要困难，并在此基础上引入我国台湾地区少数民族习惯法司法适用的实践经验作为参照，将面临的实际问题与相关经验相结合，以尝试提出可能的优化路径。

---

① 法制网：《湘西法院走活少数民族“特色司法”棋》，http://www.legaldaily.com.cn/Court/content/2015-11/12/content_6351889.htm；中国长安网：《贵州黔东南法院民族特色审判推进法治建设》，http://www.chinapeace.gov.cn/2016-02/26/content_11324408.htm；人民网：《四川叙永：少数民族特色法庭力促民族司法和谐》，http://sc.people.com.cn/BIG5/n2/2017/0510/c345167-30160630.html；云南法治网：《勐遮法庭：打造民族特色审判模式》，http://www.ynfzb.cn/PolLawWorks/FaYu/201601223990.shtml。访问日期：2018年10月16日。

② 周世中、周守俊：《藏族习惯法司法适用的方式和程序研究——以四川省甘孜州地区的藏族习惯法为例》，载《现代法学》2012年第6期；郭剑平：《论民族习惯法在民事司法中的适用》，载《湘潭大学学报（哲学社会科学版）》2012年第2期；韩宏伟：《正义与秩序的衡平：少数民族刑事习惯法的司法审视》，载《黑龙江民族丛刊》2013年第5期；王杰、王允武：《少数民族习惯法司法适用研究》，载《甘肃政法学院学报》2014年第1期；顾梁莎：《少数民族地区民族习惯法的民事司法适用探析》，载《贵州民族研究》2014年第7期；朱政、林斌：《少数民族民俗习惯的法律适用及其司法技术》，载《宜宾学院学报》2015年第11期；周世中：《民族习惯法进入司法审判的前提条件与路径探讨》，载《社会科学家》2017年第1期。

## 二、民族习惯法司法适用的现实困境

从笔者收集到的案件资料看，实践中民族习惯法获得司法适用的案件主要集中于婚姻家庭领域，涉及婚约财产的返还、子女抚养以及财产纠纷，较多体现为法官借助民族习惯法确定返还/赔偿数额、子女抚养权归属等。这些判决关于习惯法的表述大多都比较简单，常见的如“结合本地区民族习惯的实际，酌定由被告承担费用××元”。也有少数判决分析较为详尽，例如一起离婚案件的判决书中写道：“喇兵玛某系居住于四川泸沽湖的摩梭人，采取以女性为主导的生活方式，按其民族习惯小孩应由母亲抚养，父亲不用支付抚养费。现小孩已随母亲喇兵玛某在四川泸沽湖生活，而当地生活条件较好，喇兵玛某有固定的工作和收入，其家族成员又愿共同抚养小孩，小孩杨某乙又系女孩，由其母亲抚养较为有利。故为尊重民族习惯，也为了小孩杨某乙能健康成长，小孩杨某乙应由女方喇兵玛某抚养。”[①]这些判决说明法官对于民族习惯法并非没有尊重、采纳的意识，习惯法在司法判决中也并非完全不可适用。问题在于，为什么在绝大多数案件中基于习惯法的诉求得不到明确、肯定的回应？在笔者看来，这主要是因为民族习惯法的司法适用面临着深刻的困境。根据对具体判决书的分析，这种困境主要包含了以下几方面的难题：

### (一)“于法无据”

所谓“于法无据”，是指法官认为当事人所提出的民族习惯法诉求没有法律上的明确依据，从而驳回其请求的情况。这样的做法在实践中颇为常见，例如在一起继承案件中，作为死者父母的被告提出，按照其民族习惯，应当由死者的妻子儿女负责将死者的“灵木”送上山安葬，而实际上此事由死者父母完成，因此在分配遗产时要求将这一部分从原告应当继承的份额中扣除。对此，法官认为“关于二被告主张按照民族习惯由秦某1和马某某有义务把秦树文的‘灵木’送上山，由原告一次性支付3万元一事，于法无据，本院不予支持”[②]。又如在一起交通事故人身损害赔偿案件中，原告(死者之妻)认为死者是她们家的上门女婿，依照土家族的民族习惯，上门女婿有赡养岳父母的义务，故要求被告支付原告父母的生活费。对于这一诉求，法院明确表示“由于民族习惯不具备法律效力，不能对抗法律的规定，故该上诉理由于法无据，本院不予采纳”[③]。在刑事案件中，“(被告人)其行为是否符合彝族风俗不属于法定的从轻、减轻情节”这样的表述在判决中也不难见到。[④] 这种状况的存在并不难以理解。虽然我国法律法规对少数民族习惯做了大量的规定，以至于有研究者发现“我国包含习惯、习俗、惯例的法律法规中，出现最多的为民族

① 重庆市第一中级人民法院(2013)渝一中法民终字第01685号民事判决书。

② 四川省米易县人民法院(2016)川0421民初876号民事判决书。

③ 广东省广州市中级人民法院(2010)穗中法民一终字第4237号民事判决书。

④ 四川省乐山市中级人民法院(2014)乐刑终字第29号刑事判决书。

习惯”[①]。但是这些规定从本质上说主要是“行政面向”的，只有极少数属于“司法面向”，因而难以为司法裁判提供直接的行动依据。当然，从较为宽泛的意义上说，民事领域中《民法总则》《物权法》《合同法》中关于“习惯”的规定可以适用于“民族习惯”，进而拓展至“民族习惯法”，从而认为其具有“补充性法源”的地位。问题在于，补充性法源只有在存在法律漏洞且不违背公序良俗的情形下才能适用，其适用范围明显较窄，难以为广泛的习惯法诉求提供有效的法律上的支撑。这一问题在刑事领域表现得更加明显，虽然有研究者认为“以习惯法作为出罪根据，罪刑法定是并不排斥的”[②]，但是由于刑法中对于基于民族习惯的“出罪”情形基本没有规定，而只有“两少一宽”等刑事政策，民族自治地方的自治条例和单行条例也几乎没有对刑法做过变通规定，因此，在刑事诉讼中提出基于民族习惯法的辩护理由通常也会被认为是没有法律依据的。

**(二)“无证据证明”**

所谓“无证据证明”，是指当事人据以提出诉求的民族习惯法没有相应的证据证明其存在，因而得不到适用的情况。在法院看来，既然当事人提出适用民族习惯法的主张，那么按照“谁主张，谁举证”的原则，也应由当事人对习惯法的真实性及与案件的关联性提供证据加以证明，在当事人提出相应证据后，法院才会对习惯法内容加以审查确认。有研究者认为在刑事诉讼中也应该遵循这样的模式：“当习惯法作为一种违法阻却事由和责任阻却事由发挥作用时，应当首先由被告承担提供证据的责任。”[③]如果当事人无法有效举证，根据最高人民法院《关于民事诉讼证据的若干规定》第二条第二款的规定（“没有证据或证据不足以证明当事人的事实主张的，由负有举证责任的当事人承担不利后果”），则诉求将会被法庭驳回。在这样的要求之下，由于当事人无法证明习惯法存在而导致法院拒绝适用的例子比比皆是，例如在一起非法持有枪支案件中，村民蒙某（壮族）被举报非法持有枪支，辩护人在辩护意见中提出“被告人非法持有枪支是一种民族习惯；被告人持有的枪支是祖上传下来的，且是火药枪，但现在市场上并没有火药出售，被告人持有枪支期间未造成任何社会危害结果”。而法院在判决书中的回应是：“辩护人提出第4项、第5项辩护意见，没有相关的证据予以佐证，本院不予采纳。”[④]在另一起同类案件中，法官也认定“杨某上诉称其持枪是基于少数民族风俗没有证据证明，也不能对抗法律规定”[⑤]，而仍然判决被告人罪名成立。这反映了民族习惯法司法适用中的一个普遍性问题，即习惯法难以证明。造成这一问题的原因显而易见：一方面，大多数民族习惯法并没

① 高其才：《当代中国法律对习惯的认可》，载《政法论丛》2014年第1期。

② 陈兴良：《序言》，载杜宇：《重拾一种被放逐的知识传统——刑法视域中“习惯法”的初步考察》，北京大学出版社2005年版，第3页。

③ 杜宇：《重拾一种被放逐的知识传统——刑法视域中“习惯法”的初步考察》，北京大学出版社2005年版，第249页。

④ 广西壮族自治区环江毛南族自治县人民法院(2017)桂1226刑初25号刑事判决书。

⑤ 四川省宜宾市中级人民法院(2017)川15刑终157号刑事判决书。

有专门、正式的记载，而是在生活中通过口口相传的方式传承，因此当事人只能提供一些间接的或非正式的材料，其中大部分材料不符合现行证据规则的要求，难以作为证据使用。此外，民族习惯法的内容通常并非完全确定，而是要在特定的情形下由具有权威或经验的人来进行“具体问题具体分析”，这就大大增加了其主观性色彩，使证明工作变得更加困难；另一方面，少数民族当事人的举证能力也存在不足，有研究者发现：“由于控辩双方对文化证据举证能力的不足，能证明该文化习俗对案件的真实性与关联性的情况，仅占40%左右，很多情况下由法官在庭审中自由裁定。”[①]这主要是因为相当一部分当事人受其文化水平和法律知识的限制，缺乏必要的证据意识，不知该如何为其习惯法主张提供证据。

### (三)“违反法律规定”

所谓“违反法律规定”，是指民族习惯法与法律法规的内容存在冲突和矛盾，因而被法官拒绝适用的情况。这种情况在实践中也十分常见，较为典型的例子是“按照民族习惯结婚”的当事人起诉离婚，法官都根据最高人民法院关于适用《中华人民共和国婚姻法》若干问题的解释(一)第五条之规定，判定1994年以后未经登记的婚姻关系不存在，只能按照解除同居关系处理。又如在继承权纠纷中，有被告提出按照其所属的少数民族习惯，应当“由长子继承家族财产”，而法院在判决书中明确指出“法定继承继承权男女平等；被继承人去世继承开始后，第一顺序继承人仅有原、被告，对于该房产的继承份额，原、被告应当均等”[②]，因而判决被告败诉。在刑事审判中这一立场贯彻得更加彻底，例如在一起抢夺案件中，检察官指控被告洛某某在抢夺时随身携带刀具，因而应当认定为抢劫，被告则辩称其只实施抢夺行为，随身携带刀是其民族习惯，在犯罪过程中没有拿出来使用，不应认定为抢劫罪。法院最后认定：“经查，涉案刀具经鉴定为管制刀具，该辩解与《中华人民共和国刑法》第二百六十七条第二款‘携带凶器抢夺的，依照本法第二百六十三条的规定定罪处罚’之规定不符，不予支持。”[③]这种状况的形成原因主要在于，民族习惯法形成于特定历史、地理条件之下，与以“现代性”为指南的国家法难免会形成冲突与矛盾，这一点在涉及民事问题的早婚、事实婚姻、长子继承，或者涉及刑事问题的携带刀具、持枪、捕猎野生动物等问题上都有明显的体现。而国家法要获得并维持其权威，就必然要求法官在审判时坚持“以事实为依据，以法律为准绳”，排斥在内容上与其冲突的规则。可以说，在大多数情况下，如果采取将民族习惯法与国家法“正面对垒”的立场，则习惯法难以逃脱因为不符合法律的规则或原则而被否定的结果。

---

① 刘东利、陆银清：《论文化抗辩在刑事司法适用之实证分析——以少数民族地区某基层法院办理的案件为视角》，载《深化司法改革与行政审判实践研究——全国法院第28届学术讨论会获奖论文集》，人民法院出版社2017年版，第795页。

② 天津市和平区人民法院(2017)津0101民初7875号民事判决书。

③ 成都市武侯区人民法院(2016)川0107刑初40号刑事判决书。

**(四)"与案件无关"**

所谓"与案件无关",是指法院认为民族习惯法存在与否与案件性质的确定无关,因而不予适用的情况。这种情形通常表现为当事人提出了基于民族习惯法的诉求,但是法院却完全没有回应,而仍然按照一般规定进行处理。例如在一起非法收购珍贵、濒危野生动物及野生动物制品罪的案件中,辩护人提出:"因交通不便,医疗条件差,形成靠山吃山的民族风俗,一直保留民间药方的治病传统,以及利用野生动物制品用于民族崇拜的习惯。在用法律评价人们的行为时要充分尊重这一客观事实,要理解、尊重各地的民族风俗习惯,鉴于生活在独龙江的独龙族历史变迁的特殊性,根据刑法第十三条的规定可以认定为情节显著轻微不认为是犯罪的情形。"这一辩护意见可谓十分有力,但是法院在判决中并未直接回应这一意见,只是认为"被告人曾经作为村委会书记兼主任及森管员,对是否属于国家保护动物应有认知能力,辩护人所提出的被告人系违法性认识错误是属于可以避免的情形,不影响责任的判断"①。这种情况的存在在很大程度上与法官的态度有关,在实践中有部分法官并没有将民族习惯法作为一项与案件有关的因素看待,而更倾向于认为当事人基于民族习惯法的诉求是为了逃避法律责任而寻找的"借口"或是某种"陈规陋习"的体现,在这种立场下,即使能够证明习惯法存在的真实性,也会被法官加以排除而无法得到适用。

可以说,正是由于上述问题的存在,导致了在一些案件中尊重、保障少数民族风俗习惯的法律目的没有得到充分实现,案件的判决结果也未能获得良好的社会效果。这意味着涉及民族习惯法司法适用的制度、理念及技术都亟待改进,而参考、借鉴相关经验也就成为一项重要的工作。

## 三、台湾地区少数民族习惯法的司法适用

实际上,上述问题也曾经是我国台湾地区的司法机关所面临的问题。由于长期以来台湾地区的法律系统对少数民族传统文化不够重视,因此其各级法院一直都是按照同一性的标准处理涉及少数民族成员的案件,拒绝在审判中适用其习惯法。例如在2003年发生的"邹人蜂蜜案"中,法院认为少数民族部落成员依据传统习惯将外来养蜂者蜂蜜扣留的行为构成强盗罪,从而否定了习惯因素对案件的影响。② 在最近的十余年中,随着少数民族权利意识发展以及社会对少数民族传统文化的关注,在司法判决中吸收少数民族习惯法的呼声日渐高涨,促使相关机构采取措施对此加以改进,并获得了一定的效果。2010年,台湾地区高等法院在判决中首次正式承认"从多元文化的观点来看,文化不应有高低之分,每一文化都有其相对的价值,对于少数民族在传统领域从事少数民族传统风

① 云南省贡山独龙族怒族自治县人民法院(2016)云3324刑初17号刑事判决书。

② 王鑫:《谁动了我的蜂蜜?》,载《云南大学学报(法学版)》2015年第2期。

俗习惯,应该予以尊重"[①],在此后的一系列案件中,少数民族习惯法司法适用的程度不断提高,并形成了一套相对完整的操作模式。

**(一)立法基础**

台湾地区少数民族习惯法司法适用的主要法律依据来自2005年制定的"原住民族基本法"第三十条,该条规定:"……实施司法与行政救济程序、公证、调解、仲裁或类似程序,应尊重'原住民族'之族语、传统习俗、文化及价值观,保障其合法权益,'原住民族'有不谙国语者,应由通晓其族语之人为传译。为保障'原住民族'之司法权益,得设置'原住民族'法院或法庭。"这一总括性的条文明确了法官在审判过程中对"原住民族"习惯法的基本注意义务。除此之外,还有多项法规针对少数民族基于习惯法的行为做了具体规定,例如"少数民族基本法"第十九条规定:"……得在'原住民族'地区依法从事下列非营利行为:一、猎捕野生动物。二、采集野生植物及菌类。三、采取矿物、土石。四、利用水资源。前项各款,以传统文化、祭仪或自用为限。"又如2001年修改之"枪炮弹药刀械管制条例"第二十条规定:"……未经许可制造运输或持有自制之猎鱼枪或渔民未经许可,制造、运输或持有自制之鱼枪,供作生活工具之用者,处新台币二千元以上二万元以下罚锾,本条例有关刑罚之规定,不适用之。……相互间或渔民相互间未经许可,贩卖、转让、出租、出借或寄藏前项猎枪或鱼枪,供作生活工具之用者,亦同。""野生动物保育法"第二十一条规定:"……基于其传统文化、祭仪,而有猎捕、宰杀或利用野生动物之必要者,不受第十七条第一项、第十八条第一项及第十九条第一项各款规定之限制。"而对于这一内容,相关部门还于2015年制定"'原住民族'基于传统文化及祭仪需要猎捕宰杀利用野生动物管理办法",对相关具体问题做了进一步的细化。这些规定的设置在一定程度上体现了台湾地区法学界关于"习惯法的法律化"的观点,同时由于其具有较强的"司法面向",因而为司法审判适用民族习惯法建立了相对坚实的基础。

**(二)民族习惯法的查明**

在台湾地区原有的证明制度下,少数民族当事人无法证明其所主张的习惯法存在的情形也多有发生,随着实践的发展,学理上开始倾向于认为不能将少数民族习惯法作为一般的"案件事实",按照严格的证明规则将举证责任主要置于当事人身上,而应当将其作为一种对于法律规范及当事人的行为具有解释力的"经验法则",在当事人无法充分举证时由法院积极主动地去进行查明。正如有研究者所指出的:"在'事实上习惯'系属'规范事实'的情形,应以探知'习惯法'之方式加以确定,换言之,法院既不受当事人主张、自认之拘束,亦不受法定证据方法、法定证据调查程序之限制,而适用'职权探知主义'并允许自由证明。……除查阅研究报告、私下询问相关信息、函询有关单位等非法定手段外,

① 台湾地区"最高法院"(2009)台上字第7210号判决书。

亦可选择依'民诉法'第203条、第269条规定命当事人提供数据、到场陈述或依同法第324条以下规定命鉴定。"这种观念在一定程度上影响了司法实践,法官在面对少数民族习惯法诉求或主张时,采用更加灵活、多元的方法确定习惯法是否存在以及其内容究竟为何,例如"有数起案件即涉及部落头目、长老或长老团体为证明亲身经历见闻的某事实,而以证人或者鉴定人的身份到庭作证,或以特别的学识经验或知识经验,证明部落法律或传统的文化规范",或者通过学术研究者的研究成果来对习惯法进行确认等等。这种查明方式的转变虽然对当事人和法官的知识及能力都提出了更高的要求,但是受惠于法官培训和法律扶助两项制度的支撑,也获得了顺利的推进。法官培训是指台湾地区法官学院所开设的"'原住民族'人权保障研习会",该课程分为两个部分,一是针对全体法官的"'原住民族'文化基本课程",二是"'原住民族'专庭法官进阶课程"。其中基本课程着重于"原住民族"文化与历史,进阶课程则包括审判实例和实际的部落探访。[①] 法律扶助则是指在台湾地区"刑事诉讼法"以及"法律扶助要点"指引下,各法律扶助机构针对少数民族当事人开展的一些辅助工作,例如当少数民族面临法律问题需要作法律咨询、撰拟法律书状、调解法律纠纷、律师代理或刑事案件需律师陪同侦讯等服务时,可拨打24小时免付费专线查询,向各分会申请法律扶助服务。

### (三)民族习惯法的适用方式

从理论上说,民族习惯法在司法上可能具有两种意义:一是法律渊源,二是经验事实,前者可以作为司法三段论推理中的大前提,后者主要用于对法律概念和法律行为的解释。台湾地区的相关学说和实践一直以来较偏重于前一种意义,只是由于在现代社会中正式法所编织的"法网"日益紧密,民族习惯法可以作为法律渊源发挥作用的空间日益缩小,因此此种立场反而造成习惯法没有适用空间。近年来新的学说和实践越来越重视后一种意义,试图通过基于民族习惯法的法律解释和行为解释,将民族习惯法更好地引入判决。可以说,在当前台湾地区的司法中,上述两种解释方法已经代替直接适用,成为民族习惯法司法适用的主要方式:

第一,以民族习惯法解释法律。在台湾地区的司法实务中,民族习惯法经常被用来确定相关法律规定的内涵,以实现判决对少数民族传统风俗习惯的尊重和保护。例如在少数民族持枪问题上,虽然相关法规已经对可以持有和使用枪支的情形做了规定,但是由于某些概念的内涵并不十分明确,因而产生了习惯法发挥作用的空间。一个典型的例子是关于"枪炮弹药刀械管制条例"中"供生活工具之用"一词的理解,该案的基本案情是两个在台东县乡公所任职的少数民族工作人员,携带自行制作的猎枪上山捕猎山猪,在中途被查获并移送起诉。一审法院判决无罪,而二审法院认为二被告既系相关工作人员,持枪打猎"显然与其生活无关"。终审法院在判决中指出:"被告等三人所居住之海端乡,每年举办'射耳祭'仪式及传统技艺竞赛活动,由部落族人携带猎枪带领前往山中作

① 郭文萱:《从法官学院训练课程谈少数民族专业法庭》,载《原教界》2013年第10期。

狩猎表演,并教导孩童猎枪之结构等等,显见狩猎行为确属少数民族生活习俗之一。……其等制造或持有之上开猎枪,符合'枪炮弹药刀械管制条例'第二十条所谓'供生活工具之用'之要件,不因被告等三人另有工作,而异其认定。"[①]正是通过对相关习惯法的引入,法院拓展了"供生活工具之用"一词的内涵,使判决更符合于该条文的立法目的。对于民事案件来说,这种方法也同样适用,例如在数起涉及泰雅人、排湾人的继承案件中,当事人提出"遗产"概念在其传统习惯中不仅包括财产权益,也包括承继家长权及部落头目地位等非财产意义,因此不能简单采用平均的方式加以分配,而应当按照习惯法主要由长子继承,这一观点也得到法院的认同。这种运用民族习惯法对法律规定所进行的解释,在一定程度上扩大了法律的适用范围,使抽象的规范更好地与少数民族的现实生活相联系。

第二,以民族习惯法解释行为。在另一些情形下,法律规定无法借助民族习惯法进行扩大解释,此时法官也会转而借助民族习惯法解释、评价当事人的行为性质,以此调整判决结果。例如在著名的"风倒榉木案"中,司马库斯部落的少数民族青年根据部落决议,将已被林业部门标记的榉木树枝运走,被指控触犯台湾地区"森林法"第五十二条所规定的之"窃取森林主、副产物"。在此案中,高等法院法官在终审判决中一方面试图论证被告人行为符合"森林法"的立法目的,同时又根据被告人所属部落的习惯否定其行为具有不法意图:"被告三人系基于部落传统文化及生活习俗,遵循司马库斯部落决议,欲将上开榉木残余部分运回部落,以作为部落造景美化景观之用,渠等主观上并未具有不法所有之意图。"[②]从而判决搬走榉木的少数民族青年无罪。这样的处理方式有效避免了制定法与民族习惯之间的正面冲突,在维护法律的稳定性与权威性的同时,也避免了具有传统文化上的正当性的少数民族行为受到法律的苛责,从而获得了较好的社会效果。

总体而言,虽然台湾地区开展少数民族习惯法司法适用活动的时间不长,相关机制体制仍有不尽完善之处,但是其所采取的一系列措施仍然具有明显的参考价值,它不仅提供了体系化的可资借鉴的经验,也使我们能够在一种开放的视野下重新检视既有对策建议的利弊,以更具针对性和务实性的思维来思考如何应对当前面临的困境。

## 四、民族习惯法司法适用的优化路径

通过上面的分析可以看出,民族习惯法司法适用的关键在于三个方面:专门的法律依据、有效的习惯法查明机制以及灵活的适用方式。从总体上看,这些要素在目前大陆的法律实践中都还存在一定不足,要有效提高少数民族习惯法司法适用的程度,需要从以下几个方面着手进行完善:

第一,专门法律依据的制定。民族习惯法司法适用的前提是有基本的法律依据,正

---

① 台湾地区"最高法院"(2009)台上字第872号刑事判决书。

② 台湾地区高等法院(2009)上更(一)字第565号判决书。

如台湾地区的学者所指出的:"正因为新增订少数民族基本法的实证规范,在蜂蜜案中拒绝关切少数民族文化的法院,才会改弦易辙地许可考量少数民族文化脉络,进而否认少数民族青年的不法所有意图。"①实际上,这一点在大陆民族法学界也已经形成共识,只是对于这种法律依据究竟应当如何建立仍然存在一定的分歧。从台湾地区的经验看,民族习惯法的法律化应当坚持"统分结合"的基本原则。所谓"统",是指需要有针对民族习惯法司法适用的一般性规则,这种规则与其说是告诉法官应当如何适用习惯法,毋宁说是要求法官对此进行适用,这种规则应当制定在一部具有较高位阶的法律——例如《民族区域自治法》中,明确要求民族自治地方的法院在审理案件时要尊重少数民族的传统文化和风俗习惯,从而为民族习惯法的司法适用提供宏观基础。所谓"分",则是指在具体法律制度中对少数民族习惯法加以个别承认,即"通过国家立法承认或确认现行合理有效的民族习惯法作为民族地区司法机关裁判的法律渊源。……这不是某一部法律的立法工作,而是一系列法律的立法工作"②。当然,这并不是说要将所有的民族习惯法内容进行汇编,因为这样做既不符合习惯法本身"民间法"的性质,也不具备充分的实现可能性。就现有的制度基础而言,习惯法的法律化只能是将少数一些具有代表性、典型性、成熟性的民族习惯法吸收到地方性法律规范中固定下来,并在内容、范围上科学地加以界定,例如在传统生活范围内持有自制猎枪或某些其他工具、在一定地理区域内的捕猎等等。这种"统分结合"的立法模式能够从一般与特殊两个层面上实现习惯法与制定法的融合,从而在一定程度上解决民族习惯法司法适用"于法无据"的问题。

第二,民族习惯法查明机制的改革。从台湾地区的司法实践经验看,要改变民族习惯法司法适用中面临的"无证据证明"的困境,首先需要改变简单的"谁主张,谁举证"立场,充分考虑民族习惯法在司法审判活动中的特殊作用,将当事人的举证与法官的主动查明结合起来。当然,从触发机制来说,是否适用民族习惯法的主动权仍然掌握在当事人手中,如果当事人双方都没有提出习惯法诉求,则法官不得直接援引习惯法。如果当事人提出习惯法诉求,可以首先由提出诉求的一方进行举证,如果举证存在困难或不够充分,则由法官依职权进行查明。鉴于习惯法的复杂性,这种查明应当使用多种方法,包括"选择当地具有权威的村长、寨老、头人、首领等作为习惯法的权威证明人,……如果没有相反的证据能够推翻他们对习惯法的意见,法官可以将他们的意见作为裁判的依据"③。此外,也可以邀请相关专家、学者作为专家证人出庭,提供专业化的意见;或者参考相关专业研究者的研究成果,诸如调查资料、著作、论文等材料来进行辅助性的确定,在必要时还需要到当地进行走访调查,以明确习惯法的内容及其对当事人行为的影响。这种新机制的建立,同样也要求加强对法官的少数民族传统文化培训和对当事人的法律

① 许恒达:《刑法秩序与多元文化:以东亚刑事法院为中心的考察》,载叶俊荣编:《变迁中的东亚法院——从指标性判决看东亚法院的角色与功能》,台湾大学出版中心2016年版,第137页。

② 王杰、王允武:《少数民族习惯法司法适用研究》,载《甘肃政法学院学报》2014年第1期。

③ 姜世波:《司法过程中的习惯法查明——基于非洲法和普通法的启示》,载《山东大学学报(哲学社会科学版)》2010年第2期。

援助。就法官培训而言，现有的项目或课程过多偏向于少数民族语言的训练，对关于传统文化和风俗习惯的知识传输不足，因而难以提高法官在这些方面的认识与理解。真正有效的培训不能满足于一般化地进行“介绍”，而是要采用多种教学方式，包括组织法官对所在地区少数民族群众生产生活进行实地观察与探访，以形成更为真实和具体的观念。就法律援助而言，除了要进一步加强民族地区法律援助机构的建设和人才培养之外，特别需要强调的是在法律援助过程中对少数民族习惯法的激活与运用，这意味着民族地区的法律援助工作者需要加强对少数民族传统文化的认知，在援助过程中能够将国家法律与少数民族习惯法结合起来进行思考，注重挖掘和发挥本土习惯法的力量①，使民族习惯法得到更好的证明。

第三，民族习惯法适用方式的拓展。为了解决民族习惯法在适用中面临的“违反法律规定”和“与案件无关”问题，应当拓展习惯法的适用方式。这首先需要改变那种将民族习惯法的作用局限于“填补法律漏洞”的观念，当然，填补漏洞是民族习惯法的重要价值，在离婚财产分割、子女抚养、婚约财产返还、同居关系解除、人身损害赔偿等问题上能够为法院提供相应的参照或依据，但是也应该充分认识到这种适用方式的限度，并开始重视民族习惯法对不确定法律概念以及当事人行为的解释作用。就法律概念的解释而言，民族习惯法对于我们结合民族地方的实际情况理解相应的法律概念具有重要的意义，在涉及少数民族当事人的案件中，借助民族习惯法对相关法律规定的内涵进行有针对性的解释，不仅可以缓解习惯法与制定法之间的矛盾，也可以在习惯法与案件判决之间建立起内在的关系。就行为解释而言，应当注意根据少数民族习惯法来判断当事人的行为性质及其背后的主观意图，在这个方面大陆的法院也有先例可循，例如在两起涉及非法持有枪支弹药的案件中，法官在判决书中指出“同时考虑到当地少数民族在生产、生活中持火药枪防盗、狩猎的民族习惯由来已久等实际，因此，可以对其酌情从轻处罚”②，以及“二被告人系苗族，猎捕一直是民族习惯，主观恶性不大，归案后，能如实供述自己的犯罪事实，积极主动配合公安机关，所猎捕野生动物已回归大自然，避免了损失的发生。……可以酌情从轻处罚。”③这种处理方法将当事人基于民族习惯法的行为与纯粹的个体化行为区分开来，在这个过程中不仅民族习惯法得到了司法的间接适用，判决结果也可以变得更加符合实际情况，实现法律效果与社会效果的有机统一。

通过上面的分析可以看出，推动少数民族习惯法的司法适用是一项涉及面广、内容复杂的工作，因此需要各方面的共同参与和共同努力。从这个意义上说，本文仅仅是提出了一个初步的思路，其中各个部分的充实、完善及调整还需要理论上的深入研究和实践中的不懈探索。可以说，关于这一问题的研究和实践都还任重而道远。

---

① 李婉琳、杨小瑜：《民族地区基层法律援助存在的障碍及对策》，载《新西部》2016 年第 18 期。

② 贵州省黎平县人民法院(2014)黎刑初字第 62 号刑事判决书。

③ 四川省会东县人民法院(2015)东刑初字第 98 号刑事判决书。

**Problems and Solutions of the Judicial Application of Minority Customary Law: Taking Taiwan's Experiences as Reference**

Du Jianrong

**Abstract**: Minority customary laws are of vital importance for social control and dispute resolution in the minority areas. However, it is hard for the laws to be formally recognized in judicial trials due to such problems as their lack of legal basis, have no evidence, violate the law, and unrelated to the case. These obstacles can be overcome by referring to relevant experience of Taiwan in applying customary law of its native ethnic groups from the perspectives of creating special legal basis, creating multiple mechanisms for identifying minority customary laws, and expanding the using mode of minority customary laws.

**Key Words**: minority; customary law; judicial application; comparative law

# “网格化+十户联防”:新时代甘南藏区社会治理模式创新实践*

殷兴东** 牛绿花***

**摘要**:甘南藏区自古以来是内地连接西藏的重要通道,是藏、汉文化的交汇带,也是治藏稳藏的“桥头堡”,因此,其社会治理效果的好坏意义重大。2017年初以来,甘南藏区改革创新社会治理模式,将过去的网格化服务管理和藏区维稳的十户联防深度整合成为新的治理模式——“网格化+十户联防”。该治理模式的实施使政府职能与行政权力下沉到基层、管理精细化程度提高、扩大了基层公共服务范围、提高了基层共治意识等,取得了不错的社会效果。但也存在着诸如资金投入不足、管理人员队伍不稳定和素质低、控制太死抑制社会活力、综合服务治理职能被维稳吸收、落实责任中的连坐等问题,本文针对以上问题提出了进一步完善的对策建议。

**关键词**:网格化+十户联防;新时代;甘南藏区;社会治理模式

党的十九大报告提出“打造共建共治共享的社会治理格局……提高社会治理社会化、法治化、智能化、专业化水平”。“推动社会治理重心向基层下移,发挥社会组织作用,实现政府治理和社会调节、居民自治良性互动。”自2008年“拉萨3·14”事件以后,甘南藏区维稳任务重,社会综合治理难度大,加之经济不发达、深度贫困人口基数大,社会治理面临诸多困难。2017年初甘南藏区把原来实施的“网格化服务管理”和藏区维稳“十户联防”两个措施有效整合,将维护社会稳定、环境卫生整治、生态文明小康村建设、民族团结进步创建、扶贫扶智、邻里互助等纳入“网格化+十户联防”机制中,取得了“1+1>2”的良好社会效果。尽管开始实施中取得了不错的社会效果,但是在全面推进实施中也实际存在着一些问题,还有一些需要提前警惕和防范之处,对此有必要深入调查研究并提出对策建议。

## 一、调研地基本情况及调研方法

甘南藏族自治州位于甘肃省南部,地处青藏高原东北边缘甘、青、川三省交界处,南

* 国家社科基金项目“员额制度改革中藏区双语司法人才队伍建设调查研究”(项目编号:17BFX047);国家社科基金项目“高僧(乡贤)与藏区基层社会法律秩序构建研究”(项目编号:17BFX001)。

** 殷兴东,法学硕士,甘肃政法学院法学院副教授。

*** 牛绿花,法学博士,西北师范大学法学院教授。

与四川省阿坝州相连，西南与青海省黄南州、果洛州接壤，东面和北面与甘肃省陇南市、定西市、临夏州毗邻，是距内地最近的雪城高原，是全国10个藏族自治州之一，成立于1953年。甘南州总面积4.5万平方公里，境内海拔1300～4900米，大部分地区在3000米以上。全州辖七县一市，共有99个乡镇（街道办）、664个行政村，总人口73.07万，有藏、汉、回、土、蒙、满等24个民族，其中藏族占总人口的54.2%，常住人口71.02万人，城镇人口22.73万人，城镇化率32%。2017年全州实现地区生产总值142.8亿元，固定资产投资213亿元，城镇居民人均可支配收入23030元，农村居民人均可支配收入6960元。甘南州属国家重点支持的“三区三州”深度贫困地区。全州现有政府批准开放的宗教活动场所181处，其中藏传佛教宗教活动场所121处，分格鲁、宁玛、苯波、萨迦等教派，驻寺僧尼10331人，活佛105人，信教群众33万余人，占全州总人口的45%左右。甘南藏区历史悠久，文化资源丰富，是“唐蕃古道”和“茶马互市”的重要通道，自古以来民族交流交往交融频繁，是藏、汉文化的交汇带，是我国三大藏区之一的安多藏区的传统民族文化核心区，是内地连接西藏的重要通道，时至今日依然是“青藏高原的窗口”和“藏族现代化的跳板”，也是治藏稳藏的“桥头堡”，自古就有“稳定西藏必先稳定安多”之说。甘南有丰富的藏传佛教文化资源和众多信教群众，因而充满着浓浓的宗教氛围，有“小西藏”之称。①

甘肃藏区社会总体稳定，但在2008年“拉萨3·14”之后，甘南藏区发生了3·16和3·18等严重的打砸抢烧事件，自2012年8月开始又发生了一系列藏族自焚事件，这些事件导致该地维稳形势比较严峻。在以维稳为指挥棒实施社会治安综合治理（平安建设）、网格化服务管理等过程中不断探索出一些行之有效的社会治理办法，自2017年3月以来，将“网格化服务管理”与藏区“十户联防”工作机制深度整合为“网格化＋十户联防”社会治理模式，也将过去的一些办法，比如“群众管理群众，僧人管理僧人、基层管理基层”等整合进去。在全州范围内将全部的人、事、责都纳入该治理体系中，目标和愿景是做到事事有人管，人人有责任。作为一个新的社会治理模式运行了一年之后，其社会效果如何？有哪些需要解决的问题？有哪些未来需要警惕和防止的问题？如何进一步改善该社会治理模式？

2018年8月20—28日，我们就甘南藏区“网格化＋十户联防”社会治理创新实践进行了专题调研。我们先后对州委州政府、两个县的5个乡镇、2座寺院进行了深入调查，其时适逢“全省‘网格化＋十户联防’现场推进会”在甘南州召开，我们还获得了部分县市成功做法和先进经验的资料。调研主要采取了个别访谈、入户（寺）调查、小型座谈会、实地参观、文献查阅（大部分维稳资料涉密只能现场看，不能复印）等方便适宜的方法。②

① 甘南州人民政府：《甘南概况介绍》，http://www.gn.gansu.gov.cn/zjgn/，访问日期：2018-11-20。

② 文中的数据、措施、时间点等信息和材料如无特别指明均来自本次实地调查所获资料与调查笔记。

## 二、“网格化＋十户联防”社会治理模式产生、目标及原则

### (一)从“网格化服务管理”“十户联防”到“网格化＋十户联防”的实践脉络

“网格化”管理肇始于2004年(作为一种信息技术的运用还要更早)①,首先在北京、上海等地进行了网格化管理实践,从治安、城管等领域的网格化管理到将党建、社区工作和政府行政工作纳入网格中,使得网格化管理不再只是一种信息管理的手段,而成为有效的社会综合治理的手段,其内涵也随实践的成熟而更加丰富,从网格化管理演进到网格化治理。② 2015年,甘南州制定了《关于在全州基层推行网格化服务管理的实施意见》,各县市在原有县、乡、村(社区)三级干部包片、包乡、包村、包寺等责任制的基础上,细化单元网格,逐步建立以社区或村委会为基本单位,实行分片包干、责任到人、设岗定责、服务到户的网格化管理模式,全州划定3418个网格。

“十户联防”始见于中央综治委下发的《关于深入开展农村平安建设的若干意见》(2007年4月)中,其第五部分在“加强农村治安防控体系建设”中指出“逐步推行民警包村、保安驻村和治安联防联治等做法,实现乡与乡、村与村联户联防、联片联保、十户联防、联防联调、联打联治,构建专群结合、警民联防的农村治安防控网络,强化农村社会面的控制”③。该意见实施后全国各地因地制宜地实施了农牧村各类形式的联防联治,同时在新疆反恐和藏区维稳中结合区情灵活多样地开展了民警包村、保安驻村、警民联防、村民联防联治等措施。2016年,甘南州出台了《甘南州关于推行“十户联防”的实施方案》,按照“就近就便、界限清晰、规模适度、管理集中”的原则,在全州行政村、村民小组划分了13693个联防组,基本形成了行政村(社区)——村民小组(网格)——联防组——联防户的工作组织链条管理格局。2016年在社会治安防控体系建设试点逐步进行过程中,在试点乡镇以网格化服务管理和藏区“十户联防”为依托,初步形成了基层派出所、治安联防组织,乡镇司法所、人民调解组织,群众“联店互防”“治安中心户长”自护自防组织,机关企事业单位内保人员四支队伍为主的人防网络。2017年,在总结实践经验的基础上,整合了全州“基层网格化服务管理”和藏区“十户联防”工作资源,同年3月,制定实施了《关于在全州积极探索推行“网格化＋十户联防”基层社会治

---

① 以“网格化”为篇名关键词查询CKI1978年以来的文献,结果为4118条(截至2018年12月27日)。相关研究成果有:孙柏瑛、于扬铭:《网格化管理模式再审视》,载《南京社会科学》2015年第4期;杨宏山、皮定均:《构建无缝隙社会管理系统——基于北京市朝阳区的实证研究》,载《中国行政管理》2011年第5期。

② 胡重明认为,网格化治理的研究经历了“从网格技术到网格化管理研究(2004—2010年)、从网格化管理到网格化社会治理(2010年以来的研究)”,参见胡重明:《网格化社会治理:研究回顾与新的议程》,载《行政论坛》2017年第3期;吴理财:《从网格化管理转向网络化治理:农村基层治理的“在村模式”》,载《国家治理》2015年第1期。

③ 人民网:《关于深入开展农村平安建设的若干意见》,http://theory.people.com.cn/GB/40746/5195425.html,访问日期:2018年11月20日。

理模式的通知》，各县市积极实践中探索了一些好的经验。6月中旬，州委、州政府组织召开了全州全面推行“网格化＋十户联防”基层社会治理模式现场推进会，并出台了《甘南州全面推行“网格化＋十户联防”基层社会治理工作的实施意见》（以下简称“实施意见”）。至此，经过2年的“网格化服务管理”实践和1年的“十户联防”实践后，将两套工作机制进行深度整合。整合后的“网格化＋十户联防”工作模式实践了1年之后于2018年8月在合作市召开现场会向甘肃省藏区全面推进，表明该工作模式具有其可取性和先进性，能够作为社会治理创新机制向全省藏区推广实施。

**（二）“网格化＋十户联防”社会治理的目标和原则**

实施“网格化＋十户联防”的总目标是坚持系统治理、依法治理、综合治理、源头治理，以促进平安甘南建设为总目标，深度整合全州“基层网格化服务管理”和“十户联防”工作，做实做细“十户联防”工作，坚持维稳与发展并重、服务与管理并重、行政管理与群众自我管理并重、常态和应急并重、传统手段与信息化措施并重、农牧村与城镇并重，健全完善党委政府领导、综治维稳协调、人民群众参与，强化基层治理、共建平安甘南的工作机制，推动部门联合、上下联手、区城联动、群众联心，提升基层和群众自我治理、自我监督、自我约束能力，实现基层维稳工作由保稳定向创稳定、由被动防范向主动治理转变，为全州经济社会发展创造良好环境，努力建设幸福美好新甘南。实施“网格化＋十户联防”的原则是以人为本、服务为先，因地制宜、注重实效，整合资源、整体联动，创新理念、科技支撑，党建引领、提升能力。

## 三、“网格化＋十户联防”社会治理模式实践情况

**（一）通过合理划分网格与十户，细化治理单元**

“坚持维稳与发展并重、服务与管理并重、农牧村与城镇并重、传统手段与信息化措施并重”的思路下，具体考虑到行政区域、居民类型、人口规模、地理位置、习俗习惯等要素，并结合兼顾地域性、适度性、整体性，按照农牧村10户左右、城镇社区30户左右划分网格或联户组，城镇侧重于网格化服务管理，农牧村侧重于“十户联防”。根据上述网格与十户划分的原则和依据，截至2018年8月，将全州城镇社区、园区和701个行政村、2636个村民小组、178个宗教场所，共划分了4107个网格、13109个联户组，选建网格长、联户长（网格员）14486名。

**（二）将网格和十户联防组制作示意图进行广而告之**

各乡镇（街道）以及行政村和社区制作网格和联防组示意图，标明网格和联防组的位置，在网格和联防组内的楼院、单位、居（村）民中通过图片公布网格长和联户长（网格员）

的照片、姓名、联系电话等，建立并公布网格、联防组的微信群号，便于群众联系。在每个网格和联防组内定人、定岗、定责，做到事事有人管，人人有责任。我们调查的几个乡镇及寺院都制作并公布了图示（见图1），对全部负责人员从乡党政干部到普通包村干部及联户长都公布了照片，依次列明了姓名、职务、电话号码。还列明了该网格内户数、人口数、联防组数、党员人数、帮教人数（刑满释放人员和参与打砸抢事件、自焚等的僧人）、残疾人、五保户等信息。

图1　某县某乡六个片区示意图之一

**(三)明确选任条件并严格筛选网格长和联户长**

选任网格长和联户长是“网格化＋十户联防”工作的重要一环，他们是连接上下的纽带和关节。每一个网格配备一名网格长，每一个联防组配备一名联户长（网格员），联户长一律兼任网格员。网格长、联户长（网格员）可以实行委任制，也可以由群众推荐产生。在农牧村，网格长原则上由乡镇包村干部兼任；乡镇干部人数较少，村组分散偏远的，网格长可由村民小组的小组长担任，同时配备一名乡镇干部协助网格服务管理工作。联户长（网格员）人选一般优先从村（社区）两委班子成员中产生，或从村（社区）两委班子成员的后备人选中产生。选任的条件和范围是思想觉悟高、做群众工作能力强、工作责任心强、热心公益事业，具有一定威望、公道正派的共产党员、人大代表、政协委员、退休干部和社会治安积极分子、复转军人、返乡大中专毕业生等。

**(四)科学合理确定网格长和联户长的职责**

联户长（网格员）是基层社会治理的社情民意信息员、矛盾纠纷调解员、环境卫生监督员、法规政策宣传员、便民为民服务员。其承担的主要职责：一是反映社情民意。他们熟悉情况，能够及时搜集、报告各种影响社会稳定和社会治安的信息，同时及时反映村（居）民的意见和诉求，协助开展基础信息的采集工作。二是调解矛盾纠纷。排查、掌握和调解联防组内群众家庭矛盾、邻里纠纷等各类矛盾纠纷，促进家庭和谐、邻里和睦。我们在调研中了解到，大部分的这类纠纷都在联户组内部解决了，实现了矛盾纠纷不出联户组。有一些较复杂的纠纷内部无法解决的，及时上报，由上一级组织解决。三是监督环境卫生。巡查、保护乡村区域内的森林、草原、土壤、河流等自然生态环境，监督公共区城、联户家庭环境卫生状况，承担生态保护、环境卫生整治的联络、协调、指导等工作任务。我们调研中了解到自 2015 年甘南州被国家确定为“全域旅游示范地”之后，实施了全州全域无垃圾及卫生环境整治改善工作，由干部带头到处捡拾垃圾、帮助村民养成卫生习惯等，这一工作的开展基础在广大农牧村，故而环境卫生整治是网格长与联户长全部职责中最显性的职责。四是宣传政策法规。宣传富民惠民、民族宗教、扶贫脱贫等和群众切身利益相关的政策和法律法规、乡规民约，引导群众自觉遵纪守法，倡导文明的社会风尚。五是服务联户群众。在精准扶贫、环境保护、卫生整治、生态文明创建等工作中，做好联系户与帮扶干部之间的联系、沟通、协调，积极为群众提供代办等服务。

**(五)建立了网格长和联户长的报酬、考核与奖惩挂钩联动**

调研发现，对网格长、联户长（网格员）队伍中非财政供养人员，非村“两委”班子负责人，政府财政给联户长（网格员）每人每月 100 元的通信补助，并根据维稳、治安巡防任务，适当给予燃油补助。截至 2018 年 8 月，全州投入“网格化＋十户联防”工作补助经费 1490 余万元。从《实施意见》的规定来看，承诺“视情况应逐步增长”网格长和联户长的报酬。

对网格长和联户长的考核，各地结合各自实际，制定了简单易行、实用管用的考核评价办法。州、县、乡将“网格化＋十户联防”工作纳入党政综合考核内容和领导干部考核评价体系，层层签订目标责任书。乡镇(街道)包村(社区)领导、寺庙办主任对行政村(社区)、寺院的“网格化＋十户联防”基层社会治理负总责，组织行政村(社区)“两委”、寺管会落实对网格长、联户长(网格员)的任务指派、指挥调度和对网格长、联户长(网格员)的日常管理、考评奖惩等。行政村(社区)党组织、行政村(社区)村委会与网格长签订责任书，网格长与各联户长(网格员)签订责任书，逐级明确工作任务，推动工作落实。联户长与各联防户也逐一签订责任书。将考核结果作为核发网格长和联户长工作报酬、评先受奖的重要依据。考核不合格，联户长的补助和奖金被扣减。对不履行职责、工作出现失误，造成不良社会影响或有严重违纪违法行为的，进行了清退和追责。如舟曲县对“4.17”治安案件中作用发挥不力的 8 名联户长进行了撤换，玛曲县撤销了曼日玛乡“3.8”袭警事件中的涉事村民小组的联户长。当然同时也建立了相应的激励机制，比如通过设立奖励基金，对工作成效明显、成绩突出的网格长、联户长(网格员)进行表彰奖励；对在维护稳定、治安防控、化解隐患等方面做出特殊贡献的，进行专门奖励，有效激发了网格长、联户长(网格员)的工作积极性。

**(六)建立了网格长和联户长队伍的长效培训制度**

建立了网格、划分了十户为一个组织单元以后，网格长和联户长的素质对于社会治理到基层的效果至关重要。所以建立网格长和联户长培训的长效机制刻不容缓。从实践来看，在县市集中培训，在乡镇就地培训，也有以会代训等形式，主要开展形势政策、法律法规、业务知识等方面的培训工作。各县市都结合自身特点开展了形式多样的培训工作。比如，合作市自开展“网格化＋十户联防”以来，通过采取集中培训、以会代训、印发政策法规及业务手册等形式，有计划、有针对性地对联户长进行职责任务、维稳形势、政策法规、业务知识等方面的培训，举办培训班 653 场次，入户宣传 1300 场次，参加培训人员达到 13600 余人次，通过扎实培训，提高了各联户长的素质和工作水平。

**(七)强化了“网格化＋十户联防”的信息化建设**

随着经济发展和科技进步，网络和信息平台为“网格化＋十户联防”快速反应提供了坚实的基础。甘南州已建成“甘肃省社会治安综合治理信息平台”“全省乡镇(街道)平安建设与便民服务综合信息平台”。在“网格化＋十户联防”实施中共享上述信息平台，逐步实现采集、处理、服务全程信息化、一体化。部分社区与行政村已开通村级平台，通过有线或无线加密等形式开通政务专网。部分地区实现了各级综治成员单位将各类事项办理全部纳入信息平台，在信息平台内实现事项报告、交办分流、督促检查、反馈评价。如合作市，在全市范围内打造了一呼九应即时信息手机传输试点平台，实现了“一个电话覆盖辖区、一个声音传遍网格”的快速应急机制，创建了联户长微信群，及时上传工作动态，推送政策知识，有效拓宽了宣传和培训渠道。调查中了解到，在合作市那吾乡早子沟金矿尾矿漏水事件和佐盖曼玛乡牛群被盗案件中，联户长通过信息平台快速上报情况，为市委、市政府迅速处置突发事件、打击违法犯罪提供有效依据，切实维护了社会和谐稳定，挽回了经济损失。截至 2018 年 8 月，全州已为网格长、联户长（网格员）配备了 2045 部手持终端设备。

## 四、"网格化＋十户联防"社会治理效果

### （一）政府职能与行政力量加快下沉，进一步密切了党群干群关系

"网格化＋十户联防"，将网格化管理的纵到边、横到底的无缝隙管理和网格内农牧户联系起来，构建了一种及时预警、快速反应、科学处理、服务到位的新型基层藏区城乡治理模式。[①] 在这一治理体系架构下，始终坚持了党组织作为藏区基层社会多元治理体系的领导核心，又将人、事、物、治等及权责利分解下沉到基层，将各级各类人员包括县市、乡镇、行政村、自然村领导干部、普通干部、村民自治组织干部、普通民众都编制进"网格化＋十户联防"体系中，使人在其位、人有归属，从十户—网格（自然村组）—片区（行政村、社区）层层递进，自上而下则使党政工作层层分解到社会神经末梢执行，搭起了群众工作的便捷通道和桥梁，以群众的联户自治、联户互助，有效把社会治理的重心落实到城乡、社区，延伸到村、到户，以更加接地气、顺民意、易沟通的形式，把管理融入服务之中，把为民、便民、利民融入各项工作之中，从根本上扭转了"难进群众家门、难知群众心愿、难解群众困难"的被动局面，加深了党群干群关系。

### （二）精细化程度显著提升，[②]进一步夯实了社会治理基础

"网格化＋十户联防"推进了维稳责任在基层的落地，有效延伸了搜集社会稳定和治安情况的触角，补齐了维稳信息不灵敏、涉稳事态不掌握等问题短板，深化了"群众管理群众、僧人管理僧人"的维稳模式，推动了"十管十防"工作机制落地落细。各县市在基层治理措施的实用管用上下功夫，因情施策、大胆创新，充分利用现有综合服务中心、综治信息平台、平安与便民服务综合信息平台，并在此基础上，按照网格脉络和工作流程，建立了"网格化＋十户联防"工作微信群，进一步畅通了信息沟通渠道。调研中了解到，合

---

① 张新文、戴芬园：《权力下沉、流程再造与农村公共服务网格化供给——基于浙东"全科网格"的个案考察》，载《浙江社会科学》2018 年第 8 期。

② 关于通过网格化治理精细化提升的研究成果主要有：杨秀菊，刘中起：《推进多元协同共治：社会治理精细化的实践与创新——以上海城市网格化综合管理为例》，载《行政科学论坛》2017 年第 6 期；刘冰：《精准化服务 精细化治理——探索"全响应"网格化社会治理新模式》，载《社会治理》2016 年第 3 期；严隽：《寻找社会治理短板 推动区域精细化管理——闵行区人大常委会调研"网格化"社会治理工作》，载《上海人大月刊》2017 年第 6 期；吴欣：《社区治理精细化的探索——以成都市武侯区"深化社区网格治理机制"改革为例》，载《中共四川省委党校学报》2017 年第 1 期。

作市针对辖区情况复杂多样的实际，按照牧区、半农半牧区、城区、城乡结合部、矿山企业及工业园区、寺院等不同类型，因地制宜，采取一类一策，多种治理模式相结合，逐步形成了偏远牧区管得住、农牧混区管得好、城镇社区管得精、城乡结合管得细的工作格局。合作市还建立了按照分片、分段包干责任原则联户长巡逻制度，截至 2018 年 8 月，共对重点区域、敏感地域出动人员 1 万人次，治安巡逻 2.3 万人次；将应急演练作为提升联户长能力的重要举措，共开展应急演练 190 余场，有效提升社会治安管控和应对突发事件的能力。夏河县采用无人机航拍技术，充实完善了乡情、村情、户情影像视频资料，并把群众自管与干部指导有机结合起来，为每个片区配备了指导员，每个网格配备了联络员，形成了“三长＋两员（片区长、网格长、联户长，指导员、联络员）”的管理模式。卓尼县在出租车行业组建了 20 个联防组，在货运司机领域组建了 3 个联防组，进一步扩大了“网格化＋十户联防”工作覆盖面。玛曲县试点推行“钉钉”软件管理，通过在线调度管理，网上网下结合，促进了工作运行高效、规范、有序。此外，在缉枪治爆、禁种铲毒、惩治“村霸”等信息获取与处理中，在重大民俗佛事如正月法会、二月法会等和节庆赛事活动期间，联户长（网格员）在组织群众、维护秩序、联动巡防、保障安全等方面的作用更加明显有效，取得了良好的政治效果和社会效果。

**（三）基层公共服务范围扩大，进一步提高了服务群众效能**

“网格化＋十户联防”将维稳、综治、普法宣传、全域无垃圾整治、生态文明小康村建设、厕所革命、民生保障和建设、脱贫扶困等涉及基层的事项都纳入进去，形成联动机制，县市各职能部门的千头万头工作最后都汇集到十户联防的联户长这一根针上。再将乡镇领导、包村干部、民警、行政村村支书、自然村组长都嵌入网格之中，负责网格内问题探寻和上传，上级政策、事项、任务下传，形成联通传导通路，提高了服务群众的效能。具体来说，联户长（网格员）充分发挥联络、协调、引导群众的纽带作用，使贴近群众生产生活的法律法规宣传更加深入有效；事关群众切身利益的富民惠民、扶贫脱贫等政策措施实现家喻户晓，落实情况得到广泛有效监督；涉及群众生产生活困难的问题得到及时救助，实现了“政策措施一通到底、社情民意一传到顶”的良好服务管理效果，促进了“社会管理公平公正、和谐稳定共建共享”在基层落地生根。

**（四）基层共治意识提高，进一步前移了化解矛盾关口**

“网格化＋十户联防”畅通了群众诉求表达渠道，调动了群众参与社会管理的积极性。联户长（网格员）根据职责任务和工作流程，对家庭、邻里矛盾等一般性纠纷及时调处化解、登记备案；对调解难度大或超出职责范围的矛盾问题，在做好劝解稳控的同时，及时上报情况，提供准确信息，提出调处建议，有效遏制了矛盾隐患升级的触发点，提高了矛盾纠纷调处的实效性。2017 年，全州共排查各类矛盾纠纷 1340 件，调处 1325 件。调处率达 99%。

据统计，甘南藏区自全面推行“网格化＋十户联防”工作以来到2018年8月，全州共已录入基础信息67万余条，网格长、联户长(网格员)开展政策法治宣传16万人次、排查化解矛盾纠纷1420件、搜集反映社情民意信息1245条、开展治安巡逻7万多人次、参与环境卫生整治40多万人次、为民办实事6426件，参与抢险救灾和处置突发事件200多次。特别是舟曲县在抗洪抢险救灾中，联户长(网格员)发挥独特优势，积极组织开展了疏散群众、安置灾民，发放物资、维护秩序，巡逻值勤、预警险情等凝心聚力工作，体现了“网格化＋十户联防”治理模式的有效性，也体现了共建共治共享社会治理格局的核心要义，即全体人民既是社会治理的主体也是社会治理的客体、全体人民共同参与社会治理的过程、全体人民共同享有社会治理的成果。

## 五、“网格化＋十户联防”社会治理中存在的问题

### (一)资金投入不足导致信息化技术化水平有限，联动效率减损

由于投入有限，高效、分类处置所需之电子地图、卫星定位、远程监控、人脸识别、视联网等现代数字信息手段的使用还无法普及。以往已经建成的平安建设的信息平台、综治维稳平台等存在进一步整合有效利用空间，也应当避免大量信息重复录入、平台重复建设等问题。经费投入的不足，也部分限制了联动机制最末梢的作用发挥。据我们调查，某些县具体落实联户长报酬补助与通信费补助时，存在缩减或扣减现象，联户长一年补助报酬360元，与其他县执行的普通标准月100元少了很多，进而也影响了网络化联络和一呼百应、快速反应的成效，使信息化、技术化、联动快速的目的落空。此外，上级部门在处置网格内社会事件的响应、排查、报送和处置方面权责边界尚不清晰，导致联动效率减损。

### (二)“网格化与十户联防”管理人员队伍不稳定且素质较低

一方面，网格化建设涉及的职能部门和人员构成比较多元，通常包括县市、乡镇主管领导、片区负责人(指导员、片区长、包片民警)、网格长、联户长(网格员)等，规范化与专业化管理亟待加强。另一方面，针对面广量大的基层社会管理服务工作，网格专职管理力量还相对比较薄弱，且通常面临人均年龄偏大、文化素质不高、管理技能不足、服务水平不高等问题。不少基层农牧村与社区街道网格长、联户长存在信息采集录入不规范、更新不及时以及专业技术人员匮乏等问题，削弱了基层网格的信息化支撑。此外，网格人员的人事薪酬因地区经济发展和财力所限，普遍较低，只处于象征性地补助的水平，但所负责任又较重，也影响了网格人员队伍的稳定性和工作积极性与效率。

### (三)“网格化＋十户联防”的“纵向到底横向到边”抑制了社会活力

有学者指出:“网格管理可以视为是在现代社会运用信息技术建立的具有‘保甲’功

能的制度”;“这种‘保甲’制度却可能造成社区的自治空间似乎更加狭窄,居委会自治组织的身份和角色越加不明朗,社会组织成长乏力”①。这个担忧在甘南藏区“网格化+十户联防”中也有所体现。因为要实现服务管理全覆盖、无缝隙、无盲区、无空白。社会管控严格,使“定位”与“定人”的结合更加紧密,在提升基层社会治理效率的同时,牺牲了村民自治、民间组织等的活力。双重身份的村委会人员既要承担行政性任务,接受层级领导,又要承担乡村自治事宜,由于上级的压力和个人能力、精力的有限,村委会成员常常难以二者兼顾,顾此失彼现象时有发生,加之网格任务是刚性任务,有明确的统一管理和考核指标,这就使得刚性任务在村委会行动策略上成为优先选择,而乡村自治则成了在村委会人员精力有余之时的选择性行为。这种地方国家权力以更为强劲的态势对社会空间施以规制性和强迫性的管理,将会削弱人们进行自我组织和协作的能力。

### (四)“网格化+十户联防”要防止综合治理与服务功能被“维稳”吸收

从全国来看,网格化治理最早由政法部门提出,故而其治理的最原始目的是“维稳”。甘南藏区也学习借鉴该模式,创新改革中出台了符合藏区维稳形势的“十户联防”“网格化管理服务”模式。自2017年3月将二者深度整合的过程中确定“网格化+十户联防”以综合性、服务性兼具维稳的治理功能,目的是实现创建共建共治共享的治理格局。然而,实际调查中我们发现,该模式中其他功能发挥的不明显,或者说维稳还是该模式头等大事。在访谈中,我们问乡镇领导干部和包村干部该制度的主要功能时,得到的答复普遍认为这个制度的作用主要还是维稳,以收集情报信息为主,将那些帮教对象、重点盯防人员等的活动信息时时掌握清楚,一有动静及时防范和上报,也需要对基层矛盾纠纷、信访等信息及时掌握。从我们长期观察来看,藏区以“始终担负稳定责任不推脱”为硬任务,维稳成为一切工作的指挥棒,雄踞经济社会发展、公共服务之上,存在偏离“以人为本”的治理目标之嫌。“网格化+十户联防”作为新的社会治理模式,运行一年多,已经有此倾向。

### (五)层层签订责任书与报酬、奖励、资源分配挂钩可能导致的“连坐”问题

调研中发现,在实施推进“网格化+十户联防”中加强保障措施之一是“严格考核管理”。《实施意见》规定:“网格长与联户长(网格员)签订责任书,考核结果作为核发工作报酬、评先受奖的重要依据。联户长与各联防户签订责任书,考核结果可以作为对联防户安排公益性岗位、享受惠民政策、落实精准扶贫项目等重要参考依据,在重大事件、突发性事件中可根据联防组的整体表现对各联防户进行同奖同罚,倡导以奖励为主、以教育引导为主,增强联防组的凝聚力。”这一措施是如何实施的,我们访谈了县市一级的干部、基层乡镇领导、包村干部、网格长、联户长等不同人员,问到“如果十户联防当中有一家人出现了违法、犯罪,或者参与自焚事件,那么其他的九户是否承担连带责任?”大部分

① 冉昊:《网格化治理的挑战与应对:动态、模式与转型》,载《中共杭州市委党校学报》2018年第5期。

人回答说我们这里没有出现这种情况，如果出现这类情况，责任都在联户长，惩罚措施一般为撤换联户长，他们承担的责任大。但是也有一部分人回答说，有些地方出现了上述情况，就在贫困家庭学生享受教育资助，实施中职学校贫困学生定向培养项目，落实危房改造补助政策，贫困户生态管护员选聘等惠民政策落实中取消相应的补助或公益性岗位安排来惩罚联防户，让其集体承担责任。也就是说，如果出现此类事件，其他九户要承担连带责任；如果事件比较严重，网格（自然村）、片区（行政村）的民众可能都要承担责任。这严重违背了现代法治责任自负的原则精神。

## 六、进一步完善“网格化＋十户联防”社会治理的对策建议

### （一）增加资金投入，提升信息化技术化水平和联动效率

调研发现，“网格化＋十户联防”的建设投入包含三类：一是网格基础设施建设、维护费用，包括信息系统、多级指挥平台设备、计算机设备、载体使用的房产等；二是网格与联户职责执行的人力资源投入；三是网格与联户事务管理的项目经费或随机发生事件处置的“一事一议”费用。甘南藏区在这三项资金的投入都不足，建议加大对信息平台建设的投入，特别加强业务标准、应用支撑标准、信息安全标准、网络基础设施标准、管理标准等标准化建设，将“政务流”变成高效的“电子流”，从而为协同治理提供完善的标准化服务平台，提高联动效率。

### （二）提高“网格化与十户联防”管理人员培训质量和收入报酬

首先应在市县及基层政府层面制定网格员及联户长人才发展规划、培训教育计划和相关扶持政策，将更多优秀的人才充实到基层管理队伍中，形成“机关干部＋退休人员＋大学生＋专业人员”的城镇社区管理服务队伍，“乡镇干部＋村支书＋自然村组长＋精英村民”的农牧村管理服务队伍，优化人员结构，提升人员素质。其次继续加大网格长、联户长及相应管理人员培训，提升他们的政策、法律素养，信息采集、应急处置矛盾纠纷的能力。最后是提高网格长和联户长的报酬待遇，拓宽公益类建设资金渠道，引入增值类服务的社会融资机制，加强网格化建设多元资金支撑，拓展网格与联户人员的服务类型与收入来源，激发他们工作的积极性，改变目前只发放象征性的补助待遇而让其承担与之不匹配的工作任务与责任的做法。完善相关奖励激励政策，探索在网格与联防管理队伍中培养和发展党员、选拔基层干部、推荐党代表、人大代表、劳动模范等通道。

### （三）促进政府管理与社会自治的有效衔接

凭借治理空间的社区化集聚、治理资源的多元化整合、治理信息的技术化链接，“网格化＋十户联防”模式给甘南藏区社会治理创新带来新的可能性。其目的是在确立党政

权威和行政权下沉基础上以期完成对基层社会的新一轮整合，实现国家建设、科层制改造和社会福利增进等三重目标。然而，实践中，却存在着政府管控过严、权力介入太多等问题。建议下一步要大力促进社区协商民主及利益表达，形成公共空间和社会共同体生活。实质（非形式）上动员多元社会主体参与到基层治理中来，提升社会主体参与的质量和实效，积极建构有利于社会组织发展的社会环境和氛围，培育社会组织（个人）及其自治能力。唯有如此，才能塑造国家—社会良性互动、合作共赢的社会治理新格局。

**（四）改变治理即“维稳”的观念，实现“网格化＋十户联防”综合治理与服务功能**

调研发现，甘南藏区的维稳统领经济社会发展、民生建设、基层治理等等一切方面。当然，从2008年以来的藏区一系列事件来看，把维稳作为重要工作无可厚非，但是如果一切都归结于维稳，则矫枉过正了。人类社会发展的历史证明，只要是人生活的社会就存在矛盾与纠纷，就存在社会违规行为，有越轨者。甘南藏区社会也一样，不乏因利益、情感等引发的矛盾纠纷，实际分析事件背后的原因，发生纠纷者并非都是藏独，事件的起因也并非都是被分裂分子利用使然。但是，把所有矛盾纠纷都往“藏独”、分裂颠覆问题上靠，这样容易引起重视，也好处理，解决的效率高。比如把因自然灾害导致某村大桥垮塌，也扯到维稳上，某一家的牛羊失窃也归结到维稳上，甚至夫妻闹矛盾、婆媳关系不和等都扯到维稳问题上，草木皆兵，导致人民群众处于恐慌之中，久而久之产生了厌烦之情，这也无形中把普通群众推到对立面，如果不引起重视，积怨加深之后，一旦被某些势力利用，后果将不堪设想。因此，我们建议“网格化＋十户联防”治理模式实际运行中应当增强其综合治理和公共服务功能，充分发挥其承载来自上级“千条线”实施的作用，做好联系群众、信息传导、政务管理、综合治理、技术服务等工作，发挥好其安全生产、民生保障、便民服务、党建工作等方面的作用。

**（五）培育责任自负意识，避免可能导致的“连坐”**

问责制建设是行政权规制的必要环节，如何将“网格化＋十户联防”社会治理的问责制有机嵌入科层制系统，又独立于决策和执行权之外是关键。当把体制内的基层行政干部纳入“网格化＋十户联防”机制之中，问责好落实，把行政村、自然村干部纳入进来，问责制也好操作。然而，对于十户联防中被民主推选或者任命的联户长和普通村民如何通过问责来提高效率就比较困难了，因为无法通过撤职、降职、扣工资等处分来制裁。基层管理者的智慧是无穷的，他们找到了“解决之道”。甘南藏区属于国家扶贫任务最重的“三区三州”地区，是长江、黄河源头生态保护区，国家的惠农补贴、精准扶贫项目、生态保护补偿、孤寡教育等社会保障领域优惠款项种类较多，对基层联户长及联防户的问责制裁就以此为手段。然而此手段非常危险，十户中一户违规，取消或者扣减上述各类补贴，导致其他联防户承担连带责任，甚至网格（自然村）、片区（行政村）的各户都得承担连带责任。中国古代“连坐”思维历史久远，影响至深，人们对此驾轻就熟，时至今日“连坐”式制裁不时见于报刊网络。[①] 甘南藏区的“网格化＋十户联防”正式实践运行一年多时间，必须警惕避免一人违规集体受罚的“连坐”式制裁。

总之，作为一项新的社会治理模式，甘南藏区“网格化＋十户联防”的实践取得了不错的效果，下一步如果能够预防和改进存在的上述问题，它将会极大地促进社会治理社会化、法治化、智能化、专业化水平，进而实现共建共治共享的社会治理格局。

## “Grid Information Management System＋Ten Households Joint Defense”: New Era’s Innovation of Social Governance Model in Southern Gansu Tibetan Area

Yin Xingdong　Niu Lvhua

**Abstract**: The Southern Gansu Tibetan Area has been an important passageway between the Mainland China and Tibet since ancient times. It is also the convergence zone of Tibetan and Han cultures and the bridgehead for Tibetan stabilization. So, its social governance effect is of great significance. Since the beginning of 2017, The Southern Gansu Tibetan Area Government reforms the social governance model to integrate the past grid service management and the ten households joint defense into a new governance model“Grid Information Management System＋Ten households joint defense”. The implementation of this governance model has made the functions and administrative power of the government implement it at the grass-roots level of society, the management refinement level is improved, the scope of grass-roots public services is expanded, and the awareness of co-governance at the grass-roots level is improved, which has achieved good social results. However, these measures also exist such problems as insufficient investment in funds, high mobility of managerial personnel, low quality of personnel, excessive control, restraint of social vitality, stable absorption of comprehensive service governance functions, and “punishment by sitting down” in the implementation of responsibilities, comprehensive governance work is replaced by “Maintaining Stability” work and “Penalty for sitting in company”. This paper puts forward some countermeasures and suggestions to further improve the problem of discovery.

**Key Words**: Grid Information Management System ＋ Ten Households Joint Defense; new era; southern Gansu Tibetan area; social governance model

① 王石川:《村委会连坐式处罚:只有“自治”没有法治》,载《中国青年报》2018 年 2 月 7 日;顾钧:《漫谈连坐思维——从罗山县“株连三代”的公告谈起》,载《人民法治》2018 年第 13 期;聂长建:《法治反恐要反对连坐》,载《法制日报》2014 年 8 月 20 日;蒋培:《嘉绒藏区“连坐式”森林管护制度研究》,载《鄱阳湖学刊》2018 年第 4 期。

# “枫桥经验”:中国特色调解制度的时代叙事*

卢芳霞**

**摘要**:“枫桥经验”是中国特色调解制度在乡村社会运用的典范,自 20 世纪 60 年代被毛泽东主席亲自批示“各地仿效,推广去做”以降,逐渐被全国各地复制、借鉴。随着我国社会主义现代化建设在不同时期的变革,“枫桥经验”也与时俱进,创新发展,针对不同时期基层社会出现的不同类型的矛盾,有针对性地调适先前的调解机制,从而在解决矛盾中赋予“枫桥经验”持久的时代价值和经验内涵。可以说,“枫桥经验”折射出中国特色调解制度在乡村社会秩序建构过程中的历时性叙事,对于基层矛盾解决发挥了其强大的功能,并对我国调解制度的理论拓展提供了丰富的内容。在中国特色社会主义法治建设的道路上,“枫桥经验”继续发扬创新精神,为指导全国各地矛盾纠纷多元化解格局的建构输出本土的强音。

**关键词**:“枫桥经验”;中国特色;调解;经验价值;时代发展

被西方国家誉为“东方经验”的调解制度,是我国原生的矛盾化解方式,从 1963 年诞生至今,经过不断持续地丰富内涵与经验总结,在乡村社会秩序建构中体现了调解制度所具有的治理功能。“枫桥经验”历经 55 年,针对不同历史时期的社会矛盾,创设出灵活多样的调解方式方法,对于基层社会矛盾纠纷的和谐解决产生了示范性意义。“枫桥经验”不仅在浙江省内全面推广,而且在全国范围内遍地开花。每年来自全国各地的政法干部赴“枫桥经验”发源地考察学习,并将经验带回当地复制、推广。不仅国内如此,诸多国外官员与学者亦到发源地考察学习、移植、效仿这一体现中国特色调解制度的经验。从理论上来看,“枫桥经验”较早开创了社会化调解模式、法治化调解模式、专业化调解模式和智能化调解模式,推动着中国特色调解制度不断向前发展,成为中国特色社会主义法治体系中不可或缺的内容。“枫桥经验”经过半个世纪之久的积淀,积累了一套成熟的调解经验。历史性地回顾和总结“枫桥经验”在社会矛盾调解领域的成功做法,剖析其“小事不出村,大事不出镇、矛盾不上交”的独特运行机制,对中国特色调解制度的当代发展在理论和实践上都具有不可替代的地位。

---

* 国家社科基金项目“新常态下基层社会矛盾的协同治理研究”(16BZZ083);中国法学会课题“‘枫桥经验’55 年发展与创新”(CLS2018FQJYZX12)。

** 卢芳霞,法学硕士,浙江警察学院新时代“枫桥经验”与社会治理研究院教授。

# 引 言

调解作为具有中国特色的传统治理方法，在中国社会矛盾调处中有着悠久的历史，发挥着重要的作用。所谓调解，是指"通过说服教育和劝导协商，在查明事实、分清是非和双方自愿的基础上达成协议，解决纠纷。调解是我国处理民事案件、部分行政案件和轻微刑事案件的一种重要方法"[①]，在社会矛盾化解中具有得天独厚的独特功能，综合起来大致有这样几点：第一，可以预防矛盾激化，大事化小，阻止纠纷演变成重大的刑事案件。第二，便于纠纷当事人关系的修复，尤其是亲邻好友，不至于因纠纷而结下宿怨，有利于问题的根本解决。第三，纠纷解决途径便利，节省成本。第四，参与调解者除当事人、调解人，还有各个方面的证人，这些证人由于多与纠纷人长期接触，了解情况，对是非的判断较为准确。当事人容易心平气顺地接受调解的结果。第五，调解的过程是一个说理的过程，也是一个法律教育的过程。尤其是官府的调解，影响面更为广泛。[②] 调解是党和政府坚持群众路线的执政方式，因此，在人民主权的视野下，具有民主共治的政治功能。"人民调解制度作为一种法律制度，它的产生与运作都是和当时的政治实践分不开的，同党的主要意识形态的建立密切相关"[③]，是国家统治阶级管理国家事务的重要手段和方法，是加强宣传党的政策和思想、掌握社情民意的重要桥梁，同时调解也是维护基层稳定、夯实执政基础的第一道防线。从社会秩序建构上来讲，调解制度具有社会功能，表现为促进人与人之间旳关系和谐以及促进社会协调发展，"调解制度体现了强大的社会'和谐'价值"[④]。能以温和柔性、民主协商的方式排解民事纠纷，能通过兼容情理法的艺术实现"化干戈为玉帛"，能慰抚、修复当事人受创伤的心灵，能避免当事人的对立情绪和社会极端行为的产生，因此对构建和谐社会有着重要作用。"除了社会功能与政治功能外，法律功能也是人民调解制度的功能，且是最直接、最重要、最能体现当代法律价值的功能。"[⑤]作为法律制度的一种，调解是一种软法，可以通过教育人、感化人，缓和当事人的对立情绪，化解当事人的矛盾，从而达到预防犯罪的法律效果。调解具有经济功能，虽然调解本身不产生经济效益，但选择调解作为解纠方式，意味着不用通过烦琐的司法程序来解决纠纷，可以节约时间、金钱、精力等各种成本。

调解制度作为我国传统的社会治理手段，影响深远。新中国成立后，各种法律制度都处于重建之中，民事诉讼法等还没有制定出来，再加上受新民主主义革命时期"马锡五审判方式"的影响，全国主要通过调解而非司法诉讼来解决矛盾。1956 年政务院颁布了《人民调解委员会暂行组织通则》，第一次在全国范围内统一了人民调解制度，极大地推

① 《辞海》，上海辞书出版社 1990 年版，第 453 页。

② 曾宪义：《关于中国传统调解制度的若干问题研究》，载《中国法学》2009 年第 4 期。

③ 赵勇建：《人民调解制度的功能错位与迷失》，载《法制与社会》2006 年第 17 期。

④ 李武：《调解制度存在的社会合理性》，载《人民论坛》2011 年第 33 期。

⑤ 吴佳馨：《人民调解制度的功能及价值研究》，西南交通大学 2011 年硕士学位论文，第 4 页。

动了全国各地的调解工作。1962年开展的农村社会主义教育运动试点过程中,浙江省诸暨县枫桥区在治保委员会下设立了调解小组,由治保干部、派出所民警、群众中有威信的长者等参加,共同调解矛盾,化解纠纷,维护稳定。枫桥法庭当时的重点工作并不是诉讼案件,而是指导和培训调解小组如何调解矛盾,甚至联合区公所、公安派出所和村级组织一起调解矛盾,形成了当时符合农村实际需要的联动调解机制,创造出"发动和依靠群众,坚持矛盾不上交,就地解决,实现捕人少,治安好"的经验,被毛泽东同志亲笔批示"要各地仿效,经过试点,推广去做",从此"枫桥经验"闻名大江南北。

55年来,"枫桥经验"一直屹立在全国政法战线,在不同的历史时期针对不同的社会矛盾,创设出不同的调解方法,始终引领着中国农村社会矛盾调解的新走向:1963—1978年,"枫桥经验"围绕农村实际情况,开创矛盾调解和帮教工作经验;"文革"开始后,"枫桥经验"受到冲击,公检法机构都被取消,调解组织也不复存在。但是枫桥区干部群众依然坚持"枫桥经验",并将其运用到改造流窜犯和帮教违法青少年。1971年,"枫桥经验"又被全国公安战线最高会议全面肯定,再次回归到主流的政治生活行列。① 1971年,枫桥派出所重建,1973年,枫桥法庭重建。1973年底,公安部派人到枫桥蹲点,恢复推广"枫桥经验"。由此,枫桥区的调解工作又逐步恢复。1978—2002年,"枫桥经验"围绕社会治安,建立健全镇村两级联动调解机制;2002—2012年,"枫桥经验"围绕社会管理,着力构建大调解机制;2013年以来,"枫桥经验"围绕社会治理,创新多元化矛盾纠纷调解体系。从史料来看,1963年,毛泽东同志批示肯定的"枫桥经验",虽然重点指向的是改造"四类分子"(地、富、反、坏)的经验,但是,其实枫桥区之所以能创造出"发动和依靠群众,坚持矛盾不上交,就地解决"的经验,主要还是依靠当时比较健全的治保组织和调解小组。20世纪60年代,枫桥率先提出帮教理念,依靠群众帮助教育失足青少年和一般违法人员,促使其成功转化,开了全国帮教工作的先河,同样依靠的也是这批治保和调解人员。

中国调解制度中蕴含着可供全人类资鉴和利用的纠纷解决智慧,其较单纯地通过法庭的裁判解决纠纷更加有利于保护当事人的利益,更有利于纠纷从源头上的彻底解决,使纠纷的双方或多方都能达到满意。② 当前我国进入"诉讼爆炸"时期,调解这一传统纠纷解决经验不应当因为法律体系的健全而失去独特的功能。相反,基层社会矛盾纠纷的多元性引发呼唤着调解制度的时代创兴与发展。据统计,2015年全国法院新收各类案件1765.9861万件,同比上升22.81%,审执结案件1671.37万件,上升21.14%。新收、审执结案件的同比增幅均是2014年的3倍多。③ 2016年全国法院共登记立案1630.29万件(受理案件2305.6万件),同比增长12.48%,当场登记立案率达到95%④,2017年全国地方各级人民法院受理案件8896.7万件,审结、执结8598.4万件,结案标的额20.2万亿元,

---

① 赵义:《枫桥经验:中国农村治理样板》,浙江人民出版社2008年版,第51页。

② 曾宪义:《关于中国传统调解制度的若干问题研究》,载《中国法学》2009年第4期。

③ 数据来自最高人民法院发布的2015年全国法院审理执行案件统计数据。

④ 孙洁:《2016年全国法院立了多少案?》,载《民主与法制》2017年3月13日第5版。

同比分别上升58.6%、55.6%和144.6%[①]。浙江作为沿海发达地区,“诉讼爆炸”现象更是突出,2015年浙江法院全年新收各类案件134.4万件,审执结127.2万件,收结案数均为全国第二,各类案件也让一线办案法官年人均结案达218件,年人均结案件是全国平均数的2.2倍,居全国第一。[②] 2016年,浙江法院共受理各类案件149万件,办结145.4万件,收案数量居全国第三位,结案数量居全国第二位。[③] 2017年浙江法院全年共受理各类案件171万件,办结166.8万件,同比分别上升14.8%和14.7%,收案量全国第二、结案量全国第三,法官人均结案314.9件,名列全国第一。[④] 在这样的背景下,更加要充分发挥调解的“第一道防线”作用,从而缓解“诉讼爆炸”现象和法官办案压力,而“枫桥经验”持续不断地内涵建设与适用成效,则为基层矛盾纠纷治理中如何展开、创新调解机制晒出了可临摹的草本。

## 一、围绕社会治安,渐次构建完善调解体系

改革开放后,我国的社会矛盾发生根本性变化,从阶级斗争矛盾转变为人民内部矛盾。“枫桥经验”针对日益突出的社会治安问题,在20世纪70年代末开始,逐步探索融“打、防、教、管、建”于一体的维护社会治安综合治理的雏形经验,并在20世纪90年代趋于成熟,成为全国综治典范。在“枫桥经验”的综治工作经验中,调解是非常重要的组成部分。

### (一)1979—1992年:建成镇村调解工作衔接机制

改革开放推动了经济的快速发展,民间纠纷开始增加,在司法诉讼难以承载诉讼之重的情势下,倒逼调解工作重新得到重视。1980年,经全国人大常委会批准,重新公布了《人民调解委员会暂行组织通则》。1981年司法部公布《司法助理员工作暂行规定》,明确人民公社(镇)、街道办事处要设专职司法助理员,职责是管理人民调解委员会工作、指导检查民间调解工作和参与调解疑难纠纷等。1982年宪法以国家根本大法的形式确立了人民调解委员会群众自治组织的性质。1982年我国出台《民事诉讼法》,规定:“人民法院审理民事案件,应当着重进行调解;调解无效的,应当及时判决。”

1981年3月,诸暨县建立了全国范围内较早的县级司法局。司法局把推动人民调解作为主要任务之一,当年全县人民调解组织发展到1411个,调解人员5268人,共调解民

---

① 数据来自2018年最高人民法院工作报告。最高人民法院网,访问日期:2018年11月5日。

② 据来自浙江省高级人民法院代院长陈国猛在浙江省第十二届人民代表大会第四次会议上所作的法院工作报告。《浙江日报》,http://www.360doc.com/content/16/0202/20/8507568_532345411.shtml。

③ 数据来自浙江省高级人民法院院长陈国猛在浙江省第十二届人民代表大会第五次会议上所作的法院工作报告。http://zjnews.zjol.com.cn/zjnews/201701/t20170124_2897006.shtml,2017年01月24日。

④ 数据来源李占国:《浙江省高级人民法院工作报告》,载《浙江日报》2018年2月7日第2版。

间纠纷和轻微刑事案件10600件。[①] 1982年12月，诸暨市司法局按照宪法规定，将设在农村社队的人民调解委员会改设在村民委员会，在居民委员会、企业组建人民调解委员会，在村(居)民小组、企业的车间建立调解小组，设立调解员、纠纷信息员，并按照组织、制度、工作、报酬"四落实"的标准，加强调委会的规范化建设。1984年7月，诸暨县司法局在冠山乡进行村调解委员会主任岗位责任制试点，后在部分乡镇推广。1986年，全县在24个乡镇建立司法调解办公室，调解民间纠纷，宣传法制，为当事人代写法律文书；同年10月，全县基层调解组织普遍推行了工作责任承包制。

县级司法局的设立，推动了基层纠纷矛盾解决机构的建设。枫桥区在全国范围内最早设立乡镇综治办，于1986年开始前后建立了16个由政法副乡镇长任主任，公安员、司法助理员、土地管理员及团委书记、妇联主任组成的综合治理办公室。综治办的主要职责是调解重大的民间和治安纠纷，指导村级治保、调解组织调解矛盾纠纷。在调整乡镇内设机构的同时，进一步加强村级治保会、调解会的建设，形成镇村之间较好的工作衔接机制，即凡是由村移送到乡镇调处的治安纠纷，都必须具备四个条件：一是要有当事人要求上级调处的报告；二是要有村治安会对纠纷的调查材料；三是要有村初步意见；四是要有确实不能调处的理由。通过乡镇与村级调解衔接机制的建立，枫桥区发生的治安纠纷，一般都在村、乡两级解决。如1986—1989年，枫桥区共发生治安纠纷8806起，其中乡、村两级调处的有8046起，占91.4%。其中枫桥区乐山乡自1984年成立综治办以来，乡、村两级共调处治安纠纷412起，连续5年没有起上交。此阶段，枫桥区柳坞村葛亦幼被司法部评为全国人民调解先进工作者，枫桥区司法助理员杨茂夫被评为省优秀司法员。

1989年，国务院修改制定了《人民调解委员会组织条例》，规定："人民调解是依靠人民群众的力量实行自我教育、自我管理、自我服务、解决民间纠纷的一种自治活动，是一项具有中国特色的法律制度。"人民调解制度进一步受到党和国家的高度重视，枫桥区的调解工作也得到进一步规范，强调调解的系统性，在深化调解工作的实践中，创新一套更成熟的矛盾纠纷化解方法：一是不断建立健全治保、调解网络，形成一个纵向连贯、横向联系、纵横结合的治保、调解网络。二是贯彻"以防为主、防调结合"的方针。广泛开展防民间纠纷发生、防民间纠纷引起非正常死亡、防民间纠纷激化为治安问题和刑事案件的"三防"活动，加强信息工作，在纠纷矛盾较多的村，物色治安纠纷信息员，及时掌握各种纠纷苗头。三是建立和完善治保调解责任制，明确职责，定期考核。有效调动村治保、调解干部的积极性，使大量矛盾纠纷及时在基层解决。

枫桥区的做法，在实践上受到了国家权力机关的肯定。1992年，枫桥镇被中央综治委评为首批全国社会治安综合治理先进单位(以下简称"全国综治先进单位")。1993年11月，诸暨市隆重举行纪念毛泽东批示"枫桥经验"30周年大会上，枫桥区被誉为全国社

① 诸暨县志编委会：《诸暨县志》，浙江人民出版社1993年版，第724页。

会治安综合治理的典范。[①] 综治的本质依然是矛盾纠纷的化解，主导综治的主体是行政部门，显然，行政调解在基层社会矛盾纠纷化解方面同样具有得天独厚和不可替代的功能与作用。

### (二)1992—2002 年：创设矛盾化解"四前"工作法

邓小平南方谈话之后，中国改革开放的力度进一步加大，社会进入转型期，民事案件急剧增加。据统计，从 1990 年以来，法院受理的案件大幅增长，从 1990 年到 1999 年，全国受理的诉讼案件从 321 万件上升到 623 万件，9 年增长近 1 倍，其中民事经济案件上升最快。[②] 这一阶段的社会结构性变化使得人民调解制度受到了冲击。一方面，社会结构发生巨大变化。在农村，农民对土地的依赖不复存在，在城市，居民从"单位人"变成"社会人"，旧有的社会结构逐渐解体，身份关系不再受太多约束，村居委会的调解缺乏权力而变得难开展，同时"社会凝聚力下降，共同体成员的自治能力较低，内部调整作用差"[③]。另一方面，中央执政路线发生了大的调整，法治逐渐成为主题。党的十四大强调要"积极推进政治体制改革，使社会主义民主和法制建设有一个较大的发展"，十五大提出要"依法治国，建设社会主义法治国家"。同时受西方法治思想的影响，1991 年修改的《民事诉讼法》和 1992 年最高人民法院颁布的司法解释《关于适用〈中华人民共和国民事诉讼法〉若干问题的意见》都对调解原则进行了修改，由"着重调解原则"变为"自愿、合法原则"。民事诉讼机制开始上升为解决民事纠纷的主要方法，以人民调解为主要方式的非诉讼纠纷解决机制逐步萎缩和边缘化。[④] 然而，"合法不合理"的司法判决倒逼基层社会矛盾纠纷解决再次把目光转向调解，熟人之间的那种乡情在基层社会矛盾纠纷解决过程中远比刚性的司法诉讼更具有亲和力与融合力。

枫桥地区是个熟人社会，尽管有些外来务工的人员。陌生人社会的权利观念并不能替代熟人社会里的"道理"。枫桥镇[⑤]根据农村实际，依然重视调解工作，创新"四前"工作法，即"组织建设走在工作前，保证预防化解工作有人抓、有人管；预测工作走在预防前，建立一个反应灵敏、能及时发现矛盾纠纷的预防体系；预防工作走在调解前，努力减少矛盾，尽可能避免纠纷；调解工作走在激化前，就是力争把矛盾纠纷解决在萌芽状态"。"四前"工作法在缓解民间矛盾纠纷、维护社会治安稳定的实践中取得了显著成效。1993—1998 年，枫桥镇共受理各类矛盾纠纷 4345 起，调处 4232 起，调处率 97.4%，其中村一级

---

① 本文之所以把"1992 年枫桥镇被评为全国综治先进、1993 年召开 30 周年纪念大会"这两件事放在 1979—1992 年这个阶段，主要是考虑到全国综治先进单位是四年评一次，纪念大会是逢五周年、逢十周年召开一次。所以这两事主要还是对前一阶段"枫桥经验"所做工作的肯定。

② 数据根据《人民司法》1998 年第 4 期、1999 年第 3 期、2000 年第 4 期最高人民法院统计处公布的统计数据。

③ 范愉：《社会转型中的人民调解制度——以上海市长宁区人民调解组织改革的经验为视点》，载《中国司法》2005 年第 5 期。

④ 洪冬英：《当代中国调解制度的变迁研究》，华东政法学院 2007 年博士学位论文，第 47 页。

⑤ 1992 年 5 月，枫桥实施撤区、扩镇、并乡活动，枫桥区成为枫桥镇。

化解的占到78%,实现了“小事不出村,大事不出镇,矛盾不上交”。

经济发展引发了矛盾纠纷的规模化增长,然而,乡村生活中数年来形成的处事约定,意味着秩序自治既有主体基础,也有规则基础。而现有的以追求司法正义为价值的国家正式规范,并不能也无法在法律规范体系之内找到带有乡土气息的“土规定”。正是这些看上去土得掉渣的“土规定”,却演绎着基层社会矛盾纠纷化解的神话。值得深思的是,调解过程中不以国家法律规范为背景的协商,或许,是调解之所以成为调解的生命土壤。

## 二、围绕社会管理,党政齐抓共建基层大调解

进入21世纪以后,改革深化更加触动了各方利益的深层调整,产生了远比此前更为复杂的许多问题和矛盾,群众上访、集访大量增加,基层社会矛盾纠纷成为影响基层社会稳定的第一位问题。针对新的社会稳定问题,党的十六大首次提出社会管理的新命题。在2002年到2012的十年间,“枫桥经验”在社会管理创新的大浪潮中,创设了许多走在全国前列的经验,其中最为突出的是逐步探索出县域乡镇“大调解”格局,引起来了全国各地的关注和效仿。

### (一)2002—2007年:创新“四先四早”工作机制和“四环指导法”

随着国内法院“诉讼爆炸”的产生以及国外ADR纠纷解决机制的蓬勃发展,我国开始对“一步到庭”“当庭宣判”进行反思与改革,“案结事了”的司法政策推动了调解制度在中国的复兴。2002年是我国调解制度发生重大改革的一年。9月16日,最高人民法院发布《关于审理涉及人民调解协议民事案件的若干规定》,以司法解释的形式肯定了人民调解协议的合同性质和约束力。同月24日,中共中央办公厅、国务院联合转发《最高人民法院、司法部关于进一步加强新时期人民调解工作的意见》。同月26日,司法部又发布《人民调解工作若干规定》。在国家倡导下,一股重兴与再构调解的热潮被实务界推起。2002年9月,全国人民调解工作在北京召开,专门强调和部署这项工作。在2003年度全国高级法院院长会议上,最高人民法院将“加强诉讼调解工作,提高诉讼调解结案率”作为落实司法为民的重要举措进行布置。

在新的形势下,枫桥镇不断完善调解机制,创新出“四先四早”工作法:一是预警在先,苗头问题早消化。建立治安信息网络,实行敏感信息即时报,健全比较完善的维稳信息预警体系,使不稳定因素和苗头性纠纷及时掌握,有效化解;二是教育在先,重点对象早转化。针对容易引发群体性纠纷的事件,抓住要害,管住重点人,采取分层教育疏导,沟通思想,理顺情绪,晓以情理,把群体性事件解决在萌芽之中;三是控制在先,敏感时期早防范。制定防范预案,按照“宜解不宜结,宜疏不宜聚,宜缓不宜激”的原则,靠前指挥,劝解引导,妥善控制,及时处理各种社会矛盾;四是调解在先,矛盾纠纷早处理。建立健全镇、办事处、村和重点企业调解组织,完善纠纷案件移送、联调等制度,推进人民调解工

作制度化、规范化、法制化。通过推行"四先四早"预防化解矛盾机制，使枫桥镇80%的矛盾纠纷在村一级得到解决。

调解必须依法进行，是国家法律规范许可下的自治。因此，引入人民法院对调解工作的指导，是强化调解，树立司法权威，加强人民调解的法定选择。枫桥人民法庭创设调解"四环指导法"：一是诉前，法官作为法律指导员，定期到人民调解委员会辅导工作；二是诉时，对于简单的诉讼案件，尽量引导到人民调解委员会解决；三是诉中，即法院开庭时，请人民调解员来陪审或旁听；四是诉后，即法庭判决以后，及时向调解会反馈，为今后处理类似的纠纷案件提供借鉴。实行"四环指导法"以来，2003年枫桥法庭的案件数量下降到726起，而且70%以上的案件都通过调解得以解决。枫桥法庭的做法对全国基层法院有着重要的借鉴意义，得到了最高院的关注和认同。国家主导下的调解，与人民自发的调解有着本质上的不同，从综治中心的维稳调解到派出法庭的强化调解，目的只有一个，即如何让人民矛盾通过人民喜欢的方式获得彻底解决。然而，同时由于国家又是推动法治建设的主体，这就不可避免地在调解与诉讼之间产生了纠结。由此一来，凸显行政调解与人民调解在启动诉讼程序之前的巨大作用，而一些经过行政调解与人民调解未果的矛盾纠纷，在司法调解的过程中，往往由于诉讼利益的得失衡量而选择了调解协议结案。显然，以国家法律规范为底色的专业化调解日益重要，而构建行政调解、人民调解与司法调解的"大调解"则应运而生。

### (二)2007—2012年：专业调解推动县域乡镇"大调解"格局建构

2007年8月，最高人民法院、司法部联合发布《关于进一步加强新形势下人民调解工作的意见》，强调人民调解制度是一项中国特色社会主义法律制度，要"着力构建人民调解、行政调解和司法调解相互衔接、相互补充的调解工作体系"。诸暨市在继续夯实村镇两级人民调解工作的基础之上，开始探索建立专业性调委会。2008年10月，诸暨市联合人民调解委员会成立，创设人民调解与民事诉讼优势互补的大调解工作平台。同年12月，诸暨市医疗纠纷人民调解委员会成立，这是浙江省首家县级市医疗纠纷人民调解委员。枫桥镇在矛盾化解中探索出"治安联防、矛盾联调、问题联治、事件联处、平安联创"的五联机制，率先在全国乡镇范围内形成"大综治""大调解"格局。2008年7月，枫桥镇成立"老杨调解工作室"，由全国优秀人民警察杨光照同志牵头，建成集"人民调解、行政调解、司法调解"三位一体的"调解工作室"，形成矛盾纠纷调解的"专家门诊"，这是全国乡镇层面较早设立的个人调解工作室①，开启了个人调解介入社会矛盾纠纷解决的法门，国家许可个人参与社会秩序治理成为事实。

2010年8月，我国颁布了《人民调解法》，这是我国第一部规定人民调解工作的法律，不仅使人民调解的法律地位得以提升，而且标志着人民调解工作走上了法律化、制度化

① 个人命名的人民调解工作室，最早出现在上海。2003年11月上海江苏路街道成立了"人民调解李琴工作室"，成为全国首个街道层面的专业化人民调解机构。

的发展道路。同年8月，诸暨市被中央综治委列为全国社会管理创新试点单位，"枫桥经验"开始提档升级大调解工作。2010年，诸暨市迅速开展镇村两级调解委员会规范化建设，建立了人民调解"12345"工作机制。与此同时，继续加强专业调委会建设，在原来成立市联调会的基础上，又于2010年7月先后在枫桥、牌头、湄池、草塔、璜山5个区域的人民法庭设立市联调会调解中心，把大量的矛盾纠纷化解在诉讼前。2010年7月，诸暨市司法局与市妇联率先在全省成立诸暨市婚姻家庭纠纷人民调解委员会。2010年7月，成立诸暨市消费纠纷人民调解委员会，与市消保会合署办公，专门调处消费纠纷。2010年8月，诸暨市司法局设立市劳动争议人民调解委员会。2012年7月，成立诸暨市道路交通事故纠纷人民调解委员会，一站式开展交通事故民事损害赔偿及调解工作。至此，诸暨市已经全面建立起诉前、医疗、婚姻、消费、劳动、交通六个专业性人民调解组织。2012年8月，在全国率先成立县级调解总会，共有团体会员98个，个人会员10个。2012年11月，中共诸暨市委办公室、诸暨市人民政府办公室联合下发《关于进一步深化完善社会矛盾纠纷"大调解"体系建设的实施意见》。

枫桥镇以社会服务管理中心为平台，形成集公安、司法、法庭、检察、工商、医疗、个人调解室、产业调解室等专门力量和社会力量于一体的综合性调解平台①，不断完善"诉调对接""检调对接""公调对接"等工作机制，构建人民调解、行政调解、司法调解相结合的大调解体系，被称为"枫桥式"社会矛盾大调解体系，并加以推广。2013年10月，中央综治委和浙江省委在杭州召开纪念毛泽东同志批示"枫桥经验"50周年。习近平总书记做出重要批示，要求把"枫桥经验"坚持好、发展好，把党的群众路线坚持好、贯彻好。专业化调解在公检法司以及人民群众的共同协作下，发挥了准司法的功能。一方面，反映了基层社会群众的法律意识越来越强，另一方面，也对调解提出了时代要求，即从依据以情理内涵的"土规矩"要转向以法理为内涵的国家法律规范。否则，国家法律规范允许调解自治的存在，但是，国家法治建设决不允许调解从基底对此产生腐蚀。

## 三、围绕社会治理，创新多元化矛盾纠纷调解机制

党的十八大报告强调"加强和创新社会管理……完善人民调解、行政调解、司法调解联动的工作体系"。2013年11月，党的十八届三中全会作出"全面深化改革若干重大问题的决定"，其中强调要"创新有效预防和化解社会矛盾体制……完善人民调解、行政调解、司法调解联动工作体系，建立调处化解矛盾纠纷综合机制"。2014年10月，党的十八届四中全会作出《全面推进依法治国若干重大问题的决定》，强调"健全社会矛盾纠纷预防化解机制，完善调解、仲裁、行政裁决、行政复议、诉讼等有机衔接、相互协调的多元化纠纷解决机制"。2015年10月，中办、国办印发《关于完善矛盾纠纷多元化解机制的意

① 浙江省委党校：《枫桥经验——基层综治工作的典范》，载《浙江加强和创新社会管理典型60例》，中共中央党校出版社2011年版。

见》。可见，在新时代，党中央把多元化纠纷解决机制建设作为全面深化改革和依法治国的一项重要内容。

诸暨市充分发挥"枫桥经验"的优势，创新矛盾纠纷多元化解机制，重点突出调解工作。自2014年8月起，诸暨市先后新增总商会调委会、学生伤害纠纷调委会、环保调委会三大专业性人民调解组织，共计形成九大专业性人民调解组织。自2015年6月起，诸暨市重点探索调解志愿者队伍建设，出台物业管理纠纷人民调解工作机制，明确三级物业管理纠纷人民调解组织架构，明确物业管理纠纷受理范围等。2016年7月，诸暨牌头人民法庭成立了首家"乡贤调解会"，创新"枫桥经验"，依靠乡贤化解多元矛盾。2016年9月，诸暨市高规格成立人民调解协会，来自各相关部门和各级人民调解组织的107名会员代表参加会议。会议审议通过了《诸暨市人民调解协会章程(草案)》、《诸暨市人民调解协会财务管理、会费收取办法》和《诸暨市人民调解协会第一届常务理事会常务理事选举办法》健全了调解体制机制，为枫桥镇创新矛盾纠纷调解体制机制提供了制度系统支持。

从2015年开始，枫桥镇在创新多元化矛盾纠纷调解机制上贯彻共治共享理念：一是社会组织参与矛盾调解。建立枫桥镇调解志愿者联合会，吸纳行政村(社区)调解主任，企业、学校和医院的调解人员，行业协会(汽配、服装、消费维权、金融行业等)的调解人员，律师、机关干部志愿者等100多名会员。调解志愿者联合会分类、分片、分级调解各类矛盾纠纷。分类调解，是指按照矛盾纠纷的类型不同，由联合会秘书处统一派单给相关志愿者进行调解。分片调解，是指按原来镇中、镇南、镇东三个管理片区的划分，把志愿者分配到相应片区，帮助和指导行政村调解主任、年轻驻村干部进行调解。分级调解，是指按照村、镇二级联动进行调解，首先由行政村自行进行调解，调解不了的案件，才移交到镇调委会和调解志愿者联合会。[①] 二是建立矛盾纠纷甄别疏导机制。充分发挥行政村和司法所、派出所、法庭、检察室等基层站所在矛盾化解中的主体作用，切实将社会矛盾纳入法治轨道。加强对矛盾纠纷的源头甄别和疏导，明确人民调解受理范围，畅通调解、司法、信访案件对接机制，实施个案分流、综合研判，对不适合调解的案件及时移交对应部门处理，促进调解、仲裁、行政裁决、行政复议、诉讼等有机衔接、相互协调，使法治手段成为化解矛盾纠纷的第一选择。

2018年4月，枫桥镇整合资源，吸收社会力量成立联合调解中心，把枫桥司法所、枫桥派出所、枫桥人民法庭、枫桥检察室、交警中队、劳管站、供电所、枫桥医院、律师调解(俞岚工作室)、品牌调解、枫桥调解志愿者联合会等调解组织整合成一个全天候、集成化、专业化的调解平台。中心的调解类型有：第一，点单调解：老百姓需要哪个调解员调解，中心就安排相应调解员受理调解。第二，指派调解：根据老百姓的申请需求，其他成员单位调解更为便利的，中心会作出指派，让成员单位直接受理调解或者联合调解。第三，在线调解。当事人可以通过手机APP操作，自行选择调解员在线调解，视频通话，线

① 何超群：《创新调解的"枫桥样板"：百余志愿者变身"老娘舅"调解纠纷》，载《绍兴日报》2016年9月8日。

上调解，最终线上达成协议。此外，还可以一步到位完成司法确认，法院在平台收到申请后当即出具民事裁定书，非常方便。第四，联合调解：针对复杂性的、涉及多单位的矛盾，中心进行统筹安排，联合进行调解。

枫桥人民法庭充分利用浙江省高级人民法院"智慧法院"、最高人民法院"在线法院"两个网络平台，开展网上立案，网上调解：一是在枫桥司法所内设置法院自助立案终端机一台，并对司法所工作人员进行网上立案培训。如果当事人在司法所调解不成，就可直接网上立案，这有助于为群众解决纠纷提供"一站式"服务。二是在法庭诉讼服务中心树立浙江智慧法院安装使用告知牌，引导当事人通过手机下载智慧法院 APP，并指导他们如何使用该软件进行立案、查询案件进程等。三是进一步利用好"在线法院"的网上调解平台。为枫桥调解委员会配置专用电脑一台，并请诸暨人民法院立案庭为调解员讲授如何适用"在线法院"平台进行视频连线等各种调解方式，使得纠纷当事人即使相隔千里也能通过网络平台在线调解员的支持进行协商调解，一些纠纷实现了"最多跑一次"向"一次都不跑"的跨越。通过网络平台，以县(市、区)为单位整合调解资源，创新调解方法，提高调解效率。一是建立调解档案库。实现调解档案信息化，消除信息孤岛，实现互通共享。对所有已经办结的调解案件档案，进行信息化、数字化，全部上传到大数据平台，实现数据积累、汇总。在此基础上，对调解案件进行分类研究，形成典型案例汇总，出台分类调解业务指导手册。二是提供法律咨询和普及调解知识。通过微信公众号、调解热线、微访谈等方式，普及调解流程、调解案例、调解法律法规等知识。三是深化推广调解 QQ 群、调解微信群。广泛建立法院、法律援助中心、司法所与各专业调解委员、各乡镇人民调解委员会与重点村的调解委员会的 QQ 群、微信群，指导、帮助各调委会开展调解工作。

基层社会矛盾纠纷的产生具有多因性，因此，这就意味着矛盾纠纷解决存在多元性途径。从理念的意义上讲，调解也是矛盾纠纷解决的理念之一，不排斥多主体的协同和现代技术的运用。新时代"枫桥经验"充分证明，矛盾纠纷的社会性决定了矛盾纠纷解决的多元化合作，体现了全员参与、共治共享的社会治理现代化理念。

## 四、"枫桥经验"：开放中传承与发展

"枫桥经验"是中国传统法律文化的现代继承，并随着时代的进步，结合当代中国的国情和社情，55 年来，"枫桥经验"在发展中国特色社会主义实践中不断发现、创造、前进①，从一个地方性经验转变为全国性方法，走出了一条具有全国示范意义的调解之路，是中国特色调解制度的时代新瓛。

① 引自习近平在新进中央委员会的委员、候补委员学习贯彻党的十八大精神研讨班开班式上的讲话，2013 年 1 月 5 日。

### (一)“枫桥经验”:从地方走向全国的本土实践

“枫桥经验”的调解经验在全国广为复制和传播,已经从地方走向全国,成为中国“枫桥经验”[①],不断推动着中国调解事业的传承、创新与发展。同时“枫桥经验”还从国内走向国外,成为中华法律文明的“东方经验”,并为其他国家解决社会纠纷提供了可借鉴的故事。

第一,从浙江范围来看,“枫桥经验”早在全省推广,在习近平同志主政浙江期间,“枫桥经验”已经作为推动平安浙江、法治浙江建设的重要载体,强调要总结、推广和创新“枫桥经验”,加强人民调解、行政调解和司法调解工作,及时化解各类人民内部矛盾。在“枫桥经验”的实践影响下,除了发源地诸暨市和枫桥镇创新大调解机制,浙江省内涌现了各具特色的调解机制,如绍兴范围内出现了新昌县“3+X”纠纷调解模式[②]、越城区蕺山街道“306 和事佬”等调解经验;杭州市出现了和事佬、“六和塔”矛盾纠纷调处模式[③]、西湖区网上调解[④]等调解经验;宁波“网上枫桥经验”[⑤]、新时代“枫桥经验”的长沙模式[⑥],四川凉山州“枫桥经验”[⑦]、宁夏“枫桥经验”[⑧]等。

第二,从全国范围来看,“枫桥经验”一直是全国政法领域的样板,不断向各地辐射调解经验。据统计,每年都有上万名来自全国各地的党政干部赴“枫桥经验”发源地考察学习。如 2013 年“枫桥经验”50 周年之际,全国各地有 396 批次近 2 万人次到枫桥镇考察学习。在 2018 年“枫桥经验”55 周年之际,全国各地有 1500 批次近 5 万人次赴枫桥镇考察学习。这些人员返回本地后,许多在当地推广、创新“枫桥经验”。最为典型的是涌现了沈阳沈河区都市版“枫桥经验”[⑨]、长沙“枫桥经验”[⑩]、山西晋中“枫桥经验”[⑪]、陕西“枫桥经验”[⑫]、四川达州“枫桥经验”[⑬]等。

第三,从全球范围来看,中国调解制度被喻为“东方经验”,一直受西方国家关注。西方国家从 20 世纪 70 年代开始,反思单纯的诉讼判决所存在的缺陷以及由此带来的问

---

① 蓝蔚青:《“枫桥经验”为什么能成为中国经验》,载《今日浙江》2013 年第 17 期。

② 《新昌“3+X”纠纷调解模式全国推广》,新昌新闻网 2014 年 1 月 1 日。

③ 《杭州探索“六和塔”调处模式 创新矛盾纠纷综合化解机制》,载《杭州日报》2014 年 12 月 26 日。

④ 《西湖区运用“互联网+N”创新矛盾纠纷多元化解方式》,载《浙江法制报》2016 年 10 月 24 日。

⑤ 《宁波江东“网上枫桥经验” 打造群众工作“升级版”》,载《浙江日报》2013 年 10 月 14 日。

⑥ 湖南司法厅:《新时代“枫桥经验”的长沙模式》,http://sft.hunan.gov.cn/xxgk_71079/gzdt/jcdt/201807/t20180718_5055495.html.

⑦ 《凉山:彝州大地遍开“枫桥经验”之花》,凉山长安网,www.sichuanpeace.gov.cn.

⑧ 《让“东方之花”开得更艳——宁夏试点“枫桥经验”工作写实》,载《宁夏日报》2018 年 7 月 18 日。

⑨ 中国文明网:《沈阳市总结都市版“枫桥经验” 全市推广全社会调解工作模式》,http://www.wenming.cn/syjj/dfcz/ln/201408/t20140825_2137603.shtml.

⑩ 《学习“枫桥经验”构建大调解格局》,载《长沙晚报》2014 年 4 月 20 日。

⑪ 《“枫桥经验”的“晋中版”》,载《晋中日报》2014 年 8 月 21 日。

⑫ 《西安灞桥“358”调解模式是新时期的“枫桥经验”》,载《陕西日报》2015 年 7 月 20 日第 3 版。

⑬ 《创建“四无”村 达州践行“枫桥经验”》,载《四川法制报》2014 年 10 月 8 日第 4 版。

题，开始借鉴中国“东方经验”，将调解制度纳入自己的制度实践中，形成西方国家的ADR(Alternative Dispute Resolution的简称)制度。“枫桥经验”作为“东方经验”的典型代表，有学者和政府官员专门到枫桥镇考察学习“枫桥经验”，如国际犯罪学研究会主席卡尔纳、汉斯·尤尔根，朝鲜人民保安省代表团，斐济的政府官员以及浙江大学的多国留学生都曾到枫桥镇实地考察与借鉴。

### (二)“枫桥经验”：开创调解“四化”先河

有学者提出，“要深刻研究‘枫桥经验’，科学提炼出它的精神品质，才能将一个50年的典型从理论上找到其普适性价值。重视‘枫桥经验’的理论体系建设，也将丰富中国特色社会主义的理论形态，也是求真务实，是对坚持和发展中国特色社会主义理论的一大贡献”①。归纳总结，“枫桥经验”对推动中国特色调解制度发展有着四方面理论贡献：

一是开创了社会化调解模式，走出具有中国特色的“低成本”治理之路。“枫桥经验”是党的群众路线在矛盾化解领域的实践典范，其精神实质是通过发动和依靠群众解决矛盾，这开启了社会化调解先河，创新了一种中国特色的“低成本”治理模式。政府治理成本高昂，已经成为中国发展过程中的一道难题，必须要借助自治力量和培育社会组织，有效降低政府治理成本。“枫桥经验”的社会化调解模式，正有效降低了政府治理成本。“枫桥经验”中有一支重要民间自治力量，即调解组织，传统上枫桥镇一直有超过总人口10%的群众以调解员、治保员、信息员、义务巡防队等不同身份参与到综治和矛盾调解中。近年来枫桥镇又形成了一支130多名调解骨干组成的调解志愿者队伍，充分调动镇域内的各类社会调解资源，有效降低了政府治理成本。据统计，枫桥镇调解志愿者联合会自2015年12月成立到2017年12月，共调解了130多件纠纷案子，涉及赔付金额达上千万，调解成功率97%。2018年4月，枫桥镇成立联调中心，整合力量进行调解，截至12月底，共调解了381件纠纷案子，涉及金额3000万余元，成功率98%以上。可见，“枫桥经验”依靠民间自治力量，走出了一条比法律途径成本更低、时间更省、效率更高、效果更好的社会化调解之路，并对全国各地有着示范作用。

二是开创了法治化调解模式，打造了“法治中国”在基层的实践样本。传统上调解一直被认为是“和稀泥”，但是“枫桥经验”语境中的调解，有着一套成熟的法治化调解模式，始终坚持运用法治方式和法治思维调解矛盾。具体体现为调解主体、调解手段、调解依据、调解结果等要素的法治化。② 第一，“枫桥经验”坚持调解主体法治化，从事或参与矛盾纠纷调解的机关干部具有较为丰富的法律知识或较高的法律素养，村居人民调解员也长年接受法治培训和法治指导。第二，“枫桥经验”坚持调解手段法治化，不仅是单纯的道德说服教育，还采用法律方法与技巧。第三，“枫桥经验”坚持调解依据法治化。调解的依据如果明确有法律依据的，首先要按照法律规定。在法律范围内或无法用法律衡量

---

① 《“枫桥经验”的典型意义及理论价值》，载《人民公安》2013年第18期。

② 尹华广：《“枫桥经验”与调解法治化研究》，载《行政与法》2015年第2期。

的,才使用情与理的方法。第四,"枫桥经验"坚持调解结果法治化。调解的结果具有法律约束力,甚至可以由法院在一定条件下强制执行。正因"枫桥经验"始终坚持基本法治原则,所以枫桥镇的调解公信度非常高,调解成功率始终在98%以上,调解执行率始终保持100%。

三是开创了专业化调解模式,走出中国基层特色的"专业矛盾专家调"路子。中国传统的基层调解制度,尤其农村的调解制度,主要是依靠熟人社会关系、群众工作方法来化解矛盾。而"枫桥经验"的基层调解,则较早走出了专业化调解之路。诸暨市在县域范围中率先探索专业化调解,先后成立医疗纠纷人民调解委员会、联合调解委员会、婚姻家庭纠纷调委员、消费纠纷调委员、劳动争议调委会、交通事故调委会、总商会调委会、学生伤害纠纷调委会、环保调委会共九大专业性人民调解组织,形成了我国县域范围内体系最完备、种类最齐全的专业性调解网络。这些专业性调委会催生了"人员专业、机构独立、运作高效"的新型专业化调处模式,符合农村实际的专家型调解员,补缺了群众性调解组织的不足,在高效解决了医疗纠纷、劳资争议等专业性较强领域的矛盾中发挥了重要作用。以诸暨市医疗纠纷人民调解委员会为例,从成立之初至今,诸暨市医调会累计受理医疗纠纷2000多件,调处成功率达98%,连续十年实现医疗纠纷"零上访"。

四是建构了智能化调解模式,打造"网上枫桥经验"的农村版本。我国网民已居全球第一,取得了"网林盟主"的地位,永久承办全球互联网大会。中国的互联网快速发展,也延伸至农村地区。据统计,枫桥镇8万常住人口中,已经共有中国移动手机用户5万户左右,宽带用户1万户左右。中国电信手机用户1.45万户,固定电话用户2.19万户,宽带用户1.1万户。随着互联网在枫桥农村的普及,人民群众对矛盾化解、信访投诉、诉讼立案的要求更多转移到网络上,希望通过更便捷的方式解决矛盾。枫桥镇积极应对"互联网+"时代,着力探索"互联网+矛盾调解"新模式,通过基层治理"四个平台"(综治、城管执法、市场监管、便民服务四个平台)、智慧联调中心、智慧法庭、综治视联网村村通等开展网上调解,为"枫桥经验"的创新发展插上了"互联网"的翅膀,极大地方便了当事人的矛盾调解。这对全国农村探索智能化调解模式,逐步迈向智慧治理新时代有借鉴作用。

"枫桥经验"开启了协同化调解时代,形成了中国特色的"合作共治"范式,体现为"党委领导、政府负责、社会协同、公众参与"四位一体,是一种党政主导下的矛盾纠纷协同调解模式,体现出明显的中国特色。第一,始终坚持党政主导。"枫桥经验"一直有着很强的大局意识,始终在党的领导下,沿着顶层设计的路线,不断创新发展,55年来不走歪,不走偏,最终形成中国特色的调解道路。始终在政府推动下,由综治办、司法所带领各类调解组织针对不同时期的突出矛盾开展调解,及时把矛盾化解在基层。第二,始终坚持社会协同。"枫桥经验"中有着非常健全的镇村联动调解机制、乡镇与站所联动调解机制、政府与社会协同调解机制、法院与司法行政机关衔接调解机制。在新的历史时期,"枫桥经验"又把人民调解、行政调解、司法调解、社会组织调解有机衔接起来,实现优势互补、力量整合,在中国矛盾调解史上创设了一种协同化的调解模式。第三,始终坚持公众参与。这是一种有中国特色的公民社会探索,在党政引导下培育社会力量,加强政府管理与社会自治的良性互动。“枫桥经验”自诞生之日起,就已成为我国调解制度的现代演绎。在社会历经持续的变革中,“枫桥经验”不仅没有因为人民观念的转变而失去纠纷解决功能,反倒因为开放包容的发展理念而得以创新传播,并成为中国特色社会主义法治文化的一部分。

## “Fengqiao Experience”: Narrative ofthe Times of the Mediation System with Chinese Characteristics

Lu Fangxia

**Abstract**: The “Fengqiao Experience” is a model of use of the mediation system with Chinese characteristics in rural society. It has gradually been copied and borrowed all over the country after the highest leader's comments of “following and spreading all around” in the 1960s. With the changes in China's socialist modernization construction in different periods, the “Fengqiao Experience” is also advancing, innovating and developing with the times, with adaption to different types of conflicts in grassroots society of different periods by adjusting the previous mediation mechanism contrapuntally, thus endowing itself with enduring value and empirical experience connotation through resolving conflicts. It is regarded that the “Fengqiao Experience” reflects the diachronic narrative of the mediation system with Chinese characteristics in the process of constructing rural social order, exerting its powerful functions for the settlement of grassroots conflicts, and providing rich content for the theoretical expansion of China's mediation system. On the road of construction of socialist rule of law with Chinese characteristics, the “Fengqiao Experience” continues to carry forward the spirit of innovation, and to deliver the local strong voice for guiding across the country the diversified solutions to conflicts and disputes.

**Key Words**: “Fengqiao Experience”; Chinese characteristics; mediation; development of the times; empirical value

# 边疆民族地区群体性事件"大调解"制度研究*

## ——以"隆地"案为例

熊　征**

**摘要**:"隆地"案印证了当前我国边疆民族地区"大调解"制度所存在的"防卫过敏"、法律不彰、功能异化等问题。这些问题既来自调解本身的结构性矛盾,亦与边疆民族地区群体性事件的耦合性(涉民族、宗教、地缘因素)及转型时期事件参与者更为自利、反复的行动逻辑密切相关。尽管受到诟病,由于资源、手段、方法上的叠加优势,运用"大调解"解决群体性事件的现实意义并不稍减。联系体制背景来看,可从危机管理意识、"法"的介入方式以及传统机制的作用路径等三个逻辑层面作出制度修缮。

**关键词**:边疆民族地区;群体性事件;"大调解";功能异化

群体性事件,在过去数年中上升为我国边疆、民族地区较突出的"社会问题",引起学者的广泛研究。其共同之处在于,强调社会变迁、转型等宏观结构变化对群体性事件的诱导,将群体性事件治理方式的转变与新时期边疆民族地区政治、经济、文化的整体特性相勾连,提出的制度、政策导向设计具有全局性或超前意识。在边疆、民族地区社会快速发展与深入转型期,由于"时空压缩"导致的意识形态、价值观念的易变性与短暂性,使得形而下的制度、模式在适用过程中不得不更多地面对来自行动者的过滤、改造冲动,与更为复杂、微妙的场景条件,继而可能出现不同程度的逻辑异化甚至反功能,从而背离制度设计者的初衷。特定的制度设计在由人力和情景所构成的复杂场景中所暴露出来的问题,真实反映出该制度的缺陷及其所面临的外来压力与内在紧张,为进一步开出问题"诊疗"的现实处方提供了鲜活的实践反馈。这种通过将社会结构与微观行动者连接起来,检验、提高既有制度规范可操作性与治理效率的努力,具有同样现实的紧迫性。而在我国群体性事件处置的现有制度规范——信访、听证、行政裁处、"大调解"——中,"大调解"参与者与构成机制的多元化,使之能够在宏观、中观、微观的结合处反映出更多制度设计上的问题,因而更适宜作为一个中介性的分析单位。

* 国家社科基金青年项目"藏区非常规性纠纷研究"(项目编号:14CMZ009)。

** 熊征,法学博士,西华大学社会发展学院副教授。

## 一、问题的提出——处在规范、场景与能动性之间的“大调解”

所谓“大调解”，又称“大调处”“社会联动调处”，是由地方党委、政府主导，联合公安、司法、社会组织与其他民间力量构成的，包括人民调解、民间组织调解、行政调解（裁决）、司法调解（裁判）在内的多元处置模式。“大调解”属于典型的运动式治理——资源调动便捷、处置方案灵活，且紧贴“维稳”的政治功利，被广泛运用于解决边疆、少数民族地区的冲突。

目前，国内有关“大调解”的研究成果已十分丰富，为相关部门决策提供了重要依据。但已有成果大多是从形成原理、运作特点、功能机制等角度所作的理论或规范层面上的分析，或着眼于地方经验的介绍与推广，缺乏深入的个案实证研究①。失去了底层视角与对相关动态关系的把握，便无法看清“大调解”现实存在的问题，所提出的应对策略也不免带有一定的假想色彩。本文关注点在于，随着社会宏观环境的深刻变化，“主体性”概念被空前拔高，行动者的谈判、协商动力与能力今非昔比。正是在这一意义上，“大调解”日益成为国家—社会围绕特定关系/事件进行沟通、协商的公共领域。在该领域，我们经常可以看到“理性”的参与方根据情势需要，取舍、改造规范资源，使后者成为瞬间行动的产物，而非行动依据，甚至运用日常权力技术，建立起对调处部门的局部权力支配关系。这使得以政策、规范为依托，习惯于行政权命令——服从模式的地方党政机关面临尴尬。而边疆民族地区基于涉边、涉民族、涉宗教因素与群体性事件的强耦合性，以及由此生成的多重、相互冲突的制度逻辑，进一步加剧了治理机构的尴尬处境。行动者权变规则，赋予其意义符合社会伦理，另一方面，“从仔细考察‘新制度主义’学者所做的大量系统研究中，（也）可以得到一个重要教训，这就是‘制度细节’是重要的”②。恰当的制度、结构不但利于减少行动者对不确定信息的需要，而且约束或激励行动者做出理性反应。③ 完善制度细节，提升其功能适应性，达到以制度强化规范、约束算计、引导功利的关键，在于从结构、行动、情境、权力关系的互动实践与多重逻辑影响中获得经验反哺，这为下文的个案延伸分析提供了理据。

## 二、隆地群体性草山纠纷事件④

隆地草山纠纷发生在某藏族自治州 A、B、C 三地交界地带，争议焦点是合地（位于隆

① 目前，仅有学者艾佳慧曾详细记录、深入分析了一起围绕某汉族乡村住宅建设纠纷引发的“大调解”协调会，参见艾佳慧：《“大调解”的运作模式与适用边界》，载《法商研究》2011 年第 1 期。该文个案的性质、地域特点与处置的繁复性均不同于本文，是另一种意义上的典型个案。

② ［美］埃莉诺·奥斯特罗姆：《公共事物的治理之道》，余逊达、陈旭东译，三明书店 2000 年版，第 43 页。

③ 吴晓林：《结构依然有效：迈向政治社会研究的结构—过程分析范式》，载《政治学研究》2017 年第 2 期。

④ 出自某州边界办公室卷宗材料。除特别注明外，案中资料均来自该边界办。

地的阳山)面积近4000亩的草山归属。该地区自19世纪中叶爆发首起草山纠纷,后经调处暂时平息。20世纪60年代双方再生冲突并签订"LS协议"。至90年代末到本世纪初复又连续出现三次较大规模流血冲突事件,引起各方高度关注。

**(一)案情回顾**

A地D乡E村、B地F乡G村与C地H乡在隆地的草山纠纷由来已久。该地区最早于1857年发生了一次较大规模纠纷,后经某寺院活佛调解,各方达成一致协定,合地草山为H部落放牧区。此后至1958年民主改革的一百多年间双方和平相处。20世纪60年代初,H乡与E村在隆地再次发生械斗,州人委派出工作组,会同A、C两地领导签订了"LS协议",将合地沟划给A地D乡E村。但协议签订后,合地一直由三方群众长期混牧使用,从20世纪80年代初开始,合地大部分草山转由C地H乡部分牧民实际使用。时隔十余年后的1997年,纠纷再度爆发,造成多人死伤的严重后果。

1998年7月,H乡部分群众进入隆地的腹地,与E村、G村牧民发生冲突,州分管领导赴现场调处,划定了搁置区域,签订了搁置协议书,并在征得三地群众意见后,共同邀请6名民间老人在B地展开调解工作。调解至次年10月中旬,以失败告终。10月22日,相关部门在冲突现场召开专题会议,形成《在隆地撤离集结群众的协议》。2000年7月,三地政府邀请民间调解人员进行了第二次调解。由于三方意见相左,未达成共识。2001年5月和11月,三地分别达成《关于调处隆地草山边界纠纷的协议》《关于隆地草山边界纠纷的搁置协议》,再次在隆地的争议地段设置"真空(搁置)区",禁止任何一方以任何借口进驻搁置区。12月底,冲突再度爆发。2002年2月,三地政府签订《关于调处隆地草山纠纷的工作协议》,组织专门工作小组下到争议地方严打整治、缉枪治爆,宣传政策、法律,并敦促原委托民间调解人员尽快开展谈判工作。7月12日晚,三方再生械斗,1人被打死。11月11日晚,又一次达成《搁置协议》。次年5月21日,越界枪击事件再度发生。

2003年9月,州边界办提出《关于隆地草山纠纷的裁决意见》。意见规定:"LS协议"和1993年已勘定的行政区域界线不变;隆地合地沟草山实行所有权与使用权两权分离原则。所有权仍为A地,使用权为C地;C地H乡在此放牧群众每年给A地E村交纳适当的草山使用费;三方群众在历次冲突中造成人员死亡的,相互给每个死者家属一次性死亡赔偿和安置费40000元,其他财务损失亦在互抵后照价赔偿;三地行政区域界线和三地界线交会点年内必须埋设界桩。2004年5月,州政府召开专题会议,贯彻执行《裁决意见》。6月23日,在搁置区出现H乡帐篷数十顶,集结群众百余人,由于各方控制,未爆发冲突。12月初,相关部门就落实《关于隆地草山纠纷裁决意见》善后事宜作出处理决定,涉及埋界桩、缴纳草山使用费、赔偿损失、扶贫资助等。12月中旬,州及三地相关领导举行界桩埋设及揭牌仪式。至此,事件处理告一段落,但零星纠纷依然存在。

### (二)参与方的冲突、博弈与调适

在这起旷日持久的事件中,对抗关系主要发生在C地H乡与A地E村、B地G村的两方之间。A地E村与B地G村没有表现出明显的利益冲突,它们保持了一种联手对抗H乡的姿态。由于B地G村的介入与受损程度相对较低,C地H乡与A地E村构成了事件当事人主体。事件"大调解"主体则是以州边界办为代表的一州三地的政府机关,包括分管副州长、三地主要领导、州(地方)边界办、综治办(社会治安综合治理办公室)、民政局、公安局、国土局工作人员,以及司法机关工作人员、民间调解人士等,阵容庞大。

1.E村的诉求与应对

2003年5月,E村与B地的G村联名提交了一份申诉书[①],要求相关政府部门就隆地的草山纠纷,"以事实为依据,以法律为准绳",做一个公正的处理。申诉书首先声明隆地沟口上下都有两村牧民居住,并有一处共同使用的天葬场。这是因为国家在勘界工作中就边界争议的裁决有"尊重历史、注重现实"的工作原则,但在实践中人们更注重"历史原则",即历史上属于哪方所有就应该判归该方,而"现实原则"几同虚文。之后重点提出"LS协议"是州委、政府组织三地领导、两乡领导和群众正式谈判数月后达成的结果,"协议双方谁违反协议要追究违反方的法律责任",表示"尽管'LS协议'将草山的70%划给了H乡[②],但我们(E村)还是遵守这个协议",并坚决要求尊重历史协议,依照"LS协议"调处各类事端。这一要求和主张与相关政策规定一致,能够获得国家层面的支持。因此,反复强调"LS协议"的合法性、权威性与不可变更性成为E村与G村联合申诉书的重点。E村还将20世纪90年代以来的几次草场械斗都归咎于H乡,认为其为了经济利益,妄图更改"LS协议"确定的边界线。声明在冲突中E村保持了克制,损失惨重,但H乡的违法犯罪行为没有得到处理,同时对政府收缴H乡枪支不力以至发生伤人后果提出了委婉批评。最后,E村要求政府法办违反"LS协议"的直接责任人,严惩杀人凶手,尽快作出一个公正的处理。申诉书中,E村的表述有理有据,不仅多处使用了"法律""依法""政策"等规范话语,也提醒了各方对"LS协议"的重视,于无形之中给政府的调处工作设定了一条难以逾越的底线。

2.H乡的诉求与应对

《关于隆地草山纠纷的裁决意见》(以下简称《裁决意见》)做出后,在H乡五部落群众请求重新裁定隆地草山纠纷的申诉书[③]中,H乡首先表明了对《裁决意见》的否定和不满,认为意见违背了"尊重历史,注重现实"的勘界原则,也脱离了"照顾双方群众利益,维护社会稳定"的出发点。接着回顾了隆地草山纠纷解决的最初界线和其在合地建有住

① 2003年5月10日《A地D乡E村、B地F乡G村全体村民的申诉书》。

② 实际上,争议区只是隆地草山的一部分,即面积近4000亩的合地草山。而"LS协议"将合地草山划归了A地E村。

③ 2003年10月5日《C地H乡牧民群众关于请求对阿拉隆地草山纠纷重新进行裁决的报告》。

房、棚圈的生活生产历史,试图证明合地历来就属于 H 乡的定点放牧区域。值得一提的是,作为相对方的 A 地 E 村对此未置可否。针对对方反复提到的"LS 协议",H 乡提出是"文化大革命"特殊时期的产物,且其签订未经本部落群众的同意,"H 乡群众对协议签订的前后经过及内容一无所知"。而正是由于群众对新划定的界限不清楚,所以"1998 年以来发生的流血冲突事件主要责任都不在 H 乡"。不仅如此,"由于'LS 协议'总共涉及了三处草山纠纷,另两处纠纷后来均通过民间调解的方式恢复了历史界线,废止了'LS 协议',使双方的纠纷问题得到实质性的纠正解决"①。所以,隆地的草山纠纷也应"本着尊重历史的原则调解解决",而不应以"LS 协议"为准。"如果确要在'LS 协议'不变的前提下进行强制的办法裁决,将坚决不予接受。"H 乡对"LS 协议"的效力颠覆既质疑了《裁决意见》之依据,也为自身的"越界放牧(寻衅)"行为寻找到了正当理由。

此外,H 乡还以 2003 年 5 月 E 村开枪打残 H 乡一放牧员双腿之事,诘问政府在枪支收缴过程中的疏忽与偏袒,表现出对政府相关主管领导因考虑地方利益,导致数次民间调解无果而终的猜疑。针对《裁决意见》建议给予 A 地 E 村扶贫资助,H 乡又提出"作为 C 地的贫困乡和重点扶贫对象",H 乡亦应获得扶贫资金。最后,H 乡表示"如果州上执意执行这一强制裁决,必将使事态扩大,带来人民生命、财产的重大损失,同时在广大群众中失去党和政府的崇高威信",请求"恢复历史界线,或以历史界线为基础,用民间调解的方法重新加以调处,或重新予以裁决"。在另一份补充申诉书中,H 乡以更为强硬的口吻重申了上述要求。② 总之,H 乡充分利用了社会管理者求和忌乱、求稳怕变的心态与民族政治因素的敏感性,增加了诉求实现的筹码,加上其对历史界线和习惯的反复强调,使政府在纠纷解决过程中承受了巨大压力。

3.政府的艰难抉择——在历史、现实、法律与政策之间

自 1998 年隆地草山纠纷再次爆发以来,由官方制定或调解达成的协议(办法、意见)多达数十份,政府为维护一方稳定付出的艰辛努力可见一斑。另一方面,接二连三的协议也说明方案策略上的穷于应付。

目前,相关行政区域边界管理法规、勘界及边界争议处理的政策条例——"建国后经双方人民政府明确划定或经上级人民政府确定的边界线不再变更、可按有关协议核定边界线的规定",以及"尊重历史,注重现实"的原则是各地裁决草山边界纠纷的主要依据。联系本案来看,"LS 协议"和 1993 年 A、C 两地勘定的行政区划界线具有适用上的法定性。对于这一点,争斗双方心知肚明。但"H 乡历史上在合地地区长期的生产使用情况也是需要考虑的一点,'LS 协议'中划归 A 地 D 乡 E 村的合地沟由 C 地 H 乡部分群众长期混牧使用,从 1980 到 1998 年已有 18 年之久,已形成目前生产生活的现状"③。因此,

① 相关资料显示,这一论断与事实有出入。

② 在这份补充申诉书中,H 乡提出了三条要求:(1)不准 E、G 村在历史界线以上越界放牧;(2)州、县有关部门不要脱离群众谈判,解决所谓 70 号《裁决书》的遗留问题;(3)不准强行勘界栽碑。参见 2004 年 8 月 18 日《C 地 H 乡五部落群众再次请求上级有关部门重新裁决隆地草山纠纷的补充报告》。

③ 2003 年 7 月 20 日《关于隆地草山纠纷调处情况的汇报暨裁决意见》。

错失"LS协议"的H乡无疑占据了历史和现实优势。H乡亦正是利用这一点屡次越过"LS协议"界线,向政府施加压力,争取草山权益。同时,这些相互冲突的依据极大增加了裁决的难度。为平衡各方利益,相关部门曾提出几套解决方案:双方按年轮流使用;一方使用,给另一方生产、生活补助;合地的三分之一划给E村,三分之二划给H乡。[①] 所有解决方案的前提均是维持界线不变。

然而,不间断的冲突表明政府维持界线不变的坚决态度并未改变H乡的意图,也未能获得既得利益一方N村的强有力支持。双方依然在冲突的同时上言、申诉,相互指责、累积"证据",试图扩大对争议草山的权益。由于长期以来形成的路径依赖,政府在"大调解"中采取了运动式治理的种种手段——派出工作组、划定搁置区、召开群众会议、组织民间调解等——化解矛盾,但收效甚微。因争议草山的归属与地方利益息息相关,在整个纠纷事件中,各地方基层政府的态度也较为暧昧,有时甚至成为左右纠纷进程和结果的重要一极。《裁决意见》作出后,H乡牧民情绪较激动,一度在隆地争议地区搭建帐篷,集结人员。驻扎在隆地C地境内的基层干部一方面劝解群众不要侵牧,一方面很委屈地说:"裁决意见不公平,三地交汇点埋设桩界群众不答应,我们也不答应……"[②]双方基层政府工作人员的双重身份进一步增加了问题解决的难度,使之既要满足基层群众的要求,又需打通不同的地方利益博弈格局,还要考虑到纠纷解决可能产生的社会影响和示范效应。在历史、现实、法律和政策之间,相关部门最终做出了《裁决意见》,从其内容的"创新"程度上看(如所有权、使用权相分离;扶贫资助等),可谓殚精竭虑。

4.处于行动末梢的司法

1997年以来,在双方的三次大规模冲突中均造成了人员伤亡、巨额财产损失的严重后果。为此,《裁决意见》要求,对双方历次冲突造成的人员伤亡、刑事案件,由州公安局牵头,组织三地公安机关重点督办。

但本案表明,在维护社会稳定、民族团结的大背景下,公安司法机关打击、惩治犯罪的法定职责往往退而求其次。为尽快平息纠纷,"抓大放小"决定了公安司法机关维护治安的主要任务与打击犯罪行为时的"投鼠忌器"。其次,涉及案中案的刑事案件侦破难度较大。这当中既有集体责任观念的影响,也是群体行动中犯罪行为的隐蔽性所致——在本案2002年7月某日凌晨的枪击事件中,公安部门根据现场遗留弹壳确定,现场参与射击的就有18支枪,由于持枪人隐瞒,群众包庇,事后仅找出1支。另一方面,担心犯罪嫌疑人确定后受害方报复甚至仇杀,亦会对相关部门积极办案形成负面激励。刑侦工作不能有效启动,司法裁判无法跟进,作为"大调解"重要一环的司法调解亦难展手脚(尽管司法机关对部分官方最终裁决意见的拟定给予了业务指导)。"重点督办""加强侦破"等表述与其说表明了政府部门打击犯罪的决心,毋宁说是抚慰受害方情绪,杜绝民间寻仇行为的策略,为的是给草山纠纷的官方裁决画上一个相对圆满的休止符。

---

① 2003年7月20日《关于隆地草山纠纷调处情况的汇报暨裁决意见》。

② 2004年6月24日《关于赴合地沟集结群众情况核实的紧急反映》。

5.官方裁决与民间调解

官方裁决需得到基层群众的认可方能有效实施。当地政府在事件处置过程中显然注意到了这一点。从1998年纠纷复发的第一年开始,政府部门先后组织四次民间调解,邀请群众代表、民间及宗教权威人士共商问题的解决。第一次民间调解历时1年,第二次5个月[①],第三、四次调节历时均为1个月。调解时间缩短不等于调解效率的提高,它更多地表明基层群众对传统民间调解日益复杂的态度和政府部门急于解决纠纷的迫切心态。前两次调解失败的直接原因是一方调处人员和群众代表自行退出;第三、四次调解也因一方调解人员迟迟不到等原因未能达成任何结果。“在各种各样可供选取的观念中,人们总是愿意相信那些最符合他们的物质利益的观念。”[②]从双方态度看,由于草山纠纷的民间调解倾向历史的习惯界线,符合H乡的利益,因此,越少受到官方意志影响的调解就越受H乡推崇。政府划界后,作为相对方的E村多了一个更有利的选择,即官方裁决,因而未对民间调解表现出太大的兴趣。由此可以推断,只要符合自身利益,纠纷双方对民间调解亦能作出全然不同的反应。态度上的冷热不均与复杂多变必然导致依赖双方合意的谈判调解举步维艰。

传统调解机制的困境不仅在于调处部门的不合理催促与群众态度上的疏离,还面临着来自官方的不认可(如第二次民间调解不依据“LS协议”所划定界线的做法就未得到政府支持)。对于突发群体性事件,单凭传统调解已难以撼动大局。不过,从本案政府裁决的内容看——有关人命赔偿、财产损失赔偿的方式(损失互抵)与数额(只是将“命价”转述为“死亡家属安置赔偿费”)等,民间调解也施加了一定影响。反观《裁决意见》作出后H乡的强烈反应——“政府强制裁决,群众绝不同意”[③],并伺机集结上访,裁决未能达到“彻底平息纠纷”的预期。

**(三)小结**

本案是一桩有历史遗留问题性质的群体性草山纠纷事件。“LS协议”签订划界后,合地的草山实际由H乡、E村、G村混合放牧共用,20世纪80年代初又大部分重归H乡使用,在一定程度上恢复了历史习惯线。由于人口增长及草场承包责任制的落实,在生存发展、利益追逐等因素的共同作用下,争议草山内的平衡格局被打破,双方心态亦发生了变化。作为“LS协议”边界线受益者的E村不再允许H乡进入合地生产生活,而H乡则坚持以历史习惯线来修正“LS协议”线。两条分界线之间的张力导致纠纷的复发。

在权力单边治理的惯性思维下,本案调处过程彰显出强烈的党政驱动特征,行政权

① 四次民调中,唯一一次制定出调解方案的是第二次民间调解,耐人寻味的是,此次调解的办法是:不是历史的界线,不是“LS协议”的界线,而是多次争议后双方群众实际遵守的习惯线。参见2000年11月《关于B、A、C在隆地的草山纠纷调解书》。

② [美]兰德尔·科林斯,迈克尔·马科夫斯基:《发现社会之旅——西方社会学思想评述》,李霞译,中华书局2006年版,第53页。

③ 2003年10月5日《H乡牧民群众关于州政边界批转合地争议草山纠纷裁决无法接受的请求报告》。

力与民间调解组织、司法机构之间的合作则以命令——服从的单向控制为特点，多方联动程度较低。同时，在一些关键性问题中，司法作用未能体现。而一旦处在司法程序与法律框架之外，最终的协商结果便可能是基于实力的利益分配。正如克雷齐尔所言，"在纯粹的政治程序里(排除法官的干涉)，作出决定或达成解决，如同争议双方在社会行为中显示和检验力量一样，是力量较量的结果……"①这从根本上构成了对"大调解"实践模式正当性的深刻质疑。当对于何谓"正当"缺乏判断基准，进而无法预测、把握利益基点时，H乡与E村的群众(包括部分一心为地方争强的基层干部)拿起了"弱者的武器"，他们以己方利益为导向，适时采取不合作，搞破坏(如双方在搁置期的侵牧行为、抢掠行为)等策略，质疑并挑战调处方案的合法性基础。

## 三、基于三个层次的制度回应

尽管面临诸多质疑，在当前体制下，"大调解"的资源整合与动员力，使之有利于打破我国社会组织机构的条、块分形顽疾，避免政出多门与社会治理的低水平重复。② 同时，它还承接了许多传统民族地区的权利价值诉求，在群体性事件的处置上具有叠加优势。因此，"大调解"机制不仅仅只是政府在政治意识形态主导下的主观愿望和追求，更应该是我国政府将其作为"兴公众之利"政府、为解决转型期社会纠纷剧增之"必要的善"的制度选择。③ 为更有效发挥其作用，首先需要完善制度细节，打破对既有路径的依赖。

### (一)形成基于整体性认知的危机管理意识

对聚众闹事、冲击党政机关、械斗等突发群体性事件谈虎色变，意识形态化，以应急性危机管理机制，致力于事件的迅速平息，是当前我国边疆民族地区地方政府机关较普遍的工作状态。④ 本案调处部门不惜代价、不遗余力、"就事论事"地解决草山冲突(如指示、命令接二连三、划定搁置区、严打整治、蹲点思想教育、缉枪治爆、政策宣讲、专题会议等)，就是一个现实注脚。尽管政府部门服务于地方长治久安的愿望与出发点是好的，但在维稳压力下，边疆、民族地区群体性冲突事件的破坏性与分裂性被过度放大，由此形成"体制性防卫过敏"(荣敬本语)。实际上，所谓政治稳定，是指一个国家具有对国内冲突与危机作出反应并维持其权威模式的能力。⑤ 无冲突的静态秩序不等于稳定。而从动态

① [澳]M. 克雷齐尔：《法律人类学评介》，傅再明译，《国外社会科学》1987年第11期。

② 范如国：《复杂网络结构范型下的社会治理协同创新》，载《中国社会科学》2014年第4期。

③ 徐亚文，邓珊珊：《论我国"大调解"机制中政府的角色定位——以荷兰的调解制度为借鉴》，载《学习与实践》2013年第3期。

④ 在村、组长由乡镇指派到村民直接选举的权力来源转变过程中，也有少数干部因为情绪化或特殊目的，对突发事件反应消极、懈怠，甚至放任发展；或因治理思路的差异，采取温和安抚手段，寄希望于纠纷自行消解。据笔者观察，这在边疆、民族地区基层并不罕见。

⑤ Gurr Ted Robert, Persistence and Change in Political Systems, 1800—1971, *American Political Science Review*, 1974, 68:1482-504.

稳定的角度考虑,就应看到群体性事件对于释放不满情绪、不公感受与冤抑的“安全阀”作用,不断调整完善社会治理之道:类似正常的宁静的社会生活中另一混浊表面上的有限的透明区,群体性冲突事件使我们能够探究在运行中的社会结构的要素以及它们在连续点上合拍的相互支配。① 这意味着,相关政府部门要注意探索建立常态化危机管理机制与多元共治模式,以便在对多重制度逻辑的权衡中,合理抉择相互冲突的利益需求,避免在当事人利用敏感话题或“改造”制度、规范时自乱阵脚,就事件调处作出合理安排。

**(二)维护“法”的结构性位置,通过完善“法”的介入有效性来累积合法性**

完全诉诸法律或仅凭司法机关裁决,难以妥善处理涉及多方、多层次因素的群体性事件。这也是联合大调解模式形成的一个现实因素。然而,对于法的调整对象,仍应设法坚持法的解决。“法”为政府调处设立了规范基准,有利于矫正基于实力、关系或领导个体判断差异的资源分配冲动,对威胁、人情、反复、“战术”迂回等日常权力技术的影响也能形成一定的免疫力。隆地案政府调处部门对三方争议焦点的“LS 协议”线的积极维护,有力捍卫了相关边界争议管理法规,向外界昭示了依法调处的坚定姿态,降低了当事人乱中取胜的期待。但自纠纷爆发以来,H 乡对“LS 协议”线效力的不断挑战——与 E 村的认可形成鲜明对照——也从一个侧面表明,对“法”的认同与当事人所处的“位置”密切相关,法律本身不构成效力与“合法性”认同之基础。人们对“法”的工具性利用出自本能,因而,只有通过创造“法”的有效性,增加可接近性,来累积合法性的方式才能逐渐影响、改变现有的认同模式——实现从以利益为基础的功利认同到以敬畏、信服、习惯为基础的权威认同。本案涉案人员的刑事责任,本可以借助藏族社会的群体利益观,以及相应的互助、合作、共担机制,适用社区矫正、当事人和解等“恢复性”司法方法加以解决,而不是纯粹为配合事件整体平息之效果,做模糊化处理,导致“法”的形象的进一步萎缩。

其次,借助运作“法”的专门司法机关,通过司法的逻辑构造,将相关争议转变为司法技术问题②,有利于顺势减轻法外因素干扰,防止冲突方对政治机体的直接冲击。本案中,政府机关从方方面面介入纠纷处置,并因其行政职能的深度使用在群众中产生无所不能的印象,因此,其一举一动都受到纠纷双方基于眼前利益的事实性评价,甚至出现了“一个州两种政策”“他们在州上当官的人多”等猜疑③,造成官民隔阂与纵向矛盾。另外,由于“权尚于法”的传统观念较为牢固,政府在平时的工作中,对“严明守法”的舍,对“道德表率”的取,上行下效,也导致许多群众“将事实‘正确’和道德‘正确’置于程序正确之上,法律规则和程序对于处理许多危机来说作用不大”④。正因为司法宏观环境较为恶

① [澳]M.克雷齐尔:《法律人类学评介》,傅再明译,《国外社会科学》1987 年第 11 期。

② 不得不提的是,边疆民族地区群体性事件若涉及民族、宗教、政治等宪法性问题,在宪法司法化制度确立之前,群众的部分诉求依照现行法律亦无法加以评价和处置。

③ 2003 年 10 月 5 日《H 乡牧民群众关于州政边界批转合地争议草山纠纷裁决无法接受的请求报告》。

④ 赵鼎新:《社会与政治运动讲义》,社会科学文献出版社 2006 年版,第 144～145 页。

劣，为有效回应民间诉求，传统的“单一司法”需要向操作技艺丰富而多元的“复合司法”偏移[①]，努力构建其本土正当性。这也意味着，提高“法”的介入效果需要与对民间传统机制的吸纳与整合联系起来，从可接受性上寻求突破。

**(三)保障传统机制的功能完整性**

总体上看，当代边疆(民族)地区治理还不成熟，治理主体、方式单一，基本上是政府在唱独角戏……社会力量没有被纳入治理的视野。[②] 这种一元结构的治理模式，反映在群体性事件调处中，往往表现为防备打击社会、民间手段，或以官方制度逻辑剪裁传统逻辑。而官方与民间机制若不能相互包容、精诚合作，屡调(裁)屡犯便是一个难以走出的魔咒。我国学者扎洛在一起草山纠纷个案研究中发现了类似问题，他提出保障冲突方充分协商与利用宗教力量进行道德伦理约束等对策建议。[③] 这实际上是在强调官方机制在整合民间传统惯习过程中，应注意对后者功能机制的完整性理解，这一点在“强国家——弱社会”的体制积弊下具有重要的实践价值。

以本案涉及的藏族传统调解——“说事”为例。“说事”属于较典型的交涉型调解，确保冲突方充分交涉是其内在要求。隆地案经过四次传统调解未果，除各方利益难以调和、权威主体多元等外部因素外，还缘于内部协商不充分。政府意识到了“说事”的重要性，但未能弄清其关键的作用机制——充分商议。出于实践中平息纠纷的紧迫感，参与方的深度交流、商谈更加缺乏保障，以致四次调解，历时一次比一次短，而政府单方面裁决意见也为冲突方所反复否定。大事面前，藏族民众自古有“设账理论”，“动辄数月始结”的民主传统和行事规则。正是通过你来我往的商谈，得以探明双方的要价底线。当然，充分协商涉及冲突方之间的横向协商以及冲突方与调处方之间的纵向沟通，两相叠加，势必要牺牲一定的行政效能，而任何形式的“拖延”，在视群体性事件为洪水猛兽的体制环境中，均会增加地方政府的焦虑与政绩考核压力。这等于又回到第一个问题上来，即能否以及如何形成基于整体性认知的危机管理意识。

另一方面，即使是通过充分商议达成协议，亦可能因利益驱使出现变数。涂尔干认为，“人类的私欲只能在他们所尊重的道德力量面前有所收敛……”[④]结合本案来看，1857年，隆地初次爆发草山纠纷并经处理后，纠纷双方信守划界协议，100多年没有再生冲突的一个重要细节是，某寺活佛举行庄严仪式，在双方交界处的一块岩壁上铭刻了具有宗教约束力的藏文字母。尽管过去一个多世纪，H乡群众仍多次表态：“我们藏族人由于全民信仰藏传佛教，所以对由活佛或活佛委托的调解结果都是严格遵守的。”[⑤]这并非个案，

① 栗峥：《国家治理中的司法策略：以转型乡村为背景》，载《中国法学》2012年第1期。

② 周平：《论我国边疆治理的转型与重构》，载《云南师范大学学报》2010年第2期。

③ 扎洛：《社会转型期藏区草场纠纷调解机制研究——对川西、藏东两起草场纠纷的案例分析》，载《民族研究》2007年第3期。

④ [法]涂尔干：《社会分工论》，渠东译，生活·读书·新知三联书店2000年版，第二版序言。

⑤ 2003年7月16日《H乡群众关于解决隆地草山纠纷的意见书》。

据笔者了解，甘南藏族自治州夏河县甘加乡政府就曾于 2009 年诚邀寺管会活佛、高僧在各村民小组举行法会，要求每位 15 到 60 周岁的牧民发誓“戒赌戒偷戒抢”，基层群众“甚重然诺”。由是观之，在社会转型期制度断裂问题得以解决之前，依托“活佛”“阿訇”“毕摩”等宗教人士在信众间的行为感召力，以宗教仪式强化当事人的节制意识与诚信观念，应不失为提升边疆、民族地区群体性事件调处“既判力”的一种现实方案。

## On the Grand Mediation Mechanism of Collective Protests and Incidents in Chinese Border Ethnic Regions: —Based on a Case Study

Xiong Zheng

**Abstract**: Through the extended case study on Longdi grass land dispute, the over-reaction and the malfunction of the current Grand Mediation Mechanism are cleared showed. These problems are deemed to be the result of the comprehensive effect of the interests-oriented society, the complicate attributes of the collective actions in border ethnic regions and the structural contradictions of the mediation mechanism under the present political system. Based on the case study and the reality of minority areas, the paper holds that the Grand Mediation Mechanism could be improved by establishing routine sense of crisis management with an integral consideration on the crisis, perfecting the way law apply in disputes resolution process, and respecting the functional completeness of the traditional mechanisms in border ethnic regions.

**Key Words**: border ethnic regions; collective protests and incidents; grand mediation; malfunction

# 论神叛习惯法对中西方刑事诉讼发展的影响

张 丽*

摘要:作为早期人类社会法律的重要表现形式,神判具有一定的普遍性,在解决矛盾和化解纠纷上起到了一定的作用。神判是企图以超自然的力量来判断是非、解决纠纷的一种方式,其核心是对超自然力的"神"的信仰,神判具有原始宗教性、程序性、公开性和权威性的特征。基由神判形成的诉讼习惯对中西方刑事诉讼的程序至上的理念、宣誓制度、刑事诉讼构造模式和证据规则的沿革具有重要影响,对我国刑事诉讼规则的改良也产生了一定的影响和启示。

关键词:神判习惯法;刑事诉讼;程序至上;宣誓制度;审判雏形

神判是一种世界性的文化现象,起源于原始社会晚期,保留至今。它是人们以"神"的意志裁决社会冲突,判定是非曲直,解决人与人之间纠纷的一种民间手段,神判具有不成文的习惯法的性质。古代西方盛行"神判",从一开始的仅仅将之作为一种习惯,到后来成为一种习惯法,甚至被写进多部古代的法典。上古时期,"神判"就已经存在,直到1949年后,西南少数民族地区仍然会通过"神判"来解决人与人之间的纠纷。神判与现代法律审判都具有程序性、公开性、权威性等特征,本文通过追溯域内外神判的渊源及表现形式和解读神判的本质和特征,了解作为人类审判的原始雏形,并以科学的态度去对待这种普遍存在的法律文化现象,以更加清楚地认识基由神判形成的诉讼习惯及其对中西方刑事诉讼发展的影响。

## 一、神判的本质、渊源及特征

### (一)神判的本质

神判是企图以超自然的力量来判断是非、解决纠纷的一种方式,早期的神判具有不成文的习惯法的性质。神判的核心是对超自然力的"神"的信仰,是当时的人们在特定条件下无法依靠自身的智力和能力来解决疑难案件和纠纷时,从而采取的求助于自然神力来解决问题的方法。神判的过程通常是让当事人处于一种非常残忍、极度危险的状态,

* 张丽,中南大学法学院硕士研究生。

如果能通过这个残酷的考验，则其被视为受到了神灵的眷顾，会被宣布无罪，反之，则视为有罪。[①] 日本学者穗积陈重认为神判多是根据习惯而形成的[②]，梅因认为神判在前，习惯在后。[③] 笔者认为神判最初是一种习惯，而后发展成为习惯法，其是众多习惯法中的一种类型。

神判不是一般的原始宗教信仰，也不是仅属于原始宗教信仰者个人内在的宗教观念或宗教体验。神判是原始宗教信仰者们的一种集体的、外在的宗教行为和宗教活动。由于这种宗教活动是集体的，是属于社会活动性质的，所以它对个人和社会都产生强烈的影响。

**（二）神判的渊源**

在人类社会发展早期，几乎每个文明社会都记载过神判这一特殊法律文化现象。[④]《圣经·旧约》、古巴比伦的《汉穆拉比法典》、古代印度的《摩奴法典》和《那罗陀法典》都有对神判的记载，主要有沸水神判、火焰神判、赤烙铁神判、冷水神判、吞食神判、誓言神判、天平神判等神明裁判方法。

亨利·查理斯·李在其书中记载：英格兰国王兼诺曼底公爵“征服者威廉”的长子罗贝尔柯索斯在因他年轻气盛的逆父谋叛行为而被放逐期间，与一位漂亮的姑娘有了亲密关系。多年之后，他成了诺曼底公爵，而该女子带着两个面貌相似的少年来到他面前，声称这是他过去的恋情造成的结果。罗贝尔并不相信，但是这位母亲持烧红的烙铁而未受伤，使他打消了疑虑，并且因此认下了孩子，并养育了他们。[⑤] 在撒玛利亚人的传说中，撒玛利亚人和以犹太之派为主的以色列人就基利心山和圣城谁是崇拜耶和华的中心基地发生了争议，双方一致决定实施火焰审判。在火焰神判中，犹太之派的代表将经书投入火中后经书迅速被烧化，相反的是撒玛利亚人的经书却没有被火焚化，所以国王判决撒玛利亚人胜诉。[⑥]

---

① 夏之乾：《神判》，三联出版社1990年版，第30～32页。

② “裁判亦有不依神话仅依古老之法之发现者，又所谓神明裁判，其实多根据惯习，顺从惯习者，神则直之，反之则曲之。惯习者，有原始社会之强制力无论为神、为君、为民举不能完全脱离惯习之支配。”参见穗积陈重：《法律进化论》，中国政法大学出版社1999年版，第91～92页。

③ “此等神明裁判，乃就个人事件而为之者，故此一定之主义贯通期间，以古代之社会组织，极为简单，争讼事件，亦不如后世种类之复杂，因云其判决亦前后相类，是即惯习之起端，夫惯习之观念，于有神话裁判后而始求生者也。”参见穗积陈重：《法律进化论》，中国政法大学出版社1999年版，第15～16页。

④ 《圣经》中记载有古代以色列人以苦水试验妻子的贞操；古巴比伦《汉穆拉比法典》则把被怀疑有通奸行为的女子抛入水中以其浮沉来判定她是否贞洁；古代希腊常常有使怀疑者浮在海上或从高岩跃下的习惯；苏门答腊人让人吞咽一把生米或者面粉；古代日本和古代日耳曼都有铁火判、捞沸判的记录。陈金金：《西南少数民族习惯法研究》，法律出版社2008年版，第91～92页。

⑤ 亨利·查尔斯·李：《迷信与暴力——历史中的宣誓、决斗、神判与酷刑》，X.Li，译，广西师范大学出版社2016年版，第321～322页。

⑥ 亨利·查尔斯·李：《迷信与暴力——历史中的宣誓、决斗、神判与酷刑》，X.Li，译，广西师范大学出版社2016年版，第344～345页。

古代中国也有类似的神判记载，东汉时期许慎的《说文解字》中提到了触角神判①，《论衡》中也有关于皋陶治狱、獬豸断案的记载。② 夏代的大臣孟涂以“血迹神判”断案③；商代最盛行的神判方式是“占卜神判”，无论是祭天、祭祖，还是征战、断案，都要事先占卜；西周时期盛行“盟誓神判”④；近现代的中国西南少数民族地区因其独特的地域文化和民族文化而存在各式各样的神明裁判，表1展示了部分西南各少数民族地区主要的神判方式。⑤

**表1　西南少数民族主要神判方式**

| 民族 | 所在地区 | 神判方式 |
|---|---|---|
| 彝族 | 云贵川地区 | 捞开水、摸石头、赌咒、捧犁铧 |
| 瑶族 | 云贵湘地区 | 盟誓、砍鸡剁狗、烧香 |
| 傣族 | 云南德宏 | 煮米和鸡蛋、吊簸箕 |
| 苗族 | 云贵湘地区 | 喝血酒、上刀梯、捞油锅、砍鸡剁狗 |
| 羌族 | 四川 | 砍鸡吊狗、盟誓、掷骰子 |
| 土家族 | 湘鄂川地区 | 打筶、上刀梯 |
| 景颇族 | 云南 | 捞油锅、煮米、赌咒盟誓 |
| 侗族 | 湖南、贵州、广西 | 砍鸡头、喊天喊雷、煮米 |
| 藏族 | 四川、青海、西藏 | 捧铁铧、捞石子 |
| 仡佬族 | 贵州 | 捞油锅、捞开水 |
| 德昂族 | 云南德宏 | 乍鸡舌 |

**(三)神判的特征**

神判具有原始宗教性。神判是初民社会的人们企图以超自然的力量来判断是非、解决纠纷的一种方法。实质上，其是借助宗教的神灵信仰来开展原始的法律活动，有机地将二者结合起来。例如在贵州台江县的苗族地区，砍鸡剁狗的神判仪式就是当地的鬼师主持的，鬼师一般为当地的巫师，砍鸡剁狗的神判仪式有着浓厚的巫术色彩。⑥ 神判作为一种判断是非、解决争议的司法活动，其通过人们对神的信仰和对超自然的力量的恐惧

① 《说文解字》记载：“灋，刑也；平之如水，从水，廌所以触不直者去之，从去。”

② “獬豸为触角的羊，皋陶治狱，其罪疑者令羊触之，有罪者则触，无罪者不触。”参见瞿同祖：《瞿同祖法学论著集》，中国政法大学出版社1998年版，第274～275页。

③ 《山海经·海内南经》中记载：“夏后启之臣曰孟涂，司神于巴。巴人二讼于孟涂之所，其衣有血者执之，是请望，居山上，在丹山西。”

④ 《国语·晋语》记载：“昔成王盟诸侯于岐阳，楚为荆蛮，置茅，设望表，与鲜卑守燎，故不与盟。”

⑤ 陈金金：《西南少数民族习惯法研究》，法律出版社2008年版，第94～95页。

⑥ 夏之乾：《神判》，三联出版社1990年版，第2～3页。

心理发挥定纷止争的作用。

神判具有程序性的特征。程序性是指神判的实施过程必须严格按照一定的步骤进行,这实质上是初民社会的最古老的诉讼程序。如彝族地区的捧犁铧神判的主要程序是:(1)当事人请毕摩、证人;(2)选定日期,准备神判仪式所需的物品(3)铁匠烧犁铧,毕摩念咒;(4)被告捧端犁铧;(5)毕摩宣布神判结果。两造双方及其氏族对通过这种程序得出的审判结果非常信服,此次神判将朴素的程序至上的理念体现得淋漓尽致。

神判具有公开性的特征。神判的整个过程都是在当事人双方共同参与下、见证人的见证下完成的。神判一般是在巫师或头人的主持下公开进行的,除了当事人双方和证人在场外,还允许他人旁观。如在冷水神判中,以当事者投入水中后能否浮起来作为判定其是否有罪的根据,这种神判的基础源于纯洁的元素(水)不会接受任何被罪行和伪誓玷污的人进入其中。其具体的步骤就是在头人和老人们的见证下,将当事人捆绑后投入冷水池中,见证其是否浮起来,进而判断其是否有罪。①

神判具有权威性的特征。初民社会的人们对自己信奉的神灵有着最真诚的信仰,在他们看来,神是正义的象征,神能够保佑清白的人不被诬陷,也能够使罪恶的人受到惩罚。因此,神判对他们而言具有非常高的权威性,他们将严格遵守神判的结果。如在抽签神判中,双方当事人在祖先神灵面前通过抽签解决纠纷,一经抽签决定,任何一方不得反悔,否则被视为违抗祖先旨意的不孝人,会受到族人的唾骂和家族习惯法的惩罚。②

## 二、基由神判形成的诉讼习惯

神判作为一种纠纷解决机制,有效地解决了初民社会的纠纷,起到了定分止争的作用。在神判发展的历史长流中,其具有的内涵和特征对后来的诉讼习惯产生了一定的影响,甚至后来的部分诉讼习惯基于神判所形成。

### (一)诉讼具有程序性和仪式性

神判的实施过程必须严格遵守神判的程序,即按照一定的步骤进行,这实质上是初民社会的最古老的诉讼程序。从初民社会、古代社会再到近现代社会,纠纷的解决过程越来越倾向于通过既定的程序性方式来解决,解决的方式越来越注重外在的、直观的仪式。宗教仪式是当今诉讼仪式非常重要的渊源,法的外在表现形式起初就源于宗教仪式,随后才逐渐对国家法律制度产生影响。

---

① 亨利·查尔斯·李:《迷信与暴力——历史中的宣誓、决斗、神判与酷刑》,X.Li,译,广西师范大学出版社2016年版,第349～350页。

② 夏之乾:《神判》,三联出版社1990年版,第70～71页。

樊崇义先生对诉讼的本质进行了明确的定义①,概括起来就是诉讼是通过一种公开的程序或仪式来解决两造冲突的方式。神判作为初民社会的一种纠纷解决机制,其通过各种类型神判方式的公开程序来解决两造之间的纠纷,在不断解决纠纷的过程中,神判树立了权威性。诉讼程序是诉讼本质最直观的表达,诉讼程序通过一种外在的、看得见的仪式来体现。英国法律史学家梅特兰认为只要法律是不成文的,那么它一定被戏剧化和表演。② 诉讼的程序性和仪式性不仅仅只简单地表现出诉讼的外在性和直观性,更是从更深层次上影响着人们的程序性和仪式性的观念。③

**(二)宣誓**

很多人类学家经过研究发现宣誓制度实际上来源于神判中的一种誓言神判,在誓言神判中,先由巫师念口诀,然后当事人双方跟着巫师念一遍誓词,即算发誓完毕,如果当事人说了假话,则会受到诅咒。由于当时的人们都很害怕神的诅咒,所以宣誓对其有很强的心理约束力。④ 在古希腊时期就已经存在证人宣誓,古罗马时期证人必须宣誓以保证其证言的真实有效性。⑤ 古日耳曼民族的神判中也有对证人宣誓的相关规定。⑥ 誓言神判是我国古代和近现代时期解决纠纷所使用神判形式中最为普遍的一种⑦,主要有对天和对神发誓⑧、砍鸡剁狗⑨等神判方式。

在那个时期,通过宣誓可以发现案件的真相,宣誓是神判的根据和基础。最初进入诉讼程序的宣誓制度并不是指证人宣誓,而是当事人宣誓,宣誓的内容本身就是证明案件事实的证据。在古希腊时期就出现了证人宣誓,古希腊人把宣誓当作审判程序中的一个必备环节,其认为宣誓要满足以下几个要件:第一,宣誓的内容必须是真实的;第二,宣誓作出的对象是“神灵”;第三,作出宣誓的人必须信仰“神灵”;第四,必须在庄严的仪式下做出。⑩ 由于当时收集证据对于审判人员而言存在较大的困难,而当时的民众普遍信

① 诉讼的本质是在冲突的个体之间或个体与社会之间发生冲突时,通过社会权威主持的公开程序或文化仪式实现惩戒或妥协的规则与途径,是以大众通约的(法律)语言,通过直观性对话进行沟通的方式。参见樊崇义:《诉讼原理》,法律出版社2009年版,第74页。

② [美]伯尔曼:《法律与革命》,贺卫方等译,中国大百科全书出版社1993年版,第69页。

③ 韦书觉:《历史的浸染——从神判对民事诉讼的影响分析开始》,载《河池学院学报》2006年第1期。

④ 王思杰:《初民社会的神判与诉讼的起源》,载《齐齐哈尔大学学报(哲学与社会科学版)》2015年第9期。

⑤ Frank R. Herrmann," The Establishment of ARule Against Hearsay in Romano-Canonical Procedure",36 Virginia Journal Of International Law 12(1995).

⑥ 孙长永、纪虎:《宗教化的法律仪式——证人宣誓本源意义初探》,载《学术研究》2004年第6期。

⑦ 1935年,黎祥品等所修的《广西省迁江县志》第二篇风俗类:“土著之民,狼、瑶、壮等讼事易理,往往盟神了事。”

⑧ 1934年,《广西省上林县志》卷六:“若争讼两不相下,则就显赫神灵叩庙设誓,限日求报,有验者颂即得理,众皆直之。”

⑨ 景泰:《云南图经志书》卷五:“剑川白族笃信巫鬼,凡有争讼不告官,必杀鸡狗誓于神,以求平其曲直。”

⑩ Jonathan Belcher, "Religion-Plus-Speech: The Constitutionality ofJuror Oaths and Affirmations under The First Amendment", 34 William & MaryLaw Review 292(1992).

仰神灵,并且相信如果对神灵说假话则会受到惩罚,所以在这种情况下,证人宣誓制度应运而生。证人宣誓制度很大程度上促进了当时的诉讼公正,其也被西方后世的诉讼制度继承和发展。

**(三)三角形关系的诉讼构造雏形**

作为人类审判的原始雏形,神判已经具备了现代诉讼构造模式的最基本的要素。神判仪式一般情况下包括以下几个要素:第一,具有当事人和主持人,有些情况下还有见证人;第二,进行神判所需的用品;第三,公认的神判程序;第四,公认的进行神判所使用的语言。如在彝族地区的捧犁铧神判中,首先由两造请毕摩担任神判的主持人,然后准备仪式用品、选定日期进行捧犁铧神判,最后由毕摩居中裁判,两造双方及其氏族对通过这种程序得出的审判结果非常信服。虽然世界各地关于神判的规定不尽相同,神判的种类和形式也多种多样,但其已逐渐形成两造与居中裁判者的关系呈三角形关系的稳定的诉讼构造模式。在民事诉讼构造中,两造与居中裁判者的关系呈三角形关系,双方当事人处于平等的诉讼地位,由一方当事人启动诉讼,主持人居中裁判。在刑事诉讼构造中,两造与居中裁判者的关系呈三角形关系,被害人与被告人的对立,由被害人或其亲属控告启动诉讼,主持人居中裁判。

基由神判形成的诉讼习惯主要有以下三种:首先,神判注重程序和仪式,神判程序实质上就是初民社会的最古老的诉讼程序,在后来的历史发展中纠纷的解决过程越来越倾向于通过既定的程序性方式来解决,解决的方式越来越注重外在的、直观的仪式,形成了诉讼具有程序性和仪式性的特征;其次,神判中的誓言神判是西方证人宣誓的最初起源,也为后来西方的证人宣誓制度奠定了基础;最后,作为人类审判的原始雏形,基由神判的审判雏形形成了三角形关系的诉讼构造雏形。

## 三、神判对中西方刑事诉讼发展的影响

作为人类原始审判的雏形,神判对中西方刑事诉讼的发展具有非常重要的意义。基由神判形成的诉讼习惯对中西方刑事诉讼的理念、制度的沿革、制度的承继和发展具有重要影响。

**(一)程序至上的理念**

早期的法律没有通过文字记载下来,所以早期的诉讼行为就必须借用外在的形式来表达,几乎所有的原始法律的实体法都是在程序法出现之后才出现的。古代西方国家的诉讼具有非常严格的程序性限制,因此,神判作为一种原始诉讼,其程序具有非常严格的限制。在西方的诉讼制度中,神判程序中的"程序至上"的理念得到了非常大的体现和发展。亨利·查尔斯·李认为神判是一种彻底和完全的司法程序,从最古老的时代开始,

受审的被告人接受神判就如同其受制于其他任何一种法庭令状一样。[①] 令状制度起源于盎格鲁·撒克逊时期,诺曼人征服英国后,对其进行了进一步的改进和发展,将其发展成为一套完整的诉讼制度。在布莱克顿的书中有一条古老的原则:"无令状,无起诉。"可见在当时的司法程序中首先考虑的是是否符合程序,而非实体法。在诉讼程序中,法官签发的令状作为法院是否受理案件的首要标准,令状不同决定了诉讼程序的不同。救济方法决定了实质性权利能否继续存在,因此实体法的存在以程序法为基础和前提。[②] 可见"程序至上"的理念对西方国家诉讼的发展产生了非常大的影响,西方国家的现代刑事诉讼也深受该观念的影响。

我国的刑事诉讼法没有秉承程序至上的理念,但其在秉持程序公正的理念的基础上,越来越重视程序参与和程序公开。神判体现了现代司法的程序参与原则,保障了当事人的程序权利,实现了程序的公平和公正。首先,神判是在两造都在场的情况下进行的,这就保障了两造都能参与到审判的过程中来;其次,神判是公开进行的,允许他人旁观;最后,两造是平等地参与神判,所以不论神判的结果如何,两造对其都绝对信服。程序参与原则作为贯穿刑事诉讼的基本型原则,对整个诉讼的进行起着引导性的作用。美国法学家迈克尔·D.贝勒斯认为如果两造参与到法院解决争执的活动将更利于解决纠纷,理由是亲自参与诉讼的各方能够更容易接受判决,尽管他们对这个判决可能并不认同,但他们可能会服从这个判决。[③] 神判体现了现代司法的程序公开原则,保障了当事人的程序权利,实现了程序的公开。英国有句古老的法律格言,"正义不但要伸张,而且必须眼见着被伸张",即没有公开则无所谓正义。[④] 边沁认为没有公开性,其他一切制约都显得如此苍白,和公开性相比,其他各种制约都显得如此微不足道。[⑤] 刑事程序公开的实质就是通过实现程序的公开,规范司法权力的运用,防止其滥用,更好地保障当事人的合法权益,最终实现诉讼公正。我国宪法规定了公开审理原则,审判公开原则也是刑事诉讼法的一项基本原则,且裁判文书上网也实现了裁判结果的公开,因此,我国刑诉法总体上体现了程序公开原则。

### (二)刑事诉讼构造模式

神判仪式一般情况下包括以下几个要素:第一,具有当事人和主持人,有些情况下还有见证人;第二,进行神判所需的用品;第三,公认的神判程序;第四,公认的进行神判所使用的语言。刑事诉讼构造主要包括以下几个要素:一是承担着控诉职能的追诉者,即

---

① 亨利·查尔斯·李:《迷信与暴力——历史中的宣誓、决斗、神判与酷刑》,X.Li,译,广西师范大学出版社2016年版,第416～417页。

② 郑云端:《英国普通法的令状制度》,载《中外法学》1992年第6期。

③ [美]迈克尔·D.贝勒斯:《法律的原则——一个规范的分析》,张文显等译,中国大百科全书出版社1996年版,第35页。

④ [美]哈罗德·J.伯尔曼:《法律与宗教》,梁治平译,中国政法大学出版社2003年版,第48页。

⑤ 王名扬:《美国行政法》,中国法制出版社1995年版,第433～434页。

控诉权主体;二是承担着辩护职能的被追诉者,即辩护权主体;三是承担着裁判职能的裁判者。① 在神判中当事人一般是指原被告双方或者其代表,现代刑事诉讼中具体体现为控辩双方;神判的主持人一般为巫师或头人,现代刑事诉讼中主持人为法官;神判所使用的物品的数量、类别、颜色以及摆放的位置都有严格的规定。② 在现代西方刑事诉讼中,大多数西方国家的法官都身着法官袍,英国的法官还需要戴假发,法官袍和假发作为现代刑事诉讼的审判用品,对其有着严格的规定。因此,可以看出作为人类审判的原始雏形,神判已经具备了现代刑事诉讼构造模式的最基本的要素。虽然世界各地关于神判的规定不尽相同,神判的种类和形式也多种多样,但其已逐渐形成较为稳定的刑事诉讼构造模式。两造与居中裁判者的关系呈三角形关系,被害人与被告人的对立,由被害人或其亲属控告启动诉讼,主持人居中裁判。伴随着人类社会的发展与进步,刑事诉讼构造模式也在不断地发展,但是其还是以神判作为原始雏形的。因此,作为人类原始神判雏形的神判对刑事诉讼构造模式的发展产生了深远的影响。

**(三)宣誓制度**

很多人类学家研究发现宣誓制度实际上来源于神判中的一种誓言神判,誓言神判是所有神判形式中最为普遍、使用率非常高的一种神判方式,其核心在于通过对神发誓来解决纠纷。在誓言神判中,先由巫师念口诀,然后当事人双方跟着巫师念一遍誓词,即算发誓完毕,如果当事人说了假话,则会受到诅咒。由于当时的人们都很害怕神的诅咒,所以宣誓对其具有很强的心理约束力。③ 在西方国家的诉讼中,宣誓具有强大的证明力,是非常重要的一种证据形式。在古希腊时期就出现了证人宣誓,古罗马时期证人必须宣誓以保证其证言的真实有效性。古日耳曼民族的神判中也有对证人宣誓的相关规定。④ 根据西方国家关于证人宣誓的规定,证人宣誓法例可分为三种类型:第一种是在专门的法律规范中对证人宣誓进行规定,最为典型的是英国,英国颁布的《宣誓法》规定了证人宣誓的相关内容;第二种是将宣誓活动规定在证据法中,如美国《联邦证据规则》对宣誓的程序和内容作了相应的规定⑤;第三种是在刑诉法典中规定与宣誓活动相关的内容。如在《德国刑事诉讼法典》中就规定了证人宣誓的内容。⑥ 我国的刑事诉讼法的司法解释规

① 宋英辉:《刑事诉讼原理》,法律出版社 2007 年第 2 版,第 219～220 页。

② 张冠梓:《初民的审判——神判》,载《文化史论》2003 年。

③ 王思杰:《初民社会的神判与诉讼的起源》,载《齐齐哈尔大学学报(哲学与社会科学版)》2015 年第 9 期。

④ 孙长永、纪虎:《宗教化的法律仪式——证人宣誓本源意义初探》,载《学术研究》2004 年第 6 期。

⑤ 美国《联邦证据规则》第 603 条规定,在作证前,证人必须宣誓或者郑重声明将如实作证,该宣誓或者郑重声明必须以某种旨在以该职责触动证人良知的方式进行。参见王进喜:《美国〈联邦证据规则〉条解》,中国法制出版社 2012 年版,第 158～159 页。

⑥ 《德国刑事诉讼法典》第 59 条规定了宣誓的情形;第 60 条规定了宣誓之禁止;第 61 条规定了拒绝宣誓作证权;第 62 条规定了准备程序中的宣誓;第 63 条规定了被委托法官询问时的宣誓;第 64 条规定了宣誓的形式;第 65 条规定了等同于宣誓的保证;第 66 条规定了听说障碍者的宣誓。参见世界各国刑事诉讼法编辑委员会:《世界各国刑事诉讼法(欧洲卷上)》,中国检察出版社 2016 年,256～257 页。

定了证人签署保证书制度[①],司法解释的第144条规定了鉴定人签署保证书制度。[②] 但是这两项规定都非常的笼统,对于宣誓后作伪证需要承担的具体法律责任没有规定,宣誓的程序也没有规定,不具有可操作性。

### (四)刑事诉讼证明方式和证据规则

陈光中先生认为诉讼证明方式的演进分为三个阶段,即神明裁判、口供裁判和证据裁判。[③] 神判主要起源于原始社会末期,是当时的人们在特定条件下无法依靠自身的智力和能力来解决疑难案件和纠纷时,从而采取的求助于自然神力来解决问题的方法,神判裁判的基础为依靠神意得出的"证明"。神示证据制度就是通过借助超自然的力量来判断是非、解决纠纷,并且据此作出判决的一种证据制度。神示证据制度是最原始和古老的一种证据制度,也是最初的刑事诉讼证明方式。[④] 神示证据制度作为近现代刑事诉讼证据裁判原则的历史沿革,对刑事诉讼证明方式和证据规则的发展产生了深刻的影响。

基由神判形成的诉讼习惯对中西方刑事诉讼发展具有重要影响,主要表现在以下四个方面:第一,神判作为一种原始诉讼,其程序具有非常严格的限制。神判程序中的"程序至上"的理念在西方的诉讼制度中得到了非常大的体现和发展,我国的刑事诉讼法越来越重视程序参与和程序公开;第二,作为人类审判的原始雏形,基由神判的审判雏形形成了三角形关系的诉讼构造雏形,其已具备了现代刑事诉讼构造模式的最基本的要素;第三,基由神判形成的宣誓习惯已经被西方国家通过宣誓法例确定下来;第四,神示证据制度作为近现代刑事诉讼证据裁判原则的历史沿革对刑事诉讼证明方式和证据规则的发展产生了深刻的影响。

## 四、基由神判的影响导向的我国刑事诉讼规则的改良措施

### (一)建立我国刑事诉讼程序优先理念

我国的司法自古以来就有着"重实体轻程序"的传统,在封建社会,由于程序法是实体法的附属品,因此程序法并没有自己的独立价值。新中国成立初期,诉讼法学理论界

---

① 最高人民法院《关于执行〈刑事诉讼法〉若干问题的解释》第142条规定:"证人到庭后,审判人员应当先核实证人身份,与当事人及本案的关系,告知证人应该如实地提供证言和有意作伪证或隐匿罪证要负的法律责任。证人作证前,应当在如实作证的保证书上签名。"

② 最高人民法院《关于执行〈刑事诉讼法〉若干问题的解释》第144条规定:"鉴定人应当出庭宣读鉴定结论,但经人民法院准许不出庭的除外。鉴定人到庭后,审判人员应当先核实鉴定人的身份、与当事人及本案的关系,告知鉴定人应当如实地提供鉴定意见和有意作虚假鉴定要负的法律责任。"

③ 陈光中、郑曦:《论刑事诉讼中的证据裁判原则》,载《法学》2011年第9期。

④ 邱亿成:《论神示证据的认识论基础》,载《湖南农机》2008年第5期。

普遍持程序法是一种工具的观点,没有肯定其独立价值。直到20世纪90年代后我国诉讼法学理论界开始对程序法是否有独立价值展开研究和讨论。[①] 目前在理论界,关于这个问题主要有两种观点:第一种是以陈光中先生为代表的实体与程序并重的观念[②],第二种是以樊崇义先生为代表的程序优先的观念[③]。中国社科院的王敏远研究员认为程序法具有双重价值,其既充当保障实体法实施的工具,又具有其独立的价值,但是这双重价值并不是同一阶位的价值,因此如果认为这双重价值在刑诉法的立法中应当并重,显然是不符合实际情况的。[④]

从历史上看,几乎所有的原始法律的实体法都是在程序法出现之后才出现的,程序先于实体。笔者认为在司法实践中,程序公正必须放在首位,理由有如下两点:第一,诉讼的本质就是通过一种公开的程序或文化仪式来解决两造之间冲突的方式,而诉讼公正最为关键的就是其程序或仪式的公正与否;第二,程序公正的判断标准非常明确,能够以"看得见"的方式被遵循。对于严格遵循正当程序得到的诉讼结果更能够使人们信服,反之,如果诉讼的结果在实体上是正确的但存在程序违法或者不公正,那么人们往往也会对程序违法情况下得出的结果产生疑虑,不会信服该结果。[⑤] 在我国实行全面依法治国的大背景下,更是要树立程序优先的理念,只有实现了实质意义上的程序优先,才能够实现实质意义上的司法公正。美国法学家伯尔曼认为没有信仰的法律形同僵死的教条。[⑥] 目前我国法治建设中遇到的一个障碍就是对法律的信仰,法律在人们心中并不神圣,其权威性大大降低,更谈不上成为一种信仰。只有真正地实现司法公正,让人们感受到公平与正义,才能使人们信仰法律。刑事诉讼法被称为"小宪法"[⑦],具有保障人权和打击犯罪的双重任务。其生命与价值在于公平正义,所以为了使民众信仰刑事诉讼法,必须树立刑事诉讼法的权威,树立法律权威的核心在于司法的程序合法和结果公正。而其中程序的公正以一种"看得见"的方式来体现,更能让民众感受到司法的公平与正义,因此,我国刑事诉讼法应该建立实质意义上的程序优先理念,树立刑事诉讼法的法律权威,实现司法公正,进而使人们信仰它,进而严格遵守它。

---

① 陈学权:《论刑事诉讼中实体公正与程序公正的并重》,载《法学评论》2013年第4期。

② 陈光中先生主张实体法和诉讼法相互依存,相辅相成,构成统一的法制体系,不能有主次、轻重之分。参见陈光中、王万华:《论诉讼法与实体法的关系——兼论诉讼法的价值》,载《诉讼法论丛》1998年第4期。

③ 樊崇义先生主张应当依照程序优先的原则,牢固地树立起程序本位的理念,即程序优先于实体,重于实体的观点。参见樊崇义:《刑事诉讼法再修改的理性思考》,载《政法论坛》2005年第5期。

④ 申君贵、伍光红:《我国刑事诉讼法应有的十大理念——刑事诉讼法再修改的理论前提》,载《湘潭大学学报(哲学与社会科学版)》2006年第3期。

⑤ 申君贵、伍光红:《我国刑事诉讼法应有的十大理念——刑事诉讼法再修改的理论前提》,载《湘潭大学学报(哲学与社会科学版)》2006年第3期。

⑥ [美]哈罗德·J.伯尔曼:《法律与宗教》,梁治平译,中国政法大学出版社2003年版,第38页。

⑦ 理由是通过打击犯罪实现对社会的有效管理,通过划定权力边界和规范执法行为来限制国家执法机关的权力滥用,进而保障公民的基本人权不受非法侵害。参见吕萍:《论刑事诉讼法的宪法性功能》,载《法治研究》2012年第7期。

## (二)建立与我国证据制度相适应的宣誓制度

虽然我国刑事诉讼法的司法解释中规定了证人需要签署保证书,但是缺乏具体的操作程序,因此没有形成一套完整的机制。我国并没有像西方国家那样形成证人宣誓法例,而仅仅是通过最高法的司法解释对其进行规定,因此该项制度地位较低,在司法实践中并不被重视。我国刑诉法规定的证人需要签署保证书制度只是在形式上与西方的证人宣誓制度相类似,但是其实质上与其并不相同。

我国部分地方法院进行了证人宣誓的司法实践,如 2001 年厦门思明区人民法院率先在全国实施证人手按宪法的宣誓制度,2003 年四川省法院系统也首次尝试证人宣誓作证。① 2014 年山东省招远市人民法院在开庭审理林某某放火案过程中,该市公安局刑警大队的一名警官出庭作证并宣誓。地方法院的这些探索实践都得到了社会各界的好评,通过让证人在庭上宣誓,使其更加明确地知悉其权利义务,从而对其产生一定的拘束力,而且建立证人宣誓制度同时有利于培养证人的社会责任感和遵守法律的自觉性。② 我国证据法草案意见稿也尝试规定证人宣誓和宣誓的程序,③宣誓制度或许将会明确被规定在我国的证据法中。虽然我国并不像西方国家那样有传统的宗教信仰,但是西方的证人宣誓制度中仍有一些东西值得研究和思考,可以通过把西方证人宣誓制度的实质内涵与我国悠久传统的思想传统结合起来,如将证人宣誓制度与儒家的仁义礼智结合起来,使之与我国的证据制度相适应,为我国证据制度的改革提供一条新的思路。

基由神判的影响导向的我国刑事诉讼规则的改良措施包括两个方面:一是建立程序优先的价值理念。我国在经历艰难的诉讼制度发展历程后已经肯定了程序法的独立价值,但是在实体优先还是程序优先上目前学界并没有达成一致意见,笔者认为无论是从神判法律的历史演进角度看,还是从程序优先的价值来看,只有实现了实质意义上的程序优先,才能够实现实质意义上的司法公正和树立刑事诉讼法的法律权威;二是建立与我国证据制度相适应的宣誓制度。我国刑诉法虽然规定了证人保证书制度,但只是在形式上与西方的证人宣誓制度相类似,但是其实质上与其大相径庭。因此笔者认为我国可以把西方的证人宣誓制度的实质内涵与我国悠久传统的思想传统结合起来,建立与我国证据制度相适应的证人宣誓制度。

---

① 2003 年成都锦江区法院开庭审理一起房屋侵权纠纷案时,要求出庭作证的证人在作证前向法庭宣读作证誓词。誓词内容为:"我向法庭宣誓:以我的人格及良知担保,我将忠实履行法律规定的作证义务,保证如实陈述,毫无隐瞒,如违誓言,愿接受法律的处罚和道德的谴责。"参见代小琳:《我国法院系统悄然实行证人当庭宣誓制度》,http://www.anhuinews.com/history/system/2003/10/23/000473235.shtml,访问日期:2018 年 10 月 26 日。

② 夏汉青、常晖:《证人作证宣誓制度研究》,载《中共郑州市党委党校学报》2015 年第 6 期。

③ 《证据法草案》第 28 条规定了证人宣誓,法院考虑证言的重要性,并为了使证人作出真实的证言,认为有必要命证人宣誓时,在双方当事人都未舍宣誓的情形下,证人应当宣誓,但 18 条的情形为例外。《证据法草案》第 30 条条规定了证人宣誓的内容和程序,宣誓应讯问后为之,多数证人可以同时宣誓,誓词中应标明证人应按照自己的良心为真实的陈述,毫不隐瞒。

## 结 语

作为一种纠纷解决机制,神判习惯法有效地解决了初民社会的纠纷,起到了定纷止争的作用。虽然神判的过程通常是让当事人处于一种非常残忍、极度危险的状态,但是神判的过程公开公正,神判的结果令人信服。因此,神判可以说是当时社会最接近公平与正义的一种纠纷解决方法。本文通过追溯域内外神判的渊源及表现形式和解读神判的本质特征,了解了作为人类审判的原始雏形,归纳出基由神判形成的诉讼习惯。通过比较神判对中西方刑事诉讼发展的影响,可以看出神判对西方刑事诉讼发展的影响远远大于我国。基由神判的影响导向的我国刑事诉讼规则的改良措施主要包括两个方面:一是建立我国的刑事诉讼程序优先理念;二是建立与我国证据制度相适应的宣誓制度,即在整个刑事诉讼和证据制度改革的背景下建立实质意义上的程序优先和中国化的证人宣誓制度。

**A Study on the Influence of Divine Judgment on the Development of Criminal Proceedings in China and the West**

Zhang Li

**Abstract**: As an important manifestation of early human social law, divine judgment has a certain universality and plays a certain role in solving contradictions and disputes. As a dispute resolution mechanism, divine judgment has the characteristics of primitive religion, procedural, open and authoritative. The litigation custom based on divine judgment has an important influence on the evolution of the concept of the supremacy of criminal procedure, oath system, criminal procedure construction mode and evidence rules in China and the West. It also has some influence and Enlightenment on the improvement of criminal procedure rules in China.

**Key Words**: divine judgment; criminal proceedings; procedure supremacy; oath system; trial prototype

# 景区焚香治理措施研究
## ——以太昊陵为例

孙景澈*

**摘要**:对旅游景区尤其是宗教旅游场所的焚香污染问题,中央从国家层面出台了一系列相关规定,但由于中央措施未兼顾民间规范,加之地方的治理措施未体现地方性,导致部分景区的焚香治理未取得良好的社会效果。应从善治范式着手,结合地方实际情况,发挥地方自治规范等方面的作用来完善景区焚香治理措施。

**关键词**:太昊陵;焚香治理;中央措施;景区自治

## 一、太昊陵焚香情况的调查

### (一)太昊陵焚香现状

1.太昊陵从古至今香火旺盛

焚香的习俗在宗教及祭祀领域内被广泛延续,这与古人深信香料在焚烧时产生的烟雾能起到沟通神灵的作用息息相关。宋代丁谓所著《天香传》云:"香之为用从上古矣。所以奉神明,所以达蠲洁。"①而且从《礼记》有关焚香的记载"至敬不享味贵气嗅也"可以看出,古人认为,焚香之烟是祭祀中最洁净的祭献,因此,在各种祭祀过程中,最重视以香祭献天地神灵,远宗近祖。

太昊陵,俗称"人祖庙",因是中华民族"三皇之首"太昊伏羲氏的陵庙而被称为"天下第一皇朝祖圣地",除每月初一、十五(农历)大量香客来此进香以外,每年的农历二月二至三月三,淮阳太昊陵举行太昊伏羲祭典,称为"太昊陵庙会",俗称"二月会",也称"人祖会",在此期间,淮阳县内、周围各县市以及海内外华人来此寻根谒祖,2008 年,太昊陵以"单日参拜人数最多(约 82.5 万)的庙会"被上海大世界吉尼斯总部载入吉尼斯世界纪录,并因此成为中国规模最大、最古老的民间庙会。

---

* 孙景澈,历史学硕士,周口师范学院政法学院讲师。

① 陈敬著、严小青主编:《新纂香谱》,中华书局出版社 2015 年版,第 233 页。

太昊陵庙会起初是青年男女聚会媒合的一种方式,《周礼·地官·媒氏》记载:“仲春之月,令会男女,于是时也,奔者不禁。”而后,逐渐发展为朝祖进香的祭祀性质,《淮阳县志》记载:“太昊陵是以陵建庙,宋代置守陵五户,祀以太牢。”①从古代开始,太昊伏羲氏信仰逐渐传播至世界各地。据史料记载,自明代以来,每年庙会期间,方圆数百里群众来此朝祖进香者日近十万,中华民国二十三年(1934年)赴庙会的人达到200万人次以上②,朝祖进香习俗延续至今。

香客在每月初一、十五及每年“二月会”期间,来此进香、拜祖,祈求太昊伏羲氏的庇护保佑,为儿女子孙祈福。但是,香客们为表达对人文始祖的敬重,手持高香(其长度一般1米以上,甚至可以达到5米高,直径2厘米至50厘米)、元宝、香烛、箔纸、冥币等祭祀物品,涌进太昊陵。太昊伏羲氏陵墓前,朝圣者一边上香,另外一边景区内的工作人员紧急喷水将其喷灭,以防香火蔓延,而后用卡车将香灰及未燃尽的祭祀用品拉走,每天可拉十几卡车。太昊陵景区内及周边烟雾缭绕,不仅对人体健康造成严重的危害,而且大量地焚香存在着严重的火灾隐患,危及景区内古树、古建筑的安全,据史料记载,太昊陵景区内发生过伏羲陵墓前的古柏被香客们焚烧的高香熏烤而死的现象。

2.“烧”头香、高香的攀比现象严重

每年农历除夕夜,淮阳县周边群众为抢烧新年头炷香,潮水般涌进太昊陵,为新的一年祈福。2018年的农历新年的香客量最高纪录83.5万人③,除此之外,近几年在“二月会”开始之初,太昊陵庙会举行的公祭太昊伏羲的第一柱香在2011年竞拍拍得180多万的天价,此种头香、高香、粗香的攀比现象致使香越烧越高、越烧越粗。

**(二)太昊陵景区焚香产生的问题**

1.太昊陵景区及周边环境污染严重

每年农历春节、二月会期间,大量的香客肩抗高香、粗香,手持大量纸裱、鞭炮,这些高香大多出自周边市县“杰作”,有些质量严重不合格,含有有害化学物质,这些劣质香严格意义上来说是化学香。笔者每年春节都会去太昊陵,无论是在太昊伏羲氏陵墓前还是太昊陵景区外附近,总会感觉到烟雾弥漫,气味呛人,有学者对景区内燃烧的香的成分进行研究,认为“很多香在生产过程中都会加入苯并芘、丁二烯和大量氮氧化合物、氡,不添加这些东西,就达不到无烟的效果。但我们知道,苯并芘和丁二烯是强致癌物,无色无味,不易察觉,而氡是一种放射性有毒金属,在无烟香燃烧的过程中以肉眼看不见的细小颗粒的形式释放到空气中并且沉积在墙壁上,通风对它都没有任何作用,而它正是肺癌和白血病的元凶”。尤其是一些小作坊生产的香,在生产过程中使用廉价的劣质原料或

① 详见《民国二十二年〈淮阳县志〉整理本》,周口新闻出版局2003年版,第73页。

② 淮阳县志编纂委员会:《淮阳县志》,中州古籍出版社1991年版,第854页。

③ 掌上淮阳:《淮阳年 中国味 淮阳太昊陵大年初一庙会 引爆全民祈福》,https://www.toutiao.com/i6523310693532303876/,访问日期:2018年2月17日。

者采用劣质工艺制香。在燃烧时,此种廉价的香料在燃烧时更加不充分,产生大量烟油,碳、硫化学物质不完全燃烧的产物,会危害环境和人的健康;因此,不仅对太昊陵附近的环境造成严重污染,还危害游客及周边居民的身体健康。有学者通过做实验的方式对北京市区内的两座寺庙在朝拜日(也就是客流量比普通日大时)空气中的甲醛及可吸入颗粒物($PM_{10}$)浓度进行了测定与分析。结果表明:寺内甲醛浓度已达到或超过对人体健康影响的限值,其中香炉处的甲醛浓度最高,平均值高于 $0.67mg/m^3$,殿内和殿外的平均值高于 $0.08\ mg/m^3$;可吸入颗粒物 $PM_{10}$ 中以 $PM_{1.0}$ 和 $PM_{2.0}$ 为主(按计数浓度计),分别占87%和 96%以上;燃香是寺庙空气可吸入颗粒物污染的主要来源。① 科学实践表明,大量焚香以及焚烧化学香的行为会导致景区及其周围空气污染严重,而且危害人体健康。

2018 年 6 月 18 日,淮阳县被提名为文明城市,全国文明城市中央文明委颁发了新版测评体系——《全国文明城市测评体系》,新版测评体系对全国文明城市的定义是:经济建设、政治建设、文化建设、社会建设、生态文明建设和党的建设全面发展,精神文明建设成绩显著,市民文明素质和社会文明程度较高的城市,是培育和践行社会主义核心价值观的排头兵。其中生态文明建设就要求淮阳县在环境保护方面达到《全国文明城市测评体系》中关于全国文明城市数据指标了第 57 项涉及的"空气污染指数(全年 API 指数〈100 的天数)〉80%"的要求。因此,改善太昊陵景区内的环境问题刻不容缓。

2.危及太昊陵景区内古建筑、植物的安全

太昊陵景区内存在大量具有历史价值的古建筑,香客们携带的非环保香在燃烧过程中,尤其是不规范作坊生产的劣质香烛点燃后产生的烟雾中的 PM2.5 远远高于优质香烛燃烧后产生的粉尘量。天然的环保香料密度更大,为保证手感,劣质香往往会使用更多的轻钙粉(俗称"石灰"),燃烧后,石灰以微小粉末的形式散布在空气中,与此同时,产生大量的烟油,一方面,烟油附着在古建筑上,难以清理(清理意味着有可能会破坏建筑外表),也会腐蚀建筑表面;石灰附着在古建筑表面,在外力作用下(雨天、大风等)建筑表面有较大的损害;另一方面,太昊陵内存在大量古树(树龄在 300 年至 1900 年不等),在太昊陵的园艺区内存在大量修剪的松柏造型,植物光合作用所做气体交换,硫元素对植物活性及光合作用效率较大影响,而且,石灰附着在植物表面,也极大影响光合作用效率。因此,大量燃烧香烛,会危及太昊陵景区内的古建筑、植物的安全。

3.易导致火灾

香客们使用的高香、粗香长度一般达到 1 米以上,甚至可以达到 5 米高,粗度可以达到 2 厘米至 50 厘米,其主要原材料是原木粉,高香体积过大,加之每逢初一、十五及二月会期间,香客过多,大量的高香、粗香在伏羲氏陵墓前堆积如山,在燃烧后火焰冲天,易发生火灾,甚至发生过古柏被香客们焚香行为熏烤而死的悲剧。大量的原木粉加工而成的高香、粗香同时燃烧,极易发生火灾,所以太昊陵管理处只能派专人守在伏羲氏陵墓燃香处随时将香客们投入"香山"的香烛用水扑灭,并将未来得及燃尽的香烛用卡车拉走。

---

① 张金萍、张寅平、赵彬:《北京寺庙燃香空气污染研究》,载《建筑科学》2010 年第 4 期。

## 二、景区治理焚香问题的现有措施

### (一)中央治理措施——规范焚香活动

2009年6月,因个别宗教旅游场所对于燃香行为的管理力度不够,出现了不规范的燃香行为而造成的环境污染、安全隐患、事故等事件,加之部分信教群众花高价烧"高香"行为。为规范全国各地宗教旅游场所的燃香活动的规范和监管,国家旅游局会同国家工商总局、国家质检总局、国家宗教事务局、国家文物局、国家标准委联合下发《关于进一步规范全国宗教旅游场所燃香活动的意见》(下文简称"《意见》")的通知,明令禁止烧"高香"、成把香的行为,《意见》中提到,"进一步贯彻落实《中国公民国内旅游文明行为公约》,引导游客、进香群众和当地居民明确认识'保护生态环境''保护文物古迹'是公民应尽义务,使文明燃香逐步成为公民的广泛共识和自觉行动"。

为了从源头上加强对燃香产品的监管,推动实现"安全燃香、规范燃香、文明燃香",根据《意见》的要求,2011年国家标准化管理委员会会同有关部门制定发布了《燃香类产品安全通用技术条件》(GB 26386—2011)、《燃香类产品有害物质测试方法》(GB/T 26393—2011)和《宗教活动场所和旅游场所燃香安全规范》(GB 26529—2011)三项国家标准。在国家层面出台相关规定规范焚香活动,为各地宗教、旅游场所提供了参考依据,对规范燃香活动步入规范化、制度化、常态化具有重要意义。此后不久,在全国的宗教、旅游场所开展试点工作。

### (二)典型景区的地方治理措施

1.安徽九华山风景区

为响应六部委出台的《意见》,2009年8月,九华山风景区结合当地实际情况立即制定了《九华山风景区规范宗教旅游场所燃香活动实施方案》,开展一场以"僧人爱庙,我们爱山"为主题的文明燃香活动。主要从以下方面着手治理燃香问题:(1)在标准制定方面。九华山风景区管理处组织当地香烛生产厂家、经营户、佛教界人士与安徽省、市质监部门商讨、研究,编制两项安徽省地方标准——《佛事用品——佛香》和《佛事用品——佛烛》,对香烛规格制定统一的省级标准在全国属于首次。(2)在生产、销售方面。一方面,在新制定的省级标准后,九华山风景区及周边的佛香、佛烛生产厂家随即停止生产非标准香烛,并定期对九华山风景区市场流通以及销售的香烛进行抽查,目前均符合标准。九华山风景区的举措改变了景区往日的烟熏火燎景象,现今是缕缕清香的景象,其不仅是宗教、旅游场所燃香方式的文明变迁,而且对于全国宗教旅游场所亦是一个好的开始。

2.北京雍和宫

2013年,在全国香火比较旺盛的寺院之一北京雍和宫开始采取免费赠香活动,为入寺的信众发放环保香,同时谢绝自带外香。2014 年春节,浙江某禅寺佛像开光,第一支香烧出了 11.8 万元,典型的“香火利益链”,“烧高香”“烧天价香”成了某些寺庙的亮点。针对佛教旅游景区烧高香和“香火利益链”现象,中国佛教协会、中国道教协会通过举行新闻发布会的形式,号召佛教、道教界自觉抵制烧高香、烧天价香、烧头炷香等不良风气,积极引导广大信众文明进香。

**(三)太昊陵景区自治措施**

为治理焚香问题,太昊陵景区采取了相应的自治措施。笔者从淮阳县太昊陵管理处了解到,管理处针对禁香问题,三年时间三个步骤,已初见成效,第一步是从 2016 年始,广泛宣传,在全社会营造了保护环境、文明祭祀的良好氛围。第二步于 2017 年联合城管执法、广场办、环保、工商质监、文化、文物、旅游、宗教等部门,组成联合执法组,对生产高香、大把香的厂家和售香商户进行了限期整改,没收其不符合规定标准的香品,并集中销毁,从源头上杜绝了高香、大把香流向市场,禁止非标准香进入景区。第三步是于 2018 年 7 月 1 日起,太昊陵景区将全面禁止燃烧高香、宝、裱、冥币等纸质祭品,游客在购买门票的时候,景区免费赠送三支环保标准香。

虽然从 2016 年“二月会”开始之初,相关部门贴出公告,禁止焚烧高香,但是,香客仍和往年一样进香,公告一直流于一纸空文。为落实国家的绿色发展理念、助力淮阳县文明县城建设、加快太昊陵创建国家 5A 级旅游景区步伐,营造“文明、安全、和谐、有序”的旅游祭祀环境,打赢环保攻坚战,2018 年 7 月 1 日起拟实行“限香禁宝”,即为购票游客免费赠送三支环保香,免票群体只允许携带三支标准香(直径不超过 1 厘米,长度不超过 50 厘米),禁止非标准香裱进入景区,提倡鲜花鲜果的文明祭祀风气。所有游客都不得携带香烛、箔纸、宝、冥币等祭祀物品进入景区。赠送的三支香为环保标准香,烟雾少,灰尘少,对环境污染小,产生的香灰微不足道。[①] 而且为了开展“限香禁宝”活动的工作,管理处向社会公开发布《关于开展限香禁宝、文明祭祀的活动通告》,在社会上产生了强烈的反响。2018 年 6 月 1 日,淮阳县妇联、太昊陵管理处、淮阳县旗袍协会联合举办“祈福太昊陵,乐享淮阳城”文明祭祀宣传活动,组织 200 多人不带香裱参见祭拜,自带鲜花来祭祀人祖伏羲。

笔者在农历六月十五(阳历 7 月 27 日)去太昊陵的田野调查中,当天来太昊陵进香的香客自带的纸质进香物品在进入太昊陵广场时,被太昊陵景区的安保人员拦截下来,香客们在购票时,工作人员赠送三支环保香。往常太昊陵广场上到处都是买高香的商贩,现在已不存在。伏羲陵墓前已没有往日“火山”现象,管理处在羲皇文化广场、龙都大道、太昊陵景区内等多处张贴标语、悬挂横幅、发放宣传单引导香客文明进香,尤其是在太昊伏羲陵墓进香处旁边悬挂“香不在高 心诚则灵 裱不再烧 愿到就行”“三支清香 一片

---

① 中国网:《提倡鲜花鲜果文明祭下个月起,周口太昊陵禁止“烧高香”》,http://mini.eastday.com/a/180613082332388.html,访问日期:2018 年 6 月 13 日。

诚心”等条幅,香客们有序地将其手中的香烛插入陵墓前的香炉内。现有的治理措施效果显著,太昊陵内的日均燃香数量大幅度下降,景区内部空气质量得到明显改善。

## 三、现有措施存在的问题

### (一)中央措施未照顾民间规范

虽然中央从国家层面上对全国宗教旅游场所的燃香活动制定了《意见》,并且也从源头上对燃香产品加强监管,但是,每个景区有其固有的特殊性,加之,焚香的习俗是人们在长期的社会生活中形成的,并为人们所接受的习惯。因此,焚香治理若欲取得良好的社会效果,中央制定的治理措施须兼顾民间规范,但是,事实上,中央措施未照顾民间规范,即未考虑到地方焚香习俗是如何衍生的?香客们为何“痴迷”于烧高香、粗香?下文以太昊陵为例,分析在地方上焚香的原因。

1.对太昊伏羲氏的信仰

(1)人际间的互助机制失灵

随着改革开放之后集体统筹功能的弱化内在消解,国家政权对乡村个体成员的影响力削弱,传统的社区共同体的控制力也随之减弱,取而代之的是市场经济中的竞争思想和利益观念,传统的人际间的感情被冲淡。受文化多元化的影响,在风险危机和突发事件面前,原有的一些互助机制弱化、消失,个体必须独自处理各种问题。个体选择趋于利益化,会寻求通过不同的解决途径来应对风险,其中信仰宗教就是应对风险的途径之一。这种带有扶助色彩的信仰基础,成为了弱势群体选择某种信仰的前期动力。

(2)以淮阳为中心的人祖伏羲信仰圈

一般认为,信仰是人们对某种主义或者价值理想的极度信服和尊崇,并且把它奉为自身的行为准则、活动指南,它是关于一个人做什么和不做什么的根本准则和态度。换句话说,信仰是人们“对某种超乎人们自身能力可以直接把握的观念或理想的信奉、持守和追求”①。可见,信仰对人们是很重要的。一个没有信仰的人和一个有信仰的人对事对物的态度存在差别,信仰可以说是一个人的生活态度和生活准则。人们的信仰往往是为了满足内心世界的情感需求。宗教在农村地区较有吸引力的一个重要原因是由于现实的世俗社会对于农村居民所面临风险的不作为或者弱作为。② 人们选择宗教信仰在一定程度上是理性选择的结果,在选择信仰时,他们会权衡收益和成本,信仰行为和其他理性行为一样都是试图以最低的成本获取最大的收益,尤其是转变信仰者最能体现信仰选择的这一功利性。因为伏羲在古代神话和宗教以及传说的古史里的显赫地位,以淮阳县太昊陵为中心的豫东地区广泛遍布着对人祖太昊伏羲氏的信仰,并进而辐射至皖西地区,

① 卓新平主编:《神圣与世俗之间》,黑龙江人民出版社 2004 年版,第 17 页。

② 郑风田、阮荣平、刘力:《风险、社会保障与农村宗教信仰》,载《经济学》2010 年第 3 期。

从而形成了一个以淮阳地区为中心的人祖伏羲信仰圈。①

在以淮阳地区为中心的人祖伏羲信仰圈中，老年人占的比例较高，从学者对我国宗教信仰的分析来看，我国信仰宗教群众的构成表现出“五多”的现象，即老年人多、妇女多、农民多、文化水平低的人多、经济收入低地区的人多②。从学者有关宗教问题的研究可以看出，老年人参加宗教活动日益增多是各地宗教的一个较为普遍现象。而且，近年来，信仰宗教的老年人日益增多。③ 老年人的年龄阶层决定了这个群体在信仰方面的传统思维模式较为难以改变，比如在上香时认为高香、粗香才是对神灵的尊重，这就为引导他们文明进香、使用环保香增加了工作难度。

2.节日祭祀的传统

在我国，节日祭祀、祭祖文化历史久远。从学者对文化人类学和考古学的现代研究来看，我国的祭祀传统与原始信仰息息相关，尤其是灵魂不灭是其最初的来源，从而表现为两个方面：一方面是天地信仰；另一方面是祖先信仰。这种原始信仰的祭祀活动，一旦约定成俗，便成了传统节日的雏形。而在太昊陵景区每年农历二月二，都要举行大型的公祭活动，以祭祀人文始祖太昊伏羲氏。

对于人类社会，祭祀是人一种较为普遍的信仰活动，学术界通过研究认为其是“民众向神祇祈求福佑或驱避灾祸的一种行为惯制”。费孝通认为：“民众对鬼神也很实际，供奉他们的目的是为了风调雨顺，为了免灾逃祸。民众的祭祀行为很有点像请客、疏通、贿赂。民众的祈祷是许愿、哀乞。鬼神在对于民众而言是权力，不是理想；是财源，不是公道。”④即民众对神灵的祭祀，是虔诚地献祭与祈求；神灵则给予民众以精神激励，使之充满自信与希望，增强其力量，并使之日臻完美。这正是民众欠缺与需要的东西。正如涂尔干所说：“通过与神的沟通，信仰者不仅能够看到非信仰者所忽视的新的真实，而且他也更加坚强了。他感到自己更有力，不仅可以经受生活的考验，而且也能够战胜困难。仿佛他已经超脱于尘世的不幸之上，因为他已经超脱了他作为普遍人的状况；他相信他自己已经从邪恶中获救，而无论他是用什么样的形式来构想邪恶的。”⑤香客们基于对太昊伏羲氏固定的节日祭祀传统，在农历每月初一、十五及二月会期间，大量的香客们蜂拥而至太昊陵祭祀“人祖爷”太昊伏羲氏。

人们对太昊伏羲氏的信仰以及节日祭祀的传统是太昊陵焚香问题产生的根本原因，中央关于治理焚香问题的措施未照顾人们在长期社会生活中形成的民间规范。

---

① 屠金梅：《豫东太昊陵庙会音乐文化研究》，福建师范大学2011年博士学位论文，第20页。

② 王作安：《我国宗教状况的新变化》，载《中央社会主义学院学报》2008年第3期。

③ 李华贵：《影响当代人生宗教的九种功利因素》，载《世界宗教文化》2005年第3期。王存河：《宗教与西部少数民族现代化》，兰州大学硕士学位论文，2008年，第23页。

④ 费孝通：《美国与美国人》，三联书店出版1985年版，第110页。

⑤ 涂尔干：《宗教生活的基本形式》，上海人民出版社1999年版，第550页。

### (二)地方治理措施未体现地方性

地方上在执行中央层面的治理措施时,存在一味照搬、追求政绩的现象,导致地方治理措施未体现地方性,从而在焚香治理上迟迟未取得良好的社会效果。

1.景区管理部门执行力度不足

2013 年伊始,因出现太昊陵景区内的古树被香客的高香烧死的现象,太昊陵管理处为保护古树安全、减少空气污染,在二月会期间全民禁止烧“高香”,但是,并未达到预期效果,高香等祭祀用品依然大量进入景区。在 2016 年对禁止焚烧“高香”对群众进行宣传,直到 2018 年为了配合打赢环保攻坚战,才在 7 月 1 日采取有力措施全面禁止香客携带高香、裱等祭祀用品进入太昊陵景区。焚香产生的问题一直存在,但是久拖不治,若不是全国提倡绿色发展,还不知何时才能着手全面治理,由此可见,太昊陵管理部门的对焚香产生的问题治理措施执行力度不足。

2.香客固有的燃香观念一时难以转变

受传统文化的影响,香客们普遍认为只有烧香、宝、裱等祭祀物品,才能表达祭祀诚意,而忽视了文明祭祀。虽然太昊陵管理处现有治理焚香问题的措施也取得了显著效果,但是,笔者在田野调查时发现以下几个问题:1.虽然前期对禁止高香、裱等祭祀用品进入太昊陵景区内作了广泛的宣传,但是有些香客仍然携带,被安保人员拦下。香客们固有的思维模式仍然没有得到转变;2.在售票处买票进入景区时赠送香客三支环保香,但是部分香客仍手持把香;3.太昊陵墓旁边设置的景区请香处向香客兜售香。笔者向部分年长的老人询问她们对于景区实行禁香的看法,有几位老人认为单靠三支环保香无法达到对伏羲的敬仰。由此可以看出,为何高香、粗香在 2018 年之前屡禁不止,规范燃香行为难以有效推行,其中重要原因就是根植在香客内心固有祭祀模式观念一时很难转变,除此之外,其根源在于这种传统的祭祀祈福方式被商业利益所利用,形成了“香火利益链”。

从上述景区所采取的治理措施之所以暂时取得一定的效果,是由于需要配合打赢环保攻坚战,此举未体现太昊陵景区的地方性,存在以下两个方面的问题:一方面,未探究人们为何焚香,从人们在情感上未接受此种治理方式;另一方面,通过表面上的“强有力”措施又能坚持多久?当地景区只有结合自身的特殊性,采取体现自身地方性的治理措施,才能让人们无论从心理上还是行为上都能接受其规范。

### (三)景区自治异化为执行法律

我国《宪法》赋予人民群众信仰自由,国家保护正常的宗教活动,中央从国家的层面规范人民群众的宗教旅游场所等景区内的焚香行为。各景区为响应国家号召,采取相应的措施进行景区自治管理,但是,存在景区自治异化为执行法律的现象。

法律是享有立法权的立法机关制定的,由国家的强制力保障实施的,对全社会成员均有普遍的约束力。前文涉及的《意见》以及《中国公民国内旅游文明行为公约》等文件是约束人民群众在旅游场所的行为指南,并未上升到法律层面,但是景区在采取自治措施时,存在将其自治措施异化为执行法律的现象。例如太昊陵景区为了开展"限香禁宝"活动的工作,管理处向社会公开发布《关于开展限香禁宝、文明祭祀的活动通告》,笔者在进行田野调查时发现,在太昊陵广场外围设置了安保人员强行将香客手中的香、裱等祭祀物品一律没收。实行"限香禁宝"自治措施的目的是为了治理焚香问题、文明进香,但是其采取的自治措施已经异化为执行法律,景区管理部门赋予了《通告》法律层面上的强制力,并强制性地要求进入景区的游客遵守,此举未体现出景区管理部门的服务理念,导致游客们的怨声载道,从长远来看不利于焚香问题的治理。

## 四、景区焚香治理措施的完善

### (一)中央措施为民间规范预留空间——善治范式导入

作为一种社会治理的新范式,善治理论衍派于治理理论①。治理的基本含义是指在一个既定的范围内运用权威来维持社会秩序,以满足民众的需要。治理的目的是指在各种不同的制度关系中运用权力去引导、控制和规范公民的各种活动,从而达到以最大限度地增进社会公共利益的目的。② 为了进一步明确这种带有宣告性质的"目标"导向,世界银行经济学家丹尼尔·考夫曼(Daniel Kaufoiami)将其设定为公共福利,即通过正式的和非正式的传统与制度而行使权力,包括设计和实施健全政策的能力以及因为管理经济和社会的需要而对公民和国家的尊重。③

从前述的焚香问题可观之,燃香的难题在于社会治理的风险分配逻辑与价值增益的立足点问题。按照格里·斯托克(Gerry Stoker)的观点,第一,治理明确肯定了在涉及集体行为的每个社会公共机构之间存在着权力的相互依赖。换句话说,致力于集体行动的组织必须依靠于其他组织;为实现某种社会目标,每个组织必须交换其拥有的资源、谈判共同的目标;交换的结果不仅取决于各参与者所拥有的资源,而且也取决于游戏规则以及进行相互交换的社会环境。第二,治理的过程需要参与者最终将形成一个自主的网络。这一自主的网络在某个特定的领域内拥有发号施令的权威,其和政府在特定的领域中进行相互的合作,分担政府的行政管理责任。第三,治理的过程也是多元化的治理体系被纳入行动过程,而非局限于政府权力动员及其发号施令或运用自身权威的行动技术。在并存运用其他的管理方式以及技术,政府有义务优先利用创新的方式和技术以更

① 治理理论的主要创始人罗西瑙认为,"尽管治理与政府统治两者都涉及目的性行为、目标导向的活动和规制体系的含义,但是政府统治意味着由正式权力和警察力量的支持的活动,以保证其适时制定的政策能够得到执行。治理则是由共同的目标所支持的,这个目标未必出自合法的以及规定的职责,而且它也不一定需要依靠强制力量克服挑战而使别人服从"。

② [美]詹姆斯·N.罗西瑙:《没有政府统治的治理》,江西人民出版社 2001 年版,第 9 页。

③ [德]丹尼尔·考夫曼:《治理与反腐败》,载胡鞍钢《挑战腐败》,浙江人民出版社 2001 年版,第 285 页。

完善地服务公共福祉①。因此,摆在焚香问题的要求,也应当凸显其治理机构的权力正当性、参与者之间的网络自治和权威塑造、更好方法和技术的施用、治理机构的国家——社会竞争/互动等一系列崭新课题。也唯有如此,焚香问题的治理才能在更广泛程度上为各个信众阶层发声,并切实观照其特殊利益诉求,从而形塑更为和谐的信仰秩序及其市场。

从善治理论出发,法律治理并不能仅仅局限于狭隘的公权力机关范畴,特别是包含警察权的行政权力分支。按照全球治理委员会在1995年发表的研究报告:"各种公共的或私人的个人和机构管理其共同事务的多种方法之和。它是一个使相互间存在冲突或不同的利益的关系可以进行有效调和而且也可通过合作方式进行行动的持续的过程。其包括两个方面:一方面,其可以采取方式强迫人们遵守正式的制度及其政体;另一方面,也可以采取民众同意或认为符合其利益的非正式的制度安排。"②在对焚香问题的治理过程中引入社会力量,这极大地拓展了单纯依靠政府进行燃香执法的局限性和被动感。

就治理技术而言,"治理意味着办好事情的能力并非仅限于政府手中拥有的权力,更非限于政府如何发号施令或运用其自身权威。在对公共事物的管理过程中,还存在着其他的管理方法和技术,从这方面来看,政府有责任运用这些新的方法和技术来更好地对社会公共事务进行控制和引导"③。由于政府行为的有限性,焚香问题治理也并不乏见国家的失效和市场的失效,也存在着治理措施失效的可能性。就如何克服治理措施的失效而言,不少学者和国际组织纷纷提出了"元治理"(meta-governance)、"健全的治理"、"有效的治理"和"善治"等概念,其中"善治"的理论最有影响。

当前流行的"善治"的社会治理理论是从西方国家特定的治理语境中衍生出来的。"治理"和"统治"在词义方面较为接近,但是西方国家以"治理"替换"统治",有存在三个方面的原因:第一,多权威和唯一权威的关系。"统治"的唯一的权威是政府,而"治理"的权威不仅可以是政府,而且也可以是公民社会的每个社团组织;第二,公权力运行的向度存在差异。"统治"是自上而下地行使公权力,而"治理"通过上下之间互动、合作、协商的关系;第三,公权力的合法性存在差异。"统治"型政府是公权力的唯一性,而"治理"把私人机构也纳入合法性之中。④ 善治的治理方式,并非通过政府利用自身的权威对社会秩序进行管理、维持,对社会经济进行控制的过程,而是通过政府与公民社会合作的方式进行维持社会秩序、控制社会经济。对于景区焚香问题的治理也是如此,在规范焚香活动

① [英]格里·斯托克:《作为理论的治理:五个论点》,载俞可平主编《治理与善治》,社会科学文献出版社2000年版,第35~45页。

② The Commission on Global Governance, *Our Global Neighborhood: the Report of the Commission on Global Governance*, Oxford University Press, 1995, p.2.

③ Gerry Stoker, *The New Management of British Local Governance* 1999, *Macmillan in association with the ESRC Local Governance Programmer*, Red Globe Press, 1999, p.12.

④ 俞可平主编:《治理与善治》,社会科学文献出版社2000年版,第6页。

的过程中对于香客尽量采取较为温和的方式予以引导。

### (二)禁止地方措施抄袭“中央”

中央针对全国宗教旅游场所出现的焚香问题出台《通知》,在国家层面规范焚香行为,但是,矛盾具有特殊性,每个景区出现焚香问题不完全相同,若一味地照搬照用中央措施,不结合景区的地方实际情况,只会适得其反。不同地域内的传统文化形式会内化为当地人们的自觉意识,从而成为人们日常生活的基本信念、行为准则。以烧高香、粗香为例,有的香客认为烧高香、粗香是对神灵的尊重,但是也有香客则认为,香烧得越高、越粗,个人的期许越能实现,此时,需要结合香客焚香的目的,采取不同的劝导方式。

2009 年国家对燃香活动出台一系列规定规范燃香行为,虽然取得了很不错的效果,但是在一些景区由于照搬中央措施,使得不规范焚香问题未得到充分解决。如前文所述的太昊陵景区,于 2018 年 7 月 1 日才真正加强监管力度整治燃香问题,禁止燃高香等祭祀物品进入景区,从 2009 年到 2018 年间,迟迟未真正采取强有力措施整治燃香问题,由此可见,景区管理部门的整治力度不足。虽然太昊陵此次治理措施取得明显效果,但是这次大力整治的前提是为了打赢环保攻坚战,所以,焚香不规范问题是否会反弹是一个值得思考的。从全国宗教、旅游景区来看,都存在香烛市场的群众性、复杂性,而且易反弹,这就需要当地景区管理部门一方面坚持禁止地方措施抄袭“中央”的原则,另一方面充分发挥景区自治规范的作用。

### (三)充分发挥景区自治规范的作用

1.景区管理部门加强管理力度

结合前文阐述的景区在焚香治理存在的问题,各景区管理部门应建立长效的管理机制,对于不规范燃香行为应常抓不懈,笔者认为,可以从以下几方面着手:(1)当地政府各部门之间联合执法。首先,质监部门可以从生产的源头上控制高香、粗香进入市场,阻断其进入市场的途径;其次,工商部门在香烛的流通环节严格查处、打击生产的不合格劣质香;最后,景区管理部门可以设置有奖举报电话,发动人民群众的力量,监督文明敬香活动的开展。(2)景区管理部门可以挖掘燃香活动中积极文化内涵,引导和培养游客及信众养成文明进香、理性焚香的习惯,还可以通过劝导香客使用鲜花、水果等方式祈福。笔者了解到,在清明节期间某市为限制祭祀人员携带鞭炮、香裱等祭祀用品进山祭祀,特意组织专人在景区门口用菊花将其携带的祭祀用品进行对换,经过专人的耐心劝导,他们均表示乐意接受此种方式。(3)景区管理部门可以结合自身景区的特色,培育属于景区文化的周边产品。例如太昊陵景区,很多游客进入景区后走马观花浏览一遍,并未真正理解景区内的文化内涵,因此,可开发有关伏羲、女娲文化的相关书籍和纪念品,在景区内设置专门位置摆放,一方面,香客们尤其是外地香客可以了解淮阳的伏羲文化,起到宣传伏羲文化的作用;另一方面,树立文化意识,深度挖掘太昊陵景区内的姓氏文化、宗亲文化、礼教等，打“文化牌”，以此，也可提升景区人文内涵。

2.引导香客理性信仰

对于神的信仰崇拜是人类社会迄今为止无所不在的普遍现象。有学者认为，对于神的崇拜信仰之所以普遍存在、无法禁止的原因是人类有与生俱来、发自内心的对神的信仰崇拜的倾向，或称人类的信仰本能或信仰因子。心理学的研究表明，宗教信仰的先天倾向在人类心灵中是一股复杂而强大的力量，并且也是人类本性中最为根深蒂固、压倒一切的力量。而且凡是人类的认识，都不可避免地有片面，有浅见，有误区，需要经过检验和修正才能逐步趋于正确。理性是人类借以判断、检验和修正发展认识的必要工具。人类对任何事物的认识都必须借助于理性，脱离了理性就谈不到正确认识。因此，人类对于终极神圣的认识作为信仰的基础需要理性化。在景区附近可以设置平台，由专人负责的“接待组”定期负责向上香群众宣传如何理性信仰方面的知识，让理性信仰、文明敬香成为社会共识。这是一个漫长的劝导过程，需要景区管理部门组织专业人员配合工作。

3.倡导香客改变祈福方式

著名心理学家 A.阿德勒说：“我们每个人对于自身均会感到不同程度的自卑感，这是由于我们都发现我们自己所处的现实地位是我们希望通过某些方式需要改进的。”①但是我们很大一部分人很难通过自己的努力去战胜内心的自卑实现超越，因此，我们须借助外力。民众敬神祈福，其实是为了追求各种世俗功利。但是民众并未认为自身已经“求神”，即不努力，坐等神灵赐福。民众也只是因为实现世俗目的的难度或压力太大，无法把握，但是由于自身自信缺乏，才登临“三宝殿”。换句话说，从表面上来看，民众的求神拜佛是为了追求各种世俗功利，但是实质上是为了要超越内心的自卑、增强自信，以此来获得实现世俗目的的精神力量，从而最终通过自身的不懈努力去实现某些世俗目标。因此，在本质上，这与请客送礼、贿赂依靠他人达到目的完全不同。换句话说，求神拜佛最终是在求自己或振奋自己，但是贿赂则是为了完全依靠他人。所以，两者在根本上是完全不同的。传统的祈福方式就是通过烧高香、粗香等方式来表达对神灵的尊敬，敬神以求精神力量可以通过以鲜花礼佛、一支清香的方式进行，有些景区通过不再卖香，全部改为赠香的方式，抑或是通过换香的方式（景区管理部门统一发放香烛与香客自身带的香烛进行对换）来引导看客，笔者认为，此举无论是对于景区还是香客均是应当提倡的。

## 结　语

党的十八大以来，党中央、国务院把生态文明建设和环境保护工作摆在更加重要的战略位置，党的十八届五中全会把“绿色”发展作为五大发展理念之一，要求将环境保护作为实现可持续发展重要支柱的一种新型发展模式。人类的生存发展离不开精神的支

① [美]A.阿德勒：《自卑与超越》，作家出版社 1986 年版，第 45～46 页。

撑,科学、理性的信仰,对于民众精神生活是必不可少的,但是,我们应摒弃不合理的祈福模式,响应党中央的"绿色"发展号召,因此,对于景区焚香问题的治理无论是对于环境保护抑或是生态文明建设均具有积极意义。但是,部分景区管理部门执行力度不足,加之,香烛市场的群众性、反弹性,因此,地方上在治理景区焚香问题时,应结合中央制定的治理措施,体现自身的地方性,禁止直接抄袭中央举措,而且应充分发挥景区的自治规范的作用。但是焚香问题的治理任重道远,并非一朝一夕可解决的,这就需要政府与人民群众同心协力,景区管理部门应加大监管力度,引导香客理性信仰,倡导香客改变单一的祈福方式,为实现可持续发展贡献自身力量。

**A Study on Treatment Measures of Burning Incense in Scenic Spots**
**—the Taihao Tombs Scenic Spot as an Example**

Sun Jingche

**Abstract**: On the pollution of incense burning in scenic spots, the central government has issued relevant regulations from the national level to regulate incense burning. Although good management results have been achieved to a large extent, the central government's measures have not taken into account folk customs, nor have they been combined with local governance measures, so local characteristics have not been reflected, which also leads to the incense burning problem in some scenic spots has not achieved good social effects. My humble opinion is that to improve incense burning management in scenic spots, we should start with the good governance paradigm and give full play to local self-government norms in the light of local actual situation.

**Key Words**: Taihao Tombs Scenic Spot; incense control; central measures; autonomy of the scenic spot

# 制度分析

# 民族地区公众利益表达机制的"三重关系"*

## ——以信访问题为中心

井凯笛**

**摘要**：信访作为宪法法律赋予公众利益表达的重要机制，目的在于为制度设计提供民意基础，这对民族地区社会稳定发展而言有着至关重要的作用。但对信访制度而言，民族地区公众的认知可能有很大的偏差。民族习惯法、宗教事务管理、民族地区教育发展是影响民族地区公众利益表达的三要素，加快推进民族习惯法的现代转型，藏传佛教事务治理的法治化，民族地区政府教育管理职能的实现，是理顺"三种关系"的关键所在。

**关键词**：民族地区；利益表达；信访；行政规制

利益多元化是社会多样化发展的必然样态，化解社会纠纷是风险社会背景下政府的基本职能之一，信访制度无疑是社会"安全阀"理论的重要组成部分。当前，民族地区在深化社会改革的过程中，社会矛盾也有所增加，这既考验着民族地区法治政府建设的进程，也考验着民族地区社会治理体系现代化的步伐。在这一过程中，即有传统的社会风险（如资源纠纷、拆迁补偿、生态移民等），也有法治冲突而引发的社会风险（如法治文化冲突等）。任何利益都应有表达机制，而不应被任意忽视或限制，这也是"宣泄机制"的核心理念。"调查显示，多数人认为信访制度设计是有效的。比如，高达66%的人认为信访"可以依靠领导迅速解决问题"；有46%的信访者承认'可以见领导'是其选择信访的理由；63%的信访工作人员也认为'有领导过问'是群众选择信访的原因之一"。① 可见，公众通过信访是想借助于某位领导的关注批示，而完全忽视法治思维方式的功能与应用。

党的十八届四中全会指出，全面推进依法治国最终有两个目标，一是要建设中国特色社会主义法治体系，二是建设社会主义法治国家。这两个目标的提出，与法治国家、法治政府、法治社会一体化建设一脉相承，目标的实现必须要借力于一体化建设。四中全会强调，弘扬社会主义法治精神，建设社会主义法治文化，是法治社会建设的关键所在，同时指出，总目标的实现必须要做到依法治国与以德治国相结合。当前我国社会改革发展已进入攻坚期和深水区，在面对复杂多变的国际局势，法治文化是凝聚社会发展共识

* 西北政法大学行政法学院中青年教师学术提升项目。

** 井凯笛，法学博士，西北政法大学行政法学院（纪检监察学院）副教授，中国人民大学中国行政法研究所研究员。

① 陈永进：《信访还是信法——对青海民族地区基层信访工作的调研》，载《行政管理改革》2010年第12期。

的内在需要，是解决当前社会发展问题的客观必然选择。2013 年 12 月，中共中央办公厅印发了《关于培育和践行社会主义核心价值观的意见》，是党中央针对国际国内情况审时度势而提出的，社会主义核心价值观，是凝聚全党全社会国家共识与民族共识的有力保障，法治文化作为核心价值观的重要组成部分，迎来了新的发展契机。依法妥善处理涉及民族、宗教等因素的社会问题，是四中全会明确指出的，一方面表明了该类问题的敏感性与复杂性，另一方面也表明了国家对此类问题一直以来的高度重视。对该类问题的妥善处理，是社会稳定发展的重要保障，特别是在民族地区（近些年民族地区突发事件发生率有所上升）。民族地区信访问题的妥善处理更具现实考验，深入研究民族风俗习惯、宗教文化、教育发展，无疑是处理此类问题的突破口。

## 一、公众利益表达与民族习惯法

### （一）民族地区公众利益表达趋向分析

剖析民族地区信访制度，必须在深层次上埋解民族地区的表达及文化基础，才能有效地将信访、法治与利益表达三要素有机结合。市场经济所引发的利益多元化，在民族地区的利益表达与行政参与的层面有所集中体现，民族地区利益分化的趋势日益明显，公众利益诉求也因此有所不同。民族地区不同利益群体的利益诉求有着较大的区别，而不同的利益诉求之间还可能是对立的，这在很大程度上增加了民族地区的社会风险。民族习惯法是民族地区公众利益表达的表现形式之一，对不同利益群体的利益诉求有着重要的调节作用，也是民族地区信访制度的重要影响因素。

“在中国的法治追求中，也许最重要的并不是复制西方的法律制度，而是注重中国社会中的那些起作用的，也许并不起眼的习惯、惯例……否则的话，正式的法律就会被规避、无效……”[①]我国是统一的多民族国家，56 个民族都是历史较为悠久的民族，独特的民族风俗与文化吸引着世人的目光。民族习惯法与民族文化、民族法律文化相互影响，相互作用，共同塑造了丰富多样的中华法律文化。许多特有的民族文化节日，都是当地民族文化的重要表现形式（如雪顿节、肉孜节、春社节等），在国家的鼓励和支持下，这些民族文化焕发了勃勃生机。民族地区的传统手工技艺，新疆的西王母神话、《玛纳斯》，西藏的藏戏、“格萨尔”等众多文化项目，被列为国家级非物质文化遗产。其中新疆维吾尔“木卡姆艺术”“玛纳斯”“麦西热甫”，西藏的藏戏和“格萨尔”已成为世界非物质文化遗产，布达拉宫、大昭寺、罗布林卡是世界文化遗产。民族传统文化是民族习惯法的重要来源，对民族习惯法的研究，离不开对民族文化、民族风俗习惯的认知。

民族习惯法，是在民族地区社会发展过程中逐渐形成，依托于特定的历史和文化等因素，将传统的习俗以“规则”的方式加以确认。民族习惯法在化解当地社会纠纷、缓和

① 朱苏力：《法治及其本土资源》，中国政法大学出版社 1996 年版，第 36 页。

社会矛盾、调整局部社会关系等方面,都发挥着重要作用。在信访制度层面,民族习惯法也是该制度的重要组成部分。但也有诸多问题需要解决,如“赔命价”是以一定的旧有封建等级制为基础,进行“赔偿”的社会规则。“藏族等少数民族习惯法和民间法的数量众多,形式多种多样,历史悠久,特色鲜明,密切联系社会生活,服务社会生活,具有深厚的群众基础,在该族中起着相当有效的调整作用。”①民族习惯法的重要性日益突出,民族习惯法具有自己独立的存在价值,这已成为学界研究的共识。②

如伯尔曼所言,“法律最终以道德为基础,道德最后则建立于宗教之上”③,同样,藏族习惯法的形成过程,就是对佛教文化吸收、借鉴的过程,藏族习惯法通过佛教哲理丰富自己的内涵,佛教文化借助于藏族习惯法得以广泛传播。藏传佛教是佛教在西藏社会发展过程中逐步形成的,礼善仁义是其基本教义,因果报应的理念引导人们避恶趋善,这些教义与理念对藏族习惯法有着深远的影响;藏族习惯法有着较为明显的原始社会及奴隶制社会印记,等级制度比较明显。如在原始社会中的血亲复仇、同态复仇等习俗,当有本部落的人员被其他部落的人员侵犯,不论受伤或死亡,本部落的其他人都会让对方部落的人也收到相应的制裁,“以牙还牙,以眼还眼”是其复仇的真实写照。这种习俗在藏族习惯法中仍有所体现,“所以藏区以前复仇不已,戒斗不止,兵连祸结,损失巨大”④。等级制度在赔偿及财产占有、使用等方面都有所体现,如在刚察的习惯法中就有这样描述:“千百户”对其所辖区域,既有草山、资源的调整权及优先使用权,又有纠纷的裁决权。⑤ 可见,民族习惯法对推进民族地区信访法治化进程也有着重要的影响。

**(二)民族习惯法反向制约信访制度的法治化**

第一,民族习惯法神学色彩浓厚,缺乏对信访制度的法治观念认知。宗教文化是民族习惯法的重要来源,如伊斯兰教是回族习惯法的重要来源,藏传佛教是藏族习惯法内涵的来源之一。宗教文化以其丰富的内涵,推动民族习惯法的形成与发展,因果报应、生死轮回是一些宗教的核心思想,积善行德弘扬了中华民族的优秀文化。同时我们也应该清醒地认识到,宗教对民族习惯法的负面影响。在封建农奴制时期,一些民族地区社会资源完全由当地的上层掌控,如“三大领主”控制着西藏当时社会几近全部的社会资源。僧侣阶层作为“三大领主”之一,为了维护自身的权威和统治,通过各种方式来控制农奴,假借“神意”对其进行精神控制,致使占据社会绝大多数的广大农奴,长期遭受其剥削和压迫。在此影响下,公众对信访制度的认知也会存有很大的偏差。

第二,民族习惯法长期受宗教文化的影响,“神明裁判”制约信访制度实施。受神明裁判等宗教文化的影响,民族习惯法模糊了“人”的社会主体地位,作为社会生产生活最

① 隆英强:《社会主义法治建设与藏族法律文化的关系研究》,中国社会科学出版 2011 年版,第 2 页。

② 吴大华:《中国少数民族习惯法通论》,知识产权出版社 2014 年版,第 79～81 页。

③ [美]伯尔曼:《法律与宗教》,梁治平译,三联书店 1991 年版,第 154 页。

④ 徐晓光:《藏族法制史研究》,法律出版社 2001 年版,第 364 页。

⑤ 张继民:《藏族部落习惯法法规及案例辑录》,青海人民出版社 2002 年版,第 84 页。

主要的创造者和享有者的"人"被忽视,在很长的时间里,"公民"的社会身份转而被"神"所取代。民族习惯法在很长的时间里,既受益于宗教的发展,同时也受制于宗教的发展,"人"的社会主体地位缺失,背离了现代法治文化的发展。民族习惯法浓重的神学色彩,在很大程度上阻碍了法治文化的发展,抑制了权利本位、以人为本等思想的传播。而信访制度的中心恰恰是"权利本位"理念,是公众与政府之间双向互动的纽带与桥梁,"神明裁判"的理念则严重阻碍了信访制度在民族地区的实施。

第三,民族习惯法有着严格的等级制度,背离了信访制度的平等要求。等级制度是封建社会的重要标志,封建农奴制的等级色彩则更为浓厚,而这恰恰是民族习惯法形成过程中所面对的社会环境。政教合一是封建农奴制主要管理模式,人治思维与人治方式是其典型表现形式,这也严重阻碍了平等、自由等法治理念的传播,法律面前人人平等的基本法治理念却显得遥不可及。官僚、贵族、上层僧侣从其产生之初,就在该时期占据着社会的主体地位,而处于社会底层的农奴、农牧民从其出生之日起,就注定了一生被奴役的命运,严格的等级制度,也在民族习惯法中烙下了深深的印记。如在纠纷调解的过程中,调解人首先会根据当事人的社会地位主持调解,依照"三等九级"的标准来划分当事人的身份,根据不同等级来确定赔偿或支付的数额。总的来说,社会等级越低的当事人,获取的赔偿越低或支付的对价越高,反之,则获取的赔偿越高或支付的对价越低,这也足以说明封建等级制,对民族习惯法的平等观念有着很大的负向影响。同样,这也不利于信访制度所倡导的平等、法治等基本原则理念的实现。

第四,民族习惯法冲击着信访制度所维护的宪法、法律权威。民族习惯法在社会纠纷化解的过程中,发挥了重要作用,同时也冲击着宪法、法律权威。在回族刑事习惯法中,习惯法主要来源于伊斯兰刑法,《古兰经》是其主要依据,主要分为三类:法定罪行、抵偿罪行与酌定罪行。[①] 其中,有一些"抵偿罪行"仍保留了原始的"血亲复仇"模式。在民族习惯法中,赔命价现象并未随时间而消退,反而有越发普遍之趋势,但这并不代表民族习惯法完美无瑕,其与国家法治建设相冲突的一面是我们所应该重点关注的。法治,无疑信访制度完善与发展的核心,而树立宪法法律的权威则是信访法治化的最基本要求。民族地区信访制度的发展,涉及诸多民族性因素,在信访制度中必须要坚持法治的思维方式,维护宪法法律的权威,才能有效化解因民族习惯法所引发与法治文明冲突的问题。

## 二、公众利益表达与民族地区宗教事务管理

宗教是民族地区社会稳定发展的重要影响因素,宗教事务管理直接影响着民族地区公众利益表达,信访层面的诸多问题也多于此相关,这源于宗教文化在民族地区的影响。修订后的《宗教事务管理条例》虽为依法管理宗教事务提出了更为明晰的思路与要求,但民族地区宗教事务管理的法治化仍面临着诸多挑战,这也致使一些事务成为信访环节中

---

① 杨经德:《回族伊斯兰习惯法研究》,宁夏人民出版社 2006 年版,第 83~85 页。

的突出问题。

以西藏为例,据西藏自治区纪委副书记兼监察厅厅长贡嘎透露,十八大以来,西藏累计接受信访举报3194件(次),处置线索2162件,其中函询123件,初步核实1745件,立案783件,结案742件,给予党政纪处分422人,移送司法机关37人。① 另据《西藏日报》报道,2015年1至10月,西藏全区各级信访机构接待群众来信来访4477件、15215人次,解决群众上访问题8700多人次。② 可见,信访机制也是西藏公众利益表达的重要渠道。在诸多的信访事件中,有很多是与宗教事务管理相关的纠纷。藏传佛教是西藏宗教文化的代表,也有着最广泛的受众,宗教事务管理法治化直接影响着公众利益表达方式方法,在深层次上也影响着西藏社会稳定发展的大局。

藏传佛教是民族地区一个重要的文化符号,其文化内涵在民族地区社会发展的过程中不断丰富,同时又在深层次上影响着现实生活。藏传佛教从产生之初,就对民族地区社会稳定发展产生了深远影响,在以宗教(教派)冲突为表现形式的权力争夺中,藏传佛教依然能够不断发展壮大,并在众多的宗教派别中脱颖而出,这即归因于外在的客观条件,而更多取决于藏传佛教自身的特点。现在看来,藏传佛教依然是民族地区,特别是西藏宗教文化的代表,藏传佛教的和谐发展,在很大程度上影响着民族地区社会的跨越式发展。具体而言,藏传佛教的文化表征主要集中体现在以下几方面。第一,藏传佛教的传播时间长,历史渊源较为久远;第二,藏传佛教教派众多,教派文化多样性较为突出;第三,信徒众多,社会影响力较大;第四,藏传佛教长期实行政教合一制度,最终走向了政教分离的轨道。

推进藏传佛教事务依法管理,是完善民族地区公众利益表达机制的时代要求,也是推进民族地区信访机制不断完善的必然选择。这就要求必须要准确掌握藏传佛教的历史发展脉络,并对其文化内涵有较为清晰的认识。唯如此,才能为将藏传佛教事务管理导入法治化轨道,提供基础性理论支撑。藏传佛教是佛教的一个分支,在中国乃至世界的宗教文化中,都有很大的影响力。在我国,藏传佛教集中体现为西藏宗教文化的代表,有学者将其视为是藏族文化的五要素之一,也是西藏地区宗教形式的一种总的称谓,历史上曾叫作“西藏宗教”“喇嘛教”等。藏传佛教经过千余年的发展,形成了自身特有的宗教哲学,并深深影响着佛教的理念,藏传佛教现已形成十余个派别,其中格鲁派、萨迦派、苯波派、宁玛派、噶举派是五大教派。关于各教派的区分,除着装偶有不同外,在重大宗教仪式活动中也可看出各教派的一些不同之处,但各教派的根本不同则体现在修行方式上。藏传佛教在中国最初的发展并非一帆风顺,从佛教的传入本土化,从教派林立或冲突到独树一帜,从封闭专断到开放融合,藏传佛教在千余年的发展中不断完善,成为今天佛教文化中的代表,在西藏乃至全国都有着重要的影响。

---

① 张雪芳:《十八大以来,我区累计接受信访举报案例3194件》,载《西藏商报》2015年10月15日。

② 张晓明,刘玉璟:《信访量全国最少,信访事项办结率最高——我区加强和改进信访工作促进社会和谐稳定》,载《西藏日报》2015年12月7日。

具体而言,宗教事务管理与信访机制的关联集中体现于“佛”“法”“僧”三个层面。近年来,一些民族地区因宗教文化扩展或限缩问题(如“清真泛化”等),引发了诸多信访或群体性事件。此外,关于“教规”“教产”等方面引发的信访问题也较为突出,涉及不同宗教、教派之间利益冲突,以及与地方政府及相关职能部门之间的利益冲突。例如,民族地区宗教相关场所的兴建(改扩建)、收益分配、土地划拨使用等问题,相关教职人员职务职级的评聘认定、社会保障、说教传教等问题,都是民族地区社会治理过程中遇到的难题。这些问题如没能及时有效解决,就可能会引发大规模信访,也有演变为群体性事件的风险。如上所述,藏传佛教在民族地区有着广泛的影响力,上述相关问题也极为突出,藏传佛教事务依法管理在西藏及其他民族地区有着更为紧迫的现实需求。一方面体现在,藏传佛教事务法治化发展是维护西藏及其他民族地区社会稳定的需要;另一方面体现在,藏传佛教事务法治化发展是构建西藏及其他民族地区公众利益表达机制必然之举。

## 三、公众利益表达与民族地区教育发展

公众利益表达方式与途径的选择,在很大程度上与公众的受教育情况紧密相关。同样,对政府而言,在处理相关利益表达问题时,权力的执行者或职责履行者的处理方式与能力亦为重要,特别是相关公务人员法治思维方式的能力。这表明,利益表达双方当事人在很大程度上都受教育水平的影响,特别是在信访环节中,该问题更为明显。关于公众信访与受教育程度的关系问题,已有学者就此进行了调研分析。数据显示,信访者主要为40岁以上的中老年人,且文化程度主要集中在小学和初中文化。信访者中文盲和高中文化程度的比例基本相当,而接受过高等教育的比例较小;在信访选择的选项中,接受过高等教育的人仅占8.6%,高中文化程度的受访者占20.6%,而文盲、小学和初中文化程度的受访者选择信访方式的比例均在30%以上。①

民族地区地方政府在处理有关信访问题时,同样存在思维方式选择适用的问题,对信访公众而言,专业技能教育及法制教育尤为重要。2012年10月13日,内蒙古自治区D乡D村发生一起公务用车引发的交通肇事事件,D乡人民政府与D乡D村村民张某是相关法律关系主体。张某因不满乡政府的处理及赔偿问题,多年进行上访、闹访,涉及的部门有乡政府、公安局(派出所)、人民法院、人民检察院、县政府等部门。② 该事件反映出,民族地区(特别是农牧区)公众维权理念方式较为落后,农牧民信访制度体系存在缺陷,政府及其职能部门、司法部门处理信访问题的方式方法与能力极其欠缺。而这与涉事主体专业技能教育培养,法制宣传教育等方面密切相关。究其根源,除发展民族地区经济之外,本源还在于教育文化的培养与提升。民族地区因涉及民族、宗教、历史、文化等方面因素,信访问题如没有得到很好的处理,就极其容易引发群体性事件,增加社会风

① 刘义程:《受教育程度与信访选择——以J省Y县的调研为基础》,载《社科纵横》2013年第8期。

② 支艳娇:《当前农民信访问题研究——内蒙古D村张某的个案分析》,载《商》2015年第5期。

险。发展民族地区教育，无疑是解决民族地区信访问题等公众利益表达机制的关键所在。

教育领域是全面依法治国系统工程的重要组成部分，而民族地区教育管理法治化在很大程度上影响着依法治教战略目标的实现。为全面推进依法治教，促进教育治理体系和治理能力现代化，2016 年 1 月，教育部印发了《依法治教实施纲要（2016—2020 年）》（下称《实施纲要》）。从总体要求、构建完善的教育法律及制度体系、深入推进教育部门依法行政、大力增强教育系统法治观念、深入推进各级各类学校依法治校、健全组织保障和落实机制六个方面提出了新时代要求。2015 年 8 月，国务院发布了《国务院关于加快发展民族教育的决定》（下称《发展民族教育决定》），这是国家针对民族教育发展做出的最新决定，这也是地方政府所必须要遵守的行为准则。这充分表明了国家对民族地区教育的重视，决定就新时期如何把握民族地区教育发展，提出了明确的指导思想、基本原则和发展目标。《实施纲要》与《发展民族教育决定》均指出，在民族地区现代教育发展的过程中，要坚持依法治教的原则，扎实推进教育行政部门依法行政。要全面落实政府职责，地方各级政府是推进民族教育发展的责任主体。《实施纲要》《发展民族教育决定》为民族教育发展提供了立法依据与指引。民族地区教育发展中地方政府职能的转变，是促进民族教育发展的重要保障，也是贯彻落实该决定的客观需要。

据《中国民族统计年鉴 2013》显示，2003 年民族地区共有各类学校 83726 所，其中高等学校 135 所，中等学校（含中等专业学校、普通中学）13094 所，小学 70497 所；2012 年民族地区共有各类高校 55790 所，其中高等学校 210 所，中等学校（含中等专业学校、普通中学）10668 所，小学 44912 所。可见，近十年来民族地区的学校总数有所减少，中等学校和小学学校数量都有明显减少，高等学校数量增加了 75 所。这表明，民族地区的教育正在向现代教育转型，高等教育迎来了快速发展时期，也担负着为民族地区社会稳定发展提供人才保障的重任。民族地区政府在这个转型过程中，发挥着越来越重要的调节作用。

从数量而言，小学与中等教育学校数都有所减少，这并非意味着接受初级及中等教育的人数降低，恰恰相反，接受各类教育主体的人数正稳步增加。如 2015 年国务院发布的《民族区域自治制度在西藏的成功实践》白皮书指出，当前西藏小学适龄儿童入学率达到 99.64%，青壮年文盲率下降到 0.57%以内，人均受教育年限已达 8.6 年。2014 年，少数民族在校大学生达 2501 万人，比 2009 年增长 11.5%。[①] 在 2014 年国务院发布的《新疆生产建设兵团的历史与发展》白皮书和 2015 年《新疆各民族平等团结发展的历史见证》白皮书中指出，全疆有各级各类学校 9230 所（兵团拥有各类学校共计 329 所），在校学生 473.48 万人（兵团各民族在校生 48.13 万人），专任教师 33.82 万人；学前入园率达到 72.4%，高中阶段毛入学率达到 84%。民族地区教育正处于快速发展时期，也处于深度转型时期，各类形式的教育类型逐步健全，通过对现有教育资源的整合，加快民族地区现

① 转引自沈洙等：《"十三五"时期民族教育发展展望》，载《民族教育研究》2017 年第 3 期。

代教育的转型发展。这也为民族地区政府提出了更高的要求,要不断提升教育行政管理能力,提高教育行政执法水平,在制度层面与执法层面,共同构筑民族地区教育发展的长效机制。

## 四、民族地区公众利益表达机制的完善

### (一)民族习惯法的现代转型

民族习惯法是在民族地区社会发展过程中逐步形成的,其产生、发展也有着明显的历史规律,但面对现代法治发展,民族习惯法要在现代法治文明中发挥更大的作用,就必然要积极推进其现代转型。民族习惯的现代转型,关键在于要维护现代法治秩序,必须要落实以宪法法律为核心的治理理念,处理好民族习惯法与国家制定法之间的关系。当前,全面推进依法治国,建设社会主义法治国家,已成为我国当前社会发展的绝对主题。在这个背景下,民族习惯的现代转型必须要“审时度势”,顺应时代发展步伐,以主动转型取代被动消解。这就要求,民族习惯法在今后的发展过程中,要在价值观念、运行理念与模式等方面,作出积极而又必要的调整。要以依法治国的理念为指导,摒弃与法治文明相冲突之处,这样才能充分发挥其民族地区社会纠纷化解,社会秩序维护之功能。

民族习惯法的现代转型,首先体现在价值理念的转变层面。价值理念是外在行为的灵魂,平等、民主、自由等要素是现代法治理念的集中体现。如所众知,民族习惯法在其产生之初,就有着较为明显的阶级属性,即便在当前,民族习惯法的一些内容仍有明显的等级色彩,如前文提到的“赔命价”等问题。民族习惯法的这种阶级属性,是明显违背现代法治理念,这就需要积极采取各项举措,通过外在社会规范与内在引导相结合,重塑平等、自由等理念。

除此以外,民族习惯法的现代转型,还要注重转变其运行模式,释放其积极的社会调节功能。法律的生命在于鲜活的社会生活经验,而非在于严谨的逻辑。[①] 民族习惯法形成于民族地区社会生活实践,这也是其之所以长期以来能发挥社会调节作用的重要原因。同时,在民族习惯法运行过程中,也会出现一些与现代法治文明冲突之处。如关于通奸问题的解决,一些民族习惯法的规定会违背现有相关法律,有明显的违法性、滞后性。如瑶族习惯法规定,对通奸人,可剥衣游街,招众观看;壮族习惯法规定,则可以对其进行任意殴打,死伤在所不问。[②] 如民族习惯法都以这样的方式运行,任意侵犯公众的基本权利,结果只能会被现代法治所遗弃。

在民族习惯法的现代转型过程中,必须要以宪法、法律为中心,充分吸取传统习惯法中的现代法治文化要素,结合现代法治理念,才能充分发挥其社会调节作用。同时,这也

① 张乃根:《西方法哲学史纲》,中国政法大学出版社 1997 年版,第 278 页。

② 高其才:《中国习惯法论》,中国法制出版社 2008 年版,第 338 页。

是现代法治发展对民族习惯法的必然要求。

### (二)藏传佛教事务治理的法治化

建立健全藏传佛教管理的法制体系。依法管理藏传佛教事务的前提是必须要首先解决有“法”可依的问题,藏传佛教事务的管理是一项系统工程,这就决定了相关的法制建设也必然是一个有机的体系。靠单一的法律规范调整,则很难形成有效的管理合力,看似有较强的针对性,但却很难做到面面俱到,加强藏传佛教事务管理法制建设,就是要将藏传佛教事务管理引导到法治的轨道上来。在藏传佛教发展历史上,在很长的时间里,对藏传佛教事务的管理都依赖于中央政府的相关政策,尽管这样可以提升管理的效率,但长远看来,藏传佛教发展之所以几经波折,与这种管理模式有很大的关系。通过对现有藏传佛教事务管理立法梳理发现:首先,相关立法层级较低。现有立法依托于国务院颁布的《宗教事务条例》,而其余为规章或内部管理规定。其次,西藏地方相关立法不足。如政教分离制度、活佛转世制度、宗教财产管理及教职人员保障等方面,应进一步探索立法的空间。最后,现有立法仍未形成体系化的发展模式。鉴于目前藏传佛教事务管理的法制缺陷,西藏地方政府及相关部门应尽快完善有关立法,考虑制定《西藏自治区藏传佛教事务管理条例》,可将上述试行办法中的有关规定放在此条例中。

转变藏传佛教事务管理理念,完善藏传佛教事务管理体制。宗教事务管理体制的优化调整,涉及思想认知认识、宗教管理理念与综合评价体系等关键环节。[①] 推进藏传佛教事务依法管理,关键在于相关宗教行政管理部门职责的实现,从内部管理构造来看,在于要理顺相关内部行政组织结构,处理好宗教管理机关横向和纵向的关系,包括公务人员管理模式与保障机制;从外部管理权限来看,对藏传佛教事务依法进行管理,就要厘清宗教管理的行政权边界。

完善藏传佛教寺庙管理,建立寺庙管理长效法律机制。寺庙是进行宗教活动的最重要场所,也是僧尼学经、讲经、传经及生活的主要场所,一定程度上来说,对寺庙管理的好坏直接影响着宗教的和谐发展,影响着西藏社会稳定发展。在推进寺庙管理的法治化的进程中,要注重多措并举,坚持系统治理、依法治理、综合治理和源头治理相结合,将寺庙管理工作与推进国家治理现代化进程紧密结合,建立长效法律机制。此外,我们还应该从更深层次上审视西藏社会治理的风险,认清传统社会管理模式存有的不足,全面看待社会发展问题,才能有效避免群体性事件、爆恐事件的发生。[②] 公民意识首先是身份的意识,应先认识到“公民”是一种身份,而后是平等意识、权利意识与义务意识。在对僧尼进行思想意识培养和法治文化教育中,让僧尼首先认识到自己是中华人民共和国公民,认识到自己的公民身份,而后才是自己的宗教身份,二者并不矛盾,而且前者是后者保障。

① 闵丽:《我国宗教事务管理制度调整优化刍议》,载《宗教学研究》2015年第1期。

② 井凯笛:《理论解构与制度建构:3·14事件的法治反思》,载《云南民族大学学报(哲学社会科学版)》2015年第5期。

在认识到公民身份之后，藏传佛教僧尼就应该有平等意识，不能因为自己的宗教身份而把自身视为特殊公民，享有特权而不受法律约束，而是应该清楚地认识到僧尼与普通公民在法律地位上是平等的。藏传佛教僧尼还应该有权利意识和义务意识，不能认为因为自己是宗教人士而只享有权利，不履行义务，而是应该清楚地认识到自己在享有法律规定享有权利的同时，也应该自觉履行法律上规定的义务。藏传佛教僧尼不应该将国家给予的利益，视为是自身理所当然得到的，而在要求履行法律规定的义务时却消极抵制。公民身份和公民意识教育，是对藏传佛教僧尼管理的核心所在。

**(三)民族地区政府教育管理职能的实现**

首先，民族地区政府应为教育发展的引导者。公共政策是政府管理社会的主要手段，是政府调节社会资源分配的工具，是社会资源在不同区域、不同部门之间合理配置的重要保证。当前，民族地区较为普遍的教育问题，大多集中在教育政策的制定与落实方面，如在教育资源的投入上，注重高等教育的投入而轻基础教育的投入；注重对受教育者学历的追求，缺乏对教育技能的培养等问题。

民族地区教育优先发展内涵[①]的实现障碍重重。教育资源稀缺、分配不均衡等一系列问题，也严重影响着民族地区教育的协调性发展。此外，这些问题对民族地区学前教育、基础教育、专业技术教育的良性发展影响也较大，在深层次上影响了地方社会教育的全面、协调、可持续的发展。正如有学者所说："教育作为一种公共服务，是政府义不容辞的责任。政府不是没有能力承担普及义务教育的责任，而是政府能力的分配出现了偏差，政府在履行提供公共教育服务时出现了'失位现象'，教育主管部门对公共性义务教育的注意力，很大部分被高等教育牵走了。基础性教育相对落后的格局形成，原因不在于政府没有钱，而在于花钱不当，政府的公共教育管理职能不到位。"[②]民族地区教育发展中也面临上述问题的应对，民族地区政府在教育立法、教育资源分配、监管、教育执法等方面，都应发挥主导者的作用。此外，在深入贯彻落实宪法等教育总政策、《实施纲要》等基本政策和法规规定的具体政策等方面[③]，民族地区政府更应有所作为。

其次，民族地区政府应为教育发展的保障者。"怎样培养人，培养什么样的人"一直是学校教育工作的核心要素，而在民族地区，教育担负着促进社会和平、稳定和发展的重任。在民族地区教育中，除上述问题要深入探论之外，还要注重对"信得过、用得上、留得住"的人才培养。一方面，要求我们要把德育工作放在首位，培养政治立场坚定、具有强烈的爱国主义觉悟、能坚决与境内外分裂势力作斗争的接班人，是民族地区教育较长时间内最重要、最根本、最急迫的任务。如果这个工作没做好，就会直接影响上述培养目标

---

① 李祥：《论民族地区教育优先发展的基本内涵及其法律保障》，载《民族教育研究》2016 年第 3 期。

② [美]约翰·马丁·费舍、马克·拉维扎：《责任与控制——一种道德责任理论》，杨韶刚译，华夏出版社 2002 年版，第 21～32 页。

③ 杨昌儒：《民族政策与民族政策系统浅论》，民族出版社 2002 年版，第 75 页。

的实现，这就要求在民族地区教育发展过程中，建设一支精良的教育工作者队伍，是必不可少的环节，而地方政府正是这支队伍建设的领导者。当前，民族地区教师队伍建设的状况还较为落后，特别是学前教育、中小学教育工作者缺失较为严重，影响到了民族地区教育的总体发展进程。这就要求民族地区地方政府要通过各项努力，为民族地区教育发展提供更加充裕的教师人员，解决教师队伍中普遍存在着学历低、技能差、队伍不稳定等突出问题。① 另一方面，民族地区政府要为教育发展提供充足的财政保障。现实中，一些教育行政主管部门，没有很好地按照相关的文件要求，设置教育资金及对教育资金的监管体系，进一步影响国家对教育的资金投入。对教育系统中出现的违规违法事件，要严厉查处，落实责任制，在制度上筑起一道坚实的防线。否则，这些问题的存在会严重影响民族地区教育的发展。因此，针对民族地区既是边疆地区，又是少数民族聚居地区的特点，结合其教育发展相对落后的状况，必须要注重政府角色的分析，为其提供发展所需的“人、财、物”，做好保障者的工作。

最后，民族地区政府应为教育发展的服务者。建设法治政府，是民族地区政府职能转变的必然选择，这就要求地方政府必须将强化公共服务职能。要厘清法治政府的职能定位，民族地区政府管理职能重新进行界定，弱化其强权一面，在教育行政管理、教育行政执法的过程中，注重柔性执法方式的运用，而非一味地以强制方式，来解决教育行政管理中所遇到的问题。

自 2004 年国务院颁布《依法行政纲要》以来，明确提出政府工作应围绕，“经济调节、市场监督、社会管理、公共服务”这几方面来，而在政府职能实现的过程中，服务型政府的理念为其提供了理论的指导。在民族地区教育发展方面，要特别注重政府管理方式要由“重管理轻服务”向“教育发展的服务者”转变。而这关键是要转变教育执法理念，提升教育服务者的责任意识、法律意识，避免“与民争利”，相反，要做到“予民以利”。法治政府必然是权责统一的政府，民族地区政府在教育发展的过程中，行使教育行政权的同时，也应明确相应的责任制，这也是民族地区教育良性发展的必然要求。

## 结 语

政治学家将政治过程分为利益表达、利益综合、政策制定、政策实施四个环节，利益表达机制处于政治过程的起始阶段，其意在于政治要求的提出。社会发展的不同时期均对应有不同的利益表达机制，不同的利益表达机制不仅可以充当好“排气孔”，还是维护并推动社会发展的“安全阀”，为我们了解社会稳定发展提供了新的视窗。建立有序的利益表达机制，必须以结构性利益表达与功能性利益表达为基础，探索影响利益表达行为的内在深层次因素，才能规范利益表达行为的决策指向性和实施指向性。“信访”作为当

① 刘凯，杨小俊：《西藏高等教师队伍发展现状及存在问题分析》，载《西藏民族学院学报（哲学社会科学版）》2008 年第 6 期。

前最主要的利益表达方式，在民族地区社会稳定发展的大格局中影响重大，解决民族地区公众信访问题的痼疾，必须要将民族习惯法、宗教事务管理、教育作为研究核心。同时，民族地区利益表达机制建设仍要依托于其他的制度建设，以法治化体系为制度构建的核心，使其与纠纷解决机制形成互补之势。唯如此，利益表达机制才会在维护民族地区社会稳定层面发挥其应有之功效。

## The Three Relations of the Public Interest Expression Mechanism in Ethnic Areas —Centered on Petition Letters

Jing Kaidi

**Abstract**: As an important mechanism entrusted by the constitutional law to the public interest expression, the letter and visit aims to provide the basis for the design of the system, which plays a vital role in the social stability and development of the ethnic areas. But for the system of letters and visits, the public perception in ethnic minority areas may be very biased. The national customary law, the management of religious affairs and thc the educational development of ethnic area are the three factors that affect the expression of the public interests in ethnic areas. It is the key to the three kinds of relations to promote the modern transformation of the ethnic customary law, the rule of law of the administration of Tibetan Buddhism affairs, and the realization of the government's educational management function in ethnic areas.

**Key Words**: Ethnic Areas; interest expression; petition letters; administrative regulation

# 习惯司法适用的本体、主体和规则问题研究

韩富营*

**摘要**:法律渊源是一个兼具描述性和规范性的复合概念,它不仅是指对司法裁判所依据多元规范的集合,还蕴含着发现和适用法律的规则。《民法总则》确立了习惯正式法源的地位,明确了民法法源的类型及各种法源之间的适用次序,但《民法总则》中的一般性规定缺乏具体明确的指引。习惯的适用应定位于司法立场,以充分发挥为法官提供裁判依据的功能。习惯的司法适用需从静态规制和动态引入两方面来进行探究:静态的规制需从本体维度,厘清习惯的内涵与构成条件,从规则维度,明晰适用规则与正当性限制;动态的引入需从适用主体维度,排除习惯本身的弊病来发挥法官自主裁量,当事人需对适用之习惯承担举证责任。

**关键词**:习惯;司法适用;本体;适用主体;规则

基于法源来源的多样性和表征的繁异性,法律渊源理论一直被视为是法理学中最核心和最复杂的问题。①《民法总则》第十条是对民法法源的规定,首次以条文形式确认"习惯"②作为裁判的依据,确立了习惯第二位阶法源的地位。当前民法法源条款的理论研究主要集中在法源地位确立过程、意义以及习惯挖掘等方面,集中体现在理念上的突破,法释义学解读以及司法适用规则的研究不够深入。如何厘清"习惯"的内涵与构成条件,阐释"法律"并探究习惯司法适用的规则成为《民法总则》中的一个重要课题。民法法源的条文解读、习惯内涵界定和认定标准以及司法适用规则的探究具有重要的理论和实践价值,这也是本文研究的目的和意义所在。

## 一、习惯司法适用的背景考察

"习惯法"是人类社会最早出现的法律规范现象,不仅是最早的法律形式,也是最为古老的法律渊源。"习惯法"作为法律渊源具有历史源头的地位,其历史演进遵循着一个轨迹:经过长期法律实践,逐步由分散的习惯法上升为统一法律体系的过程。

* 韩富营,中南财经政法大学法学院博士研究生。

① 石佳友:《民法典的法律渊源体系——以〈民法总则〉第10条为例》,载《中国人民大学学报》2017年第4期。

② 本文探究的"习惯"主要是指民事领域中的习惯,区别于行政法和其他部门法中的习惯。

(一)历史溯源

从比较法视野来看,普通法形成的过程就是习惯法逐步走向统一的过程。庞德曾指出,在现代英国法上,习惯法仍属于一种重要法源,在许多领域与成文法具有同样的权威。[①] 普通法系在形成统一判例之前,各地习惯为法律最主要形式,其中所奉行的遵循先例原则就是最好的体现。大陆法系发展过程中,受理性主义影响,立法者增强了立法自信,曾将国家成文法视为唯一法源,坚信通过制定一部集最高智慧于一体的成文法会成为解决现实问题的完美方案。随着成文法在发展过程中遇到的种种障碍,人们发现成文法并不是万能法,认识能力的局限性以及未来发展的不确定性导致成文法的缺口重重。[②] 人们迫切希望能够从生活习惯中找到解决问题的方法和依据,植根于实践的习惯不仅是对法律精神的一种尊重,更是对人本身的一种尊重。在成文法出现漏洞而无法适应社会发展时,习惯法就有了生存的空间,也有了自己准确的定位。古罗马共和时期,习惯被看作人民意志的体现,长期的习惯可以改变成文法律。[③] 到了帝国时期,国王的意志开始凸显,成文法被看作是君主意志的体现,习惯法不能与成文法相冲突。随着古罗马的灭亡,习惯法又盛行了一段时期。大陆法系曾将习惯作为主要的法源,只是在成文法发展过程中,由早期习惯上升为统一成文法典,《德国民法典》和《日本民法典》就是很好的例证。[④]

我国亦有适用习惯裁判的历史传统。我国古代早期的成文法典中就有了关于习惯法的记载,习惯在我国古代一直被视为是调整社会民事生活的重要依据。春秋时期的"礼"法是当时社会的基本规范形式[⑤],被作为习惯法来应用。清朝和民国时期在修订法律时,习惯也得到了足够重视。新中国成立之后,我国许多部门法在立法时也考虑到交易和生活习惯的因素,还特别强调了民风民俗的重要性。《民法通则》虽未对习惯做出规定,但在许多民事部门法中都可以见到"交易习惯"或者"风俗"的身影。[⑥] 我国作为大陆法系国家之一,成文法占据了法律渊源的主流地位,对于法源单一性的打破使得"法律就是法律渊源"的牢笼不攻自破。习惯法对于维护我国传统社会的社会秩序和稳定发挥着基础性作用,虽然制度上并没有承认习惯法的合法性,但在解决纠纷中却表现出了对习

---

① [美]罗斯科·庞德:《法律史解释》,邓正来译,中国法制出版社 2002 年版,第 12 页。

② 宋菲:《论习惯作为民法法源——对〈民法总则〉第 10 条的反思》,载《法律方法》2018 年第 1 期。

③ 余成峰:《罗马史上"习惯法"的源起与流变——一个法律思想史角度的考察》,载《比较法研究》2018 年第 3 期。

④ 德国法上保留了大量的习惯,例如,德国物权法中的不少规则如土地债务、定期土地债务等规则都来源于习惯法。《日本民法典》的规则虽然整体上照搬了西方民法,但在家庭法等领域则借助习惯保持了一定的本土性,大量吸收了习惯的内容。参见王利明:《论习惯作为民法渊源》,载《法学杂志》2016 年第 11 期。

⑤ 马小红:《礼与法》,经济管理出版社 1997 年版,第 35 页。

⑥ 例如,《物权法》第 85 条中关于邻里关系的规定:"法律、法规没有规定的,可以按照当地习惯。"第 116 条中关于孳息的规定:"天然孳息,由所有权人取得;既有所有权人又有用益物权人的,由用益物权人取得。当事人另有约定的,按照约定。法定孳息,当事人有约定的,按照约定取得;没有约定或者约定不明确的,按照交易习惯取得。"《合同法》第 61 条规定:"合同生效后,当事人就质量、价款或者报酬、履行地点等内容没有约定或者约定不明确的,可以协议补充;不能达成补充协议的,按照合同有关条款或者交易习惯确定。"

惯法默认使用的态度,实践智慧肯定了习惯法的作用。

### (二)现状考察

《民法总则》对于习惯法源进行了概括性和一般性描述,民事部门法中基本采用"习惯"或者是"交易习惯"的表达,局限在《物权法》和《合同法》等部门法中①,但范围有限,数量也非常之少。例如,法定孳息确立规则的复杂以及相邻关系判断的争议使得习惯在《物权法》中具有了存在的意义和价值,但《物权法》强行法的倾向使得习惯适用受到了很大限制,物权法定原则确立了物权的内容和形式都必须由法律来予以确立,也极大地限制了习惯在物权来源中的适用空间。《合同法》强调当事人意思自治,侧重对当事人意志保障以及自由价值实现的目标,习惯的适用主要是集中在合同成立生效、合同义务、合同补救和合同解释四个部分,在具体条文中一般表述为"交易习惯"。习惯也可以在其他法律、法规中得到体现,例如,商事领域采取具体条款来处理处置民商事习惯,这种方式主要是用来协调民事习惯和特殊法律之间的关系,通过概括性条款来解决当前习惯和原有习惯之间的效力问题。

习惯上升为正式法源之前,司法实践中就有适用习惯裁判的先例。从北大法宝中以"习惯"为索引按标题精确和模糊查找,有经典案例 1 篇,涉及《合同法》第 61 条"交易习惯"在解决合同价款中的适用,裁判主旨为"建设工程合同当事人对单价存在争议的,法院应考虑交易习惯予以确定"。案例报道 7 篇,其中典型的按照习惯裁判的案例有 2 篇,其中一篇涉及借款过程中虽然有欠条但是并没有真实的借款关系,法官按照借款的交易习惯来进行裁判。另一篇法院则以书写不符合习惯为由支持了被告的诉讼请求。以"习惯"为索引按全文精确和模糊查找,共有指导性案例 4 篇,公报案例 53 篇,典型案例 1 篇,经典案例 24 篇。② 其中合同、无因管理和不当得利占据 28 篇,物权 5 篇,侵权责任法 2 篇,人格权、婚姻家庭和继各 1 篇,其余为商事习惯适用的共 16 篇,国际惯例的适用有 5 篇。③ 除了案例支撑之外,在司法实践中也存在具体适用情形④:例如,在他人承包地中

---

① 《民法总则》第 140 条、第 142 条,《合同法》第 22 条、第 26 条、第 60 条、第 61 条、第 125 条、第 136 条、第 293 条、第 368 条,《物权法》第 85 条、第 116 条;习惯的适用在司法解释中也有体现,"合同法解释二"第 7 条,"物权法解释一"第 17 条、第 19 条,"买卖合同解释"第 1 条、第 8 条、第 17 条、第 18 条,"民间借贷解释"第 3 条、第 16 条、第 25 条,《全国人大常委会关于〈民法通则〉第 99 条第 1 款、〈婚姻法〉22 条的解释》(2014)。详细梳理参见彭诚信:《论〈民法总则〉中习惯的司法适用》,载《法学论坛》2017 年第 4 期。

② 在 53 篇指导案例中,多数的案例中的习惯是作为考量的因素或者是按照习惯来确定双方权利义务,并没有真正作为裁判依据,将习惯作为裁判理由的案例是 6 号案例(洪秀凤与昆明安钡佳房地产开发有限公司房屋买卖合同纠纷案)、14 号案例(赵俊诉项会敏、何雪琴民间借贷纠纷案)、17 号案例(海擎重工机械有限公司与江苏中兴建设有限公司、中国建设银行股份有限公司泰兴支行建设工程施工合同纠纷案)、20 号案例(刘超捷诉中国移动徐州分公司电信服务合同纠纷案)、21 号案例(屠福炎诉王义炎相邻通行权纠纷案)、29 号案例(李金华诉立融典当公司典当纠纷案)、41 号案例(李萍、龚念诉五月花公司人身伤害赔偿纠纷案)。

③ 商事案例共有 16 篇,包含 4、12、18、20、22、24、30、31、34、38、41、42、46、47、48 和 49 号案例;国际惯例共有 5 篇,包含 39、40、47、48 和 49 号案例。

④ 来源于:https://www.wenku1.com/,访问日期:2018 年 9 月 26 日。

埋葬问题[①]以及河北省 2014 年"凶宅"买卖案[②]。

通过对习惯的历史沿革和制度背景的考察,我们发现习惯曾在民法法源体系中扮演着重要角色。习惯法源地位的确立具有重要意义:从比较法角度来看,是习惯移植的一种进步,是保持民法开放性与进步性的重要举措;从法律本土化角度来看,是民法渊源规则自身的突破和创新,在保障法的价值实现的同时,促进了民法的时代性。法源指"一切得为裁判之大前提的规范的总称"[③],探究法律渊源本质上是在寻找何种权力能够产生法律规范,司法裁判所要为解释、推理和论证的前提和基础就是对于法律渊源的寻找。民法渊源问题不仅是一个理论问题,也是一个重要的实务问题。[④] 习惯的司法适用是法官在查明案件事实基础之上,按照民法渊源所指引的静态规则下动态适用的过程,需厘清习惯之内涵及构成条件,并明晰适用规则与正当性限制。

## 二、习惯司法适用的本体问题:内涵界定与构成条件

《民法总则》在我国民事法律体系中具有统领地位,对于整个民事部门法的法律适用乃至司法体系会产生巨大影响。民法法源通常是指民法的存在形式[⑤],民法法源条款的确立是将能够据以裁判的依据进行通盘整理,并将整理得出的框架在立法上确认,以指引法官找法过程。[⑥]《民法总则》对习惯法源的一般性规定缺乏具体明确指引,合理界定习惯的内涵并明确其构成条件,不仅关乎其他民事单行法中对习惯的理解,也关乎习惯的司法适用。[⑦]

### (一)习惯的内涵界定

所谓习惯,是指多数人对同一事项,经过长时间,反复而为同一行为。[⑧] 习惯是人们长期生活经验的总结,既是人与人正常交往关系的规范,也是生产生活实践中的一种惯行。此种惯行得到了人们的普遍遵守,其效力在长期历史发展过程中已经得到了社会公众的认可,长期约束人们的行为。当事人之间亦有约定适用习惯情形,只要这种约定没

---

① 重庆市铜梁县人民法院(2009)铜民初字 149 号民事判决书,重庆市第一中级人民法院(2010)渝一中法民终字第 1759 号民事判决书。

② 河北省三河市人民法院(2014)三民初字第 4409 号民事判决书,河北省廊坊市中级人民法院(2015)廊民一终字第 854 号民事判决书。

③ 黄茂荣:《法学方法论与现代民法》,中国政法大学出版社 2001 年版,第 371 页;刘得宽:《民法总则》,中国政法大学出版社 2006 年版,第 15 页;朱庆育:《民法总论》,北京大学出版社 2016 年版,第 35 页。

④ 陈甦主编:《民法总则评注》,法律出版社 2017 年版,第 72 页。

⑤ 梁慧星:《民法总论》,法律出版社 2017 年版,第 25 页;王泽鉴:《民法总则》,北京大学出版社 2009 年版,第 35 页;马俊驹,余延满:《民法原论》,法律出版社 2010 年版,第 27 页。

⑥ 于飞:《民法总则法源条款的缺失与补充》,载《法学研究》2018 年第 1 期。

⑦ 彭诚信:《论〈民法总则〉中习惯的司法适用》,载《法学论坛》2017 年第 4 期。

⑧ 梁慧星:《民法总论》,法律出版社 2001 年版,第 28 页。

有违反社会公共利益和善良风俗及法律强制性规定，类似约定应当得到确认和保护，这是私法自治的应有之义。

习惯和习惯法之间的争议曾引起了我国学者的激烈讨论，《民法总则》最终将其表述为“习惯”。习惯在不同民法典中有表达各异，《瑞士民法典》“第一条”第二款中，翻译过来的表述是：“法律未规定者，法院得依习惯法，无习惯法时，得依其作为立法者所提出的规则，为裁判。”①我国台湾地区“民法”第一条则是：“民事，法律所未规定者，依习惯；无习惯者，依法理。”②习惯和习惯法在本质上所指对象是同一的，即为成文法典化规则。习惯和习惯法只是称谓上不同，二者没有本质区别，民法法源中的习惯即习惯法。③

习惯作为“第二阶梯”的法源对于法律具有补充和解释作用：一方面，由于法律的局限性以及社会的进步性，法律不可能做到面面俱到。正视制定法之不足，承认法律的多元化，是不可逆之思潮，诞生于 21 世纪的民法典对此应当予以重视。④ 法律出现一定程度的滞后性，在民法典无规定时，需要习惯来作为补充得以实现。习惯是随着社会发展形成的一种普遍性规则，经过总结和提炼成为民事法律渊源和裁判依据，当事人依据习惯确立权利义务，基于意思自治原则，应当肯定当事人约定的效力。另一方面，法官裁判是一种适用法律的高超艺术，不仅要做到严格依照法律来进行裁判，还需灵活适用法律，并通过习惯来对解释法律。司法的力量源泉不是来自强制，而在于司法裁判的正当性⑤，适用习惯进行裁判主要解决的是法院、仲裁机构在进行裁判时，何种习惯才能成为裁判依据，即一般习惯如何才能够上升为法源的问题。法官在解释和适用民法典具体条文时，亦可参考特定民事习惯，赋予民法典特定条文在具体案件中具体含义。

### (二)习惯的构成条件

构成法源之习惯应该是一个由事实习惯上升为规范习惯的过程。⑥ “在许多的社会惯例中，有为一般人确信其必须遵从而有法效力者，谓之习惯法；有仅为一种惯例而不为一般人确信其必须遵从，如不遵从，其共同生活亦不能维持者，是为事实上之习惯。”⑦对

① 《瑞士民法典》，戴永盛译，中国政法大学出版社 2016 年版，第 1 页。

② 陈聪富主编：《月旦小六法》，元照出版有限公司 2015 年版，叁-1—叁-84。

③ 本文在该问题上采通说。参见王利明主编：《中华人民共和国民法总则详解》(上册)，中国法制出版社 2017 年版，第 53 页；杨立新主编：《中华人民共和国民法总则要义与案例解读》，中国法制出版社 2017 年版，第 68 页；龙卫球、刘保玉主编：《中华人民共和国民法总则释义与适用指导》，中国法制出版社 2017 年版，第 39 页；杜万华主编：《中华人民共和国民法总则实务指南》，中国法制出版社 2017 年版，第 55 页。我国台湾学者通说亦认为，法源中的“习惯”系指“习惯法”。参见胡长清：《中国民法总论》，中国政法大学出版社 1997 年版，第 29 页；史尚宽：《民法总论》，中国政法大学出版社 2000 年版，第 81 页。

④ 王洪平、房绍坤：《民事习惯的动态法典化——民事习惯之司法导入机制研究》，载《法制与社会发展》2007 年第 1 期。

⑤ 周世中：《法的合理性研究》，山东人民出版社 2004 年版，第 388 页。

⑥ “从习惯能否直接作为裁判案件的大前提出发，可以将习惯分为事实性习惯和规范性习惯。”参见陈寒非：《民法典编纂中的民事习惯：从事实到规范的转化》，载谢晖等主编：《民间法》(第 18 卷)，厦门大学出版社 2016 年版。

⑦ 刘得宽：《民法总则》，中国政法大学出版社 2006 年版，第 16 页。

于习惯的构成要件,学术界有着不同观点。① 构成司法适用之习惯必须符合存在较多数量的行为,不间断的同样行为,能在足够长的时间内重复出现、基于内心确信而作出的行为等特征。法律明确规定应当依据习惯裁判,或适用时应当考虑习惯,该习惯已经成为具体法律规则的组成部分。② 习惯法一旦被法律所吸收,便不再是单纯的习惯。③

构成法源之习惯主要包含两个方面的要素:

一方面,存在事实上的习惯。法官在解决纠纷时,所要考虑的习惯必须客观存在,绝大部分成员所熟悉和了解,被作为行为规范普遍遵循、反复运用。客观存在要求在一定期间内,就同一事项,反复为一定行为。普遍性的内在要求作为法源的习惯需要在一定范围的特定人群中具有公共的信服力和拘束力。④ 司法适用中的规则是为了调整不特定利益之间的冲突而沿用,它所针对的对象是具有普遍意义的群体,普遍性也就成为了司法适用规则中的一个基本要求。考虑到习惯适用的区域性以及我们国家地区的差异性,不能够要求其达到法律规则的统一适用的标准,而应当具体考察其在区域内是否形成一种普遍的约束力。⑤ 作为法源适用的习惯也应当是确定的,而不应该模棱两可。法官在适用过程中不能采用存在争议的习惯或者是非约定俗称的习惯,法律的秩序性要求规范的确定性,确定性是要求习惯能够具体引导人们的行为,并为特定区域、行业的成员所认可。

另一方面,事实习惯上升为规范习惯。正如罗马法学家尤里安指出的,在无成文法的情况下,也有理由为所有人所遵守,即我们没有理由不把被人们称为是由习俗形成的、人民决定接受且根深蒂固的习惯作为法律遵守。⑥ 民事习惯种类繁多且内容复杂,不是所有习惯都能够成为解决纠纷的依据,习惯也存在积极与落后之分,只有具备特定条件才可以具备可裁判性,才能成为具体法律事实的规范性依据。习惯的生成并不严格符合制定法生成的逻辑,习惯自身所具有的特征就决定了当符合特定条件才能够予以适用。社会成员的内心确信,经过反复实施,上升为具有规范意义的规则。法的确信是一定区域内大多数人确信某一事实上的习惯为法的主观心态⑦,在特定领域的纠纷过程中引用的习惯可能会形成一个判例,此后不断地被引用,成为论证司法行为合法性的依据。从

---

① 有的学者认为构成法源之习惯应当具备"法的确信"与"经久长行"。参见王泽鉴:《民法总则》,北京大学出版社 2009 年版,第 46 页;黄立:《民法总则》,中国政法大学出版社 2002 年版,第 47 页。也有观点认为有的学者认为构成法源之习惯应当具备积极条件和消极条件。例如,王利明认为,并非所有习惯都能构成为民法渊源,能够成为民法渊源的习惯应当具备积极条件和消极条件。积极条件包括长期性、恒定性、内心确信性,并且能够具有具体行为规则可以被证明。习惯上升为习惯法应当符合公序良俗,不得违反法律的强制性规定,此为"合法性判断",也是消极条件。参见王利明:《论习惯作为民法渊源》,载《法学杂志》2016 年第 11 期。

② 王利明:《论习惯作为民法渊源》,载《法学杂志》2016 年第 11 期。

③ 徐国栋:《论民法的渊源》,载《法商研究(中南政法学院学报)》1994 年第 6 期。

④ 于飞:《民法总则法源条款的缺失与补充》,载《法学研究》2018 年第 1 期。

⑤ 陈景辉:《"习惯法"是法律吗》,载《法学》2018 年第 1 期。

⑥ [意]桑德罗·斯奇巴尼选编:《民法大全选译:正义和法》,黄风译,中国政法大学出版社 1992 年版,第 62~63 页。

⑦ 彭诚信:《论〈民法总则〉中习惯的司法适用》,载《法学论坛》2017 年第 4 期。

立法例上来讲,各国和地区并没有对此进行明确规定,一般会将此问题交由法官裁决,法官所依据的习惯应当是合理、适应民众生活需求和社会发展需要的习惯。"适于强制实行且于社会生活上有特别强制实行必要之习惯,因公权力之作用而成为习惯法,非因其为习惯之故而成为法律也。"①"唯习惯需经国家承认时方为习惯法"②,习惯上升为规范法源需要经过国家公权力确认。

## 三、习惯司法适用的主体问题:司法确认与举证责任

司法实践中,法官必须坚持"以事实为准绳,以法律为依据"的基本原则。法官并不能够像分析法学家所讲的那样,吞进去事实和法条,吐出判决和结果。正如美国法学家卡多佐所言:"起初,这些后果只是暂时性和探索性的,通过不断重复才获得一种新的永久性和确定性;最终,它们自己也成了基本的和公理的。"卡多佐的描述形象阐述了习惯进入司法领域的过程,也描绘了法官对习惯认可的过程。

### (一)习惯的司法确认

科殷指出:"当一个请求权在法官面前提起,但是该请求权赖以产生的基础事实未被立法者考虑到时,法官固然得以不能获得法律依据为由,径行驳回该诉。但他可能违反了其依正义与衡平裁判的义务。"③法无明文规定时,若法官一律判决一方当事人败诉,表面上看没有拒绝裁判,但实际上没有去积极寻找每一个个案的衡平点。质言之,拒绝了"正义与衡平的裁判",这仍然是违反义务。④ 王泽鉴评论我国台湾"民法"第 1 条的意义时指出,该条"就法学方法论言,克服了 19 世纪的法实证主义,肯定制定法的漏洞。明定其未规定者,得以习惯或法理加以补充。法院不得以法无明文规定而拒绝裁判"⑤。

司法审判中,民法法源不可能为所有的案件提供明确答案,习惯适用为案件纠纷的解决提供了多种可能性⑥,习惯司法适用的多种可能性意味着法官自由裁量的存在。"行使自由裁量权从来都不是绝对自由"⑦,自由裁量并不是意味着任意专断,而是意味着评估和衡量。考虑实际的道德结果,法院有权以某种习惯不具合理性为由而拒绝赋予该习惯以法律实效,这意味着不仅需要运用抽象逻辑的论证,还需要运用经济、伦理、政治社会和心理学来综合衡量。法官的找法习惯开始调整,在无法律规定时,优先考虑习惯,主

---

① [日]穗积重远:《法理学大纲》,载李鹤鸣,魏琼校勘:《法理学大纲与法律哲学 ABC》,中国政法大学出版社 2005 年版,第 117 页。

② 梁慧星:《民法总论》,法律出版社 2001 年版,第 24 页。

③ Helmut Going, Grundzuge der Rechtsphiolsophie, 5 Aufl., 1993, S.282.

④ 于飞:《民法总则法源条款的缺失与补充》,载《法学研究》2018 年第 1 期。

⑤ 王泽鉴:《民法总则》,北京大学出版社 2009 年版,第 35 页。

⑥ 周世中:《民族习惯法进入司法审判的前提条件与路径探讨》,载《社会科学家》2017 年第 1 期。

⑦ [美]博登海默:《法理学:法律哲学与法律方法》,邓正来译,中国政法大学出版社 1998 年版,第 495 页。

要任务是查明所适用习惯能否可以构成裁判之依据，并进一步参照公序良俗原则来进行正当性衡量。

习惯法源地位的确立以及其内容的广泛性和补充性都成为法官适用习惯裁判的理由。但从法官角度分析，却存在一定困境：一方面，法官运用习惯解决争议的能力不强。《民法总则》出台之前，虽然部门法对"交易习惯"予以规定，但是这些规定并没有广泛适用于民事纠纷的解决，法官对于习惯的适用表现出一种保守主义的倾向，对于习惯的适用态度也是谨小慎微。习惯的作用主要是用于调解阶段的说理，在实际判决中却极少出现，即便是适用习惯进行裁判也会将习惯与法律进行联系，使其具有法律的某种"外衣"。此种局面不仅来源于先前习惯法源地位的缺失，也体现出法官在适用习惯时的心理惯性。[①] 另一方面，习惯适用中法官自由裁量的难度加大。习惯本身地域性强，标准也变得更加模糊，内涵界定难和标准不统一增加了法官自由裁量的难度。不公正的判决不仅不利于当事人利益的保护，也影响了司法的公正。[②] 由于专业水平和思维方式的不同，对待习惯的态度和适用方法也就存在差异，司法实践中法官有时会出现滥用自由裁量权的情形，导致同案判决差距失之千里。

法官在适用习惯时需要综合考量多种因素，需要在《民法总则》实施后的空档期发现集中的问题和积累更多实践经验[③]，才会避免动态适用的延时。判决是一个复杂而不确定的混合体，一个公正的裁决要求法官不仅要进行逻辑上的推演，还必须结合社会经验考虑习惯的复杂性，将各种因素综合进行考量。[④] 法官的价值衡量是否合理不仅取决于对社会科学的研究，还取决于对争议与标准的理解，法官应运用自己的经验对符合外在标准的习惯进行甄别。[⑤] 法官的裁判是基于其当前的知识状态下，对于多个相互冲突的社会利益，综合多种因素来进行判断，综合衡量它们的相对价值。逻辑和经验是对法官的内在要求，不仅要求法官增强自己的专业法律知识，还需从经验和法律逻辑的角度来完善自己，做到根据案件的需要在多种习惯之前进行衡量和价值判断，得出恰如其分的裁判结论。法官须将该案型之特征构成要件化，并使其具有足够的明确性，使之在将来更进一步利用裁判者之主观裁量加以具体化，以能直接被引为裁判之大前提。

### （二）当事人的举证责任

根据《民事诉讼法》的规定，我国实行"谁主张，谁举证"的原则。正如我国台湾地区

---

① 余成峰：《罗马史上"习惯法"的源起与流变——一个法律思想史角度的考察》，载《比较法研究》2018 年第 3 期。

② 陈显江，傅庆涛：《以司法认同标准为摹本：探寻司法权威认同之路》，载《山东审判》2008 年第 5 期。

③ 2004 年，最高人民法院发布的《关于适用婚姻法若干问题的解释（二）》中，确立了"彩礼返还的民间规则"，这实际上是在部分吸收和认可习惯的基础上对广泛存在于社会生活中的民间习俗进行了确认。

④ 黄茂荣：《法学方法论与现代民法》，中国政法大学出版社 2001 年版，第 371 页。

⑤ 李向玉：《转型抑或边缘：法治进程中的习惯法与国家法》，载《哈尔滨工业大学学报（社会科学版）》2018 年第 3 期。

民法典的规定:"习惯之成立,以习惯事实为基础,故主张习惯法则,以为共计防御方法者,自应依主张事实为通例,就此项多年惯性,为地方之人均认其拘束其行为之事实,负举证责任。若不能举出确切可信之凭证,以为证明,自不能认为有此习惯之存在。"法官进行裁判时,一般不会依职权来对习惯进行示明,也不会主动援引习惯的内容来进行判决。

当事人需要对自己提出的习惯依据承担举证责任,以让法官确信所依据之习惯具有规范性和正当性。① 当事人的举证责任主要包含两个方面内容:其一,证明所适用之习惯的存在并且案件事实与所依据之习惯存在关联性;其二,证明所依据之习惯符合法源的构成条件,构成裁判适用依据。当事人举证证明的习惯只能用于个案裁判。我国《物权法》第85条规定:"法律对相邻关系有规定的依照规定;法律法规没有规定的,可以按照当地习惯",这是关于习惯的最早的法律规定。按照《物权法》的规定,在处理越界建筑物枝丫根系致人损害的情形时,可以按照当地习惯来处理。但是,对于相邻关系中习惯的适用是在特殊法中的体现,不是一个通用规则。

受当事人法律素养和习惯复杂性的限制,当事人举证面临很大困难②:从习惯生成角度来看,它是在一定范围内人们在长期生活交往中所形成的,局限于一定范围或者特定区域,往往会受到外部环境和物质条件的影响和制约。相比较国家制定法统一性来讲,受到自身局限性和特殊性制约,导致普适性不足,严重影响着它的广泛适用。从习惯发展角度来看,一些习惯随着文明的进步而愈显其落后,不排除习惯中存在一些"陈年陋习",这些消极习惯已经不能符合社会发展的需要,反而会成为阻碍社会发展的消极力量。从当事人角度来看,一定历史条件下,经过长期积累和实践演进,形成了人们长期坚持而又根深蒂固的传统,当事人脑海中形成的这种惯性思维难以在短时间内改变。习惯是人们在一定范围内基于实践或者是机会而形成,这种实践所体现出来的特征没有规律性,并不是绝对规定,存在着很大的偶然性和变动性。与成文规范相比,习惯具有明显的抽象性,内容可能难以准确确定。受专业知识和法学水平的限制,当事人很难明晰习惯内涵及其外延。随着当前人员的流动性加强,不同民族之间的融合越来越密切,当事人很难举证这种民族性的习惯能否适用于案外人员。

解决当事人举证困难的有效途径是加强习惯整理汇编为当事人提供明确指引。"调查总结民事习惯是当前民法典编纂的基础性工作"③,许多学者发出呼吁,认为应当在民法典编纂过程中,进行较大规模的普遍性的民事习惯调查。民事习惯调查并非新鲜之事,除域外经验可兹参考,中国早在清末及民初已有过两次较大规模的民事习惯调查,且其调查成果(如南京国民政府时期形成的《民事习惯调查报告录》)对当时民事立法和司法领域都产生了一定的影响。有鉴于此,通过民事习惯调查落实《民法总则》第十条也是

---

① 张强、陈玮:《论民法的渊源——以〈民法总则〉第十条为中心》,载《社科纵横》2018年第7期。

② 李图仁、卢明威:《民族习惯法司法适用现状与问题解决》,载《广西社会科学》2018年第4期。

③ 高其才、陈寒非:《调查总结民事习惯与民法典编纂》,载《中国法律评论》2017年第1期。

一种重要解决方案。法律层面上的民事习惯调查不等同于社会学或人类学层面的社会民俗考察，需深入挖掘、整理会对民事关系及权利义务产生影响的习惯并作出法律价值评判上的认定。习惯亦会因时而变，要形成能对司法实践提供全面而准确指导的成果，绝非一朝一夕之功。待相关案例丰富时，形成典型案例或指导性案例体系，进而对涉习惯的民事裁判规则进行梳理和总结，当更为符合现实的法治期待。

在历史法学派看来，对于一个民族长久生活习惯的尊重，体现了一个国家法典的民族精神。任何国家在制定民法典时，在追求通过法典实现国家法制统一、振奋革新的目标时，还应当努力做到法典与生活相熨帖，这样的法典才容易迅速被人们所接受和遵循，才是好的法典。[①] 我们需要对现实中民事习惯原材料进行深刻理解、深入研究和抽象升华，在收集、整理传统民事习惯的基础上[②]，做出科学鉴别，进行去粗取精、去伪存真的加工。基于不违反国家利益和公共利益角度出发，根植于当前我国本土化要求，对于民事习惯借鉴和筛选工作也越来越迫切。[③]

## 四、习惯司法适用的规则问题：前提、参考与限制

民法法源条款的本质是指示民事法官应当在何处寻找裁判依据，如何将习惯法源地位予以科学、合理定位，并对其适用规则进行研究就显得尤为重要。《民法总则》第十条中“可以适用习惯”主要包含三层次含义：一者，明确了二位阶的法源构成，肯定了法律和习惯的法源地位。二者，优先适用法律，习惯发挥补充作用。三者，习惯适用受到公序良俗原则的限制。

### (一)适用前提：“法律”无规定

《民法总则》明确规定了法律优先与习惯适用，这种宽泛定义看似比较简单，在适用过程中需要法官明确查明是否存在可适用之法律，此种查明义务是对审判者法律素养的挑战和要求。法律作为立法机关通过法定程序制定的成文法，具有最高的法律效力和普遍适用性，确定法律优先适用具有正当性，必须做到严格优先适用法律。

《民法总则》第十条将“法律”作为第一位阶的法源。法律有广义的法律和狭义的法律之分[④]，理论界对于《民法总则》中的“法律”有着一定的争议：有的观点认为此处为广义上的法律，而有的观点认为此处为狭义上的“法律”为宜。从我国当前的制定法体系来

---

① 孟强：《民法总则中习惯法源的概念厘清与适用原则》，载《广东社会科学》2018 年第 1 期。

② 茨威格等指出，习惯法调查、记录习惯法对于一种法国共同习惯法的逐渐形成，并最终导致习惯法与成文法的融合都是十分必要的，这为《法国民法典》的成功奠定了坚实的基础。参见高其才：《尊重生活、承续传统：民法典编纂与民事习惯》，载《法学杂志》2016 年第 4 期。

③ 范忠信、黄东海：《传统民事习惯及观念与移植民法的本土化改良》，载《法治现代化研究》2017 年第 2 期。

④ 狭义的法律专指享有国家立法权的全国人大及其常委会制定的法律、立法解释。广义的法律是指依照立法法规定享有立法权的国家机关制定的法律规范的总称，包含狭义上的法律、法规、自治条例和单行条例。

讲,此处的"法律"应当采取广义上的法律。狭义法律的含义和具体范围比较明确,《宪法》和《立法法》对法律进行了解释,从法律解释的角度来讲,《宪法》及宪法性文件对于法律的解释适用于对民法上的解释,这是由其根本性地位所决定的,符合体系解释的目的。[①] 司法解释是对法律规定不够具体明确而使理解和执行有困难的问题进行解释,在民法渊源中主要涉及最高人民法院的审判解释。司法解释相当于准法律,具有法律效力,法院判决时可以直接引用司法解释[②],但不可以与其上位法相冲突。

法律规则可分为强行性规则和任意性规则:强行性规则具有较强的约束力,强调当事人对于法律规则的严格遵守;为了适应私法自治的要求,当事人之间可以约定或排除适用任意性规则,若有当事人约定适用习惯则可以优先于任意性规则适用。习惯与制定法之间的冲突应妥善处理:首先,在法律有明确规定并且强制性规则具有明确指引前提下,优先适用法律规则,习惯应与法律保持契合。其次,对于法律的指引性规范与习惯存在着冲突时,民事习惯不会冲破法律所规定的规范范畴,但会对法律适用产生一定冲击,会影响到法官对于事实认定以及权利和义务分配,需要进行平衡和裁量,以期待达到合理解决纠纷的目的。最后,在制定法空白情形时,适用习惯空间存在,需要法官在审判中不违背公序良俗原则下,合理适用习惯来进行裁判。

### (二)补充性"法源"的参考价值

虽然我们国家采用了两元制法源体系,但是并不能够否定其他裁判参考的存在,如法律原则、法理和指导性案例等[③],在适用制定法和习惯都无法解决案例时,可以适当引用其他依据来进行裁量和说理。

1.基本原则的补充作用。《民法总则》中规定了民法的基本原则[④],这些基本原则属于我国成文法的内容,基本原则并非源于立法决定,而是源于相当长时间内形成的一种公共正当意识。[⑤] 法律原则具有抽象性,其范畴难以被定义和确定,实践中需要法官来予以甄别,理论上对于习惯和基本原则的适用顺序也存在争议。[⑥] 法律原则适用中容易导致司法实践中裁判向一般条款逃逸,向一般条款逃逸的后果是法官在裁判时逃避法律规则而直接适用法律原则,这种裁判在法律动态适用中是普遍存在的,也是适用法律错误

---

① 例如,有的学者主张《民法总则》中的法律应当不包含法规、规章和条例。参见张民安:《民法总则第10条的成功与不足——我国民法渊源五分法理论的确立》,载《法治研究》2017年第3期。

② 司法解释可以作为审判依据,《最高人民法院关于裁判文书引用法律、法规等规范性法律文件的规定》第4条作了明确、肯定的回答,即民事裁判文书应当引用法律、法律解释或者司法解释。

③ 梁慧星:《民法总则重要条文的理解与适用》,载《四川大学学报(哲学社会科学版)》2017年第4期。

④ 《民法总则》第一章"基本规定"中第4条至第9条,明文规定了平等原则、自愿原则、公平原则、诚实信用原则、公序良俗原则、绿色原则此六项基本原则。

⑤ [美]罗纳德·德沃金:《认真对待权利》,信春鹰,吴玉章译,中国大百科全书出版社1998年版,第62页。

⑥ 对于习惯与基本原则的法源顺位,学界有不同观点:一种观点认为应优先适用基本原则,因为基本原则是法律明确规定的,是法源条款中"法律"的组成部分;另一种观点认为应优先适用习惯。参见王利明主编:《中华人民共和国民法总则详解(上册)》,中国法制出版社2017年版,第53页。

的一种普遍表现。即使基本原则被制定法化,在适用时它也必须从制定法中剥离,移至全体实证法规则(包括制定法规则、习惯法规则)之后,才是科学的次序。[①] 从法律规定来看,填补法律漏洞时,习惯具有优先于法律原则适用的效力。法律原则的适用是赋予法官自由裁量权的一种体现,习惯也是法官行使自由裁量权的一种模式,从两者内涵来讲,习惯较法律原则更加具体和明确,法律原则具有高度抽象性,法律原则应该适用在法律存在漏洞并且通过其他法源(当前立法具体是指习惯)无法填补时才能适用。

2.指导性案例的参照适用。[②] 指导性案例是我国重要的司法性渊源,其功能是解释某一个法律条文或者是创设规则填补法律漏洞。[③] 指导性案例是为了帮助法官在适用法源时更加明确和简便,在适用中对两者无法确认时可依据上述规则来进行辨别,有助于纠纷的解决和实现司法公正。指导性案例本身也带有一定局限性,相较成文法来讲,其具有一定主观性,自身所具有的不确定性也往往存在说服力不足的情况。指导性案例具有"弱的规范拘束力"[④],不能直接作为裁判的依据,只能够在判决书的说理部分来加以使用。法官在说理过程中可以引用指导性案例来进行说理教育,以期待双方当事人能够明晰法源之具体内容,参照适用指导性案例时要防止自由裁量权肆意扩张。适用指导性案例时可以采取对比适用,具体表述为:适用法源(律法和习惯)对具体案例进行分析,如果没有具体法源规定则适用基本原则来进行判断,若分析结果有着很大差别则不能适用指导性案例;如果二者差别不大或者是没有差别则可以参照指导性案例来进行释明。随着法官对习惯适用的不断深化以及统一裁判尺度不断加强,指导性案例的参考价值会越发凸显。

3.国家政策的借鉴价值。《民法通则》曾将国家政策作为民法的法源[⑤],国家政策在民事领域中产生了重大影响[⑥],此种制度安排符合我国当时的特殊国情和历史背景,是我国民法发展过程中的一种折中选择。学界对于国家政策的法源地位批判之声不绝[⑦],由于政策和法律之间界限模糊,在法律比较完备且习惯作为补充体制下,《民法总则》未保

---

① 于飞:《民法总则法源条款的缺失与补充》,载《法学研究》2018年第1期。

② 2010年最高人民法院《关于案例指导工作的规定》第7条规定:"最高人民法院发布的指导性案例,各级人民法院审判类似案例时应当参照。"最高人民法院通过自我授权方式赋予指导性案例以制度性权威,意图通过指导性案例这一控制体制,解决庞大地域和复杂社会中"同案不同判"以及裁量差异过大的问题。

③ 在我国,最高人民法院于2010年发布了《关于案例指导工作的规定》,选取了社会广泛关注、具有典型性、疑难复杂或者其他案例来作为指导性案例,指导性案例的文本结构由裁判要点、相关法条、基本案情、裁判结果和裁判理由五部分构成。截至2018年9月,最高人民法院已经发布了18批指导案例,共计96件。

④ 雷磊:《指导性案例法源地位再反思》,载《中国法学》2015年第1期。

⑤ 我国1986年《民法通则》第6条规定:"民事活动必须遵守法律,法律没有规定的,应当遵守国家政策。"

⑥ 例如,在《物权法》中规定:"土地征收中需要考虑公共利益";例如在婚姻家庭领域中,我们国家之前一直奉行的"计划生育"的国家政策。

⑦ 例如,梁慧星指出:"政策,在经立法机关、立法程序予以规范化成为现行法律之前,不具有规范性和国家强制性,不能在法源判决中引用、作为判决依据。这是政策不能法源的根本原因。"参见梁慧星:《民法总则绝对不能规定"政策"为"法源"》,载中国法学网;朱庆育认为:"法律与政策二者的差别不容忽视,政策作为法源的程度,与法制的健全程度呈负相关关系。"参见朱庆育:《民法总论》,北京大学出版社2016年版,第41～43页。

留国家政策的法源地位。虽然政策已经丧失了法源地位,但还会影响到很多领域的法律适用[①],未来国家政策仍然会对民事领域产生重大的影响。[②] 政策的影响无处不在,对于国家政策性文件与部门规章的规定不可能视而不见,在实际适用过程中一般也会将政策问题转化为公共秩序问题。故而,应区分实质意义上的政策和习惯的区别,防止政策和习惯混淆,只有经过立法程序,规范化、法律化以后的政策才能够成为裁判依据。裁判者根据民事习惯进行裁判,应在裁判理由中对民事习惯予以充分表述,遇见国家政策和习惯难以区分时,需要法官对其进行调查予以明确。虽然国家政策已经不再作为裁判的大前提予以适用,但在对案件进行说理的过程中可以运用国家政策进行阐述从而使判决更加具有信服力。

4.法理的说理作用。《民法总则》未将法理规定为民法的正式法源是合理的。若将法理确立为第三层次法源[③],法官按照法理行使自由裁量权,不能排除"法理滥用"的现象。[④]《民法总则》未明文规定法理之法源地位,虽然有些观点认为应当严格限制法源范围[⑤],但不能忽视其作为补充来弥补法源缺失的作用[⑥],基于立法精神演绎而形成的处理民事关系的法理可以弥补民事法律规定之不足。裁判者不宜过分简化程序和爱惜笔墨,适用法理进行说明的情形下,需要对裁判依据进行充分揭示,避免裁判结果公信力的缺乏,造成双方当事人和社会公众产生不信赖司法裁判的后果。虽然《民法总则》没有将法理作为民法的渊源,但不能忽视其对于解释民法和判决民事案件的参考作用。

**(三)正当性限制:公序良俗原则**

公序良俗是公共秩序和善良风俗的简称,其内涵具有高度抽象性。公共秩序是维护有序生活的手段和保障,具体指国家社会的一般利益,主要体现在一国现行法律秩序中

---

① 例如,物权法领域的土地承包经营权、宅基地使用权等,婚姻法领域中的军婚、生育问题等。

② 张红:《民法典之外的民法法源》,载《法商研究》2015 年第 4 期。

③ 我国民事立法从来未承认法理作为裁判依据。法理可能贯彻于条文中,可能贯彻在条文的解释中,可能贯彻于基本原则的具体化中,但单独依据法理作为裁判依据在目前状态下有问题,因为理论界对于法理的认识存在较大分歧。参见张新宝:《〈中华人民共和国民法总则〉释义》,中国人民大学出版社 2017 年版,第 18～24 页。

④ 《民法总则》制定过程中,众多建议稿中都提到了法理,立法机构对于法理的反面意见归纳了以下四点:第一,法理的内涵不明确、外延难界定;第二,规定法理难免导致法官滥用;第三,并非明文规范的法理何以具有约束力,此易引起公众质疑;第四,对于法律规定不完善之处,完全可借助司法解释、法律的类推适用或适用基本原则等手段解决,诸基本原则体现的就是民法的基本精神和法理。参见杜涛主编:《民法总则的诞生——民法总则重要草稿及立法过程背景介绍》,北京大学出版社 2017 年版,第 10 页。

⑤ 龙卫球主编的释义书认为,"基于'明示其一即排斥其他'的解释原理,我国民法渊源应该严格限于上述制定法和习惯法的范围,而不得随意扩解"。参见龙卫球、刘保玉:《中华人民共和国民法总则释义与适用指导》,中国法制出版社 2017 年版,第 40 页。

⑥ 例如,梁慧星就《民法总则》第十条:"虽然本条未明文规定'法理'为法源,并不等于裁判中不能适用法理。"参见梁慧星:《〈民法总则〉重要条文的理解与适用》,载《四川大学学报(哲学社会科学版)》2017 年第 4 期。张新宝称"法理的基本功能在于补充成文法与习惯法的不足,使得司法者以立法者的角度来寻找具体案例中所应适用的规则,以实现民事纠纷的合理处理"。参见张新宝:《〈中华人民共和国民法总则〉释义》,中国人民大学出版社 2017 年版,第 18 页。

兼顾整个法秩序的价值理念与规范原则。善良风俗属于道德的范畴，一般界定为国家与社会的一般道德，以其所蕴含的道德准则来对法律行为的适法性进行权衡，将维护社会秩序的善良道德纳入法律所规范体制之内。公序良俗原则起源于罗马法，近现代国家和地区民事立法都明文规定了这一原则①，在性质上属于一般性条款、授权条款。

中国语境中的习惯含有“长期”“习俗”等语意，如何保证习惯适用与善良风俗的和谐，妥善处理好情与法之间的关系是值得深思的问题。从公序良俗原则的发展来看，现代几乎所有的法律关系都会受到其支配，它已经成为整个法秩序所应该遵循的价值理念与规范原则。② 为避免权力的滥用侵害个人的权利和自由，任何权力的行使都应该存在相应的监督和制约机制。公序良俗原则对于习惯的制约主要表现在其所具有的衡平功能，当适用习惯使个案显失公平时，直接利用公序良俗原则对个案价值做出判断，以达到维护实质正义之目的。③ 习惯以其客观存在为法官自由裁量提供一定依据，公序良俗原则是对法官自由裁量正当合理限制。习惯之适用不得违反公序良俗原则，二者在法律关系和司法适用上有很强的契合点。

公序良俗原则的适用规则是穷尽法律规则，具体控制领域中将其作为兜底条款。适用习惯不能够违背公序良俗原则，主张习惯者，对于习惯之正当性负举证责任。违反公序良俗的判断应该立足于一种客观标准，不管民事审判主体主观如何，客观上违反了公序良俗原则，即为法所不允许。实践中公序良俗的判断较为复杂，需要根据具体的案件事实予以判断，民族、地域、公众认知以及专家观点等皆为常态考量因素。④ 公序良俗本身是一个内涵比较模糊的概念，公序良俗原则的内容确认是适用之起点，应当查明现实生活中是否存在相应的公序良俗，然后区分民间习俗与落后的封建迷信。例如，有的地方习俗规定，寡妇不得改嫁，这显然不符合《婚姻法》规定，不得作为民法渊源。公序良俗原则也会随着社会发展不断变化，通过不断甄别和判断来进行区分和类型化，提炼出成熟类型，通过司法解释以及先例方法来加以固定，并且确定已有类型的优先适用。

## 结　语

法律渊源在民法体系中有着重要地位和规范作用，形式上的复杂和实践中的混乱导致法源的确定成为一个棘手问题。《民法总则》的制定确立了习惯作为民法的正式渊源地位，丰富了民法的渊源，克服制定法的局限，弥补法律的漏洞，还可以控制法官的自由

---

① 例如，《法国民法典》第 6 条规定：个人不得以特别约定违反有关公共秩序和善良风俗的法律。《德国民法典》第 138 条规定：违反善良风俗的行为无效。《日本民法典》第 90 条规定：以违反公共秩序和善良风俗的法律行为无效。我国《民法总则》第 8 条规定了公序良俗原则，公序良俗原则对于民法体系内部的区分控制主要体现在对于法律行为、侵权行为、民事权利以及不当得利四个领域。

② 杨德群：《公序良俗原则的比较研究》，中国社会科学出版社 2017 年版，第 185 页。

③ 刘得宽：《民法总则》，中国政法大学出版社 2006 年版，第 189 页。

④ 彭诚信：《论〈民法总则〉中习惯的司法适用》，载《法学论坛》2017 年第 4 期。

裁量,促进法律与社会生活的统一。民事习惯法源地位的确立已经是一种进步,法律不可能那么细腻,也不可能做到面面俱到。时代在发展,对于习惯适用的研究也不应该停止脚步。《民法总则》既要全面继承又要体现创新,体现中国特色,彰显时代精神。通过对习惯适用研究深度的加深,习惯的适用会愈发有活力,民事习惯做出的裁判也会越来越得到人们的内心确认。

## The Research on Ontology,Subject and Rules of Customary Justice Application

Han Fuying

**Abstract**:The origin of law is a compound concept with both descriptive and normative features.It not only refers to the collection of multiple norms on which judicial decisions are based,but also contains rules for discovering and applying the law.The General Provisions of Civil Law established the status of the official sources of customary law, and defined the types of sources of civil law and the order of application among various sources of law.The application of custom should be positioned in the judicial position and give full play to the function of providing judges with a basis for adjudication.The general provisions in the General Provisions of Civil Law lack specific and clear guidelines.The judicial application of habits needs to be explored from two aspects: static rules and dynamic application: static rules need to clarify the connotation and constitution of habits from the ontological dimension,and clear the rules and legitimacy restrictions of the application of habits from the rule dimension; The dynamic application needs to play the judge's discretion from the dimension of the applicable subject and eliminate the disadvantages of the habit itself,and the parties should bear the burden of proof for the applicable habit.

**Key Words**: habit; judicial application; body; applicable subject; rules

# 困境与出路:习惯在民商事案件调解中适用的实证研究

陈建华*

**摘要**:基于司法实践角度,通过发生在婚约财产纠纷、离婚纠纷、民间邻里纠纷、交易纠纷、赡养纠纷等民商事纠纷领域内五个真实、典型的案例,展现出我国民商事法官运用习惯进行调解的现实情况。在此基础之上,揭示运用习惯调解民商事案件的三重价值:一是多元化纠纷解决机制的重要组成部分;二是有利于案结事了人和;三是有助于调解结果社会可接受性。本文站在民法总则新修改的背景下,针对当前习惯、习惯法、公序良俗等概念内涵亟待明确、民商事法官主观认知程度和适用能力不足、指导工作机制缺乏的现状,提出了三个方面的对策:一方面,明确习惯、习惯法、"公序良俗"等核心概念;另一方面,强化法官的心理认同与提升法官的能力和水平;此外,还要发挥好人民陪审员制度和案例指导制度的作用。

**关键词**:调解;民商事案件;民法总则

法律的根基在于法与道德的共同母体——习惯

——[德国]萨维尼

《中华人民共和国民法总则》的第十条规定,处理民商事纠纷,应当依照法律;法律没有规定的,可以适用习惯,但是不得违背公序良俗。① 这一条不仅首次将习惯②的法律地位正式上升到民法正式的法律渊源之一,而且首次将习惯以法律条文的形式确立为裁判依据。然而,习惯在民商事调解中如何适用的问题,非常值得探讨。正如彭中礼教授所言,"从理论高度研究习惯意义非凡,但是从实践角度研究习惯也十分必要,特别是关于司法如何考虑、运用习惯、如何使之与法治发展相一致,是法学学者义不容辞的责任,但是相对研究成果较少"③。同时,"在审判实践中,民俗习惯在民商事领域的运用要远远多

* 陈建华,湘潭大学法学院法学博士研究生,湖南省郴州市中级人民法院执行局副局长,法治湖南建设与区域社会治理协同创新中心研究人员。

① 2017年3月15日,第十二届全国人民代表大会第五次会议审议通过了《中华人民共和国民法总则》。

② 所谓习惯,就是人们在日常生活、交易中形成的经常性做法,是在一定地域行业范围内长期为一般人确信并普遍遵守的民间习惯或者商业惯例,参见中国审判理论研究会民商事专业委员会编著:《〈民法总则〉条文理解与司法适用》,法律出版社2017年版,第33页。

③ 彭中礼:《习惯在民事司法中运用的调查报告——基于裁判文书的整理与分析》,载《甘肃政法学院学报》2011年第6期。

于刑事领域”①。并且习惯主要运用于中、基层法院,还经常运用于民商事调解领域。为此,笔者作为一名长期在中级、基层法院民商事审判领域一线工作的法官,有责任也有担当对习惯在民商事调解中的适用进行一番研究。基于此,本文以 5 个真实典型的案例为分析样本,全面展示习惯在民商事案件调解中的适用现状、困境,并据此在借鉴国内的先进经验基础之上开展出路方面的研究,试图为学界进一步开展对习惯在民商事案件调解中适用的研究和实务界更好地在民商事案件调解中适用习惯提供一条可行之道。

## 一、实践透视:习惯在民商事案件调解中的适用的现状审视

尽管 2017 年 10 月 1 日起施行的《中华人民共和国民法总则》的第十条规定,处理民商事纠纷,应当依照法律;法律没有规定的,可以适用习惯。但是,习惯却一直在民商事案件调解中发挥积极的作用。正如谢晖教授所言,“习惯相对来说不是很重要的渊源,但如果证明是久经确立和被统一奉行的,并且是合理的和确定的,则也可以引为依据”②。“如何在具体的审判实践中吸收善良民俗习惯,更好地利用本土资源解决纠纷,是一个严肃而又值得研究的问题。”③为此,非常有必要对习惯在民商事调解中的适用现状进行考察。

### (一)主要表现

1.习惯在调解婚约财产纠纷类案件中的援引、指引或者依据

案例之一:男方张某与女方陈某经他人介绍相识,因两人互有好感很快就坠入爱河。订婚当天,张某按照当地风俗赠送被告陈某现金 10001 元和“三金”等礼品。但是,天有不测风云。后来俩人在交往过程中发生了矛盾致使双方缔结姻亲关系无望,在双方因彩礼返还事项协商未果的情况下,张某将陈某告上法庭,要求返还彩礼款和“三金”。庭审中,原告张某认为,虽然双方按照民间风俗订立婚约关系,但是未办理结婚登记手续,也未同居生活,被告陈某应当返还彩礼钱及“三金”。而被告陈某认为,因张某另寻新欢,按照当地习俗,他们不应当退还彩礼钱及“三金”。该案承办法官根据“男方悔婚,彩礼不退;女方悔婚,彩礼要退”的当地习俗,在尊重该习俗的基础之上,巧妙地改造了该习俗,形成男方悔婚以后,退赔的比例适当降低,女方悔婚,退赔的比例适当提高的新习俗,得到了双方当事人的同意。同时,该案承办法官释法明理,促使张某与陈某达成调解协议,女方陈某自愿返还男方张某婚约彩礼款 10000 元,男方张某自愿放弃“三金”,最终俩人和平分手。

---

① 广东省高级人民法院民一庭,中山大学法学院:《民俗习惯在我国审判中运用的调查报告》,载《法律适用》2008 年第 5 期。

② 谢晖:《论民间法结构于正式秩序的方式》,载《政法论坛》2016 年第 1 期。

③ 江苏省高级人民法院课题组:《民俗习惯司法运用的价值与可能性》,载《法律适用》2008 年第 5 期。

2.习惯在调解离婚纠纷类案件中的援引、指引或者依据

案例之二:3年前,李某和王某经人介绍喜结良缘,婚后两人很快就有了爱情结晶,婚姻生活幸福甜蜜。然而,随着时间推移,双方由于性格差异,生活中产生的摩擦越来越多,婚姻亮起了红灯。承办法官任惠接手该案后,进行了深入调查。任惠发现,当地结婚时有这么一个习俗,新婚夫妇必须一同吃莲子、拜祖先,一起为父母做早饭,孝敬长辈。原、被告结婚时,不仅遵从了这一习俗,还将这一过程拍成了视频。了解到这一情况后,任惠收集到了这一视频。调解开始后,任惠首先让双方谈各自的想法,当双方争论激烈时,她让双方静下心来,现场为他们播放了这段视频。视频中,李某和王某在一起吃莲子、拜祖先,一起互换定情信物,一起为父母做早饭,笑容里全是甜蜜。"离婚很简单,但做夫妻是一种缘分,从视频中看得出,你们的感情基础不错,切不要意气用事,因为一些生活琐事就提分手。"经过任惠一番动情的劝说,双方积怨逐渐消解,和好如初。①

3.习惯在调解民间邻里纠纷类案件中的援引、指引或者依据

案例之三:原告张小辉是一名7岁的孩童,其父母在厦门海域从事网箱养殖,全家长期在渔排上生活。被告王大叔与张小辉为宁德老乡,在同一海域从事网箱养殖。平时,双方互有往来,偶有生产协作。2006年某一天,张小辉到王大叔渔排上,与其狗嬉戏时不小心被其狗咬伤。张小辉之父一怒之下将王大叔诉至法院,请求法院判决被告赔偿原告医药费等多项损失。厦门某法院在受理此案后,经网箱养殖协会一负责人主持调解,双方达成和解协议,同意按宁德的风俗习惯,由被告上门看望受伤者,并送上20个鸡蛋、2斤面线和1斤白糖。② 同时,法院出具了相关的调解书,这也是厦门全市法院第一份认可习惯作为纠纷解决依据的法律文书。③

4.习惯在调解交易纠纷类案件中的援引、指引或者依据

案例之四:周某经他人介绍向吴某购买猪仔34头,货款付讫。支付后的第二天,猪仔出现了不吃食的现象,后来,又有部分猪仔死亡。周某在起诉时主张按当地交易习惯进行处理,即猪仔交易后的三天内,因不吃食而导致的死亡,由卖方承担赔偿责任。而卖方则主张,猪仔交付时并未发现病症,按买卖合同的规定,交付时风险随之转移,故周某应自行承担猪仔死亡所带来的损失。双方当事人在承办法官的主持下,根据当地猪仔市场的"猪仔在售出后三天内因不进食而导致死亡的,由卖方承担损失"的交易习惯达成了调解协议,被告吴某合理赔偿原告周某的经济损失。④

---

① 曾妍、高岚、沈韧:《保河堤法庭:纠纷化解的土特色与真实效》,载《人民法院报》2017年5月28日第7版。

② 当原告希望法院能出具调解书确认调解协议内容时,对是否应当出具调解书,法官间的意见发生分歧。一种意见认为:调解书是以人民法院为落款出具的法律文书,具有严肃性,让送鸡蛋、面线和白糖之类的风俗习惯走入调解书,有所欠妥。另外一种意见则认为,调解书对当事人在自愿、合法的情形下达成的调解协议进行确定,只要内容不违反法律禁止性的规定,就可以得到支持。

③ 该案来自厦门法院,引自陈国猛,黄鸣鹤:《习惯在司法过程中的适用——以厦门法院的司法调解与判决为分析样本》,载《法律适用》2015年第11期。

④ 黄鸣鹤:《习惯在调解过程中的作用》,载俞灵雨主编:《调解技能与艺术》,人民法院出版社2011年版,第26~27页。

5.习惯在调解赡养纠纷类案件中的援引、指引或者依据

案例之五:福建闽南某村王老汉的儿子去世后,儿媳妇按照当地风俗招了"接脚夫"[①]小李上门。小李在王老汉家生活期间,王老汉将其当成儿子看待,房子与大儿子平分,村里分配征地补偿款,王老汉也分给小李和大儿子各一份。但王老汉年老多病后,小李却以自己与王老汉并无法律上的亲属关系为由,拒绝承担赡养义务,被王老汉告上法庭。在承办法官的主持下,小李和王老汉根据当地的"接脚夫"的风俗习惯达成了赡养协议。[②]

**(二)价值**

"习惯司法运用的实际效果是民俗习惯能否为司法所用的'试金石'"。[③] 透过上述案例,我们由衷地惊喜地发现,在民商事案件调解的过程中,正确适用习惯具有诸多价值。

1.运用习惯调解民商事案件是多元化纠纷解决机制的重要组成部分。2016年6月,最高人民法院发布了《关于人民法院进一步深化多元化纠纷解决机制改革的意见》,该意见目的之一是完善诉讼与非诉讼相衔接的纠纷解决机制。根据最高人民法院《关于建立健全诉讼非诉讼相衔接的矛盾纠纷解决机制的若干意见》中第17条规定,有关组织调解案件时,在不违反法律、行政法规强行性规定的前提下,可以参考行业惯例、村规民约、社区公约和当地善良风俗等行为规范,引导当事人达成协议。由上述两个意见可见,运用习惯进行调解是法官参与多元化纠纷解决机制建设重要的体现。正如朱苏力教授所言,"在当代中国法律审判(包括调解)中,仍然是以解决纠纷为中心的,尤其是在基层法院"。因此,运用习惯调解民商事案件是民商事法官的重要职责所在,这是因为"不论是诉讼领域还是非诉讼领域,民俗习惯在纠纷解决机制中都具有十分重要的作用"[④]。从案例之一来看,该案法官综合把握本案的实质,结合习惯、社会环境、价值观念等方面因素,对双方当事人的利益关系进行比较衡量,最终促使婚前财产纠纷得以顺利解决。

2.运用习惯调解民商事案件有利于案结事了人和。习惯地正确适用有助于纠纷的解决,正如有学者认为,"法院对习惯和民间规范的宽容和合理利用无疑有利于改善基层司法的纠纷解决能力及社会效果"[⑤]。从案例之二来看,该案法官在处理离婚案件时候,通过利用当地的乡风民俗、民间习惯,以情感人,注重情理,促使家庭即将破裂的离婚案件得到妥善调解,有利于案结事了人和。从案例之三来看,审结该案并不是一件难事,但是使得该案真正做到"案结事了人和",需要民商事法官从有利于案结事了人和的角度进行

---

① "接脚夫"是闽南的一种民间风俗,指的是儿媳丧偶后继续留在夫家生活,可以招婿上门,招来的男人地位形同儿子,享受继承财产的权利,但同时也承担着养老的职责。

② 黄鸣鹤:《习惯在调解过程中的作用》,载俞灵雨主编:《调解技能与艺术》,人民法院出版社2011年版,第26～27页。

③ 江苏省高级人民法院课题组:《民俗习惯司法运用的价值与可能性》,载《法律适用》2008年第5期。

④ 广东省高级人民法院民一庭,中山大学法学院:《民俗习惯在我国审判中运用的调查报告》,载《法律适用》2008年第5期。

⑤ 引自范愉教授2007年8月在人民法院报社和江苏省高级人民法院举办的"民俗习惯司法运用研讨会"上发表的《基层司法与民间社会规范的应用》一文。

预测与衡量。该案中的民商事法官运用到了对双方当事人的约束力的习惯,即为宁德地区受制于“被告上门看望受伤者,并送上 20 个鸡蛋、2 斤面线和 1 斤白糖”的习惯,并能较好地运用习惯于该案调解之中,妥善地解决了同乡之间的矛盾纠纷。

3.运用习惯调解民商事案件有助于调解结果社会可接受性。“司法过程中的可接受性对最终结果的可接受性有着重要甚至决定性地影响,整个司法程序的运行可以说就是为了促成或者巩固当事人对最终司法裁判结果的可接受性。”[①]在民商事案件中,运用习惯达成的调解协议,容易获得双方当事人的心里认同。正如实务界专家所言,“在调解中,参考当地交易惯例、村规民约、社区公约和善良风俗等规范,引导当事人达成调解协议,比较容易为纠纷各方所接受”[②]。案例之四反映出在当地的农村市场中,长期形成了“猪仔在售出后三天内因不进食而导致死亡的,由卖方承担损失”的交易习惯。本案虽然与法律规定的买卖合同成立不一样,但是能够促使双方当事人更容易接受这种约定成俗的交易规矩或者习惯性做法,即为交易习惯[③]。案例之五,我们可以发现,虽然小李和王老汉没有拟制的亲属关系,但是小李和王老汉实际上却认同了“接脚夫”这一民间习惯。“接脚夫”虽然具有一定的人身依附关系的性质,但是符合平等自愿的契约精神,是一种不违反法律又符合伦理纲常的多方共赢的“残缺家庭重组模式”。承办法官从该习惯得到了当地老百姓普通认可和遵守这一基础出发,将其认定为应当遵守的“善良风俗”,调解结果符合当地普遍民众的心理,此案在当地收到了较好的社会效果。

## 二、困境透视:习惯在民商事调解中适用的多重障碍

习惯被学者称为“活的法”。[④] 当前,尽管习惯在民商事调解中的价值较大,但是习惯适用于民商事案件调解工作中却存在诸多困难,阻碍习惯作用的发挥。

### (一)理论困境:习惯、习惯法、公序良俗等概念内涵亟待明确

2017 年 10 月 1 日起开始施行的《民法总则》第十条规定了习惯作为法律渊源。在调解过程中,如何正确适用习惯,非常重要的是正确把握认定习惯的条件。王利明教授认为判断是否构成民法法源的习惯,应当同时具备积极条件和消极条件。[⑤] 习惯的积极条件的认定需要我们正确把握习惯与习惯法的内涵。然而,习惯与习惯法的内涵与关系却

① 孙光宁:《可接受性:法律方法的一个分析视角》,北京大学出版社 2012 年版,第 15～63 页。

② 黄鸣鹤:《习惯在调解过程中的作用》,载俞灵雨主编:《调解技能与艺术》,人民法院出版社 2011 年版,第 26～27 页。

③ 交易习惯指的是人们在民商事活动中所逐渐形成的为广大人民群众所接受或约定俗成的交易规矩或习惯性做法,如果这种习惯存在于某行业内,也称行业惯例。黄鸣鹤:《习惯在调解过程中的作用》,载俞灵雨主编:《调解技能与艺术》,人民法院出版社 2011 年版,第 26～27 页。

④ 王利明:《论习惯作为民法渊源》,载《法学杂志》2016 年第 11 期。

⑤ 王利明:《论习惯作为民法渊源》,载《法学杂志》2016 年第 11 期。

较难厘清。正如刘作翔教授所言,习惯与习惯法的概念及其二者的关系是长期以来我国法学界尚未厘清的问题。[①] 譬如在习惯法的概念上,张文显教授认为,高其才教授定义习惯法为独立于国家制定法之外,依据某种社会权威和社会组织,具有一定的强制性的行为规范的综合,与长期以来中国法理学界对习惯法的主流界定"习惯法反映国家认可和由国家强制力保证实施的习惯"存在很大的差别。[②] 另一方面,习惯的消极条件是不得违反公序良俗。然而,当前,适用的难题是习惯的消极条件,即是否违背公序良俗。譬如"中国公序良俗第一案"黄永彬遗赠案中,虽然社会公众和少数学者对该判决较为认同,但多数学者则持不同意见,认为该案中的遗嘱不违反公序良俗,遗赠行为应为有效。[③] 同时,"公序良俗原则适用的判断标准为相关司法实践提供了可供参考的依据,但面对丰富多彩的社会生活上述标准仍然缺乏可操作性"[④]。蔡唱教授以 2007 年至 2016 年样本裁判进行分析,发现公序良俗在我国司法适用中存在如下问题:用一般道德标准替代公序良俗,将公序良俗与其他概念混用,割裂公共秩序与善良风俗,并且同案不同判现象严重,等。[⑤] 亟待我们在今后的司法实践中予以明确。由此可见,由于当前公序良俗缺乏可操作性标准,必将会影响着习惯在民商事案件中的适用。

**(二)适用困境:民商事法官主观认知程度和适用能力不足**

在调解实践中,法官是否运用习惯,以及运用习惯效果如何,关键是靠承办法官。为此,需要我们考察民商事法官主观认知程度和适用能力。一是主观上民商事法官对习惯认知程度不足。有学者认为,"对于裁判的主导者——法官来说,要具备相应的'规避'法律转而适用民俗习惯或发现民俗习惯以填补法律漏洞的本领,否则它仍不能进入法官的视野成为司法裁判的依据"[⑥]。为了认知民商事法官在民商事案件调解中适用习惯的主观认知,笔者对 140 名基层法院(包含人民法庭)民商事法官运用习惯进行调解的主观方面进行调研发现,当被问及对于习惯适用的态度时候,其中有 72 名法官选择"只能作为自己裁判的参考因素,不能作为裁判的依据",而只有 21 名法官选择"在不违背法律和公序良俗的前提之下,也可以作为裁判依据进行援引"。无独有偶,有学者对 285 位法官的调查表明,对于民俗习惯于国家制定法在冲突时,42.11%的法官认为不能使用民俗习惯,但却有 49.82%的法官认为要"视具体情况而定",还有一些法官认为能够适用或说不清。[⑦] 特别是"在目前我国的审级制度、错案责任追究制等制度下,下级人民法院的法官在适用习惯特别是适用习惯法进行判决来解决纠纷方面存在畏难心理,害怕在上诉后被

① 刘作翔:《习惯与习惯法三题》,载《哈尔滨工业大学学报》2012 年第 1 期。

② 张文显:《我们需要怎样的习惯法研究》,载《法制与社会发展》2011 年第 3 期。

③ 于飞:《公序良俗原则研究——以基本原则的具体化为中心》,北京大学出版社 2006 年版,第 213 页。

④ 李岩:《公序良俗原则的司法乱象与本相——兼论公序良俗原则适用的类型化》,载《法学》2015 年第 11 期。

⑤ 蔡唱:《公序良俗在我国的司法适用研究》,载《中国法学》2016 年第 6 期。

⑥ 徐清宇、周永军:《民俗习惯在司法中的运行条件及障碍消除》,载《中国法学》2008 年第 2 期。

⑦ 江西省高级人民法院研究室:《直面民俗习惯的司法之维》,载《法律适用》2008 年第 5 期。

上级人民法院不认同而成为错案。这在一定程度上影响了法官对习惯的运用、对习惯法的适用"①。由此可见,民商事法官适用习惯的主动性不足。二是客观上民商事法官适用习惯的能力与水平相对不足。适用习惯进行调解,对民商事法官"提出了较高的要求,那就是必须熟悉当地的风俗习惯,分出'良俗'与'恶俗',将'良俗'引入调解工作之中"②。毋庸置疑的是,近年来,经过司法考试、公务员考试等高门槛的设置,能够进入法院系统当法官的人毕竟是佼佼者。从事民商事审判的法官的整体素质比以前有较大的提升,然而,在当前中、基层法院中,大多数年轻民商事法官是直接从法学院校毕业就进入法院,社会阅历较浅,被人们通常叫为"三门"③法官。在这种情形下,这些民商事法官对习惯知之甚少,特别是一些外地来的法官,对当地习惯全然不知,根本无法适用。实务界的专家曾经对外来年轻法官进行过调研发现,"外来年轻法官则从来没有在审判中运用过民俗习惯"④。总之,上述因素,都将影响习惯在民商事案件调解中的适用,"造成法官对于在审判中运用民俗习惯进行裁决的做法颇为犹豫。这是造成民俗习惯在民商事审判中运用程度不高的主要原因"⑤。

**(二)机制困境:缺乏工作机制指导**

当前,一方面,由于民间习惯本身就是一个内涵非常宽广的概念,其内容十分丰富且相当繁杂,并且良莠不齐。在全国各地习惯大多数不同的情况之下,民商事法官如何发现、识别、甄别、运用好民间习惯,是一个非常棘手的事情。正如学者所言,"如何发现习惯、识别习惯、判断习惯和运用习惯对案件进行裁判,对法官来说是一个亟须突破的挑战"⑥。另一方面,适用习惯进行断案的法律前提是没有法律规定,也就是说案件处于法律真空地带,都需要"运用司法方法于司法裁判的过程,并不是一个如自动售货机那样,输入案件事实、吐出裁判结果的过程"⑦,也就是说都需要民商事法官正确运用法律方法,进行相应的法律解释或法律推理或法律论证以及三者的综合运用。但是"具备高超司法技能、娴熟运用法律规范和法律精神裁判案件的法官总体偏少"⑧。在这种素质之下的民商事法官,亟待需要一套操作性强的工作机制给予指导。然而,当前,由于习惯"具体适用千差外别的、缺乏一套普遍认同的程序和规则,从而导致其运用过程的个体化、神秘

① 高其才、陈寒非:《调查总结民事习惯与民法典编纂》,载《中国法律评论》2017年第1期。

② 黄鸣鹤:《习惯在调解过程中的作用》,载俞灵雨主编:《调解技能与艺术》人民法院出版社2011年版;黄鸣鹤:《习惯在调解过程中的作用》,载俞灵雨主编:《调解技能与艺术》,人民法院出版社2011年版,第26～27页。

③ "三门"是指从家门到学校门再到法院门,说明年轻法官生活阅历浅、生活经验缺乏,对社会了解不够。

④ 广东省高级人民法院民一庭,中山大学法学院:《民俗习惯在我国审判中运用的调查报告》,载《法律适用》2008年第5期。

⑤ 广东省高级人民法院民一庭,中山大学法学院:《民俗习惯在我国审判中运用的调查报告》,载《法律适用》2008年第5期。

⑥ 何建、武翠丹:《聚焦民法总则 推动民商事审判工作再上新台阶——中国审判理论研究会民商事专业委员会2017年年会暨"民法总则与民商事审判高端论坛"综述》,载《人民法院报》2017年7月12日。

⑦ 谢晖:《大、小传统的沟通理性》,中国政法大学出版社2011年,第313页。

⑧ 徐清宇、周永军:《民俗习惯在司法中的运行条件及障碍消除》,载《中国法学》2008年第2期。

化,实践效果欠佳"[①]。可见,我国指导机制的匮缺,影响着习惯在民商事案件调解中的适用。

## 三、出路探寻:习惯在民商事调解中适用的未来趋势

如何让习惯在未来的民商事调解中适用发挥更大、更好的价值,值得我们思考与探索。在笔者看来,当前,需要我们立足于司法国情进行出路探寻。

### (一)突破桎梏:明确习惯、习惯法、"公序良俗"等核心概念

当前,《民法总则》第十条在民商事调解中如何贯彻落实下去呢?笔者认为,习惯适用的前提是对习惯的积极条件与消极条件予以明确具体化,即为理清习惯、习惯法、"公序良俗"等核心概念。一方面,为了方便操作,实务界在《民法总则》颁布实施之际,对习惯作出了概念界定,存在两种界定:第一种界定,习惯,是指在某区域范围内,基于长期的生产生活实践而为社会公众所知悉并普遍遵守的生活和交易习惯。[②] 第二种界定,习惯,是指人们在日常生活、交易中形成的经常性做法,是在一定地域行业范围内长期为一般人确信并普遍遵守的民间习惯或者商业惯例。[③] 透过这两种对习惯比较权威的界定,笔者认为,习惯具有三要素:第一要素是在一定地域行业范围内;第二要素是人们在长期的生产生活实践中形成的;第三要素是为社会公众所知悉并普遍遵守的惯行。民法总则所言的习惯的外延是什么呢?根据学者认为"民法总则所言习惯,既包括传统的民事习惯,也包括商事习惯"[④],笔者根据习惯的适用范围,可以分为区域性习惯、行业性习惯、生产习惯、生活习惯和交易习惯等。习惯法,根据佟柔教授的观点,是指国家认可的民事习惯。[⑤] 笔者比较赞同佟柔教授的界定。《民法总则》第10条规定的习惯,不是指习惯法,而是指没有明确的法律规定的情况下才可以适用的习惯,是制定法的补充。另一方面,《民法总则》第10条中"不得违背公序良俗"中的"公序良俗"是指什么?根据权威解释,认为公序良俗是指公共秩序和善良风俗。[⑥] 史尚宽先生认为,公共秩序,是指国家社会的存在及其发展所必需的一般秩序,如个人之言论、出版、信仰、营业之自由,以及私有财产、继承制度;善良风俗,是指国家社会的存在及其发展所必需的一般道德。[⑦] 笔者比较

---

① 戴涛、薛子裔:《论民事诉讼中日常生活经验法则不当运用问题》,载全国法院第二十六届学术讨论会论文集:《司法体制改革与民商事法律适用问题研究》,人民法院出版社2015年版,第674页。

② 沈德咏主编:《〈中华人民共和国民法总则〉条文理解与适用》,人民法院出版社2017年版,第160页。

③ 中国审判理论研究会民商事专业委员会编著:《〈民法总则〉条文理解与司法适用》,法律出版社2017年版,第33页。

④ 何建、武翠丹:《聚焦民法总则 推动民商事审判工作再上新台阶——中国审判理论研究会民商事专业委员会2017年年会暨"民法总则与民商事审判高端论坛"综述》,载《人民法院报》2017年7月12日。

⑤ 佟柔主编:《中国民法》,法律出版社1990年版,第17页。

⑥ 沈德咏主编:《〈中华人民共和国民法总则〉条文理解与适用》,人民法院出版社2017年版,第165页。

⑦ 沈德咏主编:《〈中华人民共和国民法总则〉条文理解与适用》,人民法院出版社2017年版,第165页。

赞同史尚宽先生的看法。针对当前公序良俗缺乏可操作性标准的现状,我们需要对公序良俗进行归类。正如学者所言"当抽象的一般概念及其逻辑体系不足以掌握某生活现象或意义脉络的多种表现形态时,大家首先想到的补助思考形式是'类型'"①。为此,一些学者不断探索公序良俗的分类,提出了自己的独到分类的同时存在较大的分歧。从学术界来看,梁慧星教授将违反公序良俗行为归纳为十种类型。② 史尚宽先生则将违反公序良俗的类型概括为五种类型。③ 张新宝教授认为,习惯应与主流价值观、社会主义核心价值观、人的平等自由相适应。④ 从实务界来看,在当前司法实践中,通常采用违背社会公德、社会公共利益和社会经济秩序的规定,即被认为违背了公序良俗。看到不一的分类,笔者不揣浅陋,提出六种分类:(1)危害国家、社会公共利益行为;(2)违反人权和人格尊严行为;(3)暴利、违反公平竞争、限制经济自由或违反劳动者、消费者保护行为;(4)射幸行为,就是以他人的损失而受偶然利益的行为,如赌博等;(5)危害家庭关系或违反性道德行为,如"嫁出去的女,泼出去的水"、"第三者"、插足、通奸、"包二奶"、寡妇改嫁不得带走财产等;(6)违反社会公德行为,譬如将财产赠与保姆等行为。笔者认为,最高人民法院在今后启动的《民法总则》的司法解释之中需要对"公序良俗"作出具体、明确、规范、科学的分类,方便广大民商事法官的正确适用。

**(二)强化内因:强化法官的心理认同与提升法官的能力和水平**

一方面,强化民商事法官的心理认同。"目前,我国尚缺乏有关习惯如何进入司法的具体规定,而民间的行为习惯又确实存在,导致二者在衔接上出现了困难。而解决这一难题的办法目前只能依靠司法。"⑤针对当前民商事法官对习惯如何进入调解不太愿意适用习惯于调解之中的现状,可以通过业务培训、实证调研等方式方法,强化民商事法官的心理认同。正如高其才教授所言:"法官,特别是民商事案件承办法官,应当充分重视社会生活中的习惯,尊重习惯的客观价值,充分理解习惯法为当代中国正式法律渊源的意义,在将习惯作为事实之外,更应将习惯法视为法律,以妥当地处理争端,满足民众的诉求,实现法律效果与社会效果的统一。"⑥另一方面,进一步提升民商事法官适用习惯的能力与水平。民商事法官具备良好的适用习惯的能力,显得尤为重要。高其才教授研究发

---

① [德]卡尔·拉伦茨:《法学方法论》,陈爱娥译,商务印书馆2003年版,第337页。

② 十种类型分别为:1.危害国家公共秩序类型;2.危害家庭关系类型;3.违反性道德行为类型;4.射幸(侥幸)行为类型;5.违反人权和人格尊严类型;6.限制经济自由的行为类型;7.违反公平竞争行为类型;8.违反消费者保护的行为类型;9.违反劳动者保护的行为类型;10.暴力行为类型。详情见梁慧星:《读法条学民法》,人民法院出版社2014年版,第15~16页。

③ 五种类型:有反于人伦者、违反正义之观念者、剥夺或极端限制个人之自由者、侥幸行为以及违反现代社会制度或妨害公共团体之政治作用等。史尚宽:《民法总论》,中国政法大学出版社2000年版,第121页。

④ 张新宝教授民法总则重点串讲摘要。

⑤ 彭中礼:《习惯在民事司法中运用的调查报告——基于裁判文书的整理与分析》,载《甘肃政法学院学报》2011年第6期。

⑥ 高其才:《作为当代中国正式法律渊源的习惯法》,载《华东政法大学学报》2013年第2期。

现,"法院在司法裁判、调解中会运用民事习惯解决民事纠纷,尤其是在乡村司法场域,民事习惯更是成为乡村人民法庭参考判案的重要依据"①。为此,我们需要提升民商事法官适用习惯的能力与水平。如何提升法官适用习惯的能力与水平呢?在笔者看来,一方面,制定关于习惯的适用程序的规定。当前,人民法院可以对习惯进行分类,分为事实习惯和法律习惯,而且可以规定,对于事实习惯,由当事人举证,对于法律习惯,由法官进行查明。另一方面,加强对民商事法官适用习惯的业务养成。譬如通过师徒式资深法官教年轻法官的模式来培养。同时,加强对民商事法官适用法律方法能力与水平的培育。法官在适用习惯的过程中,需要法官的法律解释、法律推理与法律论证。因此,我们需要指导民商事法官具体如何适用法律解释、法律推理与法律论证于调解之中的业务能力培训,不断提升民商事法官在运用习惯于调解中的适用法律方法的能力和水平。

### (三)借助外力:发挥好人民陪审员制度和案例指导制度的作用

一方面,充分发挥好人民陪审员制度的作用。江苏省高级人民法院于2009年出台并实施了《关于在审判工作中运用善良民俗习惯有效化解社会矛盾纠纷的指导意见》,该意见第十八条作出规定:在司法过程中,对于涉及民俗习惯的案件,尽可能地由人民陪审员参与处理,充分发挥人民陪审员来自民间,熟悉人民群众日常生活、通晓民风民俗的优势,有效提高案件处理结果的社会认同度,从根本上化解社会矛盾纠纷。② 当前,我们可以借鉴江苏省高级人民法院借助人民陪审员的经验做法,利用好人民陪审员熟悉当地风俗习惯的作用与优势,弥补广大民商事法官在调解过程中对习惯不够熟知的不足,"从而决定其平衡与取舍,就能大体上使判决与人们的需要合拍"③。为此,当前,广大基层人民法院以最高人民法院"倍增计划"为契机,增加选任一些当地德高望重、熟悉并善于运用当地民俗习惯化解矛盾纠纷的人士担任人民陪审员。同时,通过熟知习惯的人民陪审员与民商事法官的相处,"使法官重视社会生活中长期形成、时代累积、为人们内心确信的善良民俗习惯的额运用,可以更好地促进民俗习惯功能的发挥"④。另一方面,发挥好案例指导制度的作用。"建立案例指导制度,对已有的以民俗习惯作为裁判依据的生效案例进行整理公布,以指导审判工作,是一种既不突破现有法律框架,又能妥善解决现实问题的折中做法,既可避免每次适用民俗习惯时均需查明和论证,以节约诉讼成本,也可防止同一民俗习惯此次被肯定彼此被否定或被此法院肯定而被彼法院否定情形的发生,以统一裁判尺度。"⑤当前,为了习惯在民商事调解中的正确适用,最高人民法院通过指导性案例、公报案例、中国审判要览、人民法院案例选、中国司法案例网、中国裁判文书网等权

---

① 高其才等:《乡土司法——社会变迁中的杨村人民法庭实证分析》,法律出版社2009年版,第333页。

② 详情见江苏省高级人民法院《关于在审判工作中运用善良民俗习惯有效化解社会矛盾纠纷的指导意见》。

③ 胡玉鸿:《司法公正的理论根基——经典作家的分析视角》,社会科学文献出版社2006年版,第469页。

④ 公丕祥主编:《民俗习惯司法运用的理论和实践》,法律出版社2010年版,第172页。

⑤ 广东省高级人民法院民一庭,中山大学法学院:《民俗习惯在我国审判中运用的调查报告》,载《法律适用》2008年第5期。

威平台和省级法院通过典型案例、参考性案例、各级法院外网等权威平台，定期发布一些具有指导性、参考性、当地通行、正确适用习惯、社会效果较好的民商事调解案例，有利于我国民商事法官正确理解、适用习惯进行调解。同时，中、基层法院可以借鉴姜堰市人民法院将善良风俗引入民商事审判工作的成功做法①，将习惯形成办案的指导意见。同时，根据《人民法院报》记者对姜堰市人民法院“婚约返还彩礼”指导意见试行近3年的情况调查，57件彩礼返还纠纷调撤率82%，没有一件上诉。② 中、基层法院可以借鉴姜堰市人民法院经验做法，出台类似运用习俗化解“婚约返还彩礼”“赡养”“分割家庭共有财产”“商事”“执行”“保密”等方面的具体的指导意见。笔者认为，鉴于我国“十里不同风，百里不同俗”的国情，基于我国的地域辽阔、民族众多、习俗多样等多种因素的考虑，建议首先由中、基层人民法院积极开展所在辖区内的大规模的习惯调查，随后按照王利明教授提出的构成民法法源的习惯应当具备积极条件和消极条件③进行筛选，然后将筛选后的习惯风俗汇编整理，将民商事案件调解中经常适用到的习惯及其案例挑选后汇总到自己所在的省（直辖市、自治区）高级人民法院，再由各省（直辖市、自治区）高级人民法院统一负责所辖的三级法院调解中经常涉及的习惯的收集、整理和汇编成册工作，同时每年定期经省（直辖市、自治区）高级人民法院民商事专业委员会和本院审判委员会讨论确定具有参考性、指导性价值的民商事案件调解效果较好的案例予以公布，以供全省法院民商事法官在民商事案件调解中的适用。

## 结 语

朱苏力教授曾经说过：“在中国的法治追求中，也许最重要的并不是复制西方法律制度，而是重视中国社会中那些起作用的也许并不起眼的习惯、惯例，注重经过人们反复博弈而证明有效的法律制度。否则，正式的法律就会被规避、无效，而且会给社会秩序和文化带来灾难性的破坏。”④本文以习惯在民商事案件中调解实践为研究对象，希冀借此改变当前理论界与实务界对习惯的研究存在“路归路”“桥归桥”的不良现象，希冀借此发现习惯在民商事案件调解实践中存在的现有困境，进而立足于调解实践探索习惯在民商事案件调解中适用的破解之道，以此进一步彰显习惯在民商事案件调解中的新的、更大的价值与作用。

---

① 姜堰市人民法院于2007年2月6日经过审判委员会讨论通过的《关于将善良风俗引入民商事审判工作的指导意见（试行）》。同时，该院还出台了“婚约返还彩礼”“赡养”“分割家庭共有财产”“商事”“执行”“保密”等六个方面的习惯出台过6个具体的指导意见。

② 刘作翔：《习惯的价值及其在中国司法中面临的问题》，载《法律适用》2008年第5期。

③ 习惯的积极条件：一是具有长期性、恒定性、内心确信性；二是具有具体行为规则属性；三是具有可证明性。习惯的消极条件：不得违背公序良俗。沈德咏主编：《〈中华人民共和国民法总则〉条文理解与适用》，人民法院出版社2017年版，第164～165页。

④ 苏力：《法治及其本土资源》，中国政法大学出版社1996年版，第36页。

## Predicament and Way Out: An Empirical Study on the Application of Habit in Civil and Commercial Cases Mediation

Chen Jianhua

**Abstract**: Based on judicial practice, through five real and typical cases in the field of civil and commercial disputes, such as marriage property disputes, divorce disputes, civil neighbourhood disputes, transaction disputes, maintenance disputes and so on, this paper shows the reality of civil and commercial judges'mediation by using habits. On this basis, it reveals the three values of using customary mediation in civil and commercial cases: one is an important part of the diversified dispute settlement mechanism; the other is conducive to the settlement of the case and the harmony of the people; and the third is conducive to the social acceptability of mediation results. Under the background of the new revision of the General Principles of Civil Law, aiming at the current situation that the connotation of the concepts of custom, customary law, public order and good custom needs to be clarified urgently, the subjective cognitive level and application ability of civil and commercial judges are insufficient, and the guiding mechanism is insufficient, this paper puts forward three countermeasures: on the one hand, to clarify the habits, customary law and public order. On the other hand, we should strengthen the judges' psychological identity and enhance their ability and level. In addition, we should play a good role in the people's jury system and case guidance system.

**Key Words**: mediation; civil and commercial cases; general principles of civil law

# 商事习惯的适用与识别

## ——基于115份裁判文书的整理分析

陈洪磊[*] 林荣益[**]

**摘要**:商事习惯不仅是商人的行为准则,更是一项重要的司法裁判依据。《民法总则》第10条将其作为制定法之后的补充法源。实证考察显示,《民法总则》第10条以引导商事习惯的司法适用的角度观之,尚显不足。商事习惯的司法适用中同时存在着适用规则和适用内容的困境,其大大影响了司法适用的实效。从我国审判实践出发,将"习惯"作弹性解释,并使商事习惯的法源顺位先于一般民事规范,更有利于商事纠纷的解决。从长远的角度观之,商事习惯仍需在明晰商事习惯识别标准的前提下,通过商事习惯调查、司法审判和民间力量等渠道得到进一步发现和识别。

**关键词**:商事习惯;《民法总则》第10条;法源顺位;适用与识别

《民法总则》第10条标志着在我国正式确立起"法律—习惯"二位阶的法源体系,习惯成为法律之后的补充性法源。从司法角度讲,此条指示了民事法官在无法可依时,可以将习惯作为裁判依据。① "习惯入典"是我国民法典编纂进程中的巨大进步,体现了我国民法典的本土性与开放包容性,彰显了鲜明的时代特色。②

《民法总则》第10条中的"习惯"是否包括商事习惯的问题,从本质上讲是"民商合一"与"民商分立"的分歧。尽管学界对此问题有很大的争议,但立法者却给出了明确的答复。③ 2017年3月,全国人大常委会关于《〈中华人民共和国民法总则(草案)〉的说明》中明确指出,"我国民事立法秉持民商合一的传统,通过编纂民法典,完善我国民商事领域的基本规则……"。④ 这就意味着商法将作为民法的特殊法存在。根据特殊法优先于一般法的法律适用规则,结合《民法总则》第10条之规定,商事纠纷的处理事实上形成了"商法—民法—习惯"的法源顺位。有学者认为,"这一法律适用规则看起来优美,但未必

---

* 陈洪磊,吉林大学法学院硕士研究生。

** 林荣益,美国威斯康星大学麦迪逊分校法学院法律博士研究生(J.D)。

① 于飞:《民法总则法源条款的缺失与补充》,载《法学研究》2018年第1期。

② 王利明:《民法总则彰显鲜明时代特色》,载《检察日报》2017年3月21日第3版。

③ 许中缘:《我国〈民法总则〉对民商合一体例的立法创新》,载《法学》2017年第7期。

④ 李建国:《关于〈中华人民共和国民法总则(草案)〉的说明》,http://www.xinhuanet.com//politics/2017lh/2017-03/09/c_129504877.htm,访问日期:2018年9月30日。

正确”[①]。商事习惯作为商事主体自发形成的为自己适用的规则，不同于国家制定法的明确具体，这也会给法官适用造成一定困难。

裁判文书被认为是反映司法适用现状最好的镜子，本文将试图对《民法总则》第10条及“商事习惯”有关的裁判文书进行考察，希望基于对两者司法现状的审视，就商事习惯如何适用，如何识别做有益的探索。

## 一、《民法总则》第10条及商事习惯司法适用的实证考察[②]

### (一)《民法总则》第10条司法适用特点

1.习惯的表现形式多种多样。[③] 据统计结果显示，乡俗、村规民约占比42%，被最广泛地运用，特别是婚约中彩礼的返还及农村丧葬习俗；其次是交易习惯，占比39%，其中民间借贷中的交易习惯占绝大多数；再次是行业惯例(包括行业标准)，占比11%，比如供用热力行业中的超高部分的加收价格的确定[④]；最后是地区通行做法，占8%，例如未进行房改的公房在进行改造中对原公房承租人采用实物安置或者货币补偿的方法解决此类争端。[⑤]

2.民事纠纷适用的多，商事纠纷适用的少；民事习惯运用得多，商事习惯运用得少。首先，样本中全部都为民事纠纷，涉及民间借贷纠纷、婚姻家庭继承纠纷、买卖合同纠纷、物权纠纷、生命健康权纠纷、机动车交通事故责任纠纷，而且绝大多数发生在自然人之间。其次，根据统计结果的分析表明，48份裁判文书中仅有5份为本文所界定的商事习惯。可见，司法实践中关于《民法总则》第10条的适用主要涉及民事案件，“习惯”一词主要指民事习惯。

3.法院主动适用的多，当事人主动提及的少。样本中法院主动适用习惯解决纠纷的占比81%，远高于当事人主动提及的19%。可见法院在适用习惯时较为积极主动。且当事人主张适用商事习惯的，法院大多按照证据及法律进行裁判，对当事人主张的“习惯”本身避而不谈。[⑥] 值得一提的是，法院在处理民事纠纷时，多用公序良俗原则评判民

① 钱玉林:《民法总则与公司法的适用关系论》，载《法学研究》2018年第3期。

② 本文的实证研究分为两个部分，第一部分是对《民法总则》第10条的实证考察，此部分数据来自“无讼案例”，由于主要是对本条款后半段的考察，所以检索关键词“法律没有规定的，可以适用习惯，但是不得违背公序良俗”。共计96份裁判文书，在剔除与主题不不相关、将一、二审视为一份裁判文书，最终以48份裁判文书作为研究对象。第二部分是对商事习惯的考察，数据为在“无讼案例”检索“商事习惯”与“商事惯例”，共有108份裁判文书。经过筛选，最终对其中的67份裁判文书进行研究。

③ 这里的“习惯”指的是裁判文书中法院认可的习惯，并没有包含当事人主张的习惯。

④ 齐齐哈尔市中级人民法院(2018)黑02民终478号民事判决书。

⑤ 岳西县人民法院(2017)皖0828民初2618号民事判决书。

⑥ 郑州市中原区人民法院(2018)豫0102民初1994号民事判决书，广州市天河区人民法院(2016)粤0106民初14713号民事判决书，烟台市福山区人民法院(2017)鲁0611民初1749号民事判决书。

事习惯，特别是当地习俗。[①]

### （二）商事习惯的司法适用困境

商事习惯在法院裁判中存在多种表述，如商事习惯、商事惯例、商业惯例等。从表现形式看，主要分为两类：其一为地区、全国乃至全球通行的商事交易习惯，其中包括行业惯例，典型的体现为国际商事惯例；其二为商事主体双方或多方通过反复多次交易逐渐形成的惯常做法，这种商事习惯多因其交易主体的特定性，表现出一定的隐蔽性。但商事习惯与交易习惯又有一定的不同，交易习惯中存在一些不具有商事色彩的习惯，并不能完全列入商事习惯，比如双方均为自然人的民间借贷活动中所形成的交易习惯。

商事习惯在司法适用过程中，表现出司法功能多样的特征。有学者将商事习惯的司法功能分为实体法功能（解释和补充合同、解释公司章程、解释法律）和程序法功能（决定举证责任的分配、事实推定、评价证据）[②]，本文的数据统计结果也证实了此观点，而且商事习惯所适用案件复杂。单就案件审级看，二审、再审案件占到全部案件的75%，这显示了此类案件较为复杂及当事人之间的分歧较大，这对法官适用商事习惯也提出了更高的要求。但最需要我们注意的是，商事习惯在适用规则与适用内容方面表现出的困境。

1.适用规则的困境

商事习惯的司法适用独立于《民法总则》第10条。样本中，自《民法总则》实施以来所发生的涉及商事习惯适用的案件中，法官并未援引用此条规定作为适用商事习惯的依据。而民事习惯适用时，多数法官均适用此条款裁判。这表明，法院在适用商事习惯与民事习惯时的法律依据并不一致，两者在司法适用上表现出的较大不同。这很大程度上是由于商事习惯的特殊性所导致的。其一，商事习惯具有较强的技术性。商事习惯是由商人这一特定全体精心设计的，其内容并非仅凭一般常识所能理解。其不同于民事习惯等伦理性规范，如欠债还钱，这是“任何普通人都知道的道理”[③]。其二，从范围上讲，商事习惯具有一定的相对性。有些商事习惯源于交易双方或多方之间交易的惯常做法，只为当事人自己所熟知，有一定的隐蔽性和相对性，外部人很难知悉，这一点与民事习惯有所不同。民事习惯一般具有较强的普遍性，大至全国通行，小到村规民约。其三，商事习惯具有开放性而且是不断变化的。随着新事物、新模式等商业条件的变化，商人也会不断调整自己的行为模式，修正商业习惯，这也增加了商事习惯固定的难度。这些商事习惯独有的特性，引发了法院适用上的差异，司法与立法出现错位。质言之，这是司法实践中的特殊性被立法实践忽视引发的必然结果。

同时，实践中的一些法院采用商事习惯优位民法一般规定的适用顺序，这与《民法总

① 盐城市中级人民法院（2017）苏09民终4701号民事判决书，北京市朝阳区人民法院（2017）京0105民初30044号民事判决书。

② 陈彦晶：《商事习惯之司法功能》，载《清华法学》2018年第1期。

③ 施天涛：《商法学》，法律出版社2007年第3版，第16页。

则》第10条设定的一般顺位相悖。在有些案件中法院优先适用了商事习惯,并未试图寻找或类推适用民法的一般规范。[①] 尤其在某些特殊的行业,比如古玩交易,法院会运用收藏界的行规惯例来解决纠纷,而不考量重大误解、显失公平、合同解除、瑕疵担保等民法一般规定。[②]

2.适用内容的困境

(1)商事习惯内容模糊,适用随意。商事习惯司法适用的不足,首当其冲的是法院适用商事习惯时,很少对商事习惯的内容进行阐释说明,多数案件都是"违反/符合商事惯例""根据商事习惯"等简单表述[③],正如在杨勇与锦宸集团有限公司二审案中,上诉人诉称"一审判决认为上诉人与来源公司之间就履行租赁合同过程中,在租金支付、租金使用上'不符合正常的商事习惯''不符合常理',那么'正常的商事习惯''常理'具体又是什么呢?"二审法院对此问题的回复为:"……该变更系涉及协议履行重大事项,仅以口头协议,不符合正常商事习惯。同时,变更协议原有约定后,先行给付租金数额并不明确,亦不符合常理。"[④]二审法院对此给出了较为合理的解释,有一定的说服力。但也未体现商事习惯的说明、论证过程,仍然较为简单。不可否认的是,这种简单的、不加解释的表述,使得商事习惯"表现为一种不言自明的存在,体现了较为明显的随意性"[⑤]。不仅不利于实现商事主体对商事活动的预期,对商事活动的展开造成障碍,而且也会影响司法的公正性及权威性。相反,法官似乎更乐意对民事习惯泼墨。不少法院直接指出民事习惯的内容并对正当性加以论述,如荣玉江与荣玉和一般人格权纠纷一审判决书中写道:"本院依据习惯处理涉案纠纷,故而我国在涉及安葬行为的过程中形成了什么样的传统习惯是本案首先应明确的法律问题。"[⑥]

(2)法院援引积极,但审查消极。数据统计显示,人民法院在《民法总则》实施以前适用商事习惯断案的有50件,占比75%。可见在习惯为被正式确立为法源之前,商事习惯的适用未受到过多限制,其已经在商事纠纷的解决中发挥了很大作用。法院主动适用的占比67%,虽然较《民法总则》第10条法院主动适用习惯的比例低,但仍旧可以看到法院援引商事习惯的积极性还是较高。这一比例也显示出当事人在商事习惯的适用中发挥

---

① 钱玉林教授列举了两个司法实践中的案例来说明此种情况。参见河北省石家庄市中级人民法院(2017)冀民终2586号民事判决书、上海市浦东新区人民法院(2017)沪0115民初20934号民事判决书。以上两个案例均是关于损害公司利益纠纷的,钱玉林教授认为法院本可以去援引侵权责任法、反不正当竞争法等作出裁判,但法院并未这样做,而是优先适用商事习惯作为裁判法源。钱玉林:《民法总则与公司法的适用关系论》,载《法学研究》2018年第3期。

② 广东省珠海市中级人民法院(2017)粤04民终1413号民事判决书、四川省南充市中级人民法院(2016)川13民终2865号民事判决书等。

③ 百色市中级人民法院(2016)桂10民终1844号民事判决书,佛山市中级人民法院(2017)粤06民终9017号民事判决书,福建省高级人民法院(2014)闽民申字第1261号民事判决书等。陈彦晶:《商事习惯之司法功能》,载《清华法学》2018年第1期中对此问题也有同样的表述。

④ 泰州市中级人民法院(2017)苏12民终685号民事判决书。

⑤ 陈彦晶:《商事习惯之司法功能》,载《清华法学》2018年第1期。

⑥ 北京市朝阳区人民法院(2017)京0105民初30044号民事判决书。

的作用更大,当事人之间存在经过长期交易而逐渐形成的特有的商事习惯,不被外界知晓。令人隐忧的是,法院对当事人提出的商事习惯大多采用忽视态度。一方面可能是当事人的举证往往达不到确实充分的程度,另一方面也是由于法官时间有限,没有过多精力去仔细审查当事人主张的习惯;或是能力有限,对商事习惯的判断识别存在知识性障碍,导致法官更倾向于运用现有法律及证据裁判。① 这些因素都影响了商事习惯的适用效果。

(3)内容的判断标准具有特殊性。法院在评价商事习惯时,更多的不是考虑公序良俗,而是公平交易原则、诚实信用原则和鼓励交易原则,这一点不同于《民法总则》第10条习惯的评价。而且商事习惯多出现在裁判文书的说理部分,几乎不存在作为裁判依据直接被法院适用。这与民事习惯的适用亦有所不同,很多民事习惯直接被法院用作裁判依据。

## 二、商事习惯司法适用规则的合理解释

### (一)《民法总则》第10条中“习惯”应作弹性解释

无论从哪一角度理解商事习惯的适用,都离不开对《民法总则》第10条的理解。关于此条中“习惯”一词的解释,可以看作此条最大的分歧。主要有两种观点,其一认为应理解为习惯法②,其二认为应作事实上的习惯理解更为确切③。一般认为习惯法属于不成文法,是由习惯发展而来的。④ 习惯法具有“法的确信”和“经久长行”两个特征。⑤ 也有学者表述为“习惯法=事实上习惯+法的确信”。⑥ 习惯与习惯法的主要区别表现在是否具有法律确信,质言之,习惯是事实性的存在,而习惯法的规范意义很强。法律确信可以理解为公认是强制性的⑦,即社会普遍认为应该受其约束。但仅以此作为两者差异,区别两者是很困难的,标准过于暧昧与模糊。⑧ 难怪有学者讨论认为,“无论在什么意义上,都不存在一种被叫作‘习惯法’的东西,它至多只能是一种不值得理论家认真对待的比喻

---

① 彭海波:《商事交易习惯司法适用困境透析与完善进路——以315份生效判决书为分析样本》,载最高人民法院:《法院改革与民商事审判问题研究——全国法院第29届学术讨论会获奖论文集(下)》,2018年,第15页。

② 王利明、周友军:《我国〈民法总则〉的成功与不足》,载《比较法研究》2017年第4期;彭诚信:《论〈民法总则〉中习惯的司法适用》,载《法学论坛》2017年第4期;最高人民法院研究室民事处处长吴兆祥等:《“民法总则对民商事审判的影响”研讨会会议综述》,载《山东审判》2017年第4期。

③ 汪洋:《法多元法源的观念、历史与中国实践——〈民法总则〉第10条的理论构造及司法适用》,载《中外法学》2018年第1期。

④ 张文显:《法理学》,高等教育出版社2018年第5版,第88页。

⑤ 王泽鉴:《民法总则》,北京大学出版社2009年版,第63页。

⑥ 彭诚信:《论〈民法总则〉中习惯的司法适用》,载《法学论坛》2017年第4期。

⑦ IW.BLACKSTONE,COMMENTARIES * 75-79.转引自姜世波:《习惯法形成中的法律确信要素——以习惯国际法为例》,载谢晖等主编:《民间法》(第8卷),山东人民出版社2009年版。

⑧ 刘成杰译注,柳经纬审校:《日本最新商法典译注》,中国政法大学出版社2012年版,第7页。

用法而已”[1]。所以对于此问题的讨论,笔者认为没有太大的实践意义,因为过于细微的差异使得区别两者的操作难以进行。从判例法的角度看,日本在2005年修订商法典时,将“本法没做规定的事项遵照商习惯法”修改为“本法没做规定的事项遵照商习惯”,前后仅一字之差,其中的背景却十分深厚。[2] 日本学者对此也表示,区分“商习惯法”与作为事实的“商习惯”实际上没有太大的实际意义。[3]

在大陆法系国家中,并非判例法系国家案件一经判决便具有对此后案件裁判的拘束力,由“习惯”发展成“习惯法”是需要一定时间和过程的:或是司法实践中的反复援引,或是司法机关通过颁布指导案例等形式予以确认,抑或在司法政策文本(如各省高级法院颁布的审判指导意见、若干疑难问题解答)中予以确认。因此,具体到我国审判实践中,以上过程所生成的“习惯法”有限,难以满足庞大的“习惯”的适用需求。法官运用具有“法的确信”的“习惯法”进行裁判,少之又少。而且从文义解释出发,此条款只言“习惯”未言“习惯法”,也为习惯的适用提供了空间。同时,习惯法既然具有“法”的属性,也就不受公序良俗的限制[4],此条款中后半段“但是不得违背公序良俗”岂非画蛇添足。综上,将此条中的“习惯”理解为单纯的习惯,不仅增强了习惯适用的宽度,更彰显了民法典的开放性与包容性。

### (二)商事习惯的适用应优先于民法一般规定

如引言所谈及的,根据《民法总则》第10条的规定,事实上确立起处理商事纠纷“商法—民法—习惯”的法源顺位,商事习惯位列民法一般规定之后成为最后的补充法源,其中渗透的是制定法优先主义。对比民商分立的日本、韩国,我们可以看到与我国截然相反的规定,其均在商法典第一条确认,商事习惯(法)优先于民法适用。[5] 如日本商法学者认为,将“商习惯”作为优先于民法的商法法源,显示了商事交易中形成的商习惯具有合理性及进步意义,是值得肯定的立法突破。[6]

首先,商事纠纷具有独特性。主要表现在商主体的特殊性及商行为的特殊性。以营利为目的的商主体越来越多地表现为商法人、商合伙,这与自然人占多数的民事纠纷所不同。由此其所从事的营业性活动也不同于一般民事行为。从商事规则的历史演进看,

---

① 陈景辉:《“习惯法”是法律吗》,载《法学》2018年第1期。

② 刘成杰译注,柳经纬审校:《日本最新商法典译注》,中国政法大学出版社2012年版,第7页。

③ 莲井良宪、森淳二朗:《商法总则·商行为法》,法律文化社2006年第4版,第33页。转引自刘成杰译注,柳经纬审校:《日本最新商法典译注》,中国政法大学出版社2012年版,第8页。

④ 苏永钦:《民法第一条的规范意义》,载《司法自治中的经济理性》,中国人民大学出版社2004年版,第6页。

⑤ 日本现行商法典第1条第2款规定:“关于商事活动,本法没做规定的事项遵照商习惯;无商习惯的,适用民法规定。”韩国商法典第1条也作出了类似规定:“关于商事,本法无规定时,适用商事习惯法;无商事习惯法时,适用民法。”

⑥ 田边光政:《商法总则·商行为法(第3版)》,新世社2006年版,第34页,转引自刘成杰译注,柳经纬审校:《日本最新商法典译注》,中国政法大学出版社2012年版,第8页。

“其独立于罗马体系而由商事习惯发展而来”①,于“国家官僚法的旁边发展出他们自己的组织和自己的法则”②。商事规则独立的生成路径,使其与民事法律规范并非殊途同归。例如,基于交易安全的商法原则,商法具有很强的外观主义的性质,一般不太考虑商事主体真实的意思表示;而民事纠纷解决时,真实的意思表示至关重要,会直接影响行为的效果。③ 正如王建文教授举例,在股东会决议时,“股东可以单独之虚伪表示(真意保留)与通谋之虚伪表示为由主张撤销相应决议或请求确认相应决议无效”④,这是我们很难想象的。

其次,《民法总则》第10条与商事习惯的司法适用存在冲突。如前文所言,司法实践中,人民法院在适用商事习惯处理商事案件时,几乎不援引《民法总则》第10条作为裁判依据,而直接运用商事习惯处理。事实上造成了此条款在处理商事纠纷的空洞化、虚设化,相反,对于民事习惯,法官却十分积极地援引此条。同时,结合民事习惯与商事习惯,法官在判断习惯是否为可适用的习惯时,主要标准有所差异:商事习惯主要依公平交易原则、鼓励交易原则等商法特有的原则,而民事习惯主要依公序良俗。这也显示了《民法总则》第10条的规定并未完全涵盖商事习惯的适用特点。

再次,商事习惯优先适用可以适应不断出现的新情况。民法一般规定本身的成文化、稳定性,使得其对于快速发展的商事纠纷的解决显得力不从心;新型商行为所表现出的特殊性,有些甚至远远超出法律行为框架的基础理论。⑤ 由于商事习惯自发形成的属性,使得商事主体可以根据外部发展的状况迅速地建立起一套适应发展需要的规则,而且迅速地铺展开来。“体现着商人智慧”的灵活的商事习惯在不违背强制性规范的前提下优先于民事一般法适用,有利于商事纠纷的解决,更会激发商业活力,促进市场发展。

最后,商事习惯作为商主体意思自治的产物,优先的适用阻力小。法谚有言,人们更愿意为自己制定的法律所约束。一方面,商事习惯适用的人群具有一定的特殊性,不同于民事一般规范约束所有自然人的民事活动,商主体更乐意适用且愿意受其约束。另一方面,这也是商主体意思自治的体现。商事审判应最大限度地尊重当事人的意思自治,法不禁止即自由⑥,也符合商事审判的立场。

商事习惯优先民法一般规定适用,并非对现行法律的违背。民法中多以任意性规范表现出来,其本身就经历了一个“当事人的意思自治—习惯—法律”的演进过程,与商事习惯生成路径相似。只是规范主体、内容一般与特殊的关系,从本质上仍是特别规范优

① 王建文:《论我国〈民法典〉立法背景下商行为的立法定位》,载《南京大学学报(哲学·人文科学·社会科学)》2016年第1期。

② [美]昂格尔:《现代社会中的法律》,吴玉章等译,译林出版社2001年版,第70页。

③ 王建文:《我国商法引入经营者概念的理论构造》,载《法学家》2014年第3期。

④ 王建文:《论我国〈民法典〉立法背景下商行为的立法定位》,载《南京大学学报(哲学·人文科学·社会科学)》2016年第1期。

⑤ 王建文:《论我国〈民法典〉立法背景下商行为的立法定位》,载《南京大学学报(哲学·人文科学·社会科学)》2016年第1期。

⑥ 深圳前海合作区人民法院(2016)粤0391民初120号民事判决书。

先一般规范的适用原则。也有学者认为"商事习惯仍属商事特别法的范畴,符合商事漏洞填补规则不能失去商事特别法的法益要求"①。从司法实践看,如前文所述,目前已有法院采取商事习惯优先民法一般规定的法源顺位,司法的突破已经为此种解释提供了实例。

## 三、商事习惯的识别标准与识别路径

商事习惯的识别主要解决两个问题:其一,识别的标准是什么,即如何判断这是一项可以被法官裁判所援引的商事习惯;其二,解决路径问题,即如何发现商事习惯,即商事习惯从哪儿来。

### (一)商事习惯的识别标准

1.商事习惯的一般标准:从交易习惯展开

在赵红梅与孙兆建买卖合同纠纷二审民事判决书中法院认为:"不违反法律、行政法规强制性规定的,人民法院可以认定为合同法所称'交易习惯':当事人双方经常使用的习惯做法。本案中,双方当事人之间在七八年的时间之内,赊购货物的习惯做法为孙兆建从赵红梅处赊购籽种、化肥后,由赵红梅记账,待孙兆建还款时账目由赵红梅当场划销。该交易习惯为一定区域中赵红梅与包括孙兆建在内的若干熟人之间基于彼此信任并得到各人的有效遵守而建立的交易方式,不违背公序良俗,应予以准许,并作为处理双方争议的依据。"②又如罗剑平、深圳福达恒业企业管理有限公司房屋买卖合同纠纷再审一案中,法院认为:"罗剑平、福达恒业公司申请再审主张应根据交易习惯确定经营模式,但并未能举证证明其主张的经营模式是在特定地域、行业普遍采取的做法,并且是双方当事人均知晓的方式。"③可见人民法院识别交易习惯的标准为:①不违反法律、行政法规强制性规定;②当事人认可且经常使用的惯常做法或者知道或应当知道的做法;③不违背公序良俗。这种识别标准来自《合同法司法解释二》第7条④与《民法总则》第10条。

类比交易习惯的标准并结合商事习惯的特殊性,一项商事习惯应符合两个特点:其一是外观性,即为商事活动中商主体的经常做法,是客观存在的且是确定的;其二是合理性,即该习惯不得违背法律、行政法规强制性规定,不违背公序良俗。而且要符合商法的基本原则,特别是公平交易原则、鼓励交易原则、安全交易原则,这也是商事习惯不同于

---

① 钱玉林:《民法总则与公司法的适用关系论》,载《法学研究》2018年第3期。

② 宿迁市中级人民法院(2018)苏13民终1011号民事判决书。

③ 广东省高级人民法院(2017)粤民申10355号民事判决书。

④ 《最高人民法院关于适用〈中华人民共和国合同法〉若干问题的解释(二)》第七条规定:下列情形,不违反法律、行政法规强制性规定的,人民法院可以认定为合同法所称"交易习惯":(一)在交易行为当地或者某一领域、某一行业通常采用并为交易对方订立合同时所知道或者应当知道的做法;(二)当事人双方经常使用的习惯做法。对于交易习惯,由提出主张的一方当事人承担举证责任。

一般的民事习惯的重要标志和司法实践操作。同时法官应认识到交易主体是理性的自然人,充分尊重当事人的意思自治。

2.商事习惯识别标准的特殊问题

(1)商事习惯与公序良俗

从《民法总则》的规定看,立法并未区分民事习惯与商事习惯。但司法实践中法院却针对二者采取了不同的标准:裁判文书的统计分析表明,法院判断当事人主张的某项商事习惯可用性时,并不采用公序良俗标准,而采用公平、交易效率等标准。民事习惯其更多地具有伦理性与道德色彩,而商事习惯则更多的是商事交易的技术设计和行业惯例的逻辑规范,较民事习惯公序良俗色彩更弱。

公序良俗一般认为是公共秩序与善良风俗的结合。所谓公序指的是公共秩序,是国家社会的存在及其发展所必要的一般秩序,而良俗是指善良风俗,更多地体现为“性道德和家庭道德”[①]。因而,商事习惯较民事习惯中的公序良俗色彩更弱,更多指向的是“良俗”而非“公序”。这就需要法院对商事习惯以公序良俗标准判断时,应秉承较民事习惯更为谦逊的态度,考量更多的“公序”而非“良俗”。同时对“公序”的审视,需要法官将其置于特定的时代背景下,遵循商业规律,综合商业创新发展的需求,动态地理解。[②]

(2)商事习惯与公平原则

如前所述,识别一项商事习惯的标准时,应采用“知或应知标准”。既然是当事人知悉或应当知悉的规则,其中便隐含着当事人的意思自治,当事人会对此规则产生信任,并据此进行交易活动。商事活动的主体均为理性的、经济的、专业的商事主体,拥有较民事主体更强的辨识风险及后果的能力,且商事活动应充分尊重当事人的意思自治。当事人明示或默示选择了商事习惯,即推定当事人选择了合同可能出现的不公平,除非当事人明确表示排除此项习惯的适用。在一方当事人举证证明了此项习惯存在后,法院应积极地认定商事习惯的存在;同时,应该对公平原则的适用采取谦抑的态度,不应因公平原则而轻易地否认一项商事习惯,除非一方利用商事习惯所具有的优势地位对另一方的利益造成损害的结果有过错。规范设计的目的在于防范机会主义,交易的任何一方都不能使对方因为基于信赖而产生损失。比如,作为某个行业的行规,购货方先拿原材料,剩余的退回供货商。如果原材料有有效期,当退回数量较大,且即将过期,此时若购买方因未尽合理的通知、注意等义务,滥用因商事习惯所具有的优势地位,不当地利用对方基于之前的交易行为所建立起的信赖利益,违背诚实信用原则,对供货商可能造成的不利后果则应承担相应的责任。法院可以根据过错的大小,进行个案公平与否的审查,选择是否适用商事习惯。

---

① 梁慧星:《市场经济与公序良俗原则》,载《中国社会科学院研究生院学报》1993年第6期。

② 曹兴权:《商事习惯司法适用特殊性问题的体系阐释与因应》,载《人民法院报》2018年11月14日。

符合我国司法政策导向[①]，而且也是对审判实践中出现问题的回应。同时，推进裁判文书中商事习惯的认定梳理。判例在我国并没有当然的约束力，每一判例仅对此案件发生效力，并非及于其他同类案件。但一项商事习惯在裁判文书中反复被法院确认，事实上本身就具有了较强的拘束力。[②] 目前我国已经实现了判决文书的公开化，借助大数据分析，可以对人民法院确认的商事习惯进行汇总、筛选、提取、公开。不仅可以方便当时人的选择，而且也避免了人民法院的重复论证，减少裁判成本。此外，目前我国已经建立起最高人民法院指导案例制度。其建立的目的在于：总结审判经验，统一法律适用，而且各级人民法院"应当参照指导性案例的裁判要点作出裁判"[③]。事实上已经在人民法院判决案件中得到普遍遵循，指导案例确认的商事习惯，具有较强的普遍意义。但是应当注意，指导案例数量较少，面对广泛的商事习惯发现、识别的需求尚显不足。增加指导案例的数量，也是一个操作性较强的方法。

3.路径三：民间推动

由于市场的缺陷及政府治理的不足，商人自治缘起。[④] 从产生根源上看，商人自治规范，包括商事习惯，是商人自治的产物。无论是中世纪时期的佛罗伦萨条例、米兰条例等这些商事习惯法，还是当前《美国统一商法典》这一行业协会与学界研究的产物，均很好地维护了商业秩序。具体到我国，行业惯例在司法实践中运用也是十分广泛[⑤]，其中行业协会、地方商会等民间主体制定的自律公约、职业道德准则、各项指引，比如中国证券投资基金业协会制定的《私募投资基金非上市股权投资估值指引（试行）》、中国钢铁工业协会发布的《废钢铁加工行业自律公约》、国际会计师联合会（IFAC）下设的会计师国际道德准则理事会（IESBA）发布的《职业会计师道德守则》等，这些都是商业习惯的主要来源。行业协会等民间团体不仅在制定规则，内生商事习惯方面具有重要作用；其重要意义还体现在，对那些没有固定化，但在商事交易中广泛应用的商事习惯进行识别、发现、成文化。针对目前快速发展的市场经济，在规范商事秩序方面，民间力量以其专业性、及时性、灵活性、可接受性在推动商事习惯识别、发现甚至创立等方面都是不容忽视的，进而为蕴含商业创新的新事物提供灵活有序的发展空间。

因此，集结并充分发挥民间力量，推动行业惯例的制定与完善便很有必要。市场经济的建立与完善使得中国经济政策和法规的制定不再是传统视野下的国家"关门模式"[⑥]，而是为民间力量，特别是商会、行业协会等民间团体参与商事交易规则甚至国家政

① 最高人民法院印发《关于加强和规范裁判文书释法说理的指导意见》的通知（法发[2018]10号）第2条、第13条规定。

② 彭诚信、陈吉栋：《论〈民法总则〉第10条中的习惯——以"顶盆过继案"切入》，载《华东政法大学学报》2017年第5期。

③ 最高人民法院印发《〈关于案例指导工作的规定〉实施细则》的通知（法[2015]130号）第1条、第9条规定。

④ 戴剑波：《论商人自治：缘起、内涵与实效》，载《厦门大学学报（哲学社会科学版）》2014年第3期。

⑤ 笔者在"无讼案例"检索"行业惯例"一词，其中设计民事案由的共有20629例，公报和指导案例就有12例，可见人民法院于当事人对"行业惯例"的适用十分普遍。最后访问：2018年11月15日。

⑥ 王绍光：《中国公共政策议程设置的模式》，载《中国社会科学》2006年第5期。

策的制定提供了机会,但仍表现出参与的不足和差异化。① 国家应该充分集结民间各方主体的力量,不仅包括国有企业、全国性的行业协会,更应该有私营企业、地方行业协会等组织参与其中,为其提供更多的机会和宽松的环境,鼓励其对行业惯例,尤其是新兴行业惯例制定、完善。同时,还不应忽视其在民间商事习惯搜集方面的基层性和专业性。

**The Application and Identification of Commercial Customs**

**—with Empirical Analysis of 115 Judgement Documents**

Chen Honglei Lin Rongyi

**Abstract**:Commercial customs are not only a code of conduct businessmen relied upon, but also an important basis for judicial decisions. Article 10 of the General Provisions of the Civil Law takes commercial customs as a supplementary source of law for the statutes. Through empirical investigation, it is found that Article 10 of the General Provisions of the Civil Law seems insufficient in guiding the judicial application of commercial customs. There is vagueness in both the applicable rules and applicable contents during applying the commercial customs in judgments, which greatly affects the effectiveness of judicial application. In light of the judicial practice in our country, when the term “customs” is interpreted flexibly and the priority of the commercial customs is put higher than the general provisions of the civil law as a source of law, commercial disputes are generally better resolved . In the long term, it is necessary to carry out the work of further discovering and identifying the commercial customs of our country, under the premise of clarifying the standards of identifying commercial customs, by channels including commercial customs investigation, judicial judgments and civil society.

**Key Words**: commercial customs; Article 10 of the General Provisions of the Civil Law;the priority of the sources of law;application and identification

① 沈永东:《中国地方行业协会商会政策参与:目标、策略与影响力》,载《治理研究》2018 年第 5 期。

# 民间规范价值再证*

## ——历史视角的考察

李 杰**

**摘要**:民间规范研究虽然在不断发展,但是研究者们关注的焦点始终是民间规范规则本身,而往往忽视了民间规范价值。民间规范价值是民间规范研究的重要内容,从历史角度分析,可以进一步证明民间规范价值存在的事实,进而为民间规范价值融入国家法治建设事业奠定理论基础。从立法历史角度看,各个历史时期的立法都吸收了民间规范价值,以此来实现立法合理性,促进立法有效实施。从司法历史角度看,无论是英美法系还是大陆法系,司法实践的发展历程中都融合了民间规范价值的内容,来体现司法正义,保障司法公正。因此,民间规范价值研究必须获得重视,通过民间规范价值促进民间规范研究的理论提升,为国家法治建设提供理论资源。

**关键词**:民间规范价值;立法史;司法史

治理现代化、善治、多元治理等理念的提出有力地推动了民间规范研究的发展,从治理现代化高度观察民间规范,学者们逐渐认识到民间规范研究不能止步于经验描述,"仅止步于对特定空间民间法、交往惯习的描述演绎,这就会使得民间法所可能具有的其他作用被遮蔽,进而也不可能认识到民间法所具有的超越性意义——迈向一般法理学的深度研究"①。而在这一意义上看,从价值层面对民间规范进行分析就成为了民间规范研究深入拓展的重要方向。笔者曾对民间规范价值范畴做了分析②,指出民间规范价值是法治建设中的重要范畴。但仅仅是理论上应然的分析,那么民间规范价值是否仅仅是学理上的想当然的推演?这就需要从历史分析角度进一步论证。事实上,民间规范价值不仅仅在历史上实实在在的存在着,而且在立法史与司法史的实践经验中扮演重要角色。本文拟从历史角度对民间规范价值进行分析论证,以推动民间规范基础理论研究的进一步发展。

---

* 基金项目:广东省哲学社会科学规划项目"广东营造共建共治共享社会治理格局中的自治规范研究"(批准号:GD18XFX05),广东省教育厅青年人才创新项目"民间规范参与共建共治共享社会治理格局研究"(项目资助编号2018WQNCX025)。

** 李杰,广东外语外贸大学广东省地方立法研究评估与咨询服务基地助理研究员。

① 陈斌:《民间法话语反思及其功能拓展》,载《福建行政学院学报》2015 年第 4 期。

② 李杰:《民间规范价值——一个被忽视的法学范畴》,载《甘肃政法学院学报》2018 年第 4 期。

## 一、民间规范价值历史求证的理论根据

历史是过去的现实，现实是正在发生的历史，任何历史都是一个现实的、变迁的、历时发展的过程，正如学者所言，“被我们称之为‘传统’的东西，就是文化在时间性的过程中所表现出的确定性形式的继续性，……所以传统的正确意义，应该是在保持稳定的连续性中的变革和创新的文化时间过程。”①所以，我们不能将历史与现实割裂开来，对于民间规范价值这一命题来说尤其如此。

首先，无论在任何历史时期，民间规范在构建秩序时必然体现价值追求，在民间自发形成的秩序中，都包含有价值因素。人们在构成秩序时的理性共识必然要形成价值共识，价值共识是凝结社会、形成秩序的凝结点，没有价值共识就不可能出现行动上的一致，不可能形成规范和秩序，可以说缺乏价值要素的规范是不可能存在的。民间规范是规范的一种类型，民间规范作为一定社会群体范围的共同行为依据，无论在哪个历史阶段，都要体现行为者的共同的价值理念。比如汉族的典权规范，就在不同的历史阶段体现了不同的价值追求。在最初典权出现时，没有期限限制，只要出典人有了回购能力就可以赎回物品，体现的是儒家传统中仁义信用、互助救急的价值理念，也体现了祖宗遗产不可变卖的家族价值理念。在新的历史时期，为了促进市场流动的效率，典权期限成为了典权制度的内容，乾隆十八年(1753)就规定“典卖契载不明之产，如在30年内，契无绝卖字样者，听其照例分别找赎，若远在30年以外，契内无绝卖字样即以绝产论，概不许找赎”②。因此，市场社会中的典权必须体现公平效率的价值，典权规范体现的已经不仅仅是儒家传统价值，而是为了稳定市场法律关系，促进经济效率，所以典权期限就不能仍然是无限期的。可见，在不同的历史节点中，民间规范价值始终蕴含于民间规范内容中，所以从历史角度对民间规范价值进行分析不是凭空想象的，而是具有理论基础和历史事实根据的。

其次，民间规范价值在历史发展进程中不断演进。规范与秩序的历史发展过程也是其内在价值理念传承和变迁的过程，“人类的记忆，尤其是和秩序相关的文化记忆，不仅仅是一种要记住往事的流水账册，而且是一种意义保留和传递行为”③，即规范与秩序的历史传承过程就是规范价值理念的传承过程。从历史分析角度解释民间规范价值，就可以看到民间规范价值随着时代的变迁而不断更新自己。民间规范通过实践、沟通、交流吸纳不同主体的价值主张，通过不断反思整合这些“前见”而再生新的规范内容，淘汰旧的落后的规范，生产新的符合当下需要的规范，这也为民间规范价值提供了新陈代谢的

---

① 李鹏程：《当代文化哲学沉思》，人民出版社1994年版，第371、380页。

② 金玄武：《典权制度历史源流与现实价值——与韩国传贳权制度为比较考察对象》，载《民间法（第15卷）》2015年第1期。

③ 谢晖：《民间法的视野》，法律出版社2016年版，第119页。

机制，例如瑶族地区的石牌制民间规范。新中国成立前大瑶山地区的石牌民间规范以权威专断、家族特权等为基本价值导向，而新中国成立后，在当地党委支持下，石牌制通过吸收民主、平等价值理念，以“大瑶山团结公约”的形式出现，“在公约中，体现了瑶族习惯法固有的族内成员平等、男女平等价值，同时又将平等扩大到了族系平等、经济平等，使平等的内涵得到了发展。大瑶山团结公约的制订从实际出发，尊重瑶民的固有习惯法挂念，以瑶族固有习惯法精神为基础，对瑶族固有习惯法的法价值进行了一定的选择，并开拓性地扩展了瑶族固有习惯法的法精神内涵”①，在对民间规范进行维持的同时，进一步吸收与时代实践相配合的价值理念，随时代需要而变迁。所以，民间规范承载和表达民间规范价值，在不同的历史阶段中会有不同内容，从历史角度对民间规范价值分析能够更好地理解民间规范、把握民间规范，具有必要性。

## 二、立法历史中的民间规范价值

立法实践的历史中，民间规范价值也始终作为重要考量因素。历史上的立法活动对民间规范价值吸收，或者说民间规范价值通过立法被纳入法治建设中并不罕见。

### （一）古代社会中立法对民间规范价值的吸收

古代社会中的民间规范是立法的主要内容来源，民间规范价值也是立法者们关注的重要内容。古希腊社会将城邦正义置于政治哲学的最高位置，对正义的追求也是立法者的终极追求。而城邦的正义正是以民主的方式从民间、从传统中获取价值内容，因此是民众价值的表达，是一种民间规范价值。这一点可以从柏拉图的政治学理论中得到说明。柏拉图从哲人王治理转向法律之路是“从天上回到人间”②，但是，我们必须认识到，柏拉图要回到的“人间”并非国家独断的“人间”，一旦出现独断就会出现“僭主”“寡头”“暴民”，要避免这种制度恶化，就必须实现君主制与民主制的混合，这也注定了源自习俗、习惯法等的民间规范价值对德性构建的实质支持。柏拉图的法治也必然是一种包含了民间习惯、民间规范的法治，所以，“柏拉图相信，实证法出现以后，法律和习俗在最根本层面依然是相互混合的，那些不成文的习俗‘是每个政权的纽带，将所有成文的规定联系起来，包括那些对未来事项的规定……如果这些不成文的习俗得到人们习惯性的遵守，它们就可以为后来的成文提供可靠的保障’……希腊思想家们显然已经意识到：不同的社会往往有不同的规范，而这又反映了不同的习惯、习俗和价值”③。

古罗马时期的法学思想中，源自民间的习惯法及其价值内涵也是法治的核心要素。

---

① 高其才、罗昶：《瑶族固有习惯法的现代价值》，载《人民论坛》2011 年第 6 期。

② 柏拉图：《法律篇》，张智仁、何勤华译，上海人民出版社 2001 年版，第 3 页。——译者的话

③ 布莱恩·Z.塔玛纳哈：《一般法理学：以法律与社会的关系为视角》，郑海平译，中国政法大学出版社 2012 年版，第 14～15 页。

从内容上看，古罗马十二铜表法内容源自市民的民间规范，“罗马法典知识把罗马人的现存习惯表述于文字之中”①，因此，古罗马的法典本质上是习惯法的汇编，相应的，习惯法中蕴含的民间价值诉求也就成为了法治的核心内容。从程序上看，法律通过公民大会等程序设立，这就为古罗马法中民间习惯法等民间规范的不断生成、发展提供了土壤，以公民大会为核心的共和制度为民间价值诉求提供了表达渠道。同时，法学家的解释权也成为了民间价值诉求被发现的渠道。公元426年，东罗马帝国迪奥多西二世和西罗马帝国瓦勒提尼亚努斯三世共同颁布了《引证法》，这部法律重新调整了法学家解答法律的权利，它明确规定，五大法学家(盖尤斯，伯比尼安，保罗士，乌尔比安，莫迪斯蒂努斯)的著作都具有法律效力。而众所周知，古罗马法学家的理论以市民社会理论为根据，主张市以民社会自发形成的规范来治理国家，而这些市民社会自发形成的规范是民间自发形成的，属于民间规范的范畴，所以法学家的解释权成为了民间规范进入立法的渠道，同时也成为民间规范价值进入立法的渠道。

立法吸收民间规范价值在中国古代社会中也有例证，如作为国家制度的“礼”实际上就是民间习惯的总结，“从礼的内容来看，不论是《仪礼》还是《礼记》，都直接记载了大量的风俗习惯，是人们日常行为中的行为准则”②。随着“以礼入法”的展开，民间习惯的精神被意识形态化，失去原有的活力，但是其渊源于民间习惯性规范是一个不可否认的事实。总之，古代社会中民间习惯规范及其价值与立法的关系较为紧密，立法往往需要从民间规范中寻找资源和依据。

### (二)近现代社会中立法对民间规范的吸收

在近现代的立法中，在理性主义的洗礼下排斥民间规范成为一种潮流，但是随着人们对理性主义的反思，立法对民间规范的态度也从绝对排斥转变为了适当吸收，民间规范价值在立法中仍然扮演着重要角色。

理性主义运动早期，比较典型的贯彻启蒙理性的法典之一是法国民法典。在理性主义理念指引下，法国民法典毫无疑问是对民间规范持否定态度的，民间规范仅仅作为社会经验不能与理性的法典相提并论，因此在法典公布后，旋即规定“自现今个法律适用之日起，罗马法规、国王敕令、一般习惯和地方习惯均失去一般法律和专门法律的效力”。但是，这一表象掩盖了民间规范作为民法典关键元素的事实，造成了诸多的误解。事实上，民间规范在法国民法典编纂中是核心内容，“民法典之所以能够在极短的四个月的时间内制定出来，习惯法之所以能被有效地整合进民法典中，与法国历史上一直持续不断地进行习惯法收录、汇编、整理以及有关习惯法的‘普通法’和习惯法的法典化研究不无关系”③。法国民法典编纂之前的习惯法汇编可谓多种多样、形形色色，既有法学家私人

① 梅因：《古代法》，沈景一译，商务印书馆2000年版，第4页。

② 张洪涛：《使法治运转起来》，法律出版社2010年版，第113页。

③ 张洪涛：《使法治运转起来》，法律出版社2010年版，第94页。

编纂的《博韦习惯法》《诺曼底习惯法》《巴黎习惯法》等,也有法院组织编纂的《巴列门习惯法》,还有国王组织的经由议会审查的习惯法汇编。“杜穆林以及他无数的追随者不仅致力于习惯法编纂以及此后的习惯法‘改革’,同时也耗费了无数的时间试图将各不相同的习惯法统一为一个整体的文本或将习惯法与罗马法同化,这一最初几近无望的努力最终证明为是可行的,他们的努力产生了统一的法典”,[①]而作为法国民法典之父的波蒂埃“只不过把杜穆林曾用拙劣的拉丁文表述过的东西,不时用优雅的法语表达出来而已”[②]。据此,学者指出:“在最本质、最宽泛意义——习惯的精神层面而不是制度层面——上,法国民法典可以说是习惯法的结晶,是近现代制定法时代结出的一个‘异果’。”[③]法的价值通过制定法律条文、构造法律秩序来体现,既然如此,我们可以得到一个基本的推论:在法典中关于市场交易、家庭伦理等等的核心内容中必然都吸收了法国习惯法中的价值追求。规则体系中融入了启蒙时代理性精神的同时也融入了习惯法的价值,这才是法国民法典编纂的本相。

进入 20 世纪后,法典编纂对民间规范就转向了包容态度。1911 年《瑞士民法典》从法律条文上明确对民间规范吸收,其中规定:“法律无规定之事项,法院应依习惯法裁判。”其后,《意大利民法典》等也明确规定了习惯法的正式法律渊源地位。日本法典编纂中不仅将习惯法明确规定为法律渊源,而且在一些法律中,比如商法典,规定了商事习惯法优先于民法典适用。对习惯法的吸收在我国民国时期的法典编纂中也明确规定:“民事法律所未规定者,依习惯”。如果说这些法典用概括性条款吸收民间规范只能说明立法对民间规范价值还是潜在、间接吸收的话,《日本民法典》则直接以具体规范的形式表现了对民间规范价值的吸收。例如《日本民法典》将日本传统家庭习惯法纳入了法典中,在家事法方面对家族伦理的充分尊重。在法典编纂中,“断行派”和“延期派”之间争论的焦点问题就是对匆匆形成的民法典忽视民事习惯,导致了其与社会生活的脱节。由此引发了法典编纂是否延期推行的“法典之争”,穗积八束指出“民法出、忠孝亡”,以此来强调已经渗入民间的价值观念不可忽视。最终,受争论期间出现的瑞士民法典的影响,最终延期派战胜了断行派,使民法典吸收了家庭民事习惯及其内涵的忠孝等价值理念,对民间习惯规范价值的重视成为了日本民法典的突出特点。类似的还有我国台湾地区民事立法对民间规范价值的认可。例如民间金融规范的法典化吸收,1985 年 3 月 23 日,台湾地区“民法研究修正委员会”财产法组提出了对民间合会法典化的提案,1993 年 9 月 9 日第 651 次会议讨论民法债编施行法修正草案,议决新增“合会”一节。1999 年 4 月 2 日台湾地区“立法院”三读通过后,自 2000 年 5 月 5 日起实施。合会这一民间金融规范就成为了正式法律[④],其中和会规范中的中国传统价值观念就进入正式立法中。另外还有在“客

① 陈颐:《立法主权与近代国家的建构》,法律出版社 2008 年版,第 51 页。
② 大木雅夫:《比较法》,范愉译,法律出版社 1999 年版,第 168 页。
③ 张洪涛:《使法治运转起来》,法律出版社 2010 年版,第 97 页。
④ 陈荣文:《台湾地区合会法制变迁探析》,载《台湾研究集刊》2005 年第 2 期。

家基本法"中在客家人界定、客家文化保护等方面以客家习惯法为基本依据进行立法①，也体现了对客家民族民间规范价值吸收。

英美法系的法典编纂也重视民间规范价值的吸纳。较为典型的就是美国统一商法典的制定中，民间规范价值作为关键性因素而发挥作用。卢埃林在《统一商法典》编纂中，以解决商事纠纷、维护商业秩序这一功能性目的出发，指出法典要吸收具有价值性目的性因素的商事习惯，即法典必须吸收民间规范中的价值诉求。卢埃林甚至提出了"原则性法典"的主张，其目的正是要将国家法之外的民间规范通过任意性规范、授权性规范等吸纳进入法律，以避免法律的僵化，"从（正在运作的整体视域）'working whole view'"②的视角看，法律不能被割裂的考察，而必须与社会"情景"作为一个整体来考察，而民间规范价值就成为了一个不可或缺的因素，必须将民间规范中的价值因素纳入法治整体中。

总之，民间规范价值在立法实践的视野中始终占据着重要的地位，而立法吸收民间规范价值的理论基点在于对民间规范价值的吸收体现的是对公民主体地位的尊重。因此，法治中的立法活动必须保持对民间规范价值关注，才能发现人的价值诉求，保障人的主体地位。

## 三、司法历史中的民间规范价值

### （一）英美法系的考察

"诺曼征服"之后的不列颠并未取得制度上的统一，到了亨利二世时期仍然是各地领主在自己领地内自治，而各个领地都有自己的法庭。与王室法庭同时存在的还有大量封建领主法庭、教会法庭、郡法庭、百户区法庭等。在这样的情形下，王室法庭是一个"竞争者"的角色进入英国司法制度中的，所以，"亨利二世时期的'司法令状'制度最初被采用时并没有用王室法庭取代封建领主法庭之目的，仅仅是通过王室法庭提供的一种复审机会来监督领主法庭，也是为了尽力招徕司法诉讼以增加王室收入"③。因此，王室法庭的司法裁判事实上是作为一种"服务商品"而进入了"司法市场"中，与其他法庭进行竞争。王室法庭最终能够战胜竞争者、"抢占市场"而取得最终的权威地位，依靠的就是对民间规范及其内在价值的吸收，这种吸收一方面在法律渊源中，另一方面体现在司法模式中。

首先，在法律渊源上的吸收。在对各地的巡回审判中"司法官所实行的法律都是源

① 祝捷：《台湾地区客家运动的法制叙述——以"客家基本法"草案为例》，载《福建师范大学学报》2010年第3期。

② Karl Llewellyn, The Normative, the Legal, and the Law-jobs: the Problem of Juristic Method, 49Yale L. J., (1940), p.1380.

③ 钱承旦、许洁明：《英国通史》，上海社会科学院出版社2012年版，第55页。

自民间的判例和习惯”。“王室巡回法官在他们的巡回审判过程中将广泛差异的地方习惯融为一种普通的习惯。一段实际以后，王国的普通法便作为习惯法的同义词使用”①，内涵于其中的民间规范价值理念，如家庭伦价值、商业伦理价值就被带入了正式司法裁判中而获得国家司法认可。同时，对习惯法的渊源地位的强调还体现在“遵循先例”原则，即法官必须从判例中寻找裁判依据，普通法院判例法审判传统正是遵循先例中的民间习惯规范。“这是一种通过特殊化建构普遍主义的方式，或者更准确地说，是通过吸纳特殊性因素，将它们作为迈向普遍主义的动力”。② 通过技艺理性而非逻辑理性将不同的价值包容进来，避免独断，正是这种对民间习惯法价值的尊重促使“原告们那种背离地方法庭而转投王室法庭的不可遏制的欲望”③，民众的价值得到尊重和保护，普通法院才最终获得了司法权威。

其次，在庭审模式上的吸收，即通过对抗式诉讼模式，让参与案件的原被告双方以直接的、言词的方式进行充分的举证、质证、论证，使原被告双方对法律的认识得到表达和尊重，民间规范的内容得到了张扬，将当事人所偏好的民间规范引入了法院裁判过程，不仅将植根于人们的生活历练、文化传统和情感体验纳入司法过程，而且通过直接言词的对抗式庭审尊重和吸收民间习惯法的精神、价值理念。“实施法律成为通过个体之间——例如，法院中法官和辩护人、警察和嫌疑犯、监护官和违法者、律师和当事人之间——的互相作用中对法律含义的协商过程，这种协商确定了有关适当行为和期望的许多非正式规则，它们决定法律书籍中正式规则的‘真正’作用和意义。”④这种司法过程充分吸收了民间规范价值，因此获得了广泛的接受，正如布莱克斯通所指出的，“我们之所以自由，是因为治理我们的法律是我们自己的……我们的自由不是因为我们拥有它，支配它，有权使其为我所用，而是我们感觉完全与之融汇在一起，它成为我们内在生活的一部分，我们完全参与了它”。⑤

英美法系国家的司法制度中，民间规范价值的关注与吸收已经成为一种成熟的机制。“普通法之所以具有权威，是因为它的规则和实践都与它所属的这个民族的生活与历史相关……普通法反映了民族共享的价值观，以及人们对于‘合理性’以及‘公共之善’的理解”。⑥“由于它将吸引非职业者的参加同对于专职司法机构的权威的尊重结合在一起，使非职业者参加司法程序，推动了民众价值和情感的输入，不仅使司法产品合法化，

① 钱承旦、许洁明：《英国通史》，上海社会科学院出版社2012年版，第55页。

② 李猛：《除魔的世界和禁欲者的守护神》载北大法律信息网，http://www.chinalawinfo.com，访问日期：2019年6月11日。

③ 范·卡内冈：《英国普通法的诞生》，李红梅译，中国政法大学出版社2003年版，第43页。

④ 张洪涛：《习惯在我国司法中制度命运的制度分析——一种纯理论的探讨》，载《民间法》2009年第1期。

⑤ 布莱克斯通语，转引自萧然：《法律下的自由何以可能——对哈耶克法律理论特别是其“普通法”研究的一个批判性阅读》，http://www.aisixiang.com/data/8968.html。

⑥ 布莱恩·Z.塔玛纳哈：《一般法理学：以法律与社会的关系为视角》，郑海平译，中国政法大学出版社2012年版，第114页。

而且也使法律制度本身合法化”①。

**(二)大陆法系的考察**

由于建构理性主义传统以及法典化传统,大陆法系的司法制度中依赖制定法,排斥民间规范,例如前文曾提到的法国革命者将法国民法典视为理性设计的完美作品,“罗马法规、国王敕令、一般习惯和地方习惯均失去一般法律和专门法律的效力”,这就将民间规范排除出了司法范围。韦伯甚至根据法律形式理性化的趋势作出了“机器司法”的语言——法院变成法律的自动售货机,法条就是司法的唯一依据,所有非正式规范都被排除出司法之外。

但是排除民间规范的法典和理论最终都没有能够成为现实,法官从来也不是法律的自动售货机。在法国,民间规范及其价值始终活跃在司法体系中。正如托克维尔指出的,在大革命之后,“在那里我发现了活生生的旧制度……旧制度有大量法律和政治习惯……在几年后重又出现”②。马克思曾说“法官除了法律就没有别的上司。法官的责任是……根据他对法律的诚挚的理解来解释法律”③,他说强调的法官恰恰是对民间规范进行充分考察之后的进行“诚挚的理解”,在司法场域中就意味着法官必须对社会中存在的民间习惯规范充分尊重,在《关于林木盗窃法案的辩论》一文中马克思明确指出了维护的民间习惯规范中习惯权利的必要性,民间规范构筑了民间正义、民间秩序是司法中不可忽视的重要内容,法治的正义不是别的,正是民间规范定义的正义。

尤其值得一提的是,罪刑法定主义主导的刑事司法也必须尊重民间规范价值。由于法条普适性与社会事实特殊性之间的矛盾,刑事司法也往往需要作为“地方性知识”的民间规范价值的支援。民间规范价值是一定范围内民众对某些事物或价值判断形成的共识,此共识就可以作为事实判断的依据,来帮助法官确定犯罪事实。这种支持体现在违法性的审查中,例如“《德国刑法典》第 226 条 A 款规定,被害人同意之伤害不处罚,但以不违背良好风俗为限……何为‘不违背良好风俗’则取决于对当地风俗习惯的具体理解和把握”④,还体现在有责性的审查中,“习惯法作为一种超法规责任阻却事由的运用,为法官在司法中妥善化解刑法与情理的冲突,提供一种极为重要的渠道和途径”,“根据《德国刑法典》第 292 条规定的‘可捕猎动物’的理解上,习惯法规则起到了相当重要的作用”⑤。而在日本恰恰出现了“狸貉异同案”,在审理中法院依据当地“狸”“貉”同称的习惯认定被告人不存在明知的主观故意,从而避免了冤抑。⑥

总之,经过历史考察可以得出一个结论:以民间习惯法为主要载体的民间规范价值

① 埃尔曼:《比较法律文化》,贺卫方、高鸿钧译,清华大学出版社 2002 年版,第 165 页。

② 托克维尔:《旧制度与大革命》,商务印书馆 1992 年版,第 31～32 页。

③ 《马克思恩格斯全集(第 1 卷)》,人民出版社 1956 年版,第 76 页。

④ 杜宇:《重拾一种被放逐的知识传统》,北京大学出版社 2005 年版,第 203 页。

⑤ 杜宇:《重拾一种被放逐的知识传统》,北京大学出版社 2005 年版,第 203 页。

⑥ 陈文华:《民间习惯对刑事司法事实的救济》,载《民间法》2016 年第 1 期。

始终是司法制度中的重要元素。这一点不仅伴随了英美法系国家的司法制度产生、发展的每一阶段,而且在大陆法系国家的司法制度发展历程中也反复地得到体现。

## 结 语

以上的讨论可以说明所谓“民间规范不具有价值意义,无法对民间规范价值层面加以发掘”的观点存在着根本的缺陷,是站不住脚的。但是这些观点却被广泛认同、被不断重复以至于形成了民间规范价值研究难以成立的思维定式。其原因何在?笔者在此可以尝试做出解析。在笔者看来,三个方面的原因共同导致了误解的发生。首先,民间规范的事实属性。民间规范源自民间,起于经验,往往是一种以行为构造的规则,没有正式语言形式。民间规范以行为习惯的方式存在,就导致了对其描述成为了首要任务。所以,研究者往往从外部视角将民间规范视为一种社会事实来观察,尽量减少主观臆断,最终这一研究路径逐渐成为了民间规范研究的重心。加之民间规范零碎而广泛,对其进行事实描述的工作难以穷尽,这就导致了民间规范研究重视事实研究、忽视价值研究的现状,民间规范价值这一范畴就被有意无意地忽视了。其次,学术上的路径依赖。当一种学术路径成为主流时,后继者就被传统所裹挟,具备了路径依赖所需要的种种因素。经济学研究中指出了路径依赖的三大成因:技术相关性、成本不可逆、报酬递增。而这三点都在民间规范研究中有所体现:民间规范研究的“事实”研究路径具有理论上的合理性,是关键性的前提性的研究,即具有技术相关性;学者的时间精力投入具有沉没成本——不可逆的性质,即投入之后是不可挽回的;进行民间规范“事实”层面的研究是报酬递增的,一方面,就研究路径本身而言,这一研究路径被采用的越多,使用它们获得的经验越多,它们被改进的越多,进而被采用的越多,另一方面,对于研究者来说,跟随研究主流可以以最低的成本更快地获得更多学术上的收益,而这一研究路径越是流行,人们越是相信它会进一步流行,实现自我增强的循环。当人们对一种学术路径形成路径依赖形成后,其他学术路径就会被“锁定”在被忽视的状态下,难以获得认同。因此,民间规范价值的探索就成为了被忽视的对象。最后,国家法以“强制性变迁”为主要途径推动法治进程,民间规范始终处于被修正、被批判的角色和地位中,整体而言,民间规范研究在法治建设中始终处于边缘位置,民间规范价值话语处于被压迫的地位,这也形成了对民间规范价值的忽视的背景性因素,民间规范被忽视,民间规范价值更不待说了。

但是,如前文所述,民间规范价值不仅存在,而且是民间规范的核心,我们必须超越事实性研究的阶段,更深入的分析民间规范的价值内涵,我们必须从对民间规范事实层面研究的路径依赖中走出来,从民间规范价值路径来探索和充实民间规范研究,还要用民间规范价值来充实国家法治精神的内涵。因此,民间规范价值研究必须获得重视,通过民间规范价值促进民间规范研究的理论提升,为国家法治价值内涵提升提供国内资源,促进法治进一步发展。

## Re-proof of the Value of Folk Norms
### ——An Investigation from the Perspective of History

Li Jie

**Abstract**: The folk norm value is an important part of the study of folk norms. From a historical point of view, it can prove the fact that the value of folk norms exists, and lay a theoretical foundation for the integration of the folk norm value into the cause of national rule of law. From the perspective of legislative history, the legislation of each historical period has absorbed the value of folk norms, so as to realize the legislature rationality and promote the effective implementation of legislation. From the perspective of judicial history, whether in Anglo-American law system or continental law system, the development process of judicial practice has integrated the content of folk normative value to reflect judicial justice and ensure judicial justice. Therefore, the research on the value of folk norms must be paid attention to, and promote the theoretical upgrading of the research on folk norms through the value of folk norms, so as to provide domestic resources for the improvement of the connotation of the value of national rule of law.

**Key Words**: folk norm value; legislative history; judicial history

# 民法典编纂背景下商事习惯的功能阙补与自治边界研究

张 盼*

**摘要**:《民法总则》通过第10条确立了民法的"法律—习惯"二位阶法源体系,突出了法源条款的裁判规范属性。检视我国司法实践中适用商事习惯所积累的经验,在《民法总则》施行前,商事习惯能够发挥的功能相对单一,主要是解释与补充合同、事实推定以及决定举证责任分配等。《民法总则》施行后,第10条中的"习惯"应被理解为习惯法,除第10条之外的法律条文中规定的"习惯"均为事实上的习惯;事实上的习惯须具备法的确信才能成为习惯法,但发现并适用法的确信十分困难,对法的确信的理解亦发生转变。基于"法律—习惯"的二位阶法源体系,商事习惯在司法适用中的法源功能获得阙补,是法律规则存在漏洞时可资适用的补充性依据,适用时应适当地注入商事因素。在司法实践中适用商事习惯须具有明晰的自治边界,商事习惯不能违背公序良俗原则与制定法的强制性规范,但可以优先于制定法的任意性规范获得适用。

**关键词**:《民法总则》;商事习惯;习惯法;功能阙补;自治边界

## 一、问题的缘起

作为民法典编纂"两步走"工作的开篇之作,《民法总则》第10条在对《民法通则》第六条进行修正的基础上①,承认了"习惯"的法源地位。第10条以"处理民事纠纷"取代"民事活动",清晰地厘定了法源条款的适用范围;加之"习惯"对"国家政策"的更定,明确了我国民法当下"法律—习惯"的二位阶法源体系,突出了法源条款的裁判规范属性②;也为习惯在法规范体系中的功能定位与适用边界提供了新的教义学解释依据。

习惯法源地位的确立是立法回应我国司法实践的结果,但如何解释和适用法源条款仍有诸多"迷雾":首先,如何界定"习惯"之内涵外延?就"习惯"之规范含义解释,是否需

* 张盼,暨南大学法学院/知识产权学院硕士研究生。

① 《中华人民共和国民法总则》(以下简称《民法总则》)第十条:"处理民事纠纷,应当依照法律;法律没有规定的,可以适用习惯,但是不得违背公序良俗。"《中华人民共和国民法通则》第六条:"民事活动必须遵守法律,法律没有规定的,应当遵守国家政策。"

② 陈甦主编:《民法总则评注》,法律出版社2017年版,第70~77页。

要区分“习惯”与“习惯法”？其次，民商合一的民法典体例下，法源条款并未区分民事习惯与商事习惯，就此区分是否有必要？两者间的差异程度是否严重到不加区分即会引致价值理解偏差与规范适用障碍？再次，如何发现《民法总则》施行前，习惯（尤其是商事习惯）在司法适用中隐藏的“材料”，并基于“法源”功能的阙补重构习惯在司法实践中的“功能体系”？最后，对于作为次位阶法源规范的习惯，怎样才能从习惯发展演变历史的“故纸堆”中，提炼出习惯在司法适用中的自治边界呢？

尽管前述民事习惯与商事习惯之分野问题尚未解答，但诚如学者所言：“只要在商法总论之外，我们仍强调商法作为民法的特别法，从而有民法的备位性（或者补充）适用，则在现行法秩序中建立于民法基础之上的广义的商法部门，均应在探讨的范围之内。”①本文选取与习惯更加紧密，并可溯源于商人习惯法的“商事习惯”②，探讨其在民法典编纂视阈下如何回应上述问题，并借此对习惯法源条款作理论上的探讨，对功能阙补后的商事习惯在司法实践中可能遭遇的适用“场景”进行展望。通过私法多元法源理念勾连法律与习惯间的体系逻辑，借助法源理论与民法方法论之间的互动、分工，型构商事习惯与公序良俗原则、制定法的强制性规范及任意性规范之间的规制步骤。③

## 二、功能拾遗——《民法总则》前商事习惯的合同解释功能

探析习惯未成为法源前在司法实践中所发挥的作用，对于完整地理解商事习惯的功能具有重要意义。前《民法总则》时代，尽管制定法并未就商事习惯系属法源与否作明确规定，但《合同法》及司法解释为司法适用商事习惯开辟了路径。通过对司法适用商事习惯的实证分析，商事习惯的功能无外乎有解释与补充合同、修正合同、解释法律及公司章程和决定举证责任分配、事实推定，前者主要着眼于实体法规范，后者则立基于商事习惯在程序法中的效能发挥。

### （一）解释功能——商事习惯作用的实体法场域

商事习惯的解释功能，指法院运用商事习惯解释合同、公司章程及法律，以获致适用于司法裁判的规则。用商事习惯解释合同，主要表现为对合同漏洞的解释和填补④；以商事习惯解释公司章程，凸显了其作为自治规则对公司内部利益相关者的拘束，但缺乏法

---

① 施鸿鹏：《民法与商法二元格局的演变与形成》，载《法学研究》2017年第2期。

② 许中缘：《论商事习惯与我国民法典——以商事主体私人实施机制为视角》，载《交大法学》2017年第3期。

③ 汪洋：《法多元法源的观念、历史与中国实践——〈民法总则〉第10条的理论构造及司法适用》，载《中外法学》2018年第1期。

④ 对合同漏洞的解释和填补具有一定的规则，首先须对合同进行解释，以确定合同文字没有对特定事项作出约定，然后才能对合同进行补充解释。[美]E.艾伦·范斯沃斯：《美国合同法》，中国政法大学出版社2004年版，第498页。

律上的依据;"法院用商事习惯来解释法律的现象并不多见"①,一方面缺乏法律明确的规定或授权,容易诱使法院超出司法权限,将裁判活动异化为司法领域的"法的续造";另一方面,对法律漏洞进行填补,较填补合同漏洞须承担更大之风险②,从法技术上法院也倾向于通过对合同漏洞的解释获得确定的规则,从而规避对法律漏洞进行补充解释。

1.补充解释——合同漏洞填补的引据规范

合同按其内容是否"完备无虞"可区分为完全合同与不完全合同③,合同的不完全性表现为存在合同漏洞,即"关于某事项依合同应有订定而未订定"④,或以错误的方式对(合同的)特定情形加以思考,使合同未能对各种或然状态下当事人的权利义务作完整规定的合同样态。合同漏洞的"痼疾"在商事活动中无可治愈之有效途径,因而需要运用商事习惯对其进行补充解释。合同漏洞的存在为商事习惯进入司法实践提供切口,以商事习惯对合同漏洞进行补充解释,主要适用《合同法》第 61 条、第 62 条及第 125 条:

(1)基于《合同法》第 125 条,首先判定合同漏洞是否存在,若存在始需要启动合同补充解释程序。

(2)基于《合同法》第 62 条之表述,当合同法第 125 规定之合同漏洞出现后且当事人无法达成补充协议,应先基于第 61 条适用整体解释及商事习惯;若仍未能填补合同漏洞,则依据第 62 条之任意性规范进行填补。

当适用商事习惯基于上述顺序仍未能填补合同漏洞时,需依赖法官的衡平解释填补合同漏洞。尽管衡平解释并未有直接之法律规定或授权,但法院基于"不得拒绝裁判"⑤之规定,在前述方法无法填补合同漏洞时,必须基于公平正义原则对合同作衡平解释,以终局地对当事人的权利义务做出裁定。而作为衡平解释的依据之一,商事习惯在法官的裁量中发挥重要作用,"法官将商事习惯用来确定合同主体、确定合同的成立与否、判断合同效力、计算或调整违约金、确定具体合同权利义务的内容、判断合同义务性质即合同义务究竟为主给付义务还是从给付义务"⑥。以商事习惯对合同漏洞为补充解释,是通过对"当事人意思"的推定,探明当事人隐藏或因疏忽而没有明示的意思表示,以维护私主体间的意思自治。

2.合同修正与对公司章程之解释

当法院认为合同内容明显违背商事习惯时,会借助商事习惯对合同予以修正。法院以商事习惯修正合同需要平衡自由裁量权与当事人意思自治间的关系,"仅仅依据商事

① 陈彦晶:《商事习惯之司法功能》,载《清华法学》2018 年第 1 期。

② 樊涛:《我国民商事司法中的交易习惯》,载《法律适用》2014 年第 2 期。

③ 杨瑞龙、聂辉华:《不完全契约理论,一个综述》,载《经济研究》2006 年第 2 期。完全的合同与不完全的合同之区分多见于经济学研究领域,其目的在于通过对合同深入认识以减少不完全之形态,并基于此降低由于不完全形态带来的经济效益损失。

④ 王泽鉴:《债法原理》,北京大学出版社 2016 年版,第 223 页。

⑤ [德]卡尔·拉伦茨:《法学方法论》陈爱娥译,商务印书馆 2016 年版,第 246 页。

⑥ 陈彦晶:《商事习惯之司法功能》,载《清华法学》2018 年第 1 期。

习惯就否定了当事人的约定,若非有充分的理由,则过分干预了当事人的意思自治”①。法官适用商事习惯修正合同,需要足够的自由心证并使裁判具备令人信服的外部证成,否则容易陷入司法恣意的“泥沼”。司法实践中还存在一定的案例,法院适用商事习惯解释公司章程。就此而言,以公司合同理论为视角,将公司看作“一系列合同的联结”②,则公司章程可被视为对合同中诸多参与者间复杂的利益关系进行规制的合同文本。基于此,法院适用商事习惯对公司章程进行解释,与对合同进行补充解释在方法论上并不存在本质差异。

**(二)调整功能——商事习惯作用的程序法确认**

商事习惯作为具有确定性的经验法则,在程序法上主要是被法官用于确认司法裁判中的事实问题,包括事实推定与分配举证责任。“事实推定产生于下面这种思维,即根据已知的基础事实的证明来推断出一个未知的事实,因为常识和经验表明该已知的基础事实通常会与该未知事实并存”③。商事习惯在司法适用中的程序法功能,即通过充当此“已知的基础性事实”,被法院用来推断案件审理过程中所需要的事实;其推定类型主要表现为对合同履行与否及侵权事实是否存在所作之确认④。商事习惯作为确定性规则对事实进行的推定能使法院脱离真伪不明的困境,但基于价值理性而非逻辑理性进行的推定,本质上仍然难以消解因法官自身价值选择与商人共同体利益诉求间存在的理解冲突,亦无法有效地限制法官在自由裁量中存在的恣意。事实推定的现实目的是通过商事习惯确认事实,以期实现分配正义;但因法官适用商事习惯固存的价值判断,可能导致在事实存在与否的认定上存在偏差。而将商事习惯用于司法裁判中以分配举证责任,并无制定法上确切的规范依据,在实践中的示例亦不多见;更像是法官在无法确定当事人间举证责任承担时,经过利益衡量后将公平原则及诚实信用原则落实为具体的商事习惯,将商事习惯作为确定举证责任承担的具体规则支撑,以规避适用法律原则时所需要遵循的严格程序。但这种举证责任的确认功能既缺乏法理依据的论证,亦缺乏实践案例的支持,容易使裁判结果出现不确定性和不可预测性,例如当法院认定商事习惯存在,且认定当事人的主张可以依据商事习惯推定得出,则法院依据经验法则免除当事人的举证责任;若否,法院则直接否定当事人主张,且不给予当事人自行举证的机会。两者之间的偏差容易影响法官对案件的中立裁判。

---

① 陈彦晶:《商事习惯之司法功能》,载《清华法学》2018 年第 1 期。

② 汪世虎,蒋华胜:《公司法中的意思自治——以公司合同理论与公司法的功能剖析为视角》,载《西南政法大学学报》2015 年第 5 期。在科斯定理的基础上,公司合同理论认为,不仅市场交易是合同关系,公司组织内部关系也是各种合同的组合,所谓的公司就是各相关主体通过一个组织体作为纽带而发生的一系列合同的集束而已,企业内部就如同一个由各种合同所构成的市场循环。参见朱慈蕴、沈朝晖:《不完全合同视角下的公司治理规则》,载《法学》2017 年第 4 期。

③ [美]乔恩 · 华尔兹:《刑事证据大全》,何家弘等译,中国人民公安大学出版社 2004 年版,第 396 页。转引自何家弘:《从自然推定到人造推定——关于推定范畴的反思》,载《法学研究》2008 年第 4 期。

④ 陈彦晶:《商事习惯之司法功能》,载《清华法学》2018 年第 1 期。

## 三、功能阙补——《民法总则》中商事习惯的法源性质辨析

商事习惯在同制定法的互动中，一方面通过不断重塑自身以应对来自国家权力的挤压[①]；另一方面，习惯则不断成为"国家制定法以及其他政令运作的一个永远无法挣脱的背景性制约因素而对制定法的效果产生各种影响"[②]。商事习惯与制定法的对向交流应当保持一种均衡：过强的制定法挤压会使得商事习惯失去一定的活力，从而导致在司法适用中"空洞化"现象的出现；而阻碍习惯性规则有限度地进入制定法，则会影响对制定法漏洞的体系化填补。通过商事习惯与制定法的均衡互动，使商事习惯日益内嵌至制定法的规范范畴中，在民法典编纂的形式上表现为《民法总则》对习惯法源地位的确立，在编纂理念上则反映为立法者对习惯在制定法中"贬抑"看法的转变。而因应于商事习惯与制定法的互动，《民法总则》的施行，既确立了我国民商事领域"法律—习惯"的二位阶法源体系，也为商事习惯的功能体系阙补了作为"正式的法律渊源"的功能。

### (一)法源条款是对商事习惯功能体系的阙补

在民法典编撰之前，尽管我国司法实践中已开始适用商事习惯处理纠纷，但商事习惯能够发挥的功能仍相对单一。无论是在实体法上对合同、公司章程等的解释，抑或是从程序法上推定事实与分配举证责任，都存在着明显的局限性，需要有法律的明确规定才能适用，亦即，法院必须基于《合同法》《物权法》等法律中的具体规定，才能认定商事习惯并适用于纠纷解决当中。[③] 由于彼时习惯并不具有法源地位，法院不能超出法律明确规定的范围适用商事习惯。

《民法总则》承认"习惯"的法源地位后，商事习惯基于法源规范的定位，获得了在司法适用中的功能阙补(释放)：在前述功能之外，增添了作为"正式的法律渊源"的功能。此时，习惯适用于司法实践，对于"法律所未规定者，应适用习惯法……法律明确规定习惯(事实上惯行)应优先适用者，此乃依法律规定而适用习惯，此际习惯本身并不具法源的性质"[④]。由此民商事领域的"习惯"体系涵盖了用于填补制定法漏洞的习惯法(即第10条所指的习惯法)，与被用作具体规则予以适用的习惯(事实上的习惯)，施启扬先生将

---

① 国家权力无论是以法律的形式还是以其他的形式挤压习惯，都不过是制约习惯生长发展及其表现形态的一系列因素自身发生的某种格局的调整。苏力：《中国当代法律中的习惯——从司法个案透视》，载《中国社会科学》2000年第3期。

② 苏力：《中国当代法律中的习惯——从司法个案透视》，载《中国社会科学》2000年第3期。透过司法裁判来形成习惯法，比较能成立的情形是：(久已进入一般法意识中的)法伦理性原则之具体化。[德]卡尔·拉伦茨：《法学方法论》，商务印书馆2016年版，第303页。

③ 例如《合同法》第22条规定："承诺应当以通知的方式作出，但根据交易习惯或者要约表明可以通过行为作出承诺的除外。"此时，法规对习惯的适用的规范表达一般为"法律特别规定另有习惯者，依其习惯"；即法律明确规定了有特殊事项必须适用习惯。参见彭诚信：《论〈民法总则〉中习惯的司法适用》，载《法学论坛》2017年第4期。

④ 王泽鉴：《民法总则》，北京大学出版社2009年版，第48页。

其总结为习惯的两种效力："为补充的效力与为优先的效力。"①功能的阙补反映了立法者对于民商法法源体系的认识更新，也是习惯在面对制定法挤压的情况下对司法实践的回应，充分反映了习惯与制定法的互动。② 而商事习惯在被明确了法源地位后，即在明确的法律规则之外，提供了一个很好的补充解决纠纷的规范性依据：当法律存在漏洞（没有规定）时，在不违反公序良俗原则的情形下即可援引商事习惯以解决纠纷。同时，习惯法源对法律漏洞的填补更能体现对当事人意思自治的尊重，法官查明并适用商事习惯时，是对该当情事下的"当事人意思"的推定，这种推定需要尊重意思自治并符合当事人的预期。尽管如此，想要有效发挥商事习惯经过《民法总则》规范性定位阙补后的"法源"功能，则还需要对第 10 条的"习惯"进行解释。

### （二）第 10 条的"习惯"之解释

1.通说认为第 10 条的"习惯"为习惯法

在民事基本法中确认习惯为法源的域外立法例，一般将作为法源的习惯内涵界定为习惯法，《瑞士民法典》第 1 条第 2 款即规定："法律未规定者，法院得依习惯法，无习惯法时，得依其作为立法者所提出的规则，为裁判。"③我国台湾地区"民法"持有相同观点："'民法'第 1 条所称习惯，指具有法的效力与价值的习惯，也即'习惯法'或'习惯法则'，而非'事实上的习惯'或'单纯的习惯'。"④我国《民法总则》是在对上述立法例的反思和扬弃基础上制定的，因而通说认为，应当将第 10 条的"习惯"解释为"习惯法"，除法源条款之外条款中指涉的习惯（例如《民法总则》第 140 条及第 142 条等）均不具备法源地位，仅具有事实上的习惯的含义。对此持不同观点的学者认为："对习惯与习惯法加以区分并无必要的，两者所指称的对象是同一的，即未予法典化的不成文规则。"⑤另有学者则认为对"'习惯'应做弹性理解，习惯与习惯法只是程度差别"⑥，质言之，应以渐进流动的发展思路看待习惯与习惯法，对于第 10 条"习惯"之解释，不宜做"全有或全无"的截然二分，而应基于规范目的从文义上做弹性理解，将"习惯"解释为习惯与习惯法的集合，以容纳开放秩序中未来得及阐明之交往规范。笔者以为，对第 10 条中"习惯"的理解，取决于如

① 施启扬：《民法总则》，中国法制出版社 2010 年版，第 55 页。施启扬先生援引台湾判例（26 渝上 948 判例）认为："依（我国台湾地区）民法第 1 条前段之规定，习惯固仅就法律所未规定之事项有补充之效力，唯法律于其有规定之事项明定另有习惯时，不适用其规定者，此项习惯即因法律之特别规定，而有优先之效力。"

② "习惯具有坚韧的生命力，会在司法过程中顽强地表现自己，这并不等于说习惯就不受制定法的影响。即使是在西方各发达国家，至今仍然都将习惯作为法律的渊源之一，在许多时候都明文规定法律（制定法）无规定从习惯，在许多商法上甚至明确规定，没有习惯时，方适用法律（制定法）。"参见苏力：《中国当代法律中的习惯——从司法个案透视》，载《中国社会科学》2000 年第 3 期。

③ 戴永盛译：《瑞士民法典——修订截止至 2016 年 1 月 1 日》，中国政法大学出版社 2016 年版，第 1 页。

④ 施启扬：《民法总则》，中国法制出版社 2010 年版，第 55 页。

⑤ 王洪平、房绍坤：《民事习惯的动态法典化——民事习惯之司法导入机制研究》，载《法制与社会发展》2007 年第 1 期。

⑥ 汪洋：《私法多元法源的观念、历史与中国实践——〈民法总则〉第 10 条的理论构造及司法适用》，载《中外法学》2018 年第 1 期。

何理解“法源”概念。“如果对法的创设、发展有影响的所有因素都算是法源的话，法学本身也是法源了。反之，如果认为有规范性拘束力的法规范之发生根源才是法源，则内国法秩序中只有立法行为以及基于一般法确信的惯行（作为习惯法的根源）才能算是法源。”[①]因而从狭义上理解法源，第10条法源意义上的“习惯”应理解为习惯法。

2.习惯法与事实上的习惯之区分

《瑞士民法典》“著名的”第1条通过立法技术首次将习惯法规定为法源，对后世的影响深远；考察大陆法系中“习惯到习惯法”的渐变流动历史，法源意义上的习惯法包含两个要素：有普遍惯行（事实上的习惯）存在，且达致法律所要求之人们对此惯行的普遍确信。[②] 而事实上的习惯包含三个特征：普遍公认性、合法性与反复适用性；主观上表现为当事人的接受，客观上则需要当事人客观的执行“惯行”。[③] 法的确信则指人们基于对某种事实根深蒂固的肯认，一致接受其效力约束，由此这种接受亦扩张至约束其他（并未同意接受约束）人的状态。由此，法的确信形成之“关键不是看实践，而是看它是否具备了‘必要的确信’，即人们是否普遍认为它是正确的”[④]；这种“必要性”表现为一般人已对某种惯行产生必须服从的信念，如果不遵从则其共同生活将无法维持。[⑤] 而事实上的习惯“如不遵从，其共同生活亦非不能维持”[⑥]。

就事实上的习惯与习惯法外在形式的区分，杨仁寿先生概括为：习惯是“事实”，习惯法则为法律。[⑦] 而事实上的习惯区分于习惯法的内在实质，在于缺乏法的确信。从事实上的习惯的构成要件来看，客观上所要求的“当事人对习惯的反复遵行”并非关键因素，拉伦茨即强调“时间因素本来不是习惯法的决定性因素。习惯法的效力根据在于一般的法确信，其借持续的实践得以显现”[⑧]。而对于主观构成要件，事实上的习惯并不缺乏普遍接受性，但有学者认为当事人对习惯的内心接受，并不当然地等同于法的确信；而事实上的习惯之所以不具有规范性拘束力，在于未被国家认可；只有“经国家承认时方为习惯法”[⑨]，未被国家认可的习惯，“在法律概念上似乎并不认为该等概念（事实上的习惯）已被社会上一般人所共同遵守”[⑩]。

---

① [德]卡尔·拉伦茨：《法学方法论》，陈爱娥译，商务印书馆2016年版，第302页。

② 王林敏：《论习惯法中的“法的确信”》，载《甘肃政法学院学报》2011年第1期。

③ 彭诚信：《论〈民法总则〉中习惯的司法适用》，载《法学论坛》2017年第4期。

④ [德]卡尔·拉伦茨：《法学方法论》，商务印书馆2016年版，第17页。

⑤ 王泽鉴：《民法总则》，北京大学出版社2015年版，第63页。

⑥ 刘得宽：《民法总则》，中国政法大学出版社2006年版，第16页。转引自彭诚信：《论〈民法总则〉中习惯的司法适用》，载《法学论坛》2017年第4期。

⑦ 杨仁寿：《法学方法论》，中国政法出版社2013年版，第271页。A.习惯是“事实”，主张该习惯之人负有举证责任。习惯法则为法律，其为法院所知者，应依职权径行适用，若为法院所不知，则以其适用为有利益之当事人，负陈述并举证之责任。B.习惯为社会之惯行，习惯法则为法院所承认。C.习惯须当事人援用，法官是否以之为裁判之大前提，仍有斟酌裁量之余地。习惯法则法官有适用之义务，设不予适用，其判决当然违反法令。

⑧ [德]卡尔·拉伦茨：《法学方法论》，商务印书馆2016年版，第303页。

⑨ 梁慧星：《民法总论》，法律出版社2007年版，第24页。

⑩ 王泰升：《论台湾社会上习惯的国家法化》，载《台大法学论丛》2015年第1期。

以国家认可作为区分习惯法与事实上的习惯的根本性因素引致了一定的批评，反对者认为“习惯法被用来意指那些已成为具有法律性质的规则或安排的习惯，尽管它们尚未得到立法机关或司法机关的正式颁布”①。从前述习惯法源确立所阙补的“补充法律漏洞”的功能而言，反对者的观点更为可采，习惯法如果需要获得国家认可才能获得规范性拘束力，则与制定法趋同，无法独立于制定法并对其漏洞进行补充。由此产生的问题在于，既然习惯法并不需要国家认可即可获得规范性拘束力，何以判断习惯法具有法的确信，而事实上的习惯则因普遍确认不当然等同于法的确信，故法律概念上不认为其已被社会中一般人所共同遵守呢？习惯法与事实上的习惯因法的确信而获得区分，但也因此陷入认识矛盾中。而基于“法的确信”要素之有无区分习惯法与事实上的习惯，将第10条“习惯”理解为习惯法，具有智识上的区分厘定功用，但由于发现并形成“法的确信”的难度不亚于立法者的立法与(欧陆)法官所从事之法的续造工作，因而难以对司法实践提供明晰的指引，拉伦茨先生亦肯认“有时亦不易判断，此等法确信是否的确存在”②。如何适切理解并形成法的确信，成为释放第10条“习惯”阙补的法源作用效能，并有效指引裁判的关键所在。

**(三)“法的确信”之理解与适用**

“法的确信”理论植根于罗马法上的“人民创制法律”的观念，但现代语境下对习惯规范中的“法的确信”的讨论重点已经发生变化，从对其构成要件的探讨，转变至从判例的基础上来思考作为习惯法形成基础的法的确信。③“法的确信”的形成主体逐步从“公众”转变为“法官”，由此拉伦茨认为，现今实务上的习惯法并非原始意义上的习惯法，毋宁是法官借助“裁判”创造出来的“法官法”；“假使与一般的法确信一致，并且事实上几乎未被质疑过，则‘向来的司法裁判见解’即已达到习惯法的程度，且这种‘法官法’意义上的习惯法，与因社会成员之实践而发生的习惯法，在解释上有很大的不同”④。法的确信的发现(形成)渠道，从观察社会成员的行为模式如何被“持续地接受”，转变为对法官如何查明并形成具有规范性拘束力的“法的确信”。但值得思考的问题是，对于“向来的司法裁判见解”应当如何适切当予以归纳？

“法的确信”理论赋予习惯法区别于事实上的习惯的“规范性”，核心在于解答“被普遍遵守之人际关系上的行为准则”⑤所产生之“遵守义务性”的根源是什么？无论是基于公众的“一致接受”，还是通过法官的裁判，获致“法的确信”都是一件困难的事情。对此，凯尔森认为规范本身就包含义务观念，对习惯法的确信意味着其中含有当为观念的规范

① [美]E.博登海默：《法理学：法律哲学与法律方法》，中国政法大学出版社1999年版，第380页。

② [德]卡尔·拉伦茨：《法学方法论》，商务印书馆2016年版，第303页。

③ 王林敏：《论习惯法中的“法的确信”》，载《甘肃政法学院学报》2011年第1期。

④ [德]卡尔·拉伦茨：《法学方法论》，商务印书馆2016年版，第231页。

⑤ [德]卡尔·拉伦茨：《法学方法论》，商务印书馆2016年版，第230页。

存在。[①] 而结合“模仿理论”进行理解，则人们从众心理产生的信念并不产生于对终极对错的确信之上，毋宁是通过“惯习”获致的经验而产生的对他人行为的评判：“如果他人不遵循既定的模式，则自己对此人的评价就是否定性的……就会给其贴上一个标签：‘异端’。这种贴标签的倾向意味着在常态和异端之间划定界线，划定界线的过程同时就是对作为常态的行为模式形成‘确信’的过程。”[②]基于“模仿”而形成的确信成为维持社会共同生活的“保障”，并生成了“当为”的规范性效力。

而法官基于裁判获致的“法的确信”，依赖于法官对于“适法习惯”的查明。法官对于习惯的适用，只是简化了对该当习惯在今后裁判中的查明程序，并非直接由司法判决而确认习惯法的存在。法院判决只是增添社会成员的法的确信，并为事实的确信提供一定因循的适用途径。“制定法或者判例规定某习惯需具备‘法的确信’，目的是通过法官的判断在习惯和法律之间建立起某种勾连，给该习惯以更高的权威性与合法性。”[③]法官对法的确信的发现转变成法官对于法的确信存在的说明，要求法官作出裁判必须具备足够的自由心证，且通过使人信服的外部裁判证成予以呈现。但对此不无疑惑地是，通过法官之口确认存在“法的确信”，是以法官捕捉的价值判断迭代社会成员对于习惯的实践体验，这种迭代究系法的确信的现代发现方式，还是习惯在与制定法的逐步交向互动之后的逐渐“空洞化”的原因呢？而法官如何判断社会成员已具有了对于某项惯行以法的确信，也容易陷入了法官能否担当起捕捉固定“法的确信”的疑惑的循环论证中。尽管如此，通过法院裁判获致的“法的确信”，在目前习惯功能体系经过阙补逐步完善的情形下，无论是基于补充法律漏洞的法源功能，还是传统的解释功能等，都为习惯适用于司法实践提供了良好的切入径路。由此，“民间习惯才可能具有司法适用性，法官可以借此进一步为习惯打上法律的烙印”[④]，而商事习惯的司法功能才得以真正释放。

## 四、自治边界——《民法总则》后商事习惯适用顺位分析

在民法典编纂的背景下，借助《民法总则》将习惯确认为法源的契机，在阙补商事习惯法源功能的基础上，结合商事习惯在司法实践中累积的有益经验，实现了对商事习惯的功能体系的完整梳理。商事习惯作为次位阶法源功能之完善，在法律规则之外提供了很好的纠纷解决的补充性依据；但是也要认识到商事习惯司法功能的释放具有有限性：在司法实践中，并非所有的商事习惯均能被适用；商事习惯与法律规定、公序良俗原则等之间的适用顺位均应当予以明确。

---

① 王林敏：《论习惯法中的“法的确信”》，载《甘肃政法学院学报》2011 年第 1 期。
② 王林敏：《论习惯法中的“法的确信”》，载《甘肃政法学院学报》2011 年第 1 期。
③ 王林敏：《论习惯法中的“法的确信”》，载《甘肃政法学院学报》2011 年第 1 期。
④ 王林敏：《论习惯法中的“法的确信”》，载《甘肃政法学院学报》2011 年第 1 期。

## (一)商事习惯司法适用的层次分析

《民法总则》施行后,民商事领域指涉习惯的规范适用应当包含两个层次:用于填补法律漏洞的习惯法(《民法总则》第10条,法源规范),与充当具体规则适用的事实上的习惯(第10条外的其他规定习惯的法律规定,非法源规范)。由此,商事习惯切入司法实践中亦包含两个向度:补充适用与优先适用[①]。

(1)对作为法源的商事习惯法的适用次序,第10条已予以明确规定:第一顺序适用的为制定法,仅当制定法没有规定(即存在法律漏洞时),习惯法始作为第二位阶的法源被适用。需要注意的是,法律漏洞首要依赖于法律解释的填补,只有基于法律解释也无法对法律漏洞进行填补时,才有习惯法适用之余地。质言之,"在方法论上,适用习惯法填补(法律)漏洞,后于探求模糊规范确切内涵的法律解释"[②],当制定法存在漏洞时,法官并非径自适用习惯法;只有法官将"'目光之交互流转'于规范之构成要件及案件事实间"[③],仍然无法获致对制定法适切之"理解"时,才能适用可被探寻的习惯法。

(2)对于法源条款(第10条)外的事实上的习惯,系作为具体的规则被予以适用。事实上的习惯需要有法律的明确规定才能被适用,其代表性表述为"法律特别规定另有习惯的除外"[④],此时习惯优先于具体的法律被予以适用;但此时的习惯显然不是第10条"法律没有规定"视阈下被援引适用的商事习惯法。

事实上的习惯因法律的具体规定而优先得到适用,并不能类推习惯法对制定法的优先适用,但可以引发对于制定法与习惯法适用顺位之反思。黄茂荣先生即认为:"习惯法与制定法有同样之权力基础,它与制定法之区别只在于制定的程序"[⑤];因而明确规定制定法优于习惯法,既不符合民法方法论,亦不符合效率原则的要求。更有学者明确指出:"制定法之所以在法律适用时优先于习惯法得到考虑,并非因为前者效力高于后者,而是因为前者的确定性高于后者,更符合法律安全的需求。"[⑥]笔者认为,就适用商事习惯而言,商事因素的注入使得商事交易相较民事交易更偏重于追求经济效率而非保障交易安全。基于提高效率的理念,"若对法律安全无所妨碍,习惯法亦可能优先得到适用"[⑦];且"既然已经认可习惯为现行民事规范的一种,则在找法过程中硬性规定其地位劣于制定法,并不符合裁判实情与民法方法论"[⑧]。

---

① 施启扬:《民法总则》,中国法制出版社2010年版,第55页。

② 彭诚信:《论〈民法总则〉中习惯的司法适用》,载《法学论坛》2017年第4期。

③ [德]卡尔·拉伦茨:《法学方法论》,商务印书馆2016年版,第6页。

④ 例如《合同法》第22条:"承诺应当以通知的方式作出,但根据交易习惯或者要约表明可以通过行为作出承诺的除外。"

⑤ 黄茂荣:《法学方法与现代民法》,中国政法大学出版社2001年版,第291页。

⑥ 朱庆育:《民法总论》,北京大学出版社2016年版,第41页。

⑦ 朱庆育:《民法总论》,北京大学出版社2016年版,第41页。

⑧ 汪洋:《私法多元法源的观念、历史与中国实践——〈民法总则〉第10条的理论构造及司法适用》,载《中外法学》2018年第1期。

## (二)商事习惯不得违反公序良俗及制定法

1.商事习惯的适用不得违背公序良俗

我国《民法总则》第10条就商事习惯的司法适用,明确规定不得"违背公序良俗";亦即,符合公平秩序与善良风俗的习惯法,始有可能成为民法的法律渊源;对于不良习惯和恶俗则不能被纳入民法的渊源中。王泽鉴先生认为"习惯法须以多年惯行之事实及普通一般人之确信心为其成立基础,以不违背公共秩序或善良风俗者为限"①。基于此,公序良俗从两方面对商事习惯的司法适用发挥着控制作用:(1)积极方面,公序良俗可作为发现"法的确信"的辅助材料,尽管基于公序良俗无法直接"捕捉"并形成法的确信,但因应于公平正义的法感情,可减轻发现和形成法的确信的难度;符合公序良俗的商事习惯,相较于恶俗与不良习惯显然更容易获致人们普遍的法的确信。(2)消极方面,公序良俗亦是对适用商事习惯进行的消极限制。公序良俗具有较强的包容性,不仅有助于弥补强行法规范的不足②,亦可以基于其开放性对商事习惯进行符合时代发展潮流的"挑选",以确保习惯法具备符合国民共同法感情的稳定性。

值得注意的是,对第10条后段的不同解释径路会产生对"习惯"的不同理解。有学者认为,因对"习惯"加以"不得违反公序良俗"之限定,故此处"习惯"应理解为"习惯法"。③ 反对者则认为"本条所称习惯,应解释为单纯事实上的习惯……只有单纯事实上的习惯,始有是否违背公序良俗可言,法官于适用时须先判断该种习惯是否违背公序良俗,违背者,不得适用;不违背者,可以适用。习惯法,则已经国家认可,必与公序良俗不相违背,法官应径行适用"④。反对观点在逻辑上具有自洽性,其提供的思路对理解习惯法源有所助益,对事实上的习惯与习惯法的区分和理解问题,亦值得深入研究。

2.商事习惯的适用不得违背制定法的强制性规范

《民法总则》确立的"法律—习惯"二位阶法源体系,决定了习惯法作为次位阶的法律渊源,不能违反第一位阶的制定法。从法释义学上分析,作为法源的商事习惯法的适用前提是"法律没有规定";对于适用非法源的商事习惯,则必须有法律的明确规定。对"习惯不得违背制定法"之解释,前者因循文义解释将陷入困境,既然法律没有规定,何以会存在习惯法违背制定法的情形呢?但这一诘问存在着一定的逻辑漏洞。对此,一方面应遵从目的解释与体系解释,适用商事习惯法不得违反民商法基本原则与保障私权的立法精神。需要注意的是,民商法基本原则尚未成为民商法法源,不能直接援引基本原则并将其具体化为法律规则予以适用,以规避商事习惯法的适用。另一方面,问题关键仍然是如何确定制定法与习惯法的适用顺位,前文已有探讨,不再赘述。至于事实上的习惯,

---

① 王泽鉴:《民法概要》,北京大学出版社2016年版,第13页。

② 王利明:《民法总论》,中国人民大学出版社2009年版,第58页。

③ 龙卫球、刘保玉:《中华人民共和国民法总则释义与适用指导》,中国法制出版社2017年版,第39页。

④ 李宇:《民法总则要义:规范释论与判解集注》,法律出版社2017年版,第56页。类似观点参见梅仲协:《民法要义》,中国政法大学出版社2004年版,第49页。

其适用需要法律的具体规定,不得违背制定法当属应然之义。

法律规范可细分为强制性规范与任意性规范,前者指“即使当事人作出了不同的约定,这些规定仍然适用,亦即它们的适用是不以当事人的意志为移转的;(后者则指)效力不及当事人另行约定的效力强,只有当事人没有另作约定的范围内才适用”①的法律规范。以能否由当事人的约定予以排除(变更)所做的二元分类,并不意指强制性规范是对私法主体意思自治的“悖逆”,毋宁是因为强制性规范多涉及第三人利益及公共利益,往往不能由当事人的约定而排除适用。有学者即认为,“在法教义学层面,如果习惯违反强制性规定,说明法律对于该问题已有相应规定,‘应当依照法律’处理民事纠纷,不会发生适用习惯的问题”②。强制性规范相较于任意性规范更注重对安全价值与公共利益的维护,但其亦是“民法得以自治的真谛和最可靠的保障”③。商事习惯作为保障商人意思自治的产物,无论是作为具体适用的商事规则,抑或是填补法律漏洞的商事习惯法,在适用时均不得违反强制性规范。

3.商事习惯适用位阶优先于任意性规范

对于作为非法源条款适用的商事习惯,因其依据法律的明确规定予以适用,与任意性规范不存在适用位阶上的冲突。例如按照《合同法》第 61 条与第 62 条进行体系解释,在填补合同漏洞时,第 61 条所规定的两种补充解释方法——整体解释和适用(商事)交易习惯,优先于第 62 条所规定之任意性规范得到适用,在实体法上明确了商事习惯优先于任意性规范适用。值得注意的是,整体解释方法须对体现于合同中的“整体目的”予以考量,商事习惯也只有在为双方当事人所熟知且无相反意思的情况下才可适用。

对于《民法总则》第 10 条“习惯”之涵摄适用,与任意性规范适用顺位的问题,则存在不同的观点。王利明教授认为,依据第 10 条之文义解释,“在法律就某事项设置具体规则的情形下,除非立法者允许通过习惯法来变通该规则的适用,否则法官应当严格依据法律规则裁判,不能忽视该具体规则而直接依据习惯法裁判”④。反对观点认为,商事习惯与任意性规范均是在自生自发秩序下对当事人行为自由的“划定”,但任意性规范更多地体现为对私人利益的补充性平衡,当事人可以基于意思自治运用商事习惯排除任意性规范的适用,商事习惯的适用位阶当然应优于任意性规范。笔者赞同反对观点,一方面,“对于商事主体而言,由于交易主体职业性、专业性,交易形式定期性、稳定性,为实现交易的快速与便捷,商事习惯在交易主体的视野中比法律中的任意性规范更具有强制力”⑤;另一方面,从私法自治的角度进行分析,商事习惯法相较于任意性规范,更能地直接反映对意思自治的尊重与保障,不能因商事习惯法未经过类似的立法过程即限制其优

① [德]卡尔·拉伦茨:《法学方法论》,商务印书馆 2016 年版,第 42 页。

② 汪洋:《私法多元法源的观念、历史与中国实践——〈民法总则〉第 10 条的理论构造及司法适用》,载《中外法学》2018 年第 1 期。

③ 许中缘:《民法强行性规范研究》,载《法学家》2009 年第 2 期。

④ 王利明:《论习惯作为民法渊源》,载《法学杂志》2016 年第 11 期。

⑤ 许中缘,颜克云:《商法的独特性与民法典总则编纂》,载《中国社会科学》2016 年第 12 期。

先适用的效力;"轻易放过有针对性的商事习惯,反而将普遍性的民法规范'僭越'适用于商事纠纷,这样的做法并不妥当"①。

**(三)商事习惯司法适用自治边界的其他问题**

前述厘定了商事习惯适用于司法实践的规范表达,主要包括商事习惯的适用层次、与公序良俗原则及制定法的适用位阶等,基本廓清了阙补法源功能后的商事习惯适用于司法实践的自治边界,但还有几个"边角"问题需要注意。

1.商事习惯适用于合同漏洞填补及合同条款修正的界线

在阙补法源功能后,依照合同漏洞的填补规则,商事习惯的适用场景包括合同法第61条及法官的衡平解释:(1)《合同法》第61条之"交易习惯"应当是合同缔结时为当事人所熟悉且不排斥的商事习惯。法官依据"假定的当事人意思"标准,推定为当事人熟悉且不排斥的商事习惯,可用于填补因当事人疏忽而未约定导致的合同漏洞。(2)当依据《合同法》第61条仍然无法填补合同漏洞,此时应属于"法律无规定"的情形,可适用商事习惯法对合同漏洞进行填补。值得注意的是,《合同法》第61条中"习惯"属于事实上的习惯,"原则上,只有'那些相关交易领域中所有群体都一致认同的观念'"②,才能作为商事习惯用于填补合同漏洞。此时依规范解释获得的商事习惯的范围相对较小,且法官需要严格依照合同文本予以解释适用。而依据《民法总则》第10条适用的为商事习惯法,法官得径行适用以填补合同漏洞。当依据前述方法仍无从填补漏洞,则适用《合同法》第62条的任意性规范进行补充解释,最后则依赖法官通过衡平解释填补漏洞。

至于商事习惯与合同条款的关系,则随着法源功能的阙补而出现变化。当商事习惯被用于解释与补充合同时,合同条款可以明示排除商事习惯的适用,这是当事人基于意思自治的当然权利;即使合同条款未明确排除商事习惯的适用,也只有通过规范解释以促使商事习惯与合同保持一致,商事习惯才有适用空间;亦即"当商事习惯发挥的是解释和补充合同的功能时,应不允许用商事习惯否定合同条款。"③当从法源规范意义上适用商事习惯时,则可以直接修正合同内容。但是由于司法适用商事习惯法修正合同条款时具有明显的随意性,容易过度干预当事人的意思自治,因此适用商事习惯法修正合同条款须有严格的限制条件:"应当仅在合同条款严重失却公平或违背了诚实信用原则时,才能用商事习惯(法)否定合同条款"④。同时,法官适用商事习惯法修正合同条款,应当对习惯法的认定标准与适用条件予以明确,杜绝对商事习惯法"不加说明、不予论证"的适用。

---

① 张谷:《从民商关系角度谈〈民法总则〉的理解与适用》,载《中国应用》2017年第4期。

② [德]维尔纳·弗卢梅:《法律行为论》,迟颖译,法律出版社2013年版,第366页。

③ 陈彦晶:《商法习惯之司法功能》,载《清华法学》2018年第1期。

④ 陈彦晶:《商事习惯之司法功能》,载《清华法学》2018年第1期。

2.区分民事习惯与商事习惯的必要性探析

我国民商合一体例下的《民法总则》,具备了统合规范民事与商事法律关系的"基本法"功用;但并未区分民事习惯与商事习惯。基于我国"形式上的民商合一"传统,区分与否的关键是剖析商事习惯能否独立存在。就此而言,尽管商事一般条款散见于《民法总则》《合同法》等典型的民事法律文本中,但仍然存在着实质意义上的商事习惯。商事习惯的独立性植根于商法的独特性之中,并体现在"调整对象不同、规范特点不同、历史沿革不同、主要价值不同、主体不同、性质不同以及具体制度不同"①等诸多方面。面对具有复杂组织形态的市场,自觉发展地适用于商人共同体的商法具有客观、普遍、互惠等特性,整体性程度亦因应于概念的准确性与规范专门性的提高而不断提高。② 商事习惯作为形成商事法律规范的基本渊源,显然具有区别于民事习惯的独立地位。"民商合一立法模式不是些许的融入,也不是全盘吸收商事规则,应当秉承体系性、统摄性、谦抑性的原则在未来民法典总则中纳入商事规则独特性。"③应当基于商事纠纷多元化的实践趋势,借助民法典编纂的契机,反思民商事法律体系的构建理念;并在习惯法的司法适用中注入商事因素,于商事习惯法的适用标准上平衡商人自治、商事效率与公平正义价值选择的关系④,切实在保障交易安全的基础上实现商主体的利益最大化与商行为的效率最优化。

## 结　语

商事习惯在我国民商事司法实践中具有重要的地位,尽管《民法总则》施行前并未规定其为法律渊源,但实体法与程序法规则都为商事习惯发挥司法功能提供了路径。《民法总则》施行后,阙补法源功能后的商事习惯在司法实践中的功能体系得到完善:法院可依据第 10 条适用商事习惯填补法律漏洞,也可以援引《合同法》第 61、62 及 125 条,以商事习惯解释或补充合同、公司章程,推定事实抑或分配举证责任。但援引不同的条款,对商事习惯适用于司法实践的认定标准有不同的要求;实践中应当明晰适用商事习惯的自治边界,厘清商事习惯与公序良俗原则、制定法中强制性规范及任意性规范甚或法律原则等的适用顺位,在维护民法典开放性的基础上有效释放商事习惯的司法效能,充分保障私法主体的自治并推动商事领域的创新发展。

---

① 马恩斯:《商事习惯的优先适用条款加入民法典的法经济学分析》,载《社会科学家》2017 年第 6 期。

② [美]哈罗德·J.伯尔曼:《法律与革命:西方法律传统的形成》(第一卷),贺卫方译,法律出版社 2008 年版,第 333～349 页。

③ 许中缘,颜克云:《商法的独特性与民法典总则编纂》,载《中国社会科学》2016 年第 12 期。

④ 许中缘、高振凯:《司法裁判文书中商事习惯的实证研究——以〈民法总则〉第 10 条中"商事习惯"的适用为视角》,载谢晖等主编:《民间法》(第 20 卷),厦门大学出版社 2017 年版。

## Study on the Function Complement and Autonomy Boundary of Commercial Habits under the Background of Codification of Civil Code

Zhang Pan

**Abstract**: The General Principles of Civil Law officially recognized the legal status of "habits" through Article 10, established the "legal-habit" two-order method source system of civil law, and highlighted the referee normative attributes of the legal source clause. Examining the experience accumulated in the application of commercial habits in China's judicial practice, before the implementation of the General Principles of Civil Law, the functions that commercial habits can play are relatively simple, mainly explaining and supplementing contracts, presuming facts, and deciding the allocation of burden of proof. After the implementation of the General Principles of Civil Law, the "habit" in Article 10 should be understood as customary law. The "habits" stipulated in the legal provisions other than Article 10 are de facto habits; the de factor habits must be The conviction of the law can become a customary law, but it is very difficult to find and apply the conviction of the law, and the understanding of the conviction of the law has also changed. Based on the second-order method source system of "law-habit", the legal source function of commercial custom in judicial application is supplemented, which is a supplementary basis applicable when there are loopholes in legal rules. When applicable, appropriate commercial factors should be injected. In the judicial practice, the application of commercial habits must have a clear autonomous boundary. Commercial habits must not violate the principle of public order and good custom and the mandatory norms of the statute, but they can be applied in preference to the arbitrary norms of the statute.

**Key Words**: general principles of civil law; commercial customs; customary law; functional complement; autonomous boundary

# 论"制度"概念及作为制度事实的法

## ——基于法律制度理论的分析框架*

余　涛**

**摘要**：在英美法理学学术传统中，"制度事实"概念为认识法律概念和解决法律的规范性问题提供了更为广阔的概念性基础。文章基于尼尔·麦考密克对约翰·塞尔制度事实概念的改造，以及在对制度与规则(规范)关系进行讨论的基础上，通过探讨"解释性事实"命题的价值，明确了对法律制度理论中制度概念、制度事实概念的理解以及其与法律概念的初步关系。借助这一理论框架，我们能够在对不同学术理论的对比和区分中，更为深刻地理解"法律是什么"这一法学研究"元命题"。

**关键词**：制度；制度事实；作为制度事实的法；法律制度理论

## 一、问题的提出

所有法哲学的出发点和最终归宿几乎都是要回答"法律是什么"这个问题，法律的概念问题也是法哲学关注的核心问题。学者们倾向于通过展示法律概念的复杂面向，回答法律义务的来源以及为何人们需要遵守法律，来作为各自理论体系构建的关键点。但法律又和国家、社会、经济等密切相关，又始终会与道德、宗教等范畴发生纠葛，这就决定了法律必然是实践性的，在回答"法律是什么"问题过程中的分析和论证，也是在为解决人们的日常分歧和争执提供思路和方案。

众所周知，尼尔·麦考密克的法律制度理论从约翰·塞尔那里借用了"制度事实"概念，强调人类世界不仅包含纯粹的物理事实和现实，也包括制度性事实，因此，在他看来"一项合同的存在从哲学意义上说就是一个制度事实问题"。① 如果按照塞尔建构制度事实的方法，法律无疑是一种制度事实，也可以借助所谓的"X 在 C 中算作 Y"公式构建出来。

但制度事实如何与法律概念发生关联，法律制度理论又是如何借助制度事实这一概

* 陕西高校青年创新团队"马克思主义法哲学创新团队"的研究成果。

** 余涛，法学博士，西北政法大学高等教育研究所副研究员，硕士研究生导师。

① Neil MacCormick and Ota Weinberger, *An Institutional Theory of Law: New Approaches to Legal Positivism*, Kluwer Academic Publishers, 1986, pp.50～51.

念，回答法律的规范性来源问题，其过程却并非那么地清楚。尤其是作为制度事实创设所必须的逻辑结构的“构成性规则”，在法律概念中也是存在着的。但构成性规则在法律中的属性和表现形式究竟是什么，则是法律理论领域内各种争论的焦点。

基于此，本文拟从分析制度与规则、规范等概念关系的基础上，来更为深刻地认识法律的概念问题。总的来看，探讨法律如何是一种制度事实，不仅仅是一种单纯的学术论辩或头脑风暴，或者思考不同的论证如何融入当代法哲学的一般图景中去，更在于通过对制度、规则、规范、行动等基本概念的认识，区分不同理论体系的关注面向及其可能引发的实践问题。

## 二、制度、制度事实与作为制度事实的法

### （一）制度的五种基本用法

很明显的是，麦考密克首先拒绝了塞尔对构成性规则和调控性规则的划分，强调所谓的制度事实主要依靠对有关规范性框架的事物、事件以及行为的解释。① 他所谓的“解释性事实”(interpretative facts)命题，正是依靠遵从一定规范性框架的解释，在一种探究事物终极原因或功能的原则指引下，构建出“作为制度事实的法”这一基本认知。当我们把塑料片看作是信用卡，把金属片或纸片看作是货币时，其实在这些事实背后都预设了一些强大的法律规则、其他规则以及对这些规则的解释。这些规则及解释确定了信用卡、时间衡量标准、金钱以及合同、债务语境下的定义，而缺乏这些内容，前述这些物体就都没有了现在的这些意义。② 人们正是通过集体的承认或接受，认同这些物体身上附加的地位功能，将其看作是一种客观存在的事实。

但麦考密克也强调说：“法律当中的众多重要因素构想成具有哲学意味的制度事实是颇为有益的，但是我们并不能把所有的法律内容都硬塞到这一种类中；因为在其他某些方面，法律只能被理解为有社会学意味的制度现象。法理学是且必须继续是法律人、哲学家和社会学家的共同事业。”③

虽然这好像会给人留下麦考密克有些偏爱法律现实主义的印象，但事实并非如此。因为法律的事实首先并不是法律现实主义者们所强调的“正统的”“原初的”或经验性事实。其次，在讨论制度事实的问题时，法律的制度并不是实际存在或在社会中运作的制度，而是“哲学意义上”的制度，指的是抽象的符号性内容或者和法律规则在其互惠关系

① 其实就是依据一定的构成性规则对 X 赋予物理属性之外的 Y 的地位功能，在“X 在 C 中算作 Y”的公式下，Y 项的功能当然不是物理功能，而体现为一种对规范性的要求，或者说体现为一种规范。See Neil MacCormick, *Institution of Law: An Essay in Legal Theory*, Oxford University Press, p.11.

② Neil MacCormick, *Institution of Law: An Essay in Legal Theory*, Oxford University Press, p.12.

③ Neil MacCormick and Ota Weinberger, *An Institutional Theory of Law: New Approaches to Legal Positivism*, Kluwer Academic Publishers, 1986, p.74.

中的类型化合理应用。相对于哈特而言,麦考密克更关注抽象法律概念而非关注以哈特的方法包含在社会现实中的法律概念,其哲学意义的制度和制度事实的观点并不能够被哈特意义上的规则所识别。①

事实上,麦考密克在1973年于爱丁堡所作的开篇演讲中就清晰勾勒了其对制度的认识和基本概念。麦考密克对制度概念的第一种使用和塞尔的"制度事实"概念相重合,有着哲学上的意义。这也是麦考密克走向所谓的"新制度主义"的第一个开放性论证步骤,因为只有在"制度"中假定了强烈的理论目的,且不和现实中的机构、部门等——即非哲学意义的制度——相等同的时候,才可以为将其说明为法律的特殊理论打下一个较为稳固的基础。在这里,"制度"首先被假定为社会事实的特殊种类,即制度事实,法律作为一种制度事实而存在,有着独立于物理事实的客观属性和存在意义。

制度还有第二种哲学性的意义,是对制度术语的再解释,和法律概念的基础或本质相同。在这个意义上,制度被重塑为"institutes",是一个具有某种本体论维度的法律概念,此时的制度概念承载着内含的和实质的规范性假定。麦考密克主要借助制度的"三元结构"来对这一内容进行表述,他认为在三种类型的例子"制度性机构""制度性安排""制度性事物"中,都可以看到一种支配性规则的特殊结构。② 这种包含"制度性、结果性和终止性规则"③的三元结构符合法律评论者的一般说明性策略,从某种程度上反映了法律人和法院的实践性习惯用法。"法律制度"因此被理解为意味着一些由成套的制度性规则、结果性规则和终止性规则调整的法律概念。同时,对制度的解释之所以需要相关的规则,是因为在社会制度中,只有知道它们的最终功能才可以对其解释,当集体意向性通过功能赋予的过程产生制度事实时,并不是通过简单的因果关系而生成的,而是必须附加规范性或目的论才会有功能的出现。所以,必须依照制度的最终功能来进行解释。麦考密克认为这种事物都有一个"要点"的理念,可以和亚里士多德式的许多实体都必须依照其"终极原因"(final cause)来说明的理念做一对比,而这也提供了对制度进行解释

---

① Anna Pintore, Law as Fact? MacCormick's Institutional Theory of Law: Between Legal Positivism and Sociological Jurisprudence, *International Journal for the Semiotics of Law*, Ⅳ/12 (1991).

② 虽然和约翰·塞尔及迪克·勒伊特对制度的分类有所不同,但麦考密克使用了塞尔的"构成性规则"和"制度性规则"概念。See John R. Searle, *Speech acts: An Essay in the Philosophy of Language*, Cambridge University Press, 1969, p.33. 更多的关于构成性规则的理论可参见 G. Carcaterra, *La forza costitutiva delle norme*, Bulzoni, 1979; A.G.Conte, "Regola costitutiva, condizione, antinomia", in U. ScarpeUi, ed., *Lateoria generale del diritto. Problemi e tendenze attuali*, Comunita, 1983, pp.21~39; idem, Materiali per una tipologia delle regole', *Materiali peruna storia della cultura giuridica* XV (1985), pp.345~368。转引自 Anna Pintore, Law as Fact? MacCormick's Institutional Theory of Law: Between Legal Positivism and Sociological Jurisprudence, *International Journal for the Semiotics of Law*, Ⅳ/12 (1991).

③ 制度性规则由行为和程序所决定,可以设立机构(如设立新的立法实体或公司企业的规则)、协议(如订立合同的规则)或事物(如主张专利权的规则);结果性规则决定了什么是其存在的规范性结果(NC);终止性规则与机构、协议或事物的终止有关。参见 Neil MacCormick and Ota Weinberger, *An Institutional Theory of Law: New Approaches to Legal Positivism*, Kluwer Academic Publishers, 1986, pp.52~54。

的最终理由。[①]

制度的第三层含义是在社会学意义上使用的，通常被理解为“组织”(organization)。可以看到的是，某些行为不仅是通过义务的初级规则产生，更具体地也是通过授予权力的次级规则来进行的，在某些组织中的特殊人员比如权威人士(裁判或法官)的操作因此才能更加明显而有效。拉·托尔认为这里的“制度”(institution)和由哈特定义的“发展了的”规范秩序有所重合，其中体系化的规则通过一种元规则来授予成员以具体标准。这种意义上的制度是“制度化”(institutionalisation)的结果，是通过“第二层实践”的存在而发生的，该实践是具有一定权威的“管理者”介入第一层的实践行为时的结果。[②]

再次，制度概念被假定为和组织、权威或权力概念相等同。在这种假定上，一方面，公共制度的表达可能就意味着“公共权力”。在另一方面，制度(德语 *Anstalt*)指的是在法律理论框架中的特殊意义。[③] 在这一定义上，制度概念很像共同体概念，强调在个体概念中发现其理论性对立。通过暗示着在个体之上的共同体的本体论第一性含义，制度承载了一种规范性观念。

最后，在《法律的制度：法律理论论文集》中麦考密克又有了对制度的第五种使用：将制度看作一种基于共有信念的对行为的调整和互惠预期的协作方案(co-ordination scheme)。虽然这种协作方案通常可能会很快到达“制度化”的层面，和管理实践的“第二层”嵌套发生关联，但从本质上，该协作方案是非正式的、自发的，是较为常见的社会实践。最典型的例子就是包含了多重规范实践的“排队”模式。

从前述对制度概念的不同使用方式可以看到，麦考密克对制度概念的使用是多元的，基于不同的理论目的，采用了相互区别的制度定义，且随着时间而有所演化，包括最后的这种更为清晰的术语“协作”。[④]

---

① 麦考密克认为与塞尔在制度的“构成性”和“调控性”规则之间的对比，以及迪克·勒伊特更进一步的对制度的细化形式，都并不比这里的三元结构更令人满意。

② 这一点需要和麦考密克的“非正式规范秩序”概念结合起来进行理解。See La Torre, Institutional theories and Institutions of Law: On Neil MacCormick's Savoury Blend of Legal Institutionalism, in Maksymilian Del Mar and Bankowski, Z. ed., *Law as Institutional Normative Order*, Ashgate Publishing Limited, 2009, p.76.

③ 这是法哲学家弗里德希·朱利斯·斯塔尔(Friedrich Julius Stahl)思想中的一个基础概念。在这里制度被发展为对自由协会的选择，共同体或政治实体中人们意志的表达，将其作为社会组织的真正的、即刻的和非自反的表达。

④ “制度概念的协作转向”是后期麦考密克理论的一个突出特征，但可能也存在着一些问题，引发了一些批评。参见 La Torre, Institutional theories and Institutions of Law: On Neil MacCormick's Savoury Blend of Legal Institutionalism, in Maksymilian Del Mar and Bankowski, Z. ed., *Law as Institutional Normative Order*, Ashgate Publishing Limited, 2009, p.76。

### (二)制度与规则(规范)[①]

法律制度理论强调,规则或者规范往往指的是一种"标准"。是指通过引用规范来对行为、对象、事态做出判断。规范性往往就意味着标准的存在,因此标准是与规范相关的。[②] 当塞尔说制度就是体系化的规则时,虽然麦考密克并不完全认同这一点,但他对制度概念的哲学性解释并未离开规则[③],制度的三元结构是以规则为中心展开的,法律制度显然也是以规则的存在为其先决条件的,甚至"某些种类的规则本身就是制度的实例",而规则还可进一步被构想成为制度性规范秩序。

因此,虽然麦考密克强调实践性习惯在认识法律时的重要地位和作用,并用习惯来否定哈特的社会规则理论,但他其实并未完全否认规则作为标准的作用,从他用"关于规则的习惯"来弥补规则与习惯之间的缝隙的做法,以及对法律作为一种规范秩序,其实就是一种规则定义的(rule-defining)非正式规范秩序的强调[④],都能够看出制度与规则之间所存在的特殊关系。麦考密克其实并不完全否认规则的作用,只是强调在规则和价值之间存在着必要联系,所以要消除拉兹、德沃金等人对哈特社会规则理论的批评,必须明确规则以价值为基础,并和制度发生关联。[⑤]

事实上,麦考密克正是通过"法律和其他社会事实是……制度事实的因素"来揭示了法律规则的双重属性这一本体论观点。当他使用"制度事实"术语用来指代法律和其他社会事实时,就是强调真正存在的只是特定制度概念的特殊例子,由特殊例子间接证明了制度的存在。虽然麦考密克认为法律即便是在最为纯粹的规范性含义上也是超出有效规则之范围的,而作为制度事实的规则即便不能完全代表法律的全部内容,但在发达的法律制度和法律体系中,规则始终都是制度的重要组成部分。依靠作为法律体系一部分的规则(或者更为一般意义的规范),制度概念才和特定的规范体系发生关联。所以麦考密克才说"一项制度只有在特定的制度概念被相关的规则所表达时才能够存在"。[⑥]

制度与规则的关系所要讨论的第二个问题,主要涉及法律制度的三元结构存在的意义,即三元结构中的"某些规则是赋予权力的法律"这一法理学的重要命题,是和制度概

---

① 对这对概念的讨论当然不是完全没有问题的,在一些学者看来实际存在的作为抽象实体理解的制度,和创造这些制度的规则之间,几乎没有太大的差别,所以基于奥康姆剃刀"如无必要,毋增实体"的理念,区分二者可能没有太大的意义。

② See Neil MacCormick, *H.L.A. Hart*, ($2^{nd}$), C.A. Stanford University Press, 2008 (1st ed. 1981), p.46, note 9.

③ Neil MacCormick and Ota Weinberger, *An Institutional Theory of Law: New Approaches to Legal Positivism*, Kluwer Academic Publishers, 1986, p.13.在前述讨论中我们也看到,其实制度事实的形成也是离不开规则的,制度事实的形成有赖于"X在C中算作Y"这种"构成性规则"的存在。

④ Stefan Sciaraffa, The Underlying Value of MacCormick's Post-Positivism, *Jurisprudence*, 5(2010).

⑤ 麦考密克也把法律原则视为规则和价值的汇合点。参见 Neil MacCormick and Ota Weinberger, *An Institutional Theory of Law: New Approaches to Legal Positivism*, Kluwer Academic Publishers, 1986, pp.73,132.

⑥ Neil MacCormick and Ota Weinberger, *An Institutional Theory of Law: New Approaches to Legal Positivism*, Kluwer Academic Publishers, 1986, pp.11～12.

念的运用之间有着重要联系的。[①] 毕竟在定义权力时，规则具有实质性的作用，如果想要通过行使权力使人们承担义务或职责，就必须依赖于规则，或者需要援引规则。[②] 作为制度事实而存在的“法律规则”即便不能毫无遗漏地构成法律体系的全部内容，但也是法律体系的主要特点之一。事实上，虽然具体事例在时间上先于规则和规范出现，但规则和规范在“逻辑”上反而是优先于具体事例而存在的，而非相反，它们在说明制度的存在时扮演了重要的角色。

基于这种原因，麦考密克认为要强化其本体论观点，就必须依靠规范存在的非制度性的解释，以及对其规范性的具体说明。他把规范的行为指引和行为决定面向作为不同的规范性资格，并确信规范的规范性“……只能从‘内在观点’，或者在韦伯关于‘理解’概念的指导下讨论……应当采取一种诠释方法来理解手头的问题……”[③]这时，他其实是将制度问题与规范性问题结合起来，也以此来解释规则的地位。

另一方面，规则或者说规范作为人们思考的对象，在本质上又只能通过成为行动者行动指引体系的一部分才能变得更加真实。这其实涉及一个通常的用法或实践，以及某些针对实践所揭示的、作为人们自身意图或倾向的、对其本人或他人行动喜好反映的实践态度。在群体或社会中，必然也存在一些对相互间行为的互惠和预期，这是基于一种把思考客体的规范作为共享行为标准的理解。[④] 如果从这一点进行考虑的话，对制度与规范的关系讨论就必须超出对规范本身，在这里麦考密克和魏因贝格尔都同意，规范理论及其存在必须属于一种更为普遍的“行动理论”：

“作为思想客体的规范，必须能还原到或表述为关于包含某些可能的人类行为或人类行动有关的某种事物状态的东西。”[⑤]

但是对于这一点，麦考密克没有进行更为深入的研究，魏因贝格尔则在这一关于行动和实践理性的方面进行了更为详细的阐述，对(规范指引)行为和“制度”概念之间的联

---

① 麦考密克强调了两点，一是认为每项合法权力的运用都是由单独的法规授予这种看法是不正确的；二是并非每项制度性规则或终止性规则都授予权力。参见 Neil MacCormick and Ota Weinberger, *An Institutional Theory of Law: New Approaches to Legal Positivism*, Kluwer Academic Publishers, 1986, p.63。

② Neil MacCormick, *Institution of Law: An Essay in Legal Theory*, Oxford University Press, p.110.

③ 见 Neil MacCormick and Ota Weinberger, *An Institutional Theory of Law: New Approaches to Legal Positivism*, Kluwer Academic Publishers, 1986, p.15, Neil MacCormick, *Institution of Law: An Essay in Legal Theory*, Oxford University Press, pp.2～5.

④ Neil MacCormick and Ota Weinberger, *An Institutional Theory of Law: New Approaches to Legal Positivism*, Kluwer Academic Publishers, 1986, p.15.

⑤ Neil MacCormick and Ota Weinberger, *An Institutional Theory of Law: New Approaches to Legal Positivism*, Kluwer Academic Publishers, 1986, p.15.

系进行了说明，在此不再展开。①

### （三）“解释性事实”命题与法律的规范性来源证成

基于对制度及与相关概念关系的认识，最终还是要回到对法律概念的认识上面。麦考密克提出的“解释性事实”(interpretative facts)命题，就是强调一种在具有争议的情形中，需要有关于赋予具体形式的法律规范——包括规则和原则——潜在价值的判断，制度事实也是一种解释性事实。② 在后期的麦考密克看来，塞尔的构成性规则模型显然并不是足够有效的。能够使得规则制度化的认可不仅仅是由于依照特定的构成性规则而决定其意义，更是由于构成特定制度的“终极原因”(final cause)的潜在原则(underlying principles)③，只有充分关注法律之下所支配事业的“内在目的”，才能够真正认识到法律的制度属性，而这一内在目的就是——根据某些合理观念，通过道德论证的正义和共同善的实现。

当然，“解释性事实”命题的提出并非意味着可以从“是”过渡到“应当”，或者说混淆实然与应然的界限。麦考密克其实是明确反对塞尔从“事实”推出“应当”结论的做法的。塞尔曾经做过一个著名的推导：

1.琼斯说：“史密斯，我特此答应付给你5美元。”

2.琼斯许诺说要付给史密斯5美元。

3.琼斯使自己承担了支付5美元给史密斯的义务。

4.琼斯有义务支付给史密斯5美元。

5.琼斯应当支付给史密斯5美元。④

这个看似顺畅的逻辑推理，是从一个“实际是这样”的陈述开始的，但最后得出的是一个“应当是这样”的结论。即，琼斯在“事实”上做出了一个承诺：他要付给史密斯5美元，最终导致琼斯承担了一个义务：他“应当”支付史密斯5美元这一结果。

然而，正如“天要下雨”这一事实，无法自然而然地推导出“你应当打伞”这一结论一

---

① 根据魏因贝格尔的行动理论，行动的本质是被有意识的行动者进行的信息处理过程。信息包含了理论性的和实践性的信息。理论性的或“描述性”的信息可被描述为可证实的实际信息。实践信息关注表达偏好、意图、价值标准和规范的信息。这就意味着偏好从行动者的观点表达了相关选择的评价。意图是行动者体系的态度，价值标准一般指向原则，比如诚实、顺从、忠诚等等，规范性规则被看作附带行动者的规范性体系的一部分。后者主要有三种功能：作为行为规则、作为授权规则和构成性规则。实践性信息对行动者体系的相关性并不意味着实践理念、“应当”、意图、评价、偏好等不能被设想为可理解的出现在独立思想中。它们可被理性地作为可理解的和沟通性思想对待。这暗示着对实践规则和实践信息来说在一个系统中可能有效，但在其他系统中可能是无效的。See Ota Weinberger, *Law, institution, and legal politics: fundamental problems of legal theory and social philosophy*, Kluwer Academic Publishers, 1991, p.24.

② 麦考密克也认为德沃金把他的解释性事实(interpretive facts)看作和制度事实相对立的种类是不正确的。参见 Neil MacCormick, *Institution of Law: An Essay in Legal Theory*, Oxford University Press, p.293.

③ Thomas Bustamante, On MacCormick's Post-Positivism: Comment on Karen Petroski's “Is Post-Positivism Possible?”, *German Law Journal*, 12(2011).

④ 这当然是对休谟问题的一个挑战。

样。"我把一袋土豆搬到你的家里"这一事实,也不能必然得出"你应该给我付款"这一结论。付款的应然性义务并不来自搬运土豆的事实,而来自其他的规范性理由。① 所以,当塞尔把这个例子作为证明"许诺"是制度事实的例子,并证明许诺的格局可以通过"陈述"方式通过构成性规则来得出"应当"的结论时,其实是有问题的。

实际上,在这个推导的第3到第4步过程中,隐藏了一个重要的"人应当遵守承诺"的规范性前提,所以塞尔的从"事实"推出"应当"结论的做法存在欠缺,当然是不能成立的。只不过,这也不代表前述推导是完全没有意义的,麦考密克就认为,其实最佳的做法还是要回到制度事实的概念中,因为"许诺"制度本身就可以被视为一个不可分的前提。他说:

"不需要偷偷地塞进规范性前提,因为从一开始其实就有一个现成的前提,它是作为许诺制度的不可分割的部分而出现的;或者换句话说,如果且仅仅假设该制度包含了作为不可分割因素之一的'应当是这样'的规则时,'应当是这样的结论'就会有效地接踵而至。"②

也就是说,制度本身就拥有着一种双重的属性,除了其作为事实的一种存在状态之外,在其背后所预设的集体认同的成套规则使得制度本身包含了一种应然属性,或者说具有一种规范性框架(normative framework),可以作为推导的规范性前提,而不必再寻找一个其他的规范性前提来进行推导。这样的推导才是行之有效的,也能够在不违反休谟"二岐鸿沟"的前提下为法律的规范性来源提供一定的说服力。因此,最为关键的一点就在于,麦考密克认为制度在任何情况下都不仅包含构成性规则体系,而且包含规范性规则。对于"制度"概念而言,必须要比塞尔更广泛地使用规则来进行界定和构成。这种复杂的规则包含了特定事例所能够存在的前提,也包含着基于规则而产生的规范性后果及某种终止模式,使得法律制度具有了完整结构和定义,这也就是所谓"制度性、结果性和终止性规则"的三元结构。

## 三、尾论

在对制度概念以及制度与规则(规范)关系认识的基础上,我们可以确立对制度概念、制度事实概念的理解以及其与法律概念间关系的初步认识。法律制度理论强调,法律规则作为制度事实的存在是法律体系的主要特点之一,法律的存在是一个制度事实,而法律体系本身构成了一系列制度,同时这些制度又给法律提供了新的结构(比如制度的三元结构)。其主要目的是借助制度、制度事实概念等的构建,一是为法律教义学、法

---

① Déirdre Dwyer, Beyond Kelsen and Hart? MacCormick's Institutions of Law, *The Modern Law Review*, 9 (2008).

② Neil MacCormick and Ota Weinberger, *An Institutional Theory of Law: New Approaches to Legal Positivism*, Kluwer Academic Publishers, 1986, p.23.

律社会学提供本体论和认识论的基础,二是更加便利地理解法律结构及进行法学研究的方法,最为主要的目的则是强调实践理性在法律和人类生活中的地位,当然也不排除实践理性可能存在的局限性。

大体上,法律制度理论是一种准确地、有说服力地描述属于相关国家或其他政体及组织背景下的制度事实如何可能的理论。① 也是一种离开了对制度所导源的价值的认真讨论,就无法发展的理论。在以韦尔、凯尔森为代表的"布尔诺学派"和维也纳学派的纯粹理论传统之下,魏因贝格尔构建出了自己的行动理论体系,而麦考密克的主要学术传统则来自以哈特为代表的法律实证主义(当然,塞尔与哈特有相当深厚的学术渊源,麦考密克也不可避免地受到其影响)、法律制度主义和非认知主义传统。如果进一步总结并认识法律制度理论,我们可以看到,该理论强调"法律的和其他的社会事实是属于制度事实的东西","法律的存在依赖的是复杂的社会事实……没有任何概念上的论据支持'法律是什么'和'法律应当是什么'之间存在着重合。"或者说,"法律制度理论并不是有关社会制度的理论,毋宁说它是把法律看作是现实的社会规范体系之理论。"②

事实上,法律制度理论最初的设计,就是要说明一种对规范主义的社会现实主义发展,尽管该理论在很多地方强调一种哲学和逻辑的方法,在远离凯尔森式理论的"纯粹性"前提下,采取了更接近于哈特的方法论(虽然也存在很大不同),但该理论还是借鉴了凯尔森理论体系中的不少内容,试图为法律社会学以及更普遍意义上的社会学提供一种本体论基础,在社会的或理论的研究方法上去解决本体论问题。而所谓规范主义是因为这种理论以在语义学上把理论的语句和实际的语句进行两分作为出发点,并把法律作为理性的实体放在实践范围之内。③ 把法律视为规范体系,就意味着用规范语句表述有意义的内容,且承认休谟事实与规范之间的不可推导性,这就将其理论和纯粹的还原主义理论区分开来,后者把单纯的社会事实作为法律的规范性来源。

但是法律制度理论并不只是法律实证主义的发展,因为该理论认为法律总是需要依据并体现价值和价值标准的,也不否认法律在某种程度上是属于一种目的论活动,因此除了实证主义者传统的研究范围,还需要把原则、价值和论证等因素包含在其理论体系之内。这种包容性观点体现在认识论上,就是一种"理性主义的非认知论"立场④,虽然看起来有些矛盾,但在该理论中彻底的理性主义是不可能成立的,因为价值体系的建立完

---

① Neil MacCormick, *Institution of Law*: *An Essay in Legal Theory*, Oxford University Press, p.291.

② Neil MacCormick and Ota Weinberger, *An Institutional Theory of Law*: *New Approaches to Legal Positivism*, Kluwer Academic Publishers, 1986, pp.24～25.

③ Neil MacCormick and Ota Weinberger, *An Institutional Theory of Law*: *New Approaches to Legal Positivism*, Kluwer Academic Publishers, 1986, p.18.

④ 唯知论强调根据事实和理性的论证来最终证明、检验、确证价值判断,用理性的方法确证价值判断,前提可能是事实(比如亚里士多德和边沁),也可能是非事实的价值前提(比如摩尔和罗斯)。非唯知论并不是价值不可知论,但否认道德语言对事物的表达。参见 Neil MacCormick and Ota Weinberger, *An Institutional Theory of Law*: *New Approaches to Legal Positivism*, Kluwer Academic Publishers, 1986, p.8.及孙伟平:《事实与价值:休谟问题及其解决尝试》,中国社会科学出版社 2000 年版,第 117 页以下。

全不可能仅仅建立在理智的基础上，理智总是和价值判断相悖的。但同时他们也不承认根本的价值是不同于态度和知识的东西，价值的获取还是要借助于实践理性以及推理，需要通过实践推理对实际问题进行恰当处理，合理运用态度和价值来解决实际问题。

总的来看，法律制度理论最终将法律定义为“制度性规范秩序”，而不只是描述特定事实的简单方法，就是坚持在一般实践理性（在这里，实践理性是对行为直接的但并非最终的约束）的背景下理解法律。强调不应该从法律理论中排除实践理性因素中的规定性，因为法律理论和法律推理都是必须基于实践推理的一般理论。① 作为一种“后实证主义”理论，法律制度理论其实一直尝试证成一个命题，即法律客体（规则以及规则集合等）应该属于何种可接受的本体论，这是一个基础性的关于存在种类的形而上学问题。麦考密克自始至终都强调，法律作为制度性规范秩序，是可以被描述为实际存在于这个世界，并从一般实践理性理论中获得意义的。

在这一认识的基础上，法律体系也应当被看作是一个类似凯尔森所说的能动性的体系。但所谓的“能动”其实意味着具体事实和实体法则、程序法则的对应并不是纯粹的逻辑演绎，而是另有其他关系的存在。在体系的所有层次上，制度规则的因素最终都受到规范的制约。和凯尔森不同的是，法律制度理论想要试图尽力避免规范性体系的内在论证过程，即将基础性因素归属于诉诸于某种预设的、不能证明的最高级规范，而是强调社会生活与社会存在所依赖规范间的相互作用，并强调这种相互作用才是法律能动性的基础，最终用对宪法和宪法之上的一种“基础规范”——惯习性规范的解释性理解来论证法律规范性的来源。同时通过再次强调作为制度事实的法律，就是社会现实中实际存在的事物，从而不必让虚构的基础规范受制于行之有效的规范性体系的前提，而是将法律体系存在的要素诉诸规范性体系与社会组织、社会进程之间的相互作用，以及作为被大部分公民（尤其是官员）在大部分时间内接受的惯习性规范，虽然这一点有些类似纯粹法理论，但和纯粹法理论却有着本质的不同。因为法律的制度属性中总是包含了根据某些“合理”观念，并以实现正义和共同善的内在目的为追求，但由于该问题已超出本文的讨论范围，在此不论。

**On the Concept of "Institution" and the Law as the Institutional Fact**

**—A Analysis Framework Based on the Theory of Legal Institution**

Yu Tao

**Abstract**: In the academic traditions of the Anglo-American jurisprudence, the concept of "institutional fact" provides a broader conceptual basis for understanding legal concepts and solving the normative problems of law. This paper is based on Neil McCormick's improvement on John Searle's concept on institutional fact, as well as the dis-

① Neil MacCormick, *Legal Reasoning and Legal Theory*, Oxford University Press, 1994 (1st ed. 1978), p. 265.

cussion of the relationship between the institution and the rules (norms). Through the discussion of the value of the "interpretive facts" proposition, the author clarifies the appropriate understanding on the concept of "institution" and the concept of institutional fact in the theory of legal institution and their preliminary relationship of legal concepts. With this theoretical framework, the author suggest that it can be more deeply understood that "what is law", the "meta-proposition" in the science of law, by way of comparison and differentiation of different schools of theories.

**Key Words**: institution; institutional fact; law as institutional fact; theory of legal institution discussion of the relationship between the institution and the rules. Moreover, through the discussion of the value of the interpretive fact-propositions, the author clarifies the appropriate understanding on the concept of "institution" and the concept of institutional fact in the theory of legal institution and their preliminary relationship of legal concepts. With this theoretical framework, the author suggests that it can be more deeply understood that "what is law"—the "mere proposition" in the science of law—by way of comparison and differentiation of different schools of theories.

Key Words: institutions; institutional facts; law as institution; theory of legal institution

# 社会调研

# 民间环境侵害惩罚规则及对我国制定法的启示*

黄娅琴** 吴悦婷***

**摘要：**民间环境侵害惩罚规则大量存在于乡民社会之中，其主要采取经济手段通过约定的方式惩戒与村民息息相关的破坏生态环境之行为。它起着制裁与遏制侵害行为、激励村民监督与抵制侵害行为的作用。相比于制定法，这些民间规则有着调整对象因地制宜、利于修复乡邻关系、节约司法资源和诉讼成本的优势。由于我国制定法存在环境惩戒力度不足、缺乏有效监督与激励机制等问题，可以考虑借鉴民间环境侵害赔偿规则引入惩罚性赔偿制度，加大对环境侵害行为的处罚力度。

**关键词：**民间；环境侵害；惩罚规则

随着我国经济的高速发展，环境问题日益凸显。据我国环境保护部通报，2017 年全国环保举报管理平台全年共接到环保举报 61.89 万件，比 2016 年增长了 1.35 倍。① 而 2016 年全国共立案查处环境违法案件 13.78 万件，数量创历史新高。② 近五年，国家制定和修订了一系列与环保相关的立法，如《环境保护法》《水污染防治法》《环境保护税法》等，加大了对环境侵害行为的规范和查处。与制定法相对应，我国民间也存在着不少环境保护的民间规范，长久以来对维护地方生态环境起到了重要的积极作用。在这些规范中，尤以惩罚规则最为突出，本文即以民间的这些环境侵害惩罚规则为研究对象，探讨这些规则的特点与作用以及给我国制定法所带来的启示。

## 一、民间环境侵害惩罚规则的含义及其事例

民间环境侵害惩罚规则指的是非法律所规定，而是由民众约定俗成的对破坏环境行为的民间惩戒性规则。传统的乡土社会以农耕为主要生产方式，而农耕生活高度依赖自

* 江西省高校人文社会科学重点研究基地项目(批准号：JD16139)。

** 黄娅琴，法学博士，南昌大学法学院教授。

*** 吴悦婷，南昌大学法学院本科生。

① 李彪：《2017 年环保举报案件数量比上年激增 1.35 倍》，http://www.nbd.com.cn/articles/2018-01-24/1186368.html，访问日期：2019-03-18。

② 邢颖：《全国查处环境违法案件数量创历史新高》，http://china.qianlong.com/2017/0422/1625238.shtml，访问日期：2019 年 3 月 18 日。

然生态的条件,因此,生态保护自古代社会就得以重视并一直传承。这种重视体现在不少地方性的乡规民约中都记载着如何惩戒环境破坏的行为和人员的规范。

清道光年间,云南省景东彝区的乡规民约规定:“凡一村界内,无论公山、私山,不得擅自砍伐,行者照乡规罚银:一禁纵火焚山,犯者罚银 33 两;二禁砍伐林木,采枝者罚银 3 两 3 钱,伐本身者罚银 3 两 3 钱;三禁毁树种地,违者罚银 33 两;若有在公山伐柞者,每把罚银 33 两。”①四川西北的色达藏族部落也有相似的规定。在该地区,每一位上任的达赖和摄政每年都要宣讲《日垄法章》,严禁伤害山沟里除野狼外的野兽、平原上除老鼠之外的生物,违者皆给予不同惩罚。② “理塘拉木地区禁止人们挖药材,不论挖多少,是否挖到,也不管是在自己的地里或他人的地里,都要罚款。一人挖材罚 30 藏元,二人罚 60 藏元,余类推。理塘拉木地区不准砍神树,也不准到其他头人辖区内砍柴,对此山砍柴者罚藏元 12～30 元,越界砍柴者除罚藏元 10 元外,还得退回所砍的柴,并没收砍柴工具。”③

南方山地民族对违反林木保护的有两种罚款的办法:一是以株计算,罚款若干。贵州省榕江县苗族规定,偷砍一株杉树,过去罚大洋 13 元。贵州省台江县苗族则规定,砍去一株小杉树尖,罚银 3 两 3,偷砍木柴一挑,罚银 3 两 3。贵州省黎平县瑶族规定,未经许可砍伐一株杉树者,罚款 30 元;砍一株松树,罚款 20 元,砍伐封山育林的树一株,罚款 20 元。二是凡偷砍一株树以上者,无论多少,一律罚款若干。偷砍树木、生藤,不论大小和多少,过去一律罚款 2600 文,另有花红(检举、捉拿的赏金)费 600 文。④

现存云南省楚雄苍岭区西营乡的《摆拉十三湾封山碑》认为过度的森林砍伐“端害不可言,将见山空水涸,有伤民命,莫此为甚。”因此,乡约中对林木砍伐行为尤严:“盗砍大树一棵,罚钱一两;砍小树一棵,罚钱五钱;砍枝绑,罚钱三钱;见而不报者,照例倍罚。龙潭通河顺沟田头,坝边杂树均不可砍,如违,照例倍罚。一村内婚丧祭需用木料等项目,勿论人已上山,必须报名(告)树头,方许砍伐。如违,罚钱三钱。”⑤类似这种条款不胜枚举。

贵阳的王岗村对村民不履行农村生态保护义务的处罚较多,如“针对乱砍滥伐、盗伐毁林开荒者,情节较轻的,立封山碑并杀猪请客,情节严重的非法盗运木材者将按 3000～5000 元处罚。乌当村对景区内乱砍滥伐、攀折树枝等行为规定罚款 200～1000 元,对举报者奖励 200 元”⑥。

贵州正安谢坝乡红光村《护林公约》规定:“禁止在关林、自留林中砍柴,偷砍者不拘

---

① 宝贵贞:《少数民族生态伦理观探源》,载《贵州民族研究》2002 年第 2 期。

② 徐晓光:《藏族法制史研究》,法律出版社 2001 年版,第 331 页。

③ 徐晓光:《藏族法制史研究》,法律出版社 2001 年版,第 331 页。

④ 张冠梓:《论法的成长——来自中国南方山地法律民族志的诠释》(上),社会科学文献出版社 2002 年版,第 263 页。

⑤ 李荣高:《云南林业文化碑刻》,德宏民族出版社 2005 年版,第 227～228 页。

⑥ 沙苗苗:《村规民约在农村生态环境保护中的作用——基于贵阳市三个少数民族村寨的考察分析》,载《淮海工学院学报》2016 年第 6 期。

大小、多少，一经捉拿，或证据确凿，确认为偷砍者，罚款300元；在非本人自留林中砍刺竹、打笋子、捡干柴、捡杉叶，一经发现，罚款50元。烧灰、烧炭者罚款50元；禁止在护林内割青打草，违者罚款50元；禁止在沿河遍、漆树林、偏阡、谭子洞等地放牛入山，违犯者罚款50元。……每年植树节到来，全组村民应组织上山植树，任何人不得借故不到，违者给予必要的制裁。”①

广西金秀六巷村的村规民约中规定：凡是老山、水源山、柴山、牛场山及其他林地一律都不准毁林开荒做地，违反者砍了的不准烧，每亩罚款30元，不听制止烧了的不准种作物，每亩罚款60元，责成违反者砍什么林要造什么林，还要他除草护理3年，包括恢复原状。②

民间环境侵害惩罚规则太多，无法一一列举，在此只能陈述部分资料中的内容。从古到今，有些规则已经废止，有的随着时代的变迁不断完善。不同地区的规则因着地域、历史习俗、地域文化等不同也呈现出一定的差异，但是仔细研究会发现这些规则之间有着一些共通之处。

## 二、民间环境侵害惩罚规则的特点

民间环境侵害的惩罚规则，从地缘上看，以中国西南地区居多，这些规则作为乡土文化的一部分以石刻、碑文、纸质文本等方式记录并保存。规则反映了村民原始传统的环境保护意识，体现了村民对水源涵养、水土保持的朴素认识。依据这些规则的内容，我们大致可以概括出其如下特点：

1.惩罚对象为与村民生活息息相关的破坏生态行为。依据上述内容，我们不难发现，适用受到惩罚的行为多数是村民为保护风水和植被、规范林木砍伐等村民日常生活中常见的破坏生态行为。现代环境法学一般以“污染”和“破坏”的行为作为环境侵害的基础，进而将环境侵权行为划分为污染环境行为和破坏生态行为。③ 环境污染多数与现代化的工业大生产有关，如大气排放、噪声污染、放射性污染、土壤污染、电子废物污染、固体废物污染等。生态破坏则是人们超出环境生态平衡的限度开发和使用资源的活动。自我国古代开始，先民就有了生态保护意识，如广为熟知的孟子名言“不违农时，谷不可胜食也；数罟不入洿池，鱼鳖不可胜食也；斧斤以时入山林，材木不可胜用也。谷与鱼鳖不可胜食，材木不可胜用，是使民养生丧死无憾也”④就是先民生态保护意识的重要体现。数千年来，乡土社会的生态保护意识得以传承与发展，这与古代哲学思想、宗教禁忌、个体的生存发展需要密不可分。首先，环境问题简而言之即是人与自然的问题。我国古代哲

① 刘雁翎：《正安仡佬族环境习惯法的调查》，载《贵州民族学院学报》2012年第4期。

② 周世中：《瑶族习惯法在瑶族聚居地政府治理中的作用及其局限性——以广西瑶族习惯法为例》，载谢晖等主编：《民间法》（第20卷），厦门大学出版社2017年版。

③ 竺效：《论环境侵权原因行为的立法拓展》，载《中国法学》2015年第2期。

④ 孟子：《孟子》，中华书局2006年版，第5页。

学在天人关系思想方面占主导的为“天人合一”观念。“天”为自然环境的统称,“天人合一”追求的是人与自然的统一,使人与自然之间达到完美的和谐。“是以阴阳调而风雨时,群生和而万民殖,五谷孰而草木茂,天地之间被润泽而大丰美”①。自然为人生存发展的基础,只有顺应自然、保护自然,人类才能得以繁盛。“人道本天道而来,须尊天道而行,‘天人合一’是人道与天道的合一,是人道对天道的彰显与实现,是人生的实践过程。”②其次,一些地方尤其是少数民族地区的宗教禁忌一定程度上维护了生态的平衡。经验观察表明,族群的宗教信仰中存在着村民赖以生存的环境观念和规则。如我国东北地区的萨满教有禁止砍伐森林的“树神禁忌”、禁止污染河流的“水神禁忌”和禁止猎杀动物的“图腾禁忌”等。③ 西南丛林中云南的傣族和相邻民族对佛教的信奉让我们至今在西双版纳还可以找到栽培在佛寺庭园中与佛教活动密切相关的百种植物。在彝族和基诺地区,彝族人忌砍有巢的树木,忌砍坟场的树木,忌砍树下有洞穴的树木,忌砍独木和枯木,忌砍泥石流中的树木,忌砍水中倒的树木。④ 最后,人的生存离不开自然,林木、水流等都是个体生存发展必不可少的自然资源。人们在长时间的生活劳作中逐渐认识到了树木、水流与生活环境的相互关系与相互作用,“泰西格致家论旱干之故,总由草木稀少,凡草木丛生之区能引雨下降,一旦砍伐焚烧则必致旱干,盖树木多则地面空气常湿而能生云,云中之水不为干空气所收仍能降雨且多。植有用之木,可备造船筑室之才,可以为药物之用,如金鸡纳可愈虐瘴,蜀葵可避虐之类,即无用之木亦可备薪蒸,不惮反覆言之”⑤,可见保护好青山绿水、保育好生态实际上就是保存好自身的发展,对生态破坏行为实施惩戒是个人与人类长远发展的需要。

2.惩罚规则以“约”加“罚”的形态居多。从民间环境侵害惩罚规则的形式上看,多数是通过约定禁止行为加违法行为的处罚形态来规定的。村民经过共同协商完成乡规民约目的在于共同治理好自己所生活的村落,淳朴乡风,美化舒适环境。对一些有害于身心健康、长远发展的行为予以禁止是维护乡村秩序的现实需要,可以说,禁止侵害行为的约定是邻里、村落生活的底线规则。虽然国家也有关于乡村管理、乡村环境的各种法律调整,但是乡村生活的地域性、多样性和自适性的特点决定了国家法律的刚性调整不能完全解决乡土社会的多元需求。不同乡村的环境状况不同、传统习俗多样、社会认知千差万别,法律无法对其作出统一规制,而且“村规民约微观精致的规定更贴近本土实际,村民更倾向于认同其柔性规制”⑥。因而,禁止环境侵害的约定是村民对不利于个人与社会长远发展的破坏行为的一致抵制,体现了村民保护环境、维护生态的意识与愿景。如果说“约”类似于法律规则中的行为模式,那么“罚”则相对应为实施侵害行为的法律后

① 班固:《汉书》,中华书局1999年版,第1904页。

② 杨英姿:《“天人合一”之于中国特色环境哲学的建构》,载《南京林业大学学报》2015年第4期。

③ 梅长胜:《试论习惯环保法》,载《昌吉学院学报》2013年第4期。

④ 卢春樱:《试论彝族传统禁忌文化》,载《贵州民族研究》1999年第4期。

⑤ 光绪《嘉应州志》卷32《丛谈》,清光绪二十七年(1901)。

⑥ 陈永蓉、李江红:《论村规民约中经济处罚约定的规制》,载《理论与改革》2015年第5期。

果。但是,类似并不等于就是,乡规民约中的罚款不同于行政罚款,其没有法律的强制执行力。原因在于:第一,依据《行政处罚法》,行政罚款的设定权在法律、行政法规、地方性法规、部委规章和地方规章。换言之,村民共同协商制定的村规民约没有设定行政处罚的权力。第二,村民委员会为村民自治组织,其既非法律、法规、规章规定的能够行使行政处罚权的行政机关也不是行政机关授权组织或特定的受行政机关委托的行使行政处罚权的组织,故而也没有行政处罚权。民间处罚规则的执行依赖于村委会的调解、裁判和一定意义上的强制服从,村委会所获取的经济处罚款项要用于赔偿或补偿村民的损失,溢出部分用于公共事业,并接受村民监督。是而,不少学者认为在性质上其更接近民事赔偿。

3.惩罚手段以经济处罚为主。惩罚规则中的制裁手段包括经济处罚即罚款和其他历史延续的习俗处罚方式,后者如杀猪、恢复原状、逐出村落等。整体来看,规则以罚款较为常见,罚款一般包含两个部分:一是具体的被罚行为类型,比如偷砍树、捡干柴、烧灰等,有的还有更精细的分类,如对偷砍树还要区分是砍大树还是小树,松树还是杉树;二是罚款数额,每种被罚的行为规则都有对应的罚款数目,一目了然。这种细致的规定使得经济处罚在执行上具有便捷高效的优势,只要是触犯了规则,那么就按照规则中规定的数目缴纳罚款,大大缩减了纠纷处理的程序和时间。效率、便宜的特点致使罚款得以盛行,正如著名法经济学家波斯纳在研究初民的法律时所谈到的,原始的复仇手段最终被金钱赔偿所取代,原因在于"从整个社会角度来看,赔偿是比报复更为便宜的救济手段,因为它只涉及一种转移支付,而不是摧毁某个人或他的财产"[①]。但是这种便捷的手段同样体现出惩戒的严苛性,试举一例以观之:闻喜县的《千秋鉴乡约碑》规定,禁砍伐树木,盗割苜蓿,犯者罚银 5 两;禁偷秋麦,不论男女,犯者罚银 5 两;禁偷摘果木,不论老幼,犯者罚银 3 两。[②] 乾隆年间,普通五口之家的农户年收入只有约 32 两白银,比照所偷物品价值,罚款数量远超前者,这种重罚体现出了民众对生态保护的重视程度。当然,作为社会规范的民间惩罚规则与国家法律中的惩戒规则还是有很大的差异的,前者更多强调社会救济性和利益的有效衡平,借鉴民事领域约定赔偿金的自愿性要素,同时参考国家行政赔偿的强制性要素,而后者则更多从国家的整体利益性和国家强制性出发。

## 三、民间环境侵害惩罚规则的作用

与制定法一样,民间规则无时无刻不在调整着人们的行为,而且由于寓于村民日常生活和劳作之中,较之制定法更能为群众理解和吸纳。民间环境侵害惩罚规则亦是在制定法之外,针对具体的个体侵害行为发生着积极作用以维护和发展乡村生态环境。

---

① [美]理查德·A.波斯纳:《正义/司法的经济学》,苏力编译,中国政法大学出版社 2002 年版,第 199 页。

② 郭春梅:《清代山西碑刻中乡规民约的"约"与"罚"》,载《文物世界》2010 年第 6 期。

1.制裁作用

制裁指的是对侵害行为的惩戒,表达的是群体对侵害行为的否定性评价。民间环境侵害惩罚规则最直接的作用就是对环境侵害行为的制裁,这种制裁的出现有着一定的历史原因和现实需求。在经济日益发展、人口剧增、生存压力不断增大的背景下,各种资源纠纷越来越复杂,生态问题逐渐突出。以四川为例,经过湖广填四川,外来人口占据了四川人口的绝大部分。这些来自西南地区的外省移民,绝大部分以垦殖为生,另外一部分从事采矿、商业等。其中垦殖、采矿都对环境产生消极影响,数量巨大的人口日常生活的柴薪需求造成大片林地彻底消失。而且外省移民的增加导致西南少数民族地区传统的信仰、习惯对客居人口约束力大大降低,再加上生存压力的增加,致使环境破坏严重。"于是超越民族界限,而以地域为界的环保型乡规民约,作为新的、同一地域各族人民共同遵守的规则,在西南地区环境保护中起到了很大的作用。乡规民约得到了大多数乡民的认可,有较为严厉的、易于执行的惩罚措施和舆论监督机制,虽然其约束力有一定的相对性和时效性,但是,乡规民约在民间环境保护中所起到的作用是明显而卓著的。"①

2.遏制作用

如果说制裁是惩罚规则对禁止行为的直接作用,那么遏制则是基于此种规则所产生的一种威慑和震慑的效力从而避免侵害行为的未来发生。遏制一般分为一般的遏制和特别的遏制。一般遏制是指通过惩罚对加害人以及社会一般人产生遏制作用,特别遏制是指对加害人本身的威吓作用。民间环境侵害惩罚规则所体现出来的更多是一般遏制,即通过对侵害行为的处罚形成一种社会共同认知的公共道德或伦理,对村民产生内在约束力。由此,禁止侵害约定在某种程度上可以得到大家的自觉遵守,从而减少惩罚规则的执行。例如,20 世纪 70 年代,市坪区公所因扩修办公楼和新建电影院而砍掉了盖皮山上的林木,申家人认为其家族的风水树遭到破坏,怕影响子孙发达。于是,自发组织全族人到盖皮山上植树,树木包括松树、杉树、柏树等,共植树 30 多亩。树植好后,申姓族人还商量了管理办法,规定不准到盖皮山乱砍树木,严禁牛羊践踏。如果砍树一棵,就要罚款 50 元,并要种树一棵,若不认罚,就强制执行——到砍树者家里提锅儿。该规定得到了大家的自觉遵守。②

3.监督和激励作用

乡村社会中破坏生态环境的行为十分具体且发生在村民日常生活之中,一方面破坏者不可能主动告知自己实施了禁止行为,另一方面在中国这个以族群为单位的熟人社会,要他人揭发或者检举破坏者的禁止行为有相当的难度,因此,我们看到在不少乡规民约中都存在执行惩罚规则的奖惩规则,旨在激励大家检举侵害行为,发动民众的监督作用。如通江县铁佛金斗寨有"严禁盗伐"碑,对偷盗林木者"处罚钱拾串,立碑酬碑,永禁

① 林移刚、刘志伟:《乡规民约石刻视角下的民间环境意识——以西南地区为例》,载《云南民族大学学报》2013 年第 3 期。

② 刘雁翎:《正安仡佬族环境习惯法的调查》,载《贵州民族学院学报》2012 年第 4 期。

砍树枝。后再有敢悄盗，重罚不贷”，对于举报偷柴者，“给工钱一千二百文”①。山西一些地方的碑刻中又有“见拿者，三七分罚”和“拿获者，三七分金”②这样的规定。所谓“三七分罚”“三七分金”即将所获的罚款金额按三七比例分给举报者，从这个意义上说，罚款不仅仅是惩戒和遏制那些实施侵害行为的村民而且还能鼓励村民相互监督，激励知晓侵害行为的村民积极抵制侵害行为，形成良好的环保氛围。

## 四、民间环境侵害惩罚规则较之国家制定法的优势

与国家制定法不同，民间环境侵害惩罚规则在文本内容上没有完整的体系架构和严谨的逻辑结构，效力上亦没有国家强制力的保障，然而流传悠久的这些规则在以下方面也有着制定法所无法比拟的优势。

1.就调整对象角度而言，可以灵活应变、因地制宜。毋庸置疑，环境是复杂多变的，受保护的森林树木、飞禽走兽会随着季节、年月的更替不断生长、变化。环境的多变性要求与乡民生活密切相关的环境规则应该是适应生态变化、能随时应对环境发展的，而这恰恰是国家制定法的劣势所在。制定法讲求确定性，不能朝令夕改，一旦设定了具体的权利、义务和责任，那就应当尽可能地避免对该制度进行不断变动。此确定性在某种程度上成了解决环境问题即时性的牵绊。正如梅因所指出的：“社会的需要和社会的意见常常是或多或少地走在法律的前面，我们可能非常接近地达到它们之间缺口的接合处，但永远存在的取向是要把这缺口重新打开来。因为法律是稳定的，而我们谈到的社会是前进的。人民幸福的或大或小，完全取决于缺口缩小的快慢程度。”③民间环境侵害惩戒规则无疑弥补了缺口打开的滞后性。另一方面，环境问题具有地域特殊性，环境问题的产生与每个地方生态系统的整体状况及其构成要素的状况息息相关。我国是一个地域广大、地形地貌复杂、气候类型多样、生物群落分布广袤的国家，不同地区环境问题呈现的特点与类型并不相同，因而与之相应的规则也不同。如赫哲族环境习惯法体现了渔猎文化色彩，蒙古族、藏族环境习惯法体现了游牧文化的特点，正安仡佬族环境习惯法的保护对象是森林树木、野生动物、水资源等自然资源。如果以整个国家或整个省份的环境状况作为规范制定依据，很难想象这种“普适性”的制定法能对应解决具有各地特点的环境问题。

2.就社会关系角度而言，利于修复乡邻关系、减轻侵害对关系的破坏。首先，惩戒规则是通过村规民约的方式制定的，这些规则立足于本土资源，来源于乡民的生产生活，切合乡土社会的实际情况，且经过全体村民协商一致完成。惩戒本身不是目的，而是一种协同一致的警示。将约定好的违反后果公之于众，从而避免未来危害和矛盾的扩大，可

① 张浩良：《绿色史料札记——巴山林木碑碣文集》，云南大学出版社 1990 年版，第 165 页。

② 临猗县耿子乡孙远村《孙远村箴铭》，闻喜县阳隅乡《千秋鉴乡碑约》。

③ [英]梅因：《古代法》，沈景一译，商务印书馆 1959 年版，第 15 页。

以减轻侵害对乡邻关系造成的破坏,利于环境的保护和乡村的和谐发展。其次,惩戒规则实质是以经济处罚或者其他特定的方式取代国家制定法的一种纠纷解决方法。这种方式兼顾了中国人处理纠纷时所要考虑的"情""礼""法",比单纯的国家制定法更利于修复乡邻关系。比如上文提到的市坪区公所因扩修办公楼和影院而砍掉了盖皮山上的林木,申家人自发组织全族人植树后商量了管理办法,如果砍树一棵,罚款50元,并种一棵树,若不认罚,就要到砍树者家里提锅儿。① 罚款加种树加提锅儿,这些经济加精神双重层面的处罚方式体现了对环境侵害者行为的否定,更重要的是其具有浓厚的当地风俗色彩,在不需要动用国家任何暴力工具的情况下能很好地解决侵害纠纷。如同朱苏力先生所说:"国家制定法有国家强制力的支持,似乎容易得以有效贯彻;其实,真正能得到有效贯彻执行的法律,恰恰是那些与同行的习惯惯例相一致或相近的规定。村规民约之所以更能得到村民的支持和需要,是因为它是村民根据实际需要,共同商讨得来的,体现的是一种民主。"②

3.就经济角度而言,可以节约司法资源和诉讼成本。于国家制定法层面制裁环境侵害行为,不论民事还是刑事,起诉、审判、裁决、执行等这些都是必经环节,缺一不可,这还不包括取证、二审、申诉等部分案件经历的环节,而每个环节都将耗费一定的司法资源。民间环境惩罚规则一般简洁明了地告诫行为人哪些是不可为的行为以及实施的后果,只要受害人或第三人能够证明侵害人的侵害事实,侵害人就应得到相应的惩罚,避免了这些复杂累赘的司法程序,既节约了稀缺的司法资源也提升了惩戒效率。比如贵州省榕江县平永区几个水族村落制定的议榔规中一规定:"众山不许新来人乱挖新土,凡有早挖不拘茶子、树木、杂粉平分,如有不遵从者,革出。"③短短几十个字,就把侵害行为、行为结果、处罚措施一一清晰阐明,相比于制定法厚厚的成文规定优势明显。就乡民个人而言,单靠自身水平和素质没有办法完成整个诉讼过程,如果委托他人则将增加诉讼成本,而诉讼本身所需耗费的自身时间、精力成本也不是小数目,最后整个诉讼的结果还可能处于一种无法预期的状态,民间惩罚规则的经济优势在此也得以体现。正如法社会学研究成果标明:当矛盾发生时,人们首先会力图避免纠纷,回避不了的时候多采取协商和交涉的办法来化解。只有当这些非正式纠纷解决机制都缺乏的场合,诉讼才作为最后的手段。④

## 五、民间环境侵害惩罚规则对我国制定法的启示

民间环境侵害惩罚规则通过规制和惩戒环境侵害行为,有力地遏制了环境恶化,极

① 刘雁翎:《正安仡佬族环境习惯法的调查》,载《贵州民族学院学报》2012年第4期。

② 苏力:《法治及其本土资源》,中国政法大学出版社1996年版,第12～13页。

③ 陈伯良等:《论亚热带石灰岩地区少数民族生态保护习惯法》,载《中国环境科学学会2009年年会论文集》。

④ 季卫东:《法治秩序的建构》,中国政法大学出版社1999年版,第29页。

大增强了民众的环境保护意识和打击侵害行为的积极性。归纳民间环境侵害惩罚规则，我们至少可以得到两点启示：第一，恰当的经济惩戒是制裁和威慑环境侵害行为的有力手段。多数环境侵害者的目的在于牟利，从法经济学上说，人们在进行行为判断和选择时，特别是面临守法与违法的抉择时，往往要进行成本与收益的权衡，用波斯纳的话说就是："人是理性最大化者。"①为此，经济惩戒是遏制环境侵害的重要利器。然而，经济惩戒必须把握一定的度，过度惩戒可能会对经济带来不利影响而惩戒过低又可能导致威慑力不足。第二，如何使得经济惩戒得以有效执行制止环境侵害行为的保障。如果把经济惩戒规则看作是立法的话，那么保障经济惩戒执行则可以被认为是执法。没有执行，经济惩戒只能是一纸空文，其威慑力将大打折扣。像奖励举报者这样的举措目的就是为了保证经济惩戒能真正发挥作用，而不只是刻在石碑或是写在民约上的文字。

1.我国现有环境侵害惩戒的不足

我国现有制定法也有对环境侵害的惩戒措施，包括行政处罚和刑事处罚(现有的民事赔偿以补偿为原则，不认为属于惩戒)，结合民间环境侵害惩罚规则所带给我们的启示，反思我国现有的环境侵害惩戒措施存在着如下问题：

(1)现有惩戒不到位，威慑力不够。从刑事处罚来看，自 2013 年《刑法修正案(八)》和 2016 年两高《关于办理环境污染刑事案件适用法律问题的解释》的出台，污染环境罪的入罪门槛大幅度降低，但是对应的刑罚却始终没有变化——严重污染环境的，处三年以下有期徒刑或者拘役，并处或单处罚金；后果特别严重的，处三年以上七年以下有期徒刑，并处罚金。7 年是刑法污染环境罪的最高刑期，从刑期上似乎很难说国家加重了对污染环境行为的惩戒，有学者就指出：污染环境罪的法定最高刑仅规定为 7 年，就很难体现对本罪中严重污染环境，造成极其严重后果的不法行为的惩罚，也与刑法中的"罪责刑相适应"的基本原则背离。② 司法实践也表明，对污染环境的犯罪处罚似乎并没有人民所预想的那么严厉。③ 再看行政处罚，罚款是行政处罚最主要的方式，而行政罚款在环境污染整治中也存在威慑力不足的问题。第一，违法成本过低，很难达到经济上的震慑效果。我国对环境污染罚款多采用数值式罚款，即以金钱数额明确规定罚款的上下限或上限。这种规定方式的优势在于规则明确、便于掌握，但固定的数额上限往往低于甚至远远低于违法受益，也难以适应市场价值的指数变化。第二，由于法律、法规尚缺乏具体落实细则，一些环境污染行为难以处罚。比如超总量排放和违反排污许可制度行为，前者由于当前在线监控等设施未经法定检定，实践中难以确定超过日最高允许排放总量的指标导致执法的合法性存在问题，后者国家没有专

---

① [美]理查德·A.波斯纳：《法律的经济分析》(上)(第四版)，蒋兆康译，中国大百科全书出版社 1997 年版，第 3 页。

② 王江：《污染环境罪的立法缺失及司法解释补救——兼评〈中华人民共和国刑法〉第 338 条》，载《重庆大学学报》2013 年第 4 期。

③ 张弟：《污染环境罪的刑事处罚研究——以 480 份裁判文书为分析对象》，载《中南林业科技大学学报》2018 年第 3 期。

门的法规对排污许可制度作出细化,而各级环保部门发放排污许可证缺乏法定依据,更无法进行处罚。综上观之,我国现有制定法对环境侵害行为惩戒不力主要在于经济处罚威慑力不足,当然立法上提高经济处罚的上限并不能解决问题,一方面它会加大政府机关人员的权力寻租空间,另一方面过高的上限如果适用不合理会加重企业的负担,限制经济发展。

(2)缺乏有效的监督和激励机制。我国制定法上对环境侵害行为的查处主要依靠的是公权力机关,环保执法部门是整治环境侵害行为的主力军,但众所周知,我国地方环保执法部门存在着人员少、素质普遍不高的事实。加之地方政府以 GDP 为导向,纵容企业一味地追求利益,不考虑子孙后代的长远发展,地方保护主义盛行,不仅不能激励环保部门执法,相反,还阻碍或者变相阻碍执法,致使环保部门渎职犯罪高发。由此观之,通过内在监督和激励约束环境侵害行为似乎不太符合现实情况,而外部监督和激励亦存在困难。与环境侵害行为有着最直接利害关系的主体就是受害者,其无疑是最佳的外部监督和激励群体。然而,实践中受害者往往因为经济原因与放弃环境侵害行为作斗争。其一,在环境侵害诉讼阶段,受害人在财力、人力和技术等方面与被告企业相比处于劣势,形成了所谓"加害人恒为加害人,受害人恒为受害人"的局面。这种不平衡导致受害者在于加害人形成对抗之时非常被动。在请求救济时,诉讼的时间延长,成本增加,胜诉的风险加大,以至于获得赔偿被戏称为"幸运中彩"。其二,即使胜诉,同质赔偿的数额与受害人的诉讼成本和实际损失相比,赔偿较少甚至远远低于实际损失。环境侵害具有的潜伏性、长期性和不可量化性特征使得同质赔偿缺乏客观的衡量依据,加上环境损害一旦造成,无论是自然的资源价值损害、生态价值损害、精神价值损害还是生物多样性的减少和缺失,都很难准确地体现在同质赔偿数额上。由此,要激励受害者积极与环境侵害行为作斗争就必须要解决困扰受害者的经济问题。

2.完善我国环境侵害惩戒的措施——引入惩罚性赔偿

既要体现对侵害者的合理经济制裁又要保证受害者的各种损失都能获得赔偿,同时激励受害者积极寻求法律救济,引入惩罚性赔偿无疑是不错的选择。

(1)惩罚性赔偿强化对环境侵害者的惩戒与威慑

惩罚性赔偿是民事赔偿制度中一种特殊的私罚,意指法院判给原告的超过其所受损害数额的经济赔偿,其目的在于惩罚和遏制被告的恶意不法行为。惩罚性赔偿通过以下三个机制对侵害者产生惩罚和威慑作用:其一,道德心理机制,通过责任的判处,使侵害人自我反省,认识错误;其二,舆论机制,惩罚性赔偿判决反映了法律对侵害行为强烈的否定与谴责,将对侵害形成舆论压力,不仅可促使侵害人改过,也可以警示他人;其三,惩罚性赔偿要求侵害人在赔偿受害人的实际损失外承担惩罚性赔偿金,使侵害人承受更强度的不利益,迫使侵害人放弃侵犯他人的故意,或者采取必要的预防措施,防止损害结果的发生。[①]

相比刑事处罚和行政罚款，惩罚性赔偿可以解决前两者责任经济惩戒威慑力不足的问题，通过民事赔偿的方式加重侵害者的经济责任。我国一些环境侵害案例中已经开始有类似惩罚性赔偿判例出现，比如2016年备受关注的“天价诉讼”——泰州市环保联合会与锦汇、常隆等公司环境污染侵权纠纷案。该案历时三年，经历一审、二审及再审的环境民事公益诉讼案件以被告方赔付1.6亿元环境修复费用而告终。引起社会极大反响的1.6亿天价并非空穴来风，它依据的是环保部《关于开展环境污染损害鉴定评估工作的若干意见》及其附件《环境污染损害数额计算推荐方法》，其规定如有详尽的修复污染环境的案例，把实际修复过程中花费的金额作为修复污染的金额；如果实际的修复费用不能准确地计算，则采用虚拟治理成本法和修复费用法。泰州案不能准确计算环境损害，因而法官采取了虚拟治理成本的方法：以评估报告中治理副产酸的市场最低价为标准，认定治理6家企业每吨副产酸各自所需成本，将Ⅲ类地表水污染修复消耗的费用虚拟为正常条件下治理费用的4.5倍到6倍。泰运河、古马干河没有受污染时水质为Ⅲ类，最后按照虚拟治理成本的4.5倍计算环境修复费用即1.6亿元。1.6亿是按照治理费用的4.5倍到6倍计算得出，已经远远超过了传统的补偿，具有惩罚性赔偿的性质。从实际效果来看，这个案例所产生的威慑力比之前的相似案件的行政罚款、刑事判刑都要强烈得多，对今后的环境侵害案例也会有深远的影响。

当然，惩罚性赔偿并不等于巨额赔偿，有效惩戒一定是理性的适度的而非过度。因此，对于环境侵害案件惩罚性赔偿的适用条件应该注意如下几点：第一，侵害者主观上为故意。故意指的是侵害者明知或应知其行为违法，应知包括他人告知违法或者屡次实施仍不改正的。第二，造成严重的损害或者产生恶劣且广泛的影响。客观上要达到一定的损害程度或者恶劣影响范围，对于损害范围小的案件不建议适用，比如家庭装修产生的噪声污染案件。

(2)惩罚性赔偿激励受害者诉讼，鼓励私人执法

惩罚性赔偿弥补了刑事惩戒和行政罚款针对环境侵害行为惩戒的不足，填补了公权力在行使过程中的诸如司法资源不够、人员素质不高、渎职等缺陷，其通过私罚的方式借助被害人和公众的力量对抗环境侵害行为。

依照民间经验，有效的经济措施是激励被害人和相关利害人提起诉讼、抗争环境侵害行为的必要条件。因此，法院在判处惩罚性赔偿时，赔偿金额应该考虑被害者在有证据证明的损害之外的可能存在或将来可能出现的合理损失和对被害者财产损失之外的适当赔偿。

对于相关利害人的权益，也可以通过惩罚性赔偿采取相应的措施予以救济。美国Sharkey教授就认为陪审员作出的惩罚性赔偿应分为两部分：一是对在法庭上的受害者

① 黄娅琴：《惩罚性赔偿研究——国家制定法和民族习惯法双重视角下的考察》，法律出版社2016年版，第36页。

损失的补偿;一是对不在法庭上的其他人所产生的损害补偿。即把惩罚性赔偿作为社会性损害的弥补,认为惩罚性赔偿救济的对象是一种社会利益。① 从此引申开来,可以认为,原告行使的诉权实际上是一种社会代表权,那么其主张的惩罚性赔偿有部分应归属于其他受害者或者用于整体生态环境的修复。像学者建议的,法院可以考虑在弥补生态环境社会性损害这一主旨之下,建立专门的环境保护基金账户,将所获惩罚性赔偿金的一部分存入其中。该基金账户可由有关环境保护主管部门保管,并制定严格的使用制度,确保该款专用于恢复和保护生态环境。② 从制度上说,可以通过奖励举报者或者补偿其他受害者的方式鼓励相关利害者甚至公众参与到打击环境侵害行为的斗争中来,使得环境侵害者无处藏身。

环境侵害伴随着社会和经济的发展在不断地变化,民间环境侵害规则积累了多少年来民众抵制、制止环境侵害的经验与智慧。目前有关环境保护的制定法仍在不断完善之中,借鉴前人的有效策略能起到事半功倍的作用。我国现行民事立法中已经有惩罚性赔偿制度,如何把该制度引入环境保护立法中,并积极发挥作用还有待进一步研究。

## Punishment Rules for Civil Environmental Infringement and Its Enlightenment to China's Statutory Law

Huang Yaqin　Wu Yueting

**Abstract**: Punishment rules for civil environmental infringement exist in a large number of peasant societies. They mainly adopt economic means to punish the acts of destroying the ecological environment closely related to villagers by means of agreement. It plays the role of sanctioning and curbing violations, encouraging villagers to supervise and resist violations. Compared with the statutory laws, these folk rules have the advantages of adjusting the object to local conditions, repairing the neighborhood relationship, saving judicial resources and litigation costs. Because of the shortage of environmental punishment and the lack of effective supervision and incentive mechanism, we can consider drawing lessons from the civil environmental damage compensation rules to formulate a punitive compensation system and increase the punishment of environmental violations.

**Key Words**: civil; environmental violations; punishment rules

---

① Catherine M. Sharkey, *Punitive Damages as a Social Damages*, *Yale Law Journal*, 5(2003).

② 孔东菊:《论环境侵权惩罚性赔偿制度的构建——以惩罚性赔偿的社会性损害填补功能为视角》,载《行政与法》2016 年第 2 期。

# 维吾尔族婚俗及其法律保护研究*

艾科热木·阿力普**

**摘要**:传统的维吾尔族婚俗包括提亲、订婚、婚庆、汇亲等,并且在这过程中也有诸如"掀盖头""越火堆""叫妈"等的传统婚礼仪式。新中国成立至今,由于全球化、现代化、城镇化的不断发展,维吾尔族婚俗的各个方面均有了不同程度的变化,特别是在彩礼方面,并且彩礼的变化同时带来了城乡维吾尔族结婚费用的变化。此外,还有一些传统结婚仪式处在消失的边缘,传统婚俗的弘扬与发展面临新的挑战。维吾尔族婚俗作为非物质文化遗产的重要组成部分,对其进行科学、有效、系统的保护,需要政府和社会各界的共同努力。

**关键词**:维吾尔族;婚俗;彩礼;保护

婚姻是社会文化中的重要组成部分,其对于一个地区的生活秩序,当地人们的社会心理及行为等都会产生一定的影响,这种影响都会体现在婚姻行为与实践中。婚姻制度作为一种社会文化的载体,本身具有独特的文化特征、内在结构与社会功能。① 本文笔者对喀什市疏勒县城乡维吾尔族婚俗的诸多方面进行系统描述,并对其变化与影响进行深入探讨。

## 一、传统维吾尔族婚俗种类

### (一)婚前习俗

1.提亲

在举行婚礼之前,维吾尔族有一系列的婚俗习惯,提亲是婚俗中最为首要的一环。

男方家人就会准备好一些彩礼登门拜访女子家,提亲时所带的彩礼包括:头巾、合身的衣服、鞋子、包等以表诚意,有些条件好一点的还会一并准备好手镯或者戒指以表重视;除了这些之外还会一并带一些糖、鸡蛋等食物。男方家中的长者在女方家做客和其

---

* 教育部人文社会科学重点研究基地中国少数民族研究中心"十三五"重大项目"少数民族文化传承发展与中华文化建设研究"(项目编号:16JJD850019)。

** 艾科热木·阿力普,中央民族大学法学院博士研究生。

① 田振江:《维吾尔族婚礼:类型、特征和多元化》,载《湖北民族学院学报》2016年第6期。

家人进行交谈,其间就会说出自己的想法。男方家的大人会这样对女方家人说:“看您家女儿长大了,我家的儿子年龄也不小了,我想把您的女儿作为我家的娃娃。”女方家人听到这话以后,就会当场进行考虑。若同意就收下彩礼,若不同意就婉言拒绝。

提亲如果顺利,双方长辈就会一起商定婚期,并在婚礼的彩礼及宴请费用方面的事宜上进行进一步的商讨,对婚礼的所有细节与费用等的各方面都进行仔细的考虑。

如今即使年轻人中盛行了自由恋爱的婚姻观念,但是提亲的环节一直是维吾尔族婚俗中最为重要的一环,并一直延续至今;当前有工作的年轻小伙,当被家长问及是否有恋爱对象,或者开始催婚时,若自己有在处的对象,都会说出自己的女朋友的基本情况。比如年龄、工作单位、家庭基本情况、相处了多少年等,然后其父母亲就会从自己的角度考虑,如若其女朋友各方面的情况都合大人的意愿,就会随自己儿子的想法,安排好时间后,直接去女方家提亲。如果年轻姑娘也遇到同样的问题,其父母亲也会接受与采纳女儿的想法,并鼓励其向其男友转达彼此想成亲的意愿,再由男方的家人登门拜访女子家,献礼表达成亲之愿。

笔者在读研究生期间多次参加了自己同学、朋友的婚礼,发现自己的同学有很多都是娶的自己大学时的对象,而且由于现在各方面条件都趋于完善,陆路交通和人民经济收入大幅提高,也有从和田地区、伊犁地区、库尔勒等地方嫁娶成亲的好友。其中在喀什地区检查分院上班的好友穆再排尔,于2013年举行婚礼时,就是与自己从高中谈恋爱一直坚持到大学时还在处关系的对象完成了爱情“马拉松”,最后顺利毕业就业以后与自己的女朋友步入了婚姻的殿堂。当时和其聊天过程中我就得知,他是自己和家人商量了结婚的事宜,告诉了家人自己有爱的人以后,其父母亲就主动到女方家进行了提亲、献上彩礼、订婚等程序后举办了婚礼。

2.订婚

提亲顺利以后,双方家人就会为婚礼做准备,男方长辈会在提亲后的几天,再次到女方家交付之前商讨好的彩礼,并在婚礼举行之前的几天内,把婚宴所用的油、米、菜、肉等一并交付给女方。两家子亲戚大大小小男女老少都会认真地为婚礼做准备。维吾尔族结婚宴请客人时,主食是抓饭与大杂烩,这两种婚宴必需的食物需要用去大量的米、肉、油等原材料,这也会由男方提供。

### (二)婚礼第一天习俗

维吾尔族传统婚俗中,男方家会举行两天婚礼,第一天宴请自己的亲朋好友,第二天再宴请女方的亲戚团;与男方举办两天婚庆的情况不同,女方家只举办一天婚礼,也是宴请自己的亲朋好友,第二天集结所有的亲戚、邻里、好友等,去男方家赴宴。因此婚礼中的主要仪式包括:

1.宴请

婚庆在男方家举行两天,在女方家举行一天,当婚礼的请帖发出以后,举办婚礼方会在亲朋好友的帮助下为婚礼那天做好准备。到了双方结婚的日子，男方与女方家庭第一天会在自己家里分别举行婚礼。男方和女方都会在自己家宴请亲朋邻里，凡是收到请帖的人都会在婚礼当天赴宴，而且都会带来自己事先准备的“多斯坎”（客人的心意，一般会带来一些烤包子、糖、布料、鸡蛋等的礼物盘，一般都由女客准备），并且在举办人家里吃过饭以后，献出自己的贺礼，送上自己的祝福后离开。离开时还会一并拿走主人的回礼，就是主人接受了客人的“多斯坎”，一并准备好一个礼物盘回赠于客人。[①] 婚礼第一天女方家也是这样的情况。

婚礼对于双方都像盛大的节日一般，整个婚礼当天结婚双方的家人及彼此亲近的友人，共同接待来客。婚礼当天一大早会接待附近邻居家男性，主要是男子父亲的好友和老一辈儿的人来参加婚礼并祝贺。上午是断断续续的散客结伴来临，到中午时是来客的最高峰，无论是男女老少，有工作者还是居家及个体户，在午饭前后的几小时内，客人们蜂拥而至。所有的来客都是婚礼主办方的知己好友，都会最后被家里的长辈接见与送别，所有来客也会送上自己最真诚的祝福，并为他们的款待答谢，送上“多斯坎”，献上贺礼，拿上回礼后离开。

2.迎亲

男女双方家举办婚礼第一天，喜迎各方客人，中午的迎客高峰期过后，男方就可以为下午去女方家迎亲做准备。大约到下午六点做好准备去新娘家迎亲。伴郎团会集结好迎亲的车队，少则 10 辆，多则 15～20 辆，领头车会是一个皮卡型，车后载上吹乐敲鼓的艺人，在艺人们演奏的欢快的乐曲中，新郎会坐在比较豪华与用鲜花进行装饰的车里，其他车辆的雨刷器上都会统一被缠绕上两米长的红色布条，以表喜庆之意。迎亲车队准备好以后，新郎与其主要的亲戚就会一同出行，去新娘家迎亲。

整个车队会在领头车的带领下，吹着唢呐敲着鼓，浩浩荡荡地穿行当地的主要道路前往新娘家。这种出行有向周围人宣告谁家举办了婚礼作用，也有让陌生人看到整个震撼的车队以后，为新人们投送祝福的意味。等车队接近新娘家附近时，听到了欢快乐曲弹奏声后，新娘家的人也会迅速做好接亲准备。

到了新娘家门口，新郎下车后脚不着地，会被两个年轻力壮的伴郎小伙高举在自己的肩膀上，在乐手的带领下和伴郎们的欢歌载舞下，步入新娘家里。新郎会被伴郎小伙儿一直举着，进入房子里后放在事先垒好的“新郎褥”上（女方的家人事先准备好的，用好的棉花与布料做出的长两米宽一米的褥子，两个叠起来专门安排给新郎入座用）。这时婚礼会达到最让人兴奋与激动人心的时刻，伴郎们会在新娘家载歌载舞，等新郎的母亲接新娘以后把新娘接到新郎家。

等欢歌载舞完，新郎与所有来客在女方家被宴请一番过后，新郎的母亲及姐姐会进入新娘所在的房子里，将准备好的鞋子和衣服给新娘穿好，再从房子里接出来，带到自己儿子身边。此时新娘与自己的母亲离别，新娘因为离家而黯然泪下，女方家的亲人在欢

---

① 王茜、魏铭清：《维吾尔族婚俗历史演变研究》，载《新疆大学学报》2002 年第 1 期。

送来客与新人的同时，也会因自己女儿的离开而有些悲伤。无论如何结婚的喜庆气氛依然会不断，两位新人会在欢庆的音乐中被伴郎团与伴娘团簇拥着送上车，然后又像之前浩浩荡荡来接亲一般，接亲车队绕完当地的主要道路以后又回到新郎的家中。

3."越火堆"礼仪

接亲的车队载着新郎新娘继续绕城一周，回到新郎家。新人下车后，新娘进入新郎家门前，会举行一个新娘越火堆的仪式。新郎家的邻居或者自己的亲戚，等接亲的人都回来时，会在适合的地段堆一些木头，燃起一堆火，并准备好一块新的地毯放在路上，等新人走到这里时，伴郎团的几个小伙会主动过去把地毯的四角抓住，新娘也会主动踏上地毯坐在最中间，然后小伙子们把地毯合力举起，将新娘从火堆上抬过去再放到地上，随后新郎会抱起新娘，直接把新娘抱进自己的新房子里。等新郎从房子里出来以后，伴娘团就会进到房子里陪伴新娘。"越火堆"这个仪式主要寓意就是希望这对新人以后的日子红红火火，希望这对新人能够生活幸福美满。①

4."叫妈"仪式

把新娘接回新郎家以后，第一天的婚礼就等于结束，大家都可以为第二天的婚礼做准备。此时，新郎会带着自己的伴郎团出去吃饭，以感谢伴郎团的所有小伙子们在整个婚礼中的帮忙与出力，并为第二天婚礼的更加圆满进行而做商量。新郎的母亲回到自己家稍事休息过后，会在自己女儿的陪伴下进入新娘所在的屋里，此时新娘在伴娘的陪伴下披着盖头端坐在新房里，新郎的妈妈靠近新娘蹲坐在其旁边以后，就会立即趴在新娘的膝盖上并开始假装念叨"我的牙呀，好疼啊，我的头啊，好痛啊"，为的就是让新娘叫妈妈确立婆媳关系，新娘此时就会在伴娘团的鼓励下，亲口说出："亲爱的妈妈，您起来吧，希望您的牙别再疼了。"听到新娘叫妈了以后，新郎的母亲也就起身，仪式过后，婆媳关系也就正式确立。

### (三)婚礼第二天习俗

1.宴请女方亲戚团

维吾尔族传统婚俗中，第一天男女双方分别在自家举行婚礼，分别宴请各自的亲戚、好友、邻居等来客，第一天下午迎亲新郎把新娘接回自己家，整个婚礼就等于结束了，第二天的婚礼继续在新郎家举行，这一天女方家不会举行婚庆，女方家的所有亲戚、邻居、好友等，会在女方家长辈的带领下，集体到男方家赴宴。首先一大早男方会收到女方人家送来的烤肉、烤包子、鸡蛋等早点，用过这些食物过后，男方家人也就开始再次张罗与布置，做好迎接女方来客的准备。

男方第一天把自己主要的来客宴请接待完以后，第二天会做好准备等待女方家长带着其亲邻好友到来。到中午时，女方家长辈会带着所有的亲戚团、邻居团、好友知己等众多人来到男方的家中，男方家的所有人都会在客人到来时在家门口迎接他们，按照民间

① 叶小芳、孙传国：《浅析新疆维吾尔族婚俗的历史变迁》，载《塔里木大学学报》2017年第2期。

的习俗，上水洗净来客双手，进屋安坐，端茶倒水，送上饭菜。此时，婚庆的主旋律也会响起，客人们会在愉悦的音乐声中吃着美食，品尝着摆放的甜点。

2.“揭盖头”仪式

维吾尔族的婚礼开始时，新娘的脸会用面纱一直遮挡着，为的就是不被其他人看到其美丽的容颜，新娘在婚礼第一天早上着装好以后，面纱除了就寝之外是不会被取下的。直到第二天在新郎家举行“揭盖头”的仪式，新娘的面纱才会被取掉。① 等女方的亲戚团用餐过后，在男方家休息并欢歌载舞到下午时，新人就会出现在大众面前，伴郎团伴娘团都会一并簇拥在新人周围，载歌载舞。在欢快的歌舞声中新郎家会出来一名女性，在大家面前跳一段即兴舞，跳着舞逐渐靠近至新娘身旁，并趁着新娘不注意时，快速地把新娘头上的面纱取掉。

3.婚礼“麦西来甫”

揭盖头的仪式结束后，这时婚庆就会变得更热闹，所有的人都会献上自己的掌声为新人祝福，新人会在音乐声中和大家一起跳舞。婚礼“麦西来甫”也就正式开始。②

在新疆流传着一句古话，“维吾尔族人从生下来会说话时就已经会唱歌，会走路时已经会跳舞”，充分体现了维吾尔族是一个能歌善舞的民族。每逢欢庆节日，维吾尔族都会发起一个独特的歌舞集会——麦西来甫。③ “揭面纱”仪式结束，所有男女老少都会欢快地跳起舞蹈。伴郎们簇拥着新郎在这边跳，伴娘们簇拥着新娘在那边跳，两边人又结合起来一起跳，婚礼的气氛达到最高点，男女老少的激情都会在音乐中被释放，此时是婚礼最热闹的时刻。

笔者在与自己的舅舅艾合买提江，就“迎亲”仪式以及“麦西来甫”过程中，对乐器弹奏人的情况进行了解时，他告诉我说：

> 这些乐器弹奏人，都需要在结婚前，托熟人事先与在歌舞团上班的人取得联系，告知他们：自己要举行婚礼，需要一些演奏人员在婚礼当天演奏助兴。然后其就会给我们推荐唢呐手、敲鼓手和其他需要能及时助兴进行弹奏的少数民族乐器弹奏手等一些同行。和他们一并见面，谈妥时间并与其商量好报酬，他们就会在婚礼当天一大早带上乐器来到自己家。婚礼当天，他们会被我们照顾好，给他们准备好茶水，准时送上可口的饭菜，弹奏乐器的艺人结婚当天会从头到尾都在房子里给我们弹奏优美的音乐。尤其是在来客高峰阶段，迎亲、掀盖头仪式时，以及婚礼“麦西来甫”阶段，不遗余力地助兴婚礼氛围。以表对他们的谢意，等到整个婚礼仪式结束后，来客们都走了以后，再次会专门给他们做一顿美食，把先前说好的钱放到信封里，或直接把钱给其领队。

① 李建军：《新中国成立以来的新疆传统文化变迁》，载《新疆师范大学学报》2013年第5期。

② 马盛德：《西北地区回族、撒拉族、维族民间婚俗舞蹈比较研究》，载《西北民族研究》2004年第1期。

③ 楼望措：《维吾尔族的婚礼》，载《新疆人大》1995年第1期。

4.致谢伴娘伴郎团及丝绸绑新人

婚礼也相当于是年轻人的节日，只要有新人结婚，其周围的好友都会被邀请成为伴郎与伴娘团的人员。年轻靓丽帅气的姑娘们和小伙子们，在其朋友的婚礼上穿上漂亮的晚礼服高跟鞋，西装革履地出席。前前后后大人主要繁忙于宴请来客，很多的习俗与活动，都会由伴娘伴郎团的年轻人主导与把握婚庆的主旋律。

就在婚礼"麦西来甫"上，新娘的家人与亲戚会给伴郎团的小伙儿在跳舞时带上维吾尔族花帽，并送去袜子、手绢、鸡蛋、糖等以表自己的心意。新郎的家人与亲戚会给姑娘们送去头巾、丝绸等物品。以此来对年轻姑娘与小伙子们两天来的捧场与帮忙表达自己的谢意。

所有人都在欢快地跳舞时，渐渐地新娘新郎会被大家围在中间，此时会由伴郎团中的一个小伙子，用一条红色的绸子把两个人缠腰绑在一起，演奏的音乐此时也会变成双人舞，在所有人的掌声中，新人会拥在一起，跳一段双人舞。这时掌声祝福声齐响，彩喷与爆花筒齐鸣。丝绸绑新人寓意就是，希望这对新人日后的生活中能紧紧地在一起，一生一世永不分离。

5."亲家礼"仪式

随着新娘的面纱被揭开，麦西来普接近尾声，新郎新娘家的亲戚就会在大众面前一一献上自己送给新人的礼物。女方的母亲和亲戚依次把自己的心意和礼物摆放在大众面前，等女方家人献完亲家礼以后，男方的家人也开始一一献礼。这些礼物中主要包括给新娘的金银首饰及珠宝饰品，给新郎的西装、皮鞋、手表、衬衣；还包括现金、电视、冰箱、被褥、地毯等。大到电器小到日常用品都会给这对新人奉上。这个环节中，新郎新娘的母亲、亲戚、远亲近邻等都会把自己的心意摆出来，陈列在大众的面前，并有专门的人大声在大众面前说出是谁家亲戚的什么礼给予谁。比如，有新娘母亲给新人送上的某某品牌彩电一台，有新娘姐姐给新郎送上的西装一套。

每对新人婚后生活的起步都有点难，毕竟柴米油盐醋的生活需要很多的物质基础和经济基础，因此展现"亲家礼"一方面不仅是双方家人对新人日后美好生活的祝福的体现，另一方面也是借此机会在大众面前表现出自家的生活情况，同时也是对彼此亲家认可的一种体现。①

等所有的礼物与心意被成列完以后，第二天在男方家的婚礼仪式也就接近尾声。所有的来客与帮忙人员把亲家礼送入人房子里后，婚礼也就结束了。女方母亲及亲戚和自己的女儿道别后，就会带着所有来客一起离开，伴娘团与伴郎团的年轻人也会道别离开。婚礼所有的东西收拾好以后，帮忙的人与邻居们也会离开。等所有人走了以后，男方家人及所有亲戚会单独在自己的家里欢聚一次，此时所有人都会和新娘坐在一起，主要是聊些家常并欢迎新娘入住新家。

---

① 贺文佳、李绍先：《中国传统婚俗之性文化教育意蕴初探》，载《乐山师范学院学报》2012年第3期。

### (四)婚礼后习俗:汇亲

新人婚后开始过自己的生活,也正式开始打理自己的家,与此同时会各自与对方的亲人加深认识与了解,以前本不如此亲近的两家也会因为彼此儿女的喜结良缘而结下亲家关系。

婚后第三天,首先由夫妻两人一同前往新娘家去请安,丈夫会陪伴妻子一起回娘家,男子会带一些礼品或者烤肉、抓饭、丝巾等心意献给岳父岳母,并向自己的岳父岳母请安,以表达对他们将女儿养育成人,与把女儿许配于自己的感谢之情。与此同时也是为了让自己的妻子回家探亲,并和自己的亲戚婚后有次团聚。然后,再过些时日,女方的家人会再宴请一次男方所有的亲戚们,借这次机会两家的大大小小所有亲戚们都会彼此认识得更深,比起在婚礼上认识的情形,这次都是彼此舒心的认识,没了婚礼的繁忙,也已经从婚礼的疲劳中缓过来,因此通过这么一种汇亲仪式,能让双方的亲家关系提高到更深的层面,彼此结下良好的亲家关系。

## 二、现代化进程中维吾尔族婚俗的变迁

新中国成立以来,尤其是改革开放以后,边远的西北地区的经济发展发生了很大的变化,笔者在喀什地区疏勒县进行调研时对此有深刻的体会,经济的发展,首先带来的是文化的渗透与变迁。[①] 这期间维吾尔族婚俗也发生了很大的变化,这些变化主要包括:

第一,传统的"指定婚"逐渐不在,婚姻自由渐占上风。新中国成立时,由于全国各方面的发展比较滞后,人们的思想与生活水平处在保守与落后的阶段。随着我国各方面事业的逐步发展,人们在科学文化知识的助推下,思想意识空前提高,社会各方面发展空前繁荣。加之新中国成立后新《婚姻法》的公布以及改革开放的迅速推进,使得人们的生活也发生了巨大的变化。这种情形助推了维吾尔族思想的解放。在婚俗方面,半世纪以前由于思想落后,眼界狭隘,在维吾尔族社会中传统的"指定婚"占上风。但如今人们婚姻自由的理念逐渐占上风,思想的解放,意识的转变都让守旧的"指定婚"逐渐消失,恋爱自由、婚姻自由的理念得到了维吾尔族群众的认可。在婚姻对象的选取方面,家长越来越尊重年轻人自己的选择。

第二,"媒婆"这一角色的地位与重要性,在现代婚姻价值观念的转变过程中逐渐趋于减弱。新中国成立以后直至改革开放以前,人们的思想都比较保守,一般情况下,青年男子在其父母亲的介绍下,对推荐的女性有所认可以后,其父母亲就会通过第三方或者俗称的"媒婆"去向女方的家人表达自己的想法。这阶段媒婆扮演着相当重要的作用,在双方之间起的是一种桥梁作用。彼此不太熟悉、相互也不太了解的新人的婚姻是否能够顺利达成,都与媒婆作用的发挥直接挂钩,媒婆会在两家之间奔波,相互转达彼此的想

① 刘益梅、王君玲:《维吾尔族传统婚俗探析》,载《新疆社会科学》2008年第1期。

法,并在此过程中出谋划策,本着善意去完成自己的使命。

笔者在自己家乡喀什市疏勒县调研期间,就对媒婆问题的更多信息通过与自己姥姥进行访谈时了解到:

"媒婆"一般都是在当地比较受尊重与有威望的人才可担当的,而且其作用不光只是在提亲环节有所体现,在整个婚礼过程中,媒婆都起着重要作用;定亲献上彩礼时,也会一起在双方父母亲之间就彩礼数额有争辩时进行撮合;婚礼第二天会主动召集起女方的亲戚团,带领他们来到男方家婚礼仪式的婚宴;在展现"亲家礼"环节,如若没有一方当事人进行主持,其也会在大众面前依次展现亲家礼。一般没有经验的人不会担任这一角色,大众也是在不同的婚礼上对不同媒婆的表现与声望有深刻了解后,某一媒婆的权威也就在平民百姓间潜移默化地存在。

第三,择偶标准上的变化。维吾尔族的婚礼中一直存在着一些禁忌风俗,其主要体现在对婚姻对象的限制。维吾尔族虽然在新中国成立前存在过"一夫多妻"的现象,但新中国成立后全面实行了"一夫一妻"制度。传统伊斯兰教在通婚方面有过严格的限制,一般是禁止与非伊斯兰的教徒进行通婚。种种的限制对妇女尤为严格。① 其次在同胞兄弟姐妹之间的婚配方面,也有较为严格的限制,一般情况下禁止同吃一母乳的孩子之间结婚。过去维吾尔族堂兄弟姐妹之间,以及姨表、姑舅表兄弟姐妹之间都是可以通婚的,但随着计划生育的宣传,大众都知道了近亲结婚的危害,此情况也明显地减少了。

在这些传统思想与一些禁忌习俗的存在下,人们的思想观念一直处于相对保守的状态,一般情况下大众在选择对象时,不会考虑太多,只要是到了适合结婚的年龄,在家人的推荐与中间人的撮合下两个新人不会有太多的考虑,只要彼此觉得可以过日子都会答应家人所愿。不过近年来人们的观念意识等都在物质条件好转与思想观念进步的情况下,发生了改变,人们都开始理性、科学地在所有方面做出选择。

如今在对结婚对象的选择问题上,标准也不像从前那样简单,一般都会对对方的家庭背景、学历条件、外貌、工作、能力等各方面进行考虑。不再局限在传统的"媒妁之言"与父母亲等长辈的所愿。而且随着时代的变化,维吾尔族也逐渐开始和汉族、回族等其他民族通婚,而且这种情况越来越多。党和国家也对这些促进民族团结、增进民族大融合的婚姻有着相应的政策照顾和一定的物质奖励。

第四,进入新世纪以来,各民族之间的文化交流日益频繁,彼此间的文化渗透在婚礼中无处不在。这种的文化渗透在婚俗上带来的主要变化包括:婚礼饮食与婚礼服饰方面的变化。如饭菜的变化,礼服的穿着样式变化,拍婚纱照的兴起等,都是受到了内地汉族文化与国外文化的影响。维吾尔族也渐渐地在宴请饭菜中加入了内地汉族同胞食用的木耳、豆腐、蘑菇、海带等菜种。而以前由于经济条件落后,再加之在保守的思想下,喝酒的习俗在婚礼过程中未曾存在过,如今也是在民族的交流与文化的渗透过程中,吃酒席

① 王茜、魏铭清:《维吾尔族婚俗历史演变研究》,载《新疆大学学报》2002年第1期。

也在现代的维吾尔族婚礼中出现。[①] 穿婚纱拍婚纱照，结婚日确定在某一方生日，定制蛋糕等的现代文化渗入更是给维吾尔族的婚礼增加了浪漫的气氛。

第五，当前维吾尔族传统的婚俗文化中，现代化元素在婚礼中有不同程度的体现。这其中就包括请柬的变化，以前请柬根本就不存在，某一对新人结婚的消息都是通过邻里之间奔走相告的方式，相互获知的，大家都是通过这种传统的"捎口信"知道谁家哪天举行婚礼。随着时代的进步与发展，请柬出现了。最初请柬只是一张有图案的白纸，后来请柬的样式与风格都变得更加精致与典雅。一张普通的白纸请柬变得和贺卡一样，整个请柬的外形设计与图案、花纹等都变得更加美观。而且以前就没有接亲仪式，后面出现了驾马车的迎亲方式，现在也变成了豪华的车队的迎亲方式。而且，以前迎亲与婚礼麦西来甫时，请来的弹奏乐器的人，弹奏的都是传统的维吾尔族乐器，比如：弹布尔、都塔尔、纳格拉、达普、萨塔尔等，演唱的都是传统的维吾尔族歌曲。[②] 如今，乐器方面除了依然保留着传统的乐器以外，还加入了电子琴、手风琴等现代乐器，演唱的歌曲也都是现在流行的曲目。在信息化、全球化、现代化的发展进程中，婚礼的所有经过都进行拍摄，制作成 VCD 光碟与 DV 数码视频等，这都是婚俗过程中的一大创新与改革所在。

第六，维吾尔族城市、乡村居民彩礼的变化。彩礼是少数民俗婚俗中比较重要的一笔财，而且双方家庭在财礼的数额上能否达成很好的共识，直接影响婚姻的顺利完结。笔者在喀什地区疏勒县与自己姥姥进行访谈得知：

新中国成立至 20 世纪 60 年代，由于当时国内各方面的发展有限，维吾尔族生活条件也比较简单，因此当时男方提供的彩礼一般都是一身好的衣服，或者好的布料及靴子、头巾等物品；到 70 年代时这种情形大致还是没有变化，只是相对家庭条件比较好的个别家庭，会准备一对耳环。直至 1980 年前，彩礼也是在 200～400 元之间波动。

到了"文革"结束以后，进入改革开放时期的 20 世纪 80 年代后的十年内，国内的形势趋于稳定，贫穷的状况逐渐好转，人们的温饱问题渐渐得到改善，维吾尔族结婚的彩礼直接提升到了 3000 元的水平。当时一般干部的工资都上涨了，加之黄金的价格也有所提高，因此自 1980 至进入 21 世纪的这段时间里彩礼一般都维持在了 3000 至 6000 元的水平。

进入 21 世纪以后，国内形势越来越好，生活水平也不断得到改善与提高，彩礼也直接上升至了 10000 元、30000 元。随着中国经济实力的不断提高，各方面发展的不断进步，彩礼上涨的趋势已经一年高于一年。最近十年来彩礼从一万上升到了三万，再从三万上升到了五万、七万。

笔者在喀什地区疏勒县调研期间，前往了位于疏勒县东部离县城 38 公里远的疏勒县亚曼亚乡，通过与 7 村 3 组 11 号住户的家庭主妇进行访谈得知：

新中国成立以后，农民的收入不是很高，当时各方面的条件有限，一直到 20 世纪 60

① 田振江：《吐鲁番维吾尔族婚俗变迁及其保护》，载《许昌学院学报》2011 年第 1 期。

② 田振江：《吐鲁番维吾尔族婚俗变迁及其保护》，载《许昌学院学报》2011 年第 1 期。

年代时,我们在集体所有制的地里务农,统一进行按劳分配,到年底的时候进行工分,一年下来平均一人的收入只是 60 至 100 元的水平。这种条件下当时结婚的彩礼是靴子、头巾、一身衣服等。到了 70 年代,情况有所好转,农民的生活条件也日渐完善,结婚的彩礼除了之前的物品以外还渐渐地包含了一两包方糖、一斤白砂糖等物品。

后来随着国内动乱的结束,"文革"以后我们的温饱问题逐渐开始改善,百姓开始渐渐地每顿有饭吃,全国实行土地承包制,广大百姓开始自己拥有了土地所有权,通过种植农作物、养牲畜等方式进行生产劳作,日子慢慢逐年变好。尤其是从 20 世纪 80 年代开始人们开始不愁吃了,80 到 90 年代期间,彩礼在之前的基础上又开始慢慢加入一袋面粉、半袋大米、一对耳环等。

随后进入了 90 年代,农民在自己的土地上进行更加有效的种植,每年的收成与家庭收入都不断提高,彩礼逐渐开始在布料、衣服、方糖、耳环的基础上,有了具体数目的金钱的加入,从 1990 年至 2000 年期间,彩礼中的金钱数目保持在了 500 元以内。到了 2000 年,农村经济得到了空前的发展,各种机械播种带动了农民的劳作能力,以此为推动力,生产生活水平及物质生活水平都提升了。这时,彩礼也直接达到了 4000 元左右的水平,为了一次婚礼,农民也开始不惜通过卖牲畜、亲戚一起出钱等的方式筹钱办婚礼。

从 2000 年到 2010 年的几年时间里,国家的惠农政策大量普及,买大型的拖拉机、种植机有补贴,盖房以及买牲畜有补贴,国家开始对农民进行每月发放低保户、贫困户补助金等的政策,都使得乡村的各方面发展空前变好,以前我们只是靠种地、养牲畜维持自家的经济条件,现在已经逐渐开始有了更多的方法提高收入,种植水果、出去务工,到县城里去卖自己的作物等的方式都让农民的生活水平有了提高。彩礼也在这种良好的发展形势下不断提高,一直上升到了 5000 至 7000 元。

十八大以后,我们的生活越来越好,惠农政策与各种补贴更是逐年增长,乡村百姓家电动三轮车替代了自行车,汽车替代了毛驴车,全国经济水平的提高使得最近几年乡村结婚中彩礼数额继续上涨,人们结婚的彩礼已经突破了万元,好一点的人家彩礼数更是达到了 1.5 万元。

## 三、维吾尔族婚俗变迁的分析

### (一)现代化进程对维吾尔族婚俗的影响

维吾尔族的传统婚俗,可以体现出他们的民族精神与性格,文化具有内在性与延续性,而且其主要是通过风俗习惯、思维方式、思想观念和价值标准等,无声息地影响着民族文化的走向与发展。文化是一个民族不可或缺的基石,如果一个民族没有文化那就会像空洞般存在,并随时都会在历史的发展中消失殆尽。随着我国改革开放的深入及现代化、全球化的不断推进,许多人已经走出了以家庭为单位的局限性的生产活动,进城务工和人口流动,以及人们在大城市经商、学习、工作的变化都会使民俗相对化,不同的国家不同的民族之间的政治、经济、文化等方面的不断交流,都会给每个少数民族的文化带来影响。

当前维吾尔族的传统婚俗也在一定程度上受到了汉族婚俗的冲击,并受到了现代化的不断挑战,选择性地吸收汉族婚俗与西方婚俗,加速了一些维吾尔族传统婚姻习惯法的消失。这主要包括:

首先,男女家分别举行一天婚礼,第二天只在男方家举行婚庆的习俗已有变化。快节奏的生活方式,已经在全中国流行,再加之物质生活水平的提高,维吾尔族也习得了汉族婚俗在宴会厅举办一天婚宴的习俗,为了节省更多的金钱、时间与劳力,维吾尔族也开始在宴会厅一天举行婚礼,把两天的婚事一天办完,简化了一些传统的习俗。

其次,一些传统习俗中的有些仪式逐渐消失。如文章前面所描述的婚俗中,其中有的一些仪式在当前已不复存在,比如男子迎亲环节,以前是第一天的晚上去女方家把新娘接回的这个仪式,现在双方同时在宴会厅集结举行婚礼,迎亲就没有了。紧接着就是"越火堆"仪式也不存在,以前迎亲回来,入新郎家之前,有一个越火堆仪式。思想解放以后,这成了一种迷信;再加之现代化进程下一方面为了避免引起火灾,另一方面为了不再让劳累中的人有太多繁忙,这个仪式也就取消了。在宴会厅举行婚礼"叫妈"仪式也就没有了,直接就是"掀盖头"仪式过后,展现亲家礼,直接把新娘接回家。

最后,十八大以来党的惠农政策开始更好地普及,十九大后的乡村振兴理念之下,城乡差距逐步缩小,乃至于最近五年来,农民举行婚礼也不是传统的在各自家举行,在地方婚丧嫁娶等的一些重要仪式,都在村委会的便民服务大厅与相应的活动室中进行,这更是大大改变了农村婚礼仪式。

### (二)彩礼受限的因素分析——维吾尔族传统风俗对彩礼的影响

笔者在喀什地区疏勒县对维吾尔族婚姻习惯法进行调研期间,与自己发小阿米乃穆进行访谈时,她告诉笔者:

> 我家庭条件和你的不一样,你是从小学一直读到了大学,今后毕业找工作才结婚;而我当时上完初中以后,由于受家人当时的传统观念,为了早日帮家里分担生活压力,2003初中读完就被家人送到了一个裁缝匠那里学艺。后来有一个馕匠店里的一个学徒,我被他的父母亲看上后,打听了我的情况,到我们家提了亲。我当时也没有考虑太多就结了婚,婚后由于关系一直不好,我半年后离婚了。离婚以后由于我和家人都受到了些影响,我在离婚后的两年之内都没再考虑结婚。离婚差不多两年半以后,我们去一个远亲家拜年,当时也有过和这个远亲家的一个儿子成婚的想法,但是由于传统禁忌的束缚没结成,后来就和远亲的邻家儿子阴差阳错的有了姻缘。
>
> 第二次提亲时,他们的诚意还是很好的,但彩礼金额比第一次的少了些,因为我有过一婚的经历,而且在传统的思想中自己也已经"失身",所以彩礼就低了一些,不

过这都没有影响我们婚后的生活，现在我们已经有了两个孩子，我们生活也很好。

除此之外，笔者的二姨妈阿依古丽也是工作以后，有过两次婚姻的经历，和她聊天，她也告诉笔者说：

> 我2004年第一次结婚，婚后由于两个人性格不合，个人觉得不宜长久生活，最终选择了离婚。我当时没有生育，婚后一段时间，又有人过来提亲，当时也看别人的诚意与各方面条件都不错，就和别人有了成亲的打算。当时谈论彩礼时，在彩礼上也有过一些小纠纷，也是因为我有过一婚的经历，别人父母亲含蓄地表达了自己的想法，当时给我们彩礼时，金额比普通水平也是低了有3000～5000元。

**(三)城乡结婚总费用变化的因素分析**

新人结婚，举办婚礼，宴请来客，自古以来都需要花费很多的金钱，为了一次婚礼的举行，一家之长与所有亲戚都会共同努力，一起集资。从有举行婚礼之念头开始就预算好一切，开始着手集资费用。① 自新中国成立以后，直到改革开放以来的现在，不同的时期维吾尔族婚礼中的彩礼与所有的开支都是上涨的。

城市中干部家庭举行的婚礼中，彩礼变化如前所述，经过半个多世纪的时间，随着中国各方面水平的提高，维吾尔族婚礼彩礼的费用，已经从最开始的一块好布料、一身好衣裳的水平上涨到了当前五万元的水平。究其原因主要有以下几点：第一，国家经济水平的提高，改善了百姓的生活条件。第二，劳动人民工资的上涨，带动了社会其他方面的整体费用。第三，维吾尔族婚礼中，会对金银首饰等都有格外的要求，黄金价格的上涨也让彩礼逐年增加。第四，现在物价水平提高，房、车等生活必需品也促使了彩礼的一路走高。

具体地了解了维吾尔族乡村的婚礼彩礼情况的变化以后，笔者发现：虽然当前我国的东西部发展存在着一定的差距，然而西北偏远地区的少数民族的生活水平自改革开放以来还是发生了明显的变化。进入21世纪后，当地百姓的日子已变得越来越好，生活过得越来越幸福。在如此好的形势下，乡村的结婚彩礼也是从新中国成立时的一身衣服、布料、头巾等，直至现在已经突破万元的礼金。这种变化的原因主要有以下几点：第一，新中国成立以后，党和国家在不同时期，准确地实行了按劳分配和土地承包等制度。第二，随着改革开放，农村百姓的温饱问题得到了全面的改善，良好地带动了农民生产生活的积极性。第三，我国工业水平的提高，给农民的生产生活带去了先进的生产劳动工具与技术。第四，在党的惠农政策及脱贫政策的鼓励下，乡村生活发生了翻天覆地的变化。

与之相对应的婚礼总开销数目，笔者通过访问得知，新中国成立之初，结婚办婚宴邀请客人等的开销，一般都不高，当时生活水平有限，新人结婚也就是双方的亲戚、邻居团聚一场，吃个肉，吃顿饭就结束。渐渐地，随着生活水平的不断提高，办婚宴宴请客人的开销也逐渐高涨。除了彩礼以外都会自己再承担各方面的开销，整个婚礼才可顺利完结。尤其是进入21世纪以来，维吾尔族办婚礼男方还会多开销彩礼2/3的数额才能承

① 瞿明安：《跨文化视野中的聘礼——关于中国少数民族婚姻聘礼的比较研究》，载《民族研究》2003年第6期。

担起整个婚礼的开销，女方也是在收到彩礼以后，自己再额外地开销彩礼 1/2 的数额才能承担起整个婚礼的开销。自新中国成立至今，不同时期的维吾尔族婚礼中的彩礼与所有的开支都是上涨的情形。无论是城市还是乡村，这种开销上的变化都是相同的。

## 四、维吾尔族婚俗的法律保护与传承

### (一)法理概述

1.婚礼的习惯法效力

自古以来，人类的繁衍和历史文明的延续都是两性结合的结果。古时候人的寿命短，生育及存活率较低，因此人类都通过不同的仪式表达出自己对生命的敬畏，因此在我们的生活中都有不同的仪式，比如：小孩儿的出生、满月、成人礼、婚礼、葬礼等。结婚对于每个人来说都是人生中最重要的活动，对于结婚双方来说，都是组成独立家庭与离开父母庇护的过程。结婚属于社会交流，在古时其在两个家族之间起枢纽作用，主要作用就是使两个家族结合，并让双方在社会中有不同的地位。

结婚以后双方会组成新的社会基本单位，并承担人类繁衍后代的重任，通过得到长辈及亲朋好友的祝福，让自己的新生活能够走向美好与繁荣。婚礼的举行不仅是一种公示，其更是一种独占的宣誓，通过仪式性与宣传性，使得婚礼在现实生活中的意义更为明显与重要。因此结婚时举行婚礼，具有一种公示作用。笔者认为婚礼习惯法有以下三个方面的效力：首先，通过婚姻成立的新家庭，会被整个社区认可。其次，新的家庭在社区承担相应的社会责任及相应的义务。最后，夫妻之间的忠诚义务、互相扶助等的义务，都是从婚礼开始后由双方正式承担。

2.非物质文化遗产保护视角下的婚礼

我国现行的法律规定中，未有专门的法律对民族婚俗的保护作出具体的规定。但从我国的《宪法》和加入的联合国《保护非物质文化遗产公约》，以及 2011 年颁布实施的《中华人民共和国非物质文化遗产法》等，都可以找到对传统婚俗文化进行保护的法律条文。

1949 年新中国成立前夕，中国人民政治协商会议第一届全体会议通过了《中国人民政治协商会议共同纲领》(以下简称"共同纲领")，这部具有临时宪法作用的文件。在共同纲领的第 53 条中做出了"各少数民族均有发展其语言文学、保持或改革其风俗习惯及宗教信仰的自由"的明确规定。

后来，中华人民共和国第一部宪法于 1954 年正式通过，现行的八二宪法共历经五次修订，其内容更加科学、合理、完善。《宪法》第 4 条依然沿用新中国成立初共同纲领的相关规定，并将条文规定更加完善，法律规定："中华人民共和国各民族一律平等。国家保障各少数民族的合法的权利和利益，维护和发展各民族的平等、团结、互助关系……各民族都有使用和发展自己的语言文字的自由，都有保持或者改革自己的风俗习惯的自由。"

2003年10月17日联合国教科文组织第32届大会，顺利通过了《保护非物质文化遗产公约》(下文简称“公约”)，我国于2004年8月加入了该公约。

中国自古以来就是多民族的国家，各少数民族都有不同的传统文化与风俗习惯，我国加入公约旨在更好地对各少数民族的风俗习惯与优秀文化进行有效的保护与传承，并同各国共同努力致力打造人类命运共同体及全球文化的交流、传播与传承。

为了能够让优秀的中华民族传统文化得到继承和弘扬，进一步促进社会主义精神文明建设，并能够很好地履行《保护非物质文化遗产公约》规定的义务，我国于2011年制定了《中华人民共和国非物质文化遗产法》(以下简称《非遗法》)。习近平总书记在十九大报告中强调“要坚定文化自信，推动社会主义文化繁荣兴盛”。并指出：中国特色社会主义文化，源自中华民族五千多年文明历史所孕育的中华优秀传统文化，我国是具有五千多年历史的文明国家，中国特色社会主义文化正是源于在此历史长河中所孕育出的中华优秀传统文化。

在当前，非物质文化遗产是指各族人民在历史中世代相传，并将其视为是文化遗产组成的部分，具有一定表现形式的，以及与传统文化表现形式相关的实物和场所。《非遗法》第2条对非物质文化遗产的类型进行了分类与说明，传统礼仪、节庆等民俗，各少数民族的传统婚俗等，都包含在非物质文化遗产当中。民俗属于一种普遍的存在于人类社会中，并具有自己独特文化因子的一种文化现象。其是各民族在生产与生活中慢慢形成，并在历史的发展中积淀出来的较为流行的风俗习惯。① 婚俗就是民俗的一部分，其反映出的是民族的心理、宗教信仰、审美情趣、社会生活思想风貌等内容，是民族传统文化的重要部分。

为了能够对新疆维吾尔自治区行政区域内非物质文化遗产进行保护、传承、利用和管理，2008年4月1日颁布实施了《新疆维吾尔自治区非物质文化遗产保护条例》，其遵循了我国的《宪法》及联合国公约的规定，为少数民族优秀传统文化的保护与继承提供了有效的依据。

**(二)维吾尔族传统婚俗的传承**

为了能够有效地传承与保护我国的非物质文化遗产(以下简称“非遗”)，在世纪之初我国就已重视对各民族的非遗保护工作。并于2004年加入了联合国《保护非物质文化遗产公约》，随后文化部于2005年6月部署了在全国范围以内的非遗大普查，有效地对全国各族人民的非遗资源的种类、数量、分布情况、生存环境及保护现状等方面有了具体的掌握。此后国务院分别在2006年、2008年、2011年及2014年，先后批准命名了四批国家级非物质文化遗产名录，使我国的非遗保护工作步入了体系化与科学化的阶段。而且近年来通过建立国家级文化生态保护区，加强非遗教育，建立非遗博物馆等的方式，目前我国有效地把民间文学、表演艺术、传统技能、传统知识、传统节日礼仪、民俗活动等的

---

① 李荣启:《非物质文化遗产保护研究文集》，文化艺术出版社2016年版，第20页。

非遗进行了挖掘。通过“国家＋省＋市＋县”的4级保护体系，在保护为主、抢救第一、合理利用、传承发展的总方针下，切实有效地做好保护与管理中华民族非物质文化遗产的工作。

在已公布的四批国家级非物质文化遗产代表性项目名录中，除了第四批中的民俗类当中无婚俗的入选项目，第一批中入选了土族婚礼，第二批中入选了汉族传统婚俗、朝鲜族传统婚俗、塔吉克族婚俗，第三批中入选的婚俗中涵盖了朝鲜族回婚礼，达斡尔族、彝族、裕固族、回族、哈萨克族、锡伯族的传统婚俗。另外在已公布的四批新疆维吾尔自治区级非物质文化遗产代表性项目名录中，除了第三批中无婚俗的项目入选，第一批中入选了塔吉克族婚俗，第二批中入选了锡伯族婚俗，第四批中入选了维吾尔族婚俗。可见，将婚礼与婚俗列入国家级与自治区级的非物质文化遗产代表性项目名录，不仅是因为婚俗可追溯一民族的传统习俗，其还蕴涵着某一民族的人文精神与古老观念，这都对我们正确地解读人类文明的发展史具有重要意义。并且婚礼是一个人人生中规模最大的仪式，其自然承载着丰富的饮食、服饰、表演等诸多文化元素，其能很好地体现出我国民族文化的多样性与地域性，因此很有必要对其进行保护。

### (三)对维吾尔族传统婚俗法律保护的思考

1.增强政府主导作用的发挥

在文化遗产的保护过程中，政府发挥着重要的作用。对维吾尔族的婚俗进行保护的过程中，要充分发挥政府主导进行保护的模式。由政府部门带头，地方专管部门与其他机关相配合，为维吾尔族的婚俗申报国家级非物质文化遗产而共同努力，以能够获得更大力度的政府与财力的支持。除此之外，由地方政府出面，给一些充分掌握婚俗的个人发放相应的补贴，让相应的传承人更好地投入传统婚俗的传承与保护工作之中。

2.加强对维吾尔族婚俗的保护性开发

为了适应时代的步伐，要想让维吾尔族婚俗能够得到全面的保护，必须在当前的社会主义市场经济体下走市场化的道路。对此我们不得急于求成，在各方面的相互配合下，在地方先建立起一些维吾尔族婚礼示范点，将城市某一区或者某一个村子的维吾尔族婚礼选择在一年四季不同的时间点，特别是在旅游旺季阶段举行，鼓励百姓按照传统的习俗原汁原味地办婚礼，以此让更多的群众与旅游参观者体验到维吾尔族婚礼的独特魅力。这样可以让参观者在观看婚礼的同时感受到更多的少数民族文化，同时地方与百姓还可以在这过程中获利，还能够促进传统文化的保护，并取得经济与社会效益的双丰收。

3.保障群众文化权利

文化权利是我国宪法保障的公民基本权利之一，集中规定在《宪法》第47条中。改革开放及西部大开发以来，南疆地区的维吾尔族，在科技腾飞的今天自然与全球化的发展同步前进。当前,维吾尔族也受到现代化和全球化所带来的影响,他们的服饰、建筑、体育、饮食等文化都发生了很大的变化,保护维吾尔族婚俗一定要从实际出发,从地方的基本情况出发,对其进行保护的过程中,一定要扎根维吾尔族人民内心的婚俗文化,尊重少数民族传统婚俗的真实性和完整性,充分照顾当地人民的感情。

4.着手建立维吾尔族婚俗数据库

随着网络在全国范围内的普及,偏远西北地区的少数民族也已经步入了网络时代。依此,地方政府可以同地方的文化部门、旅游部门、民政部门等共同合作,建立维吾尔族婚俗数据库。例如,先在民政部门,对进行登记结婚的维吾尔族青年宣传传统婚俗的意义。在新人及家属同意的情况下,把他们举行婚礼的时间、地点在指定网站上公开。并由旅游部门进行协助,通过收取游客的基本消费,把过来旅游的外地游客邀请到婚礼现场,让更多人近距离地去感受不一样的婚俗文化。最后再由文体部门对新郎、新娘的婚礼图片、视频等资料进行整理,上传到网站进行宣传,并允许更多的浏览者预览、翻阅、传播。同时,通过各种渠道把相关的链接在微博与微信上传播出去。如此便可以促进维吾尔族婚俗数据库的建立,并为今后研究维吾尔族婚俗提供更好的资料。

5.尽早建立维吾尔族婚俗博物馆

在实践中,如果地方政府能借助各方面的有利条件,对与婚俗变迁有关的诸如实物、图片、影视音频等资料进行系统的收集,通过建立博物馆的方式,把这些资料陈列出来,这无疑会对维吾尔族婚俗变迁的情况有更加权威的反映与展示。而且无论时代如何变化,科技进步会有多迅速,博物馆都不受这些外界因素的影响,把最为珍贵的、已逝去的婚俗文化保留好。除此之外,维吾尔族婚俗博物馆的建立不仅能为广大群众提供一个了解维吾尔族婚俗变迁的场所,而且可以为研究新疆不同地区的维吾尔族婚俗提供有价值的资料。并且婚俗作为一种习惯法,其对维吾尔族社群婚姻关系具有一定的调整功能,因此要对其进行足够的重视。

当前新疆居住着包括维吾尔、回、哈萨克、塔吉克、柯尔克孜、乌兹别克、蒙古、锡伯等少数民族,每个民族都具有自己不同的风俗习惯与传统文化。维吾尔族作为新疆古有民族,自古以来就分布在新疆天山南北。就婚俗而言,不同地区的维吾尔族具有不一样的风俗习惯,虽然大体上都遵循提亲、订婚、婚庆等主要环节,但此过程中,不同地区的维吾尔族具有与其他地方不一样的地方特色。文章中所描写的各种仪式,主要以喀什地区疏勒县为例,相同的仪式与环节在喀什地区莎车县、和田地区、阿克苏地区、哈密市、吐鲁番等地区都会有不同的表现形式。同种文化在不同地方都会有不同的表现形式,但都是传统民族文化的一部分,也是中华民族文化的一部分,无论时代怎么发展与变化,我们都需将优秀的传统民族文化传承与保护下去。

## 结　语

不同时期的人文环境与自然环境,生产力与生产关系,都会对民族文化产生影响。

维吾尔族作为新疆少数民族中的主要民族，其传统的婚俗与一些仪式在全球化、现代化、城镇化的发展进程中发生了改变。改革开放40年来，我国的现代化进程已经得到全面的发展，随着网络的普及与科技的迅速变革，民族的传统文化受到一定的影响。保留传统文化中的积极方面，创造出适应当前各方面节奏的生活方式，是文化变迁的精神原点。传统的维吾尔族婚俗不仅是维吾尔族文化的组成部分，也是我国非物质文化遗产的重要组成部分，如何对其进行传承与保护尤为重要，否则文化就会在时代变革中消失殆尽。

**Research on Uygur Marriage Custom and Its Legal Protection**

Aikeremu Alipu

**Abstract**: Traditional Uygur marriage customs include raising, betrothal, wedding, meeting relatives and so on. In the process, there are also traditional wedding ceremonies such as "lifting the lid", "building a fire", "calling a mother" and so on. Since the founding of New China, due to the continuous development of globalization, modernization and urbanization, all aspects of Uygur marriage customs have changed to varying degrees, especially in the aspect of betrothal gifts, the change of betrothal gifts has also brought about changes in urban and rural Uygur marriage costs. In addition, some traditional wedding ceremonies are on the verge of disappearance, and the promotion and development of traditional marriage customs are facing new challenges. Uygur marriage customs as an important part of intangible cultural heritage, its scientific, effective and systematic protection, requires the joint efforts of the government and the community.

**Key Words**: Uygur ethnic minority; marriage custom; betrothal gifts; protection

# 论基督教对苗族婚姻习惯法的影响

## ——以贵州黔东南地区苗族婚圈变迁为例

刘方圆 *　田炀秋 **

**摘要：**目前，民族学及法学界对苗族婚姻习惯法之变迁的研究集中于以新中国成立作为时间点，从经济、政治方面进行笼统分析，忽略了基督教文化对苗族婚姻习惯法之影响。通过对贵州黔东南苗族聚居区的走访调查可知，苗族婚姻习惯法深受当地宗教文化的影响。基督教传入后，苗族的婚姻习惯法发生了一系列变迁，其中，以婚圈的变化最为显著。基督教义影响了苗族人的婚恋观，打破了其“同宗同姓不婚”“还娘头”“服饰不同不开亲”等传统习俗，重构了当地的婚姻习惯法。

**关键词：**基督教；婚圈；宗教；婚姻习惯法

## 一、问题的提出

法律作为社会规范，其存在和发展与宗教有着密不可分之联系。“法律赋予宗教以社会性，宗教则将其精神、方向和法律赖以获得尊敬的神圣性给予法律。”①当然，我国并没有类似西方的宗教传统，因此，国家法受宗教的影响微乎其微；但这并不排除特定地区的习惯法仍然会受当地信仰的影响，自清末以来苗族婚姻习惯法的变迁则是显著一例。

在2010年人口普查中，苗族总人口为942.6万人，是继汉族、壮族、满族及回族之后人口数量最多的民族。② 苗族在长期历史发展中形成了自己独特的民族文化，包括渊源已久、涉及苗族内部生活的各种习惯及习俗，其中苗族婚姻习惯即为典型代表。目前民族学及法学界对苗族婚姻习惯进行研究的方向，主要集中于以下几个方面：

---

* 刘方圆，重庆大学法学院助理研究员、博士后。

** 田炀秋，中南大学法学院硕士研究生。

① [美]伯尔曼：《法律与宗教》，梁治平译，中国政法大学出版社2002年版，第37页。

② 2010年第六次全国人口普查主要数据公报[1]（第1号）。

表 1　苗族婚姻习惯法研究现状

| 研究方向 | 代表学者 | 主要研究内容 |
| --- | --- | --- |
| 苗族婚姻习俗的产生、内容及其历史渊源（文献众多，研究翔实） | 曹端波、潘定智 | 从苗族古歌看婚姻习俗之起源① |
| | 陈世荣、周相卿、赵斌 | 苗族婚姻习俗的具体内容② |
| | 王友富、李旭 | 苗族婚俗与其他民族婚俗之比较③ |
| 苗族婚姻习惯法与国家法的冲突与调适（文献较多） | 王树刚、马松 | 苗族婚姻习惯的法律认可④ |
| | 李峰、龙正凤 | 苗族婚姻习俗与《婚姻法》冲突的具体表现及解决对策⑤ |
| | 李向玉 | 婚姻习惯法对司法实践的影响⑥ |
| | 李向玉、李龙、曹玲、刘美麟、周相卿、付嫒 | 习惯法与国家法的冲突与平衡⑦ |
| | 赵翠华 | 婚姻习俗中的法律问题⑧ |

① 曹端波：《苗族古歌中的婚姻伦理与规则——以黔东南清水江苗族为例》，载《贵州大学学报（社会科学版）》2011 年第 6 期；潘定智：《从黔东南苗族婚姻歌看古代苗族婚姻》，载《贵州民族学院学报（社会科学版）》1984 第00 期。

② 陈世荣：《苗族传统婚姻模式——以云南文山苗族婚姻习俗为例》，载《史林》2006 年第 5 期；周相卿：《黔东南雷山县三村苗族习惯法研究》，云南大学博士学位论文，2004 年；周相卿：《黔东南雷山县掌批村婚姻习惯法研究》，贵州省宪法学会，贵州省宪法学年会论文集，2004 年；赵斌：《苗族婚姻习惯研究——以贵州省 T 县为例》，辽宁大学硕士学位论文，2014 年。

③ 王友富、李旭：《土家族与苗族婚俗之比较研究》，载《前沿》2011 年第 5 期。

④ 王树刚、马松、王娇蓉：《论苗族婚姻习惯的法律认可——以云南苗族村寨婚姻习惯为例》，载《思想战线》2015 第 S1 期。

⑤ 李峰：《论民族婚姻习俗和婚姻法的冲突解决策略——以苗族婚姻习俗为例》，青岛大学 2016 硕士毕业论文；龙正凤：《贵州苗族婚姻习惯法与婚姻法的冲突与调适》，载《贵州民族研究》2015 年第 10 期。

⑥ 李向玉：《黔东南苗族婚姻习惯法对司法实践的影响——以刑事案件被告人权利保护在司法实践中的“难点”为视角》，载《湖北民族学院学报（哲学社会科学版）》2011 年第 2 期。

⑦ 杨江洪、李向玉：《民族习惯法与国家法处理方法冲突研究——以黔东南州凯里市周边斗牛活动为例》，载《凯里学院学报》2011 年第 5 期；李向玉：《冲突与整合——黔东南地区苗族继承习惯法司法个案分析》，载《湖南警察学院学报》2012 年第 1 期；周相卿、付嫒：《雷公山地区苗族婚姻习惯法与刑法冲突现象分析》，载《原生态民族文化学刊》2012 年第 2 期；曹玲、李龙、刘美麟：《当代苗族婚姻习惯法嬗变研究——以湘西苗族为例》，载《赤峰学院学报（汉文哲学社会科学版）》2010 年第 7 期。

⑧ 赵翠华：《浅谈贵州黔南苗族婚姻习俗及其中的法律问题》，贵州省 2007 社会学学会：“和谐发展与贵州小康社会建设”学术研讨会论文集。

续表

| 研究方向 | 代表学者 | 主要研究内容 |
| --- | --- | --- |
| 当代苗族婚姻习惯法的留存与变迁(研究较少) | 龙正凤 | 苗族农民工婚姻问题与法律救济研究① |
| | 刘嘉宝 | 民国以来苗族婚姻习惯法的传承与变迁② |
| | 刘峰、吴小花 | 苗族婚姻制度变迁现状③ |
| | 文新宇 | 苗族婚姻习惯法的遗留与演变④ |

如表1所述,当前学者对苗族婚姻习惯法的研究主要集中于婚俗内容及其与国家法的关系之上,而苗族婚姻习惯法的留存、变迁情况仅有少数学者关注。我们在调查中发现,许多曾经在苗族族内传承至少几百年以上的原始婚俗,诸如"抢亲""还娘头""坐家"等制度,在调查之地早已绝迹,而其他延续下来的习惯则或多或少发生了各种变迁。对习惯法中某一具体制度的历史变迁进行详细考察,可一窥变迁幕后整个共同体社会形态的演进过程,具有重要研究价值。但是关注此问题的大部分学者,都将自己的研究时间限定于新中国成立以后,并主要以现阶段苗族婚俗的变化内容为考察重点。至于其产生变迁的原因,学者研究得不多,仅有部分文献在论证过程当中有所提及,我们将这些学者所持的变迁原因之观点总结如下:

**表2 苗族婚姻习惯法变迁原因的研究现状**

| 原因类型 | 所持观点 |
| --- | --- |
| 经济方面 | 随着市场经济的发展,苗寨中许多年轻一代外出打工,公路修建与旅游业开发让苗族村寨不再贫穷闭塞。党的政策促使苗民致富,落后的原始习俗作为上层建筑之一,受到了生产关系及经济关系变革的重大影响⑤ |
| 政治方面 | 政府对苗族原始婚姻习俗进行了干涉,主要体现为《婚姻法》在少数民族聚居地的强制推行,以及计划生育罚款政策的威慑⑥ |
| 文化方面 | 新中国成立以后苗族聚居地兴办学校增多、教育受到鼓励,苗族人文化程度逐步提高。汉文化的渗透使其在生活方式、思想信仰方面开始汉化⑦ |

① 龙正凤:《黔东南苗族婚姻习惯法视野下苗族农民工婚姻问题与法律救济研究》,载《山东农业工程学院学报》2015年第3期。

② 刘嘉宝:《民国以来雷公山地区苗族婚姻习惯法传承与变迁问题研究》,贵州民族大学硕士学位论文,2015年。

③ 刘锋、吴小花:《苗族婚姻制度变迁六十年——以贵州省施秉县夯巴寨为例》,载《民族研究》2009年第2期。

④ 文新宇:《苗族习惯法的遗留、演变》,载《贵州民族学院学报(哲学社会科学版)》2008年第2期。

⑤ 刘锋、吴小花:《苗族婚姻制度变迁六十年——以贵州省施秉县夯巴寨为例》,载《民族研究》2009年第2期;李向玉:《竞争与冲突:少数民族地区婚姻现状——以贵州黔东南州乌秀、大溪、大稿午少数民族村寨婚姻调查为例》,载《西南民族大学学报(人文社会科学版)》2013第3期;蒋德学:《贵州省清水江、榕江流域苗族的近亲通婚》,载《人口研究》1985年第6期。

⑥ 郭漪:《苗族婚姻习惯法追踪》,载《江西公安专科学校学报》2002年第2期。

⑦ 罗晓明、马静:《从"礼物"解读清水江流域苗族婚俗变迁——以三穗县L村为例》,载《贵州大学学报(社会科学版)》2012年第5期。

可见，目前民族学及法学界对苗族婚俗变迁之原因的研究并不多。仅有的研究基本上也是以新中国的成立作为时间起点，从宏观上笼统地讨论新中国成立之后，苗族婚姻习俗变迁的原因及其程度。我们认为，苗族婚姻习惯法是苗族在漫长历史发展过程中逐渐形成的一套制度，其具体规则数量繁杂，各规则产生、发展及变迁受多种因素的影响。将考察的时间局限于新中国成立以后，并仅仅从宏观上研究苗族婚姻习惯法变迁的原因，无法客观而全面地反映苗族婚姻习惯法变迁之真实情形。因此，我们决定对贵州地区苗族婚姻习惯法变迁做一个更为细致而深入的考察，以期对其变迁原因做一个客观而全面的分析。

2006年至2012年间，我们先后三次赴贵州黔东南雷山地区巴拉河流域，调查苗族婚姻习惯法在当地的变迁情况以及产生变迁的原因。贵州苗族人口约三百七十万人，占全国苗族总人口的51.3%①，而黔东南苗族侗族自治州即有苗族人口约两百万人，是苗族在贵州的主要聚居地。巴拉河流经雷山县并在台江县施洞镇注入清水江，该流域苗寨众多，苗族原始文化习俗保留较为完整，以该地区为例对苗族婚俗习惯之变迁情况进行调查，对整个苗族婚姻习惯法的变迁而言具有代表性意义。此次调查的主要方式为观察、访谈及考察当地历史文献，调查地点以西江千户苗寨、郎德苗寨、南花苗寨及大塘乡掌批村苗寨为主，并涉及巴拉河流域大大小小约十几个苗族村落。

## 二、贵州黔东南苗族婚姻习惯法具体制度变迁的现实考察

### (一)苗族原始婚姻习惯法主要内容

1.缔结原则

在婚姻缔结上，苗族普遍遵循“一夫一妻制”原则。男方若有多娶行为，往往会受到社会舆论的谴责，并引起舅家强烈不满。这时，舅家会以“冲家”的方式，派人到男方家争论打闹，使其不得安宁。苗族《理词》中认为：“多娶妻的，犯了‘拉留’、‘抗公’的榔约，要杀牛来赔榔规，杀猪来祭榔约。”尽管如此，仍不排除一些富贵人家或妻子不生育者以“宿命论”为由多娶女子，形成事实上的一夫多妻。② 在调查团队采访的雷山地区，此种情况就不少见。

2.通婚对象范围

(1)同宗同姓不婚

我国古代即有“同宗无服亲不得为婚”之规定。明清时期，凡同宗结婚者都要杖六

① 贵州省人民发展研究中心，贵州省人民政府研究室：《贵州省情研究报告》，贵州人民出版社2008年版，第86页。

② 张晋藩：《中国少数民族法史通览：苗族·瑶族》，陕西人民出版社2014年版，第435页。

十,并判处离异,若是同宗有服亲结婚,直接以通奸论处。苗族地区,该种"同宗不婚"的禁忌尤其突出。在苗族的婚姻习惯法中,"同宗不婚"是指"按照父系宗谱,同一祖先的男女不能结婚"[①]。虽然在民国八年刊印的《台拱县文献纪要》中,也有"苗族结婚专由男女两造之同意而定,凡同宗非近支者,或异姓系出一源者,男女互相恋爱均得于摇马郎之日自定婚姻"这一类的变通记载;但就笔者所调查的西江千户苗寨、朗德苗寨等地的情况来看,在未受到外来因素的影响之前,这里的苗族居民们在婚配时基本上都严格遵循了"同宗不婚"原则。另外,在苗族习惯中,还存在凡苗姓相同的男女也不可相互开亲的习俗,此即"同姓不婚"原则。同宗及同姓不婚原则的确立大部分是出于苗族内部的家庭及伦理的考虑,但不否认其在优生学上也有一定道理。

(2)服饰不同不开亲

苗族的服饰精美繁复,有"穿在身上的史书"之誉。其不同地区或不同部族间服饰的款式或穿着方式各异,苗族人以此来作为本族与外族之别。据考察,根据苗族女装的裙长,黔东南所有苗族可划分为长裙系、中裙系和短裙系三种服系,在此三种服系的基础上,又可划分为二十多个亚希及五十多个次亚系。苗族妇女的服装款式具有极其久远的稳定性,特别是贯首装及对襟装的样式在缝制、穿着上都不能进行随意改动。服饰的不同将苗族内部划分为若干群体,每一个群体即为一个婚姻集团,是苗族内部识别及认定婚配对象范围的重要标志,服饰不同不可开亲。

(3)"还娘头"制度

"还娘头"是苗族婚姻习惯法中的一项重要制度。据民国《台拱县文献纪要》记载,该地区苗族"姑之长女,对于舅氏负有与其长子结婚之义务,俗称还娘头,如不与舅氏之长子结婚,另嫁他人,须给舅氏之金钱以求其允许。因舅氏无子而另嫁者亦然"[②]。这种强调姑表舅优先婚的习俗是苗族实行家族外婚制的显著特征,但其在准许姑表婚的同时却严格禁止姨表间通婚。关于"还娘头"习俗的历史由来,有学者从经济方面总结出原因,认为在上一辈的婚嫁中,由于姑妈从本家带走了财产,因此只有规定姑妈的女儿必须嫁回舅家,才能将姑妈带走的财产填补回来。而当"外甥女"没有因俗嫁回舅家或者舅家没有子嗣的情况下,姑家需单独给舅家一笔"舅爷钱"以弥补其损失。至于该笔钱数多少,则无统一标准,一般由舅家自行规定。

3.订结仪式

(1)游方制度

苗族的青年男女在成年后被准许参加一定的社交活动,以此来寻找自己的心仪对象,黔东南地区称其为"游方"。在游方活动中,往往是苗族的青年男女们选定一个特别的日子,聚集到某一固定地方交友唱谈。一般而言,游方包括男女青年集体对唱情歌和单独交往两个环节,当男女双方经对唱而互生情愫后,他们便可以脱离群体进行单独交

---

① 周相卿、刘嘉宝:《民国时期雷公山地区的苗族婚姻习惯法制度》,载《贵州师范大学学报》2014年第3期。

② 丁尚固,刘增礼:《台拱县文献纪要·风俗》,民国八年(1919)石印本。

往，并以彼此赠礼的方式确定恋爱关系。但即便如此也不代表该对青年男女就可以自主婚配了，游方结束后，还需男方派人到女方家说媒，只有得到双方父母同意，恋人才可正式结为夫妻，否则哪怕是彼此爱慕，也不能违父母之命。

(2)抢婚

苗族的抢婚习俗是其婚姻习惯法中非常具有特色的一项内容，由于它肯定男子以抢夺方式与女方成亲的事实婚效力，同时也成为法学学者研究苗族婚姻习惯法与国家法之冲突的主要阵地。在苗族内部，抢婚主要发生于以下两种情形，其一是女方已有中意男子，但迫于"还娘头"的习俗，只好假托男方以抢夺的方式与自己成立事实婚；如此，便能够逃脱嫁入舅家的义务。其二是男方为了避免过重的彩礼，在尚与女方恋爱之时，即将对方抢夺过来强行成亲，以此来避免苗族烦琐而漫长的婚姻程序，也大为减轻自己娶亲的成本。当然，后一种情形有可能并未经得女方及其父母同意，有违背婚姻自愿原则之嫌；同时，以抢夺方式强行与女方成亲，也极易造成人员伤害，严重时甚或涉及强奸。

(3)合命、占鸡卜和祭祀

苗族人崇信鬼神之说，因此在婚姻大事上，发展出很多繁复的仪式和禁忌。"合命"即是在正式婚嫁前，男女双方的长辈会将儿女的生辰年月到神灵或者巫师面前去配对；若测算的结果相合，则该队男女可以欢喜结婚，反之则不能婚配，否则会招来不幸。"占鸡卜"的原理也类似，据1965年《台江县反排苗族社会历史调查资料》记载："凡是经过父母撮合的婚姻，或自由恋爱又通过父母主持的婚姻，都要由女家或者男家杀一只公鸡来卜测吉凶，如果鸡煮熟后两只眼睛同时睁开或同时关闭，则认为婚后双方吉祥，可以成婚，否则，即使感情深厚，也会被拆散。"①该种以占卜测凶吉的方式也被学人称为"婚姻神定制度"②，是苗族人原始宗教信仰的产物。除此而外，祖先的神灵也在苗族人的心中占有重要地位，新婚夫妇结婚时，有一系列漫长而复杂的程序，他们必须要大行铺张，祭拜先祖，以求其应肯和庇佑。

4.财产问题

苗族女子的社会地位较低，其出嫁时一般不可带走婆家的财产，只有一套从母亲手中传承下来的家族婚服作为嫁妆。嫁入夫家后，女子同样没有房屋等不动产的继承权，即使其与丈夫离异，也没有主张分配夫妻关系存续期间共同财产的权利。这一习俗，与我国现行的《婚姻法》是相冲突的。

5.纠纷解决

苗族人普遍厌诉，出现婚姻家庭纠纷时，往往寻求理老或理师来调和解决。理老和理师是本族或本家具有较高威望一类的人物，他们精通理词，被看作是公平和正义的象征。在处理婚姻家庭纠纷时，理老通过和双方当事人互对歌词来理清纠纷的事由原委，再以中间人的身份进行调停，调停不行之后再判离婚。苗族人深信理老能够评断是非曲

---

① 贵州省编辑组：《苗族社会历史调查(一)》，贵州民族出版社1986年，第176页。

② 周相卿、刘嘉宝：《民国时期雷公山地区的苗族婚姻习惯法制度》，载《贵州师范大学学报》2014年第3期。

直，判别善恶美丑，因此，只要是理老做出的最后"判决"，哪怕有一方自觉吃亏，也少有不服从的。

### (二)各制度变迁时间和概括

我们对西江千户苗寨、郎德苗寨、南花苗寨及大塘乡掌批村苗寨中居住的苗族三代人进行了访谈、询问，并核查了大量地方文献及资料，总结出了苗族原始婚姻习惯法中各具体制度的变迁内容及变迁时间，现将该变迁情况统计归纳如下：

**表 3　苗族婚姻习惯法各制度变迁概况**

| | 具体制度 | 现状 | 变迁时间 | 变迁内容 |
|---|---|---|---|---|
| 缔结原则 | 一夫多妻 | 绝迹 | 1920 年左右开始，新中国成立后绝迹 | 1920 年左右，部分苗民开始改为一夫一妻制度，新中国成立后所有苗民均改为一夫一妻制度① |
| 通婚对象范围 | 同宗不婚及同姓不婚 | 基本消失 | 新中国成立后基本消失，但开始变迁始于 20 世纪中期 | 宗族观念已经淡化，不论是否同宗或是同姓，只要不是法律禁止结婚的情形皆可开亲② |
| | 还娘头 | 变迁 | 雷山地区不晚于民国时期，其他地区则更早 | 舅家儿子对姑家女儿的婚姻优先权发展为只要姑家支付一笔象征性身价钱③ |
| | 服饰不同不开亲 | 基本消失 | 新中国成立后绝迹，但民国时已逐渐淡化 | 除了极少数地理位置偏远的苗寨仍有此俗之外，雷山地区基本上已无此限制④ |

① 访谈过程中发现一夫多妻制度在雷山地区已绝迹，通过对调查地 70 岁以上的老人进行询问，可将当地一夫一妻制度开始出现的时间最早推定为 1920 年左右。

② 通过访谈方式发现同宗不婚及同姓不婚制度目前已基本消失，但具体变迁时间不详，调查后发现各苗寨 70 岁以上老人中都存在同宗同姓结婚的个例，因此可将变迁时间推定为 1940 年以前。

③ 雷山地区还娘头制度现已绝迹，以当地文物(民国时期刻立的婚姻财礼规碑)为证，可推知还娘头制度的变迁时间不晚于民国二十八年，即 1939 年。

④ 通过对调查地苗族居民进行访谈之后作出的结论。

续表

| | 具体制度 | 现状 | 变迁时间 | 变迁内容 |
|---|---|---|---|---|
| 订结仪式 | 游方 | 存在,但内容已改变 | 不详 | 虽然仍是苗族青年男女恋爱方式之一,但已非主要恋爱方式① |
| | 抢婚 | 绝迹 | 新中国成立后 | 在雷山地区已基本消失② |
| | 合命、占鸡卜及祭祀 | 存在,但仅限于部分苗民 | 清末已开始变革 | 部分苗民禁止巫术、巫蛊,禁止合命及祭祀祖先③ |
| 继承 | 女子无继承房产权 | 存在 | 基本上未变革 | 无④ |
| 纠纷解决 | 理老 | 绝迹 | 新中国成立后 | 已无理老但普遍厌讼,纠纷大多数自行解决,最多上升到村委会调解⑤ |

从表1中可以看出,苗族原始婚姻习俗在现今已发生了重大变化,且各具体制度在变迁时间上相去甚远。以往学者对该变迁原因所作的陈述仅仅适用于少数在新中国成立之后开始淡化、消失的规则,例如抢亲、理老等。但无法解释为何一夫多妻、同姓不婚、还娘头等制度在新中国成立以前,就已经在苗族内部开始发生变革。并且,这些变革可至少追溯至清朝末年及民国时代。

考察当时贵州政治制度及经济情况,我们可以发现,清朝时黔东南地区自然环境恶劣,彝族土司在当地享有政治经济特权,对苗民施以残酷压迫。此外,苗民还承担着封建王朝的残酷剥削,生活穷苦艰难,若遇灾荒之年则饿殍无数⑥。由此可知,苗族当时的经

① 通过对调查地苗族居民进行访谈之后作出的结论。

② 通过对调查地苗族居民进行访谈之后作出的结论。

③ 访谈后发现苗族聚居地内信仰基督教的家庭严禁合命、巫蛊及祭祀祖先,部分非基督教信仰家庭亦不强制要求在结婚程序中进行合命、请鬼或祭祀祖先。通过询问当地70岁以上老人,发现该变迁所发生的时间至少可推至1920年左右。

④ 通过对调查地苗族居民进行访谈之后作出的结论。

⑤ 通过对调查地苗族居民进行访谈之后作出的结论。

⑥ [英]柏格理:《柏格理日记》,东人达译,云南民族出版社2002年版,第7页。

济并不发达且没有显著变化,尚不足以引起习惯法的变革。与此同时,清朝及民国初的统治者基本上默认了苗族婚姻习惯与国家法的差异,认为此种差异对自身的统治并不构成威胁,因此未对苗族婚俗习惯进行强制干涉,使其在政治宽松的环境下一直延续至今。那么这些规则变迁的原因,是苗族文化受到了汉文化的浸染和影响吗?在苗寨内进行访谈之时,我们了解到苗族的本土方言自古并无文字通行,皆为口耳相传或刻木作记。苗人在明清之时少有识汉字者,儒学道统对苗族聚居地的文化习俗几乎未造成任何渗透及影响,汉化了的佛教、道教及伊斯兰教也难以攻破苗族语言屏障的壁垒。直至现在,老一辈苗族人基本上也难以用汉语进行熟练交流,对他们进行访谈之时,也需熟悉汉语的当地人一路随行,汉文化亦不可能对苗族婚姻习惯法在清朝及民国时期的变迁带来巨大影响。

通过查阅黔东南地区在清朝及民初的历年大事件,我们认为在排除了政治、经济及汉文化对变迁之决定性影响后,苗族婚姻习惯法在清末民初产生变革的主要原因,最有可能为清末基督教在该地区的传入。通过对具体制度变迁时间进行详细考证,可以发现姑舅表婚、服饰不同不开亲等关于通婚对象范围限制的规则,在清末民初产生的变革最为集中。本文将以通婚对象范围(婚圈)之变革为例谈谈原始婚姻习俗的宗教基础,以及基督教的传入如何对原始婚姻习俗产生重大影响。

## 三、苗族原始婚姻习惯中的婚圈制度及其宗教基础

### (一)婚圈制度的表现形式

通常认为,通婚圈是指婚龄男女选择通婚配偶的地理空间、阶级层次的范围,也称为通婚地域圈。通婚圈的大小受多方面因素制约,除了人们的人际交往空间外,还受到具体社会制度背景下的传统观念、婚姻观、政治经济条件、生活方式等诸多因素的影响。由此可以将通婚圈分为地域性表达和社会性表达两个层面。地域性表达反映着通婚圈的变化以及婚姻交往的范围;而社会性表达则反映了通婚对象的身份、地位等在择偶中的重要程度。苗族原始婚俗对通婚对象的地域、宗族及支系有严格限制,男女双方必须在婚俗规定的适婚范围内才可缔结婚姻。这种限制可以是积极的限制(例如规定某寨可与本寨开亲),也可以是消极的限制(例如本寨禁止与某寨开亲)。可相互开亲的苗寨同属一个婚圈范围之内,青年男女与属于该婚圈以外的苗寨通婚一律被禁止。通过对苗族原始婚姻习俗中各具体制度的详细内容进行考察,我们认为苗族原始婚俗中对婚圈范围的限制主要体现在以下制度中:

**表 4　与通婚圈有关的苗族原始婚俗制度**

| 具体制度 | 限制通婚范围的体现 |
| --- | --- |
| 同宗不婚 | 所谓“同族”“亲族”，是指苗族内部同宗共祖的宗支和宗族。苗族原始婚姻习俗规定同属一个宗族的男女相互之间不可开亲，即将同宗族的男女排除在通婚范围之外 |
| 同姓不婚 | “同姓”是指同一苗姓（非汉姓）的男女不可相互开亲，将同苗姓的男女排除在通婚范围之外 |
| 还娘头 | “还娘头”制度是指舅家儿子对姑家女儿在婚姻缔结上具有优先权，是否行使该优先权由舅家自由抉择，一旦舅家确定行使该优先权之后，姑家不可反对。该制度强制要求姑家女儿与舅家儿子缔结婚姻 |
| 服饰不同不开亲 | 据考察，根据苗族女装的裙长，可将黔东南所有苗族划分为长裙系、中裙系及短裙系，此三种服系又可划分为二十多个亚系及五十多个次亚系。苗族妇女的服装款式具有极其久远的稳定性，特别是贯首装及对襟装的样式在缝制、穿着上都不能进行随意改动。服饰的不同将苗族内部划分为若干群体，每一个群体即为一个婚姻集团，是苗族内部识别及认定婚配对象范围的重要标志，服饰不同不可开亲 |

### （二）婚圈制度的宗教基础

1.苗族原始宗教的形成及发展

苗族最早的宗教信仰大致始于原始时代后期，其最初表现形式为人类对自然的崇拜。“自然是宗教最初的原始对象，这一点是一切宗教，一切民族的历史充分证明了的。”[①]黔东南地区的苗族在其早期历史发展中，可发现万物有灵观念及自然崇拜，天地、日月、雷电、山河、古树、土石皆为他们崇拜的对象。例如雷山县掌坳村有一块乌龟形巨石，当地群众将其誉为石父石母，逢年过节即献酒焚香、求其庇佑。

母系氏族产生以后，苗族对自然的崇拜逐渐演变为对图腾的崇拜。图腾崇拜是指对某种自然物进行崇拜，认为它是本氏族的保护者与象征者。苗族内部不同氏族所崇拜的自然物不尽相同，例如部分苗族有崇虎的遗迹，贵州松桃苗族以犬作为崇拜的对象，而黔东南地区的苗族则以枫木为图腾。

当自然崇拜与图腾崇拜发展到了最高阶段即产生了祖先崇拜。图腾崇拜是人对自然生物（动物及植物）之灵魂的崇拜，祖先崇拜则是人类对自身祖先灵魂的崇拜。伴随着原始宗教的发展，逐渐产生出一套复杂而烦冗的信仰仪式及祭祀仪式，这些宗教禁忌、仪

① ［德］费尔巴哈：《宗教的本质》，王太庆译，人民出版社1999年版，第115页。

式对当地婚嫁丧葬之习俗产生了重大影响。例如在缔结婚姻程序中至今仍部分存在的"合命(配生辰八字)"及"问鸡卜"①,以及传统婚姻仪式中必须进行的"祭祖"——在酒席开席之前,新郎家必请自己亲族中父母俱在、儿孙满堂的平兄长辈将猪头及两尾熟鱼放置祖宗神位之前,并呼唤历代祖先的名字请其享用。

2.苗族原始宗教对传统婚圈制度的影响

苗族习惯法的来源主要有宗教禁忌、祖先定下的规矩以及村规民约②,"同宗、同姓不婚"以及"姑表婚"即为祖先订立下来的规矩。雷山县西江镇的羊排村与南贵村相传为同一男性祖先的后代,自古以来就不通婚。20 世纪 80 年代后两村有了开亲先例,结婚不久男方却意外死亡。当地人认为古代规定应该遵守,否则将遭到报应,从此之后两寨很长时间不再通婚。许多村寨既不同宗也不同姓但仍然不可通婚,这也是祖先订立下来的规矩。掌批村祖先曾经订立了村内不通婚的习俗,村内姑娘必须嫁外寨,村里小伙亦必须从外寨娶妻,19 世纪初一对本寨男女自由恋爱并结婚,即被寨中长老逐出寨门。祖先订立的规矩不可随意变更,原因之一乃是苗族原始宗教中的祖先崇拜。祖先虽已逝世,但亡灵不灭。黔东南苗族地区曾经流传着"三魂"说:人死之后存有三个灵魂,一个回家守护子孙,一个留在坟地里守坟,最后一个将回归祖先发祥地。违背了祖先定下的规矩及禁令,将受到祖先亡灵严厉的惩罚。

"服饰不同不开亲"乃是由于苗族不同支系之间祖先发源、祭祖仪式、传承方言皆差异巨大,为严格保持氏族内部血亲宗族、祖先溯源的纯洁性而互不通婚。据《凯里市志》中记载,远古时苗族祖先居住在黄河流域,当蚩尤被黄帝打败于涿鹿之后大部分南移,其中一部分迁入今贵州省榕江、剑河、雷山及台江 4 县的交界一带。唐末宋初,西氏宗支、方氏宗支、柳氏宗支、尤氏宗支及勾氏宗支逐一迁入,宋元以后,其他支系亦陆续迁入境内。据考证,黔东南地区现存苗族主要来源于两大支系——Hmnb③ 和 Ghabnes④。雷山地区的黑苗不与其他民族通婚,也不与本民族中其他支系通婚。"不同支系因祖先各不相同,祭祖仪式、婚丧嫁娶等习俗皆有差异,且因迁入贵州定居之前分属不同地域及省份,语言、服饰及生活习惯上各不相同,若相互开亲将在生活中难以融合,亦会因触犯祖先之神灵而不祥。"⑤

由此可知,苗族原始婚姻习俗中对通婚对象范围之限定,很大程度上受到了原始宗教中祖先崇拜的影响。祖先的灵魂永恒不灭,不仅守护着后辈的安居乐业,亦对后辈形

① 问鸡卜:当有人到女方家提亲、女方被偷到男方家且女方家同意两方结亲时都要举行此仪式。首先将鸡放到锅里煮,煮好后看鸡眼。如果鸡的眼睛全是闭着或者全是睁着,就被认为是吉利的;如果鸡睁一只眼闭一只眼,则被认为不吉利,两方不能结亲。

② 周相卿:《黔东南雷山县三村苗族习惯法研究》,载《民族研究》2005 年第 3 期。

③ 词源为苗语中"枫木"一词,代表黔东南地区以"枫木妈妈"为始祖的苗族支系,传说始祖是从枫木中出生。

④ 词源为苗语中"鸟"一词,代表黔东南地区以"鸟"为始祖进行图腾崇拜的苗族支系,苗族中其余还有以"虎""犬"为崇拜对象的支系。

⑤ 在雷山县郎德苗寨进行访谈时所作的笔录。

成了遵从祖训的心理强制。这种心理强制不仅制约着后代人的生活习俗，亦使得众苗族支系在聚居及交往过程中能保持自身文化的独立而不被融合。

## 四、基督教的传入及其对婚圈制度的影响

### (一)基督教传入贵州的时间及其概况

基督教传入贵州的时间为光绪三年(1877年)，有内地会、循道公会、基督复临安息日会、女执事会、圣公会、中华基督教会等19个派别。[①] 创建于1815年的圣经基督教会，是苗族地区基督教事业的开创者。19世纪80年代，圣经基督教教会开始向我国云南地区驻派传教士，但因以城镇汉人为传教重点，传教工作一度进展缓慢、几近停滞。循道宗会一名杰出的传教士——塞姆·柏格理首先将目光投向了少数民族地区，他认为少数民族多处清朝政治统治的边界地带，经济落后、交流闭塞，因此受到汉化儒家思想的浸染较少，更易开辟出基督教传教的新天地。当时的苗族人深受清政府与当地彝族土司的双重压迫，生活困苦、经济落后、居住环境闭塞。基督教在苗族地区兴办学校、修建医院及教堂，并以"加入教会就不怕土司头目欺负"为口号，给予苗民许多现实利益和言传身教的感化，使得基督教在苗族地区顺利扎根并迅速发展。

通过对贵州地区现存基督教教会文献资料进行详细核查，我们总结出了1877年至今，基督教会在贵州地区各个时期的发展情况，如下表所示：

表5 基督教在贵州地区的传播概况

| 时间 | 苗族入教人数 | 教会活动 | 地理位置 |
| --- | --- | --- | --- |
| 1880—1900 | 20余人[②] | 开设"福音"医院、"戒烟局"；建立教堂和学校 | 贵阳、安顺、兴义、遵义、独山 |
| 1900—1912 | 约3000人[③] | 柏格理拜访汉族团首和彝族土目，化解敌意并建立友好关系；建立石门坎教堂；培养苗族传教士 | 主要在黔西北 |

① 贵州省宗教事务局，http://www.gzszj.gov.cn.2013.10.24，访问日期：2013-10-24。

② 贵州省宗教事务局，http://www.gzszj.gov.cn.2013.10.24，访问日期：2013-10-24。

③ [英]柏格理：《柏格理日记》，东人达译，云南民族出版社2002版，第7页。

续表

| 时间 | 苗族入教人数 | 教会活动 | 地理位置 |
|---|---|---|---|
| 1912—1940 | 至少上万人① | 在贵州开展传教活动的基督教宗派团体增至30个左右;发展教育、创建集会活动、建立医疗站;对学生发放救济金、为战时军队提供补给 | 威宁、郎岱、水城、大方、纳雍、湄潭、安顺、清镇、普定、织金、毕节、都匀、惠水、平塘、遵义、黄平、沿河、镇远、水城、玉屏、思南、贵定、龙里、独山、紫云、仁怀、台江、福泉、晴隆、息烽、绥阳、桐梓、石阡、金沙等地 |
| 1940—1960 | 具体人数不详 | 参与"控诉运动",不接受外国津贴;参与"三反""五反";抗美援朝 | 遍及贵州各省各地 |
| 1960—1980 | 大幅减少 | 人民公社化运动、"大跃进"及"文化大革命"的影响,教会活动全盘停止,主要负责人被抄家,教牧人员被揪斗、游街、关押,教堂被关闭、占用;宗教用具和经书被烧毁 | 遍及贵州各省各地 |
| 1980至今 | 贵州总信教人②数为23万人,苗族入教人数不详 | 宗教信仰自由政策,开放宗教场所,发展宗教信仰 | 遍及贵州各省各地 |

**(二)基督教对婚圈制度的影响**

通过查阅当时基督教会在贵州地区进行的各种传教活动及其影响,我们认为,始于清末民初的"一夫多妻""还娘头""同宗不婚"等婚俗制度之变迁,乃是由于基督教在传入过程中对苗族婚姻习惯法产生的强大冲击。结合基督教在贵州传教的历史,笔者以黔东南地区婚圈制度之变革为例,谈谈基督教的传入对苗族原始婚姻习惯法所产生的影响。

第一,基督教对婚圈制度之宗教基础——原始宗教产生了巨大影响。苗族自古以来延续近千年的自然崇拜、图腾崇拜及祖先崇拜衍生出了一套烦冗复杂的宗教仪式,包括婚丧嫁娶以及节日庆典。仪式是宗教的表现形式,通过仪式的严格执行,宗教信仰得以

① 贵州宗教事务局:《贵州宗教史》,贵州人民出版社2015年版。

② http://www.gzszj.gov.cn.访问日期:2013-10-24.

在固定地域代代相传并得以延续。据史料记载,受基督教影响最深的大花苗族自古以来就有每隔12年打老牛祭祀祖先的习俗,祭祖一次需要花费牛374头,猪748头,羊112只,鸡9350只,苞谷2921320斤,苞谷酒44880斤。① 如此巨大的花费对于贫苦的苗族人而言无疑是难以承受的,除了每隔12年的大型祭祖仪式之外,花苗人还有每年三次的小祭。但随着越来越多的花苗人加入基督教教会,大花苗的老牛祭祖仪式被彻底革除,三个小祭也被基督教的圣诞节、复活节及感恩节所取代。基督教发展到鼎盛之时,石门坎地区95%以上的花苗人都转而信仰基督教。由于基督教教义禁止信众对鬼神、祖先进行崇拜,此种规模庞大的祭祖行为实则无力再举行。

黔东南地区基督教的发展虽无此种繁荣,但教会内部之规定对原始宗教仪式亦产生了不小的影响。据村寨内笃信基督教的老人说,其祖上两代人自从信仰了基督教,就再未参加过任何祭祖、请巫师鬼师等宗教仪式。随着越来越多的苗族人开始信仰基督教,整个黔东南苗族社会被划分为两个相互对立的宗教阶级。一部分苗民仍然保持着原始宗教信仰及习俗,而加入基督教教会的苗民则开始在丧葬婚礼仪式上进行改革。"上帝严禁教民崇信鬼神之说,因此基督教家庭不烧纸钱、不祭祀祖宗、不请巫师和鬼师;上帝要求教民勤劳节俭,因此基督教家庭婚嫁仪式排除了一切原始婚嫁仪式的复杂过程(如合命、问鸡卜、涂彩等),而提倡简约和节省。虽然并不强制基督教家庭必须在教内通婚,但是由于生活习俗之差异,非基督教家庭与基督教家庭仅在结婚仪式上就很容易产生冲突和矛盾。若非基督教家庭之女嫁入基督教家庭,为了在生活习惯上尽快适应与统一,一般都会改信基督教。"②

宗教仪式是苗族原始宗教得以延续的生命之源。基督教对原始宗教仪式的改革即使未彻底根除原始宗教在苗族地区的传承,但也动摇了苗族对祖先之灵、鬼神之说的盲目畏惧,为最终打破祖规祖训之习惯法的强制性奠定了基础。

第二,基督教对教民的婚姻制度进行了具体改革。当基督教在苗族地区建立了稳固根基之后,基督教教会便着手在教会内部对苗族原始婚姻习俗进行了一系列改革,可以确切考证到的举措有:

(1)1910年10月18日,柏格理就大花苗婚姻问题召开了一次会议,给基督教信教人员订立一项公约,禁止以婚姻为媒介出卖女儿。

(2)同年12月,柏格理再次召开会议,讨论决定基督教成员的结婚年龄必须为男子满20岁、女子满18岁。③

(3)1936年7月,石门坎教会制定了"五年运动计划"又对原有要求作出了修订,制定了教会内成员婚姻说媒、订婚及结婚的程序。至此,一夫一妻制度得到了加强,"近亲结婚""迷信鬼神""祭祀祖先"等原始婚姻习俗受到了进一步冲击。这种规范合理的婚姻制

① 杨忠信:《石门坎百年的辉煌与沧桑》,中国文史出版社2006年版,第285页。

② 在雷山县郎德苗寨采访时所作的笔录。

③ [英]柏格理:《柏格理日记》,东人达译,云南民族出版社2002版,第86页。

度，比《中华人民共和国婚姻法》的出台要早几十年。①

基督教教义禁止近亲结婚，因此对姑舅表婚制度带来了巨大影响。石门坎教会在1936年对婚姻习惯作出改良之后，民国二十八年(1939年)，黔东南州雷山地区的寨老会议即对姑舅表婚制度作出了改良和限制，这不能说与教会之改良毫无关系。据雷山县永乐镇发现的婚姻财礼规碑记载：

> 兹将丹八两属联界邀集各甲长及父老等改造进行决议，规定礼财钱不得多取，所有婚嫁自由，不得强迫女方成婚，倘违当众议决规定条例，多取及强迫者，均以碑章证明，否则天诛地灭，永不发达。仰望各界父老须知。此碑万古不朽。所议各条开列于后：
>
> 第一条：对于回娘头先由媒人说合或由双方子女自愿成婚者，乃能决定婚配。若不得双方子女同情者，而父母决无强迫阻滞及野蛮之行为。
>
> 第二条：准定财礼钱：上富者一十五元八角。
>
> 第三条：准定财礼钱：贫者一十二元八角以下。贫富财礼钱需由嫁家取，定平收分。
>
> 第四条：准定娘头钱一律柒两乙钱，依古法律每两扣小钱一千二百文，不许任意折扣。
>
> 第五条：施行本简章呈请丹八两属县府核准之日实现。

这表明在民国时期，姑舅表婚制度就已经演变为以“身价钱”取代舅家儿子的婚姻优先权。即使舅家儿子要娶姑家女儿，亦必须建立在青年男女双方自愿接受的基础之上。

第三，基督教的教义转变了教徒的婚恋观。基督教拥有大量宗教性规范，神学家通常把《旧约经》的前五卷称为律法书，以“十诫”及“约书”为核心构成了基督教的教法体系。基督教教义根据人们是否信仰上帝而将婚姻分为三类：基督徒婚姻、基督徒—非基督徒婚姻、非基督徒婚姻。纯粹的教内通婚是上帝所喜悦的，且上帝(《新约》)认为基督徒可以与任何宗族、民族通婚，神的世界并无“同宗不婚”“同姓不婚”的限制。基督教的到来打破了苗族原始婚姻习俗中通婚圈的范围，而在教会内部又重新建立起了新的泛通婚圈。通过调查我们发现，接受调查的基督教信仰者95%以上都认为，基督教家庭更看重的是通婚对象是否也持同一信仰，而非其宗族、血亲及姓氏。另外，基督教教义主张婚姻是上帝神圣的创造，女人是上帝创造出来协助男人的，彼此的结合应当圣洁。传统的苗族婚姻结合仪式繁多而且男方需要支付数量很高的彩礼钱，代价非常之大。迎娶女子不仅没有起到协助男子的作用，反而男子要为结婚而背上沉重的经济债务，这一习俗不符合基督教教义，被教徒所废弃。也在客观上打消了男女婚配之间家庭经济条件上的不平等，扩大了其婚配范围。

第四，传教士创造文字、发展教育事业为打破婚圈制度产生了间接性影响。据调查

① 秦和平：《基督宗教在西南民族地区的传播史》，四川民族出版社2003年版，第185～186页。

了解，苗族历史上曾经出现过几套并不十分成熟的文字系统，但由于苗族各地域、支系之间方言差异巨大、难以统一，以及统治者对苗族内部文字的禁用，这些文字系统皆未发挥自己应有的作用。柏格理牧师为了方便传教工作的展开，与苗族传教士一起成功创造了一套文字系统——柏格理苗文（老苗文），并使用这套文字翻译了苗文《圣经》、编写苗文课本、发表苗文小说，苗族人也逐步学会使用该套文字进行日常交流、记录诗歌与故事。柏格理利用教会拨款打造了苗文铅活字印刷，这是苗族文字历史上第一套现代化印刷设备，对于苗族历史文化而言具有划时代的意义。① 该套文字系统在苗族各支系中广为流传并延续到新中国成立前。文字的发明，无疑为苗族人突破各地域及支系之间的语言屏障提供了良好契机。苗族原始婚姻习惯对通婚圈进行严格限制，从主观上看似乎是由于原始宗教对祖先所定之规的维系，但从客观上看，也间接反映出了语言、习惯之差异使苗族内部的交流融合非常困难。柏格理老苗文的创制和传播，为统一苗族内部文字、增强各地域支系的交流及融合创造了有利条件。

## 五、以宗教信仰为基础的苗族婚姻习惯法

新中国成立之后，《婚姻法》的颁布的确对苗族原始婚姻习惯法产生了一定影响。但我们在调查中发现，除了计划生育政策（苗族属政策放宽地区，每对夫妻准许生育两个子女）在苗族地区实施效果显著之外，婚龄限制、登记手续的限制以及《婚姻法》所规定的男女平等继承制度和夫妻双方权利义务平等制度等，在当地实践过程中大多流于形式。

我们在采访中了解到，《婚姻法》在黔东南苗族地区的实施程度并不高：首先，该地区早婚现象仍然普遍，因结婚时未到法定年龄而无法进行登记，原始婚姻嫁娶仪式即获得了默许的婚姻缔结效力；其次，夫妻权利义务不平等，这主要体现在离婚后对夫妻共同财产进行分配之时，女方无权取得财产，女方若要带走所生育的子女也必须经由男方家庭同意；最后，黔东南地区的苗族人普遍存在厌讼心理，婚姻存续期间产生的纠纷首先由家庭内部依照该地旧有习惯法进行解决，内部无法解决的矛盾即交由村委会进行调解，即使在解决过程中夫妻一方依《婚姻法》所享有的权利受到当地习惯法之侵害时，也鲜有通过诉讼程序争取权利者。通过调查我们发现，当习惯法与国家法产生冲突后，当地人倾向于默认习惯法的效力，并提出“上有政策，下有对策”的看法。虽有强制力保障国家法实施，但因苗族内部纠纷解决观念的限制，苗族民众还是习惯于用当地流传已久的习俗来解决问题。

同时，基督教教会教规在该地区也受到了一定程度的重视。基督教传入贵州黔东南黑苗地区的时间为1896年，在经历了一个多世纪的风雨历程，特别是“文化大革命”期间对基督教传教活动的严重破坏之后，该地区现有教徒1877人，其中苗族860人。位于巴拉河流域一侧的南花苗寨人口约为800人，其中基督教信仰者约200人。此地入教形式

① ［英］柏格理：《柏格理日记》，东人达译，云南民族出版社2002年版，第69页。

是以家庭为单位,同属一个家庭的成员基本上全部信教。基督教家庭内出生的子女自出生起即受到基督教洗礼,非基督教家庭之女嫁入基督教家庭之后通常也会改信基督教,而基督教家庭之女嫁入非基督教家庭内则一般会保留原有信仰。各苗寨内部因宗教信仰不同,而划分出了两大派别。我们在南花苗寨对基督教家庭与非基督教家庭进行了抽样调查,现将两类家庭婚姻观念的差异总结如下:

**表6 基督教家庭与非基督教家庭婚姻观对比**

| | 婚姻缔结程序 | 夫妻权利义务 | 早婚与离婚 | 继承 | 纠纷解决 |
|---|---|---|---|---|---|
| 非基督教家庭 | 1.算生辰八字;择吉日成婚;祭祖<br>2.浪费、复杂,仪式及程序很多<br>3.穿着传统服饰 | 1."重男轻女"思想较为严重,妻子要服从丈夫<br>2.因国家规定生育子女数量不超过2个,有溺女婴、埋女婴现象,且无人举报 | 1.早婚现象普遍存在<br>2.离婚自由,但离婚后女子无分割共同财产之权利 | 1.男子有权继承房屋、田产<br>2.女子无权继承房屋、田产,仅有权继承母亲一族传承的首饰、服装 | 1.宗亲内部解决<br>2.内部解决不了即由村委会调解<br>3.调解不成最终进入诉讼程序 |
| 基督教家庭 | 1.不算八字;不择吉日<br>2.有条件的在教堂成婚或请牧师到家<br>3.婚礼简单,不铺张浪费,无祭祀性仪式<br>4.穿西式婚纱,因苗族传统服饰上所绣之"龙"在基督教教义里被视为不祥之物 | 1.虽然也强调妻子服从丈夫,但男女平等的观念更容易被基督教家庭接受<br>2.若生育女婴后不愿意抚养,不会对婴儿进行残杀,最多将女婴送予他人抚养 | 1.有极个别早婚现象,早婚率比非基督教家庭低60%左右<br>2.有些严格的基督教家庭禁止离婚;虽不禁止离婚的也认为离婚为神不悦,应极力避免。因此基督教家庭离婚率比非基督教家庭少50%以上 | 无差别 | 1.宗亲内部解决<br>2.内部解决不了即由村委会调解<br>3.村委会调解不成由教会进行调解<br>4.调解不成最终进入诉讼程序 |

从表格中可以看出,基督教对黔东南地区苗族人的生活习惯产生了重大影响。由此可知,宗教经由信仰之力将自身教义传入受教地区,一旦当地信教人数超过一定规模,这些教义将对该地原始习惯法带来冲击,甚至促成该共同体制定法的改革。经由信仰之力而维系的宗教法规及宗教教义,在与原始习惯法融合并形成了新习惯法制度之后,该新习惯法制度借由宗教的支持将呈现出长期稳定性,直至其宗教基础被再次推翻。

19世纪的实证主义法学派认为法律与宗教、道德并无必然联系,法律仅仅是以统治阶级意志为根据所制定的实然法。然而,习惯法是国家法的主要渊源之一,这是不可否认的事实。法律不仅仅来源于国家立法权,也来源于许多个人及群体在日常交往中创造的关系。① 这种关系是由共同体内部多种因素长期作用而产生的,并深深地影响了制定法的形成及实施。否认法律与超理性价值的联系,即否认了国家法对习惯法的继承关系,此种观点明显具有片面性。

此外,当代中国法学,普遍将其研究的重心放置到经济基础与政治改革之上,而忽略了不同地域、不同时间阶段法律变革动因的多样性。仅以此次调查结果来看,黔东南地区苗族婚姻习惯法制度之所以在清朝末年及民国初年产生巨大变革,有很大一部分原因得自基督教的影响。作为一种漫长而稳定的文化渗透,基督教对黔东南地区苗族婚姻习惯法造成的影响,从 1880 年开始至少持续了半个多世纪。直至现在我们仍可深深地感受到,其已经融入了黔东南苗族地区部分人的生活,并成为当地社会文化不可割裂的一部分。然而,就目前已有的研究成果来看,从该角度切入分析民间习惯法之产生和发展的论著仍然有限。宗教是人类社会生活的重要一环。以之为我们探究民间习惯产生和发展变化的出发点,定能于学术之途览获不一样的风光。

**On the Influence of Christianity on Miao's Marriage Customary Law**

**— A Case Study of Miao's intermarrige scope in Southeast Guizhou**

Liu Fangyuan, Tian Yangqiu

**Abstract**: At present, the study of the changes of Miao's marriage customary law in ethnology and law circles focuses on the establishment of New China as a time point, making a general analysis from the economic and political aspects, ignoring the influence of Christian culture on Miao's marriage customary law. Through the investigation of Miao community in southeastern Guizhou, we can see that Miao marriage customary law is deeply influenced by local religious culture. After the introduction of Christianity, a series of changes have taken place in Miao's marriage customary law, among which the change of intermarrige scope is the most significant. Christianity has influenced the Miao people's mind of marriage and love, broken their traditional customs such as "same clan, same surname, no marriage", "wedding with uncle's son", "different clothes, no marriage", and reconstructed the local marriage customary law.

**Key Words**: christianity; intermarrige scope; religion; marriage customary law

① [美]伯尔曼:《法律与宗教》,梁治平译,中国政法大学出版社 2002 年版,第 11 页。

# 天津相声行业师徒关系习惯变迁

刘一泽[*]

**摘要**:清末时期,天津“三不管”地区的集市中形成了基于行业自治的“市井秩序”。在这一时期,相声行业内部形成了以“师徒如父子”为基本原则的服务于市井行业自治的师徒关系习惯。新中国成立后,随着“市井秩序”的瓦解与现代化进程的深入,旧师徒关系习惯大部分受到摒弃,而产生新变化。由于社会整体处于现代化转型期中,社群中的个体亦呈现出“过渡人”的特征,变化后的师徒关系习惯规范中存在“新”实践与“旧”价值之间的张力。新形成的师徒关系习惯是在传统人际关系处理模式的“旧瓶”中装上符合现代化语境的“新酒”,表现出了明显的“过渡性”特征。

**关键词**:师徒关系;市井秩序;习惯的现代化;过渡人

近年来媒体报道的一些发生在高校师生间的不和谐事件将师生关系话题推至风口浪尖,甚至有观点提出,应当以立法形式对当代师生关系加以调整与规范。而事实上,我国传统中始终存在有调整师生关系的民间秩序。笔者选取了天津地区的传统曲艺相声这一行业,发掘、描述这一行业内师徒关系的习惯,并对比这些习惯在当代发生的新变化。在这些变化中我们可以看到社会的现代化进程以及社群的价值选择对传统人际关系模式的影响,以及现代化语境与传统的社会关系调整方式之间的张力与妥协。这些传统知识及其新变化或许可以为我们构建当今师生关系的模式的尝试提供一些启发。

## 一、相声行业师徒关系秩序的描述

### (一)“旧秩序”的基本样态与逻辑基点

1.生存环境与“市井秩序”

以相声为代表的京津一带地方曲艺多于清代末年进入兴盛期,随着商业的发展,城市中的市场、集市等场所开始逐渐繁荣,这为相声等曲艺形式提供了生存的土壤。艺人起初主要在庙会上进行表演,而随着城市集市的发展,艺人开始出现在集市上,以“撂

---

* 刘一泽,山东大学法学院博士研究生。

地”[①]的形式开展演出活动。清末至民国时期，天津地方艺人大多集中于被称为“三不管”的天津南市一带形成的集市进行表演。这一地区大致位于天津旧城县政府管辖区域边缘，与日本、法国租借地的交界地带[②]，各方势力均对其疏于管理。自1900年起，这一地区先后归属都统衙门和县政府管辖，但由于其位置的特殊性，天津地方政府并未对其进行很好的控制，形成了一种“私搭乱建没人管，摆摊设点没人管，卫生脏乱没人管”[③]的混乱现象，进而出现了“三不管”之说。政府管控的缺失与产权分配的不明确为这一地带的商业繁荣与自发秩序的产生提供了良好的条件。在这里寻找空地摆摊设点进行经营成本极低，小商贩与街头艺人开始在这一地带聚集，并逐渐形成具备一定规模的露天集市。天津南市“三不管”一带也成为相声艺人集中表演的地区。

由于政府管控的缺失，在这一地区形成了与官方文化对应的“市井文化”，同时也出现了与官方秩序相对的“市井秩序”。处于“三不管”地区内的摊贩与艺人大多秉持行业自治秩序，各自按照自身行业内规范行事，形成以行业自治为基础的“市井秩序”。根据老相声艺人的回忆，“当时，约定俗成的‘生意人’包括‘八门’，即：金、汗、彩、挂、平、疃、调、柳。这‘八门’都被称作‘老合’，各门搞各门的，靠‘本事’挣钱吃饭，井水不犯河水，谁也不揭谁的底，谁也不拆谁的台，各有各自的行规”[④]。可见，“市井秩序”主要体现在行业自治上，而行业划分的标准则与各自形成的师承关系有关。

在上述所提及的被看作“生意人”的“八门”中，“柳”（戏曲行业）、“平”（评书行业）、“疃”（相声行业）最重视师承关系，并由此产生出调整师徒关系的习惯性规范。由于师门的传承具有划分行业界限、构建行业自治等基础性功能，因而师承关系在“市井文化”与“市井秩序”中显得尤为重要。

2.传统的师徒关系习惯的内容

笔者从访谈与相关资料中获得了一些关于曲艺行业内师徒关系的相关传统。传统的师徒关系习惯中存在一项基本准则，即“一朝为师，终身为父”（也有称“师徒如父子”）。[⑤] 这一点从弟子拜师时必须要立的“门生帖”的内容中即可以看出来：

“师道大哉矣，入门授业投一技所能，乃系温饱养家之策，历代相传，礼节隆重。仅有×××情愿拜于×××门下，受业学演相声，三年期满，谢师效力一年。课艺期间，收入归师，吃穿由师供给。自后虽分师徒，谊同父子。对于师门，当知恭敬。身受训诲，没齿难忘。情出本心，绝无反悔。空口无凭，谨具此字，以昭郑重。”[⑥]

① “撂地”一词大致意为在街头寻找空地摆摊卖艺，天津地方艺人将这种表演方式称为“撂地”。一些相声艺人常在其表演与回忆录中介绍到这种表演方式。参见殷文硕、王决：《相声行内轶闻》，黄河文艺出版社1988年版，第1页。

② “三不管”地带的位置并不是固定的某一个位置，“原指天津旧城东南墙外的露天市场”，它随着城市规划发展与城市变迁而不断变动，其位置始终处于各方势力的交界地带。参见林学奇：《南市沧桑》，天津古籍出版社2014年版，第43～44页。

③ 林学奇：《南市沧桑》，天津古籍出版社2014年版，第42页。

④ 殷文硕、王决：《相声行内轶闻》，黄河文艺出版社1988年版，第31页。

⑤ 殷文硕、王决：《相声行内轶闻》，黄河文艺出版社1988年版，第32页。

⑥ 殷文硕、王决：《相声行内轶闻》，黄河文艺出版社1988年版，第32页。

拜师所立的“门生帖”中明确点出了“师徒如父子”的要求，并延伸出几项具体的行为规范。包括弟子的学徒期为三年，在学期间弟子在师父家中与师父同吃同住，其间的收入完全归属师父，而师父则向弟子提供穿衣饮食等日常生活所必须。弟子学成“出师”后还要将自己第一年的收入交给师父以示报答等等。这些规范在师徒之间建立起紧密的人身依附关系，而在这样的长期关系下也容易在师徒之间建立起相对可靠的感情纽带。一些观点通过分析我国历史上的文字资料与成语、习语而否认中国过去曾存在类似“师徒如父子”这样的人身依附性师生关系的观点是站不住脚的。①

在“师父”“弟子”这一对称谓中也包含有“以师为父”的内涵，在师徒关系中，师父的地位几乎与家父完全相同。师徒之间的大部分权利与义务都与父子之间权利义务相当，徒弟有为师父尽孝、给师父养老送终的义务；而师父则为徒弟提供未来养家糊口的“手艺”。此外，师父还会为弟子提供一个“入行许可”——没有师门是禁止演出的。②

相声行业内也给出了对“师徒如父子”这一具有基础性的规范以解读，师父比照家父在一定程度上具有类似性，相比家父直接赋予子女以生命，师父则是给徒弟提供了一项可以安身立命的“手艺”，这一般被称为“授业”或“给饭碗”。相声艺人与相声行业内部对于“师徒如父子”关系的解读更多是从相声技艺传承与表演质量的层面出发的。然而事实上，“授业”“给饭碗”等带有行业许可色彩的说法，更直观地反映了市场中的行业自治秩序。从访谈中笔者发现，在相声行业内，关于弟子的“出师”③只存在一项时间标准，要求弟子在师父家中学徒达到“三年零一节”④即可出师，并无其他关于从业水平的考核标准。对于弟子是否达到可以到街头表演的程度是在所不问的，弟子“出师”后是否能独立赚到钱，真的做到靠说相声“安身立命”也不进行评估。这样看来，弟子在学期间所学到的内容实际上并不很重要。“授业”“给饭碗”之说实际上反映的是市场中的行业垄断与行业自治下的行业边界。通过“师承”“门户”赋予弟子以身份与资格，从而实现将参与进市场竞争中的主体纳入某个行业评价体系中。“师承”“门户”代表行业内个体的身份与归属，并通过身份与归属划分管辖，以实现行业的自治。

除去“师徒如父子”的基础性认识以及其衍生出来的相关习惯性规范之外，传统师徒关系还存在带有仪式性的程序性规则。这种程序性规范主要体现在“摆知”⑤环节中，即相声行业中的“拜师礼”。在拜师时，弟子会向师父递交“门生帖”，而师父则会向弟子签

① 郝铁川：《“一日为师，终身为父”的传统师生关系观是一种误解》，载《法制日报》2018年1月31日。

② 关于“没有师父不得从事演出”这一规范主要体现在相声同行之间的“盘道”上，相声艺人在集市上“撂地”演出时可能会被附近同行拉住“盘道”，盘问师门情况，若无师门则会被禁止在这一带市场中表演。关于这一规范笔者会在后文会进一步阐述。

③ 即获得脱离师父开始进行独立演出的资格。相当于学成“毕业”。

④ 从访谈中得知，关于“三年零一节”的说法也有不同解释。一说“一节”是指“春节”“元宵节”“中秋节”三个节日，“三年零一节”的出师标准即在学经过完整的三个自然年后，到第四年的第一个节日可以出师。另有一说解释，北京艺人将一年均分为三部分，成为“三节”，“三年零一节”是指三个自然年加上一个自然年的一部分，即“一节”。

⑤ 即“拜师礼”，师徒关系结成时的必经程序，经过此程序后弟子才算正式“进门”，与师父结成师徒关系。

发“海底”[1],作为师徒关系确实存在的凭证。除去弟子所拜师父外,拜师礼上还需要有“引师”(介绍人)、“保师”(保证人)、“代师”(代教人),行拜师礼时,还要在几项相关行业中请来一位师父在场。[2] 关于这一规范来源,有材料表示是由于相声艺术中部分内容是源于几类相关的其他行当中的。[3] 而笔者在访谈中得知,这一情况是为了让附近的其他“江湖人”“生意人”对于某某已经完成拜师,“是有门户了的”这件事有所了解。

3.“市井秩序”背后的内在逻辑

上文中已经简要叙述了“市井秩序”的基本形式是行业自治,师徒关系规范的设计实质上是为行业自治建立起基础。事实上,从整个相声行业的师徒关系规范设计中,我们可以看出其带有明显的方便行业自治进行、维护“市井秩序”的特征。

传统师徒关系规范中关于师父如何完成对弟子的教学任务以及弟子应如何完成学业的内容并不多见。师徒规范中也并未见到有关于弟子出师的水平标准,仅仅存在一项时间标准。甚至从一些规范中可以看出,师父对于弟子进行技艺传授可能并不重要。如在拜师礼上,弟子拜师时必须要有“代师”,即代教人出现。师父在某些情况下甚至可能不亲自传授技艺,传授技艺的任务实际在代教人手中。此外,相声行业中不同师门之间的特点与区别也并不明显。从这些规范与现象中可以看出,技艺传授并非是师门传承与“门户”划分所想要关注的重点。

“门户”对于“保证演员队伍素质及演出节目质量”而言未必有多大分量。然而,传统师徒关系规范与“门户”对于行业秩序的形成却具备事实上的重要意义。弟子在投艺期间于师父家中吃住,受师父抚养,为师父效力这样的人身依附关系十分有助于行业自治所必需的行业秩序形成。在旧时的开放性集市中,并不存在有组织的类似于当今行业协会性质的“行业共同体”,仅依靠混乱的市场中的零散强力,也无可能在戏曲演艺行业内形成统一的、具备强制力的行业规范。然而,在“门户”观念之下,统一的、具备强制力的行业规范形成则成为可能。前述的师徒关系规范在师徒之间建立了人身依附关系与情感纽带,“引”“保”“代”的存在则为不同的“门户”之间建立起了联系,这样一来,不同“门户”的相声演员也不再只是简单的“同行”关系,而成为“师门”关系。不同师父的相声演员之间可能也会存在诸如“师叔”“师兄”等辈分关系,这给“行业共同体”的形成奠定了基础。而“师徒如父子”的理念则将师徒关系引入了我国传统意义上“君君臣臣、父父子子”的纲常伦理中,使基于“门户”的“行业共同体”内形成的行业规范具备道德强制力。师父、师门的关系使“同行”这一不能实施谴责与强制的概念具备了纲常伦理意义上的道德强制力,对于违反行规的演员实施“清理门户”的行为也就具备了合理性,进而使行业自治与基于行业自治的“市井秩序”的出现成为可能。

---

① 即师徒关系的证明。师父签发“海底”交给弟子,作为师徒关系确实存在的证明。此外,“海底”一词只是音同,并无明确的文字表述。过去相声艺人多不识字,对于这一概念并未留下文字上的记录与确切表述。

② 殷文硕、王决:《相声行内轶闻》,黄河文艺出版社 1988 年版,第 32～33 页。

③ 殷文硕、王决:《相声行内轶闻》,黄河文艺出版社 1988 年版,第 33 页。

### (二)当代师徒关系习惯的延续与演变

1949年新中国成立以后,旧的城市集市大多受到清理。1957年天津市和平区召开第二次人民代表大会第一次会议,有代表提案重新整顿南市"三不管"地区的集市[①],政府主导的官方秩序重新进入市场之中。相声艺人的表演方式与表演环境也逐步改变,由过去的在露天市场"撂地"演出,转向进入剧场表演。随着社会主义三大改造等政策出现,过去在市场中的相声艺人不再具备独立经营的条件与可能。随着官方秩序的全方位、大规模的侵入,"市井秩序"下的行业自治不再具备生存的土壤。统一的剧场演出模式下,"师门"不再具备行业许可性。而在"阶级斗争"的大环境与新意识形态建立的过程中,基于传统"纲常伦理"观念的秩序也被视为是"愚昧落后与陈旧过时的东西"受到破坏与否定,旧的师徒关系习惯逐步瓦解,成为被"革命"的对象。[②]

改革开放以后,"阶级斗争"与"革命"意识开始逐渐退热。随着国家的经济与行政控制程度的逐渐降低,市民社会与社会自治开始重新获得了生存空间并重新出现。师徒关系习惯也经过转变,以一种"新"的形式重新出现。"师徒如父子"的观念已经被严重淡化,极少被提及,但部分基于此衍生出的旧习惯仍然得到保留。拜师时的"摆知"仪式被保留了下来,除去通过"摆知"仪式结成的师徒关系外,过去习惯中不受到承认的"口盟"[③]也成为一种正式的师徒关系建立方式。除此之外,师徒关系成立后,弟子在"三节两寿"[④]向师父"尽孝心"的传统习惯,也以新形式出现。弟子在"三节两寿"上要有所表示,问候或者祝福的形式也是可以接受的。

除去对传统习惯的部分延续外,在师徒关系上也产生了一些新变化。在访谈中笔者也得到了如下事实,"部分老艺人把收徒弟当成一种赚钱的手段了,弟子给师父一笔钱,师父给弟子签'海底',弟子在圈里就会显得有面子。天津有位相声艺人,他收一个徒弟要向徒弟收8000块"。当下,相声行业中师徒关系习惯规范呈现一种旧传统与新模式并存的情况。

## 二、师徒关系的民间叙事:残存的身份性

### (一)师徒关系变化中的"身份性"与"契约性"

从师徒关系的存续形式上来看,传统的师徒关系习惯带有明显的身份性特征。传统

---

① 林学奇:《南市沧桑》,:天津古籍出版社2014年版,第54页。

② 魏治勋:《民间法思维》,中国政法大学出版社2010年版,第80页。

③ 是结成师徒关系的一种方式或一项程序。"口盟"是指师父与弟子达成口头上结成师徒关系的一致,师父口头答应收弟子为徒。但"口盟"的师徒关系往往不被看作是正式的师徒关系,而不被普遍承认。正式师徒关系的建立需要通过"摆知"仪式实现。

④ 其中"三节"是指一年中的三个传统节日,即"春节""元宵节""中秋节";"两寿"是指师父、师娘的生日。

的师徒关系习惯规范大多旨在构建起与“家庭依附”类似的“师门依附”。弟子拜师后在师父家中吃住生活，为师父表演提供帮助，而师父则承担起一部分抚养弟子的义务。这些习惯使师徒之间容易形成紧密的人身依附关系。“师徒如父子”的基本逻辑更是在意识层面构建起“家庭化”的人身依附关系。除此之外，“师门”中个体的“辈分”十分重要，长幼尊卑的秩序森严[①]，这种构造也与旧时家庭极为类似。“师门”几乎可以等同于“师门”中个体的第二个家庭，“师门”中个体之间联系也十分紧密，与家庭中亲属无二。

而传统师徒关系习惯中的依附性更多体现在“师门”的行业许可功能上。在前文已经谈到，旧时未拜师而没有“门户”的个体是不得在集市上以表演相声为生的。集市上演出的“同行”常会通过“盘道”（又称“携家伙”）[②]的方式来验证对方是否有“门户”，双方互通姓名后各自报“三代”（师父、师爷、师太）以及“门户”，若被盘问的一方不能回答，则其演出所用道具以及其演出收入会被发问者全部收走，若被盘问者报出其“师门”“三代”，则“盘道”发起者要代替被盘问一方完成演出，演出收入仍然归属被盘问一方所有。[③] 这样一来，市场中的行业自治得以存在，它以“门户”为基本单位，通过“清理门户”、将违反行规者从“师门”中开除出去等方式惩戒违反行规者，以此维护行业秩序。同时，“门户”还可以为其中的个体提供保护，保护其利益的同时得以通过“门户”中众人的力量将没有“门户”的个体从市场中挤出，维护“门户”的利益。而脱离了“师门”的个体在市场中是无法生存的，即得不到“同行”认可，也没有“师门”的有效保护，在以“师门”为基本单位的自治秩序中不可能有生存空间。“师门”的“类家庭特征”与其行业自治的基础作用使传统师徒关系带有极强的身份性与依附性。

相比于传统的师徒关系习惯，当代的师徒关系习惯规范发生了较大变化。传统的在集市上“撂地”演出的表演方式已经近乎绝迹，剧场式表演几乎成为目前唯一的相声表演形式。而完全脱离官方话语存在的“三不管”式的城市集市也完全不复存在，市场中的行业自治以及“师门”的行业自治功能也被瓦解。由于“盘道”“门户”的行业许可功能已经完全消失，“师门”也就丧失了实现自治的物质性强制力基础，动用“师门”的整体力量“清理门户”已不再可能实现，处理违反行规的个体只能依靠公共舆论。从表面上观察，社会评价的基本单位已由“师门”变为了个人，评判的过程也由“师门”内部而转向具有公共性的外部。弟子在师父家中吃住、受师父抚养、为师父效力的传统也基本上消失，只有极少

---

① 资料显示，相声行业中的“尊长”意识极强，“师门”中的“辈分”极为重要。在拜师的“摆知”仪式上，拜师的弟子要“依次给长辈、平辈行礼（平辈中以拜师先后分大小，先进门为师兄，后进门为师弟）”。此外，“尊”（长辈）与“长”（平辈中先“进门”者）是两个概念，“为长者尊”与“为尊者尊”同等重要。资料中介绍了一次特殊的拜师礼：相声艺人甲在拜师时，其师侄乙已“进门”一年。进而在拜师礼上，甲与乙面对面行跪拜礼，甲先向乙行礼“认门户”，乙再向甲行礼认师叔。这也与旧时家庭中“辈分”森严、长者为尊的逻辑基本一致。殷文硕、王决：《相声行内轶闻》，黄河文艺出版社 1988 年版，第 33 页。

② “家伙”即演出道具，相声演员基本的演出道具包括“醒木、扇子、手绢”，相声演员的演出道具多为拜师时师父所授。

③ 殷文硕、王决：《相声行内轶闻》，黄河文艺出版社 1988 年版，第 35 页。

数情况下仍然会出现，其形式也会与旧传统有较大不同[①]；而“师徒如父子”的传统观念也被极大地淡化，尽管这一说法仍然偶尔会被提及，但师徒间的事实上的权利义务已经与这一观念大不相符。师徒关系中的身份性与人身依附特征大多被抛弃。而相比之下，基于个体独立而出现的契约性特征开始变得明显，如前文中提到的某些相声演员以收徒为赚钱手段，通过标价、收费的方式接纳弟子，并向其传授表演技巧的情况开始出现。

但是，当代师徒关系习惯规范中的身份性并未被完全剥离，一些习惯中仍然保留有旧时人身依附的特征。尽管“师门”不再具有行业许可的性质，但是没有“师门”的相声演员仍然或多或少的会被同行所轻视[②]，“师门”中的辈分划分也仍然被保留。“师门”的重要性仍然存在。过去的“盘道”转变为了如今的“话语权”，拥有“师门”的演员更容易在“话语权”上占据优势。有“师门”帮助的演员很容易获得话语上的优势从而迅速在行业内站住脚，而没有“师门”的演员则缺乏这方面的优势，甚至可能被一些“同行”利用其在行业内的“话语权”进行打压。除此之外，相声曲艺行业在其技艺传承方式上仍然保有过去的传统，师父接纳弟子并无统一的标准，弟子出师也仍然按传统的“三年零一节”的标准执行。在接纳弟子与弟子出师的问题上，仍然被看作是“师门”内部的事，由“师门”内部自行处理。同时，师父对弟子的惩戒也仍然由“师门”内部解决，而不具有公共性。在这些方面上，当代的师徒关系习惯性规范仍然存在着部分身份认同的现象，并保留有部分依附性的特征。

### （二）师徒关系习惯演进的“过程性”

梅因认为，社会的现代化进程是一个“从身份到契约”的过程。[③] 他指出，“古代社会的单元是家庭”，在古代社会中，“家庭是基本群落，其成员共同屈从于男性尊长”[④]。家庭是最基础的社会治理单位，个人并无独立的地位，不具备独立处分自身利益的行为能力[⑤]，进而只能依附于家庭存在。其他形式的社会自治的基本单位也大多与家庭类似，如20世纪存在于我国的“单位”的概念以及本文中所谈到的“师门”概念，这些自治结构都带有某些家庭式的身份依附特征。梅因同时认为，社会与法律的发展过程，是一个大量个人权利与大量财产从家庭审判走向公共法庭的过程，其特点在于“家族依附的消灭和代之而起的个人义务的增长”[⑥]。对比过去与当今师徒关系习惯中的一些特征，我们可以看到其中的变化是符合这一趋势的。师徒关系中的身份性与依附性不断淡化，基于个体权

---

① 如弟子与师父间存在亲缘关系。

② 笔者在访谈中曾问及受访者，现在相声行业内部已经不存在没有师父不能表演之说，为何还有人愿意花大价钱“买”一个师门？受访者的答案是“有师父在圈子内有面子，说出去‘好看’，脸上也光彩”。某知名相声演员甚至在其作品中多次或明确或隐晦地表达过“在这个行业里，没有师父让人瞧不起”的说法。

③ ［英］亨利·萨姆那·梅因：《古代法》，郭亮译，法律出版社2016年版，第91页。

④ ［英］亨利·萨姆那·梅因：《古代法》，郭亮译，法律出版社2016年版，第67～68页。

⑤ ［英］亨利·萨姆那·梅因：《古代法》，郭亮译，法律出版社2016年版，第90页。

⑥ 徐爱国：《法学的圣殿》，中国法制出版社2016年版，第326页。

利义务的契约性的师徒关系开始出现，师徒关系的评价体系也由“师门”内部转向外部。师徒关系习惯作为社会的一部分是随着社会发展而发展的。然而，当代师徒关系习惯规范也并未完全实现现代化，一些旧时的身份性特征也仍然存在着。事实上，处理师徒关系的习惯性规范仍然在不断发生着变化，一些过去不曾见过的新形式开始出现，“明码标价”收徒、通过设立曲艺学校建立师徒关系等形式均是过去从未出现过的，一些更符合现代性语境的师徒关系模式与实践正在不断出现，但这些形式尚未获得业界的普遍认可与遵从。师徒关系习惯的现代化进程并未完成，而是呈现出一种“过程性特征”。

## 三、现代性语境与传统民间叙事的张力与妥协

### (一)现代化过程中的“新”“旧”张力

在当代师徒关系习惯规范的“过程性”之下，“新”与“旧”之间存在着明显的张力。受到现代性语境的影响，带有明显人身依附性特征的旧师徒关系习惯被相声行业内部所主动摒弃，一些调整师徒关系的新形式被创造出来。处理师徒关系的实践在现代性话语体系下不断发生着变化，新实践不断出现，并逐步尝试着取代旧实践。然而，反映在舆论中的社会意识则展现出一种踌躇的态度，一方面，人们对现代性的话语体系的态度是积极的、欢迎的；而另一方面，人们又对更符合现代性语境的新实践持怀疑甚至抵触态度。在访谈过程中笔者发现，在谈及诸如“师徒如父子”、“盘道”与“门户”的行业许可功能等带有显著人身依附性特征的旧习惯时，受访者的语气中带有明显的批评与摒弃态度。受访者甚至会直接表示，“这些旧的封建规矩现在已经没有了，那都是些过去的事了”。然而，受访者又同时承认，现在相声演员的圈子里，有师父仍然是一件“更有面子”的事，想要进入相声圈子的新人仍然对拜师趋之若鹜。而当受访者提到，一些演员“明码标价”收徒弟，师父向每个弟子固定收取高额费用时，语气中又带有些许的不屑。受访者认为收费收徒这种行为是在“靠收徒弟赚钱”，师父签发“海底”，徒弟向师父付费明显带有一种利益交换的意味，根本“不像师徒”了，因此受访者对这种更带有独立性、契约性的新形式并不甚认同。而从处理师徒关系的新实践中看，传统思维也依然根深蒂固。如一些相声艺人建立起曲艺学校，通过办学传承相声表演技艺，然而在这些与普通学校并无甚差别的曲艺学校内，学员仍要通过拜师的方式向师父学习相声技艺。事实上，“拜师”“师门”这些传统与现代性语境并不相称，曲艺学校也并非完全符合现代性标准的，带有部分身份特征的旧习惯在这里仍然被坚定地保留。

上述现象反映出了现代化过程中“新”与“旧”之间的张力与妥协。对于这一现象，台湾学者金耀基认为，这是社会在向现代转型期内的表现。社会转型期内的个人会呈现出“过渡人”的特征。转型期内的社会是一个“传统——现代连续体”[①]，这样的社会中容易

① ［台］金耀基：《从传统到现代》，法律出版社2017年版，第77页。

存在“新”与“旧”的混合物，“新”与“旧”两种“价值系统”可以同时存在，其中的个体则是“一只脚踩在新的价值世界中，另一只脚还踩在旧的价值世界中”。① 金耀基先生又借用理斯曼《寂寞的群众》(*The Lonely Crowd*)一书中的“动机模式”来描述“过渡人”的特征。理斯曼认为，处于社会中的人众，在社会发展中会表现出不同的“动机模式”，社会在从传统走向现代的过程中，社会中人的“动机模式”会按照“传统导向”“内我导向”“他人导向”的顺序进行发展。“传统导向”下的个体行为会遵循“传统”或“习俗”的标准；“他人导向”下的个体行为则会以他的“同侪团体”(peer group)的规范为标准。② 而“过渡人”的“动机模式”是“内我导向”的，“一方面，(他们)已经从传统的习俗中逐渐解放出来；另一方面，对于他接触的团体的规范，他又没有‘见贤思齐’之紧迫的需要”③。由于“过渡人”处于两种不同的价值体系之间，又不再拥有统一化的实践标准，其目光便会在“新”“旧”两种价值体系间不断流转、徘徊，并同时产生实践上的困窘与踌躇。

相声行业内的师徒关系规范正体现出转型期社会的特征，圈子内的个体一方面对旧的意识形态予以了坚决的否定，另一方面又对新的实践充满着怀疑；一方面尝试着构建新实践迎合现代化语境，另一方面又在用旧的评价体系批判新产生的实践。从而使当前的师徒关系规范呈现出金耀基先生口中转型期社会中的“新”“旧”混合物的状态。

### (二)现代性进程的困惑

“过渡人”在“新”与“旧”两种价值选择上的踌躇也导致了新实践的“混合性”特征。处于相声行业内的个体受现代性语境的影响摒弃旧传统，并尝试在处理师徒关系问题上构建新的实践。他们尝试着用平等、互利、契约等现代化理论指导师徒关系的实践，使这些实践看上去是合乎现代化理论的描述的。但是，“过渡人”在价值选择上摇摆的特征，又导致在相声行业中未能形成一种受到广泛接纳的“现代社会想象”。然而，让我们的实践合理的，恰恰是我们的社会想象。④ “旧”实践被无情抛弃了，而新实践应当如何又没有统一的答案。相声行业中的“过渡人”尝试着用现代化理论构建实践，又在新实践产生后用建立在“旧”价值体系上的过去的“社会想象”来测试新实践的合理性。于是，从近年来见诸报端而被公众所知晓的一些相声行业内师徒间的矛盾冲突中，我们能显著地看到价值评判的多元性。

上述现象，使师徒关系的“新”实践成为一种典型的过渡时期中的“新”“旧”混合物。带有显著身份性、依附性的“师门”的物质强制力被摒弃了，然而一个可供社会成员“通过多种媒介进行沟通”的公共空间却并未产生，查尔斯·泰勒称之为“公共领域”，并将其视为是“现代社会中的一个首要特征”。⑤ “从身份向契约”的现代化转变过程中，财产以及

---

① [台]金耀基：《从传统到现代》，法律出版社 2017 年版，第 77～78 页。

② [台]金耀基：《从传统到现代》，法律出版社 2017 年版，第 79 页。

③ [台]金耀基：《从传统到现代》，法律出版社 2017 年版，第 79 页。

④ [加]查尔斯·泰勒：《现代社会想象》，林曼红译，译林出版社 2014 年版，第 100 页。

⑤ [加]查尔斯·泰勒：《现代社会想象》，林曼红译，译林出版社 2014 年版，第 73 页。

权利义务从家庭或“类家庭”组织中脱离出来转移到公共法庭中进行评判。而作为交流与对话平台的公共领域的存在则是这种转变的基础。“过渡人”是无法构建起有效的公共领域的，公共领域作为社群成员交流对话的平台需要社群成员之间已经具备足以进行交流与对话的共识。德沃金曾谈到，社群中成员在对一问题进行解释时存在“前解释”、“解释”与“后解释”三个阶段，三个阶段对于社群成员间共识程度的要求不断提升。前解释阶段仅要求社群中成员对于“实践之初步内容的规则和准则”存在共识，也即对实践本身有共同认识；解释阶段则要求社群成员可以针对价值进行“某个总体的证成”；后解释阶段则是对解释阶段的价值进行完善的过程。① “过渡人”群体中存在的价值高度分歧与价值选择上的踌躇，使社群中无法形成进行“解释”所必要的价值共识。对于实践无法形成共同解释，社群中的交流与对话也就变得十分困难，作为社群成员交流对话平台的公共领域，也就无法出现。

缺乏有效的公共领域，新的师徒关系习惯规范的实践仍然难以完全摆脱旧身份的束缚。在现代性语境下，在处理人际关系问题上往往会希望建立起一种条件—行为—后果式的调整方式，以此构建起明确的权利义务，将其置于公共领域的评判之中，并摒弃身份对人际关系带来的影响。然而，师徒关系的新实践形式仍然保有着带有较强身份意识的调整模式，尽管“门户”丧失了物质性的强制力，但它仍有能力运用其群体的话语权优势实现对其他个体的排挤与歧视。师徒之间的权利义务也依然不明确，而缺乏进入公共领域进行评价的可能性。新的师徒关系习惯性规范的调整模式仍然与现代性的调整模式不同，是一种身份—感官(价值)—话语的调整模式。师父、弟子、“门户”等身份标准依然可以成为评价的起点。

旧习惯向符合现代化语境的方向转变时，现代化的关系模式并没有成形，仅仅出现了现代性的平等意识，身份关系也没有被彻底剥离；作为调整模式中的重要环节的“感官”又因社群内“过渡人”的价值选择的不一致而极不统一，这都使得现代性的公共话语无法介入“门户”内部的权利义务中进行评价。事实上，当前师徒关系的调整模式，是种“旧瓶装新酒”的状态，在旧的调整模式上添加了符合现代平等精神的新内容。

## 小 结

魏治勋教授在对中国法治建设的特性进行分析时指出：“现代法治必须容许社会规范在其合理的范围内构造秩序，并与法律秩序一起，以既相互分立又相互协调的方式共同塑造一个更加人道的、保障人民权利与福利实现的相对和谐的社会秩序”，从而最终构建起一种“涵盖包括实在法与民间社会规范在内的‘多元法治体系’”。② 而针对师生关系这一社会关系领域而言，在现代化进程与现代化话语的冲击下，带有显著身份性与依附

① ［美］罗纳德·德沃金：《法律帝国》，徐杨勇译，上海三联书店2006年版，第53～54页。

② 魏治勋：《民间法思维》，中国政法大学出版社2010年版，第308页。

性的师徒关系习惯已然不能适应社会的发展变化而逐步遭到抛弃,然而师徒关系习惯的新变化却仍然没能完全摆脱旧时习惯的身份性特征,从而呈现出“过程性”“过渡性”的特点。而作为“过渡人”的社会关系参与者,在对“现代性”的价值表示认同的同时又对传统领域内的旧规范怀有留恋,最终新的师徒关系习惯就只能表现为一种在传统人际关系处理模式的“旧瓶”中装上符合现代化语境的“新酒”的“过渡性”样态。然而,“过渡”往往就意味着“不确定”,在现代化语境的影响下,旧秩序被解构的同时新的具备规范性的共识却并未出现,调整师生关系这一社会关系领域的社会秩序就在“传统”与“现代”的踌躇中出现了真空,而这就意味着,在这师徒关系、师生关系这一社会关系的领域内民间社会秩序是无效与缺位的,民间秩序无法发挥其在“多元法治体系”中应当扮演的角色。

**A Transition of Master and Apprentice Relationship Habit of Tianjin Cross Talk Industry**

Liu Yize

**Abstract**: During the late Qing Dynasty, “civic order” based on profession autonomy was formed in the market of the “nobody’s business” region in Tianjin. In this period, the master and apprentice relationship habit taking “as a teacher, as a father” as the principle was formed in cross talk industry. It served for civic profession autonomy. After the founding of the People’s Republic of China, as the collapse of “civic order” and the deepen of the process of modernization, the old relationship between master and apprentice was abandoned and changed for new. Because the whole society was in the modernization transition period, the individuals in community also presented a feature of “transition person”. There exists a tension between “new” practice and “old” value in the new relationship rule. The new relationship habit is a “new kind of wine” installed in the “old bottle”, the traditional pattern of dealing with interpersonal relationship. It showed up an obviously “transitional” feature.

**Key Words**: master and apprentice relationship; “civic order”; modernization of habit; “transition person”

# 二元法秩序下"外嫁女"土地权益纠纷及其解决

王梅竹*

**摘要**:随着城市化进程的加快,农村"外嫁女"土地权益纠纷日益增多,以政府主导建构的国家法秩序主张对农村妇女权益的平等保护,而经验演化形成的村规民约却沿袭旧习不承认其集体组织成员资格。究其原因,在思想观念方面,男女平等冲击父权逻辑,个人本位解构家庭本位。在经济方面,土地权益由实体物权向股权转变,人与土地具有较强的流动性与相对独立性,村民权利与义务的不对等引发利益冲突。在制度层面,村规民约中规定的成员资格认定问题和侵害弱势群体权益问题突出。欲妥善解决"外嫁女"权益纠纷问题,应寻求国家法与村规民约二元法秩序的平衡,建立多元纠纷解决机制,谨慎对待个人本位的股权固化制度,不断完善村集体成员资格认定制度和村规民约备案审查制度,以期实现"外嫁女"权益纠纷的二元法协调。

**关键词**:外嫁女;村规民约;土地权益;妇女权益

## 一、问题意识与分析框架

目前中国社会处于一个急速的转型期,转型意味着能够依靠传统经验解决的问题逐渐减少,法律作为社会规范的主流形式,在调整社会关系方面发挥着愈发重要的作用。与此同时,城市化进程的推进使得城乡差距日益增大,法治环境也不例外。尽管国家法在强大的约束力下力图实现法律的整齐划一和普遍适用,但是,乡土社会中世代传承、广泛认同的民间法的存在,使得国家法与相对闭塞的农村地区的张力愈发增大,乡土社会中法律秩序二元结构逐渐形成。

在政治社会与乡土社会二分的研究范式下,国家法与民间法既冲突又融合。法律现代化的过程中,法治建设是以政府为主导"自上而下"进行的制度建构,法治秩序吸收先进的立法精神,立法技术日臻精巧完善,法律作为国家理性的体现"可以被看成是一种受到自觉维护的和更具统一性的精英知识传统,它具有很强的符号意味,并且表现出相当显著的文化选择色彩"①。然而,民间社会秩序的发展却是经验演化的过程,绝大部分未受过专业法律训练的公民自发形成并长期遵守施行的秩序依旧存在,并在一定程度上继

---

* 王梅竹,南开大学法学理论专业硕士生。

① 梁治平:《清代习惯法:社会与国家》,中国政法大学出版社 1996 年版,第 128 页。

续指导社会生活，民间法作为“一种存在于国家之外的社会中，自发或预设形成，由一定权力提供外在强制力来保证实施的行为规则”[①]与国家法在同一法治时空中并存。在国家——社会二元结构下，国家法与民间法规范行为的内容或许相同，亦存在背道而驰的情况，虽趋于融合，却又时常冲突。

国家法与民间法的冲突，在农村“外嫁女”土地权益保护的问题中可窥见一斑。“外嫁女”是指与村外人结婚、户口仍留在本村或者户口迁出后又回迁到本村的妇女。在实践中，广义“外嫁女”还包括嫁入本村、户口也迁入的“内嫁女”，离婚或丧偶的“外嫁女”，入赘女婿，以及上述人员的子女等。[②] 民间法表现形式之一的村规民约，在内容上与国家法的冲突规定，致使“外嫁女”群体大多由于婚姻关系的变动，包括土地承包经营权、宅基地分配权、征地补偿款分配权、股份分红权、村集体福利在内的应有土地权益受损。本文选取“外嫁女”问题作为民间法与国家法冲突案例的原因，不但由于其权益侵害的严重性，更基于国家法、民间法冲突分析角度的缺乏。当前学界对“外嫁女”土地权益保护的研究，有以下若干角度：从性别视角出发，探讨处于弱势地位的女性土地权利保障的问题。[③] 从农民集体成员权的角度出发，强调“外嫁女”作为集体经济组织成员的权益保护问题。[④] 以农村土地制度、经济制度、自治制度的视角，探讨现行制度缺陷，寻求制度的变革与创新。[⑤] 从纠纷解决的角度切入，分析纠纷难解的深层原因，探索“外嫁女”权利救济的可行路径。[⑥] 在以上研究中，鲜有学者从国家法与民间法冲突与互动的视角，探讨“外嫁女”土地权益保障的问题[⑦]。因此，本文以村规民约与国家法的冲突与互动理论，从乡

---

① 郑永流：《法的有效性与有效的法——分析框架的建构和经验实证的描述》，载《法制与社会发展》2002年第2期。

② 孙海龙、龚德家、李斌：《城市化背景下农村“外嫁女”权益纠纷及其解决机制的思考》，载《法律适用》2004年第3期。

③ 张林秀、刘承芳：《从性别视角看中国农村土地调整中的公平问题——对全国1199个农户和2459个村的实证调查》，载《现代经济探讨》2005年第10期。常献平：《社会性别视角下农村外嫁女权益研究》，博士学位论文，武汉大学，2010年。朱玲：《农地分配中的性别平等问题》，载《经济研究》2000年第9期。王晓莉、张潮、李慧英：《论股份合作改革中“性别化”的土地权利——基于女性主义视角的研究个案》，载《中国农业大学学报(社会科学版)》2014第2期。

④ 陈永蓉、唐鸣：《农村集体经济组织成员权益的规范约定与有效抗辩》，载《法学》2016年第2期。

⑤ 温铁军、王平、石嫣：《农村改革中的财产制度变迁——30年3个村庄的案例介绍》，载《中国农村经济》2008年第10期。何淑仪、商春荣：《土地股份合作制与农村妇女土地权益——基于广东省的调查研究》，载《广东农业科学》2010年第2期。张开泽：《从制度视角看农村外嫁女权益纠纷》，载《中山大学学报论丛》2007年第12期。张勤：《股份合作制下“外嫁女”土地权益纠纷的解决——以珠三角S区为中心的实证研究》，载《江苏社会科学》2018年第2期。柏兰芝：《集体的重构：珠江三角洲地区农村产权制度的演变》，载《开放时代》2013年第3期。

⑥ 张红：《农地纠纷、村民自治与涉农信访——以北京市调研为依据》，载《中国法学》2011年第5期。贺欣：《为什么法院不接受外嫁女纠纷》，载《法律和社会科学》2008年第3期。广东省广州市中级人民法院课题组：《农村“外嫁女”权益纠纷若干问题研究——从法院审判的视角解读农村外嫁女权益纠纷》，载《全国法院第十五届学术讨论会论文集》2003年版，第469～480页。

⑦ 周应江：《身份界定与民间法调适——因婚姻而流动的农村妇女实现土地权益面临的两个法律难题》，载《中华女子学院学报》2005年第4期。何立荣：《“出嫁女”土地权益保护的困境与出路——从民间法角度切入》，载《河北法学》2008年第9期。赵晓力：《“外嫁女”、村规民约与社会主义传统》，载黄平主编：《乡土中国与文化自觉》，生活读书新知三联书店2007年版，第218～227页。

土社会的二元法秩序结构出发，探讨“外嫁女”土地权益损害的深层次原因，廓清二者之协调可能，以期实现“外嫁女”纠纷解决的法治路径。

## 二、农村“外嫁女”土地权益问题的表达与实践

当前，城乡二元经济结构矛盾趋于强化，城市的优先发展模式加剧了城市对农村要素的虹吸效应，拉大城市与农村发展的差距。城市便捷、高效的基础设施，丰富的教育、医疗、就业资源，丰厚的薪资待遇吸引农村的人才与资源向城市单方向流动。① 依靠土地劳作生存的农民比例开始下降，企业工人、生意人、自由职业者等从业人员的比例上升。城市更为开放的婚恋观也对农村地区产生一定的影响，农民婚姻状况的变动更加频繁。人口的流动和职业、婚姻的变动使得部分常年在外工作、生活的村民，尽管仍然保留村民户籍，但事实上脱离了农村的生活模式，丧失了村集体组织成员的资格。“外嫁女”问题就是在此背景下产生的。

在“外嫁女”土地权益保障的问题上，现存的国家法律规定明确、具体。2002 年 8 月 29 日通过的《中华人民共和国农村土地承包法》第六条、第三十条；2005 年 8 月 28 日修改的《中华人民共和国妇女权益保障法》第三十二条、第三十三条均明确规定，在农村集体经济组织成员土地权益的问题上，女性应当与男性享有平等的土地承包经营权、宅基地分配权、征地补偿款分配权、股份分红权、村集体福利在内的土地权益，妇女村民在集体经济组织中的各项合法权益不因婚姻状况的更改而被剥夺或者侵害。② 再以“外嫁女”纠纷较为严重的广东省佛山市南海区为例，由广东省及南海区颁布了《广东省实施〈中华人民共和国妇女权益保障法〉办法》《广东省农村集体经济组织管理规定》《关于保障我市农村“外嫁女”合法权益问题的通知》《南海区深化农村股份合作制改革指导意见》《关于切实解决农村出嫁女合法权益问题的通知》《关于推进农村“两确权”，落实农村“出嫁女”及其子女合法权益的意见》等一系列的法律、法规、政策文件。从国家立法到地方立法，各级国家机关均旗帜鲜明地维护女性的平等法律地位，平等地保护女性的农村集体经济组织成员地位和土地权益，给予妇女权益保护充分的法律依据上的支持。然而，实践中法律、法规明确的内容却难以执行，“外嫁女”土地权益受损情况影响恶劣且普遍存在，“外嫁女”为主张权利与村集体之间产生激烈的矛盾冲突，几乎穷尽行政、司法渠道，仍然

---

① 刘奇：《突破创新超越——改革开放四十年回顾与瞻望(上)》，载《中国发展观察》2018 年第 21 期。

② 《中华人民共和国农村土地承包法》第六条规定：“农村土地承包，妇女与男子享有平等的权利。承包中应当保护妇女的合法权益，任何组织和个人不得剥夺、侵害妇女应当享有的土地承包经营权。”第三十条规定：“承包期内，妇女结婚，在新居住地未取得承包地的，发包方不得收回其原承包地；妇女离婚或者丧偶，仍在原居住地生活或者不在原居住地生活但在新居住地未取得承包地的，发包方不得收回其原承包地。”《中华人民共和国妇女权益保障法》第三十二条规定：“妇女在农村土地承包经营、集体经济组织收益分配、土地征收或者征用补偿费使用以及宅基地使用等方面，享有与男子平等的权利。”第三十三条规定：“任何组织和个人不得以妇女未婚、结婚、离婚、丧偶等为由，侵害妇女在农村集体经济组织中的各项权益。因结婚男方到女方住所落户的，男方和子女享有与所在地农村集体经济组织成员平等的权益。”

无法解决纠纷,维护合法权益的道路十分坎坷。

"外嫁女"失地情况在生活中情况普遍,问题亟待解决。在农村妇女失地问题上,已经有若干机构和学者展开了不同层次的实证调研。全国妇联第三期中国妇女社会地位调查课题组、清华大学中国农村研究院全国"百村千户"的调研活动针对全国范围展开调研。除此之外,也有学者以省、市、村为单位发放问卷、分析数据,并针对调研发现的问题,提出了相应的对策建议。本文针对农村妇女失地情况问题,整理了当前六个机构、学者的调研数据成果,制成下列表格。从表1中可以看出,虽然各地情况有所差异,但总体而言,农村妇女土地权益受损现象普遍存在,被调研地区有一成至二成的农村妇女没有土地,以其他形式侵害妇女土地权益的情况也大量存在。其中,婚姻变动是影响农村妇女土地权益的重要因素,处于离婚、丧偶等婚姻状况的农村妇女土地权益更易受到侵害。

**表1 农村失地妇女调查表**

| 研究主体 | 调研时间 | 调研范围 | 样本数量 | 失地农村妇女情况 |
|---|---|---|---|---|
| 全国妇联第三期中国妇女社会地位调查课题组① | 2010年 | 全国范围(港澳台除外) | 105573份有效问卷 | 没有土地的农村妇女占21.0%,没有土地的农村男性占11.9%。其中,因婚姻变动而失去土地的妇女占失地妇女的27.7% |
| 清华大学中国农村研究院② | 不明 | 全国范围 | 2483份有效问卷 | 有18.0%的受访者存在妇女土地"两头空"的情况;"娘家有承包地,婆家没有"的占比17.4%。 |
| 张林秀、刘承芳③ | 2003年 | 江苏省、甘肃省、四川省、陕西省、吉林省、河北省 | 2459个村级访谈样本 | 村级访谈表明有近35%的村干部对离婚的妇女是否仍然能够保留土地持怀疑态度 |
| 张雅维、马蕾、王金玉、吴玉霞④ | 2011年 | 山东省 | 376份有效问卷 | 14.4%的受访者存在妇女土地"两头空"的情况。61.2%的受访妇女离婚或丧偶后仍在原村居住,但土地承包经营权受侵害,或不能参与土地征用补偿费用分配 |

① 第三期中国妇女社会地位调查课题组:《第三期中国妇女社会地位调查主要数据报告》,载《妇女研究论丛》2011年第6期。

② 王晓莉:《调研与分析:土地确权中女性权益保障之困》,载《中国妇女报》2016年5月31日。

③ 张林秀、刘承芳:《从性别视角看中国农村土地调整中的公平问题——对全国1199个农户和2459个村的实证调查》,载《现代经济探讨》2005年第10期。

④ 张雅维、马蕾、王金玉、吴玉霞:《山东省农村妇女土地权益调查分析》,载《山东女子学院学报》2011年第3期。

续表

| 研究主体 | 调研时间 | 调研范围 | 样本数量 | 失地农村妇女情况 |
|---|---|---|---|---|
| 张笑寒① | 2013 年 | 江苏省扬州市 | 女儿户 96113 户、离异妇女 6079 人、丧偶妇女 21145 人、外来妹 2200 人 | 没有落实土地权益的女儿户占 4.37%、离异妇女 9.60%、丧偶妇女 2.80%、外来妹 2.32% |
| 狄金华、钟涨宝② | 2012 年 | 河北省定州市东亭镇米村、湖北省当阳市两河镇石村 | 米村、石村各发放问卷 60 份,有效回收率为 95.8% | 在米村和石村,"因结婚而新增加的人口不能在一年之内在村里获得承包地"分别占 33.3%和 24.1%;"因结婚而新增加的人口在娘家的承包地归其娘家人使用"分别占 78.9%和 96.6%。 |

时至 2018 年 10 月 5 日,在中国裁判文书网全文检索关键词"外嫁女",共得 12904 个结果。有关"外嫁女"案的司法文书随裁判年限的推移,自 2014 年的 1698 例逐年递增至 2017 年的 3685 例。其中,"土地征收""合法财产""人身权利""离婚""股份""股权""宅基""男女平等"等字样均出现千余次。说明随着我国社会转型,土地征收、农村股份制改革等涉及农民权益的行为与制度日益频繁,"外嫁女"群体大多由于婚姻关系的变动,人身、经济权益纠纷频发。同时检索"村规民约"与"外嫁女"相关的司法文书,共得 4904 个结果,与村规民约相关的"外嫁女"权益受损案件亦不在少数。案件的判决书中,也对规定"外嫁女"不具备村民资格,限制获得土地权益的村规民约有相应的记载。(见表 2)

**表 2　各地村规民约**

| 地点 | 村规民约的内容 |
|---|---|
| 福建省泉州市南安市官桥镇东头村 | 2016 年经村民大会表决通过的《新版东头村村规民约》户口管理制度中规定:"双女儿户家庭其中一女招婿,男方属农业户口需从外村迁入本村落户的,按正常婚迁办理落户。"③ |
| 江苏省江阴市华士镇陆新村 | 《2014 年关于马家堂土地流转费分配暂定方案》中规定:"3.婚嫁(男女同等,可享受两年,女出嫁或男招女婿不管当事人户口是否变化,享受两年后自动终止)……"④ |

① 张笑寒:《城镇化进程中妇女土地权益问题的新动向与对策建议》,载《华中农业大学学报(社会科学版)》2016 年第 1 期。

② 狄金华、钟涨宝:《土地流转中农村女性权益状况的实证分析》,载《中国农村观察》2012 年第 3 期。

③ 东头村:《2016 年新版村规民约》,http://cunwu.cuncun8.com/index.php?ctl=village&act=articleedit&geoCode=68179468&category_code=469762048&id=1858153,访问日期:2019-04-08。

④ 江苏省无锡市中级人民法院(2018)苏 02 民终 544 号民事判决书。

续表

| 地点 | 村规民约的内容 |
| --- | --- |
| 广东省韶关市浈江区十里亭镇火冲村 | 2006年经村民小组表决通过的《火冲村征地款分配协议》第三条规定:"出嫁女(指已申领结婚证的女子)及其家庭人员、空挂户(指没有火冲村祖宗产业继承权的人员)不享受火冲村的任何分配待遇。"① |
| 广东省佛山市高明区荷城街道泰和村民委员会石演经济社 | 2011年股东大会表决通过的《荷城街道泰和村民委员会石演经济合作社章程》第七条第(三)项规定:"农村集体经济组织成员有下列情形之一的,取消其成员资格:……5.'出嫁女'本人及其子女的户口虽然仍在原集体经济组织,但没有在原集体经济组织生产生活……"② |
| 湖南省长沙市开福区捞刀河街道伍家岭村白沙河组 | 《白沙河组村民制度》第三条规定:"有子女的家庭,女孩成家后,家庭成员不能享受组上任何待遇,组上不接受女婿落户本组。"③ |

上述村规民约,有的直接剥夺了"外嫁女"集体经济组织成员资格,有的对"外嫁女"土地权益进行了限制,均做出了与国家法律相违背的规定。层出不穷的"外嫁女"权益受损事件,最直接的原因之一就是村规民约的内容侵害了"外嫁女"土地权益。在小型的社会——乡村中,人口流动性较弱,村民熟知并世代遵守的村规民约在一定程度上替代了专业性较强的国家法律,成为村民行为的标准与规范。国家法尽管对于妇女权益保护的规定明晰、具体,但其实际的执行效果不尽如人意,在国家法与村规民约发生冲突时,村民对村规民约的维护力度是超出想象的:当南海区国家机关试图强行修改村规民约时,就遭到了村民坚决的反击——逼迫村主任交出公章,召开村民会议声讨村主任,破口大骂并逼迫村主任辞职。④ 村民对国家强制更改规则的激烈抵制,加之,在重男轻女、"肥水不流外人田"的传统思想指导下,村民身份背后所附加的户籍、土地、工作、上学等若干经济利益,更使得将"外嫁女"纳入利益群体困难重重。

## 三、"外嫁女"土地权益纠纷中的秩序冲突

由上述案件与例证可知,村规民约规定的"外嫁女"土地权益内容与国家法有所出入。究其原因,从文化层面分析,农村地区父系社会的传统文化与男女平等的现代价值

① 广东省韶关市浈江区人民法院(2009)韶浈法行初字第23号民事判决书。

② 广东省佛山市中级人民法院(2018)粤06行终218号行政判决书。

③ 湖南省长沙市开福区人民法院(2014)开民一初字第01730号民事判决书。

④ 柏兰芝:《集体的重构:珠江三角区地区农村产权制度的演变——以"外嫁女"争议为例》,载《开放时代》2013年第3期。

并存，家庭本位观念与个人本位观念冲突。从经济层面分析，城镇化的推进使得土地收益由劳作收益转化为征地补偿款、股权分红等形式，以个人为单位的利益分配模式使得村民身份与利益分配权利主体融为一体，村民为避免利益被分薄，达成村规民约不予认定“外嫁女”身份。从制度层面分析，在土地制度上，稳定的土地政策与变动性强的实践出现冲突，在农村决议的制度上，多数决议的滥用导致“外嫁女”的成员资格认定难以进行。

其一，父权逻辑与平权逻辑冲突，个人本位对传统家庭本位观念产生冲击。一方面，传统父系社会“从夫居”的居住传统，“出嫁之女，祖业无份”的财产继承传统，与“养儿防老”的赡养传统与男女平权的现代理念冲突。传统观念认为，“嫁出去的女儿泼出去的水”，女性出嫁，娘家的土地及土地权益随着婚姻关系的变动而被收回，在丈夫所在的村集体重新获得。而近代以来，立法在婚姻家庭观念方面，逐渐吸纳了西方男女平等的价值，女性的权利意识开始觉醒，主张作为平等的法律主体，其权利不应依附、受制于男性，而应独立地获得与男性平等的土地权益。村规民约“没有区分农业经济条件下直接依赖土地的劳动方式和工业化、城市化条件下离土不离乡的经济活动方式。将计划经济时代的生产秩序和义务观念取代了工业化过程中的自由观念，武断地给女性结婚赋予了‘离土离乡’的内涵，将过去的分配原则简单地套用在现时代”①。另一方面，传统家庭本位观念与现代个人本位观念产生矛盾。以往农村地区实行家庭联产承包责任制，根据《中华人民共和国农村土地承包法》第十五条的规定：“家庭承包的承包方是本集体经济组织的农户。”家庭是一个相对独立的核算单位，个体以家庭成员的身份付出劳动、获得收益。随着城镇化的发展，以成员资格为前提的股份分红制度突出了个体的地位，以个人为单位的股权分红制度意味着，意欲在数额巨大的征地补偿款、股份分红、村集体福利中分得一杯羹，首要条件就是具备集体经济组织成员的资格，个体村民身份与利益分配的权利主体融合成为无法割裂的相同主体。当夫妻关系仍存续期间，“外嫁女”股权在丈夫村集体组织可以得到保障。但当其因离异、丧偶等情况落单，不被原农村集体经济组织承认成员身份，无法分配股权时，传统的村规民约与现代国家法处理方式不一，即发生二者的冲突。

其二，农村地区正在经历从传统农业到现代化工业的转型，经济利益矛盾显现。一方面，随着城镇化的不断推进，处于市郊地区的农村土地被征用开发，获得征地补偿款。其他地区的农村土地通过流转，由合作社或者企业来经营，实现农业的规模化生产，土地资产转变为资本，农民对土地收益获得股权分红，人与土地的流动性增强，依附关系减弱，二者开始分离。具有村集体成员的身份、享有成员权益，但自始至终未对村集体建设贡献力量的人引发其余村民的不满。另一方面，在村集体财产这块“蛋糕”总量一定的情况下，允许“外嫁女”落户后，瓜分“蛋糕”的人数增多，其他村民的利益势必会受到影响。在实践中，村与村发展水平相差较大，经济效益好的村集体矛盾则更

① 陈端洪：《排他性与他者化：中国农村“外嫁女”案件的财产权分析》，载《北大法律评论》2003年第2期。

加尖锐。根据趋利避害的规律，村集体经济越发达落户人数会随之增多，担心被分薄利润的村民自然在村民自治制度下，一致抵制“外嫁女”群体，与国家法冲突的村规民约就此形成。

其三，在制度层面，传统的乡土社会开始分崩离析，但现代管理制度并未得到良好的施行，出现了制度层面的失序。一方面，理想状态的土地制度与复杂的农村人地状况发生冲突。第二轮土地承包，为了保证土地承包关系稳定并长久不变，调动承包人长期投入、合理开发土地的积极性，耕地承包期限由第一轮土地承包的十五年改为三十年。意味着“外嫁女”的无地状况将长期持续，且难以转变。根据“增人不增地，减人不减地”的政策，土地分配时间过后，新增人口不得以集体成员身份获得土地。妇女作为新增人口将户口迁至婆家，在婆家土地权利难以落实；户口未迁走的，娘家从事实上认定其丧失成员权资格，土地权利亦无法得到保障。另一方面，“外嫁女”农村集体成员身份的认定问题是维护权益的关键，但村民自治制度的滥用使得“外嫁女”农村集体经济成员的资格认定出现困难。村民自治制度赋予村民充分的基层自治自由，股权的认定与分配由民主表决决定。然而，实践中却出现村民滥用“少数服从多数”的原则，一致抵制处于弱势地位的“外嫁女”，集体决议成为维护村民利益最大化的手段的现象。“中国法治建设的渐进性、艰巨性，加之中国乡土农村发展的不平衡性与复杂性，决定了消解国家法与民间法矛盾与冲突将是长期的、长存的，国家法与民间法这种共存共生关系及其张力的互动整合也将显得非常复杂。”①

但是，这并不意味着村规民约与国家法的冲突是无法化解的。相反，二者价值与功能的互补性，奠定了村规民约与国家法互动的基础。“任何法律制度和司法实践的根本目的都不应当是为了确立一种威权化的思想，而是为了解决实际问题，调整社会关系，使人们比较协调，达到一种制度上的正义。”②从二者价值层面来看，村规民约所维护的是村集体的利益，是一定区域范围内的特殊价值。而国家法所维护的是国家的公共利益，是国家发展、治理所必须遵循的普遍价值。微观角度分析，特殊价值与普遍价值之间存在冲突——村规民约所维护的区域性价值超出必要限度，损害国家对于农村地区的有序治理。但是从整体角度分析，二者又具有一致性——均以人的自由发展与社会的有序运转为目的，特殊价值的实现是普遍价值实现的保障。从二者的功能来看，以国家法为审判依据的司法救济途径是最具权威的纠纷解决途径，但是存在费用高昂、要求当事人具备相关法律知识、程序复杂等缺陷，况且“一场官司十年仇”，在厌诉情绪蔓延的农村地区，司法救济在某些生活场景中并非最适宜、最普遍的纠纷解决途径。尽管村规民约适用范围具有局限性，但能够长期存在并实施至今的原因，除了传统的延续外，还因为其本身具备纠纷处理及时，费用低廉，程序简便，实施效果好等优越性。孟德斯鸠曾说，法律的目的是守护一个民族贴近大地的生活方式，只有当制度“接地气”，符合中国的实际情况时，

① 田成有：《乡土社会中的国家法与民间法》，载《思想战线》2001年第5期。

② 苏力：《法治及其本土资源》，中国政法大学出版社2004年版，第29页。

才能从供给法治养料的土壤中汲取养分，实现纠纷解决的最优效果。从村规民约与国家法功能与价值的互补性着手，实现村规民约与国家法的互动与协调，是解决“外嫁女”纠纷的基础和前提。

## 四、村规民约与国家法的协调

有学者在探讨国家法的实施范围与效果时，提出了“法治半径”的概念，即法得以贯彻执行的程度和范围，法被市民百姓认同的程度。① 实践证明，在农村“外嫁女”问题上，国家法“法治半径”的覆盖面尚不足够，而覆盖范围之内又存在冲突。在法治建设“乍暖还寒”之际，移植西方法律得来的国家法排异反应已逐渐显现：理论难以落地实践，采取强硬手段执行则会进一步激化矛盾，引发一系列问题。而我国本土的法治资源被当作糟粕抛弃的时间太久了，以至于在重拾本土资源的路途中，反倒需要历经荆棘遍布的艰难险苦。在国家法“法治半径”薄弱覆盖、冲突覆盖的地区，如何平衡国家法与民间法的效力，首先应当创造性吸收村规民约中优异的纠纷解决资源，建立多元化的纠纷解决机制。其次，直面城市化发展中的经济制度的转变，进一步完善股权制度。最后，确立相对统一的村集体经济组织成员资格认定标准，进一步规范村规民约的制定与施行。

首先，针对传统文化与现代理念并存，乡规民约与国家法二元并立的情况，综合吸纳二者纠纷解决的优势，应当摒弃单一的问题处理模式，建立多元纠纷的制度，及时缓和冲突，防止矛盾的进一步激化。尽管“在理论上，新的司法制度下乡这是好现象，因为这样才能破坏原有的乡土社会的传统，使中国走上现代化的道路”②。但是，这并不意味着传统纠纷解决机制就是落后并毫无可取之处的。将村规民约内优异的纠纷解决正向资源——调解制度，创造性地吸纳进入国家法律体系，把中国传统的纠纷解决模式从落后、封建的枷锁中解放出来，与现代国家法律体系相衔接，形成多元化的纠纷解决机制，以弥补二者之不足，实现良性互动。一方面，加强乡镇政府调解组织功能。乡镇政府是基层的国家行政机关，与村民自治组织联系密切，是沟通行政机关与村民自治组织的桥梁和纽带，应当充分发挥乡镇政府在调解工作中的组织作用。另一方面，完善民间调解机制。调解作为多元纠纷解决机制之中重要的一环，相较于司法救济途径具有制度的优越性。在司法救济中，法官具有案件的最终审判权，当事人参与庭审却无法决定案件的最终走向。而“在诉讼替代性方案中，除了对于程序性规范，当事人必须尊重之外，其他规范，对当事人而言都是开放的。当事人完全可以自主地协商和选择符合自己利益要求的规范，以选择分配其权利和义务，解决其纠纷。”③“枫桥经验”中基层调解制度的内容，给基层矛盾纠纷的化解提供了新的思路。枫桥的干部群众继承和运用“枫桥经验”的基本精神，探

① 王学辉：《双向建构：国家法与民间法的对话与思考》，载《现代法学》1999年第1期。

② 费孝通：《乡土中国生育制度》，北京大学出版社1998年版，第57页。

③ 谢晖：《论民间法与纠纷解决》，载《法律科学（西北政法大学学报）》2011年第6期。

索出了“组织建设走在工作前，预测工作走在预防前，预防工作走在调解前，调解工作走在激化前”的“四前”工作法。在调解组织的设置上，枫桥镇设置了三级调解组织，分别是村组、片区和镇。镇政府设立综合治理委员会，其中的调解组织包括司法所，人民调解委员会；社会力量调解组织，包括村民和居民委员会、企业组织等的调解，并以老年协会、妇联组织、团支部和其他组织作为调解的辅助力量；还有个人调解，比如各级人大代表、老党员干部、企业主、老年人等的调解；司法机关，即派出所和法庭所调解的纠纷，则在调解中占比相当低。①

其次，加快农村集体产权制度改革，完善股权制度。2016 年 12 月 26 日，中共中央国务院发布《关于稳步推进农村集体产权制度改革的意见》，要求各省力争用 3 年左右的时间基本完成集体资产的清产核资工作，用 5 年左右时间基本完成经营性资产股份的合作制改革工作。我国改革开放的政策确定后，珠三角地区作为改革开放的前沿阵地，农村股份合作制改革也走在了时代的前列，以佛山市南海区为例，早在 1993 年，土地股份制已经在南海区完成了普及。在股份制改革的过程中同样也出现了诸多实际的困难，如“外嫁女”、“农转非”、外部人员等大量涌入村集体经济组织，无偿配股成为股东，稀释了将承包地交由集体经营以此获得股权的原股东利益。为解决大量涌现的问题与困难，各个行政村或基层组织根据自身具体的实践经验，将股份分配制由“确权到人，动态调整”变化为“确权到人，固化不变”。“确权到人，固化不变”就意味着在某一确定期限前，将股东人数与股份数固定化，在将股份一次性配置给个人股东后，新增成员将无法获得股权，死亡成员的股权也不予退回。由于股权固化制度存在一定的僵硬性，产生了诸多不合理的实践结果，也使得“外嫁女”矛盾进一步尖锐。在实践中，南海区为顺应民意、化解矛盾，创新地提出“固化到户，户内共享，社内流转，长久不变，提倡户内产权均等化”的股份分配模式，以户为生产核算单位，再次回归到了农民熟悉的家族主义逻辑。② 尽管固化到户仍然存在股份流动制度僵化的缺陷，但是已经能够较为合理地平衡失地“外嫁女”与原股东之间的利益，同时也避免了过度固化而导致的难以执行的尴尬局面。农村集体产权制度改革是顺应时代发展的必然举措，但是，当前仍然存在各地经济发展状况不等，农村地区的产权制度改革工作的开展状况不一的现实状况与困境，在推进制度建立的过程中不可操之过急，而应当谨慎对待个人股权固化制度。从南海区农地股份制度改革的经验可知，当国家制度顺应农民需求时就会便于施行，与农民生活逻辑相悖则会诱发激烈矛盾，制度的改革应当严格地考察农民现实需求，不能脱离其生活基础，即“立足于现实的人的日常生活世界，关注现实的人的具体生活场景，乃是法治的真实路径与基本向度”③。

最后，在制度层面，一方面，建立相对统一的村集体成员资格认定制度，避免因认定

① 谌洪果：《“枫桥经验”与中国特色的法治生成模式》，载《法律科学（西北政法大学学报）》2009 年第 1 期。

② 郭晓鸣、王蔷：《农村集体经济股权分配制度变迁及绩效评价》，载《华南农业大学学报（社会科学版）》2019 年第 1 期。

③ 姚建宗：《生活的场景与法治的向度》，载《吉林大学社会科学学报》2000 年第 1 期。

标准不一,导致土地权益两头空的情况出现。经济的发展使得农民户口在原籍,但劳动生产关系转移的情况普遍存在。实践中,若仅凭户口作为分配村集体利益的依据,则会出现常年生活、劳作在本村的人因户籍在外无法获得权益,而未对村庄建设贡献力量的人却因具有户口获得巨额补偿,权利义务不一致。若以实际居住地或者是否具有承包地为标准,各村之间标准不同,无法执行。因此,统一村集体成员资格认定的标准,有助于村庄之间成员资格的承认,为成员流动提供必要的衔接,提高办事效率,避免权益落空。能够确保权利义务关系的一致,既克服少数服从多数原则对于弱势群体的利益侵害,也能避免非集体组织成员觊觎日渐增值的村集体利益,企图分一杯羹的情况出现。同时,在统一的认定标准下,有助于纠纷和争议的解决,为权益的保障提供更为充分的救济标准。另一方面,还应当健全村规民约的备案审查制度,避免少数服从多数原则对弱势群体利益的侵害。《中华人民共和国村民委员会组织法》第二十七条①赋予村民会议制定修改村民自治章程、村规民约的权利,并将此项权利限制在不得与上位法相冲突,不得损害他人利益的范围之内,否则镇级政府有权责令改正。"责令改正"意味着镇级政府不具备更改村规民约的决定权,当村规民约侵害"外嫁女"权益时,镇级政府的"责令改正"在某种程度上无法起决定性作用。村民自治制度制定之本意是给予广袤的农村地区充分的自主权,然而利用村规民约侵害"外嫁女"权益却成为村民自治下矫枉过正的产物。因此,应当加强村规民约的事前审查与事后审查力度,在做好村规民约备案工作的基础上,改变只备案不审查的现状。同时,坚持定期检查、敦促村民会议清理与新法律、新政策冲突的村规民约,在普法的同时逐渐软化村民心中根深蒂固的错误认识,在保障村民民主权益的基础上把舵村规民约的正确方向。

## 五、结论

"法律的效力首先产生于习俗和人民的信仰,而非法律制定者的专断意志所孕就的。"②在国家与社会两分的前提下,国家法与村规民约就农村妇女土地权益出现两种截然不同的规定。一方面,随着国家现代化的发展,国家法吸收西方男女平等理念,规定平等地保障农村妇女的土地权益。另一方面,农村地区仍然处于相对封闭的熟人社会状态,村规民约仍然沿袭"出嫁之女,祖业无份"的传统习俗,实际指导着村民土地权益的分配。究其原因,在观念层面,父权逻辑指导下传统重男轻女的思想、从夫居的居住传统、养儿防老的赡养制度代代传承,以家庭为生产结算单位的劳作模式和分配制度,与现代男女平等的价值观念和个人主体地位发生冲突。在经济层面,随着人与土地的流动性和

① 《中华人民共和国村民委员会组织法》第二十七条规定:村民自治章程、村规民约以及村民会议或者村民代表会议的决定不得与宪法、法律、法规和国家的政策相抵触,不得有侵犯村民的人身权利、民主权利和合法财产权利的内容。村民自治章程、村规民约以及村民会议或者村民代表会议的决定违反前款规定的,由乡、民族乡、镇的人民政府责令改正。

② [法]萨维尼:《论立法与当代法学的使命》,许章润译,中国法制出版社2001年版,第11页。

相对独立性的增强，村民权利义务不对等引发集体不满，对日益增值的土地权益的争夺，也是冲突愈演愈烈的重要动因。在制度层面，长期不变的土地制度使得流动性日益增强的农村妇女难以获得土地，实践中混乱的村集体成员资格认定标准更让权益保障困难重重。

为妥善解决"外嫁女"问题，应当从更深层次的国家法与村规民约的关系入手，将二者冲突创造性地转化为互补的价值与功能。借鉴本土资源化解矛盾便捷、高效、低成本的优势，建立多元纠纷解决机制，实现纠纷的有效解决。在大力推进农村集体产权制度改革之际，谨慎对待以个人为单位的股份固化制度，顺应农民的生活逻辑，从传统中汲取养分，在实践中不断完善制度。建立相对统一的村集体经济组织成员认定标准，为村与村之间人员的流动提供制度的衔接，为纠纷的解决建立统一的标准。同时，还要完善村规民约的备案审查制度，避免多数决策对少数、弱势群体利益的侵害，以期更有力地保障"外嫁女"群体的土地权益。

**Disputes and Solutions to the Rights of Rural Married Women Under the Dual Law Order**

Wang Meizhu

**Abstract**: With the acceleration of urbanization, disputes over rural married women's land rights are increasing. The state law led by the government advocates equal protection of rural women's rights. However, the village rules formed by the evolution of experience follow the old customs and do not recognize the membership of married women. In terms of ideology, gender equality impacts patriarchal logic and individual standard deconstructs family standard. In terms of economy, land rights have changed from substantive property rights to equity rights. People and land have strong liquidity and relative independence. Villagers' unequal rights and obligations lead to interest conflicts. At the institutional level, the problems of membership identification and infringement on the rights of vulnerable groups stipulated in village regulations are prominent. In order to properly solve the disputes, we should seek the balance between the state law and the village regulations. We should establish a multi-dispute resolution mechanism and treat the individual-based equity consolidation system with caution. Constantly improve the identification system of village membership and the review system of village regulations, in order to achieve the dual law coordination in disputes over the rights of rural married women.

**Key Words**: rural married women; village rules; land rights; women rights

[illegible]

[illegible]

# Dispute and Solutions to the Rights of Rural Married Women Under the Dual Law Order

Wang Meizhe

**Abstract:** With the acceleration of urbanization, disputes over rural married women's land rights are increasing. The state law led by the government advocates equal protection of rural women's rights. However, the village rules formed by the evo[illegible] follow the old customs and [illegible] membership of married women. [illegible], gender equality [illegible] patriarchal logic and [illegible] deconstructs family [illegible]. In terms of economy, land rights have changed from substantive property rights to equity rights. People and land have strong [illegible] relative [illegible] dependence. Villagers' unequal rights and obligations lead to interest conflicts. At the institutional level, the problems of ambiguity in the identification and infringement on the rights of vulnerable groups stipulated in village regulations are prominent. In order to properly solve the disputes, we should seek the balance between the state law and the village regulations. We should establish a multi-dispute resolution [illegible] equity [illegible] system with [illegible] and the review system of village regulations in order to achieve the dual law coordination in disputes over the rights of rural married women.

**Key Words:** rural married women; village rules; land rights; women rights

# 域外视窗

# 论西欧中世纪习惯法的封建基础

王林敏[*]　王　亮[**]

**摘要**:西欧中世纪的习惯法是贵族的产物,适应当时的经济社会条件。中世纪西欧中央权力出现真空,处于无政府状态,立法阙如导致习惯法繁盛。政治单位的碎片化是习惯法的最佳养料,司法权的高度割裂状态是习惯法保持独特性的前提。封建制度下的习惯法具有属地性,源自领主司法权的各种法庭适用习惯法裁决纠纷,大多采用同侪审判的方式,从而使得封建习惯法具有一定的民主色彩。

**关键词**:习惯法;封建社会;领主司法权;同侪审判

要想探讨中世纪习惯法的本质,必须要回到中世纪的历史背景中去,脱离历史背景谈中世纪习惯法,或者用现代的法律观念来考量中世纪法制史,得到的结论必定是不准确的。封建时期的习惯法是当时社会状况的产物,形成这些新习惯法的主要社会条件是封建因素,因此习惯法是贵族在实际生活中发展起来的,所以我们应该从封建机构中去寻找习惯赋予新生法律生命力的途径和方法。① 每一种习惯法都是一种特定的制度,管理那些受其规制的阶层或群体的日常交往活动。这些习惯法要想发挥其作用、真正成为行动中的法律,都需要相应的组织机构的适用和执行。在中世纪的西欧,执行法律的机构主要被冠以“法庭”之名,所以,认识中世纪的各色名目的法庭的权力来源、组织体系、审判模式和机构行使,对于认识中世纪的习惯法的本质有着重要意义,甚至可以这么说,只有在透彻地认识了中世纪习惯法法院的实质之后,我们才能更深刻地理解习惯法的实质及其存在条件。

## 一、封建无政府状态:中世纪习惯法的政治土壤

习惯法的兴盛有其特定的政治土壤。所有的政治因素中,政治单位的碎片化是习惯法的最佳养料,中世纪封建制度之下的西欧恰好具备了这个条件。在现代,中央和地方是现代人理解政治权力架构的一对基本概念和分析工具。首先,存在一个统一的政治实

---

* 王林敏,法学博士,曲阜师范大学法学院副教授。

** 王亮,法学硕士,中共湖南省委党校副教授。

① [英]梅特兰:《欧陆法律史概览:事件、渊源、人物及运动》,屈文生等译,上海人民出版社2008年版,第65页。

体，我们将其拟制为一个"法人"，一个伟大的"利维坦"，所谓中央即这个"利维坦"的最高权力的享有者和垄断者，它统辖整个政治实体；其次，通过某种方式把这个统一的政治实体划分为次级的以及更小级别的统治单位，即地方，然后中央通过某种方式把国家权力下放给地方，或者通过某种方式将国家权力在中央和地方之间进行分配。现代人的国家观念中的一个基本要素是"统一"，"统一"在理论上表现为主权的不可分割性，在实践中则表现为中央对地方的毫无争议的控制。在中世纪的西欧社会，中央和地方的界限模糊了，政治单位的碎片化即中央弱化、而地方政治单位脱离统一的中央管辖，成为割据一方的、相互独立的自治领地。

这是一个历史造就的因果循环：封建法是封建社会的"宪法"，是组织一个地区的政治生活的一种方式，这个规则系统的作用或者运作结果却是使整个统治秩序碎片化，而根据封建制度所产生的政治秩序和军事制度又进一步强化了封建法。封建法在国家权力层面瓦解了中央权力，在中央和地方关系层面消解了中央对地方的控制。封建秩序的基本特点就是无秩序，为何会是这样的局面呢？这涉及封建法的运作逻辑。

谈到封建法，需要强调的一点是：立法者在中世纪的缺位。封建制度全盛时期的西欧在现代人看来接近于无政府状态，封建制度的运作结果便是权威的分散性。因为，依据封建习惯法进行的效忠和臣服并不只是在一个层次上进行，而是一个层层分封、权力下放的链条。在理论上，国王是最高的领主，国王把采邑分封给大诸侯、大贵族等次级领主，大贵族再通过习惯法进一步分封，直至最小的领主——骑士。这就形成了西欧封建社会的等级金字塔，金字塔的顶端是国王、低端是农民，中坚力量是骑士。层层分封所形成的人身依附链条表面上很相似，但金字塔顶端的国王对下层附庸的控制程度有所差别，在法兰西，附庸的附庸不是我的附庸；而在英格兰，附庸的附庸也是我的附庸。这种差别是由当时的国王的实力决定的，在法兰西，国王只是他自己领地的主人，而在其他方面，他只是一个傀儡领袖，在中世纪的世俗政权中从来没有出现过绝对的政治权威。① 顶层的松散性达到极致，是国王与大贵族地位的平等化。在法兰西卡佩王朝初期，国王是大贵族中平等的一员，是由大贵族选举出来的，国王只是在法理上的宗主，王权走向强大的第一个脚印便是重新实现世袭制②。所以，在中央层面上，作为传统中央权力代表的王室，权力是非常弱小的。③ 国王既没有立法的能力，也没有推行自己法令的能力，作为理论上的附庸争讼的调停者，也只有很弱的权威。所以，在国王及其次级附庸的关系方面，

① 所以，佩里·安德森认为封建主义的政治制度中存在一个核心的矛盾：一方面是它的最高主权存在分解的趋势，另一方面则是一个最高的权威中心能够在绝对紧急的情况下以宗主权的名义实现整合。封建宗主权一直存在于意识形态和司法领主，尽管这种权利多数时候是理论上的，但在生死攸关的当口却能发挥向心力的作用。参见[英]佩里·安德森：《从古代到封建主义的过渡》，郭方等译，上海人民出版社2001年版，第155页。

② [法]乔治·杜比：《法国史》(上)，吕一民等译，商务印书馆2010年版，第323页。

③ 11纪的神圣罗马帝国和其他王国，事实上都不存在中央行政管理机关，没有中央支配的财政系统、没有中央司法机构，也没有派往地方的代表。国王通过巡视管理自己的王国，巡视时总是带着他的政府机构——王室。参见[美]伯尔曼：《法律与革命》，贺卫方等译，中国大百科出版社1993年版，第367页。

法兰西就分化为若干个独立的大公国,德意志、意大利的情形很类似。也就是说,我们平常所谓的封建“金字塔”在真实的历史中是不完整的,金字塔的顶部并没有封顶,封建制度全盛时期只有英格兰通过诺曼征服而建立起了集权式的完整的金字塔式的等级制。

在大公国的诸侯和更低级别的领主乃至最低级别的骑士领地之间的关系上,封建法也呈现出极强的离心力。封建制最初之所以出现是因为战争组织方式的改变:在9世纪时,由于马镫、马鞍、重铠甲等骑兵装备的发展,装甲骑兵成为军队的核心战斗力。但骑兵装甲极其昂贵从而很少有人能够负担得起,并且要想成为一名作战熟练的重骑兵需要长期的训练,所以,当时的国王查理只能从有能力负担此项费用的富裕的自由人当中征召重骑兵,同时,国王把足够支持一个骑兵费用的土地和劳力作为回报赐给骑兵,但此时赏赐的土地并不含有司法权。后来,事情发生了变化:一方面,采邑等世俗领地变成了世袭,另一方面,世俗领主攫取了通常由国王作为特权授予教会的司法权。这样,到11世纪末,政府权力被领主阶层——即土地所有者阶层——普遍分割,土地所有者阶层与统治者阶层的界限模糊起来,上层领主对居住在其土地上的人们拥有完全的司法权,次级领主则拥有部分司法权,区别仅在于是否能够判处死刑。① 司法权的独立性由封建习惯予以保障。

与封建割据相伴而生的另一个现象是王室官员的地方化和世袭化。在“中央—地方”关系中,王室实现对地方控制的主要手段是向地方单位派遣官员,这些官员在法理上是王室的代理人,在自己的辖区内代表王室行使权力。在卡洛林王朝时期,王室派出的官员仍然扮演代理人的角色,受王室控制、有一定任期。但是到了卡佩王朝时代,卡佩王朝的早期几代国王基本上无力控制自己的地方官员——国王只能向王室领地而不能向大公国派遣官员——而地方官员也努力将自己的职位世袭化,所以,即使在王室自己控制的领地之内,地方官员也一度消失。“公职”因此成为一个理论上的概念。②

所以,在封建制度下的西欧,有些“中央政府”只剩下一个概念的空壳——统治权力几乎完全地方化了。在12世纪的法兰西,“中央政府”对地方政治单位的控制趋向于零,地方政治单位最大的公国、最小的骑士控制之下的庄园——骑士领,皆不受中央的统辖,并且这些领地根据封建法呈现出最大限度的独立性,拥有独立或者相对独立的司法管辖权。正是封建制度的运作创造出这些独立的政治单位,而这些独立政治单位又为庄园法、城市法和商法的发展奠定了前提。

## 二、碎片化的司法:中世纪习惯法的适用机构

提到法院或者法庭,现代人脑海中呈现的总是一个“系统”,即在一个最高法院领导

---

① 是否拥有高级司法权,其外在的区分是一个极具象征性的符号:绞刑架。参见[美]莱恩·蒂尔尼:《西欧中世纪史》,袁传伟译,北京大学出版社2011年版,第158页。

② [法]菲利普·内莫:《教会法与神圣帝国的兴衰——中世纪思想史讲稿》,张竝译,华东师范大学出版社2011年版,第184页。

之下的组织严密的具有完整性和层次性的体系。但是，当我们戴着现代的眼镜来考察中世纪司法权的组织形态时，完整性、层次性、体系化不见了，我们在中世纪司法组织机构中根本找不到这些现代司法的属性。与中世纪统治秩序的碎片化相对应，我们能够看到的是一幅令人眼花缭乱的司法图景：在各个地方的各个层面上，存在各种不同性质和管辖权的法庭，有教会的、王室的、地方领主的、庄园的、城市的法庭，这些法庭虽然具有某种松散的联系，但绝不存在如今日般严密的上下层等级关系，它们是各自独立的。中世纪司法权的特点在现在看来都是负面的：一是呈现出极大的分割状态，二是各种司法权纵横交错，三是司法权的功能低下。① 上述法庭中，与习惯法有关的法庭组织形式有：

第一，领主法庭。领主法庭在中世纪社会属于较高层次的法庭。在封建社会中，每一个领主都渴望成为法官，原因在于，只有排除其他法庭对自己依附者的审判权，才能使其既可保护又可有效地控制他的附庸；并且，行使司法权也是有利可图的事情，司法罚金是领主的重要收入来源。在封建时代，行使司法权并不十分困难，是依靠记忆和习惯就可以完成的事情：主持审判的人并不需要在实体法方面费心劳神，因为法律多数都是传统习惯，成文法也相对固定；在程序方面，法官只要了解一些固定的手势和规定的用语即可。② 所以，按照现代标准来看，中世纪的领主法庭是非专业的法庭，就是法庭主持人（领主或其管家）领导着一群文盲在进行裁判，法庭很少审理和判定证据，而主要依靠神明裁判和决斗来进行证明。③

第二，庄园法庭。随着庄园制度的发展，农奴渐渐受领主的司法权管辖。④ 庄园法庭通常由庄园的管家主持，其他庄园官员——庄园管理人（一般的监督人）、作物管理人（管理领主的庄稼）、林木管理人（管理领主的林木）、收租人等——也参与到庄园诉讼中，通常作为起诉人对侵犯领主特权的人进行指控。损害耕牛、未给可耕田施肥、在收割时不帮忙，侵犯领主土地、偷盗领主庄稼、不履行劳务或者不付税款，这些举动侵犯领主权利，可以在庄园法庭中对其提出指控；攻击或者诽谤他人、购买物品拒绝付款、不履行为他人建造棚屋的诺言、小偷小摸或其他村民间的争端可在庄园法庭中加以解决，相关的罚金成为领主的一项可观的收入来源，但裁决要依据庄园的习惯法进行。⑤

庄园法庭和领主法庭都是在领主的主持下进行的，其区别在于管辖权不同：一般而言，领主法庭审理自由人之间的案件，主要涉及领主及其附庸之间的纠纷，以及能够判处死刑的重大案件，即高级审判权；庄园法庭则主要管辖领主与其佃户之间的纠纷以及佃户之间的纠纷，只能审理属于民事和轻微刑事案件，这就是所谓的低级管辖权。掌握高级审判权的大领主法庭和部分小领主法庭可以行使低级审判权；而庄园法庭则绝对不可

① [法]马克 · 布洛赫：《封建社会》（下），张绪山等译，商务印书馆 2004 年版，第 583 页。

② [法]马克 · 布洛赫：《封建社会》（下），张绪山等译，商务印书馆 2004 年版，第 583 页。

③ [法]菲利普 · 内莫：《教会法与神圣帝国的兴衰——中世纪思想史讲稿》，张竝译，华东师范大学出版社 2011 年版，第 204 页。

④ [美]莱恩 · 蒂尔尼：《西欧中世纪史》，袁传伟译，北京大学出版社 2011 年版，第 180 页。

⑤ [美]伯尔曼：《法律与革命》，贺卫方等译，中国大百科出版社 1993 年版，第 398 页。

以行使高级审判权。自由农与领主的纠纷，自由农向上一级的领主法庭提出，而农奴则只能在庄园法庭提出诉讼。

第三，城市法庭。每一座城市因被承认为一个独立的司法区，所以都设置自己的法庭，负责执掌城市法规；城市法庭设置自己的法官，法官权限由城市法规定，并且限于城市法行使的地区之内；法庭的庭长通常是城市所在地领主的官员，该庭长必须在就任时向城市宣誓保证尊重和维护城市的特权。有的城市中可能会设置多个法庭，各司其职；在一些经过暴动建立起城市制度的主教辖区城市，通常在受领主影响的执行官之外设立一个专门的法庭，审理城市治安案件，特别是关于城市公社法令范围内的案件。①

第四，商人法庭。商人法院包括市场法院和集市法院、商人行会法院和城市法院，前两者是纯粹的商人法院，后两者也拥有广泛的商事管辖权。1154 年，米兰允许外国商人建立商人领事法院，这种商人领事法院随之扩展到意大利的许多城市，而且其管辖范围则扩展到城市的所有商事案件。在英格兰则建立了 14 个贸易中心城镇法院，在法律规定的贸易中心城镇，商人及其家人在涉及贸易中心城镇的事情上，由商法管辖而不是由普通法或者其他城镇习惯法管辖，而贸易中心城镇法院的院长一般由该城镇的市长担任。还有一种类型的商人法院是港口城镇中的地方海事法院。② 上述所有类型的商人法院都要求审判程序简洁、时限紧凑：在集市法院中，审判应该在商人脚上的泥土未掉就完结，所以，集市法院又被称为泥足法院；在海事法院中，审判应该在潮汐之间完结，在行会法院和城镇法院中，审判应该在一天以内完结。

虽然中世纪习惯法法庭表面上看去错综复杂，但是这些法庭与任何时代的法庭一样，都是根植于政治制度中的。中世纪习惯法法庭体系的形成，是封建制度权力“下放”的结果。无政府状态是西欧封建社会的一大特点。但所谓的“封建无政府”只是在中央权力的层面上才成立，中央权力无能力统摄地方权力；在地方政治单位中，在无数的领地、庄园和城市中，统治秩序仍然是存在的，这种统治秩序的表现形态主要是领主司法权。领主法庭、庄园法庭、城市法庭和商人法庭，这些习惯法法庭的直接权威来源就是领主司法。

## 三、领主司法权：中世纪习惯法的权威渊源

领主司法权的前身是卡洛林王朝给予教会的特权：豁免权。豁免权主要有两个方面的好处：一是免于某些税收负担，二是免于国王官员的巡查。起初，只有教会领地能够从国王处获得豁免权，一般世俗领地很难或很少得到此种特权。但王室领地在理论上也拥有豁免权，因为王室领地是为国王服务的，因此地方官员不得对王室领地征税甚至不许进入王室领地。当王室领地作为采邑赠予国王的附庸时，国王通常允许保留领地上的豁

① [比利时]亨利 · 皮雷纳：《中世纪的城市》，陈国梁译，商务印书馆 1985 年版，第 128 页。

② [美]伯尔曼：《法律与革命》，贺卫方等译，中国大百科出版社 1993 年版，第 421～423 页。

免特权。因为按照当时的习惯，采邑仍然是王室领地的一部分，所有采邑持有人便与教会人员一样成为享有法律特权的阶层。由于卡洛林时代的王室地方官员有时对待民众比较残暴、对国王也并不十分恭顺，所以国王有时将司法权赋予地方领主，借以维护和加强地方秩序，私人司法权于是合法化并成长起来，私人司法权的限度取决于领主势力的大小。① 地方上代表国王司法权的仍然是伯爵法庭。但是，领主司法权的最重要的体现便是对伯爵管辖的豁免和排斥。

封建法院的审判权有高级审判权和低级审判权之分。这种划分是在查理时代形成的，查理将地方上的法庭分为两个层次：伯爵法庭和百户区法庭。伯爵仍然定期到百户区进行巡回审判，召开伯爵法庭——一般一年三次——百户区全体自由人需要出席，但伯爵法庭只审理“大案件”：百户区内发生的极其重要的案件，如杀人、抢劫等。其余的“小案件”则由百户区法庭审理，百户区法庭开庭时由伯爵的代理人百夫长主持，只要陪审员出席即可，而不需要全体自由人出席。在有豁免权的领地中，领主行使的司法权仅限于“小案件”，如果发生大案件，伯爵不能到领地内抓捕被告及其证人，但是领主有义务将其交到伯爵法庭。大案的标准是判处死刑或罚为奴隶。② 卡洛林时代，只有伯爵法庭才能行使这种司法权，但在10—11世纪，西欧各地众多小领主也拥有了此种权力，死刑权不再为伯爵垄断。领主法院可以行使所谓高级审判权：它们可以就死罪案件作出判决，包括谋杀、抢劫等重罪。国王的领主法院首先取得高级审判权。在英格兰，一些大领主则继续保有高级审判权；而在法兰西和德意志，众多次级领主也保有高级审判权，直到16世纪。地方领主法院都继续行使低级审判权，即对轻微刑事案件和某些民事诉讼案件的管辖权，领主法院都对其所属领主所拥有的土地上的正当秩序拥有一般管辖权。③

庄园法院的司法权直接来源于领主司法权。一般情况下，拥有一处庄园，掌控一小部分地位卑下的佃农，收取地租、征派劳役，同时就意味着对此处庄园拥有司法权。因为封建关系分为两层：一是“封君—附庸”关系，二是“领主—佃农”关系，所以，对很多高级领主而言，事实上掌握两类法庭：封建法庭处理他与附庸之间的关系以及部分涉及自由人的案件，而庄园法庭则处理他与佃农之间的纠纷。在高级领主直接控制的庄园中，高级领主直接掌控庄园法庭；而对于绝大多数由他分封的庄园中，庄园法庭则由他的附庸掌控。领地司法权并非直接来自统治秩序的崩解，而是古代社会私人权力的一个延伸。行使低级司法权的人，对于生活在他的领地上的居民之间民事诉讼案件和除严重犯罪之外的刑事案件的天然法官。所以，他的权力是“小案件”审理权这种卡洛林时代的遗产和领主实际上行使的裁决权与惩治权的结合物。④

城市法院和商人法院的司法权直接来源于领主通过特许状的转让。在城市发展的

---

① [英]佩里·安德森：《从古代到封建主义的过渡》，郭方等译，上海人民出版社2001年版，第140页。

② [法]马克·布洛赫：《封建社会》(下)，张绪山等译，商务印书馆2004年版，第589～590页。

③ [美]伯尔曼：《法律与革命》，贺卫方等译，中国大百科出版社1993年版，第376页。

④ [法]马克·布洛赫：《封建社会》(下)，张绪山等译，商务印书馆2004年版，第593～594页。

初期以商人为主,而司法权掌握在领主手中。因为领主司法权具有明显的属地特征,只要是在领主领地之上的人就要服从领主司法权,在领主领地上活动的商人也不例外,领主将监护权扩张到商人和城市身上。法庭设在城市所在的城堡之内,由领主的官吏掌控,但是这种机构不是专为商人们建立的,对商人的活动非但没有帮助,反而构成一种障碍。此后,以商人为首的市民阶级团结在行会之中,以行会为工具,逐渐赢得了自治权。市民阶级成为伯爵领地中的一个与众不同的特权阶级,成为一个为当时的法律体制承认的合法集团。市民阶级拥有自己的法律,而与这种特殊的法律地位相适应,必须有一种新的司法组织来执行市民的法律。这种新法庭的成员由市民自己挑选,能够行使一种符合市民要求、满足市民愿望的司法,即城市的司法。1127 年,授予圣奥美尔的特许状中,赋予了城市的这种独特的司法权。以后,所有城市的特许状中都包括这样一个条款:市民阶级只受他们自己地方长官的审判,因此地方长官必须从市民阶级中选任,他们必须是公社的成员。① 最初,多数城市只能享有低级司法权,高级司法权仍然掌握在领主手中;但到了 12 世纪中期,城市主要以劝说和贿赂、偶尔以暴力等手段从领主那里获取了高级司法权,但在法兰西和英格兰,所有城市都服从于国王的最高权威,没有发展成意大利式的独立城邦。②

上述各种形式的习惯法法庭,与王室法庭、教会法庭等一起构成中世纪西欧封建社会的法庭组织体系,这些法庭相互之间并没有严格的隶属关系,也没有严格的审级制度。但是根据领主—附庸之间的关系,庄园法庭审理的案件、下级领主审理的案件可以向上一级领主法院上诉——但是商事法庭的审判禁止上诉。一般原则是禁止上诉,因为时人认为一个真正的错误是没办法纠正的,但当事人认为审理案件的法官存在舞弊行为时,当事人就可以针对法官提出上诉,若当事人胜诉,则法官可能面临严峻处罚。这事实上是一种“控告法官的制度”。③ 严格的审级意义上的上诉制度要等到王室司法强大之后才能建立起来。

## 四、参与裁判制:中世纪习惯法的审判模式

中世纪司法的特色不仅在于其组织形式的多元化和权威来源的下移,而且表现在审判组织模式方面。中世纪的审判组织原则,概括起来大体有两个:一是参与式审判或曰团体审判;二是同侪审判。

同侪审判——接受同等地位的人的审判,是西欧源远流长的一种观念。确认同侪审判的最著名的法律文件可能要数 1215 年的“大宪章”,但在西欧其他国家发布的法律文件中也能找到同侪审判的影子:首次明确阐明同侪审判原则的是 1037 年德意志皇帝康

① [比利时]亨利·皮雷纳:《中世纪的城市》,陈国梁译,商务印书馆 1985 年版,第 102、117、119～120、128 页。
② [美]莱恩·蒂尔尼:《西欧中世纪史》,袁传伟译,北京大学出版社 2011 年版,第 274～275 页。
③ [法]马克·布洛赫:《封建社会》(下),张绪山等译,商务印书馆 2004 年版,第 603 页。

拉德三世颁布的谕令，该谕令说“除了按照我们先辈的法律和与他地位相同的人的判决之外”，不得剥夺任何封臣管理的属于帝国和教会的采邑。[①] 另外，1183 年意大利的《康茨坦茨协定》、1283 年萨诺勒的查尔斯的特许状，又先后重申了这一原则；在耶路撒冷王国，国王与贵族之间的争讼也需要遵循这一程序原则；法兰西的各种文献资料如习惯法汇编和诉讼报告也记载着同侪审判，如 1200 年的《古代习惯法汇编》中说“贵族应该由贵族来审判”；而英格兰的亨利一世的法令明确说：“每一个人都应该由作为其同侪的邻人来审判。”[②]

在中世纪，同侪审判的原则贯穿于各种形式的法庭中，具有极强的渗透性，原因在于封建社会的如下普遍假设：领主应该为自己的封臣主持公道，而封臣则有义务出席领主的法庭并帮助领主解决问题。[③] 在封建习惯法中，出席领主法庭是封臣的一项义务。因此，封建法庭本身就是一个议事会，由领主及其附庸共同组成。该法庭体现了这样一种理念，无论是领主或者是诸侯，在他们任何一方认为自己的权利受到侵犯的时候，可以诉诸封建法庭中其他成员的裁决。这样，封建法庭必然贯彻另一条程序原则，即团体裁决。同侪审判的本质是一种集体解决纠纷的机制，即以领主为核心所组成的封建法庭要依靠所有成员的力量来执行其决定。除了少数例外，中世纪几乎所有的习惯法法庭都实行团体裁判制。与团体审判对应的制度是专职裁判，即由一个专任的法官主持审判并作出裁决或由几位专任法官组成法庭进行判决。有关国王或者领主应当运用自己的权力并根据自己的意志独自作出裁决的观念，并不为中世纪的人们所接受。也就是说，长官独裁式的法庭在当时比较罕见[④]，只有在王室法庭中才可能出现。

团体审判在欧洲的历史同样源远流长。古希腊的城邦往往采取集团审判制，比较著名的是雅典城邦的团体审判大会：根据索伦立法，全体雅典公民作为一个整体，具有审判其成员的资格；审判员的资格根据抽签从年满 30 岁的公民中选择确定。特别重大的案件由 6001 人组成的大审判团进行审判，一般刑事案件则召集 1501 人、1001 人或 501 人组成的审判团审理；民事案件则由 201 人组成的审判团审理。[⑤] 古罗马在共和国时期也曾采取团体审判制度，不过中世纪的团体审判制度的主要源头应该是日耳曼习惯法。

日耳曼习惯法中，审判主要也是采取公众集会的形式进行。蛮族时代的各日耳曼国家既不存在专职的法院，也不存在专职的法官，法院由传统的集会转化而来，而法官则从传统的主持参与审判的集会者转化而来；当社会上的纠纷增多而裁决纠纷的集会经常召开的时候，国王便设立一些职位专门主持召开法庭，但日耳曼人法庭的团体性特征从未消失，自由民不仅能够参加法庭并且能够对审判结果产生实质性影响，而国王任命的长

---

① [美]伯尔曼：《法律与革命》，贺卫方等译，中国大百科出版社 1993 年版，第 376 页。

② [英]霍尔特：《大宪章》，毕竞悦等译，北京大学出版社 2010 年版，第 65～67 页。

③ [英]霍尔特：《大宪章》，毕竞悦等译，北京大学出版社 2010 年，第 67 页。

④ [英]萨拜因：《政治学说史》(上)，邓正来译，上海人民出版社 2008 年版，第 268 页。

⑤ 何勤华：《外国法制史》，法律出版社 2001 年版，第 75 页。

官只是法庭的主持人，负责召集法庭并宣告判决。[①]

欧洲中世纪的封建法庭一般都采取团体审判制。领主法庭的组织方式前文已经述及。庄园法庭由庄园全体成员组成，上至领主及其管家、下至地位最低的农奴，他们全部都是法官，出席法庭参与诉讼并作出判决是他们的一项义务，作为此义务的一部分，他们需要向领主支付费用。目前，对庄园法庭的表决方法知之甚少，尚存的庄园案件记录表明有时可能存在某种意见分歧，但是判决是以整个法庭的名义作出的。在表决权利方面，参加诉讼的农奴和自由人的权利义务没有区别。商事法院、市场法院和集市法院都是非专业的社会共同体法院，法官由市场或集市的商人们从他们的成员中选出。城市商业法院一般也是由商人们选举的同行组成。1154 年米兰建立的商人领事法院允许外国商人选举本国人担任法官审理商事案件。在英格兰的贸易中心城镇法院的院长由该城镇的市长担任，但是由商人共同体选举产生，案件审理由市长主持、陪审团参与，而陪审团一半是英国人、一半是外国商人。在 11、12 世纪的城市的行会法院呈现出某些专职审判的特征。行会的管理机构一般会设立一个法庭，由行会首脑或他的代表组成，当行会法院管辖商事案件时，通常会选择 2～3 名行会的商人担任陪审员，有时会有一名专业的法学家参与审判。

团体审判是司法民主化的具体体现。在现代司法中，司法民主的痕迹已经很少，审判的组织形式决定了审判过程的独断性。而古代司法中的团体审判模式，或者由法院辖区的全体成员参加，或者根据特定的程序从全体成员中遴选，或者将审判员资格固定在达到一定标准的人员范围之内，这样一种多数人决定的审判模式贯彻的是民主原则，尽管审判的主持者或者强势人物能够左右审判的结果，但是多数决定的表决原则在很多情形中都能够过滤强权意志所可能引发的不公正性。但是，与民主化相伴而生的则是审判过程的非专业化。在封建的领主法庭和庄园法庭中，所有的审判程序和审判结果都是依靠习惯进行的，审判所需要的就是对习惯法的记忆，因此，在封建法庭中就没有专业法官和专业律师的生存条件。[②] 在商事法院中，专业的法律家也被排除在外，而且专门的法律争论也被排斥，一项商业行会的法规规定，商事案件应该按照良心和公平原则审判，在法律的细枝末节上争论是不适当的。[③]

## 五、综合性司法：中世纪习惯法的造法模式

到目前为止，我们一直以“司法”、“法院”和“法庭”之名探讨中世纪西欧的权力运作模式，而较少涉及权力运作的其他构成要素。我们知道，任何政府或者任何政治统治都具有三种权力要素：一是议事因素，最终表现为立法；二是执行法律的因素，即行政；三是

① 李秀清：《日耳曼法研究》，商务印书馆 2005 年版，第 378～380 页。

② [法]马克·布洛赫：《封建社会》(下)，张绪山等译，商务印书馆 2004 年版，第 583 页。

③ [美]伯尔曼：《法律与革命》，贺卫方等译，中国大百科出版社 1993 年版，第 422～423 页。

审判因素,裁断和处理纠纷,即司法。① 所以,用不着进行复杂的实证分析,我们就可以推论出中世纪的政治统治也拥有立法和行政机能。而在中世纪西欧的封建采邑中,从来就没有出现过纯粹的法院和职业的法官,我们所研究的"法院"都是行使各种权力的综合性组织机构,它们不仅行使司法权,而且兼备立法和执法功能。下面,我们具体分析各种法庭的"立法"功能。

领主法庭本身就是一个议事机构,人们在领主法庭中不仅判决纠纷,也就共同关心的问题进行协商和审议。"因此,人们可以请求领主法院确定为支持一场军事战役而应由封臣支付的援助金的数额,或者宣告有关共有地或森林的规则,或者同意向一个新佃户分赐采邑或驱逐一个违约佃户。"②显然,领主法庭兼有制定规则和决定领地政策的职能;当然,在不召开集会期间,领主及其管理阶层负有维护整个领地秩序的职责和权力。

庄园法庭同样履行制定规则的职能。在11、12世纪,几乎所有的庄园法都是习惯法,但是到了13世纪开始出现成文的庄园法。比如在英格兰,出现了大量的章程和法令,规定公共土地和牧场的使用规则、粮食等作物的收割甚至包括穷人拾取遗落粮食的权利、轮耕制度等公共事务。这些规定都是在庄园法庭中由全体成员共同制定并以庄园法庭的命运发布。这些规定的特色在于其用语:"全体租户一致同意命令"、"自由的和受奴役的全体租户命令"或"领主和租户命令"。这些规定突出领主利益,但也注重保护租户权利,强调庄园工作的组织。③

城市中,颁布法令就成为更加频繁的事务。因为拥有不同于领主的法律是城市特权的内容和体现,所以,城市立法便成为一项具有特殊意义的重大事务。市政会是最高权力机关,负责制定和执行法令。在13世纪之前,多数城市的市政会与法庭是合二为一的,同样一批人既是城市的行政官又是城市的法官,也是城市的立法者。但是此时,市政会行使的是集体的意志,法官或市政会成员任期很短,并且缺乏一个统一的中心角色:市政会主席或者市长。④ 这种职位在13世纪之后才出现,并慢慢导致城市权力的集权化。

所以,中世纪政府与现代政府的区别不在于权能的种类多少,而在于权能各自的大小以及组织方面是否分立。权力的综合性、职能的未分化,是中世纪政治权力运作模式的典型特征。我们之所以将这种综合性的权力称为"司法"一方面是出于便利的考虑,另一方面司法或者说决定他人的生杀予夺大权是中世纪时权力运作的最重要方面:中世纪领主的权力最好的象征就是绞刑架。⑤

最先提出"政体三要素"的学说亚里士多德认为,在这三种构成性权力当中,立法权

---

① 此即亚里士多德的"政体三要素"学说。参见徐爱国、李桂林著:《西方法律思想史》,北京大学出版社2009年版,第33页。

② [美]伯尔曼:《法律与革命》,贺卫方等译,中国大百科出版社1993年版,第376页。

③ [美]伯尔曼:《法律与革命》,贺卫方等译,中国大百科出版社1993年版,第399页。

④ [比利时]亨利·皮雷纳:《中世纪的城市》,陈国梁译,商务印书馆1985年版,第130页。

⑤ [美]莱恩·蒂尔尼:《西欧中世纪史》,袁传伟译,北京大学出版社2011年版,第158页。

最重要。① 立法权的重要性是理论上的，在实际的历史环境中，到底何种权能处于突出地位，完全取决于特定时期三种权力要素的构成情况。在中世纪的西欧，权力的三要素被封建制度限制在一个新的模式中：在中央层面，国家的立法机能得不到有效发挥，整个社会尚缺乏通过立法来改造社会的理念；由于缺少一个官僚队伍的协助，国家的行政活动也很难展开；所以国王的活动基本上限于司法事务；在地方层面，因为缺少现代形式的公共管理机构，所以地方化的执法权力就不可避免地发展起来，但司法权能也是政治权力的核心要素。② 也就是说。孱弱的中央政府不可能为立法权能挣得光彩；其小规模的王室官僚系统也无法产生令人印象深刻的行政执法。但这并不能否定中世纪政府权能的完整性。王室和地方政府都在执行建章立制和一定程度的行政执法功能，行使中央权力的国王并非一点法律都不颁布，他只是缺乏贯彻执行其法律的能力。

所以，在权能并不分立的情况下，政府权力都是综合性的，差别仅在于何种权能居于突出地位。在中世纪后期的法兰西，几乎所有地方政治实体的核心机构都被称为"议会"，但"议会"这个概念很容易引起现代人的误解，因为所有的地方议会都在行使司法权能，只不过其议事功能更为突出，所以时人称之为"议会"。当中央集权的政治模式建立起来之后，行政便当仁不让地占据突出位置。在绝对君主制的集权主义之下，一般而言都是行政权居于突出地位，比如在近代法兰西的路易十四时代，我们看到的是一个行政权占绝对优势的模式，立法权被吸收在君权之内，而司法权则垄断在一个世袭的贵族阶层手中，苟延残喘地对抗行政权。

**The Feudal Basis of the Customary Law in the Medieval Western Europe**

Wang Linmin　Wang Liang

**Abstract**: The customary law in middle ages was the outcome of the feudal nobles, which was fit in with the conditions of the society. The European central authorities of that time sucked into a power vacuum, plunging into anarchy, and the lack of the legislation led to a prosperity of customary law. The prosperity of the political entity was the best nutriment of the customary law, and various courts originate from the Lord's judicial power settle disputes by applying the customary law. Almost all the courts conducted by peer trial, that result in some democracy color of the customary law.

**Key Words**: customary law; feudal society; the lord's judicial power; peer trial

① 徐爱国、李桂林：《西方法律思想史》，北京大学出版社2009年版，第33页。

② [英]佩里·安德森：《从古代到封建主义的过渡》，郭方等译，上海人民出版社2001年版，第156页。

# 社区矫正的公众参与机制*

## ——域外经验与规律探寻

吴啟铮** 戴雅妮***

**摘要**:社区矫正并非仅仅是"发生在社区的矫正",而是"社区参与的矫正",它在不同程度上都具有"公众参与"的特性。20世纪70年代以来,诸如社会资本、社区治理、恢复性司法等社会科学理论的发展都同时段地为社区矫正公众参与机制的发展提供了理论动力,社区矫正的公众参与实践也逐渐地同步繁荣。在域外,不管是社区自治模式、政府主导模式,还是政府社会混合模式,都是根据本国的社会历史特点而形成的,建立在本国的社会土壤之上。同时,域外社区矫正的参与主体,还呈现出多元化的特点,在社区矫正过程中扮演了不同的角色,并且参与到丰富多样的社区矫正类型之中,使到社区矫正的公众参与能够顺利运转。我们可以从社区矫正公众参与开展得比较成熟的法域中,寻找制度与实践的经验借鉴,并且对社区矫正公众参与的构建规律进行探寻,这也可以为一种公私合作型的犯罪治理模式寻找可能性。

**关键词**:社区矫正;公众参与机制;社区治理;公私合作;犯罪治理

## 一、问题的提出

自2003年我国进入社区矫正制度以来,我国的社区矫正已经经过了十余年的实践,社区矫正既是将服刑人员置于"社区"之中的犯罪矫正方式,而社区实质上是由一定人群所构成的社会单元,那么社区矫正就会在不同程度上呈现出"公众参与"的特性。在实践中,各地的社区矫正机构也会在一定程度上吸收社会力量参与到社区矫正过程之中。

司法部等六部门于2014年联合发布了《关于组织社会力量参与社区矫正工作的意见》,这可以视为我国鼓励公众参与社区矫正的开始。2019年7月5日,《中华人民共和国社区矫正法(草案)》(以下简称"草案")在中国人大网公布,向社会征求意见。其第3条规定:"社区矫正工作坚持监督管理与教育帮扶相结合,专门机关与社会力量相结合,保障社会公共安全与维护社区矫正对象合法权益并重的原则。"第8条规定:"社会工作

* 上海市哲学社会科学规划一般课题"公众参与型社区矫正的理论与立法研究"(项目编号:2017BFX006)。

** 吴啟铮,上海师范大学哲学与法政学院法律系副教授、法学博士、硕士生导师。

*** 戴雅妮,上海师范大学哲学与法政学院法律系诉讼法学专业硕士研究生。

者、志愿者在社区矫正机构组织下,协助开展社区矫正工作。"第9条规定:"国家鼓励企事业单位、社会组织等社会力量参与社区矫正工作。"

应当说,草案确立了公众参与的原则。然而,社会公众通过何种途径如何参与,不同类型的社会力量分别扮演何种角色等问题,实际上尚未从制度上明确。在社会利益主体多元化、社会活动方式多样化、社会管理方式智能化的新时代,社会公众对社区矫正的参与也变得丰富多样。不过,由于我国的社区矫正起步较晚,公众参与刑事司法事务的传统也比较弱且经验较少,因而需要对那些社区矫正开展较为成熟的法域进行研究,对社区矫正成熟地区的公众参与机制进行梳理。

在域外百余年的实践中,社区矫正制度发展出了多主体、多模式、多类型的公众参与机制,使社区矫正的内容不断得到充实和丰富,可以说公众参与机制已经成为社区矫正制度的一部分。社区矫正承载着对犯罪人进行"再社会化"的功能,如果想要有效促使社区矫正对象得以真正地"重返社会",那么公众参与机制就是社区矫正制度不可忽视的重要部分。只有有效建立公众参与机制,才能使社区矫正成为名副其实的"社区"矫正,而不是单方面的"政府"矫正,使社区矫正从"发生在社区的矫正"变成"社区参与的矫正"。

## 二、社区矫正公众参与机制的理论动力

社区矫正的公众参与机制与社会学、政治学领域的一些理论密切相关,甚至可以说,这些20世纪70年代以来的社会科学理论推动了社区矫正公众参与机制的发展,成为社区矫正公众参与机制的理论动力。

### (一)社会资本作为社区矫正公众参与的理论工具

1.公众参与中的社会资本诸要素

社会资本理论强调网络、信任、规范等基本要素,这些要素贯穿于公众参与之中,而公众参与则可以作为社会资本的制度形式。著名社会学家帕特南将社会资本定义为"社会上个人之间的相互联系——社会关系网络和由此产生的互利互惠和互相信任的规范"。① 帕特南用社会组织的特征,诸如信任、规范以及网络,来对社会资本进行界定,并指出社会资本,如信任、规范和网络,一般说来都是公共品。在现代的复杂社会里,社会信任能够从这样两个互相联系的方面产生:互惠规范和公民参与网络。公民参与网络,培育了强大的互惠规范,同时促进了交往,促进了有关个人品行的信息流通。公民组织与有效的公共制度有着极强的联系。社会资本体现在横向的公民参与网络之中,提供了

① [美]罗伯特·帕特南:《独自打保龄——美国社区的衰落与复兴》,刘波等译,北京大学出版社2011年版,第7页。

政府和经济的绩效。①

燕继荣教授将社会资本定义为包括三个内容递进的命题:(1)社会资本是一种有用的资源;(2)社会资本是来自社会关系网络的资源;(3)社会资本是个人、团体和社会可以从社会网络关系中获取的有助于实现行为目标的社会资源。根据这种理解,组织、信任、规范、身份认同、价值观点、互惠合作等,要么可以被看作这种资源的具体表现形式或附属后果,要么可以被视为社会网络关系得以转化为社会资源的机制。②

可以看出,社会资本的核心要素有:信任、规范、网络,它们嵌入在由人与人之间所构成的社会关系和社会结构之中。社会资本的诸要素产生于公民参与之中,公民参与是产生互惠信任的源泉,也是维系公共规范的纽带,同时编织了社会关系的网络。因此,由多元主体所承担的公众参与实际上是增强、维系和提升社会资本的关键路径。

2.社会资本在社区矫正公众参与中的功能

社会资本的存量与犯罪控制以及处于社区空间之中的刑事执行体制之间有着密切的联系。社会资本诸要素有利于社区矫正环境的营造,促进社区矫正目标的实现,而其关键在于变单纯的"政府作为"为多元的"公众参与"。

社会资本的存量与犯罪控制的效果成正相关。社会资本的缺失容易引发犯罪产生,增加社会资本是实现犯罪控制的重要途径。社会资本缺失主要表现为社会纽带断裂、社会结构解体、公民参与不够、社会信任不足等。强化社会纽带、稳定社会结构、增强社会信任都有助于增强社会资本,从而有助于控制犯罪。③ 增强公民的参与程度、提高公民的参与水平,又有助于强化社会纽带,稳定社会结构,增强社会信任,从而可以增加社会资本的存量,增强非正式的社会控制,尤其对于已经被定罪的社区矫正对象来说,在促进其融合及实现预防再犯的矫正目标上则具有更大的价值。

(1)信任。社区组织、企业、志愿者或居民的参与,使社区以宽容之心接纳社区矫正对象,从而在社区矫正对象与社区居民之间重建了互信关系。社区矫正对象本身处于一种弱社会关系结构之中,仅有官方矫正机构的单方面介入,无法重建社会关系和稳固社会结构。

(2)规范。通过在社区这一开放性的场域中实施矫正行为,可以抑制犯罪产生的原因,弱化矫正对象再犯的环境,达到矫正行为、改造身心、促进融合、防止再犯的目标。法律规范和社会规范都借助于公众参与发挥作用,实现法律控制与非正式社会控制的效果。

(3)网络。公众参与社区矫正,可以促使受到犯罪行为破坏的社会关系得以重新构建,并且得到长远的维系;有助于促进社区矫正对象重新嵌入社会关系网络之中;可以使

① [美]罗伯特·帕特南:《使民主运转起来——现代意大利的公民传统》,王列、赖海荣译,中国人民大学出版社2015年版,第197～207页。

② 燕继荣:《社会资本与国家治理》,北京大学出版社2015年版,第91页。

③ 汪明亮:《社会资本与刑事政策》,北京大学出版社2011年版,第33～37页。

社区矫正对象从各个方面获得社区力量的帮扶。强化社会公众的参与网络,可以增强信任关系,重建社会规范,去除社交排斥、就业排斥、社保排斥等社会排斥,尽快去除犯罪的"标签效应",促进矫正对象的再社会化。

### (二)社区治理作为社区矫正公众参与的理论平台

1.社区治理理论对于公众参与的涵摄

社区治理是指涉及社区的多元主体之间,通过合作互动,共同提供公共产品和实施对社区公共事务的管理,完善社区居民自治,实现社区公共生活整体利益最大化和可持续发展的过程。西方发达国家已经实现了政府职能结构重心由社会管理职能向社会服务职能的转换,政府的管理职能应是掌舵而非划桨。具有民间自治性、自愿参与性、行为公益性的民间组织介入社会生活之中,是现代社会发展的必然趋势,也是一种日益增强的社会力量。① 社区治理强调多元主体之间的互动、协调与合作,每一个权力主体都有自己的优势和缺陷,任何一个权力主体都没有足够的能力单独进行有效的治理,只有通过相互之间的沟通、协调与合作才能弥补各自的缺陷,从而增进公共利益,实现社区的善治。从各国的实践来看,社区治理由扁平的网状结构替代了传统的垂直结构,基本上形成了"政府行政介入,企业组织支持,社区公民参与"的社区管理体制。②

可见,治理的关键正是多元社会主体对治理的参与,强调政府与社会成员之间的相互协调、合作,通过横向的合作网络去解决社区治理中的问题。社区治理理论本身就涵摄了公众参与,由于社区是社区矫正的核心场域,社区治理理论也就为社区矫正的公众参与机制搭建了一个有力的理论平台。

2.社区治理对社区矫正公众参与的容纳

由于社区治理理论强调多元主体的合作与协调,强调社区公民和社会组织的参与,强调构建横向的社会合作网络关系,对社区矫正的公众参与机制具有极强的容纳性。在现代社会的复杂背景下,犯罪原因的多样化,社会关系的多元化,也无法仅仅依靠公权力的力量去实现矫正目标。正因为每一个主体都有各自的优点和缺陷,因此,无论是在恢复社会关系、促进融合与再社会化,还是达到防止矫正对象再犯的特殊预防,或者预防其他社区成员潜在犯罪的一般预防上,容纳了多元主体的互动合作的社区矫正公众参与机制都可以发挥重要的作用。

美国学者托马斯指出了 20 世纪后期"公民能动主义"观念不断增强的现象。公民参与的领域广泛,其中包括了社区犯罪预防。③ 美国学者博克斯认为当前的社区治理已进入"公民治理时代"。他认为需要重新界定公民的角色,即"从政府服务的被动消费者变

---

① 张永理:《社区治理》,北京大学出版社 2014 年版,第 107～111 页。

② 麻宝斌等:《公共治理理论与实践》,社会科学文献出版社 2013 年版,第 217～218 页。

③ [美]约翰·克莱顿·托马斯:《公共决策中的公民参与》,孙柏瑛等译,中国人民大学出版社 2010 年版,前言,第 9～10 页。

为社区治理的主动参与者”，这要求公民对自己社区的未来承担更大的责任。① 托马斯认为，在地方公共服务中，最为典型的合作生产例子，除了教育之外，另一个就是预防犯罪，这是一项被认为除非有公民的协助，否则是不可能产生效果的服务。②

在学者所强调的犯罪预防领域，公众参与由被动变为主动，这也让社区矫正的实践内容变得更为丰富。这促使社区矫正摆脱了由公权力部门唱独角戏的局面，使社区矫正中的“社区”不仅仅是一个场所而已，而真正成为一类主体，使社区矫正由“发生在社区的矫正”变成“社区参与的矫正”。

### (三)恢复性司法理论对社区矫正公众参与机制的包容

产生于20世纪70年代的恢复性司法理论，是一个具有较大开放性和包容性的司法理论，对社区矫正的公众参与机制起到了理论容纳的作用。恢复性司法研究的先驱凡奈思认为，“比较全面综合的概念应是：恢复性司法是对犯罪行为作出的系统性反应，它着重于治疗罪行给受害人、罪犯以及社会所带来的或者引发的伤害。以恢复原有社会秩序为目的的犯罪矫治实践或计划，通过以下几个方面体现：确认并采取措施弥补违法犯罪行为带来的损害；使所有的利害关系人参与其中；改变应对犯罪行为时社会与政府之间的传统关系”③。狄小华教授认为，“恢复性司法方案是指在调解人的主持下，坚持罪犯对其行为负责的同时，通过直接受犯罪影响的各方——被害人、罪犯和社区成员，有机会确定和解决其在犯罪后的需要以及需求一种提供愈合、补偿和重新融入社会并防止今后重返的解决办法，是恢复正常社会关系和社会秩序的有效方案”④。

联合国经济及社会理事会通过的《关于在刑事事项中采用恢复性司法方案的基本原则》(以下简称《基本原则》)规定，“‘恢复性司法方案’系指采用恢复性程序并寻求实现恢复性结果的任何方案；‘恢复性程序’系指通常在调解人帮助下，受害者和罪犯及酌情包括受犯罪影响的任何其他个人或社区成员共同积极参与解决由犯罪造成的问题的程序。恢复性程序可以包括调解、调和、会商和共同确定责任；‘恢复性结果’系指由于恢复性程序而达成的协议。恢复性结果可能包括旨在满足当事方的个别和共同需要和履行其责任并实现受害者和罪犯重新融入社会的补偿、归还、社区服务等对策和方案”。

尽管对恢复性司法定义的表述略有差异，但多数学者将加害人、被害人和社区置于恢复性司法概念的核心位置，联合国《基本原则》也强调了社区成员共同积极的参与，而

① [美]理查德·C.博克斯：《公民治理：引领21世纪的美国社区》，孙柏瑛等译，中国人民大学出版社2014年版，第25～29页。

② [美]约翰·克莱顿·托马斯：《公共决策中的公民参与》，孙柏瑛等译，中国人民大学出版社2010年版，第98～101页。

③ [美]丹尼尔·W.凡奈思：《全球视野下的恢复性司法》，王莉译，载《南京大学学报(哲学·人文科学·社会科学版)》2005年第4期。

④ 狄小华：《恢复性理论初探》，载狄小华、李志刚主编：《刑事司法前沿问题——恢复性司法研究》，群众出版社2005年，第12页。

社区服务也是恢复性结果的重要内容之一。基于将犯罪视为对社会关系的破坏的基本理念,社区成为恢复性司法理论的核心要素,恢复性司法理论强调,由于社区受到犯罪影响,通过社区参与对当事人双方的协调,达到恢复受到犯罪行为破坏的社会关系的目标。社区不仅要参与到恢复性司法的过程之中,也要参与到恢复性结果的执行之中,社区矫正是恢复性司法的应有之义。社区是恢复性司法进程的促进者,并通过对恢复性结果的接受、监督、协助等各种参与形式,促进恢复性结果的最终实现。恢复性司法理论包容了社区矫正的公众参与机制。

**表1　社会科学诸理论对于社区矫正公众参与的推动作用**

| 社会科学诸理论 | 发生的场域 | 作用于非监禁刑的执行领域 | 作用 |
|---|---|---|---|
| 社会资本:信任、规范、网络、互惠等 | 社区(通过公众参与) | 社区矫正的公众参与机制 | 重建社区矫正对象与社区居民之间的信任关系,将社区矫正对象纳入规范轨道,重塑社会关系网络,提升社区矫正对象的社会资本存量 |
| 社区治理:公私合作与多元主体参与治理 | | | 变单纯的政府治理为公私多元主体共同协作的犯罪治理,更好地实现社区治理与犯罪治理 |
| 恢复性司法:恢复受到犯罪行为破坏的社会关系、恢复社区的和平安宁 | | | 促进社区矫正对象的再社会化,更好地预防再犯 |

## 三、域外社区矫正公众参与的模式

### (一)社区自治模式

以美国为代表的社区自治模式的主要特点是非营利组织成为以志愿者身份吸纳社区公民参与社区服务的组织载体,社区治理依靠非营利组织实行民主管理,发挥非营利组织的结构性功能。[①] 在社区自治模式中,社区治理主体呈现多元化且主体间分工日益精细化的特征,其治理主体由政府、社区委员会、非政府组织企业组织和公民构成。非政府组织是社区自治模式中的主要主体,也是区别于其他模式的关键因素。[②] 美国的社区治理模式与其社区矫正公众参与模式密切相关,基于自殖民地时期以来就有的深厚的社区自治传统及历史文化特点,甚至可说美国的社区矫正公众参与模式正是构建于其社区治理模式的基础上的,亦呈现为一种社区自治模式。

美国的社区矫正参与模式植根于市场与民间,具有主动性的特征,社区矫正的社区参与性十分突出。美国的社区矫正参与模式被形容为“市场主导、社团协作”模式,其参与目标包括保护公共社会,帮助罪犯重返社会以及更有效地运用资金,参与主体包括社区自治组织、私营机构、社区团体和志愿者,兼职社区矫正工作者在专职社区矫正工作者的指导下开展工作。[③] 其最大亮点在于市场化运作,允许私立社区矫正机构的存在,将开办企业与解决罪犯的矫治问题联系起来,将文化、劳动技能培训与改造罪犯紧密联系起来。[④] 此外,美国的社区公众代表还参加州或地方的政府刑事执法委员会,参与制定社区矫正的实行计划、指导方针,监督执行情况等。[⑤] 英国的社区矫正公众参与模式同样具有民营化的特征,不仅包括了庞大的志愿者队伍,而且通过政府购买服务的形式进行运作,英国的社区更生公司属于民营性质,通过招标的形式,允许民间力量以竞聘的形式获得对社区更生公司的管理。[⑥]

社区矫正公众参与的社区自治模式突出了社会组织、社区居民与私营企业的地位,展现了市民社会和市场经济因素在社区矫正中的作用,无论是在立法与规划,还是在实施与监督中,都发挥着关键的作用。但是,社区自治模式是建立起相关国家的历史背景和社会条件基础上的,它的建立必须有较为深厚的社区自治的历史土壤、相当活跃的市场经济、公民对社会公共事务的热忱以及对私营企业参与公共事务管理的接受度。

**(二)政府主导模式**

以新加坡为代表的政府主导模式的主要特色是政府设置自上而下的社区组织管理体系,依靠政府组织实行官僚制式的管理。[⑦] 新加坡城市社区治理具有一套完备的组织体系,治理过程严格遵照层级关系,是一个“自上而下”的行政主义的制度化管理方式,居民在政府指导下进行自治。[⑧] 新加坡的社区矫正与其社区治理模式具有高度的相关性,

---

① 麻宝斌等:《公共治理理论与实践》,社会科学文献出版社 2013 年版,第 216 页。

② 李枭:《多元主体参与下的我国城市社区协同治理研究》,经济科学出版社 2018 年版,第 164 页。

③ 田兴洪:《社区矫正中的社区参与模式研究》,法律出版社 2017 年版,第 449、454 页。

④ 田兴洪:《社区矫正中的社区参与模式研究》,法律出版社 2017 年版,第 461 页。

⑤ 《美国社区惩罚矫正示范法及判决指南中的中间制裁》,刘箴译,载刘强主编:《社区矫正评论(第一卷)》,中国法制出版社 2011 年版,第 267～268 页。

⑥ 刘强,武玉红:《中英社会力量参与社区矫正的比较研究》,载《中国司法》2016 第 2 期。

⑦ 麻宝斌等:《公共治理理论与实践》,社会科学文献出版社 2013 年版,第 216 页。

⑧ 李枭:《多元主体参与下的我国城市社区协同治理研究》,经济科学出版社 2018 年版,第 165～166 页。

其公众参与具有政府主导型的特征。

新加坡社区矫正工作队伍采取“官方主导、民间参与”的模式，在新加坡政府的推动下，很多非政府组织、社会团体、公司企业、媒体、名人和普通民众都参与到社区矫正工作中。① 新加坡的参与模式同时强调“强化家庭，社区参与”，包括社区组织、企业、家庭和社会团体都是社区矫正的参与主体。② 新加坡的社区矫正公众参与模式建立在其公共治理模式的基础上，具有鲜明的新加坡特色。自建国以来，新加坡就具有一个较高权威性、社会控制力和动员力的政府，具有“强国家”的特点，因而其社区矫正公众参与模式就具有政府主导的特性；同时，新加坡官方又重视儒家价值观在社会治理中的作用，因而其社区矫正也强化家庭的作用。新加坡的社区矫正公众参与模式具有科层制的色彩，又强化家庭的作用，政府的指导和提倡在其中起着重要的作用。

**(三)政府社会混合模式**

以日本为代表的政府社会混合模式是一种政府与社会的“双强模式”，政府行政色彩与社区民间自治特点在社区发展的许多方面相互配合。③ 同时，日本政府对社区的干预比较间接。当代的日本社会具有双重特点，一方面，日本具有传统东亚社会的强政府特征，另一方面，二战之后接受了民主化改造的日本又受到了英美法系的影响，具有民间自治的特征，民间参与公共事务管理的热情增强。在司法制度方面，受到英美法系影响的日本发展出了混合式诉讼模式，与之类似，其政府社会混合型的社区治理模式同样也反映在社区矫正公众参与模式上。

日本社区矫正工作队伍的组建模式是“官民协作、以民为主”，即由保护司为代表的民间志愿者为主和由作为专职国家公务员的保护观察官为辅联合开展社区矫正。因而，由学者将其参与模式称之为“保护司模式”，以实现“防止再犯、复归社会、保护社会、增进福利”的参与目标，其参与主体包括保护司、更生保护法人、民间协助组织。④ 日本的保护司是民间志愿者，而更生保护法人是受到法务大臣认可，经营更生保护事业的民间团体。日本实际上的社会内处遇中心是保护司，保护观察通过对保护司进行监督与指导，间接地参与处遇，这是日本社会内处遇的协作体制的实际情况。⑤ 因此，日本的社区矫正公众参与模式具有典型的公私协作的特点，民间组织在其中发挥着直接的作用。

社区矫正公众参与的政府社会混合模式有其相应的社会历史背景，但其公私协作的特征又具有相当的优势，尤其符合当代社会资本理论、社区治理理论等强调互惠合作的潮流，能够充分运用政府和社会两个方面的资源和优势，在实现社区矫正的公众参与目标上具有独特的作用。

---

① 周国强:《社区矫正公民参与机制研究》,江苏大学出版社 2016 年版,第 81 页。

② 田兴洪:《社区矫正中的社区参与模式研究》,法律出版社 2017 年版,第 454 页。

③ 麻宝斌等:《公共治理理论与实践》,社会科学文献出版社 2013 年版,第 216～217 页。

④ 田兴洪:《社区矫正中的社区参与模式研究》,法律出版社 2017 年版,第 454 页。

⑤ [日]川出敏裕、金光旭:《刑事政策》,钱叶六等译,中国政法大学出版社 2016 年版,第 185～186、204 页。

表 2 三种主要的社区矫正公众参与模式及其对应关系

| 社区矫正的公众参与模式 | 代表性国家 | 主要特征 | 历史背景 | 社会基础 |
| --- | --- | --- | --- | --- |
| 社区自治模式 | 美国 | 市场主导、社团协作,民营企业和民间组织活跃 | 具有悠久的社会自治传统 | 相当活跃的市场经济、公民对社会公共事务的热忱、“小政府”的形态 |
| 政府主导模式 | 新加坡 | 官方主导、民间参与、强化家庭 | 建国以来的具有较大权威和高效的政府 | 对政府的较大信任、儒家价值观的影响 |
| 政府社会混合模式 | 日本 | 官民协作、以民为主、政府和社会“双强” | 东亚社会的强政府传统、二战之后的民主化改造、受英美法系影响的混合式诉讼模式 | 二战之后民间社会的成长、善于吸收外来文化的特点 |

## 四、域外社区矫正公众参与的主体与角色

公众参与社区矫正的形式已经逐渐被世界各国所接纳,而法治成熟国家和地区的社区矫正公众参与则体现出主体丰富多元,在多样化的社区矫正参与类型中扮演丰富角色的特点。

### (一)美国

1.社区志愿者

社区志愿者是最常见的社区矫正参与主体之一。美国具有悠久的社区自治传统和志愿服务精神,因而社区志愿者的规模和参与程度也最为突出。以新泽西州为例,社区志愿者主要以下列身份提供有关服务:(1)假释官助手;(2)专业助手;(3)管理助手;(4)学生实习;(5)准专业人员。[①] 他们以上述身份为社区矫正提供协助性的工作。社区志愿者的招募并没有统一的资格要求和招募程序,官方社区矫正机构在使用社区志愿者的同时也鼓励私营社区矫正机构大量使用志愿者。

2.民营企业

市场化运作,允许私立社区矫正制度的存在是美国社区矫正最引人瞩目之处。美国政府允许私人从事罪犯矫正事业,将开办企业与解决犯人矫治联系起来,将文化、劳动技

① 吴宗宪:《社区矫正比较研究》,中国人民大学出版社 2011 年版,第 302 页。

能培训与改造罪犯结合起来。它们的资金来自各方面，包括联邦、州、地方和基金会。[①] 私立机构向社区矫正人员提供高质量的服务。它们通过市场化运作，调动了全社会的相关力量，提升了社区矫正运行的有效性，尤其是，与官僚机构相比，其运作更加富有效率。

3.专业机构

各类专业机构在美国社区矫正实施过程中扮演了重要的角色，它们的参与可以运用其专长更好地服务于社区矫正，从而也促成了各类基于功能的社区矫正项目的产生。以中途之家为例(Halfway house)，这种机构在一般情况下主要是帮助刚从监狱出来的人员适应社区生活。在不同的州，它们的设置以及定义有所不同，对当事人的控制强度也有所不同。[②] 专业机构既可以在监管方面发挥作用，也可以在治疗、咨询、就业等各类社会工作中发挥作用，其专长有效地弥补了官僚机构在某些方面专业性不足的问题。

4.自助式治疗集体

自助式治疗集体体现了美国民间社会悠久的自组织传统和能力。美国公民自发地成立了诸多匿名戒瘾组织式的自助式治疗集体，用于治疗具有共同问题的罪犯。例如，成立匿名戒酒小组、匿名戒毒小组等。[③] 参加这些小的罪犯定期举行会议，交流心得，相互鼓励，共同努力戒除瘾癖。这类集体类似于一种“抱团取暖”“相互勉励”的团体，其自助式的特征也突出反映了社区自治模式的特点。

### (二)英国

1.独立于政府的团体或法人

这类独立于政府的团体或法人又有市场化和非市场化的区分。市场化的如吉格里菲斯公司，可以履行对被监控对象进行具体的监控，实质是代替政府行使对罪犯的监控权。非市场化的如霍华德刑罚改革委员会，从事对刑罚政策的研究和参与，而英国的安置帮教培训中心不以营利为目的，为刑释人员特别是少年犯提供学习技能、恢复正常社会交往的场所和机会。[④] 这些组织在提高罪犯自我认知能力，增强自尊心和社会责任感，以及为他们提供就业岗位与就业资讯方面分别发挥着各自的作用。

2.政府和非政府人员共同运作的机构

英国的地方假释委员会的主要职责是对符合条件的罪犯决定假释及进行监督，除部分人员属于公职人员之外，委员会成员还包括注册医务工作者、有罪犯释放后的监督和安置方面的知识和经验的人、曾研究过青少年犯罪原因或罪犯处遇政策的人等。[⑤] 而全国未成年人司法委员会虽然属非政府组织，但它的组成人员却包括了负责缓刑的公务

① 周国强：《社区矫正公民参与机制研究》，江苏大学出版社 2016 年版，第 9 页。

② 刘强主编：《社区矫正组织管理模式比较研究》，中国法制出版社 2010 年版，第 13 页。

③ 吴宗宪：《社区矫正比较研究》，中国人民大学出版社 2011 年版，第 401 页。

④ 周国强：《社区矫正公民参与机制研究》，江苏大学出版社 2016 年版，第 72 页。

⑤ 英国监狱法(二)第 1187 条。参见刘强主编：《各国(地区)社区矫正法规选编及评价》，中国人民公安大学出版社 2004 年版，第 179 页。

员、教师、警察和卫生部门的相关人员，其主要工作是针对未成年人社区矫正刑罚的适用，负责与有关部门、社会各界的沟通和协调工作。[①] 这类组织体现了公私合作的特点，而且是共同组成一个机构，在机构内部实现公私合作。

**(三)日本**

1.保护观察官志愿者

保护观察官志愿者又称为保护司，他们是帮助罪犯改造自新并为个人及公共利益做贡献的民间志愿者。在法律上，保护司被定义为非永久性的政府官员。国家对他们不支付工资，但是支付进行保护观察活动所需的部分或全部费用。[②] 保护司具有典型的社区性，保护司生活在社区，罪犯与保护司之间的私人联系也可能在社区中持续存在。

2.改造保护法人

改造保护法人是由法务大臣许可从事改造保护的民间团体，它包括容纳罪犯的“中途之家”以及财政支持的其他更生保护组织。“中途之家”由具有更生保护法人资格的民间团体设立，为更生保护对象提高食宿、生活指导等相关福利。[③]

3.民间合作组织

民间合作组织是纯粹从民间人士的立场来帮助社会内处遇事业的组织，主要有妇女更生保护援助协会、大兄弟姊妹协会、合作雇佣人员等。它们在预防犯罪、心理指导、娱乐交流、现身说法等方面发挥着作用。

**(四)加拿大**

1.代表型自愿服务机构

代表型机构体现了一定的利益代表特征，主要是要为它们的成员和社会服务，比如公民顾问委员会，它是由担任当地监狱或假释办公室行政管理顾问而且帮忙与附近社区沟通联系的社区志愿者组成的。[④] 公民顾问委员会在提出忠告和建议方面发挥着作用。

2.公司型自愿服务机构

这种类型下的机构在为他们各自的组织创造利润的同时，提供与矫正者有特定联系的计划、产品和服务。特定服务包括：运行成年犯重返社会训练所、监督成年犯和青少年犯的社区服务裁决、运行青少年犯的开放式和封闭式监狱、协调成年犯的转处计划并且给青少年提供严密的监督计划和住宅入住计划。[⑤]

3.刑事司法政策倡导型服务机构

此类机构特别强调促进以研究、经验和已被证明了的实践为基础的合理的矫正实

---

① 刘晓梅：《英国的社区矫正制度及其对我国刑罚制度改革的启示》，载《犯罪研究》2006年第3期。

② 周国强：《社区矫正公民参与机制研究》，江苏大学出版社2016年版，第4页。

③ 张荆：《日本社区矫正“中途之家”建设及对我们的启示》，载《青少年犯罪问题》2010年第12期。

④ 王珏，杨诚等：《中加社区矫正概览》，法律出版社2008年版，第235页。

⑤ 王珏，杨诚等：《中加社区矫正概览》，法律出版社2008年版，第235～237页。

践。例如,加拿大刑事司法协会,它的会员包括警察局、法院、皇室、律师俱乐部、受害人群体的人们,以及投身于青少年犯服务、其他相关服务和社会公共服务的人们。[①] 协会的主要任务在于为刑事司法政策的改革进行咨询、建议和倡导。此类组织还有司法与矫正宗教理事会、刑事司法全国积极人士协会与刑事司法高级官员国家联合委员会。

4.自愿者直接服务组织型机构

救世军是最出名的直接服务组织之一,它是宗教和慈善运动的产物,基督教的分支组织。[②] 还有诸多直接服务组织,它们或多或少的为罪犯提供释放后计划、咨询与住宿服务,有些还提供监督假释犯的服务。

### (五)新加坡

1.网络化社区平台

新加坡的社会管理具有精细化的特点,同时也具有儒家社会注重人际之间的联系的特征,其网络化社区平台体就现了这些特征。"黄丝带计划"(Yellow Ribbon Project)是最具特色的一个项目,为动员全社会为罪犯营造良好环境,新加坡当局为该计划设立了专门的宣传网站,意在通过让人们认识到刑满释放人员第二次机会的重要性,让社区为这些改造后的罪犯及其家庭重新开始生活创造一个平稳的社会平台。[③]

2.私人企业

为了解决刑释人员重返社会时的就业问题,新加坡实施了私人企业参与方案以及定向培训计划。新加坡监狱署与内政部下属的复员技训企业管理局的工业与服务合作社成立了 RE 集团私营公司,为刑满释放的犯人提供类似"中途之家"的过渡工作环境,让他们在合资企业工作半年,取得经验记录后再寻找其他工作单位。[④] 尽管新加坡奉行政府主导的公众参与模式,但是也没有忽视其高度发达市场经济背景下的私人企业对社区矫正的参与,这有利于发挥新加坡经济的优势,提升社区矫正的实施效果。

## 五、域外社区矫正公众参与的类型与内容

### (一)社区家庭型

家庭是社会的基本单位,而社区是放大了的家庭。家庭是社区服刑人员最重要的支撑单元之一。社区家庭型参与的目的是打破犯罪周期和社会功能障碍。它表现为努力营造一种家庭型的社区范围,并且强化家庭在社区矫正中的作用。

---

① 王珏,杨诚等:《中加社区矫正概览》,法律出版社 2008 年版,第 235～237 页。

② 王珏,杨诚等:《中加社区矫正概览》,法律出版社 2008 年版,第 316～323 页。

③ 谢青霞:《从监狱到社区——新加坡罪犯改造理论及实践介绍》,载《南洋问题研究》2007 年第 3 期。

④ 叶青:《新加坡罪犯改造制度的新发展》,载《华东政法学院学报》2005 年第 2 期。

新加坡认为家庭是社会的基石,社区也是一个大家庭,需要保存甚或加固这个基石。[①] 前述的"黄丝带计划"即是一类典型的社区家庭型社区矫正项目。新加坡政府于2000年开始推行家庭监禁计划,对符合条件的罪犯,颁发一个临时释放证,让其在家里服完剩余的刑期。[②] 2008年2月,新加坡监狱局和新加坡全国社会事务委员会还共同主持成立了"家庭强化网络",目的是增进罪犯与负责罪犯家庭事务的组织之间的联系,为新时期的家庭问题找出新策略,充分发挥家庭在罪犯改造和回归社会中的重要作用。[③]

**(二)政府购买服务型**

政府购买服务广泛运用于各个国家和地区,非政府组织可以是私人企业,也可以是社会团体,而个人往往以志愿者或准专业人员的身份提供服务,政府负责资金的支持,企业也可以从服务中赚取利润。例如,美国纽约市的"替代刑罚与就业服务中心"与法院签订合同,私营的日间报告中心通常通过与县或者州签订合同。英国的法务部罪犯管理局通过政府购买服务的形式,在全国成立了21个民营性质的社区更生公司,通过招标的形式,允许民间力量以竞聘的形式获得对社区更生公司的管理权。[④]

**(三)市场化竞争型**

美国的私立社区矫正机构既收押法院判令到社区矫正机构服刑的缓刑犯,又为监狱的假释犯提供契约服务,通过市场化进行运作。上述英国的以竞标的方式获得社区更生公司管理权的形式,其实也属于市场化竞争的类型,实际上,政府购买服务与市场化竞争,在英美往往具有重叠之处。

**(四)公民志愿参与型**

日本的自发性的更生保护协作组织、美国的匿名戒瘾组织等,都是公民志愿参与型的公众参与类型。其显著特征是不领取工资,具有志愿者的奉献精神。公民志愿参与型可以是一般性的志愿参与,也可以是专业性的志愿参与。公民志愿参与型的社区矫正,是市民社会活跃的特征。

---

① 刘强主编:《各国(地区)社区矫正法规选编及评价》,中国人民公安大学出版社2004年版,第160～172页。

② 李晓娥:《社区矫正中社会力量的培育——对新加坡经验的借鉴与思考》,载《河南司法警官职业学院学报》2012年第9期。

③ 《新加坡监狱网站2008年报》,http://www.prisons.gov.sg/content/sps/default/newsaboutus/publications.html,访问日期:2019-04-14。

④ 刘强,武玉红:《中英社会力量参与社区矫正的比较研究》,载《中国司法》2016第2期。

### (五)公民咨询顾问型

在美国,咨询委员会也是美国公众所熟知的可供选择的公民参与形式,其优点在于能够作为利益相关方的代表参与政策,能够促成基于公共利益的决策制定,并作为获得公民接受的一种极佳的工具。[①] 加拿大的公民咨询委员会即是一类典型的公民咨询顾问型参与机构。其主要活动包括承担联络员、观察员和建议者的角色。例如,了解矫正过程,获取信息,提供改进意见等。[②] 这实际上是一种沟通型的公众参与机制,它可以起到社区矫正执法机构与公民之间的信息获取—反馈的沟通作用,增强刑事政策或者矫正效能的可接受性,并使之接受公众的评估。

### (六)宗教善导感化型

在一个具有宗教传统的社会里,宗教的善导感化具有重要的矫正作用。域外的很多国家和地区具有宗教传统,而作为一种重要的改造手段,善导感化为服刑人员提供了一种能够更新和改造它们自身的方法。同时,宗教感化还可能跟社会工作服务相衔接,为社区服刑人员提供心理咨询、食宿、就业培训等等。

### (七)服务机会提供型

社区服务是一类极其常见的社区矫正方式,是由社区矫正对象到社区之中进行一定时间的无偿劳动或者服务的非监禁刑措施。它反映了一种发生在罪犯与社区之间的关系,即社区服刑犯提供服务,而社区为社区服刑犯提供服务机会。社区服务往往是在法庭判决的内容,并且需要在社区矫正机构的安排下进行,社区作为服务的接受者,它的参与体现的是服务机会的提供。典型的服务内容如:清洁卫生,美化环境,到医院、学校、教堂、养老院、公共图书馆等进行服务活动等。

### (八)公益基金会支持型

在域外,基金会类型的社会组织也为社区矫正的实施提供了支持。美国的社区矫正经费来源主要有两个大的方面,一是政府,二是社会。英国志愿服务的大量资金主要来源于社会。外国基金会的作用明显,如英国有大量的社会公益基金,通过基金会筹措大量资金用于志愿服务。[③] 除了市场化类型的参与之外,各种专业组织和志愿组织以参与公益事务的姿态参与社区矫正,离不开资金的支持。各种公益基金会为社会组织和志愿组织参与社区矫正提供资金支持,是社会公众得以参与社区矫正的重要支撑,因此,资金

---

① [美]约翰·克莱顿·托马斯:《公共决策中的公民参与》,孙柏瑛等译,中国人民大学出版社 2010 年版,第 79 页。

② 王珏,杨诚等:《中加社区矫正概览》,法律出版社 2008 年版,第 411～416 页。

③ 高贞主编:《中国特色社区矫正制度研究》,法律出版社 2018 年版,第 178、40 页。

支持型的社会参与，是一种对社区矫正的间接参与方式。

**(九)公私共同生产型**

托马斯在概括美国公民参与的新形式时提出了“共同生产”形式，强调了它在预防犯罪领域中的作用，其突出的参与主体就是邻里组织，表现为公民与政府合作提供公共服务。例如，美国的“社区警务”模式让警员深入社区与居民建立经常性的联系。警方会在社区内招募临时“安全志愿者”，帮助社区居民建立“邻里守望”组织等。① 社区警务中的警民合作，由警民共同进行犯罪的预防与治理，是一种典型的“共同生产”方式，对社区矫正实施过程中的社区和平安宁能够起到促进的作用。

表 3　域外社区矫正公众参与的类型及其对应关系

| 参与类型 | 参与主体 | 参与内容 | 所起作用 |
|---|---|---|---|
| 社区家庭型 | 社区居民、社区平台、家庭 | 参加社会宣传活动接触罪犯，养父母收养少年犯 | 打破犯罪周期和社会功能障碍 |
| 政府购买服务型 | 私人企业、社会团体、个人 | 政府以签订合同或购买服务的方式，让非政府的一方对社区矫正服刑人员进行管理 | 减轻政府监管部门负担，降低刑罚成本，提高工作效率 |
| 市场化竞争型 | 私立矫正机构 | 以竞标等形式获得服务于社区矫正的机会，以法定或者委托的方式进行运作 | 通过竞争的市场运作提高私立矫正机构参与度以及产业化发展，提高效率 |
| 公民志愿参与型 | 公民志愿者 | 接受专门人员的指导与建议，发挥专长或者在指导下工作 | 加强民众对犯罪者进行社会化改造和保护的热情 |
| 公民咨询顾问型 | 具有代表性的公民 | 参与会议与讨论，对社区矫正工作提出意见与评估 | 促成基于公共利益的决策制定，增强刑事政策或者矫正效能的可接受性 |
| 宗教善导感化型 | 宗教界人士 | 为服刑的犯人提供适当的宗教的与精神的指导 | 提高在押犯人的道德和精神水平，对其内心进行感化 |

① 高英东:《美国社会的犯罪与犯罪治理》，中国社会科学出版社 2017 年版，第 174～175 页。

续表

| 参与类型 | 参与主体 | 参与内容 | 所起作用 |
|---|---|---|---|
| 服务机会提供型 | 非营利机构 | 接受社区服刑犯提供的清洁、劳动等服务 | 提供罪犯与社区接触的机会，帮助消除公众对犯人的不信任和猜疑 |
| 公益基金会支持型 | 公益基金会 | 筹措资金用于志愿服务或支援非营利机构进行社区矫正服务 | 为社会公众参与社区矫正提供物质支撑 |
| 公私共同生产型 | 邻里组织 | 公民与政府合作提供公共服务 | 恢复和保障社区的和平与安宁 |

## 六、经验借鉴与规律探寻

### (一)从政府管理到公众参与

随着20世纪70年代以来社会科学诸理论的兴起，参与意识逐渐深入社会的各个领域之中。各国逐渐意识到单靠政府的力量并没有办法解决社会治理中的诸多问题，客观上需要更多的专业和志愿力量参与到社区矫正之中。在现代市场经济条件下，成本和效率问题也是受到重视的因素，矫正过程中的单一化政府管理显得笨拙和低效，而现代市场经济环境中的分工合作却符合提高效率的要求。因此，不同类型的公众参与能够发挥不同主体的比较优势，从而在分工和交换的条件下提高工作效率和提升效果，在某些法域甚至出现了社区矫正民营化的现象。不过，不同国家的社会经济有不同的特点，公众参与的程度和类型就具有不同的特征。不同法域的公众参与机制建基于不同的社会土壤之中，尽管其中“公”与“私”、“政府”与“社会”的参与程度对比有差异，但是，从政府管理到公众参与，通过公私合作模式来更好地推进社区矫正工作，应当是自20世纪晚期以来的一个显著趋势。

### (二)构建社区矫正公众参与的制度框架

域外社区矫正的公众参与被纳入其制度框架之内，成为社区矫正制度的一部分，大都通过制度化使其公众参与能够容纳进社区矫正的制度框架之内，实现在法治轨道上的运转。毕竟社区矫正属于刑事司法制度的范畴，是刑事判决的执行。但是，公众参与的主体还是方式，都在一定程度上带有“民间性”的特点，无论是促进融合还是防治再犯，都具有社会学意义上的“非正式社会控制”的属性。因此，公众参与需要被容纳到法律框架之中，由法律对参与者的角色与定位、权利(力)与义务、功能与责任、程序与途径等进行基本的界定。否则,社区矫正的公众参与难免出现名不正言不顺的现象,国家公权力机关与各类参与者之间的关系也无法厘清,社区矫正对象也可能有时会产生不解或抗拒,使社区矫正的公众参与无法顺利运转。

### (三)寻求适合本国社会环境的公众参与模式

尽管建立公众参与机制是各国社区矫正制度的共同趋势和特征,但是,各国大多根据本国的政治历史文化特点来探索自身的社区矫正公众参与机制的构建和发展,使本国的社区矫正公众参与机制建基于本国的具体社会环境之中,这也是各国的社区矫正公众参与机制呈现出差异性的原因。英美的社区矫正公众参与机制采用社区自治模式,这与英美悠久的社区自治传统和公民参与的普遍意识是密切相关的。新加坡的社区矫正参与机制采用政府主导模式,社会组织和公民在政府的统筹和引领下参与社区矫正工作,这与新加坡建国以来的政治体制和惯例有关,且其公众参与又"强化家庭",这也与新加坡对儒家价值观念的强调有关。日本的社区矫正公众参与机制采用政府社会混合模式,呈现出双面特性,又与让日本战后的社会历史背景有关。因此,各国大多在寻求适合本国社会环境的社区矫正公众参与模式,这也是各国社区矫正公众参与机制共性中的特性。当然,社区矫正公众参与机制也并非一成不变,也会随着各国社会历史条件的变化而调整。

### (四)社区矫正公众参与类型的多元化

社区矫正公众参与的类型也具有多元化的特征,这是适应公众参与的目标并最终达成社区矫正目标的需要,这归根到底是由社区矫正制度的运行规律所决定的。社区矫正公众参与的模式存在差异,参与主体多样,其参与的类型自然也就呈现出多元化的样态。由于每一个社区矫正对象的具体背景存在差异,案情存在差异,犯罪原因存在差异,因而,为其矫正而设立的矫正项目、制定的矫正方案则必然存在差异。单一的参与类型,必然无法实现复杂的矫正目标。不同的参与主体在矫正过程中能够发挥不同的专长,通过公私协作、多元组合的方式,共同促进矫正目标的实现。

### (五)社区矫正与社区治理相融合

20 世纪后期以来,社会科学理论对社区矫正公众参与机制的发展和深化产生了理论推动作用,通过社区矫正寻求更好的社区治理。社区治理容纳了社区矫正的公众参与,使社区矫正在恢复社会关系、预防犯罪尤其是再犯的过程中产生积极的作用,有助于实现社区治理的良好效果。更好地发挥社区矫正公众参与机制的作用,实际上也就是在更好地实现社区治理。正如李斯特所言,"最好的社会政策就是最好的刑事政策",域外法治国家通常将社区矫正与社区治理相融合,这也是将刑事政策与社会政策相融合,也是在更好地实现社区治理。

### (六)在惩罚、保护与融合之间寻求平衡

社区矫正毕竟属于刑罚的范畴,其实施不可避免地带有惩罚的属性;然而,社区矫正又以其轻缓性而著称,对某些特殊的对象,诸如未成年人等,又尤其具有重视人权保护的特点;同时,社区矫正又以促进矫正对象的再社会化,促进社区融合为目标。20 世纪以来社区矫正的发展历程,也呈现出在惩罚与保护之间来回摇摆的趋势,一定时期的社会形势、犯罪形势或者学术思想的变化,都会影响到这种波动。整体上讲,政府矫正可能更重视社会安全和对社区矫正对象的监管,而社会公众对社区矫正的介入则可能有不同的侧重,诸如青少年保护组织等特定组织可能在保护方面起到更大的作用,有的专业组织可能在教育、诊疗等方面起到更大的作用,有的企业或培训机构可能在促进再就业和社会融合等方面起到更大的作用。因此,20 世纪后期以来,更多不同的参与主体则可能在社区矫正之中形成不同的合力,在惩罚、保护与融合之中寻求更加平衡的关系。

## 结语:公私合作型犯罪治理模式的可能性

对社区矫正公众参与发展经验的梳理,我们可以发现,多元社会主体与政府进行合作,根据自身所处社会的特点,共同推进社区矫正的有效实施,从而实现社区矫正的目标,使"社区参与的矫正"能够真正得以实现,实际上就是在寻找一条"公私合作型犯罪治理模式"的道路。这是一条十分值得借鉴的经验,也是社区矫正的发展规律使然。

司法部等六部门于 2014 年出台了《关于组织社会力量参与社区矫正工作的意见》,提出"我国社会力量参与社区矫正工作取得了明显成效,但还存在着制度不健全、政策不完善、规模范围小、人员力量不足等问题,与社区矫正工作全面推进的要求相比尚不适应",要求"进一步鼓励引导社会力量参与社区矫正","从政策制度上研究采取措施,充分发挥社会力量参与社区矫正工作的积极作用"。然而,不管是前述"意见"还是"草案",我国的社区矫正公众参与机制都尚未实现制度化、规范化,也当然并未在制度框架之内定型,不管是参与的主体及其角色,还是参与的类型及其程序,仍然不够丰富多样,仍然具有很大的发展空间。在全面深化改革的当前,单一的政府管理模式肯定是无法适应当代的犯罪治理的需要的,因而社区矫正制度也迫切需要从政府矫正转变为真正意义上的政府与社会公众共同参与的矫正,使社区矫正从"发生在社区的矫正"变成"社区参与的矫正"。多元主体参与的社区矫正,实际上就是一种公私合作型的犯罪治理模式,它即将告别由政府唱"独角戏"的刑罚执行模式。从域外的经验来看,多元化的公众参与已经是社区矫正的发展趋势,而社区矫正的公众参与机制也应遵循其运行规律。当然,采用什么样的参与模式、吸纳哪些参与类型,也应当根据本国的具体社会环境和时代的发展变化而定,而这也正是域外社区矫正公众参与机制的经

验。不过,无论是从域外经验还是从本国的社会发展需要看,社区矫正的公众参与,作为一种公私合作型的犯罪治理模式,其兴起都是可能的,而那些有益的经验和共同的规律,则是可以吸收借鉴的。

**Mechanism for Public Participation in Community Correction: Foreign Experience and Regularity Exploration**

Wu Qizheng Dai Yani

**Abstract**: Community correction is not only "a correction taken place in the community" but also "a correction with community participation", which, to different extent, has the characteristic of "public participation". Since the 1970s, the development of social science theories such as social capital, community governance, and restorative justice, has provided theoretical impetus for the progress of mechanism for public participation in community correction. Synchronously, the public participation practice of community correction has prospered gradually. Overseas, no matter autonomic community model, government supervised model, or the mixed model, they are all based on the features of native history and rooted in the local society. Meanwhile, participants in community correction in foreign country play diversified roles and take part in various types of correction activities. As a result, the mechanism for public participation in correction runs smoothly. We can learn practical institutional experiences from the legal domains in where public participation mechanism operates maturely and explore regularity of building public participation mechanism on community correction, which leads to a potential of finding a public-private governance of crime.

**Key Words**: community correction; public participation mechanism; community governance; public-private partnerships; governance of crime

# 孟德斯鸠与社会法学[*]

尤根·埃利希(Eugen Ehrlich)著　李丽辉[**]译

**摘要**:在自然法学说影响如日中天之际,孟德斯鸠却在不同的意义上论及了自然法。他对经济学史的建构、对政治地理学和人文地理学的预示,无不围绕着一定的反思进行。无论是对科学研究中归纳方法的大量采用,还是对社会、历史、经济、民族事实的惊人收集,都代表着这样的观点:社会的法律在社会中实现了法律运用于人类行为时的因果关系。然而孟德斯鸠忽略了行政和司法,它们在控制社会方面较之立法有更大的机会;忽略了可能产生意外偏离的次要动力,这种禀性本质上是法国式的。于是,他充分遭受到了领先于时代之天才的悲剧,《论法的精神》之效果与它所展示的精神力量并没有相互对应。

**关键词**:社会法学;《论法的精神》;法律科学;法律规则;法律秩序

在一封令人愉悦的信中,霍姆斯(Holmes)大法官对我的一本法律社会学的书(《法社会学的基础工作》*Grundlegung der Soziologie des Rechts*)提出了批评,认为其中没有提及孟德斯鸠(Montesquieu)。我接受批评,但恳请说明这一未曾提及是因为在自己对法社会学观点的热切阐述中,疏于全面描述该主题之下的历史状况。但我非常尊敬《论法的精神》(*L'Esprit des Lois*)的作者。因此在本文中,为了向这位在西半球声名显赫的法学家表示足够敬意,我将尽力弥补上述缺漏,并以堪配其天才的唯一方式把公平还之于这位昔日首屈一指的社会学家之一,也即是说,如我所见完整地描述他,也不保留必要的批评。

当孟德斯鸠开始写作之时,自然法学说的影响正如日中天,如同它曾经主要为胡果·格劳修斯(Hugo Grotius)和普芬道夫(Pufendorf)所奠基的那样。其追随者假定,人类社会通过缔结明示或暗示的社会契约而建立,法律不过是这一原始契约的必然结果;经过科学的推理,法律可以从中推演出来。由于该社会契约在世界的任何地方都是一致的,它的逻辑推理,自然法,也应该无论何时何地都一致;但因为它并非总是明确清晰,就需要科学来揭开其面纱。它为各个地方的法律奠定了基础、树立了标准,这些法律一旦偏离了自然法的轨道就会以失败而告终。

---

* 昆明理工大学学科方向团队“科技法学”项目成果(项目编号:14078329)。

** 李丽辉,法学博士,昆明理工大学知识产权发展研究院副教授。

孟德斯鸠也论及自然法，但却是在不同意义之上。他使用自然法时候的意思是法律不能无视人类的自然本能；与同伴生活在和平之中的愿望，性冲动，自卫，找寻食物的必要，女人的端庄。此种对自然法的描述显然过于贫瘠，作为一种服务于社会规律的模式几乎不具有重要性。

他对于法律科学的观点表达在书中开始的章节部分，这些语言一定是原文引用的：

法律应该和国家的自然状态有关系；和寒、热、温的气候有关系；和土地的质量、形势、面积有关系；和农、猎、牧各种人民的生活方式有关系。法律应该和政制所能容忍的自由程度有关系；和居民的宗教、性癖、财富、人口、贸易、风俗、习惯相适应。最后，法律和法律之间也有关系，法律和它们的渊源，和立法者的目的，以及和作为法律建立的基础的事物的秩序也有关系。应该从所有这些观点去考察法律。

如此，在自然法学派中便存在着绝对的矛盾，它以为从一个所谓的契约中可以一劳永逸地推出统一、永恒的定律，这个契约在世界范围之内的本质是相同的；孟德斯鸠教导道，法律取决于多种条件并且随着条件不同而一起发生变化。在法律科学中，法律与外部环境相适应的观点也许标志着受到个体影响的最伟大进步。但我们必须指责恰好出现在文本措辞中的某种含糊。孟德斯鸠所使用的法语词汇“应当”(devoir)，既有应该之意又有必须之意。在上述引文和通篇全书中，孟德斯鸠采用了第一种含义。所以，他的书基本上论述的是立法政治。然而，他受到自然法学派的影响是如此之深，以至于未能让应然之法和实然之法泾渭分明。“法律，”他说道，“在它支配着地球上所有人民的场合，就是人类的理性；每个国家的政治法规和民事法规应该(应当)只是把这种人类理性适用于个别的例子。”他进而意识到，只有理解了法律存在的真正缘由，我们才可以成功地掌控立法。所以，他的观点也在日渐变化。下面的两个问题在他身上时见转化，一个是法律应该如何制定得适应其外部条件，另一个是它如何必然为其外部条件所塑造。但在这方面，伴随着关于法律这两个极端的重要讨论，我们依其缘由获得了法律的社会学解释。事实上，《论法的精神》应视为形成法律社会学的首次尝试。

虽然此书的社会学部分在作者心目中位居次要、纯属附带，却是现今最为重大的科学兴趣，并在此之前吸引了现代社会学家的注意力。让我们由此而始。虽然法社会学的观念一贯松散、摇摆不定，孟德斯鸠却在某些场合非常清晰地意识到了这些观念。在序言中，他声称写作并非为了批评现存事物，而是为了给出其缘由和原理。在另一部分，担心读者可能为君主政体原理的审视所震惊，他强调其所谈论的并非应该是什么，而是实际什么样。谈到一夫多妻，他呼吁道：“我只叙述那些习惯的缘由，而并不为它们辩护。”许多纯粹社会学的研究散见于全书，与立法政治的观点毫无关联。

由于法律实质上是社会生活的形式之一，所以除了经由社会力量的运作，它并不能够得到科学的解释。除了通过运作于社会，孟德斯鸠提出的自然状况、地理位置或气候对法律毫无影响，这种运作又反过来影响法律。这样，为了发现法律的社会基础，我们必须寻求社会孕育它的特有形式。见之于法典、教科书、法律手册中的那些东西并非法律规则。法律规则并不直接来自社会,它是立法者和法学家的设计。社会自己形成的仅仅是基本社会制度的法律秩序,宗族、家庭、村社、财产、合同、继承的顺序。缺乏任何所谓法律规则的痕迹,这种法律秩序的统治构成了仅有的法律,这种法律可见之于原始部落或较低的文明阶段,即使在我们自己的时代,大量法律依然仅仅存在于社会制度的法律秩序之中。法学家和立法者将法律规则追溯到这种早期的法律秩序,我力图在法律社会学中详述这一错综复杂的过程。倘若不考虑它所起源的法律秩序,法律规则便无法得到社会的理解。然而,绝大多数社会学家仅仅关注了法律规则,而非早期的法律秩序。他们以此种方式错过了在法律规则和社会之间由法律习俗而形成的所有中间环节,因此之故,对该主题的全盘处理并不尽如人意。

对孟德斯鸠而言,法律也作为规则的体系代表着自己。虽然方式非常模糊,他仍然在后面不引人注目的地方留意和猜测到了社会的某些轮廓。他经常采用的"社会"这一词汇并不意味着现代意义上的社会;正如其所采纳的自然法学派术语那样,它仅仅意味着国家。但在他的含义里,即便是被视为了国家的社会也并不仅是自然法学派想象出来的人造之物,后者为一个假定但从未签订过的契约所塑造。社会是个为自然力量铸炼而成的生命体,在一定程度上独立于国家政体而存在。在《波斯人信札》(*Lettres Persanes*)中,他嘲笑了那个时代自然法学派的追随者对社会起源的探究:如果人类没有形成社会,如果他们四散居住、看到同伴就逃离,我们也许会询问原因;但因为他们待在一块,儿子留在父亲身边,这就是社会及其真正原因。人们在《论法的精神》中也发现了一些段落暗示国家的自然基础,尤其是在论及法律之征服的章节中。

现代社会的观念与孟德斯鸠心目中国家在不同装扮下代表自身的观念相反,其中最为重要之处就是他称之为"一般精神"的。"人类受多种事物的支配",他说,"气候,宗教,法律,施政的准则,先例,风俗,习惯;结果就在这里形成了一种一般的精神。"此处,我们可以毫无困难地用"社会"的一词替换掉"一般精神",我们将得到较德国历史法学派的教导更为清晰、明确的关于法律与社会之间关系的见解,在他们那里,"一般精神"以大众意识之名再度出现,含义相当模糊。

在孟德斯鸠的意义上,我们可以在"支配人类的事物"之上增加经济状态,后者在现代社会中作为社会生活的要素发挥着作用。在第一卷书的开头,上述引证的部分与其法语中的相应部分有着显著差异。在前者中,法律作为"一般精神"的构成要素,与气候、宗教、法律、施政的准则、惯例、风俗、习惯同时提及,而在后者之中,只强调了法律与这些事物相应之处。如果这种差异不是个意外的话,我们必须看到其中的领悟,即法律和其他"支配人类的事物"一块都是社会生活的构成要素,每个要素都决定着其他要素。这是个令人钦佩的早期建议,是由奥古斯特·孔德(Auguste Comte)和赫伯特·斯宾塞(Herbert Spencer)构想出来的社会共识。在对英国人的观察中我们再次发现:"我并不否认,这个民族的法律、风俗和习惯大部分是由气候产生的;但我要说的是:这个民族的风俗和习惯同它的法律也有密切的联系。"这又一次地假定了社会生活各个构成要素之间的相互依赖。如此,根据孟德斯鸠的观点,法律为社会所塑造并同时塑造着社会。这和他那个时代的普遍观点迥然不同,也就是法律是立法者从外部施加于社会的,然而,该观点在他的书中仍然留下了许多印迹。

然而,比就学于其门下的布莱克斯通(Blackstone)早约二十年,早于巴克耳尔(Buckle)、萨维尼(Savigny)半个世纪,他意识到法律的历史远不止一系列珍事奇物的关联;他看到通过展示其结构的进程,它还是一种解释社会结构的方法;他早已推测出对于经由过去理解现实而言,历史的连续性是多么重要。在结尾的环节中,他致力于罗马继承法、法国早期惯例、中世纪封建法律的学术探讨。早于罗雪尔(Roscher)、克尼斯(Knies)八十年,他建构了经济学史的框架,并将亚历山大大帝(Alexander the Great)的征服和其他在世界贸易进程中的经济成果作为令人钦佩的章节嵌入其书。较卡尔·马克思(Karl Marx)早一个世纪的是,他坚决主张经济状态与"法律上层建筑"之间的密切关联,也许他还是在法学书中讨论经济问题的第一人——交易,农业,货币,人口,殖民。早于拉采尔(Ratzel)、布伦克斯(Brunkes)约一百二十年,他预示了政治地理学和人文地理学。这些均见之于气候影响法律、奴役、家庭关系、政府的章节和地理位置影响法律的章节中。伴随着许多不连贯、粗略的观察,我们可以发现这样巧妙的反思:"不同气候的不同需要产生了不同的生活方式;不同的生活方式产生了不同种类的法律。"那是一个清晰的社会概念,尤其是在经济关系中;这个概念因地理环境之故形成并产生了符合其迫切需要的法律。几乎在比较法学和法人类学为这座迄今仍在建设的大厦添砖加瓦的一个半世纪前,他开始收集有关中国、日本、印度、波斯甚至原始部落的法律和风俗资料。而且,在他的作品中还有尚未触及的线索和观察资料的宝藏。也许,《论法的精神》对于法社会学的主题并非没有包含有价值的建议。

青年时期,孟德斯鸠投身于自然历史之中。兴许是服从于这个职业所带来的思维特色,即便是在法律问题中,他仍然大量采用了科学研究中的归纳方法,在此方面也算得上现代倾向的先驱者。这有些许惊人之处。在序言中,他似乎对于达至其主导思想的方式给出了完全不同的说明:

我曾屡次着手去写,也曾屡次搁置下来;我曾无数次把写好的手稿投弃给清风去玩弄;我每天都觉得写这本书的双手日益失去执笔的能力;我追求着我的目标而没有一定的计划;不懂得什么是原则,什么是例外;我找到了真理,只是把它再丢掉而已。但是,当我一旦发现了我的原则的时候,我所追寻的东西便全都向我源源而来了;而且在二十年的过程中,我看到了我的著作开始、增长、成熟、完成。

又有:

我建立了一些原则。我看见了:个别的情况是服从这些原则的,仿佛是由原则引申而出的;所有各国的历史都不过是由这些原则而来的结果。

这貌似真正的学术方法,由原则而始,通过逻辑推理行进到特殊的事例。但实际上,孟德斯鸠以之为始的这些原则并没有先验地(a priori)谋划。它们都来源于他投身工作的二十年间所收集、仔细观察、在脑海中反复考虑过的事实。的确，序言给出了一个令人印象非常深刻的观点，一个天才的实验室及其自我蒙蔽。伟大的思想家常常相信从某种顿悟中获得了基本思想，然而随着它们在漫长岁月中下意识地变化，显示为片刻的直觉不过是充满起爆火药的心灵以生命作为代价的释放。

他对三种政体原则的阐述，共和政体中的品德，君主政体中的荣誉，专制政体中的恐怖，看上去确实像真正的先验命题。然而它是从不可胜数的事实中推断出来。在他的心目中，共和政体是指古代的小型城市联邦和后来的意大利、荷兰；君主政体是指中世纪及其所处时代中法国、英国封建与半封建的领域；专制政体则是指东方、俄国和衰退中的罗马帝国。所谓原则也即推动这些政体的力量。他真正的教导在于，依赖于规模、地理位置、气候、风俗、习惯和其他“支配人类的事物”，历史上出现过的这三种政体都受到某种性质力量的指引和决定。“原则”不过是这些力量精炼和醒目的特征，这些力量滥觞于国家的社会结构，三种政体在历史上与之关联；只有其深厚的历史知识和对时代事件的细致观察使得他能够为其所为。他对那些处理过这一主题的先辈们包括亚里士多德的超越是明显的；因为他未曾把政体看作空洞的原理公式、视其作用为特意设计条例的后果，而是设想它们；相反，作为社会中自然力量运作的结果。

因此，也许没有哪个法学学者较之更热衷于事实的收集。他的工作，尤其是《论法的精神》，字里行间充满了事实——社会的，历史的，经济的，民族的。他惊人的古代历史和文学知识对于这些事实的积累有所裨益。他也曾通读国外旅行者的故事，并调动了自己的观察；他令人钦佩地有资格去做这些尝试。然后，在英国、德国、奥地利和意大利的长途旅行，在巴黎的频繁居住和作为凡尔赛朝臣的短暂生涯又给予了他绝佳机会。

在《论法的精神》中，我们更多发现的是线索、建议和法社会学的资料，而非以其中任何方式进行的调查。但从这些零碎的部分中，已经萌发了未来科学的幼芽，对法律在社会生活中自然和谐的感知。自然法学派的追随者当然惯常将自然与法律的和谐、法律和道德标准的和谐写作为同一物种的多样化；孟德斯鸠在开始部分的章节中也表达了这一观点。但这种思想却是截然不同的种类。它并不意味着法律和道德受到某种自然的遵从于法律的支配，而仅是呈现出自然状态的自然法形式之一。另一方面，重商主义和重农学派，包括孟德斯鸠的前辈和同辈，已经在探究着经济法。尽管今天我们会视他们所讨论的交换和生产的法律为某种社会法律，但在他们看来那些更是受到交换的事物和得到生产事物的法律，而不只是关于它们的那些人类行为的法律。社会的法律在社会中实现了法律运用于人类行为时的因果关系。就法社会学而言，它代表着这样的观点，法律标准及其作用的出现受到与其他自然现象相同性质的因果关系之支配。这恰好支持了孟德斯鸠的社会和政治研究——在相似环境中的人类会有相同方式的行为。他在法律科学中的推论就是，在相似的条件下，相同的法律会出现；在相似的条件下，相同的法律会有相同的作用；在不同的条件下会有不同的作用。在这样的关系下，著作第二十九章论述制定法律的方式时，几个小标题是非常有启发性的，譬如：“相似的法律未必就有相同的效果”;“相似的法律不一定出自相同的动机”;“看来相反的法律有时是从相同的精神出发的”;“看来相同的法律有时实在是不相同的”。

故此,孟德斯鸠收集的事实所起到的并不仅仅是文集的作用。它们是一般法律的插图,有所暗示却并不总是明显地为作者所确定。因为,用他自己的话说,“让人们阅读并不重要,重要的是让他们思考”。他真正的意思是:我提供了事实,深思熟虑吧。然后你会意识到特定的原因产生了某种结果。从此你会推导出一般规律,即在相似环境中的各个地方会发生相同的事情。我所引证的事实显示了法律的相似,如果你注意到,那么你会在现在看到未来,并能够相应地安排你的活动。这种思路显然回归了培根(Bacon),更像英式而非法式;较之居雅斯(Cujacius)、多内鲁斯(Donellus)、伏尔泰(Voltaire)、卢梭(Rousseau),它与洛克(Rousseau)、休谟(Hume)更有亲缘关系。

标题是“法律如何有助于一个民族的风俗、习惯和性格的形成”的这一节提供了他思想转变的突出例子。在此部分中,他试图表明,民族性格的某些特点必然受到宽松政制的培育。我们马上意识到他是在说英国人,这一章也许是对曾经用文字表达过的英国人民族性格最为微妙、精炼、准确的分析。然而根本没有明确提到英国、英格兰或英国人。英国人民族性格的所有特点,包括与他所处时代法国人相比的特性,诸如十八世纪妇女的羞怯和隔世、贵族的豪华与奢侈,甚至像征服和压迫爱尔兰这样的历史事件得到了宽松政制运作的解释,当然这仅仅是暗示而未曾明确提及,在相似的条件下,这些现象被认为无处不在。无疑,政制的作用受到了过度夸大。民族性格是无数情况合力之结果,即便现代社会学家都不可能发现大部分的情况。政制与其说是民族性格的原因,不如说是结果。但我们会忽略这点。最值得注意之处在于,《论法的精神》一书作者渴望把握的仅仅是特殊事例的一般意义,所以他在形式上根本没有提及这个事例。

这种倾向在该书论及立法政治的部分也显露出来。然而,我们不能过分强调他的改革方案。它们天生具有现实意义,是正义和道德的深刻感悟。它们通常风格优秀,以热情和敏锐作为标志,有些将与文学名著同列,诸如对黑人贸易的十足讽刺,或是一个犹太人就十九岁犹太女孩被公开处以火刑(auto-day6)一事而致神圣宗教裁判所那封满纸辛辣嘲讽的著名信件。但是,它们毕竟不是他那个时代普遍的政治智慧。他为之奋斗的宪法、刑法和民法改革大多已成为理所当然之事,虽然写作的时候极其大胆、令同时代人印象深刻,他对专制、奴役、酷刑的精妙言论和强烈攻击、他对限制异端诉讼的恳求现在似乎都司空见惯。但是,它们仍然可以推荐给那些人,那些人在关涉到公共事务时往往倾向于用假想的达至进步之不可能性来为自己的懒散开脱。如果两个世纪前,像孟德斯鸠这样的天才被要求去敦促改进那些现今看来理所当然的事情,那么进步是显而易见的。

在所有这些事情中,孟德斯鸠不过是那个时代的一个孩童:人道,博爱,理性,大胆,巧妙,诙谐;但毕竟在这些方面他未能显露出任何实质性的进步。然而,较十八世纪的国际法学家们更为卓越之处在于,他将立法必须建立在科学基础之上作为主导思想。这恰好是在《论法的精神》序言中所提出的。他教导人类必须摆脱成见。陷入无知中的人即便犯了最为致命的错误也不会受到质疑。当教育充分之后，他们即使在为善时也会颤抖。他们看到改革的弊端；他们由于担心更糟而忍受当前的恶；他们由于犹豫改进而允许良好；他们思考部分以求理解整体；他们探究原因以决定结果。为了获得渴求的知识，必须教导他们懂得人性。(De connuitre sa proper nature lors qu'on lui montre.)他所谓的人性，用我们时代的语言可以表述成"人类社会"的短语。以人性的知识为条件，经过扩大对社会及其动力的洞察，我们会意识到，通过立法控制社会正如一个工程师借助其机械知识来指引和控制蒸汽机。孟德斯鸠忽略了行政和司法，它们在控制社会方面较之立法有更大的机会。

在书中论述立法政治的很多部分可以追溯到这一思想印迹，尤其是探讨刑法的那些部分。但仅就他关于自由的观点做些评论也许更为可取。自由，正如他使用的这个词，不过是与国家统治相对的社会生活。与霍布斯和自然法学派相反，他明确觉察到社会对一种独立于国家之生活的主张，他探索的主要目的在于保护这种生活免受国家权力的侵蚀。现在我们来看《论法的精神》中题为"英格兰政制"(De la Constitutiond' Angleterre)的一节，这是他赢得荣耀的主要章节之一，也许较之其他章节更为注定不朽。

这节的结构和上述那节非常相似，论述了政治体制对民族性格的影响。无疑，这完全建立在对英国政制运作观察的基础之上。然而除了标题和结尾部分的只言片语中，仍然没有提到英国。他所关心的问题并非英国政制的结构，而是一个自由民族的政制应该如何构筑。他考察这种"自由像呈现于镜中一样呈现于眼前的地方"的政制原则，仅仅因为，引用其前一节的话语"世界上还有一个国家，它的政制的直接目的就是政治自由。"在这里，他想说明的也是在特殊事例中体现出来的一般法律。

讨论中的章节提出了著名的权力制衡理论。政府的三个分部门——立法、行政和司法——必须由宪法委托给不同的部门，并且必须保持适度的平衡，以使国家官员的任何武断裁决不能做出；立法权限制于解决问题的一般规则，并控制行政权施于一般事务，而不涉足任何特殊案例；行政权被囿于外交政治和军事事务上；司法权的唯一任务就是在制定法的基础上对民事诉讼和刑事控告做出裁决。这样，每一种权力都受到其余二者的制约，一切压迫和敲诈由此得以消除。由于掌握军事力量的人在策划攻击自由时，可能不会过多关注宪法的制约，孟德斯鸠设想了一种军事组织，使得军队在国内的效率十分低下，而不考虑它在国外的效率。

相应地，按照孟德斯鸠的观点，自由意味着政府不能越过立法所设定的界限加以约束的那种社会状况，反之，与他所持有的代议政府的观点相一致，这处于与社会的功能性联系之中。虽然是以不同的方式，司法权也委托给社会的代表。这个理论饱受争议，其中有的部分实际上既模糊又不完整，并不能避免矛盾。首先，据说立法权仅仅确定一般规则、制定法令、解决预算，但它不能干预特殊案例。由于行政权仅和国际法律事务有关，司法权和国内法律事务有关，我们也许可以认为行政权与国内事务无甚关联。但有大量的国内事务不能适用一般规则，不能在法官那里得到快速处理。我们必然探究管理这些事务的部门。随后,孟德斯鸠似乎认为行政权有执行立法机关制定的法规、条例之功能。他宣称那些由国王赋予了执行义务的大臣为此是应该对立法权负责的。但在第一个例子的描述中,行政权逾越了其管辖的界限。最后,有大量的政府事务存在于法规执行之外,而且由于它们与任何独立的预算开支没有联系,孟德斯鸠并未暗示应由哪种权力来进行处理。这是在孟德斯鸠阐述中最为突出的前后矛盾之处,但我们也可以轻易发现更多相似的描述。

就事实而论,有两处不够准确。孟德斯鸠所设想的权力平衡实际上在英国或其他地方从未存在过。英国议会最初仅仅是个法院。它从来没有成为一个专门的立法和控制机构。现在它仍然履行着行政和司法工作,在孟德斯鸠的时代它所从事的工作更多。有很好的理由认为英国国王和随之而来的内阁的大部分权力,以及一些部门的权力是根据法律产生的;过去的国王也是法官并从未被法律剥夺这一职能,某些司法权力仍然由他的官员来执行。英国和其他地方的法院并不局限在适用法律,孟德斯鸠的主张是他误解了司法功能的结果。英国法官自己发现法律,设定司法的规则。如此,就孟德斯鸠的意义上而言,他们是在立法。

由于这些和其他已经受到尤其是德国学者指出的不足,孟德斯鸠的理论未能够在科学界中占有一席之地。但是,孟德斯鸠毕竟较那些博学的批评看到的更多、更深。这正是孟德斯鸠的优点。从各种国家制度令人困惑的混乱中,他剖析了它们所推动的基本职能之要素,挑出他那个时代在英国实施这些基本职能的具体机构。国家机关、官员、职员、部门可能因为政治的目的而出现,可能长远看来会侵占和篡夺全然不同的权限,可是政府事务仍然是必要的,在这些事物成长的过程中决定其社会生活之倾向,还有一位天才的洞察,将在这种纷乱中辨别出发展的伟大路线,指出在某一方向进行驱动的力量。

这正是孟德斯鸠所做的工作。他注意到政府权力的三个分支,如果它们确实得到可能的分配,那么必然存在于任何一个国家。他看到一般倾向于将其分开,归属到不同的部门或机构中。为了个体幸福和人民自由,他意识到分离和平衡它们的重要性。他理解议会控制和内阁责任的非常意义。所有这些,他更关心描绘出基本特征的轮廓,而非精确地阐述细节。为了指出真正的运动方向,他忽略了可能产生意外偏离的次要动力。他头脑中的这种禀性本质上是法国式的。不明晰的东西并非法国式的。他有洛克这位伟大的前辈,但正是这种增减给予了其学说一般意义,反之洛克的论述只适用于英国政制。在我们必须视为杰作的这个部分,孟德斯鸠证明自己是个深刻、敏锐的观察者,不仅能够看到已经产生的,而且能够预见正在发展的。可以看到的是,英国政制自此便沿着他所预示的道路行进。现今,它比写作的那个时候更加符合其描写。美国宪法的创建者大量采纳了他的学说,尤其在权力制衡方面。法兰西第一共和国和复辟时期的宪法受其学说影响颇大。不过,首先影响的还是比利时宪法,作为十九世纪欧洲和世界上其他地方成文宪法的典范,显示了所受到的同样影响。这样,《论法的精神》第十一章第十一节成为世界历史中值得注意的事件。

在此书的另外部分，也即论述联邦共和国部分，他不仅被证明是渊博的学者、敏锐的观察者，还是宪法政治中的向导和先知。他看到，凭借经验所知道的唯一一种共和政府，也即古代和后来意大利的城邦共和国，小而弱的时候繁荣却面临被征服的危险，一旦规模壮大、实力增强，便受到各种腐败的侵蚀。所以，他想象对它们而言的最好类型是联邦政府。浮现在他眼前的有瑞士的共和国联盟、尼德兰和德意志的神圣罗马帝国的联盟，他认为这些是君主政体和共和政体的联盟。他由此推论出，一个小型君主政体的联盟完全不可能，历史上从未有过先例，而君主政体和共和政体的联盟必然有缺陷，那时的德意志帝国显然是个实例，因为君主政体的精神会要求战争和扩张，这与共和政体的精神所要求的和平、宽厚是互不相容的。但小型共和政体的联盟会兴旺起来，瑞士、尼德兰已经证实了这点。通过联合，他们获得了抵抗征服的军事力量，在内又会保留纯粹共和政府的优势。联邦共和国在美洲和大洋洲的惊人繁荣从那以来已经证实了他观点的正确性。

然而，做先驱是件危险的事情。用十八世纪的方法和材料构建法社会学的想法惊人得伟大，但和别处一样，伟大和荒谬仅一步之遥。智力成就的效能不仅取决于创建人的价值，还取决于国家的整体情况。即便是走在时代之前的天才也不能完全脱离他所呼吸的空气。他的每一步都受到同时代人所共享的偏见和缺点掣肘。另一方面，他被剥夺了科学所能提供的支持，因为并没有收集到解决他激发那些问题的素材，他也未能对同时代人施加有效的影响，因为他们只能把握那个时代理解范围之内的东西。孟德斯鸠伟大成就的命运在一定程度上类似于丹尼斯·帕潘在十七世纪建造蒸汽机的命运，在那时必然会有瑕疵，为了几个世纪后被发现而一直未能引起那个时代的注意。孟德斯鸠受到其时代的赏识主要是因为他作品中并不经久、已经消逝的那些部分。他最重要的科学成果尚未出席。现在它们已被忘却，为后世完成的科学进步所取代，传记作者必须到尘土中才能够把它们挖掘出来。

首先，他工作的基础就事实而言极不可靠。在古代历史和中世纪早期史方面，他确实是位伟大学者，在他手边的历史自然不是我们今天批判的历史。他把李维（Livy）和狄奥尼修斯（Dionysius）讲述奇迹的每一个字当作真相接受下来。他相信吕库古（Lycurgus），也相信罗慕洛（Romulus）和勒莫斯（Remus）。他知道王政时期和紧随其后的所有罗马政制，现代的历史学家对此最不愿意承认他们一无所知。他比索姆（Sohm）和布伦纳（Brunner）更了解六、七世纪时的法兰克人。所以运用这些资料，他有机会参考了原始部落、中国、日本、波斯、土耳其、鞑靼人、俄国人。我们必须对他了解远方民众和地区的热情表示高度敬意。但不能忽略的事实是，旅行者的叙述、传教士的记录和他那个时代的历史作品已经渐失科学价值。

而且，他试图完成的这项工作甚至超越了现代社会学家所能完成的。为了通过社会解释法律，我们应该透彻了解讨论中的社会经济和社会状况。在古代著者未能提供十足帮助的地方，我们必须在历代遗迹、纪念碑、家具、器物、瓶画和铭文中寻求补充资料，它们会在某些方面提供给我们较文献资料更多启示的方向。科学利用古物（Alterturne）对于了解社会和经济关系而言是不可或缺的，甚至现今也处于萌芽阶段。在孟德斯鸠从事这项工作的时候，此类资料的汇编、鉴别才刚刚开始。遗憾的是，孟德斯鸠未曾考虑到那个时代的实际情况。书中论述法律和社会现实关系的部分也是如此。自始至终，他缺乏统计学、地理学、人种学和行为学的资料，这一缺陷即便今天也会在许多方面使社会学的科学基础成为海市蜃楼。至于遥远地区和民众、原始部落、中国人、日本人、俄国人、波斯人和土耳其人，我们唯一能做的事情是断言，旅行者的叙述和传教士的记录甚至他力图获得信息的历史作品已然显示出并不具备科学的价值。因此，他真正能够利用的唯有自己的观察。实际上，我们仍然有着无比兴趣去阅读的那些最引人注目的段落便完全仰赖于此。属于这类情况的有英格兰政制和在此之前论及的英国人民族性格的章节；还有论述荣誉作为君主政体的原则、（法国）君主国的教育、西班牙人的性格、宫廷和朝臣、暗示神圣罗马帝国和波兰的章节。就此点而言，《波斯人的信札》完全建立在观察的基础上，可以视为他最佳的作品。孟德斯鸠作品的另一缺陷，但也是现代社会学家的通病，也即把法律等同于他在法典、教科书、法律手册中发现的法治。故此，由于没有看到各种社会制度的法律统治作为形成于法治和社会之间的中间纽带，他未能建立二者之间的相互依赖关系。在试图阐明一些法律理由的地方，他能给出的猜测通常从科学角度看并不受到支持，大多散漫和虚妄，常常可笑甚至荒诞。论述气候、地理位置、宗教的章节就充满此种情况。个中缘由在于，他实际上并未充分考虑到在理论上察觉到的情况，也就是说，在产生法律规则之前必须先塑造社会体制。当他着手探寻社会和经济状况时，他也不能够指出它们在法律上的后果，因为他未曾注意到它们运作于其中的社会体制。世界贸易历史和封建法律专论固然令人钦佩，在某种程度上似乎只是空中楼阁。我们也许要问，它们于一本论述法的精神著作何干。如果他留心证明：在中世纪的地息如何受到封建军事组织的影响，贸易的持续扩大如何必然引起有关合同法律的转型和改进，那么一切都会不同。

该书立法部分的政治观点与现代的观念并不一致。他的意见相当开明，倾向却相当封建。他很骄傲自己是古老家族的后裔，其主张时常受到这种感情的影响。他意图为贵族尽可能多地保留旧时特权。在这种体制中，上院留给了贵族，它也是贵族的特权法庭，这些人既易于遭到人们嫉妒，就不能在普通的法庭受审。贵族（noblesse）禁止经商。不许建立庞大的贸易公司，因为他们能够制约其他阶级的影响力。在封建观念中，荣誉据说是君主政体的原则。古代法国的一部法律受到推荐，它对贵族的罚金重于粗汉，但就其他惩罚而言，民众所遭受的惩罚更为严厉。另一方面，其古典研究常常使他对古代共和国及其质朴的美德、爱国主义精神和节俭产生了相当的爱慕之情。这两个方面的旧式偏见极其损害该书论及立法的部分。

最后，孟德斯鸠并不了解发展和进化的现代观念。按照他的理解，社会和法律中的因果关系仅仅意味着外部环境所产生的变化。这已不再是巴克耳和萨维尼所想象的那种进化，后者认为来自主体性质的变化既在行进，又因此受到特定社会结构的制约。只有在某些历史段落中,我们才会发现这种观念的踪迹。孟德斯鸠心目中的因果关系甚少是现代自然哲学意义上的演进,后者意味着进化的主体对外部环境的缓慢适应,包含着臻于完美的观念,正如每个后面的阶段都应理解为比在它之前的那些阶段显示出了更高程度的存在。孟德斯鸠完全缺乏这种观念。他对结构发展的进程一无所知。他比较了西班牙人和中国人的性格((Ducaractire des Espagnols et celui des Chinois)。在他看来,法律的适宜主要取决于立法者意图迎合环境的才智和良好秉性。倘若中国的皇帝对待民众足够智慧和仁慈,他们本来能够赋予它如同英格兰政制那样完美的政制。

孟德斯鸠充分遭受到了领先于时代之天才的悲剧。同时代人只能理解他作品中那些相对微不足道和转瞬即逝的部分;有资格获得不朽的部分却无人响应,悄然逝去。未来的人更喜欢从根基处逐步建立新的作品,而不是利用孟德斯鸠匆匆奠定的基础。如此,《论法的精神》之效果与它所展示的精神力量并不对称。以现代科学的急切要求来看,这是个大爵爷(grand seigneur)而不是个学者的率性、业余、零碎的作品。即便如此,它仍是一项值得高度赞赏的工作,蕴含了不可胜数的思想宝藏,一代又一代科学家可以从中汲取观念和建议。如果命定某人享有玛士撒拉(Methuselah)的高寿,他也许可以尝试在其年龄的最后一个世纪,配备着下个千年的全副科学铠甲,去实现孟德斯鸠想要做的事情。我并不认为他会被迫做一些基础性的改变。我猜想他会保持支架和框架、主要想法、布局和许多细节。在保持不变的章节标题下,大体上足以提出新的内容。那么,它必然能够成为关于法哲学和法政治学的佳作之一。

## Montesquieu and Social Law

Li Lihui

**Abstract**:During the course of the very influential influence of the theory of natural law, Montesquieu discussed natural law in a different sense. He has made some reflections on the construction of economic history, the prediction of political geography and human geography. Whether the extensive adoption of inductive methods in scientific research, or the astonishing collection of social, historical, economic, and ethnic facts, both represents this view: social law realizes the causal relationship when laws are applied to human behaviors in society. However, Montesquieu neglects administration and judicature. They have greater opportunities to control society than legislation. He neglected the secondary motive which might cause unexpected deviations, which is in nature frenchy. So he was fully exposed to the tragedy of genius ahead of the times. The effect of《On the spirit of law》does not correspond to the spiritual power it displays.

**Key Words**: social law; *On the spirit of law*; legal science; legal rule; legal order

# 《民间法》体例规范

## 一、关于文章的结构规范

### (一)文章的完整结构(以下为先后排列顺序)

标题

作者名称(不需要写作者单位)

摘要

关键词

正文

英文标题

作者的英文名字

英文摘要

英文关键词

### (二)文章的一般规范

如果文章属于课题项目成果,请在主标题的右上角标引注"*",并在文章页下注明课题来源和编号(课题名称可以不写);一般不支持多个项目。(示例请见后文)

作者简介只介绍学位和职称,不介绍个人职务,并且在名字右上角标上"*"(如无课题时);或者"**"(如有课题时)。

示例:

谢晖,哲学博士,中南大学(法学院)特聘教授,博士生导师。

## 二、关于文章的具体注释规范

### (一)注释体例及标注位置

文献引证方式采用注释体例。

注释放置于当页下(脚注)。注释序号用①,②……标识,每页单独排序。正文中的注释序号统一置于包含引文的句子(有时候也可能是词或词组)或段落标点符号之后。

### (二)注释的标注格式

1.著作:

谢晖:《大小传统的沟通》,厦门大学出版社2007年版,第55页。

非引用原文者,注释前加"参见"。

2.论文:

谢晖:《民间法与裁判规范》,载《法学研究》2005年第3期。

非引用原文者,注释前加"参见"。

3.文集或以书代刊出版物:

郑志泽:《××》,载谢晖、陈金钊、蒋创传光主编:《民间法》(第22卷),厦门大学出版社2019年版,第34页。

[德]莱纳·沃尔夫:《风险法的风险》,陈霄译,载刘刚编:《风险规制:德国的理论与实践》,法律出版社2012年版,第96~97页。

4.译作:

[德]马克斯·韦伯:《社会科学方法论》,杨富斌译,华夏出版社1999年版,第282页。

5.学位论文:

郑志泽:《××××××××××》,西北政法大学硕士学位论文,2019年,第101页。

6.报纸类:

姜明安:《多些民主形式少些形式民主》,载《法制日报》2007年7月8日。

7.港台类:

胡鸿烈、钟期荣:《香港的婚姻与继承法》,香港南天书业公司1957年版,第115页。

8.网络资料:

郑志泽:《×××》,http://www.chinainnovations.org/03/07/2006,访问日期:2016-03-20。

9.法条类:

法条不用引注,直接在正文中表明。如不会导致歧义,可以省略"中华人民共和国"几个字样。

《立法法》《政府信息公开条例》;《全国人民代表大会常务委员会关于在沿海港口城市设立海事法院的决定》(1984年11月14日第六届全国人民代表大会常务委员会第八次会议通过)。

10.判例类:

河南省荥阳市人民法院(2013)荥行初字第14号行政判决书。

11.常见标点符号用法:

新行政诉讼法将"滥用行政权力排除或者限制竞争的""违法集资、摊派费用""没有依法支付抚恤金、最低生活保障待遇"等行为纳入了受案范围。

李教授在《中国法学》《法学研究》《法商研究》等期刊上发表论文20余篇。

12.古籍引证：

古籍引证要注明出版社。

老子:《道德经》,中华书局2006年版,第43页。

13.重复引证：

多次重复引用著作,按照原有格式进行,不简化。

多次重复引用论文,按照原有格式进行,不简化。

**(三)英文引证体例**

1.论文：

作者、论文题目,卷册号、期刊名称、页码、年份[例如:Richard A. Posner, *The Decline of Law as an Autonomous Discipline*: 1962—1987, 100 *Harvard Law Review*, 761 (1987).] 注意:论文所在的期刊名不要用简写。

2.专著或教科书：

作者、书名、出版社、出版年份、页码(例如:Robert J. Sampson, John H. Laub, *Crime in the Making*, Harvard University Press, 1995, p. 19.)

3.文集：

作者、论文题目、编者或者编辑机构、文集名称、出版社、出版年份、页码(例如:Michael Foucault, *What is an Author*, in Donald F. Bouchard ed., *Language, Counter-Memory, Practice: Selected Essays and Interviews*, Cornell University Press, 1977, pp.113～118.)

4.外文论著的名称和期刊名用斜体：

Richard A. Posner, *The Decline of Law as an Autonomous Discipline*: 1962—1987, 100 *Harvard Law Review*, 761 (1987).

## 三、关于论文全篇的示例

# 论法律*(三号宋体加黑)

**柏拉图 亚里士多德****(小四号楷体加黑居中)

**摘　要:**(200～400字之间)(五号黑体)

**关键词:**(3～5个)(五号黑体)

正文(略)(五号宋体,段落行距是固定值20磅)××××××××××××××××

* 国家社科基金项目(编号:……);xx省社科基金项目(编号:……)。(一般只写一个基金项目,如有感谢词,亦放此处。)

** 柏拉图,法学博士,经济学博士后,南方大学法学院教授,博士生导师。(只写姓名、学位和单位职称)亚里士多德,法学博士,历史学博士后,北方大学法学院教授,博士生导师。

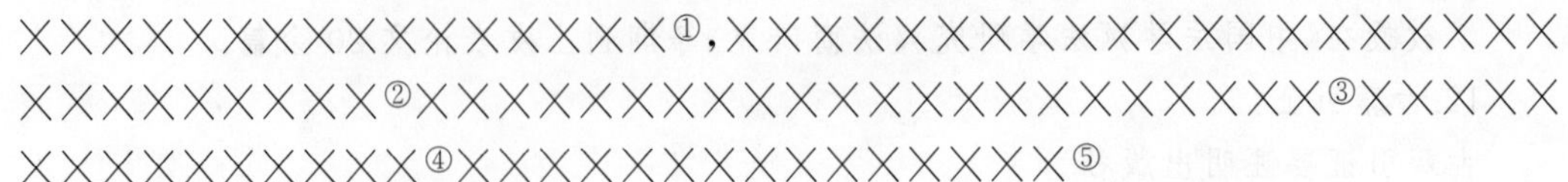

英文论文标题(略)

英文姓名(略)

英文摘要(略)

英文关键词(略)

① 黄培光:《政府会议纪要的法律性质研究》,载《天津行政学院学报》2013 年第 2 期。

② [美]李·爱泼斯坦、威廉·M.兰德斯、理查德·A.波斯纳:《法官如何行为——理性选择的理论和经验研究》,黄韬译,法律出版社 2017 年版,第 40 页。

③ 黄培光:《政府会议纪要的法律性质研究》,载《天津行政学院学报》2013 年第 2 期。

④ Michael Foucault, *What is an Author*, in Donald F. Bouchard ed., *Language, Counter-Memory, Practice: Selected Essays and Interviews*, Cornell University Press, 1977, pp.113~118.

⑤ [美]李·爱泼斯坦、威廉·M.兰德斯、理查德·A.波斯纳:《法官如何行为——理性选择的理论和经验研究》,黄韬译,法律出版社 2017 年版,第 40 页。